中国现代物流体系规划与建设政策文献汇编（第四辑）

北京物资学院　北京现代物流研究基地　资助出版

全国交通运输体系"十一五"发展规划与建设

孙前进　主编

中国财富出版社

图书在版编目（CIP）数据

全国交通运输体系"十一五"发展规划与建设/孙前进主编 . —北京：中国财富出版社，2013.7

（中国现代物流体系规划与建设政策文献汇编）

ISBN 978 - 7 - 5047 - 4617 - 7

Ⅰ . ①全…　Ⅱ . ①孙…　Ⅲ . ①交通运输业—经济规划—中国—2006～2010
Ⅳ . ①F512

中国版本图书馆 CIP 数据核字（2013）第 037512 号

策划编辑　司昌静		**责任印制**　何崇杭	
责任编辑　张小玲　葛晓雯		**责任校对**　饶莉莉	

出版发行	中国财富出版社（原中国物资出版社）	
社　　址	北京市丰台区南四环西路 188 号 5 区 20 楼　**邮政编码**　100070	
电　　话	010 - 52227568（发行部）	010 - 52227588 转 307（总编室）
	010 - 68589540（读者服务部）	010 - 52227588 转 305（质检部）
网　　址	http://www.cfpress.com.cn	
经　　销	新华书店	
印　　刷	北京京都六环印刷厂	
书　　号	ISBN 978 - 7 - 5047 - 4617 - 7/F・1951	
开　　本	710mm×1000mm　1/16	**版　次**　2013 年 7 月第 1 版
印　　张	38	**印　次**　2013 年 7 月第 1 次印刷
字　　数	787 千字	**定　价**　98.00 元

前　言

　　本书《全国交通运输体系"十一五"发展规划与建设》是《中国现代物流体系规划与建设政策文献汇编》第四辑，主要收录了国家交通运输相关政策及规划七篇，各省、自治区、直辖市所制定发布的"十一五"时期的综合交通发展规划、综合交通体系发展纲要、公路发展规划等文献资料。

　　2006年3月14日，第十届全国人民代表大会第四次会议批准了《中华人民共和国国民经济和社会发展第十一个五年规划纲要》。《纲要》提出：统筹规划、合理布局交通基础设施，做好各种运输方式相互衔接，发挥组合效率和整体优势，建设便捷、通畅、高效、安全的综合运输体系。加快发展铁路运输。重点建设客运专线、城际轨道交通、煤运通道，初步形成快速客运和煤炭运输网络。扩展西部地区路网，强化中部地区路网，完善东部地区路网。加强集装箱运输系统和主要客货枢纽建设。建设铁路新线1.7万公里，其中客运专线7000公里。进一步完善公路网络，重点建设国家高速公路网，基本形成国家高速公路网骨架。继续完善国道、省道干线公路网络，打通省际间通道，发挥路网整体效率。公路总里程达到230万公里，其中高速公路6.5万公里。积极发展水路运输。完善沿海沿江港口布局，重点建设集装箱、煤炭、进口油气和铁矿石中转运输系统，扩大港口吞吐能力。改善出海口航道，提高内河通航条件，建设长江黄金水道和长江三角洲、珠江三角洲高等级航道网，推进江海联运。

　　2007年11月14日，国家发展和改革委员会发布了《关于印发综合交通网中长期发展规划的通知》（发改交运〔2007〕3045号）。《通知》认为：实施综合交通网中长期发展规划，要从实际出发，充分考虑我国经济社会发展的需要与可能，统筹安排，突出重点，区分轻重缓急；充分发挥各种交通运输方式的优势，加强协调配合，提高综合交通运输效益；贯彻可持续发展战略，注重资源保护和节能减排，特别要做到节约和集约利用土地，以最小的资源和环境代价满足经济社会发展对交通运输的总体需求。

　　2007年12月29日，国家发展和改革委员会发布了《"十一五"综合交通体系发展规划的通知》（发改交运〔2007〕3044号）。《规划》强调：我国综合交通体系发展的长期战略目标是以市场经济为导向，以可持续发展为前提，建立客运快速化、货运物流化的智能型综合交通运输体系。"十一五"期间的阶段性目标是通过大力发展与改革，大幅度提高运输能力，基本消除运输对经济增长的制约；公平与效率充分兼顾，推进城乡、区域交通协调发展，运输质量、资源利用效率明显提高，交通安全得到有效保障，管理体制获得创新；初步形成便捷、通畅、高效、安全的综合交通运输体系。

2007 年 12 月 29 日，交通部发布了《关于加快发展现代交通业的若干意见》（交科教发〔2007〕761 号）。《意见》要求：到 2020 年，交通发展的质量和效率显著提高，运输服务和管理显著改善，行业创新实力显著提升，资源节约、环境保护显著增强，基本建成更安全、更通畅、更便捷、更经济、更可靠、更和谐的交通运输服务体系，交通发展成果惠及城乡、人民共享，适应全面建成小康社会的需要，为 21 世纪中叶实现交通现代化打下坚实基础。发展现代交通业，在当前和今后一个时期的重点是：调整交通结构，促进结构的优化升级，增强交通运输服务保障的能力；转变发展方式，建设资源节约、环境友好型交通，增强交通可持续发展的能力；推进自主创新，建设创新型行业，增强交通发展的内在动力；完善行业管理，建设服务型政府交通部门，增强交通公共服务的能力。

为了系统而全面地了解与掌握我国物流业发展现状与物流体系建设过程，更好地推进我国物流业的健康发展，忠实地记录其历史发展足迹，我们策划编撰了这套《中国现代物流体系规划与建设政策文献汇编》系列丛书。丛书主要收录国务院及相关部委、地方政府、行业协会公开发布与公布的，与物流业相关的政策法规、专项规划等重要文献，旨在对从事物流政策制定、物流学术研究、物流专业教学的专家、学者、教师以及从事企业管理与实践的广大相关人士提供一部具有参考与收藏价值的历史资料。丛书的编撰将紧紧追随我国物流业发展的历史脚步与时代脉搏，成熟一部出版一部。

本书所使用资料来自于文献原件、政府公报、正式报刊、政府网站等公开的正式发行物与媒体。尽管在资料的收集、整理、编排过程中，我们对所用资料进行了认真反复的查阅与校对，但因各种原因，可能会出现这样或那样的疏漏与差错，敬请读者谅解。

本丛书主要供使用者作为研究参考资料使用，若用于处理正式公务或资料引用时，请以发文单位的原件为准。为了节省篇幅，对于一部分文献中诸如表格之类的附件，我们做了删略处理，一般用"（略）"表示。对于篇幅过长的文献，我们做了节选录用，敬请原发文单位与读者理解。

北京物资学院商学院孙静教师参与了丛书编写的全过程。北京物资学院研究生王静、董萌萌、邓如柯、王丹阳、李伟、翟晓蔓、曾田秀、李荣敏、段超等同学为本书的资料查找、文字整理、校对付出了辛勤的劳动，在此一并表示感谢。中国财富出版社供应链与物流技术编辑室的相关编辑给予了许多中肯的建议与大力支持，在此一并向他们表示深深的感谢。

由于编者学术功力有限，自知存在许多不足与遗憾，请使用者谅解、补充与完善。

本书得到北京物资学院科研创新平台——地方高校高水平特色科研创新管理项目的资助。

孙前进

2013 年 1 月于北京通州大运河畔

目 录

一 国家交通运输业"十一五"发展规划与相关政策

001

国务院办公厅关于印发交通运输部主要职责内设机构和人员编制规定的通知

国办发〔2009〕18 号

各省、自治区、直辖市人民政府，国务院各部委、各直属机构：

《交通运输部主要职责内设机构和人员编制规定》已经国务院批准，现予印发。

国务院办公厅
二○○九年三月二日

交通运输部主要职责内设机构和人员编制规定

国务院办公厅
2009 年 3 月 2 日

根据第十一届全国人民代表大会第一次会议批准的国务院机构改革方案和《国务院关于机构设置的通知》（国发〔2008〕11 号），设立交通运输部，为国务院组成部门。

一、职责调整

（一）将原交通部的职责，原中国民用航空总局的拟订民航行业规划、政策和标准职责，原建设部的指导城市客运职责，整合划入交通运输部。

（二）取消已由国务院公布取消的行政审批事项。

（三）取消公路养路费、航道养护费、公路运输管理费、公路客货运附加费、水路运输管理费、水运客货运附加费等六项交通规费的管理职责。

（四）将组织推广公路水路行业设备新技术、协调闲置设备调剂等职责交给事业单位，将港口企业与国际港口组织联络等工作交给有关行业协会。

（五）加强综合运输体系的规划协调职责，优化交通运输布局，促进各种运输方式相互衔接，加快形成便捷、通畅、高效、安全的综合运输体系。

（六）加强统筹区域和城乡交通运输协调发展职责，优先发展公共交通，大力发展农村交通，加快推进区域和城乡交通运输一体化。

（七）继续探索和完善职能有机统一的交通运输大部门体制建设，进一步优化组织结构，完善综合运输行政运行机制。

二、主要职责

（一）承担涉及综合运输体系的规划协调工作，会同有关部门组织编制综合运输体系规划，指导交通运输枢纽规划和管理。

（二）组织拟订并监督实施公路、水路、民航等行业规划、政策和标准。组织起草法律法规草案，制定部门规章。参与拟订物流业发展战略和规划，拟订有关政策和标准并监督实施。指导公路、水路行业有关体制改革工作。

（三）承担道路、水路运输市场监管责任。组织制定道路、水路运输有关政策、准入制度、技术标准和运营规范并监督实施。指导城乡客运及有关设施规划和管理工作，指导出租汽车行业管理工作。负责汽车出入境运输、国际和国境河流运输及航道有关管理工作。

（四）承担水上交通安全监管责任。负责水上交通管制、船舶及相关水上设施检验、登记和防止污染、水上消防、航海保障、救助打捞、通信导航、船舶与港口设施保安及危险品运输监督管理等工作。负责船员管理有关工作。负责中央管理水域水上交通安全事故、船舶及相关水上设施污染事故的应急处置，依法组织或参与事故调查处理工作，指导地方水上交通安全监管工作。

（五）负责提出公路、水路固定资产投资规模和方向、国家财政性资金安排意见，按国务院规定权限审批、核准国家规划内和年度计划规模内固定资产投资项目。拟订公路、水路有关规费政策并监督实施，提出有关财政、土地、价格等政策建议。

（六）承担公路、水路建设市场监管责任。拟订公路、水路工程建设相关政策、制度和技术标准并监督实施。组织协调公路、水路有关重点工程建设和工程质量、安全生产监督管理工作，指导交通运输基础设施管理和维护，承担有关重要设施的管理和维护。按规定负责港口规划和岸线使用管理工作。

（七）指导公路、水路行业安全生产和应急管理工作。按规定组织协调国家重点物资和紧急客货运输，负责国家高速公路及重点干线路网运行监测和协调，承担国防动员有关工作。

（八）指导交通运输信息化建设，监测分析运行情况，开展相关统计工作，发布有关信息。指导公路、水路行业环境保护和节能减排工作。

（九）负责公路、水路国际合作与外事工作，开展与港澳台地区的交流与合作。

（十）指导航运、海事、港口公安工作，管理交通直属公安队伍。

（十一）承办国务院交办的其他事项。

三、内设机构

根据上述职责，交通运输部设 12 个内设机构：

（一）办公厅。

负责文电、会务、机要、档案等机关日常运转工作；承担综合性报告、文件起草和政务公开、保密、信访等工作。

（二）政策法规司。

组织起草相关法律法规草案和规章，承担有关立法规划和协调工作；承担机关有关规范性文件的合法性审核工作；承办相关行政执法、行政复议和行政应诉工作；组织开展政策研究；承担新闻宣传工作；指导公路、水路行业有关体制改革；指导行业节能减排工作。

（三）综合规划司。

组织编制综合运输体系规划，承担有关协调工作；组织起草相关行业发展战略和规划，参与拟订物流业发展战略和规划，提出有关政策和标准；承担有关规划和建设项目的审核工作；提出国家有关专项资金投资政策和资金安排建议并监督实施；组织编制港口规划，承担岸线使用审查工作；承担有关环境保护、利用外资、统计、信息工作。

（四）财务司。

承担公路、水路行业有关投融资政策拟订工作；承担专项资金、预决算、政府采购、外汇、信贷有关工作；承担机关和直属单位财务及资产管理、内部审计工作。

（五）人事劳动司。

承担机关和直属单位的干部人事、机构编制、劳动保护和卫生监督工作；指导交通运输行业人才队伍建设工作；承担有关智力引进和对外劳务合作工作；承办部业务主管社会团体相关事务。

（六）公路局。

承担公路建设市场监管工作，拟订公路建设、维护、路政、运营相关政策、制度和技术标准并监督实施；承担国家高速公路及重要干线路网运行监测和协调；承担国家重点公路工程设计审批、施工许可、实施监督和竣工验收工作；承担公路标志标线管理工作；指导农村公路建设工作；起草公路有关规费政策并监督实施。

（七）水运局。

承担水路建设和运输市场监管工作，拟订水路工程建设、维护、运营和水路运输、航政、港政相关政策、制度和技术标准并监督实施；承担国家重点水路工程设计审批、施工许可、实施监督和竣工验收工作；承担港口、航道及设施、通航建筑物、引航管理工作；承担船舶代理、船舶管理、理货、港口设施保安、无船承运、船舶交易等管理工作；承担国际和国境河流运输及航道管理工作；起草水路有关规费政策并监督实施；承担对台运输管理工作。

（八）道路运输司（出租汽车行业指导办公室）。

承担城乡道路运输市场监管，指导城市客运管理，拟订相关政策、制度和标准并监督实施。承担运输线路、营运车辆、枢纽、运输场站等管理工作；承担车辆维修、营运车辆综合性能检测、机动车驾驶员培训机构和驾驶员培训管理工作；承担公共汽车、城市地铁和轨道交通运营、出租汽车、汽车租赁等的指导工作；承担跨省客运、汽车出入境运输管理；按规定承担物流市场有关管理工作。

（九）安全监督司（应急办公室）。

拟订并监督实施公路、水路安全生产政策和应急预案；指导有关安全生产和应急处置体系建设；承担有关公路、水路运输企业安全生产监督管理工作；依法组织或参与有关事故调查处理工作；组织协调国家重点物资运输和紧急客货运输；承担国防动员有关工作。

（十）科技司。

组织拟订公路、水路行业科技、教育、信息化政策并监督实施；组织协调有关重大科技项目研究；承担有关标准、质量和计量工作；承担涉及综合运输体系的标准协调工作。

（十一）国际合作司（港澳台办公室）。

承办国际和对港澳台合作与交流相关事务，承担有关外事工作；组织有关国际公约的履约和协定的执行工作。

（十二）公安局。

指导航运、海事、港口公安工作，管理交通直属公安队伍。公安局列入公安部序列，由交通运输部、公安部双重领导，党政工作以交通运输部领导为主，公安业务工作以公安部领导为主。

机关党委　负责机关及在京直属单位的党群工作。

离退休干部局　负责机关离退休干部工作，指导直属单位离退休干部工作。

四、人员编制

交通运输部机关行政编制为 398 名（含两委人员编制 7 名，援派机动编制 3 名，离退休干部工作人员编制 61 名）。其中：部长 1 名、副部长 4 名，司局级领导职数 56 名（含总工程师 2 名，安全总监 1 名，总规划师 1 名，机关党委专职副书记 1 名，离退休干部局领导职数 3 名）。

五、其他事项

（一）管理中国民用航空局、国家邮政局。

（二）中国海上搜救中心设在交通运输部，负责组织、协调和指挥重大海上人命搜救、船舶污染事故和重要通航水域清障等应急处置工作，承担国家海上搜救应急反应机制有关具体工作。

（三）由交通运输部牵头，会同国家发展和改革委员会、铁道部等部门建立综合运输体系协调配合机制。交通运输部会同有关部门组织编制综合运输体系规划，承担涉及综合运输体系规划有关重大问题的协调工作。国家发展和改革委员会负责综合运输体系规划与国民经济和社会发展规划的衔接平衡。

（四）城市地铁、轨道交通方面的职责分工。交通运输部指导城市地铁、轨道交通的运营；住房和城乡建设部指导城市地铁、轨道交通的规划和建设。两部门要加强协调配合，确保城市地铁、轨道交通规划与城市公共交通整体规划的有效衔接。

（五）交通运输部长江航务管理局、交通运输部珠江航务管理局为交通运输部派出机构，在所管辖的范围内履行航运行政管理职责。交通运输部长江航务管理局机关行政编制 120 名。

（六）中华人民共和国海事局（交通运输部海事局）及直属海事机构履行水上交通安全监督管理、船舶及相关水上设施检验和登记、防止船舶污染和航海保障等行政管理和执法职责。具体机构设置、职责、编制等事项另行规定。

（七）所属事业单位的设置、职责和编制事项另行规定。

六、附则

本规定由中央机构编制委员会办公室负责解释，其调整由中央机构编制委员会办公室按规定程序办理。

002

国家发展改革委关于印发综合交通网中长期发展规划的通知

发改交运〔2007〕3045 号

铁道部、交通部、民航总局，各省、自治区、直辖市及计划单列市、副省级省会城市、新疆生产建设兵团发展改革委：

我委编制的《综合交通网中长期发展规划》已经国务院审议通过，现印发你们，请按照执行。

《综合交通网中长期发展规划》为配合国家总体发展战略，统筹考虑经济布局、人口和资源分布、国土开发等对交通运输的要求，对涵盖铁路、公路、水运、民航和管道五种交通运输方式的综合交通网建设做出了规划，明确了今后一个时期重点建设的综合运输大通道、国际区域运输通道和全国性综合交通枢纽。这一规划，对于在现阶段我国资源、环境及生态日益紧迫的约束条件下，实现各种运输方式又好又快可持续发展，具有重要意义。在综合交通网中长期发展规划实施中要做好以下几项工作：

一、实施综合交通网中长期发展规划，要从实际出发，充分考虑我国经济社会发展的需要与可能，统筹安排，突出重点，区分轻重缓急；充分发挥各种交通运输方式的优势，加强协调配合，提高综合交通运输效益；贯彻可持续发展战略，注重资源保护和节能减排，特别要做到节约和集约利用土地，以最小的资源和环境代价满足经济社会发展对交通运输的总体需求。

二、综合交通网中长期发展规划在层级上属于各种运输方式网络规划的上一级规划，既遵循了现有交通规划合理性，又从全局、综合和系统的角度，通过衔接整合，使各运输方式从局部最优达到整体最优，对现有交通规划具有指导作用。因此，从利于充分发挥各种运输方式比较优势出发，实施过程中应根据综合交通网中长期发展规划对现有交通规划进行必要的调整修订；在国土利用规划和区域土地利用规划中应充分考虑对综合运输大通道和主要枢纽建设发展用地的需要，同时协调好交通规划与城市总体规划的关系；要加强各交通部门之间的协调和配合，充分发挥综合运输的整体优势和效益。

三、《综合交通网中长期发展规划》的颁布，标志着综合交通发展进入了实质性阶段。实施过程中，首要的是转变交通发展观念，用综合交通发展的理念统筹各种运输方式的发展问题，切实转变交通运输发展方式，实现交通运输集约高效和可持续发展；要继续做好规划的深化工作，抓紧提出综合交通网发展的有关技术指标和评价体系等；对实施过程中出现的问题，要在深入研究的同时，及时反馈；对于规划中的具体建设项目，应严格按照《国务院关于投资体制改革的决定》等有关国家基本建设程序规定办理。

附：《综合交通网中长期发展规划》

国家发展和改革委员会

二〇〇七年十一月十四日

附：

综合交通网中长期发展规划

国家发展和改革委员会

2007 年 11 月 14 日

前　言

交通运输作为基础产业，对国民经济和社会发展至关重要。改革开放以来，我国交通运输发展迅速，综合交通网络规模不断扩大，网络布局和结构得到改善，设施装备水平较大提高，运输能力显著增强。但从总体上看，交通运输仍然不能适应国民经济和社会发展的需要，"瓶颈"制约尚未完全消除，结构性矛盾仍较突出。根据党的十六大提出的全面建设小康社会总体任务，需要加快建立便捷、通畅、高效、安全的综合运输体系，以最小的资源和环境代价满足经济社会对运输的总需求。为明确我国交通基础设施的发展目标和任务，统筹协调各种运输方式，合理配置和有效利用交通运输资源，发挥综合交通的整体优势，国家发展改革委会同有关部门，组织编制了《综合交通网中长期发展规划》。

综合交通网涵盖铁路、公路、水运、民航和管道五种运输方式，通过在地理空间上和功能上的有机组合、衔接，形成网络布局，构成了综合交通体系的基础。综合交通网中长期发展规划，以构建一体化整体最优的综合交通系统为目标，遵循交通运输发展的客观规律，结合我国基本国情和经济地理特征，对各种运输方式按照其经济技术特征进行合理布局、分工协作和优势互补，突出各种运输方式优化、衔接和协调，在此基础上，提出了综合交通基础设施网络到 2020 年的发展目标、网络总体规模与构成、综合运输大通道和综合交通枢纽布局方案，以及发展重点和政策措施，促进各种运输方式从局部最优上升到整体最优，进而提高我国交通系统的整体效率和综合效益。

综合交通网中长期发展规划作为交通运输基础设施空间布局的总体规划，是指导各种运输方式布局和发展规划的依据。本规划已与《国家中长期科学和技术发展规划纲要》以及能源、工业等相关规划进行了衔接，今后，将根据交通运输内外部条件和环境的变化，适时对本规划有关内容进行修订和调整。

一、综合交通网现状评价

（一）发展现状

新中国成立以来，尤其是经过改革开放以来的快速建设，我国交通基础设施发生了巨大变化，综合交通网络总量已初具规模，网络布局和结构明显改善，技术水平日益提高，运输能力显著增强。到 2005 年底，全国运输线路总里程达到 217.2 万公里（不含民航航线和海上运输线路），其中铁路 7.5 万公里，公路 193 万公里，内河航道 12.3 万公里，油气管道 4.4 万公里。民航运输机场 142 个，沿海和内河码头泊位 35200 个。

我国综合交通网是以我国自然地理、人口分布为基础，以工农业生产和人民生活等经济社会活动为需求，结合国土开发和保障国家安全逐步发展形成的，在这个网络体系中，五种运输方式以自身的技术经济特点呈现各展所长、优势互补的发展格局。

从综合交通网的布局看，已形成连接全国城乡的基本网络形态。2005 年综合交通网的平均密度为 22.6 公里/百平方公里，其中东部地区 60.6 公里/百平方公里，中部地区 38.7 公里/百平方公里，西部地区 12.2 公里/百平方公里。全国乡镇公路通达率为 98.3%，建制村公路通达率为 94.3%。

从综合交通网的结构看，基本形成了点、线、面相衔接，干支层次清晰，分工日趋明确，集疏衔接配套的客货运输系统。在长期的运输网络布局中逐步构建了东部沿海、沿长江、京沪、京广客货运输大通道和南北能源运输大通道，形成了围绕环渤海、长江三角洲、东南沿海、珠江三角洲和西南沿海地区五大港口群体，以北京、上海、广州等枢纽机场为中心的机场体系，承担了我国客货运输的主要任务。各种运输方式的优势得到进一步发挥，运输机动性、承载能力和可靠性明显提高。

从综合交通网的演进历程看，一是各种运输方式以其技术经济优势和满足市场需求为主导，处于不断完善的大发展时期。二是伴随先进科技的应用，交通基础设施整体技术水准快速提升，运输网络的发展从以"通"为主上升到以"畅"为先。2005 年，铁路复线率为 39.4%，电气化率为 31.2%，高速公路里程达到 4.1 万公里，等级公路占总里程的 82.5%，沿海港口万吨级深水泊位 1113 个，民航大型机场 25 个。以交通基础设施的更新换代为标志，运输大型化、专业化和便捷化日趋明显，综合交通网服务质量和效率效益均有较大程度的提高。

从综合交通网的运行机制看，随着交通管理体制改革的逐步推进，运输市场化程度不断提高。铁路运输实现了主辅业分离，公路、水运、民航和管道运输实现了政企分开。除铁路外，以政府调控与市场调节相结合的运输价格形成机制初步建立。交通运输领域的投资主体多元化、资金渠道多元化的基本格局初步形成。

（二）存在问题

尽管交通基础设施发展取得了较大成就，但整体水平仍然较低，还不能有效满足我国经济和社会快速发展的要求，交通运输的"瓶颈"作用仍未完全消除，结构性矛盾仍较突出。存在的主要问题是：交通基础设施规模总量不足，覆盖面偏低，全国性的交通骨架网络尚未形成，规模效应难以体现，主要运输通道的能力十分紧张；运输网络结构不尽合理，各种运输方式的比较优势尚未得到充分发挥，难以做到"宜路则路、宜水则水"；区域交通发展不平衡的总体格局没有根本改变，城乡交通差距问题仍较突出；综合运输大通道和综合交通枢纽规划建设滞后，导致不同运输方式难以进行合理分工协作和有效的衔接配套，降低了交通运输系统的整体效率和服务质量。

当前及今后一个时期，还需要继续促进各种运输方式加快网络设施的发展，但要从综合交通体系发展的战略高度统筹规划、合理布局，在充分考虑资源和环境约束条件下，转变交通发展方式，优化交通资源配置，调整网络结构，加强各种运输方式的衔接，引导各种运输方式按照比较优势进行分工与协作，达到协调发展，发挥组合效率和整体优势。

二、规划指导思想与目标

综合交通网规划的指导思想是：根据全面建设小康社会目标要求，以科学发展观为指导，坚持以衔接、优化和协调发展为主线，以综合运输大通道和综合交通枢纽为重点，充分发挥各种运输方式的优势，扩大规模，完善网络，整合资源，优化结构，加快发展综合运输体系，提高交通运输系统的整体效率，努力构建资源节约型、环境友好型交通体系，促进交通可持续发展，适应国民经济持续快速协调健康发展、社会稳定、祖国统一、国家安全以及全面参与经济全球化的需要。

综合交通网的发展目标是：到 2020 年基本建成各种运输方式布局合理、结构完善、便捷通畅、安全可靠的现代化综合交通网。

三、规划原则

1. 配合国家总体发展战略，统筹考虑经济布局、人口和资源分布、国土开发、对外开放，以及国防建设、经济安全和社会稳定对交通运输的要求。

2. 充分体现各种运输方式的技术经济特征和比较优势，合理配置、集约利用运输线路资源，衔接优化各种运输设施空间布局。

3. 建设综合运输大通道与扩大交通网覆盖面相结合，提高网络承载能力与增强运输机动性相衔接，各种运输方式之间及与城市交通系统相协调。

4. 以人为本，强化枢纽衔接和一体化运输设施配置，促进现代综合交通体系的建立，满足便捷、通畅、高效和安全的运输服务需求。

5. 注重节约和集约利用土地，节能减排，整合既有资源，保护生态环境，加强交通安全。

四、功能定位

综合交通网中长期发展规划作为国家综合交通网络的总体空间布局规划，是交通基础设施发展体现国家整体发展战略和交通发展战略的具体措施，是指导和协调各种运输方式发展规划的依据，具有整合优化运输资源配置、促进交通协调发展的重要作用。综合交通网的规划期为 2006 年—2020 年。

五、规划方案

（一）综合交通网规模与构成

根据规划的指导思想和原则，综合交通网远期规划的基本要求是：①全国所有城镇、口岸和具备条件的建制村都有公路连接；②目前人口在 20 万以上的城市、沿海主要港口、主要口岸都有铁路或高速公路连接；③直辖市、省会城市、沿海发达城市、具备条件的内陆偏远城市、重要旅游城市及旅游区有民用航空线路连接；④按照自然地理、人口分布和经济发达程度，在满足通达度的前提下，保障区域内和各个区域之间交通联系，以及对运输需求的多样性和个性化具有较强的适应性和充分的承载能力，东中西三区域采取不同的网络密度；⑤形成以长江、珠江、京杭运河、淮河、黑龙江和松辽水系为主体的干支直达、江海联运的国家高等级内河航道体系；⑥形成布局合理、层次分明、系统功能完善并与综合交通网络有效衔接的沿海港口格局；⑦油气管线和路网布局确保能源安全有效供给。

1. 规划 2020 年综合交通网总规模为 338 万公里以上（不含空中、海上航线、城市内道路和农村公路村道里程）。

2. 综合交通网构成为：公路网总规模达到 300 万公里以上（不含村道），其中二级以上高等级公路 65 万公里，高速公路 10 万公里左右。铁路网总规模达到 12 万公里以上，复线率和电气化率分别达到 50% 和 60%，其中铁路客运专线和城际轨道交通线路 1.5 万公里以上。城市轨道交通线路 2500 公里。内河航道里程达到 13 万公里，其中国家高等级航道 1.9 万公里，五级以上航道 2.4 万公里。民用机场数量达到 244 个。沿海主要港口 25 个。输油气管道达到 12 万公里。

3. 港口能力。沿海港口货物吞吐能力达到 65 亿吨以上，其中集装箱吞吐能力达到 2.4 亿标准箱，沿海及沿江港口煤炭吞吐能力达到 12 亿吨以上，港口的铁矿石接卸转运能力达到 3.5 亿吨以上。

（二）综合运输大通道布局方案

综合运输大通道是由两种或两种以上运输方式线路组成，承担我国主要客货运输任务的运输走廊，构成综合交通网的主骨架，是国家的运输大动脉。综合运输大通道布局规划的基本要求是：①连通我国所有的直辖市、省会城市和计划单列城市及其他 50 万人口以上的城市，连接我国主要的陆路、海上和航空口岸；②连接区域经济中心、重要工业和能源生产基地；③为西部、中部、东部地区之间和省际间的沟通提供多条走廊，满足国土开发和国防功能需要；④构成通道的铁路干线、公路干线、内河高等级航道、航空主航线以及油气主管道有机衔接和相互协调，并与国际运输网络充分衔接，体现我国运输多样性和集约性，促进形成以优势互补为基础的一体化运输体系。

综合交通网骨架由"五纵五横"综合运输大通道和国际区域运输通道组成。具体方案为：

"五纵"综合运输大通道：

1. 南北沿海运输大通道。北起黑河，经哈尔滨、长春、沈阳、大连、烟台、青岛、连云港、上海、宁波、温州、福州、厦门、汕头、广州、深圳、湛江、海口，南至三亚。此外，还包括北京至沈阳进出关通道。该通道由贯穿全线的铁路、公路、民航航路，部分陆上油气管线和沿海主要港口间航线组成，形成沟通我国南北沿海的综合运输走廊。该通道通过黑河口岸与俄罗斯铁路和公路网连接，通过大连、青岛、上海、宁波、厦门、广州、深圳、湛江等沿海港口与国际海上运输网络连接，并以上海、广州枢纽机场为节点，与国际航线网络相衔接。

2. 京沪运输大通道。北起北京，经天津、济南、徐州、蚌埠、南京，南至上海，由贯穿全线的铁路、公路、民航航路、部分水运和油气管线组成，形成沟通华北与华东，北京与上海两大国际都市直接相连的综合运输走廊。该通道以北京、上海航空枢纽为节点衔接国际航线网络，上海国际航运中心承担国际海上运输中转功能。

3. 满洲里至港澳台运输大通道。北起满洲里，经齐齐哈尔、白城、通辽、北京、石家庄、郑州到武汉，从武汉分支，一支经长沙、广州，南至香港（澳门），另一支经南昌、福州至台北。此外，还包括齐齐哈尔至哈尔滨连接线。该通道由贯穿全线的铁路、公路、民航航路和部分油气管线组成，形成贯通东北、中部和华南，并与香港、台湾和澳门运输网络衔接的综合运输走廊，北端通过满洲里口岸与俄罗斯交通网连接，南端以香港国际航运中心和国际机场为国际海上、航空运输网络的枢纽。

4. 包头至广州运输大通道。北起包头，经西安、重庆、贵阳到柳州，从柳州分支，一支至广州，另一支至湛江，由贯穿全线的铁路、公路、民航航路、部分水运和油气管线组成，形成西部内陆出海运输走廊，通过广州港、湛江港，以及广州枢纽机场，与国际海上运输和航空运输网络连接。

5. 临河至防城港运输大通道。北起临河，经银川、兰州、成都、昆明、南宁，南至防城港，由贯穿全线的铁路、公路、民航航路和部分油气管线组成，形成西部内陆第二条南北综合运输走廊。该通道以昆明机场为面向东南亚的国际航空运输门户，以防城港港为主要口岸连接国际海上运输网络。

"五横"综合运输大通道：

6. 西北北部出海运输大通道。东起天津和唐山，经北京、大同、呼和浩特、包头、临河、哈密、吐鲁番、喀什，西至新疆吐尔尕特口岸，由贯穿全线的铁路、公路、民航航路和部分油气管线组成，形成西北连通东部的出海运输走廊。该通道以天津港和唐山港为枢纽连接国际海上运输网络，以吐尔尕特口岸与中亚交通网络衔接。

7. 青岛至拉萨运输大通道。东起青岛，经济南、德州、石家庄、太原、银川、兰州、西宁、格尔木，西至拉萨，由贯穿全线的铁路、公路、民航航路和部分油气管线组成。该通道以青岛港为枢纽沟通国际海上运输网络。

8. 陆桥运输大通道。东起连云港，经徐州、郑州、西安、兰州、乌鲁木齐，西至阿拉山口。该通道是亚欧大陆桥的组成部分，由贯穿全线的铁路、公路、民航航路和部分油气管线构成运输走廊。

9. 沿江运输大通道。东起上海，沿长江经南京、芜湖、九江、岳阳、武汉、重庆，西至成都。该通道由长江航道和铁路、公路、民航航路和油气管线组成，形成以长江航运干线为主、沟通东中西地区的运输走廊。该通道以上海港和南京港为枢纽，与国际海上运输网络连接。

10. 上海至瑞丽运输大通道。东起上海和宁波，经杭州、南昌、长沙、贵阳、昆明，西至瑞丽口岸，由贯穿全线的铁路、公路、民航航路和部分油气管线组成运输走廊，以上海港和宁波港为枢纽与国际海上运输网络衔接，以瑞丽口岸与东南亚路网连接。

国际区域运输通道：

1. 东北亚国际运输通道（含中蒙通道）。以南北沿海运输大通道、满洲里至港澳台运输大通道和西北北部运输通道为主轴，布局沈阳至丹东、哈尔滨至同江、哈尔滨至绥芬河、长春至珲春、集宁至二连浩特、额济纳旗至策克、临河至甘其毛道等国际支线。

2. 中亚国际运输通道。以西北北部出海运输通道、陆桥运输通道为主轴，布局乌鲁木齐至霍尔果斯国际支线。

3. 南亚国际运输通道。以青岛至拉萨、沪瑞运输大通道为主轴，布局拉萨至亚东、拉萨至樟木和喀什至红其拉甫国际支线。

4. 东南亚国际运输通道。以上海至瑞丽综合运输大通道、临河至防城港综合运输大通道为主轴，布局南宁至友谊关、昆明至磨憨、昆明至河口国际支线。

（三）综合交通枢纽布局方案

1. 综合交通枢纽层次划分。

综合交通枢纽是在综合交通网络节点上形成的客货流转换中心，按照其所处的区位、功能和作用，衔接的交通运输线路的数量，吸引和辐射的服务范围大小，以及承担的客货运量和增长潜力，可分为全国性综合交通枢纽、区域性综合交通枢纽和地区性综合交通枢纽三个层次。根据三个层次的综合交通枢纽在综合交通网络体系中的功能定位，重点规划具有全局意义的全国性综合交通枢纽。

2. 全国性综合交通枢纽布局方案。

全国性综合交通枢纽位于综合运输大通道的重要交汇点，依托省、自治区、直辖市的中心城市和口岸城市，在跨区域人员和国家战略物资运输中集散、中转功能突出，有广大的吸引和辐射范围，对综合交通网络的合理布局、顺畅衔接和高效运行具有全局性的作用和影响。

根据全国性综合交通枢纽的基本定位，规划全国性综合交通枢纽（节点城市）42个，具体是：北京、天津、哈尔滨、长春、沈阳、大连、石家庄、秦皇岛、唐山、青岛、济南、上海、南京、连云港、徐州、合肥、杭州、宁波、福州、厦门、广州、深圳、湛江、海口、太原、大同、郑州、武汉、长沙、南昌、重庆、成都、昆明、贵阳、南宁、西安、兰州、乌鲁木齐、呼和浩特、银川、西宁、拉萨。

全国性综合交通枢纽涵盖了现有和规划发展的所有重要枢纽港口、枢纽机场、铁路及公路主枢纽，与"五纵五横"综合运输大通道共同构成我国综合交通网络骨架。

3. 综合交通枢纽的衔接。综合交通网节点上的枢纽布局应综合考虑各条线路的顺畅连通，遵循客运"零距离换乘"和货物换装"无缝衔接"的原则，统筹线路、场站以及信息传输等设施的有效衔接，充分体现客货流汇集、换乘/换装和疏散的承载性、顺畅性和兼容性。

——铁路、公路、水运和民航客货枢纽，应纳入城市发展规划，与城市空间布局相协调，并与城市交通体系有机衔接。

——铁路、公路和机场客运枢纽，应建立与其吞吐能力相适应的旅客集散和中转系统，与城市轨道交通、常规公交、出租车、私人交通等各种交通方式合理接驳和换乘，实现交通一体化，对于特大型城市的客运枢纽，与城市之间的联系应以快速公共交通或轨道交通为主。

——大型铁路货运站应与公路、水运的货运设施有机衔接并建立运营管理上的协调机制，减少换装和倒运环节。

——主要港口枢纽，其后方集疏运手段应以铁路、高速公路和管道为主，并要与铁路干线和高速公路网络相联系。具备条件的，应积极发展内河集疏运体系。

六、综合交通网发展重点

按照 2020 年基本建成现代化综合交通网的规划目标，根据综合交通网的运输方式构成，在网络中的功能、作用，以及承担的客货运输需求特征和通道走廊资源状况，按照突出重点、整合资源的原则，对构成通道的各种运输方式进行有效衔接和优化配置，确定 2020 年前综合交通网发展的阶段目标和重点。

（一）近期发展目标

到 2010 年综合交通网的发展目标是：

——综合交通网络规模达到 260 万公里，其中铁路 9 万公里，公路 230 万公里（不含村道），内河航道 12 万公里，城市轨道交通 1000 公里，油气管道 8 万公里。民用机场总数达到 192 个，沿海港口深水泊位数 1750 个左右，吞吐能力达到 45 亿吨。所有具备条件的乡镇与建制村通公路。

——"五纵五横"综合运输大通道能力有较大提高，结构趋于合理，为形成完善的综合运输大通道奠定基础。其中，高速公路骨架网达到 5 万公里，除拉萨外，高速公路可实现连接首都至所有省会城市；铁路客运专线建成 7000 公里；初步建成以民航、铁路客运专线和高速公路组成的区域间旅客快速运输系统；内河三级以上航道达到 1 万公里以上，油气骨干管道网初步形成。

——全国性综合交通节点城市的客货综合枢纽结点布局基本形成，其中，北京、上海、广州等特大城市的陆、空、海客货综合运输枢纽功能明显增强，衔接顺畅、转换高效的运输枢纽作用开始显现。

——初步建成上海国际航运中心和中东部地区的集装箱运输系统。集装箱吞吐能力达到 1.36 亿标准箱。

——基本建成煤炭、石油和矿石运输系统。铁路煤炭运输系统能力 18 亿吨；港口原油和矿石 20 万吨级以上泊位接卸能力分别达到 2.8 亿吨和 3.2 亿吨。

（二）近期发展重点

1. 综合运输大通道。2010 年以前重点实施"五纵五横"综合运输通道中的重要路段，完成以提高通道能力为主的布局性建设，主要是加快铁路客运专线建设，以及重点线路扩能改造，尽早实现客货分运；高速公路网力争贯通"五射两纵七横"14 条路（包括完成早期规划的"五纵七横"国道主干线、八条西部干线和拥挤路段扩容改造）；提高长江、珠江水系骨干航道通航等级；大力增加民航区域间干线航路容量。各个通道的发展序列和重点如下：

南北沿海运输大通道。优先发展水上运输，提升铁路运输水平，完善民航和公路运输方式，积极发展管道运输。水运形成完善的沿海煤炭、集装箱、大型矿石和油气运输系统以及相配套的铁路、公路和内河集疏运系统。重点建设大连东北亚国际航运中心、天津北方国际航运中心和上海国际航运中心，以及环渤海、长江三角洲和珠江三角洲矿石及油气运输中转枢纽，"北煤南运"中转装卸系统。铁路重点发展东北以及华东连接南部沿海的客运专线以及海南海口至三亚东环铁路，东北至长江三角洲地区铁路通道贯通，宁波至厦门铁路客运专线建成。高速公路实现全线贯通，加强拥挤路段扩容改造。根据运输需求，提高通道内省会城市和重要城市的机场吞吐能力。管道重点建设中俄油气管道、庆锦原油管道、甬台温成品油管道、东北天然气管网干线管道、闽粤成品油管道和日照—仪征原油管道。

京沪运输大通道。优先发展铁路，扩展水上运输，增强机场枢纽功能，完善公路运输。铁路重点建设京沪高速铁路、京津和沪宁城际轨道交通。水运重点提高京杭运河航道标准和通过能力，并拓展通航范围。京津间、沪宁间公路运输繁忙区段，应适时改建和新建高速公路。进一步提高北京和上海机场能力，增强国际枢纽功能，启动北京第二机场建设。

满洲里至港澳台运输大通道。优先发展铁路运输，扩大港口能力，增强机场枢纽功能，完善公路运输，积极发展管道运输。重点建设北京—广州—深圳—香港客运专线和九江—南昌—福州铁路，珠三角城际轨道交通，同时改造既有京广、京九铁路；根据运输需求，适时对满洲里至北京段既有铁路进行扩能改造。建设深圳、广州等港口集装箱、原油和矿石接卸码头并整治珠江口出海航道。将广州机场发展为国际航空枢纽，相应扩大通道内其他省会城市等干线机场能力。公路重点进行局部路段适时改建和新建高速公路。管道重点建设郑州—长沙成品油管道。

包头至广州运输大通道。优先发展铁路和水上运输，完善公路、民航等其他运输方式。铁路重点建设包头—西安—重庆第二线、贵阳—桂林—广州铁路，同时对贵阳—柳州铁路扩能，争取实现全通道贯通。水运重点加强西江航运干线及其主要支流航道，以及珠江三角洲高等级航道网的建设，加强湛江等港口建设，增强西部（云、桂、黔）地区及珠江三角洲地区通江达海、沟通港澳的水运服务能力。公路重点实施省区间的高速公路连接，尽早实现全线贯通。根据运输需求，逐步提高通道内省会城市等干线机场能力。

临河至防城港运输大通道。优先发展铁路和公路运输，完善水运、民航等运输方式，积极发展管道运输。重点建设兰州至重庆铁路和绵阳—成都—乐山城际轨道交通，增建成都—昆明—南宁铁路复线。公路重点建设成昆和南昆高速公路。水运重点发展防城港，发挥广西港口的出海通道作用。根据运输需求，逐步提高通道上省会城市等干线机场能力。管道重点建设石兰原油管道、兰成原油管道和昆明—重庆原油管道。

西北北部出海运输大通道。优先发展铁路和公路运输，完善水运、民航和管道等运输方式。铁路重点发展煤炭运输网络，建设集宁至张家口、临河至策克铁路，对大秦铁路以及张家口至北京铁路进行扩能改造，同时，布局建设新的北煤外运通道。建设吐鲁番至喀什高等级公路。水运重点建设天津港、唐山港大型深水专业化能源运输码头。根据运输需求，提高通道上省会城市等干线机场能力。管道重点建设北京—唐山输气管道。

青岛至拉萨运输大通道。优先发展铁路运输，完善公路、水运和管道等运输方式。重点建设青岛至太原客运专线、太原—银川（中卫）铁路、兰州经西宁至格尔木复线电气化、拉萨—日喀则铁路；水运重点建设青岛港大型深水专业化集装箱和能源运输码头；公路重点连通陕西与宁夏间的高速公路，尽快实现全线贯通。逐步提高通道内干线机场能力。管道重点建设石家庄—太原成品油管道。

陆桥运输大通道。优先发展铁路和管道运输，完善公路、民航等运输方式，积极发展管道运输。重点建设徐州至兰州铁路客运专线、兰州经乌鲁木齐至阿拉山口铁路复线电气化。建设和完善连云港码头和航道设施。根据运输需求，进一步提高通道内省会城市等干线机场能力。拓展沿通道既有油气管道的输送能力，布局和建设兰州—郑州—长沙成品油管道，西气东输二线、独山子—鄯善原油管道，承担西气东输、中亚进口原油及天然气、新疆原油、天然气和成品油运输任务。

沿江运输大通道。优先发展水上运输，扩大铁路运输范围，完善公路、民航和管道等运输方式。发挥长江"黄金水道"优势，重点加强长江干线航道的治理，主要支流航道的梯级开发，长江三角洲高等级航道网和沿江主要港口集装箱、大宗散货码头的建设，以及扩大三峡过坝运输能力，使长江航运实现1000～3000吨级船舶组成的万吨级船队直达重庆，重庆至水富段实现千吨级船舶全年通航。铁路主要建设沪汉蓉客运专线，实现沿江铁路的贯通；管道重点建设川气东送管道；公路发展重点是沿长江上游鄂渝间高速公路贯通，以及主要城市跨长江的通道。根据运输需求，提高通道上省会城市机场能力。

上海至瑞丽运输大通道。优先发展铁路和公路运输，完善民航运输，积极发展管道运输。铁路重点建设上海至长沙客运专线，大理至瑞丽铁路以及昆明至六盘水复线。公路重点打通湘黔滇三省间的高速公路连接。根据运输需求，提高通道内省会城市等干线机场能力。管道重点建设中缅油气管道、昆明—大理成品油管道。

2. 国际区域运输通道。根据我国与周边国家区域合作的需要，以建立能力适应、结构合理、衔接顺畅的国际区域运输体系为目标，加强跨境战略运输通道和主要口岸后方通道的建设，重点是：

东北亚国际运输通道（含中蒙通道）：铁路运输线路建设同江至哈鱼岛铁路、牡丹江至绥芬河复线、长春至吉林城际铁路、嘉峪关至策克铁路和西小召至甘其毛道铁路。公路运输线路建设牡丹江至绥芬河高速公路、吉林至珲春高速公路和集宁至二连浩特高等级公路。航空运输建设巴彦淖尔机场和二连浩特机场。

中亚国际运输通道：建设北疆铁路复线、精伊霍铁路、喀什至吐尔尕特铁路，以及奎屯至霍尔果斯高等级公路和石河子机场。

南亚国际运输通道：建设拉萨至日喀则铁路，整治318国道拉萨至樟木段以及江孜至亚东公路，建设日喀则机场。

东南亚国际运输通道：新建玉溪至磨憨铁路，改建昆明至河口铁路，推进大橄榄坝航电枢纽工程，实施航道整治工程，改善澜沧江通航条件，建设磨黑至思茅高速公路、石林—锁龙寺—蒙自高速公路和红河机场。

3. 综合交通枢纽。2010年前，做好主要节点城市综合交通枢纽建设布局，重点是：

——结合铁路客运专线、国家高速公路网和机场建设，在北京、天津、哈尔滨、长春、沈阳、大连、青岛、济南、上海、南京、杭州、厦门、广州、深圳、郑州、武汉、长沙、重庆、成都、西安布局建设与高速公路、客运专线和民航机场相衔接的综合交通枢纽。北京、上海、广州等特大城市初步形成多种运输方式协调配合，城市交通与城际交通紧密衔接的综合交通枢纽。

——建设大连、秦皇岛、唐山、天津、青岛、上海、宁波、连云港、福州、厦门、广州、深圳、湛江、武汉和重庆以港口为枢纽的货物集疏运配套体系，重点提高煤炭、矿石、油气、集装箱专业港口的后方铁路、高速公路和管道集疏运能力。

——以促进内陆多式联运为目标，重点建设北京、天津、上海、重庆、哈尔滨、沈阳、大连、青岛、宁波、广州、深圳、郑州、武汉、成都、西安、昆明、兰州、乌鲁木齐等18个集装箱中转枢纽，并在技术标准上与国际标准相统一，在管理和信息上一体化。

——积极推进42个节点城市公共交通发展，逐步建设特大城市轨道交通网络，加快建设北京、上海国际航空枢纽与城市连接的轨道（磁浮）交通系统，改善城市与城际间公共交通状况。

（三）远期发展目标

2010年以后的10年，进一步扩大运输网络规模，逐步完善网络结构，全面建成"五纵五横"综合运输大通道和与之相衔接的综合交通枢纽，初步形成现代综合交通网，适应经济和社会发展需要。

七、规划实施前景

（一）实现上述规划，到 2020 年，将基本建成空间布局合理，结构层次清晰，能力负荷充分，功能衔接顺畅的现代综合交通网络。网络总密度达到 35 公里/百平方公里，其中铁路 1.25 公里/百平方公里，公路 31.25 公里/百平方公里，内河航道 1.35 公里/百平方公里，油气干支线管道 1.25 公里/百平方公里，民航机场 25 个/百万平方公里。形成 1.5 万公里高速客运专线网，10 万公里高速公路网，2 万公里内河高等级航道网、以 244 个机场为节点的航空运输网和 12 万公里油气管道网，形成完善的煤炭、油气、矿石和集装箱运输系统。

（二）现代综合交通网络的形成，将有利于发挥综合运输的整体优势和集约效能，有利于运输服务中公平与效率的兼顾，有利于促进区域协调发展和国土合理开发，体现了支撑经济增长和社会进步以及维护国家稳定和安全的战略取向，为实现全面建设小康社会提供基本保障。

（三）通过综合运输通道和枢纽的优化与衔接，确立优势互补的一体化综合交通体系发展模式，倡导低能耗、高效率，土地占用少、环境友好型的交通方式，促进交通科技进步，提高资源利用效率，减少对环境的污染和保护生态，从而有效促进交通运输可持续发展。

八、政策措施

（一）统筹规划，协同建设，确保实施。有关部门和地方应按照本规划，适时调整各项交通专项布局和建设规划，加强运输大通道和综合交通枢纽的建设，充分做好与其他运输方式的衔接，确保规划目标的实现。

（二）强化通道资源管理。优先保障运输大通道建设的土地和空域供给，完善通道上各种运输方式的空间布局，提高通道运输集约效应，有效利用通道资源。在北京、上海、广州、深圳、大连、武汉、西安和成都进行综合交通枢纽衔接试点，编制综合交通枢纽规划，制定枢纽集疏运衔接标准与规范。

（三）深化交通体制改革。积极推进交通运输综合管理体制改革，统筹交通运输规划、建设、运营和管理。加强各交通部门之间的协调和配合，尽可能发挥综合运输的整体优势和效益。

（四）加大公益性交通投资。加大中央和地方财政对公益性较强的交通项目的投入，重点支持涉及国土开发、国防安全的重点交通基础工程和农村交通的建设，统筹区域和各层次运输网络的协调发展。继续推行投资主体多元化，充分开放运输市场，广泛吸收社会资本，积极拓宽交通基础设施投融资渠道。

（五）健全交通法律体系。研究修订《铁路法》、《公路法》、《民用航空法》以及交通其他相关法规，研究并推进各种运输方式协调发展的法律法规出台。

（六）促进交通科技进步。制定并实施交通科技进步政策，加强高速铁路、跨海湾（峡）桥梁隧道、新一代航空运输系统、离岸深水港、海底油气管线等交通关键技术的研究开发与推广应用；加强高速列车、洁净能源车辆、大型专用船舶、磁悬浮列车、干支线飞机、高粘原油及多相流管道输送等新型运载工具的研究开发和应用，加速淘汰落后技术和高耗低效运输装备。积极推进智能化和信息化建设，加强各种方式的协调和信息资源共享。

（七）促进交通资源节约和环境保护。研究制定并实施交通设施建设使用中的资源保护、节能减排，特别是节约集约利用土地、提高能源利用效率和减少污染排放的工程技术措施、标准及政策。

003

国家发展改革委关于印发"十一五"综合交通体系发展规划的通知

发改交运〔2007〕3044 号

铁道部、交通部、民航总局,各省、自治区、直辖市及计划单列市、副省级省会城市、新疆生产建设兵团发展改革委:

根据党的十七大关于加快发展综合运输体系和《中华人民共和国国民经济和社会发展第十一个五年规划纲要》的总体部署,结合我国交通运输发展实际,我委组织编制了《"十一五"综合交通体系发展规划》,现印发给你们,请按照全面建设小康社会奋斗目标要求,切实以科学发展观为指导,结合本地区、本部门实际,加强对规划实施的组织工作和本行业(地区)相关规划的衔接,严格依据规划确定建设目标,科学合理地安排政府投资,统筹协调引导社会资源,切实履行基本建设程序,确保"十一五"综合交通体系发展规划目标的实现。

国家发展和改革委员会

二〇〇七年十一月十四日

"十一五"综合交通体系发展规划

国家发展和改革委员会

2007 年 11 月 14 日

我国交通运输正处于大发展时期。经过二十多年的改革与建设探索出了一条符合国情的现代交通发展道路,取得了显著成就。但从适应经济发展要求,促进社会进步,改善人民生活质量来衡量,仍有相当差距。

"十一五"时期是交通运输发展承前启后、建立现代综合交通运输体系的关键阶段。在经济快速增长、社会转型加速、经济全球化以及科技进步日趋加快的大环境中,运输需求总量将快速增长,对运输能力、效率与服务质量提出了更高要求。同时,资源与环境约束更加紧迫,交通运输面临新的更大挑战。为实现全面建设小康社会的宏伟目标,加快交通现代化建设,必须紧紧抓住战略机遇期,加强统筹规划,促进各种运输方式协调发展,发挥综合运输的整体效能。

为适应国民经济和社会发展需要,根据《国民经济和社会发展第十一个五年规划纲要》,特编制本规划,以统筹协调铁路、公路、水路、民航、管道和城市交通的发展，促进运输资源优化配置，发挥各种运输方式的组合效率和整体优势，加速建立现代综合交通体系，是指导交通运输发展、确定该领域重大工程和安排政府投资的重要依据。

一、指导思想和发展目标

（一）规划背景

"十五"时期，是我国综合交通体系发展投入最多、速度最快、成效最大的五年，交通基础设施规模迅速扩大，技术装备水平显著提高，综合运输能力进一步增强，交通现代化步伐加快，服务质量较大改善，管理体制改革迈出重大步伐，交通安全与可持续发展得到明显加强，交通协调发展取得新进展，农村交通建设成绩巨大，交通战备保障能力较大提高。这些成就，为"十一五"更好发展奠定了坚实的基础。面向未来，我国交通运输已迈入各种运输方式相互协调衔接，能力扩张与质量提高并进，全面建设现代综合交通体系的新发展阶段。

当前，我国交通运输对国民经济的"瓶颈"制约因素还没有得到根本消除，尤其是铁路运输能力短缺问题比较严重。运输网络规模小、密度低、区域和城乡发展不协调，以及大城市交通滞后的问题依然突出。运输装备总体水平与国外发达国家仍有较大差距，系统整体效率和服务质量有待提高。运输市场建设滞后，市场机制仍需健全，交通发展总体上仍然以各种运输方式自成体系为特征，行业分割没有打破，适应社会主义市场经济要求的综合交通管理体制尚未建立。建立布局合理、能力充分、衔接顺畅、高效便捷的现代化综合交通体系任务十分艰巨。

"十一五"时期是我国全面建设小康社会的重要时期，交通运输面临新的发展环境与挑战。主要是实现经济社会快速发展总量规模上新台阶，需要交通运输提供强有力的基础支撑和服务支撑，工业化进程加快和产业结构调整，需要增强运输通道能力，提高运输服务质量，优化资源配置和提高运输效率，需要加快建设综合交通体系；人民生活水平提高和消费结构调整，要求交通运输更加便捷、安全和舒适；迎接经济全球化和国际竞争的挑战，需要我国交通体系有机地融入世界运输网络，从运输大国向运输强国迅速转变；祖国统一大业尚未完成，反对和遏制"台独"，维护周边和国内稳定，要求加强国防现代化建设，提高国防交通能力。预计"十一五"期间，运输需求将平稳增长，货物运输量和周转量增幅低于"十五"时期，旅客运输量和周转量将高于"十五"时期。

（二）指导思想与发展方针

为实现全面建设小康社会的宏伟目标，必须紧紧抓住战略机遇期，优先发展交通运输业，加快交通现代化建设步伐，从被动适应逐步转向对国民经济的先导促进作用，以满足经济社会快速发展和经济总量规模上新台阶对交通运输发展的需求。为此,"十一五"期间,综合交通体系发展要高举中国特色社会主义伟大旗帜,以邓小平理论和"三个代表"重要思想为指导,按照以人为本、全面贯彻落实科学发展观的要求,遵循增强供给能力、提高运输效率、改善服务质量和保障有效需求的原则,深化改革,坚持市场化方向,统筹规划、合理布局交通基础设施,做好各种运输方式的相互衔接,全面提升综合运输生产力水平、竞争力水平和可持续发展水平,有效支持经济增长和社会进步,保障国家统一与安全,形成布局合理、能力充分、衔接顺畅、优势互补的综合交通体系。

按照这一指导思想,"十一五"综合交通体系发展方针是:以发展为主题,全面提升运输供给能力和服务水平,以体制改革为保障,促进运输市场体系的完善,以构建现代综合运输体系为主线,加强综合运输大通道和枢纽建设;以协调发展为基本立足点,进一步改善区域交通和农村交通条件,以科技应用创新为动力,推进交通运输信息化和智能化建设。

——以发展为主题,全面提升运输供给能力和服务水平。要着力解决交通基础设施总量不足的问题,通过增量的快速扩张和存量的升级改善,实现网络覆盖面的扩大、通达度的延伸和机动性的增强,扭转有效供给短缺的局面,提高运输效率和服务质量,全面推进各种运输方式现代化进程。

按照加快发展铁路运输,进一步完善公路网络,积极发展水路运输,优化民用机场布局的要求,把铁路发展放在更加突出的位置,加快建设铁路客运专线、城际轨道交通和煤炭运输干线。同时,继续推进国家高速公路网、沿海主要港口、内河干线航运和枢纽机场的建设,构建国家综合运输网络骨架。加快发展特大城市以轨道交通为骨干的公共交通体系,加强三大城市群现代综合交通体系建设,优先支持城际轨道交通系统的发展。

——以体制改革为保障,促进运输市场体系的完善。积极稳妥推进铁路体制改革,继续深化水运、公路和民航体制改革,为建立我国综合交通管理体制创造条件。应加强交通运输市场机制建设,完善交通运输市场的进入、退出机制和监管体系,促进公平竞争,形成全国统一、开放的运输市场。同时,加强交通运输的法律法规建设。

——以构建现代综合运输体系为主线,加强综合运输大通道和枢纽建设。整合交通资源,充分发挥各种运输方式的组合效率和整体优势,形成布局协调、能力充分、优势互补、衔接顺畅的综合运输大通道和综合运输枢纽,是建立现代综合交通运输体系的核心,也是缓解交通运输紧张状况的关键环节。"十一五"期间,要按照综合交通网中长期发展规划,大力加强经济区域间、国际间,以及客货集散中心等对经济增长有强力支撑作用的重要通道、枢纽及运输系统建设,并与城市交通和城市空间发展规划相互衔接。

"十一五"综合交通需求预测表

指标	单位	2005 年	2010 年	年均增长（％）
货运量	亿吨	186	232.1	4.5
其中铁路	亿吨	26 9	35	5.4
公路	亿吨	134	168	4.6
水运	亿吨	22	29	5.7
民航	万吨	306.7	570	13.2
货物周转量	亿吨公里	80257	105154	5.6
其中铁路	亿吨公里	20726	27000	5.4
公路	亿吨公里	8693	12000	6.7
水运	亿吨公里	49672	66000	5.8
民航	亿吨公里	78.9	154	14.3
客运量	亿人	185	259.9	7.0
其中铁路	亿人	11.6	15	5.3
公路	亿人	170	240	7.1
水运	亿人	2.0	2.2	1.9
民航	亿人	1.4	2 7	14.0
旅客周转量	亿人公里	17467	26913	9.0
其中铁路	亿人公里	6062	8000	5.7
公路	亿人公里	9292	15000	10.1
水运	亿人公里	68	68	0
民航	亿人公里	2045	3845	13.5

　　在各种运输方式能力扩张的同时，要按照可持续发展和建设节约型社会的要求，突破现行的管理体制和各自发展的模式，整合既有交通设施，促进各种运输方式的合理布局，支持建立高效率，低污染、环境友好的集约型交通运输方式。

　　——以协调发展为基本立足点，进一步改善区域交通和农村交通条件。统筹区域交通发展，东部地区重点加强现代综合交通体系建设，提高交通运输效率，中部地区重点完善交通运输网络，并建设联通各大经济区的大能力干线主通道，西部地区继续实施以扩大覆盖面、提高通达度和建立联通东中部及周边国家运输通道为重点的交通建设，更好地发挥对经济的带动作用。通过政策倾斜和财政支持，加大落后地区和农村交通的建设力度，重点是扩大路同、打通对外运输通道和适度发展支线机场，缩小地区间交通发展差距。农村交通要在解决通达问题的同时，提高道路技术等级，改善通行条件和交通安全条件，提高农村道路客运班车的通达率。

——以科技应用创新为动力，推进交通运输信息化和智能化建设。面对不断增长的运输需求与日益紧张的交通资源约束矛盾，必须依靠科技进步，采用现代化的装备和管理技术，改进交通运输系统的运行组织方式，大幅度提高交通基础设施的使用效率、可靠性和安全性，实现交通运输内涵式增长方式。积极开发应用高新技术，大力推进交通运输信息化建设，推广应用智能运输系统，重视先进装备技术与现代管理技术的综合集成，提高运输效率。坚持自主创新与引进国外先进技术相结合，高新技术与先进适用技术相并举，不断提高自主创新能力和国产化水平。

（三）主要发展目标

我国综合交通体系发展的长期战略目标是以市场经济为导向，以可持续发展为前提，建立客运快速化、货运物流化的智能型综合交通运输体系。

"十一五"期间的阶段性目标是通过大力发展与改革，大幅度提高运输能力，基本消除运输对经济增长的制约；公平与效率充分兼顾，推进城乡、区域交通协调发展，运输质量、资源利用效率明显提高，交通安全得到有效保障，管理体制获得创新；初步形成便捷、通畅、高效、安全的综合交通运输体系。

上述目标可从网络规模与能力、运输服务，技术装备水平、区域协调、安全保障和资源节约等六项指标体系来衡量。

1. 网络规模与能力

• 综合交通体系的网络总规模为 260 万公里左右，综合运输大通道骨架网基本形成。

• 铁路网 9 万公里，其中，客运专线 7000 公里。煤炭运输通道能力 18 亿吨，对国民经济的"瓶颈"制约有较大缓解。

• 公路网 230 万公里（不含村道），其中，高速公路 6.5 万公里；除西藏拉萨外，高速公路可实现连接首都至所有省会城市；所有具备条件的乡镇与建制村通公路。

• 沿海港口深水泊位数 1750 个左右，吞吐能力达到 45 亿吨，其中，集装箱吞吐能力达到 1.36 亿标准箱。沿海港口分层次布局进一步完善，集装箱、原油、铁矿石、煤炭等运输系统大型专业化码头布局基本形成。

• 改善内河航道里程 5200 公里，全国三级以上航道达到 1 万公里以上，五级以上航道超过 3 万公里。新增港口泊位 340 个，新增吞吐能力 6400 万吨和 180 万标准箱。

• 城市轻轨和地铁通车里程超过 1000 公里，城市智能化交通管理系统得到广泛应用。

- 民用机场总数达到 190 个左右，其中 4E 级以上机场 35 个左右，基本形成北方、华东、中南、西南和西北五大机场群体。
- 管道 8 万公里，基本实现原油和区域间成品油管道运输。

2. 运输服务

- 提高旅行时间准确性。铁路旅客列车运行正点率达到 98%，民航航班正常率达到 85% 左右。
- 初步建立运输产品、价格多样化，多方式相协调、点线面相衔接、集疏运相配套的客货运输服务体系，满足不同货种、不同层次旅客运输需求。
- 建立全国性综合交通公众信息平台，以及基于卫星导航和地理信息技术的大城市交通诱导系统。建立比较完善的货运代理、客货营销等运输服务中介体系。
- 提高运输效率。以多式联运为基础的内陆集装箱运输得到较大发展，铁路集装箱承运量达到 10% 左右。厢式汽车运输比重较大提高，零担和快递业务网络初步形成。
- 扩展普遍服务。高速公路连接 90% 人口在 20 万以上的城市；实现所有具备条件的乡镇和行政村通公路，通班车率分别达到 100% 和 90% 以上。
- 基本建立起干线机场、高速公路网、快速铁路线路组成的城际快速客货运输网络。实现京津冀、长江三角洲和珠江三角洲三大经济圈内一日交通。

3. 技术装备水平

- 铁路运输：基本掌握重载装备制造技术和 300 公里/小时等级高速铁路成套技术，形成研发、应用和维护产业化体系；铁路客运专线列车运行速度达到 200 公里/小时以上，重载货物列车总重 2 万吨；机车信号、行车安全、公务工程和信息化主要技术接近国际先进水平。东部发达地区铁路初步实现现代化。
- 公路运输：重型载货汽车、专用汽车、厢式货车占商用车比例分别达到 30%、30% 和 20% 左右；高速公路全程监控系统、应急救援系统、联网收费系统基本建立。
- 水上运输海运船队总载重吨和集装箱船队运力规模居世界前列；集装箱、液体化工和汽车滚装等运输船舶基本专业化；长江、西江和京杭运河货运船舶基本实现标准化和系列化。内河货运船舶平均吨位达到 350 吨以上。
- 民用航空：运输飞机 1600 架左右，建立比较完善的飞行保障和维护体系；雷达管制、卫星导航和自动相关监视技术得到广泛应用，形成较为完善的空管运行、系统保障和技术支持体系。

4. 区域协调

- 西部地区交通设施实现质的转变，整体水平显著提高；路网覆盖面进一步扩大，实现所有具备条件的乡镇和建制村通公路，基本形成连接中东部和周围国家的综合运输大通道。

• 中部地区形成具有高度可靠性和应变能力的综合运输骨架网络，贯通南北、横联东西的运输纽带作用充分发挥。

• 东部地区基本形成多方式相协调、点线面相衔接、集疏运相配套的客货运输网络，发达区域现代化综合交通体系初步建立。

5. 安全保障

• 交通安全。基本建立起跨行业的交通安全预防监控体系，控制交通事故发生率，降低交通事故死亡率，减少经济损失。其中，道路万车死亡人数下降到5.0人/万车以下，民航运输每百万飞行小时重大事故率低于0.29；万艘运输船舶重大事故率较目前下降10％。

• 国家经济安全。基本建立交通应急反应体系，应对重大灾害及突发事件的能力明显提高，保障紧急状态下的机动性。

6. 资源节约

• 铁路实现单位运输量降耗20％，公路每亿车公里用地面积下降20％，沿海港口每百万吨吞吐量占用码头泊位长度下降25％；公路营业性车辆、内河运输船舶单位运输量能耗分别下降20％；航空燃油吨公里消耗下降10％左右。

二、发展重点

根据本规划提出的发展方针和目标，"十一五"综合交通运输体系的发展重点将围绕综合运输大通道与枢纽、能源运输系统、集装箱运输系统、城市群及特大城市交通、区域开发和农村交通、交通科技进步与信息化、交通安全和国防交通建设、运输服务等八个方面展开。

（一）综合运输大通道及枢纽

"十一五"期间，优先建设对支撑经济增长有重大作用的综合运输通道，尽快形成综合运输网络骨架，以增强战略物资和高密度客流长大距离运输能力；同时，积极支持具有国土开发功能、对外联系及国防功能的运输通道建设。重点实施"五纵五横"综合运输大通道中的重要路段建设，基本形成网络骨架，使主要通道的各种运输方式结构配置基本合理，形成大能力的货运和客运专线。处于综合运输通道上的客货综合枢纽布局基本形成，衔接顺畅、集散充分高效、运转协调。主要任务是：

• 加快铁路客运专线、城市圈内城际轨道交通和煤运通道建设，以及既有铁路扩能改造，实现繁忙干线客货分线运输。

• 重点支持国家高速公路网建设，贯通"五射两纵七横"14条线路（并确保在2008年全面建成"五纵七横"12条国道主干线），总体上实现"东网、中联、西通"的目标，同时，全面建成西部开发8条公路干线。此外，逐步对已建高速公路饱和路段进行扩容。

•以提高航道等级和改善航道条件为主,加快建设长江、珠江水系和京杭运河高等级航道,建设内河主要港口。

•强化空管系统的顶层建设和综合集成,加快建设雷达、通信导航、气象等基础设施,提升区域民航干线运输的空管保障能力。

•加强沿海主要港口、民航枢纽机场和主要城市客货运中心建设;显著提升北京、上海、广州等特大城市的陆海空客货运输综合性枢纽功能。

1. 南北沿海运输大通道(含进出羌通道)。重点发展沿海水路和铁路运输,完善其他运输方式。加快形成沿海三大区域(环渤海、长江三角洲和珠江三角洲)港口专业化煤炭、集装箱、矿石、油气和粮食运输系统,继续保持香港国际航运中心地位,基本形成上海国际航运中心,建设天津、大连北方国际航运中心,贯通东北至长江三角洲地区铁路,建设哈尔滨至大连、宁波至深圳,以及天津至秦皇岛铁路客运专线;高速公路贯通全通道,建成杭州湾公路大桥,开工建设跨杭州湾第二通道。同时,对通道内既有干线机场进行改扩建。到2010年,该通道综合运输能力基本适应区域运输需求。

2. 京沪运输大通道。加快发展铁路运输,完善其他运输方式。开工建设京沪高速铁路,同时改造现有线路,加快京津,沪宁城际轨道交通项目建设;改造京杭运河,提高通航标准,结合南水北调东线工程,延伸京杭运河通航里程;扩大京沪间航路容量和机场吞吐能力,启动首都第二机场建设,扩建上海浦东机场和虹桥机场,增强北京机场及上海机场国际枢纽功能,改造通道内现有高速公路,在京津间,以及苏沪间增建区间二线高速公路。到2010年,基本形成布局完善、结构合理、衔接顺畅的客货运输大通道。

3. 满洲里至港澳台运输大通道。重点发展轨道交通,完善其他运输方式。加快京广客运专线建设,建成武汉至广州段,以及广深港客运专线广深段。加快珠三角城际轨道交通系统建设,建设九江经南昌至福州快速铁路通道。扩建石家庄、郑州、武汉、南昌、长沙、广州、深圳机场,增强广州机场国际枢纽功能。建设港珠澳跨海大桥,增强香港与澳门及珠江西岸的陆上联系。重点建设珠江口出海航道和大型专业化泊位。此外,通道内公路拥挤路段增建二线高速公路。到2010年,使该通道运能基本适应区间客货运输需求。

4. 包头至广州运输大通道。加快发展铁路和公路运输,完善其他运输方式。建设包头经西安至重庆铁路第二线和贵阳至广州铁路,完成黔桂铁路扩能改造,打通川陕间、渝黔间高速公路联系。实施西江航运干线扩能工程,提高航道的综合通过能力,对通道主要节点城市机场进行扩建。至2010年,基本形成西部地区贯通南北的综合运输出海大通道。

5. 临河至防城港运输大通道。发展重点是铁路和公路,完善其他运输方式。

建设兰州—重庆铁路，绵阳—成都—乐山城际轨道交通和昆明—广通复线。建设主要区段的高速公路，对通道上主要节点城市机场进行扩建。到 2010 年，通道内铁路基本贯通，沿线高等级公路贯通，通道能力开始形成。

6. 西北北部出海运输大通道。加快铁路建设，完善其他运输方式。在加强对华北地区现有铁路（大秦、神朔黄、丰沙大、京津）的扩能改造的同时，开工建设西煤东运新通道、集宁至张家口铁路、临河至策克铁路，以及该通道至蒙古口岸的铁路。至 2010 年，该通道运能基本适应"北煤外运"的需要。

7. 青岛至拉萨运输大通道。重点发展铁路和公路，完善其他运输方式。建成石家庄至太原、济南至青岛客运专线和青藏铁路格尔木至拉萨段，对既有铁路进行扩能，包括兰州至西宁、西宁至格尔木铁路增建第二线及电化改造；建设太原—银川（中卫）铁路，早日实现通道的贯通，加快沿通道高速公路建设，实现全线贯通。到 2010 年，该通道运能基本适应区间客货运输需求。

8. 陆桥运输大通道。重点发展铁路、公路和管道运输。建成郑州—西安铁路客运专线，加强通道西部高速公路建设。加快沿通道原油、成品油和天然气管道的改造和建设。重点建设连云港深水航道和大型专业化泊位。至 2010 年，该通道基本形成各种运输方式布局合理、能力充分、衔接顺畅的综合运输大通道。

9. 沿江运输大通道。重点发展长江航运，完善其他运输方式。加强长江水系航道的治理，完成长江口深水航道整治三期工程，整治长江中游航道，重点建设沿线主要港口煤炭、矿石、集装箱、成品油、化工品和粮食等专业化码头，提高三峡枢纽综合运输能力。在实现沿江铁路贯通的基础上，建成南京经合肥至武汉客运专线和宜昌至万州铁路，完成达成线扩能改造，建设武汉至宜昌、重庆至利川铁路和遂渝、渝怀复线。加快建设沿江高速公路和通道主要节点城市机场扩能建设。到 2010 年，基本形成布局合理、能力充分、衔接顺畅的综合运输大通道。

10. 上海至瑞丽运输大通道。重点发展铁路、公路和航空运输。建设沪杭磁浮线和客运专线，增建昆明—六盘水段第二线，建设大理至瑞丽铁路。加快云南至贵州间高速公路的建设。对通道主要节点城市机场进行扩建。到 2010 年，通道能力基本适应区间客货运输需求。

此外，为适应区域经济一体化，双边和多边贸易和自由贸易区的发展趋势，"十一五"期间要加快建设四区域国际性运输通道，完善相关路网，增强与周边国家和地区的紧密联系。

东北亚国际运输通道。重点建设海满铁路复线，完善哈尔滨至满洲里、哈尔滨至绥芬河、哈尔滨至黑河、哈尔滨至同江、吉林至珲春、集宁至二连浩特和沈阳至丹东 7 条通道。完善大连、哈尔滨、沈阳机场功能。根据中俄能源贸易需求情况，适时铺设原油运输管道。

中亚国际运输通道。重点加强乌鲁木齐至阿拉山口、乌鲁木齐至霍尔果斯、乌鲁木齐至吐尔尕特等3条通道的铁路和公路建设，扩建乌鲁木齐机场，提升国际门户地位，初步形成我国与哈萨克斯坦等中亚五国相连接的运输大通道。

南亚国际运输通道。建设拉萨至日喀则铁路，整治318国道拉孜至樟木段以及江孜至亚东公路，建设日喀则机场。

东南亚国际运输通道。重点提高昆明至瑞丽、昆明至磨憨、昆明至河口、南宁至友谊关4条通道能力；建设中缅铁路、中老铁路及昆河铁路，加快贯通昆明至磨憨高速公路，相应提高其它公路的技术标准和等级，完善路网，迁建昆明机场，提升国际门户地位，扩建南宁机场，形成我国与缅甸、老挝、越南相连接，并通达东南亚诸国的综合运输大通道。

（二）能源运输系统

"十一五"期间，重点加快保障经济平稳运行和安全的能源系统建设，完善煤炭、原油、成品油、天然气等能源物资运输系统。

1. 煤炭运输。充分挖掘既有铁路和港口设施能力，开辟新的运煤通道，进一步完善煤炭运输布局，形成运力强大，配套完善的煤炭运输系统。围绕煤炭基地运输需要，重点提高"三西"煤炭外运通道能力。结合铁路客运专线建设和既有线扩能改造，加快煤运通道建设，实施大秦、朔黄铁路扩能及集疏运配套工程，开工建设西煤东运新通道，大力发展铁路重载运输和专业化运输，大幅度提高铁路干线煤炭外运能力。进一步强化北方沿海煤炭装船码头建设，以及加快华东、东南、华南地区接卸码头和中转基地的建设，加快船型结构调整，继续发挥长江干线和京杭运河煤炭运输通道作用，同时，加强西北、西南和华中地区煤炭运输通道建设。

2. 油气运输。加快发展沿海20万～30万吨级以上原油码头和油气管道输送同，强化油气供应的可靠性和安全性。重点建设以大连、天津、青岛、宁波、舟山、湄洲湾、惠州、深圳、珠海、广州、北海等港口为主的进口原油和天然气中转运输系统，提高接卸能力；建设中俄、兰州至成都原油管道，完善西北地区和东北地区进口原油接卸管网系统，建设西气东输复线工程；建设西油东送、北油南运成品油管道，实现成品油主要产销点管道运输；研究建设第二条西气东输和中亚、中俄天然气管道，结合国家"十一五"天然气项目布局，围绕拟建设的沿海LNG接收站点，建设和完善接卸、存储设施和输气管道运输网络；扩大我国大型油轮船队规模，发展20万吨级以上的大型油轮运输船队和LNG专业运输船队，提高油气运力。扩大铁路口岸站石油接运能力，同时，加快国家战略石油储备配套运输系统建设。

（三）集装箱运输系统

"十一五"期间，重点建设以集装箱干线港为核心，各种运输方式协调发展和有机衔接的集装箱运输系统。加强长江三角洲、珠江三角洲和渤海湾地区，以及长江干线主要港口集装箱码头泊位建设，重点是以大连、天津、青岛、连云港、上海、宁波、太仓、苏州、厦门、深圳、广州等港口为主的集装箱运输系统，通过挖潜改造、新建港区和提高装卸效率，增强三大区域港口集装箱装卸能力，同时完善支线港和喂给港的配套设施。

加快建设铁路18个集装箱中心站，推动双层集装箱通道建设，提高铁路集装箱整列到发、装卸和中转能力，发展固定集装箱班列，提高送达速度。

改善集装箱生成地与港口间公路通道布局，继续支持主要港口集装箱港区集疏运系统建设，进一步提高通行能力，加强公路主枢纽场站有关设施的建设和整合，发展集装箱枢纽站或物流中心。

加快制定有利于集装箱多式联运的统一标准，全面推进EDI系统（电子数据交换系统）建设，促进集装箱多式联运的发展。

（四）城际客运与城市群、大城市交通

城际客运系统应以高速铁路、航空、高速公路为主，城市群和特大城市以发展轨道交通和道路公共交通为主。

1. 城际客运。在保证安全、增加能力的前提下，要大力提高运行速度和方便舒适程度，继续推进以北京、上海、广州、郑州、武汉、成都、西安、沈阳、深圳等中心城市为核心，连接主要省会城市的城间旅客快速运输系统建设，加快重点区域旅客快速运输网的形成，构建以快速客运系统为主干的城市间客运系统。铁路要以客运专线建设为先导，全面提高旅客列车运行速度；加快建设以北京为中心，京广、京沪、京哈、陇海等铁路为主干线的快速客运系统，保持铁路快速客运系统在我国中长途客运中的主力地位。民航客运系统建设，除了加强枢纽机场建设外，还要继续扩建干线机场，新建支线机场，增加省会城市、开放城市和旅游城市之间的航线和航班密度，拓展西部航线，优化机队结构，提高运输服务质量。公路要以建设中的国家高速公路网为核心，以干线公路为基础，加强大中城市枢纽客运场站的建设，采用多规格、多品种、性能良好的旅客运输工具，不断提高服务水平，逐步形成安全、便捷、舒适的公路快速客运系统。

2. 城市交通。大城市、特大城市客运交通应发展以轨道交通为骨干、道路交通为主体的公共交通系统。特大城市要以缓解日益拥堵的交通状况为目标，制定公交优先策略，大力发展大输送量的地铁和城市轻轨，建设道路准快速公交网络系统，在有条件的大中城市建设快速公共汽车交通系统（BRT）。同时，要从建设城市交通与城郊交通一体化运输系统出发，加快城市主要客运枢纽和配套的大型公共停车场等设施建设以及货运枢纽建设，增强城市交通与城市间交通的衔接配合和资源共享；增加城市交通控制与管理系统的科技投入，大力发展智能化交通管理与引导系统，合理引导交通需求，有效疏导交通流量的时空分配，继续推广可替代燃料公交车辆的技术开发和使用，推动国Ⅲ排放标准的全面实施，减小交通对环境的损害。

（五）区域开发交通和农村交通

1. 区域开发交通。坚持全面协调发展原则，贯彻国家西部大开发和东北等老工业基地振兴的战略，"十一五"期间，要继续加快西部及东北地区铁路、公路、内河航道和民航建设，为这些地区提供安全、便捷、高效、普遍的运输服务，满足社会经济发展和国防建设的需要。

根据《中长期铁路网规划》，布局新的区域开发性新线，继续扩大西部铁路网规模，完善中部路网。建设青藏铁路延伸线、大理至丽江至香格里拉、西安至平凉、铜陵至九江、赣州至韶关、九景衢以及东北东部铁路通道等。

继续改造国道、省道干线公路，提高公路等级，打通省际间通道，发挥路网整体效率。继续改建整治川藏、青藏公路和滇藏公路，加快改造新藏公路。

加大长江干线、西江航运干线投入，继续梯级开发中西部地区松花江、湘江、赣江、汉江、红水河、嘉陵江等重要河流，促进水资源综合利用。

新建阿里、喀纳斯、康定、玉树、阿尔山、腾冲、吕梁、宜春、鸡西、伊春等机场，增加中西部地区和东北地区机场密度，扩展航空运输服务范围。

2. 农村交通。重点加强中西部地区农村公路建设和通往经济中心、交通中心以及连接国省干线公路的"出口路"的建设。东部地区继续安排乡通村公路建设，全面实现"油路到村"，新建里程约20万公里。

中部地区继续实施通乡、通村公路建设，全面实现"油路到乡"，基本实现"油路到村"，新建里程约50万公里。

西部地区重点建设通乡公路，基本实现"油路到乡"、"公路到村"，新建里程约11万公里。

同时，加快建立科学、规范化的养护体系，使农村公路得到全面养护。进一步加强农村交通运输服务的扶持，着力提高农村客货运输的覆盖面和服务水平。

（六）交通科技进步和信息化

"十一五"期间，重点提高运输基础设施和装备的科技含量与现代化管理水平，加强高技术、新材料和施工工艺的研发与应用，引进先进实用技术并加速国产化，改造提升既有设施技术水平，加快交通信息化步伐。

——研究和应用高速铁路、跨海湾（峡）通道、离岸深水港、深水航道整治、大型航空港、大型桥梁和隧道、综合立体交通枢纽、深海油气管线以及特殊自然环境下的工程建设技术。

——提高公路高等级线路比重、铁路复线率、电气化率，沿海主要港口按国际海运趋势建设大型专业泊位。

——研究推广高速铁路成套装备、现代轨道交通成套装备、大型运输船舶和港口装卸设备，发展厢式载货车、集装箱运输车、冷藏运输车、铁路重载列车和大马力机车，研究开发新一代航行系统装备和磁悬浮技术等。加快民用支线飞机的国产化步伐。

——整合民航、铁路、公路、水运等运输方式现有信息资源，加强综合交通信息基础平台建设，促进综合交通服务系统的信息互联互通。进一步深化信息技术在交通运输业的推广应用，提高交通信息管理和指挥控制系统的信息化水平，积极推进交通运输智能化。

——加强交通安全与应急保障、环境保护和节约资源等技术的研究与应用。

（七）交通安全和国防交通建设

"十一五"期间，重点加强运输工具的安全性、可靠性和交通安全设施的完善与配套，实现对交通行为的监控、预警、引导和控制，抑制或减少交通事故隐患，建立完善的交通应急反应体系，提高应对重大灾害及突发事件的能力。

继续加强国防交通建设，完善以海峡西岸为重点的东南沿海地区交通网络，提高我国周边地区、重点地区交通通行能力，加大交通运输设施和装备贯彻国防要求力度，提高民用运力动员能力，做好战时或应急情况下交通运输保障和组织指挥预案，确保交通枢纽、线路基础设施安全和战略通道畅通。

（八）运输服务

"十一五"期间，交通运输要按照"以人为本"的要求，充分运用现代科学技术和组织管理方式，全面提升交通运输的安全、便捷、高效服务水平。

以建立多式联运系统为目标，重点加强各种运输方式服务标准的统一和信息一体化，推进内河船舶的标准化、铁路集装箱标准的统一，加速提高运输装备的标准化和组织管理现代化水平，加快交通运输信息化、智能化建设。逐步消除各环节的衔接障碍。

加快发展零担运输、快递服务和汽车租赁业务，积极发展客货运输代理、票务销售网络等运输中介体系，建立区域和城市交通公众咨询站点，完善交通信息服务。

加大农村客运的支持力度，尤其应重视偏远和贫穷地区的旅客运输。积极扶持农村客运站点的建设，发展适合农村客运的安全、适用型客车，形成以农村公路为依托、沟通城乡的农村客货运输网络，逐步改善农村运输服务质量。

大力发展公路厢式货车运输，支持发展现代物流，运用现代信息技术和供应链管理技术，促进运输、存储、装卸、搬运、包装、流通加工和配送的一体化运作。

进一步完善危险货物运输服务体系，扩大运输服务范围，保障运输安全，促进危险货物运输发展。

三、政策措施

交通运输是经济发展的基础产业，在相当长的时期内仍然是我国经济社会发展的战略重点之一。为完成"十一五"综合交通体系发展任务，实现发展目标，需要进一步转变政府职能，完善调控手段，调节运行机制，促进市场发育，并给予必要的政策支持。

（一）深化交通体制改革，促进交通一体化

"十一五"期间，要进一步加快和深化交通管理体制改革，促进各种运输方式一体化进程。重点是积极稳妥地推进铁路改革，尽快成立统一的国家交通运输管理机构，担负全国交通运输业的政府管理职能。

1. 铁路体制改革遵循总体设计、稳步推进的原则，按照政企分开、引入竞争、加强监管、促进发展的要求，取得实质性进展。首先要实现政企分开，在此基础上，逐步建立起与市场经济体制相适应的政府监管机制、企业激励约束和自我发展机制。同时，加快铁路市场化进程，明确相关的市场准入、财务结算、运营管理、投资回报等政策，鼓励、引导各类资本进入铁路领域。对新建铁路项目，推进铁路投资主体、投资渠道与投资方式多元化，并切实保障投资者的权益。

2. 继续深化民航、公路和水路管理体制改革。民航要进一步理顺政府监管与企业经营的关系，健全法律、法规、标准，完善现代企业制度和航空运输市场体系。推进空管体制改革，进一步释放空域资源，提高空管系统运营效率和服务水准。进一步调整港口管理机构与港口装卸经营企业职能，彻底实现政企分开、政事分开和政资分开。深化公路运营管理体制改革，完善公路收费管理机制，加速推进公路联网收费和不停车收费，提高公路运营的效率，改革农村公路管理养护体制，提高农村公路的使用寿命和通行水平。

（二）加快运输市场化进程，促进公平有序竞争

进一步开放运输市场，允许国内外企业进入运输主业，开展客货运输，以及快递、货代、联运等相关业务和辅助服务，以快速提高国内交通产业组织水平、运输效率和服务质量。

1. 推进运输市场化的重点之一是实行运价管理改革，建立反映市场供需关系的价格形成机制。

改革铁路运价体系，逐步建立政府调控下的铁路运价市场形成机制。合理调整铁路与其他运输方式的运价比价关系，使得价格调整基本反映运输市场供求情况，引导各运输方式的有序竞争和资源的有效配置，航空运输要进一步完善价格监管体系，对价格调整幅度的监管应适应市场的变化，形成多级票价体系，适应不同层次需求。控制收费公路规模，调整收费公路结构和管理模式，加快推进全

国收费车辆类型和费率标准的统一,降低厢式和重型载货车辆、大型客车收费标准。

2.进一步拓展运输服务的范畴,鼓励传统运输企业积极参与各类运输辅助服务,与仓储配送、货运代理、多式联运等企业实行兼并、联合等形式的资产重组。鼓励各类运输企业积极拓展服务领域,开展以专业化服务为基础的现代物流服务,实现运输服务的增值和效益最大化。

3.在积极促进运输市场化的同时,通过建立健全交通运输技术标准和完善交通运输法规,强化政府对交通运输的有效监管,建立公开、公平和有序的交通运输市场秩序。

——推行交通运输技术、统计和管理标准化,促进不同运输方式的有效衔接和运输一体化进程,降低交易成本,提高我国交通运输的效率和质量。

——建立交通运输运行监测体系,制定综合交通运行绩效监测指数,包括制定反映交通运输效率和质量的统计指标和中国运输市场价格指数,实现对交通运输市场价格和运行绩效的适时监测。

——修改调整现有各类交通法律法规,适时制定《综合交通促进法》。

(三)拓宽投融资渠道,保障建设资金

为保证交通运输快速发展巨大的投资需求,既要稳定现有投融资渠道,又要开拓新的投融资渠道.推行投资主体多元化,多方筹集交通建设资金。

继续实施现有的铁路建设基金、民航建设基金、机场建设费、港口建设费收取和使用政策,保证现有资金渠道不变,同时要加强上述资金的规范使用管理。

合理界定政府投资范围,理顺各级政府对交通运输的职责与事权划分。政府资金主要用于公益性和准公益性的交通基础设施建设。

完善财政转移支付制度,要大幅度增加对国防交通、边远地区和农村地区等公益性交通运输的投入,支持中西部地区交通发展,以及内河航运发展。

加大政策性银行对交通基础设施建设的贷款。继续支持符合条件的交通类企业发行企业债券和重组上市,稳步开拓直接融资渠道。继续安排国际金融组织和外国政府贷款,允许符合条件的交通运输企业使用国际商业贷款。

完善特许经营的相关法律法规,规范交通设施资产权益转让行为,合理界定政府和企业风险。

(四)加快科技创新步伐

深化交通科技体制改革,整合交通科研资源,加强科技人才培养,鼓励产学研相结合,促进形成以企业为主体、中介为纽带、科研院校为支撑的国家综合交通创新体系,提高自主创新能力。

开展交通应用研究,稳步增加对提升我国交通现代水平具有重要意义的前沿科技(如磁悬浮技术、民用飞机等)的政府研发投入,并鼓励国内企业加大研发投入，尽快形成具有自主知识产权的运输装备成套技术，提升交通设施、运输装备和营运管理的科技含量及生产力水平。

继续引进国际先进的交通运输技术和重大装备，并免征或减征关税和进口环节增值税。在引进中要坚持技贸结合，联合设计制造，打造国产品牌的原则，通过引进、消化、吸收交通重大装备技术，系统掌握关键技术＋提升制造水平。积极扶持自主研发产品的完善、提高和应用，尽快实现产业化。

鼓励使用国产运输装备，对国内制造可替代进口的交通装备给予不低于进口装备的优惠税收政策，并建立首台（套）运输装备使用的风险保障资金和给予营运税费优惠。

（五）促进交通可持续发展

资源依赖与环境约束是 21 世纪我国全面建设小康社会所面临的两大矛盾。交通运输发展要利用大量的国土资源，同时又是主要的能源消耗者，要充分依靠内涵式的增长方式来满足经济高速增长的需求。

1. 大力发展循环经济，提高交通运输资源利用效率，促进发展环境友好型交通系统。

——制定交通可持续发展产业政策，建立交通可持续发展评价指标体系和标准，提高交通基础设施建设和运输装备土地利用、环境影响和能源消耗控制标准。适时开征燃油税。

——科学规划、合理布局交通基础设施，充分发挥运输的网络规模经济效应，加速推广采用大容量、专业化的运输装备，节约土地，提高运营效率。

——鼓励使用节能技术和清洁能源的运输装备，加速强制淘汰落后的交通技术和高耗低效运输装备。对使用先进低耗的运输装备免征或减征相关的税费。

——城市交通要结合土地使用，进行综合规划，并在规划、设计、投资、建设、运营中贯彻公共交通优先的政策。

2. 提高全民的守法意识和交通安全意识，包括采取把交通安全教育纳入中小学教育体系，严格执行《道路交通安全法》。加快研究和应用新的安全设施、设备和车辆技术，对营运客货汽车强制安装车辆行驶记录仪，并制定驾驶员驾车时间规定。进一步提高基础设施建设和运营管理养护的交通安全标准＋标本兼治，杜绝车船超载；加强农用车管理，严禁农用车从事经营性运输。

3. 建立统一协调的综合交通安全保障和应急机制，完善交通事故紧急救援体系，做到各个相关部门的合理分工、密切协作。成立政府交通安全专家顾问咨询机构，对交通行为进行调查研究和提供技术咨询。

（六）强化交通需求侧管理，有效缓解需求压力

统筹考虑交通基础设施建设与土地资源、资源禀赋和产业布局的关系，通过优化配置交通资源，调控和引导交通运输需求，促进区域生产力和城市空间的合

理布局。

充分应用现代科技手段,提高交通动态监控和管理水平,强化路网干支渠化和衔接,有效疏导拥堵。积极倡导公共交通,同时,通过合理的经济手段调节私人小汽车的使用。

健全交通运输领域公共信息服务体系,提高信息的有效性和对交通使用者的引导性,降低车辆空驶率,提高运输的有效供给。各级政府应支持全国性和地区性的综合交通市场信息服务体系建设,其它专业性信息平台的建设,鼓励市场化运作。

004

关于印发《国家高速公路网规划》的通知

交规划发〔2005〕40 号

　　《国家高速公路网规划》（以下简称《规划》）现印发你们，各省区市和有关部门要加强组织领导，结合自身实际，采取有力措施，把《规划》提出的各项任务落到实处，同时抓紧制定本地区本部门高速公路网规划并认真组织实施。

　　附件：国家高速公路网规划

交通部

二〇〇五年二月二日

附件：

国家高速公路网规划

交通部

2005 年 2 月 2 日

　　高速公路是二十世纪三十年代在西方发达国家开始出现的专门为汽车交通服务的基础设施。高速公路在运输能力、速度和安全性方面具有突出优势，对实现国土均衡开发、缩小地区差别、建立统一的市场经济体系、提高现代物流效率具有重要作用。目前全世界已有 80 多个国家和地区拥有高速公路，通车里程超过了 23 万公里。高速公路不仅是交通运输现代化的重要标志，也是一个国家现代化的重要标志。

　　到 2004 年底，我国高速公路通车里程超过 3.4 万公里，继续保持世界第二位。除西藏外，各省、自治区和直辖市都已拥有高速公路，有 16 个省区的高速公路通车里程超过 1000 公里。长江三角洲、珠江三角洲、环渤海等经济发达地区的高速公路网络正在加快形成。从 1988 年上海至嘉定高速公路建成通车至今 17 年间，在"五纵七横"国道主干线系统规划的指导下，我国高速公路从无到有，总体上实现了持续、快速和有序的发展，特别是 1998 年以来，国家实施积极财政政策，加大了包括公路在内的基础设施建设投资力度，高速公路建设进入了快速发展期，年均通车里程超过 4000 公里。高速公路的快速发展，极大提高了我国公路网的整体技术水平，优化了交通运输结构，对缓解交通运输的"瓶颈"制约发挥了重要作用，有力地促进了我国经济发展和社会进步。

党的"十六大"提出全面建设小康社会的奋斗目标,我国经济社会将进入新的高速发展时期,运输需求将持续快速增长。我国高速公路建设尽管取得了巨大成绩,但总体上仍然处于初级发展阶段,不能完全适应社会经济发展和人民生活水平提高的需要,突出表现在:

1. 高速公路总量不足,覆盖范围需要继续扩大

目前,我国高速公路仅覆盖了省会城市和城镇人口超过 50 万的大城市,在城镇人口超过 20 万的中等城市中,只有 60% 有高速公路连接。我国经济总量已经跻身世界前列,而高速公路的发展水平大大落后于世界发达国家,迫切需要继续加快发展。

2. 高速公路网络尚未形成,规模效益难以发挥

高速公路具有突出的网络化特征,当网络布局合理,连续运输距离达到 200~800 公里左右,高速公路将形成显著的运输效益优势。目前,我国一些人口和经济总量已达到相当规模的地级城市与省会城市之间以及地级城市之间还不通高速公路,在相邻省份之间尚未形成高速公路的有效衔接,即使在我国经济最发达、人口最稠密的东部沿海地区,高速公路依然没有实现真正的网络化服务。在我国,规模适当、布局合理、横连东西、纵贯南北的高速公路网络尚未形成,高速公路的规模效益还无法得到充分发挥。

一、规划的必要性

我国已进入全面建设小康社会的新时期,并将逐步实现现代化,从国家发展战略和全局考虑,在我国高速公路快速发展的历史阶段,尽快规划建设国家高速公路网是十分必要和紧迫的。

1. 从国家发展战略看,国家高速公路网是全面建设小康社会和实现现代化的迫切需要,也是经济全球化背景下提高国家竞争力的重要条件。

本世纪初是重要的战略机遇期,规划建设国家高速公路网是贯彻科学发展观,推进"五个统筹",进一步完善社会主义市场经济体制,实现全面、协调、可持续发展的迫切要求。规划国家高速公路网有利于加快建设全国统一市场,促进商品和各种要素在全国范围自由流动、充分竞争。同时国家高速公路网的建设对缩小地区差别、增加就业、带动相关产业发展也具有十分重要的作用。国际上经济发达、交通现代化的国家,出于政治、经济、国防等方面的需要,都在一定时期内规划建设国家高速公路网络,美国的"国家州际和国防公路系统"和日本的"高标准干线公路网"就是典型代表。从长远看,国家高速公路网的建设对于我国保持发展后劲,增强国际竞争力,实现长期持续发展具有重要意义。

2. 从新时期经济社会发展需求看,规划建设国家高速公路网是影响全局的基础性先决条件。

本世纪头二十年，我国经济总量将实现翻两番，这样的发展速度势必带动全社会人员、物资流动总量的升级，新型工业化对运输服务效率和质量也提出了更高的要求，特别是汽车化、城镇化及现代物流业的快速发展使得制定国家高速公路网规划更显迫切。2004年，全国汽车增量已超过500万辆。据预测，到2020年，我国汽车保有量将超过1亿辆，大约是目前的4倍。截止到2003年底，我国私人汽车保有量已经超过1200万辆，占汽车总量的51％。我国每百个家庭目前拥有汽车仅3辆左右，未来增长潜力巨大。

目前，我国的城镇化水平约为41％，城镇人口超过5亿人，预计到2020年我国城镇化率将超过50％，城镇人口将超过7.4亿。据统计，我国城镇居民的年均出行次数是农村居民的8到9倍，城市人口规模的扩大将导致公路客货运输量的显著增长。

现代物流业，特别是集装箱运输迅速发展对高速公路提出了迫切要求。我国的物流成本长期居高不下，占到GDP的20％左右，而欧美国家物流成本仅为GDP的8％到10％。完善高速公路网有利于改变我国物流的落后面貌，改善对外贸易的服务环境，提高制造业的国际竞争力。集装箱运输是交通运输现代化的一个重要产物，近十多年来，我国港口集装箱量以年均30％以上的高速度持续增长。2004年超过6100万标箱，绝对箱量继续位居世界第一位。高速公路网运转可靠、效率高、辐射能力强，一直是港口集装箱集疏运的主力，据调查，公路承担了我国主要港口约84％的集装箱集疏运量。

3. 从高速公路建设发展的现实需要看，迫切需要统一全面的总体规划指导高速公路布局和投资决策。

我国高速公路建设初期是连接主要城市，近几年转向大规模跨省贯通，在经济发达地区和城市密集区，高速公路发展目前已开始进入网络化的关键阶段。近几年全国每年建成高速公路3000到4000公里，预计这种态势还将持续一段时期。现已建成和在建的高速公路，主要是依据"五纵七横"国道主干线规划和各地的高速公路规划。国道主干线规划是1990年前后制定的，1998年加快建设以后，到2004年底已完成约87％，预计到2007年底就可以建成。这个规划是在当时的社会经济和交通发展背景下提出的，仅有12条路线，覆盖能力有限，与新阶段全面建设小康社会的需要比已明显不能适应。

高速公路对我国经济社会的发展发挥了巨大的作用，但从协调发展、提高服务水平等方面考虑，也存在一些突出问题。由于没有制定全国统一的高速公路网规划，缺乏对各地高速公路建设进行指导和协调的强有力手段，不利于合理利用交通通道资源，不利于搞好跨区域通道的布局和衔接。另外，由于我们没有全国性的高速公路网规划，无法统一命名和编号，高速公路网络性的优势没有充分体现，服务效率和质量大大降低，特别是标志的混乱和不规范给使用者带来了许多不便。

作为重要的公共基础设施，国家高速公路网规划是国土利用规划的重要组成部分。在实行最严格的土地制度的背景下，尽快出台国家高速公路网规划有利于保证资源使用的严肃性，防止盲目投资和低水平重复建设。从国防安全、国家安全的需要看，国家高速公路网对于动员人员和物资力量，维护国家稳定以及应对重大自然灾害和突发事件也具有特殊重要性。

二、国家高速公路网的功能和布局目标

（一）远景交通需求

1. 公路运输量预测

2003年，全国公路客、货运量和周转量分别为146亿人、114亿吨、7679亿人公里、7010亿吨公里。根据公路交通发展的特点和趋势，预计到2010年，全国公路客、货运量和周转量将分别达到240亿人、152亿吨、14300亿人公里、9800亿吨公里，分别是2003年的1.6倍、1.9倍、1.3倍和1.4倍；到2020年，全国公路客、货运量和周转量将分别达到365亿人、199亿吨、25000亿人公里、15000亿吨公里，分别是2003年的2.5倍、3.3倍、1.7倍和2.1倍。

2. 主要公路通道交通量预测

目前，我国主要公路通道的平均交通量为15000辆/日（小客车，下同）。预计到2010年，我国主要公路通道的平均交通量将达到30000辆/日，2020年将达到56000辆/日，分别是目前的2倍和3.7倍。京沪等主干交通通道预计将达到每天10到13万辆。

（二）功能定位

高速公路作为国家重要的战略资源，对全面建设小康社会和实现现代化意义重大，对我国未来的发展影响深远。国家高速公路网的规划立足于社会经济发展的根本需求，以建立发达的现代综合运输系统为出发点，体现二十一世纪我国高速公路发展的方向和目标。

国家高速公路网具有支撑经济发展、推动社会进步、保障国家安全、服务可持续发展等重要作用，是国家意志在交通运输领域的具体体现，其核心功能包括：

——支撑经济发展：提高运输能力和质量，促进工业化，推进城市化，加快信息化，服务现代化；

——推动社会进步：优化运输布局和服务，强化国土均衡开发，促进区域协调发展，改善人民生活质量；

——保障国家安全：增强运输可靠性和安全性，确保国家稳定，提高国防能力，维护经济安全，保障抢险救灾；

——服务可持续发展：改善运输效率和效益，完善综合运输，集约利用土

地，降低能源消耗，加强环境保护。

国家高速公路网是我国公路网中层次最高的公路主通道，是综合运输体系的重要组成部分，作为具有全国性政治、经济、国防意义的重要干线公路，主要连接大中城市，包括国家和区域性经济中心、交通枢纽、重要对外口岸；承担区域间、省际间以及大中城市间的快速客货运输，为全社会生产和生活提供安全、舒适、高效、可持续的运输服务，并为应对自然灾害等突发性事件提供快速交通保障。

（三）布局目标

国家高速公路网的布局目标是：连接所有目前城镇人口超过 20 万的中等及以上城市，形成高效运输网络：

1. 连接省会城市，形成国家安全保障网络；

2. 连接各大经济区，形成省际高速公路网络；

3. 连接大中城市，形成城际高速公路网络；

4. 连接周边国家，形成国际高速公路通道；

5. 连接交通枢纽，形成高速集疏运公路网络。

国家高速公路网不是未来我国所有高速公路的总和。各省（市、区）围绕这个规划，还可以规划修建连接国家高速公路网，主要服务于地方发展需要的高速公路。

三、布局方法和过程

国家高速公路网规划的基本思路是，以空间上的功能需求和结构优化为主线设计路网布局，主要分三个步骤：

（一）实现首都与其他中心城市和大经济区的便捷连通，同时考虑中心城市之间的便捷连接，形成基本路网。具体原则是：

1. 便捷连接相邻的及间距 800 公里以内的省会城市；

2. 从有可替代路线考虑，保证各大经济区之间布设 2 条以上的高速公路通道。

基本路网的总规模共计 5.2 万公里，连接了所有省会级城市、计划单列市、83％的 50 万以上城镇人口的大城市和 74％的 20 万以上城镇人口的中等城市。

（二）在基本路网布局的基础上，考虑城镇化、综合运输体系完善、区域经济发展和旅游开发、对外贸易和国家安全的需要等多种重要影响因素，对路网进行补充和调整，形成国家高速公路网初步方案。具体包括：

1. 连接大中城市

国家高速公路网连接所有现状人口超过 20 万的大中城市，增加的备选路段规模约 2.2 万公里。

2. 构筑综合运输体系

为保障综合运输体系的协调发展，国家高速公路网需连接重要的交通枢纽城市，包括 50 个铁路枢纽城市、50 个主要港口、67 个航空枢纽及 140 多个公路枢纽城市，其中具有综合运输功能的枢纽为 48 个。增加备选路段约 2 万公里。

3. 形成集装箱内陆运输通道

构筑 8 大集装箱港通往腹地的主要通道，并连接 130 个集装箱中心站和中转站所在城市，其中，中心站所在城市 40 个，中转站所在城市 90 个。增加备选路段约 1.7 万公里。

4. 连接主要对外公路口岸

结合亚洲公路网规划，加强与东盟、中亚等周边国家和地区的交通联系，连接主要的国家一类公路口岸，增加对外通道。备选路段约 0.4 万公里。

5. 连接著名旅游城市

据世界旅游组织的预测，到 2020 年我国将成为世界第一大旅游目的地国，年接待国际游客将达到 1.3 亿人次。目前，国家评定的 AAAA 级旅游景区（点）为 270 家。增加连接主要旅游地区备选路段约 0.7 万公里。

6. 服务区域经济

强化国土均衡开发、促进区域协调发展既是全面建设小康社会和实现现代化第三步战略目标的客观需要，也是国家高速公路网规划的重要目标之一。本规划着重考虑了推进西部大开发、振兴东北老工业基地、加快东部现代化建设及中部崛起等区域经济发展的特殊需要。

（1）西部与东北地区

根据党中央、国务院提出的以线串点、以点带面的西部大开发战略构想，为加快培育和发展西陇海兰新线经济带、长江上游经济带、南（宁）贵（阳）昆（明）经济区，在西部地区考虑加强对外交通联络，强化内部必要的连通，增加备选路段约 0.6 万公里。

振兴东北等老工业基地是党中央、国务院促进区域经济协调发展新的战略举措。根据东北交通实际，以提高公路交通服务水平、增强对外联系通道为重点，完善东北地区路网布局，增加备选路段约 0.6 万公里。

（2）长江三角洲、珠江三角洲和环渤海地区

长江三角洲、珠江三角洲和环渤海三个地区经济发展基础好、潜力大，是我国经济最发达、最活跃的地区。按照强化三大区域对外通道、加强相互连接、加强都市圈城际联络的原则为这三个地区增加了部分线路布局。长江三角洲、珠江三角洲和环渤海三个重点地区分别增加备选路段里程 0.2 万公里、0.1 万公里和 0.2 万公里。

（三）结合交通量宏观分布预测、路段重要程度分析、地形地质条件以及环境要求，对初步方案进一步优化，形成最终的国家高速公路网布局方案。对路线的优化比选考虑了以下原则：

第一，针对某些节点之间存在多种路线方案的情况，依照重要度最大原则同时参照路线交通需求，确定入选路线；

第二，考虑地形地质条件，舍去地形、地质条件复杂以及工程技术可行性差的路段；

第三，对通过环境敏感区的局部路线采用替代路线，以避免对环境敏感区的影响；

第四，考虑路网的合理衔接，适当增加对完善路网具有重要作用的联络线。

四、布局方案和效果

（一）路线方案

国家高速公路网采用放射线与纵横网格相结合布局方案，由7条首都放射线、9条南北纵线和18条东西横线组成，简称为"7918"网，总规模约8.5万公里，其中主线6.8万公里，地区环线、联络线等其它路线约1.7万公里。具体路线是：

1. 首都放射线

7条：北京—上海、北京—台北、北京—港澳、北京—昆明、北京—拉萨、北京—乌鲁木齐、北京—哈尔滨

2. 南北纵线

9条：鹤岗—大连、沈阳—海口、长春—深圳、济南—广州、大庆—广州、二连浩特—广州、包头—茂名、兰州—海口、重庆—昆明

3. 东西横线

18条：绥芬河—满洲里、珲春—乌兰浩特、丹东—锡林浩特、荣成—乌海、青岛—银川、青岛—兰州、连云港—霍尔果斯、南京—洛阳、上海—西安、上海—成都、上海—重庆、杭州—瑞丽、上海—昆明、福州—银川、泉州—南宁、厦门—成都、汕头—昆明、广州—昆明

此外，国家高速公路网还包括辽中环线、成渝环线、海南环线、珠三角环线、杭州湾环线共等5条地区环线，2段并行线和37段联络线。

为便于公众使用和交通管理的信息化、智能化，将借鉴国际经验，按照统一、规范、简明的原则，制定国家高速公路网路线的编号方案。

（二）效果评价

国家高速公路网规划总体上贯彻了"东部加密、中部成网、西部连通"的布局思路，建成后可以在全国范围内形成"首都连接省会、省会彼此相通、连接主要地市、服务全国城乡"的高速公路网络。国家高速公路网的作用和效果表现在：

1. 充分体现了"以人为本"：最大限度地满足人的出行要求，创造出安全、舒适、便捷的交通条件，使用户直接感受到高速公路系统给生产、生活带来的便利。

——连接全国所有的省会级城市、目前城镇人口超过 50 万的大城市以及城镇人口超过 20 万的中等城市,覆盖全国 10 多亿人口;

——实现东部地区平均 30 分钟上高速,中部地区平均 1 小时上高速,西部地区平均 2 小时上高速,从而大大提高全社会的机动性;

——连接国内主要的 AAAA 级著名旅游城市,为人们旅游、休闲提供快速通道;

2. 重点突出了"服务经济":强化高速公路对于国土开发、区域协调以及社会经济发展的促进作用,贯彻国家经济发展战略。

——加强了长三角、珠三角、环渤海等经济发达地区之间的联系,使大区域间有 3 条以上高速通道相连,在三大都市圈内部将形成较完善的城际高速公路网,为进一步加快区域经济一体化和大都市圈的形成,加快东部地区率先实现现代化奠定了基础;

——将显著改善和优化西部地区及东北等老工业基地的公路路网结构,提高区域内部及对外运输效率和能力,进一步强化西部地区西陇海兰新线经济带、长江上游经济带、南贵昆经济区之间的快速联系,改善东北地区内部及进出关的交通条件,为"以线串点、以点带面",加快西部大开发和实现东北等老工业基地的振兴奠定坚实基础;

——覆盖地区的 GDP 占到全国总量的 85% 以上,规划的实施将对促进经济增长、带动相关产业发展、扩大就业等做出重要贡献;

——保证国家高速公路网的完整性,便利与港澳台地区的衔接;

——连接主要的国家一类公路口岸,改善对外联系通道的运输条件,更好地服务于外向型经济的发展。

3. 着力强调了"综合运输":注重综合运输协调发展,规划路线将连接全国所有重要的交通枢纽城市,包括铁路枢纽 50 个、航空枢纽 67 个、水路枢纽 50 个和公路枢纽 140 多个,有利于各种运输方式优势互补,形成综合运输大通道和较为完善的集疏运系统。

4. 全面服务于"可持续发展":规划的实施将进一步促进国土资源的集约利用、环境保护和能源节约,有效支撑社会经济的可持续发展。据测算,在提供相同路网通行能力条件下,修建高速公路的土地占用量仅为一般公路的 40% 左右,高速公路比普通公路可减少 1/3 的汽车尾气排放,交通事故率降低 1/3,车辆运行燃油消耗也将有大幅度降低。

五、实施意见

(一)建设进展与资金需求

据初步统计,在规划的 8.5 万公里国家高速公路网中,目前已建成 2.9 万公里、在建 1.6 万公里、待建 4 万公里，分别占总里程的 34％、19％和 47％。待建里程中，东部地区 0.8 万公里、中部地区 1.1 万公里、西部地区 2.1 万公里，建设任务主要集中在中西部地区，特别是西部地区的建设任务还相当繁重。建成这个系统大约需要 30 年。

按静态投资匡算，国家高速公路网未来建设所需资金约 2 万亿元，其中东部地区 3900 亿元、中部地区 5200 亿元、西部地区 10900 亿元。在 2020 年前国家高速公路网将处于较快的建设阶段，预计 2010 年前，年均投资规模约 1400 亿元，2010－2020 年年均投资约 1000 亿元。

（二）近期建设目标

为适应社会经济发展的需要，国家高速公路网近期建设目标是：

——到"十五"末，国家高速公路网建成 3.5 万公里，占总里程的 40％以上。

——到 2007 年底，建成 4.2 万公里，占总里程的近一半；全面建成"五纵七横"国道主干线系统。

——到 2010 年，建成 5～5.5 万公里，占总里程的 60％左右。其中，东部地区约 1.8～2.0 万公里，中部地区约 1.6～1.7 万公里，西部地区约 1.6～1.8 万公里。到 2010 年，从国家高速公路网实现的效果上看，可以基本贯通"7918"当中的"五射两纵七横"14 条路：

五射是：北京－上海、北京－福州、北京－港澳、北京－昆明、北京－哈尔滨

两纵是：沈阳－海口、包头－茂名

七横是：青岛－银川、南京－洛阳、上海－西安、上海－重庆、上海－昆明、福州－银川、广州－昆明

到 2010 年，国家高速公路网总体上将实现"东网、中联、西通"的目标。东部地区基本形成高速公路网，长江三角洲、珠江三角洲、环渤海地区形成较完善的城际高速公路网络；中部地区实现承东启西、连南接北，东北与华北、东北地区内部的连接更加便捷；西部地区实现内引外联、通江达海，建成西部开发八条省际公路通道。

附表：国家高速公路网路线方案表（略）

附图：国家高速公路网布局方案（略）

国家公路运输枢纽布局规划

交通部

2007 年 4 月

公路运输是国民经济的基础性、服务性产业，公路运输的发展关系到我国经济社会发展的全局。我国已进入全面建设小康社会，加快推进社会主义现代化的新阶段，随着经济社会快速发展和人民生活水平的不断提高，迫切需要尽快建立能力充分、组织协调、运行高效、服务优质、安全环保的公路运输系统，与其他运输方式共同构筑布局协调、衔接顺畅、优势互补的现代综合交通运输体系，为社会和公众提供便捷、通畅、高效、安全的运输服务。

公路运输枢纽是在公路运输网络的节点上形成的货物流、旅客流及客货信息流的转换中心。1992 年，在公路、水路交通"三主一支持"长远发展规划的指导下，交通部组织编制了《全国公路主枢纽布局规划》，确定了全国 45 个公路主枢纽的布局方案。经过十几年的努力，我国公路运输枢纽建设取得了重要进展，有效缓解了公路运输站场设施严重落后的状况，显著提升了公路运输服务能力和水平。

2004 年 12 月，国务院审议通过了《国家高速公路网规划》。为适应新时期公路交通发展的要求，加快与国家高速公路网相协调，与铁路、港口等其他运输方式紧密衔接，布局合理、运转高效的国家公路运输枢纽的建设，在《全国公路主枢纽布局规划》的基础上，制定《国家公路运输枢纽布局规划》。

本规划是对国家高速公路网规划的进一步完善，国家公路运输枢纽将与国家高速公路网共同构筑全国便捷、高效的公路快速运输网络。

一、规划的必要性

（一）规划建设国家公路运输枢纽是实现交通"三个服务"的重要举措

我国已进入全面建设小康社会、构建社会主义和谐社会的新阶段，将更加重视经济发展与资源环境相协调，更加重视城乡、区域协调发展，更加重视社会公平和社会稳定，实现全面、协调、可持续发展。

国家公路运输枢纽是沟通区域之间、城乡之间的重要纽带，对促进区域交通协调发展和城乡交通一体化具有重要作用。公路运输枢纽是行业文明的窗口和行业管理的源头，对形成规范有序、公平竞争的运输市场，保障人民群众安全便捷出行具有重要作用。规划建设国家公路运输枢纽是落实交通运输服务国民经济和社会发展全局，服务社会主义新农村建设，服务人民群众安全便捷出行等"三个服务"的重要举措。

（二）规划建设国家公路运输枢纽是实施和完善国家高速公路网，促进交通运输向现代服务业发展的迫切需要

经过多年的建设，我国交通基础设施发展迅速，供给能力明显提高，交通运输的发展已经进入由粗放型向集约型、由能力增加为主向以提高服务质量为重点转变的关键阶段。充分发挥交通基础设施的效率和提高交通运输服务水平是推进交通行业向现代服务业转变，建设创新型交通行业，实现交通又好又快发展的重要任务。

公路运输枢纽是公路运输网络的重要节点和运输生产的重要环节，是实现公路运输集约化、专业化、信息化的基本平台，是促进多式联运、集装箱运输、现代物流化快速发展的重要基础保证。在我国高速公路网加快形成的历史阶段，规划建设国家公路运输枢纽，增强国家高速公路网的有效供给能力，构建以高速公路网为依托的公路快速运输系统，对提高公路运输整体效益和服务水平，加快现代交通运输业发展具有重要作用。

（三）规划建设国家公路运输枢纽是建立现代综合交通运输体系的基础条件

建立现代综合交通运输体系，充分发挥各种运输方式的组合效率和整体优势，构建和谐交通，是新时期交通运输发展的重要任务。国家公路运输枢纽不仅是公路运输系统的重要组成部分，也是公路与水运、铁路、机场等多种运输方式之间、公路交通与城市公共交通之间有机衔接的重要节点。我国城镇化进程的不断加快及现代物流业的快速发展，对公路客、货运输服务的效率和质量都提出了更高的要求。国家公路运输枢纽的规划建设将为实现客运的"零距离换乘"和物流过程的"无缝衔接"，促进综合运输发展搭建重要的平台。目前，我国综合交通运输发展正处于关键阶段，借鉴国际上经济发达、交通现代化程度较高国家的发展经验，规划建设国家公路运输枢纽是整合交通资源，建立与发展现代综合交通运输体系的基础条件和必要保障。

（四）规划建设国家公路运输枢纽是提高公共交通资源利用效率，建立资源节约型、环境友好型交通运输行业的必然要求

随着经济社会的发展和人民生活水平的提高，公路旅客出行和货运需求日益增长。目前，我国的城镇化水平约为41%，城镇人口超过5亿人，预计到2020年我国城镇化率将超过50%，城镇人口将超过7.4亿。据统计，我国城镇居民的年均出行次数是农村居民的8到9倍，城市人口规模的扩大将导致公路客货运输量的显著增长。

贯彻落实全面、协调、可持续的科学发展观，大力发展公共交通是减轻资源、环境压力，建立资源节约型、环境友好型交通运输行业的必然要求。规划建设国家公路运输枢纽，建设提供公共客、货运输服务的站场设施，是加快发展公共交通的

基础条件和重要环节，对实现公路交通的可持续发展具有重大的现实和战略意义。

二、指导思想和功能定位

（一）指导思想

贯彻以人为本，全面、协调、可持续的科学发展观，适应全面建设小康社会和现代化建设对公路运输的需要，按照"统筹规划、市场主导，整合资源、突出重点，分期实施、全面提升"的方针，以提高公路运输的整体服务能力和水平为宗旨，构建布局合理、运转高效、智能环保、与其他运输方式和城市公共交通紧密衔接的国家公路运输枢纽。

（二）功能定位

国家公路运输枢纽是位于重要节点城市的国家级公路运输中心，与国家高速公路网共同构成国家最高层次的公路运输基础设施网络。国家公路运输枢纽主要由提供与周边国家之间、区域之间、省际之间以及大中城市之间公路客货运输组织及相关服务的客货运输站场组成，是保障公路运输便捷、安全、经济、可靠的重要基础设施，是国家综合交通运输体系的重要组成部分。国家公路运输枢纽由客运枢纽站场和货运枢纽站场组成，提供公共交通运输服务，其核心功能包括：

——支持经济社会发展：提高运输能力和效率，促进工业化，加快信息化，服务现代化；服务于现代综合交通运输，强化运输过程的无缝衔接；服务公路快速客货运输，强化快速客货运输组织功能；服务集装箱运输，拓展内陆口岸功能；服务现代物流业发展，强化货运枢纽的物流功能；服务交通信息化建设，提供及时有效的客货运输信息；

——服务公众便捷安全出行：方便公众出行，加强源头安全管理，提升运输服务水平，为公众提供便捷、安全、可靠的出行条件；

——保障国家安全：加强运输组织，协调运力，保障国家重点物资和紧急物资运输，保障春运、黄金周旅客运输，确保社会稳定，维护经济安全；

——服务可持续发展：有效提高运输装备的利用效率，合理组织多式联运，发挥综合运输优势，提高综合运输能力，集约利用土地，降低能源消耗，促进交通与环境的和谐发展。

三、布局方法和过程

（一）布局目标

1. 覆盖直辖市、省会城市、计划单列市、特大城市及重要城市节点，构建跨区域和省际间的快速客货运输系统。

2. 覆盖主要港口、大中型枢纽机场及重要的铁路枢纽，完善综合交通运输体系。

3. 覆盖重要的国家开放口岸、国家级经济技术开发区、AAAA 级旅游景点城市以及区域性的客货集散地，构建国家公路运输网络。

（二）布局原则

1. 依托国家高速公路网，支撑快速运输系统

国家公路运输枢纽和国家高速公路网是构成国家高效公路运输网络的两个重要基础条件。国家公路运输枢纽布局要与国家高速公路网的布局相互协调，共同支撑公路快速运输系统的形成。

2. 位于具有较大容量和特殊交通区位条件的重要节点城市

节点容量和交通区位是国家公路运输枢纽布局的关键因素。节点容量是城市的经济社会发展水平、运输量等多种相关因素的综合反映。交通区位反映了城市的交通资源状况及与其他地区的交通关联程度。国家公路运输枢纽城市应具有一定的节点容量，并具有特殊的交通区位条件。

3. 体现综合运输理念，注重与其他运输方式的有效衔接

国家公路运输枢纽的布局需充分体现发展现代综合交通运输的理念，注重与重要铁路枢纽、航空枢纽、主要港口等其他交通枢纽的有效衔接。

4. 发挥公路运输的技术经济特点，注重枢纽的合理配置

在满足运输需求的基础上，根据公路运输的技术经济特点，综合考虑枢纽服务范围，与其他层次公路运输枢纽分工协作以及区域经济社会协调发展等因素，对国家公路运输枢纽进行布局优化。

（三）布局思路与方法

总体上采用"多因素定量计算为基础，关键因素遴选，综合优化调整"的布局思路和方法。具体流程是：

——从国家公路运输枢纽的概念、功能、作用出发，根据位于高速公路网上的重要节点城市的交通区位条件和经济社会发展水平等情况，分析国家公路运输枢纽布局的主要和关键影响因素；

——应用综合指数法研究国家公路运输枢纽合理规模，并根据城市综合指数确定初选城市；

——采用单因素法、叠加法以及综合优化调整等在初选城市基础上拟定初步布局方案；

——根据城市、区域经济、交通运输一体化发展态势对初步布局方案进行整合，对相距较近、辐射范围基本重叠的若干枢纽，考虑资源的有效配置和功能互补进行适当组合，形成部分组合枢纽，确定最终布局方案。

四、布局方案和效果

（一）布局方案

国家公路运输枢纽总数为 179 个，其中 12 个为组合枢纽，共计 196 个城市。

原45个公路主枢纽已全部纳入布局规划方案，是国家公路运输枢纽的重要组成部分，并居主导地位。

国家公路运输枢纽布局方案

地区	省份	城市	数量
东部	北京	北京	1
	上海	上海	1
	天津	天津	1
	河北	石家庄　唐山　邯郸　秦皇岛　保定　张家口　承德	7
	辽宁	*沈（阳）抚（顺）铁（岭）　大连　锦州　鞍山　营口　丹东	6
	江苏	南京　*苏（州）锡（无锡）常（州）　徐州　连云港　南通　镇江　淮安	7
	浙江	杭州　*宁（波）舟（山）　温州　湖州　嘉兴　金华　台州　绍兴　衢州	9
	福建	福州　*厦（门）漳（州）泉（州）　龙岩　三明　南平	5
	山东	*济（南）泰（安）　青岛　淄博　*烟（台）威（海）　济宁　潍坊　临沂　荷泽　德州　聊城　滨州　日照	12
	广东	*广（州）佛（山）　*深（圳）莞（东莞）　汕头　湛江　珠海　江门　茂名　梅州　韶关　肇庆	10
	海南	海口　三亚	2
东部合计			61
中部	山西	太原　大同　临汾　长治　吕梁	5
	吉林	长春　吉林　延吉　四平　通化　松原	6
	黑龙江	哈尔滨　齐齐哈尔　佳木斯　牡丹江　绥芬河　大庆　黑河　绥化	8
	安徽	合肥　芜湖　蚌埠　安庆　阜阳　六安　黄山	7
	江西	南昌　鹰潭　赣州　宜春　九江　吉安	6
	河南	郑州　洛阳　新乡　南阳　商丘　信阳　开封　漯河　周口	9
	湖北	武汉　襄樊　宜昌　荆州　黄石　十堰　恩施	7
	湖南	*长（沙）株（洲）潭（湘潭）　衡阳　岳阳　常德　邵阳　郴州　吉首　怀化	8
中部合计			56

续　表

地区	省份	城市	数量
西部	内蒙古	呼和浩特　包头　赤峰　通辽　呼伦贝尔　满洲里　巴彦淖尔 二连浩特　鄂尔多斯	9
	广　西	南宁　柳州　桂林　梧州　*北（海）钦（州）防（城港） 百色　凭祥（友谊关）	7
	重　庆	重庆　万州	2
	四　川	成都　宜宾　内江　南充　绵阳　泸州　达州　广元 攀枝花　雅安	10
	贵　州	贵阳　遵义　六盘水　都匀　毕节	5
	云　南	昆明　曲靖　大理　景洪　河口　瑞丽	6
	西　藏	拉萨　昌都	2
	陕　西	*西（安）咸（阳）　宝鸡　榆林　汉中　延安	5
	甘　肃	兰州　*酒（泉）嘉（峪关）　天水　张掖	4
	青　海	西宁　格尔木	2
	宁　夏	银川　固原　石嘴山	3
	新疆 （兵团）	乌鲁木齐　哈密　库尔勒　喀什　石河子　奎屯 伊宁（霍尔果斯）	7
西部合计			62
全国合计			179

注：*为组合枢纽

（二）布局效果

国家公路运输枢纽布局规划总体上贯彻了"依托国家高速公路网，完善综合交通运输体系，覆盖主要城市、服务全国城乡"的布局思路，其作用和效果表现在：

1. 体现了"以人为本"。国家公路运输枢纽覆盖了所有直辖市、省会城市和计划单列市及地级城市137个，覆盖城市占全国地级以上城市总数的60%，覆盖总人口占全国总人口的60%；该网络覆盖了78%的国家AAAA级旅游景点，为公众旅游、休闲出行创造了便利。

2. 突出了"服务经济"。国家公路运输枢纽覆盖城市的地区生产总值约占全国国内生产总值的87%；该网络覆盖了84%的国家开放口岸、56%的陆路边境口岸和98%的国家级经济技术开发区，加大了长江三角洲、珠江三角洲、环渤海等经济发达地区的枢纽覆盖密度，充分考虑了支持西部大开发、振兴东北老工业基地、促进中部地区崛起等战略的需要。

3. 强化了"综合运输"。该网络覆盖了100%的沿海主要港口和93%的内河主要港口、全部的大中型枢纽机场、所有特等火车站和铁路集装箱中心站以及68%的一等火车站，有助于充分发挥公路运输的集疏作用，进一步提高我国综合交通运输的整体效率。

五、实施意见

（一）实施安排

国家公路运输枢纽的实体表现形式为公路客、货运输站场，国家公路运输枢纽城市的交通主管部门负责组织编制总体规划，确定枢纽城市客、货运输站场的规模、数量与选址布局等，枢纽规划要作为城市总体规划的重要组成部分，经批准后应及时纳入城市总体规划。

总体规划应按照交通部制定的"公路运输枢纽总体规划编制办法"的要求进行编制，由交通部与省级人民政府联合审批。

根据国家公路运输枢纽总体规划确定的客、货运站场布局方案，有关主管部门应结合交通运输业发展需求，合理制定站场建设计划，并按照交通部制定的"公路运输站场投资项目可行性研究报告编制办法"的要求，适时开展建设项目可行性研究等前期工作。

（二）近期建设重点

1. 综合客运枢纽站场。通过综合客运枢纽站场的建设，在有条件的枢纽城市实现铁路、民航、城市公共交通与公路客运的零距离换乘和高效有机衔接；

2. 集装箱中转站。规划建设服务于沿海集装箱干线港口的集装箱中转站，推进集装箱运输由沿海向中西部内陆地区拓展，促进集装箱一体化运输系统的形成；

3. 现代物流园区（中心）。在沿海主要港口城市和百万人口以上特大城市等物流需求较大的地区，加快现代物流园区（中心）建设，以适应现代物流业发展的要求；

4. 公路快速客、货运输站场。加快构建以高速公路网为依托，以国家公路运输枢纽快速客、货运输站场为节点的全国和区域性公路快速客、货运输网络；

5. 信息服务系统。加快建设现代化的公路客运公共信息服务系统，满足公众出行需求；整合资源，逐步完善公共货运信息服务系统建设。

关于印发公路水路交通"十一五"发展规划的通知

交规划发〔2006〕484 号

各省、自治区、直辖市、新疆生产建设兵团、计划单列市交通厅（局、委），沿海主要港口管理局、港口企业，各水系航运规划办公室，部属各单位：

根据《国民经济和社会发展第十一个五年规划纲要》的要求，我部编制完成了公路水路交通"十一五"发展规划，并在征求国家发展改革委意见的基础上作了补充和修改。现将该规划印发你们，请各级交通主管部门、港航单位、部属单位认真贯彻落实，为实现交通行业"十一五"发展规划目标而努力。

交通部

二〇〇六年九月五日

公路水路交通"十一五"发展规划

交通部

2006 年 9 月 5 日

为满足全面建设小康社会对公路水路交通发展的新要求，充分发挥公路水路交通的支撑和带动作用，根据《国民经济和社会发展第十一个五年规划纲要》的要求，结合《"十一五"综合交通体系发展规划》、《国家高速公路网规划》、《农村公路建设规划》及《长江三角洲、珠江三角洲和渤海湾三区域沿海港口建设规划（2004 年—2010 年)》等相关规划，特编制公路水路交通"十一五"发展规划。规划旨在明确行业发展任务，引导市场主体行为，提出交通工作重点，指导"十一五"期公路水路交通全行业的建设和发展，更好地为经济社会发展服务。

第一篇　指导思想和发展目标

第一章　规划背景

第一节　"十五"期间公路水路交通发展的巨大成就

"十五"期间，国民经济快速增长，人民生活水平不断提高，既为公路水路交通带来了巨大需求，也为其快速发展创造了有利条件。交通行业紧紧抓住

"九五"末以来国家扩大内需、实施积极财政政策的难得机遇，乘势而上，开拓创新，获得了快速发展，"十五"成为中国交通事业发展最快、成就最突出的 5 年。

——基础设施建设成就巨大。"十五"期间，全社会共完成交通建设投资22355 亿元，是"九五"完成投资的 2.17 倍，一个五年计划完成的投资比建国以来完成的投资总和还要高出 52%。全国共新增公路里程 25 万公里，其中高速公路 2.47 万公里，超过了 2000 年以前高速公路建设的总和。全国沿海港口（含长江南京以下港口）共新增千吨级以上生产性泊位 583 个，其中深水泊位 344 个，新增吞吐能力 10.4 亿吨，五年新增吞吐能力占总能力的 40%。共改善内河航道里程 4175 公里，其中三级及以上航道 1118 公里，四级航道 663公里。

表 1　　　　　　　　　"十五"公路建设完成情况

指标	单位	2005 年达到数	比 2000 年增加
公路网总里程	万公里	193	25
高速公路里程	万公里	4.1	2.47
二级以上公路里程	万公里	32.6	10.7
乡镇公路通达率	%	99.8	1.5
建制村公路通达率	%	94.3	4.7

表 2　　　　　　　　　"十五"沿海港口建设完成情况

指标	2005 年达到数			比 2000 年增加		
	泊位数		通过能力	泊位数		通过能力
	个	其中：深水	亿吨/万 TEU	个	其中：深水	亿吨/万 TEU
总计	2770	1113	25.2/6150	583	344	10.4/4180
一、沿海主要港口	2153	898	21.0/5665	368	243	8.1/3870
二、主要运输系统	352	338	13.0/5610	170	159	6.9/4060
集装箱码头	203	189	4.5/5610	122	111	3.2/4060
煤炭装船码头	42	42	3.3	17	17	1.6
煤炭一次卸船码头	72	72	2.2	13	13	0.5
原油接卸码头	13	13	1.3	8	8	0.7
铁矿石接卸码头	22	22	1.7	10	10	0.9
LNG 接卸码头	1		0.037			

表3　　　　　　　　　"十五"内河水运建设完成情况

指标	单位	2005 年达到数	比 2000 年增加
一、航道改善			
总里程	公里	123263	4075
三级及以上	公里	8631	1348
四级	公里	6697	536
五级	公里	8331	2421
二、港口建设			
泊位数	个		292
新增和恢复能力	万吨		4510

——运输能力和运输量迅速增长。2005 年，公路运输完成的客运量、旅客周转量、货运量、货物周转量分别比 2000 年增长 26％、39.6％、29.2％ 和 14.8％，占各种运输方式总运量的比重分别达到 91.9％、53.2％、72.1％ 和 10.8％。水路运输完成的客运量、旅客周转量、货运量、货物周转量占各种运输方式总运量的比重分别达到 1.1％、0.4％、11.8％、61.9％，其中货运量和货运周转量分别比 2000 年增长 79.5％、109.3％。内河货运量和货物周转量年均递增 7.7％和 9.9％，呈历史最高水平。沿海港口货物吞吐量由 2000 年的 14.3 亿吨增长到 33.8 亿吨（含长江下游南京以下各港），是 2000 年的 2.1 倍，其中集装箱吞吐量由 2000 年的 2130 万 TEU 增长到 7193 万 TEU，居全球首位。到 2005 年，全国民用汽车拥有量达到 3160 万辆，比 2000 年增加 96％。海运运力由 2000 年年初的 1952 艘、3844 万载重吨，发展到 2005 年初的 2315 艘、5414 万载重吨，运力规模上升到世界第 4 位，完成远洋运量约占世界海运量的 7％，船队大型化和专业化水平显著提高。内河船舶运力由 2000 年的 2037 万吨增加到 2004 年的 3035 万吨，增幅达 50％，船舶平均吨位由 104 吨提高到 216 吨。

——交通的全面发展有力地支持了国家经济发展和社会进步的需要。公路水路交通较好地顺应了国民经济快速发展的形势，对于完善综合运输体系、利用国内国外两个市场和两种资源、有力拉动国民经济增长、应对突发事件发挥了重要作用，有效保障了国家重大经济发展战略的顺利实施。

虽然"十五"期间公路水路交通发展取得了很大的成绩，对国家经济社会的发展做出了重要贡献，但是按照科学发展观的要求审视公路水路交通的发展现状，当前公路水路交通仍然存在有效供给不足、发展不协调、可持续发展能力亟待提高等问题，需要在"十一五"交通规划实施中得到切实和有效的缓解。

第二节　"十一五"公路水路交通面临的形势与需求预测

本世纪头二十年是我国发展的重要战略机遇期,"十一五"时期尤为关键。我国经济社会发展进入新阶段,社会财富迅速增加,经济结构、社会结构加速调整,工业化进程明显加快,城市化速度上升,消费结构不断升级,科技变革迅猛,生产要素流动和产业转移加快。国内国际两个市场、两种资源相互补充,我国与世界经济的相互联系和影响日益加深。

"十一五"期的国民经济和社会发展在不同层面呈现出不同特点,对公路水路交通产生了多样化的需求。国民经济持续快速增长使公路水路交通需求更加旺盛,人民生活水平普遍提高促进交通消费结构进一步升级,经济结构调整对运输服务提出新的更高要求,经济全球化需要公路水路交通给予有效支撑,区域经济协调发展和城镇化进程加快迫使公路水路交通必须努力适应,国防安全需要公路水路交通提供有效保障,资源约束加剧要求交通必须走可持续发展之路,建设和谐社会对安全工作提出了更高要求。

表4　　　　　　　　　"十一五"公路水路交通需求预测

指标	单位	2005 年	2010 年	年均增长率（%）
一、公路				
客运量	亿人	170	240	7.1
旅客周转量	亿人公里	9292	15000	10.1
货运量	亿吨	134	160	3.6
货物周转量	亿吨公里	8693	12000	6.7
二、水运				
客运量	亿人	2	2.5	4.6
主要港口旅客吞吐量	万人次	7754	12200	9.5
货运量	亿吨	22	29	5.7
货物周转量	亿吨公里	49672	66000	5.9
沿海港口货物吞吐量	亿吨	33.8	45～50	5.9～8.1
其中：外贸货物	亿吨	13.2	23	11.7
集装箱	万 TEU	7193	13000	12.6

第二章　指导思想与原则

为适应"十一五"期间经济社会发展需要,公路水路交通必须坚持发展是第一要务,充分体现国家战略、科学发展观、构建和谐社会和节约型社会的要求,努力把握我国经济社会发展的重要战略机遇期，围绕全面建设小康社会的宏伟目标，坚持服务于经济社会发展全局，坚持服务于社会主义新农村建设，坚持服务于人民群众便捷安全出行，以转变增长方式为重点，以结构调整为主线，又快又好地提升公路水路交通生产力水平，提高交通持续综合竞争力和国防安全保障能力，在总量、结构、质量等各个方面全面发展，做好与其它运输方式的相互衔接，发挥组合效率和整体优势，建设便捷、通畅、高效、安全的综合运输体系。

"十一五"公路水路交通发展必须坚持"以人为本、好中求快、全面协调、科技创新、可持续发展"的原则。

坚持以人为本。把以人为本作为交通发展的价值取向，把满足经济社会和人民群众的交通运输需求作为交通工作的出发点和落脚点，不仅要提供经济、高效、可靠和便捷的运输服务，还要保证公平共享，惠及全社会。把珍视生命、保障运输安全放在首位；使人文关怀、人性化服务贯穿于交通建设和运输管理的始终。

坚持好中求快。正确处理"快"与"好"的关系，既要保持平稳较快发展，更要注重发展的质量和效益，提高管理和服务水平，做到既快又好、好中求快。

坚持全面协调。在继续加快基础设施建设的同时，必须着力强化运输服务、支持保障和行业文明等其它方面，实现速度、结构、质量、效益相统一的较快发展。协调交通与经济社会发展，实现良性互动；协调公路水路与其它运输方式、城市交通的发展，完善综合运输体系；统筹地区间、城乡间交通发展；统筹国内与国际运输，实现便利运输。

坚持科技创新。通过大力推进先进适用的勘测、设计、施工和运营管理科学技术，积极采用优质新型建材与设备等多种方式，提高交通建设与管理的技术含量；通过转变增长方式，提高资源使用效率，缓解交通发展的资源与环境压力，实现洁净运输，改善服务，增进安全。推进交通信息化建设，实现以信息化带动交通产业升级和提高管理水平。

坚持可持续发展。以节约土地、岸线、能源等为核心内容，以形成集约型增长方式为内在要求，以低投入、低消耗、低排放、高效率为外在特征，加快建设资源节约型交通行业，实现交通发展对资源的少用、用好及循环使用，采取有效措施，避免盲目低水平重复建设。坚持快速发展与可持续发展并重，与环境承载力相协调，最大限度地保护、最小程度地破坏、最积极地恢复生态环境，实现交通发展与自然生态的和谐统一。

第三章 发展目标

"十一五"交通发展的总体目标是：

到2010年，公路水路基础设施能力明显增加、网络结构基本合理、运行质量有较大改观；基本形成符合社会主义市场经济要求的交通运输市场体系，服务能力和质量大幅提升；交通发展对资源的利用效率显著提高；交通科技创新能力明显增强，职工队伍素质明显提高。形成能力匹配、组织协调、运行有序、管理规范、服务优质、安全环保的公路水路运输系统，与其它运输方式及城市交通发展布局协调、衔接顺畅，服务国防、经济安全的能力进一步增强；公路水路运输紧张状况得到总体缓解。

表5　　　　　　　　　　　"十一五"公路水路建设目标

指标	单位	2005 年	2010 年	"十一五"期增加
一、公路				
公路网总里程	万公里	193	230	37
高速公路里程	万公里	4.1	6.5	2.4
二级以上公路里程	万公里	32.6	45	12.4
县乡公路	万公里	147.6	180	32.4
乡镇公路通达率	%	99.8	100*	0.2
建制村公路通达率	%	94.3	100*	5.7
乡镇油路通达率	%	75.4	95	19.6
建制村油路通达率	%	54.2	80	25.8
二、沿海港口				
深水泊位	个	1113	1752	639
总通过能力	亿吨	25	46	21
三、内河水运				
三级及以上航道	公里			2000
四级航道	公里			1800
港口泊位	个			340
吞吐能力	万吨			6400

注：* 是针对所有具备通达公路条件的乡村而言。

第二篇　发展重点

第一章　加快交通基础设施建设

——公路

到2010年，国家高速公路网骨架基本形成，国省干线公路技术等级进一步提高。

到 2007 年底，贯通"五纵七横" 12 条国道主干线；到 2010 年，基本建成西部开发 8 条省际公路通道。加快国家高速公路网建设，重点建设规划中的"五射两纵七横"共 14 条路线：五射是北京至上海、北京至台北（不含台湾海峡通道）、北京至港澳、北京至哈尔滨、北京至昆明；两纵是沈阳至海口（不含琼州海峡通道）、包头至茂名；七横是青岛至银川、南京至洛阳、上海至西安（不含崇明至启东长江通道）、上海至重庆、上海至昆明、福州至银川、广州至昆明。东部地区基本形成高速公路网，长江三角洲、珠江三角洲和京津冀地区形成较完善的城际高速公路网络；中部地区基本建成比较完善的干线公路网络，承东启西、连南接北的高速公路通道基本贯通；西部地区公路建设取得突破性进展，实现内引外联、通江达海。加快早期建成的、交通流量较大的高速公路扩容改造建设。

加大国省干线公路改造建设力度，国省干线公路技术等级、质量和服务水平进一步提高。

农村公路交通条件得到明显改善。全面实施并基本完成农村公路"通达工程"（指乡镇、建制村通公路）建设任务，加快推进"通畅工程"（指乡镇、建制村通沥青或水泥路）建设，为加快社会主义新农村建设，进一步解决"三农"问题提供支撑和服务。新建和改造农村公路 120 万公里，基本实现全国所有乡镇通沥青（水泥）路，东、中部地区所有具备条件的建制村通沥青（水泥）路，西部地区基本实现具备条件的建制村通公路（西藏自治区视建设条件确定）。

加快城乡公路运输站场体系建设，国家公路运输枢纽建设取得显著进展。

——沿海港口

到 2010 年，沿海港口分层次布局进一步完善，煤炭、原油、液化天然气（LNG）、铁矿石、集装箱等运输体系大型专业化码头布局基本形成。加大港口技术改造力度，功能结构更趋合理，沿海港口基础设施有效供给能力明显增加。"十一五"期，重点建设上海、天津、大连等国际航运中心及其它沿海主要港口，相应发展地区性重要港口，适度建设地方中小港口。20 万吨级以上原油和铁矿石接卸码头的布局和能力适应外贸运输的需要；集装箱干线港规模化港区基本形成；改善长江口、珠江口出海航道及主要港口航道的通航条件；继续改善岛屿交通条件；港口适应度接近 1：1。

重点建设上海国际航运中心（上海、宁波、苏州）、大连、天津、青岛、厦门、深圳、广州等集装箱干线港大型集装箱码头；以新建和改造相结合，相应建设支线港和喂给港。新增集装箱专业化泊位吞吐能力 7960 万 TEU。到 2010 年，全国沿海集装箱专业化泊位数量达到 377 个，通过能力 1.36 亿 TEU。

建设秦皇岛、唐山港（京唐港区、曹妃甸港区）、天津港、黄骅港等煤炭装船码头，新增煤炭装船能力 2.14 亿吨。到 2010 年，北方 7 个主要煤炭装船港一次煤炭下水量达到 5.8 亿吨；主要卸船港一次接卸泊位卸船能力 4.55 亿吨。

在大连、津冀沿海、青岛、宁波—舟山、泉州、惠州、湛江、钦州、洋浦等港建设20万吨以上原油接卸码头，新增能力1.87亿吨。到2010年，沿海港口20万吨级以上原油卸船泊位接卸能力达2.8亿吨。

在莆田、青岛、上海、宁波、唐山等港口建设接卸液化天然气码头。到2010年，全国沿海液化天然气接卸能力达1830万吨。

在营口、天津、唐山（曹妃甸港区）、烟台、青岛、连云港、宁波—舟山、防城等港口建设20万吨级以上矿石码头，新增能力1.51亿吨；长江口内上海、苏州（太仓）等港口建设20万吨接卸减载直达船的矿石码头，新增接卸能力4100万吨。到2010年，沿海港口20万吨级以上矿石码头通过能力达3.25亿吨。

重点建设长江口深水航道治理三期工程，建设广州港出海航道二、三期工程，深圳港铜鼓航道工程，并提高大连、天津、营口、青岛、连云港、厦门、湛江、防城港等主要港口航道的等级，适当提高部分地区性重要港口航道等级。

继续完善千人以上岛屿的陆岛交通码头和接线公路建设，重点安排5千人以上岛屿的滚装码头和部分千人以下岛屿陆岛交通码头及接线公路的建设。

——内河水运

到2010年，全国内河高等级航道建设取得明显进展。长江干线上中下游航道进入系统治理阶段，航道条件明显改善；西江航运干线通过能力明显提高；京杭运河堵航问题明显缓解；珠江三角洲高等级航道网基本建成；长江三角洲高等级航道网建设全面展开，通往上海的主要集装箱通道基本建成；航电结合、梯级开发建设取得重大进展，实现嘉陵江、湘江航电枢纽全线渠化。内河主要港口的主要港区建设有重大进展，基本实现机械化、规模化和集约化，部分成为地区性物流中心。

长江干线，下游结合水利河势控制工程，适时对主要碍航河段进行治理，长江口深水航道向上延伸，10.5米水深航道延伸至南京，12.5米延伸至江苏太仓，适应沿江经济发展和海船进江运输需要，实施南京至浏河口数字航道与智能航运示范工程；中游根据河势演变情况，实施综合治理和控导工程，加大对主要碍航河段的治理力度，实施芦家河、沙市、周天、武桥、江口、枝江等河段整治（控导）工程，将三峡水库清水下泄对航运的不利影响降低到最小程度，并为今后大规模整治工程打好基础；上游结合三峡水库蓄水至156米、175米，治理库尾航道，对水富至宜宾、宜宾至重庆航道按照三级标准整治。

实施西江航运干线扩能工程，按二级和一级标准建设长洲枢纽船闸和桂平二线船闸，整治贵港至界首航道。

启动京杭运河江南段按三级航道标准建设工程，提高航道通过能力；继续实施苏北运河二级航道建设工程，对湖西航道进行整治；结合南水北调东线工程，实施济宁至东平湖航道建设工程。

按三级航道标准建设长江三角洲高等级航道网，重点建设通往上海国际航运中心主要集装箱港区的内河集装箱运输通道及缓解京杭运河堵航的项目，加快赵家沟、大浦线、大芦线、长湖申线、杭甬运河、湖嘉申线、杭平申线、杭申线、锡溧漕河、芜申线、苏申外港线、苏申内港线等航道建设步伐。

实施顺德水道、洪奇沥水道、东江下游航道、白坭水道、东平水道、崖门水道等航道整治工程，基本建成珠江三角洲高等级航道网。

继续实施嘉陵江沙溪、凤仪场和苍溪航电枢纽，联合建设湘江长沙枢纽，启动汉江、赣江航电枢纽工程，结合南水北调中线工程实施，启动引江济汉通航工程建设；适当安排资水、香溪河等其他有效益的支流航道建设；实施右江那吉、鱼梁、老口航电枢纽工程；继续推进红水河复航工程；加快淮河水系主要支流航道沙颖河、涡河、沱河航道建设步伐。继续实施松花江梯级开发建设工程，建设依兰航电枢纽。继续扶持非水网地区和少数民族地区水运发展。

以公用、专业化集装箱等泊位建设为重点，实施重庆、岳阳、长沙、宜昌、武汉、九江、南昌、杭州、嘉兴、湖州、苏州、常州等主要港口码头建设工程。支持边境口岸水运设施建设。

第二章　大力促进交通协调发展

——促进区域交通协调发展

东北老工业基地：按照"强化功能、优化结构、突出重点、注重实效"的思路，紧紧围绕东北地区城镇布局、产业基地和资源分布，以跨省区公路水路基础设施建设衔接为重点；优先建设进关出海、省际衔接、港口集散、资源开发和边贸口岸运输通道；增强沈阳、大连、长春、哈尔滨等中心城市的聚集和辐射功能，促进区域交通一体化；配合大连东北亚国际航运中心建设，全面提高大连港综合货物通过能力；加强松花江航道和界河边贸码头、江海联运码头的建设。

环渤海地区：积极推进三大城市群间的高速公路通道建设；强化集装箱、铁矿石、煤炭、原油四大专业化运输系统及相应的大型专业化码头；加快京津冀都市圈城际高速公路和天津港等主要港口连接腹地的快速集疏运通道建设，为2008年北京奥运会和天津滨海新区的发展创造良好交通条件。

长江三角洲地区：坚持高起点、高标准，重点建设以上海国际航运中心为龙头、以长江黄金水道和长江三角洲高等级航道网为主要疏运通道的集装箱运输系统、外贸铁矿石及原油海进江中转运输系统和江海物资转运系统；优先建设以国家高速公路为骨架的高速公路网，扩大区域内大城市间和区域对外运输通道容量。加速提升交通现代化管理和服务水平，长江三角洲核心区率先实现交通运输现代化。

泛珠江三角洲地区：以加速推进公路水路交通一体化为主线，优先强化珠三角核心区对外辐射通道建设，加强省际之间、内地与港澳之间高速公路通道、沿海港口快速集疏运通道建设，深化琼州海峡公路通道研究论证；重点加强沿海主要港口的大型化、集约化、多功能等专业化港区及与其相匹配的进港深水航道建设；加强内河高等级航道建设，着力提高海船进江和江海直达的运输能力；加快推进西江航运干线和西南水运出海南、中、北三线通道的建设；加强西南省区与东盟之间的国际运输通道建设。按照"突出港口、强化通道、协调推进"的基本思路加快海峡西岸公路水路交通基础设施建设。

中部地区：以强化高速公路、长江黄金水道等主要通道和枢纽作用为主线，按照"强化通道、完善网络、突出枢纽、注重服务"的思路，加快推进中部地区交通发展。优先加快沟通东中西部地区、连接省际和区域中心城市、通往重要交通枢纽和重要能源生产基地及主要旅游景区的国家高速公路建设；强化长江水系、淮河水系国家高等级航道的建设，加快集装箱、多用途码头和散货专业化码头建设。

西部地区：进一步加快公路水路交通基础设施建设步伐，确保 2010 年打通西部 8 条省际公路通道，到"十一五"末使西部地区公路水路交通取得突破性进展。加快推进国家高速公路网建设，优先建设与东、中部联系的省际通道和出海通道，进一步改善西部地区与周边国家联系的公路交通条件，加快建设长江黄金水道、西江航运干线扩容工程，推进澜沧江－湄公河跨境水上通道建设。积极发展效益较好的支流航道。支持重庆更好地发挥长江上游货物集散中心的作用。

——促进城乡交通协调发展

实施千亿元建设工程，确保"十一五"中央投资 1000 亿元，改建农村沥青水泥路 51.5 万公里。其中，东部地区中央投资 100 亿元，建设通村沥青（水泥）路 10 万公里；中部地区中央投资 430 亿元，建设通村沥青（水泥）路 30 万公里，通乡镇沥青（水泥）路 5000 公里；西部地区中央投资 470 亿元，建设通乡镇沥青（水泥）路约 11 万公里（未含西藏规模）。

加快农村公路渡口改造，2010 年，现状汽车渡口基本完成渡改桥；其它渡口基本建成人行桥或建成规范码头，全面改善农村渡口运输条件，基本解决农村水路出行难问题。

加快乡镇客运站点建设，"十一五"期建设乡镇客运站 1.5 万多个。

——促进综合运输协调发展

充分发挥公路、水路、铁路、航空等多种运输方式的互补作用，促进客、货综合运输网络的建设，逐步推进一体化运输。

结合各种运输方式的技术经济特性，以港口和枢纽站场为衔接点，切实加强综合运输大通道规划和建设的协调工作，在有条件的中心城市和港口城市建设综合型客、货运输枢纽，推进综合运输枢纽站场示范工程建设，逐步推进各种运输方式便捷衔接。

继续支持主要港口集装箱港区疏港高速公路建设。加强沿海集装箱干线港向内陆辐射的集装箱中转站建设，大力促进集装箱一体化运输。

大力支持现代物流和多式联运发展。加快建设服务于重点物流园区（中心）的交通基础设施，加快多式联运系统的建设。

——加强专项建设

支持红色旅游发展，精品旅游线路基本达到二级及以上公路标准，部分交通量较小路段达到三级公路标准；经典景区出口路基本达到三级公路标准，部分交通量较大路段改造成二级及以上公路标准。

重点支持国家一类边境口岸公路交通基础设施建设，支持与上海合作组织、东北亚、东盟等周边国家或地区联系的口岸交通基础设施建设，积极促进区域经济合作。

采取有力措施，全面推进少数民族地区公路、水运交通建设。继续支持兴边富民行动，基本解决人口较少民族地区 146 个建制村不通公路的问题。

加强主要方向和重点地区国边防公路建设，加快部队机动公路建设，提高入闽进浙进粤公路技术等级和通达深度，加强部队出口路建设，继续整治改建进藏公路，改善边防公路行车条件和抗灾能力。加大危桥改造、安保工程、GBM 工程等建设力度。加快国家公路运输枢纽站场建设。

与城市发展相结合，积极推动老港区的功能调整，大力提高港口公用设施服务水平。

第三章　全面提升交通运输效率和服务质量

——公路

以国家高速公路网为载体，加快以国家公路运输枢纽为龙头的运输站场建设，基本形成快速客货运输网络。运输场站的选址要充分考虑与其他运输方式的衔接，基本实现 400～500 公里以内当日往返，800～1000 公里以内当日到达。提高集装箱、化学危险品、大型物件、冷藏保鲜货物等运输的专业化、规模化与现代化水平。集装箱运输、甩挂运输得到快速发展，普及装卸机械化、自动化，集疏运效率提高，促进和保障物流产业发展。

以班车客运为主体，旅游、包车客运为补充，以集约化经营为基础，加快高速公路长途客运网络化、中途客运直达化、短途客运公交化、出租车客运规范化进程。

高速公路客运运力全部为高级客车，其它城际客运运力为中级以上客车，农村客运运力安全性能显著提高。城乡客运一体化进程明显加快，城乡客运网络得到有效衔接和明显优化，旅客出行中转次数减少。运输组织化程度提高，及时性和可靠性更强，商务事故、社会投诉明显减少，维修返工率明显降低。市场主体的质量信誉考核体系基本建立，规范化服务得到进一步推广，运输市场秩序进一步规范，运输服务水平明显提高。

形成以农村公路为依托，遍布城乡、四通八达的全国农村客货运输网络，逐步改善农村运输服务质量。东部地区和中部较发达地区乡镇和建制村客车通达率力争达到100％；中部欠发达地区和西部地区乡镇客车通达率达到99％，建制村客车通达率达到95％。

——水运

以专业化船队和大型专业化码头为基础，形成液体散货（石油、液化天然气）、干散货（铁矿石、煤炭、粮食）、集装箱和特种物资专业化运输系统；海运船队运力规模适当、结构合理，整体上具有较强的国际竞争力。

大力发展集装箱运输，鼓励干线运输，推进内支线运输，不断提高集装箱化水平，集装箱远洋直达率进一步提高；加强集装箱一体化运输建设，集装箱干线港与高速公路或城市快速路相连接，推动多式联运，重点解决运输通道线路等级不高、衔接不畅和运输枢纽场站分布不合理等问题；完善内陆口岸功能，提高国际集装箱运输向内陆延伸的深度和广度，全程运输实现无缝衔接。

发展以石油制品及液体化工品、煤炭为主的专业化散装运输和汽车滚装运输；煤炭、矿建材料、金属矿石运输系统得以完善，LNG、汽车滚装运输快速发展。

大力发展江海直达和干支直达运输，减少中间环节，提高运输效率。建设长江干线和主要支线及长江三角洲水网地区、西江干线及珠江三角洲水网地区的集装箱专业化运输系统。

加快实现常规客运向旅游化、高速化、客滚化方向发展，旅游客运成为时尚，航运效益显著提高。

——物流

鼓励港口开发物流服务，倡导仓储、物流企业建立物流中心，发挥港口优势，大力发展临港工业，积极推进港口与工业的结合，把港口建成新的产业和物流园区，推进港口现代化步伐。

引导大型运输企业由承运人向第三方物流经营人转变，提高综合物流服务水平。

第四章　努力推进交通运输装备现代化

采取有力措施，引导运输企业运力装备向普通敞蓬厢式货车和适合高速公路、干线公路的大吨位厢式半挂汽车列车发展，到2010年，营运货车达到700万辆，力争重型货车、专用车辆、厢式货车的比例分别达到30％、30％和20％；

鼓励发展集装箱、冷藏、散装、液罐车等专用运输车辆和多轴重载大型车辆。鼓励使用柴油车,推广天然气和液化石油气等新型能源车型,加快更新老旧车辆。鼓励发展大中型高档客车,大力发展适合农村客运的安全、实用、经济型乡村客车,到 2010 年,全国营运客车达到 220 万辆,其中大中型客车总量 90 万辆,高级客车所占比重达到 25％以上,中级客车所占比重达到 50％以上。

海运船队以大型散货船、大型油轮、集装箱船、滚装船和液化气船为重点,向大型化、专业化方向发展,平均船龄有所降低,船舶总载重吨和集装箱船运力规模居世界前列。重点发展 15～30 万吨级大型原油运输船并达到一定规模,液体散货船队控制运力规模在世界的排位有较大提升;调整散货船队结构,适度扩大散货船队规模,重点发展 15 万吨以上好望角型船,干散货运输船队规模保持世界前 3 位。发展集装箱船队,重点发展超巴拿马型集装箱船。内河船舶重点发展内河自航船、顶推船队、江海直达船、集装箱船和滚装船,适度发展旅游客船,逐步淘汰技术落后的船型,通过调控总量,加快更新运力,向标准化、系列化、大型化和现代化方向发展,船队结构趋于合理。客运船舶与旅游产业紧密结合,向舒适化、休闲化方向发展。

第五章 加强水上安全和救助系统建设

重点水域监管救助能力明显提高,现代化水上安全和救助体系初步形成,水上安全形势明显好转。监管和救助力量基本覆盖我国管辖水域和搜救责任区,险情预防和监控能力提高,在重点水域实现 9 级海况下全天 24 小时监管救助力量的出动,并可在 6 级海况下实施有效监管和救助。监管救助力量在规定时间内到达指定水域。沿海离岸 50 海里重要水域应急到达时间从目前的 210 分钟缩短到 2010 年的 150 分钟;长江干线应急到达时间由目前全线 60％左右不超过 45 分钟提高到全线基本不超过 45 分钟。现场救助能力明显提高,人命救助有效率由目前的 87％提高到 90％左右;重点水域一次溢油性综合清除控制能力由目前的不足 200 吨达到 500 吨以上(局部达到 1000 吨);沉船整体打捞吨位由目前的 2 万吨左右提高到 5 万吨;水下救援打捞深度由目前的 60 米提高到 300 米。

集中力量加强薄弱环节建设,基本完成渤海湾、长江口(含宁波舟山水域)、台湾海峡、珠江口、琼州海峡和长江干线六大水域的通信和监管指挥系统、飞机和船舶、机场及基地、船舶溢油应急设备等建设。

第六章 加快推进交通信息化建设

在交通运输动态信息的采集和监控、交通信息资源的整合开发与利用、交通运行综合分析辅助决策和交通信息服务四个方面实现重点突破。实现全行业跨区域、跨业务部门的综合管理,全方位提升政府科学决策水平,增强市场监管、应急处理和公共服务的能力，全面提高交通行业的整体运转效率，推动交通管理体制改革、机制创新和政府职能转变，为"十一五"交通发展目标的顺利实现提供支撑和保障。

交通动态信息资源采集能力明显增强。以省级数据与图像相结合的高速公路联网监控和联网收费系统为主要基础，初步建成全国高速公路重要路段的动静态数据采集、分析系统；在主要港口、重要水道和航段实现船舶动态实时监控；通过对客运、危险品等特种车辆、船舶的监控、运营车辆的移动稽查以及对重点物资运输的监控，大幅度提高运输动态信息的掌控能力。

交通信息资源开发利用、重点应用项目的资源整合和业务协同取得实质性进展。初步建成行业政务信息交换体系和重大基础性、战略性数据库；开展跨部门、跨行业信息交换与共享，建成关键业务系统并发挥重要作用，促进部门间业务协同；通过信息技术与业务的结合使各级交通主管部门的管理决策能力、公共服务能力、应急处理能力以及企事业单位的市场竞争能力得到较大提高。

为公众提供的交通信息服务取得显著效果。在40％的省（市）交通厅（局、委）建成以多种方式满足不同出行人群需要的公众出行交通信息服务系统；在50％的主要港口实现基于EDI的货运信息服务；主要业务的审批实现网上办理。

建立和完善交通信息化保障体系。初步建立交通行业信息化建设与运营保障体系；完善交通行业信息化标准和信息安全体系。

第七章　实施交通科技创新和人才强交战略

继续进行提高科研能力、改善科研条件和整治科研环境的建设，初步建立适应交通现代化要求和符合交通科技自身发展规律的创新体系。着力解决公路水路交通建设养护中的关键技术问题，大力开发应用交通信息化技术、运输管理技术、交通安全技术和环保技术；加强交通决策支持研究和先进适用技术的推广应用，取得一批拥有自主知识产权和具有世界领先水平的科技成果；加强交通科研教育基础设施建设；初步形成一个适应交通现代化要求、政府主导与市场机制相结合、创新能力强、创新效率高、符合交通科技自身发展规律的创新体系。

牢固树立人才是第一资源的思想，加强交通行业创新文化建设，努力形成尊重知识、尊重人才、尊重创造的良好氛围，坚持把发现、培养、使用和凝聚优秀科技人才作为交通科技发展的重要任务。逐步建立起鼓励优秀科技人才脱颖而出的机制，积极调整科技发展的相关政策。高度关注尖子人才在科技发展中的重大作用，以选拔凝聚科技尖子人才为重点，带动整个科技队伍建设。继续加强大连海事大学基础设施和重点学科的建设；促进和支持交通特色高校和其他普通高等教育交通主干专业和主干学科的建设；适度对交通职业教育给予支持。使各类学校的培养规模和质量、科研学术水平和服务交通能力明显提高，初步建成交通行业人力资源支持保障体系。

第八章　建设节约型交通

加快节约型交通建设，提高资源综合利用效率，节约土地、岸线、能源、建筑材料等，"十一五"末与 2005 年相比，实现公路每亿车公里用地面积下降 20％；沿海港口每万吨吞吐量占用码头泊位长度下降 25％；营运车辆、船舶百吨公里能耗下降 20％。

第三篇　政策措施

第一章　积极筹措资金

第一节　稳定现有投融资政策

继续坚持"国家投资、地方筹资、社会融资、利用外资"的良好机制。稳定政府资金投入，保持中央和地方政府在交通基础设施建设方面长期、稳定的资金来源和投资强度。

保持车购税、港建费政策的稳定性及使用的专项性。积极做好实施费改税的各项准备工作。继续加强交通行政事业性收费，并强化征管，健全制度。积极争取更多的政府财政性资金投入交通安全等公益性事业的建设。在保持上述交通规费稳步增长的同时，继续加大对实施西部大开发、加快中部发展的扶持和转移支付力度，优化政府交通投入在地区间的分布。

依法明确界定中央与地方的交通建设职责权限，完善中央与地方联合建设交通设施的机制，按照职责加大地方财政性资金投入交通建设力度。

第二节　拓展资金来源

进一步扩大公路、水路建设项目直接投融资比重，鼓励符合条件的企业通过发行企业债券等形式筹集建设资金。

继续发挥银行贷款等间接融资渠道的功能，保证银行资金的连续性，尽可能为交通建设筹集更多的建设资金。研究制订吸引各方面资金进入交通领域的政策。加快研究老港区功能转换政策，鼓励港口企业在新港区开发上争取地方政府更多的政策支持。

各级政府加要大对内河建设的支持力度。鼓励实施以电促航，航电并举，制定和实施江河流域联合治水、综合合作开发的良性循环政策。研究利用各种基金通过信托形式投资交通建设，通过资金的调剂使用，弥补交通建设资金不足。

建立政府科技投入的稳定增长机制。既要稳定国家对交通科技的现有投入，又要保持稳定增长，其增长速度应不低于中央和地方交通经常性收入的增长水平。

第三节　加强收费公路管理

认真贯彻《收费公路管理条例》。进一步理顺收费公路管理体制，正确界定政府在收费公路管理上的职责，合理设置管理机构。通过对收费政策的调整和完善，实现合理控制收费公路规模、合理确定收费标准，充分发挥收费公路在公路建设中的重要作用。

第二章　深化交通改革

第一节　理顺交通基础设施国有资产管理体制

依法对高速公路国有资产实施有效监管，构建高速公路国有资产管理体系。充分发挥交通部门监管公路资产的专业优势，各级交通部门要制定国有资产监管机制，理顺行业监管和运营主体之间的关系，保证公共利益不受侵害，对授权范围内的国有资产代行出资者权利，监督考核国有资产利用效率情况，防止国有资产收益外溢。

配合国有资产管理体制改革，逐步理顺港口行政管理系统、资产管理及国有企业之间的关系。明晰国有港口企业产权关系，属于港口公共基础设施和公共产品的交由政府港口行政部门管理，经营性设施中的国家投资纳入国有资产管理系统，由国有企业负责国有资产的保值增值。

第二节　深化公路和航道养护管理机制改革

努力实现公路和航道养护中管理与生产的分离或部分分离。积极培育养护市场，引入竞争机制，提高养护生产效率和资金使用效率。

改革公路养护管理机制。高度重视公路养护管理工作，特别是要重视非收费公路及农村公路的养护资金问题。省级交通主管部门负责本省范围内的公路管理，制定具体政策和法规，落实养护资金，培育并监管养护市场。根据国务院批准的《农村公路管理养护体制改革方案》，加强农村公路管理养护体制和运行机制，明确职责，建立健全以县为主的农村公路管理养护体制；建立稳定的农村公路养护资金渠道，加强资金使用管理；实行管养分离，推进公路养护市场化；完善配套措施，确保改革平稳进行。

第三节　完善沿海港口管理体制改革

各级港口行政管理部门要按照《港口法》的规定，全面承担起法律赋予的各项港口管理职能，建立、健全港口管理机构，做好港口行政管理工作，推进港口持续、健康、快速发展。

第三章 加强法制建设

第一节 完善交通法规体系

完善交通法规制定机制，加强立法协调和立法研究，加快立法步伐，开展《道路运输法》、《航道法》的立法准备工作。在"十一五"期间重点解决规范、促进和保障交通工作的法律依据问题，尽快确立包括基础设施建设和管理、运输服务、运输安全等在内的交通法规体系，使各项交通事业都做到有法可依，完成公路水路交通法规子系统的法律或者主要行政法规制定；使已经制定完成的有关公路水路交通法律之间、法规之间相互协调，避免冲突。

第二节 依法行政，加强监管

严格执行行政许可法，依法设定和实施行政许可，并强化对行政许可的监督检查。制定加强交通行政执法队伍建设的规划、措施和实施意见，结合结构改革，调整和优化执法干部队伍结构，努力培养一支政治强、业务精、作风正的交通行政执法队伍，切实加强交通行政执法队伍建设，努力提高交通部门依法行政的水平。

严格执行交通法律、法规，树立正确的管理理念，综合运用经济、行政和法律手段，对市场进行必要的监督和调节，制定标准统一、程序公开并有法律保障的监管政策，采取有效手段保证市场秩序，保障利益相关人的合法权益，保证资源得到合理、可循环利用，保证社会整体利益，维护社会公平、公正。

第四章 规范交通运输市场

第一节 建立统一开放的运输市场

进一步整合运输资源，消除行业和地区壁垒，统一市场准入条件，鼓励运输企业异地设置分支机构，允许道路客运企业参与异地客运资源的招投标，推动规范、统一的运输市场建设。

第二节 鼓励运输经营的规模化

以资本为纽带，组建跨地区、跨行业、跨所有制的大型企业和企业集团，实现运输企业规模化、专业化、集约化经营，提高运输企业经营效益、增强抵御风险的能力。鼓励港口建设与经营领域企业间联合经营、紧密合作，建立长期稳定的合作关系。

第五章 加强规划指导

第一节 重视规划严肃性

加强规划管理和法制化建设，包括决策责任制和预防决策失误程序、规划编制、实施、规划评估与调整等方面的制度性安排，也包括建立规范化的民主制度、衔接制度、论证制度、公布制度以及备案和评估等制度。

对国务院批准的有关国家级交通规划，要严格按规划组织实施。

第二节 加强规划衔接

注重规划体系的协调与完整，区域交通规划的制定要以国家交通总体发展规划为依据，建立不同区域交通规划的协调机制，统筹规划建设地区性重要基础设施。将区域交通一体化协调机构纳入区域经济一体化协调机构当中，统筹协调区域公路水路交通规划与城市建设、国土、铁路、民航、海洋、水利、环境保护、旅游、口岸等的相互衔接，完善综合交通运输体系，增强服务区域经济社会发展的能力。

第三节 适时调整规划

建立规划实施的监测、绩效评估和规划调整机制。长期不间断地监测规划实施的外部环境和内部情况，建立规划评估机制，认真开展规划的中期评估和后评价工作。当内外环境发生重大变化或因其他重要原因需要调整规划目标和重点时，要按法定程序及时调整。

第四节 加强统计分析

大力开展统计调查、分析、预测和信息发布工作，加强统计机构，改进和扩充统计指标体系，建立交通建设用地、港口岸线、运输企业和港口企业的能源消耗统计指标，建立健全统计数据库，为规划编制、实施与调整提供更多的统计咨询和信息服务，保证统计工作的及时、真实和准确。

第六章 促进交通可持续发展

第一节 加快开展建设项目前期工作

尽快开展"十一五"后期开工建设项目前期工作，建立项目储备。

第二节 合理利用线位、岸线资源

灵活制定技术标准，及时制订、修订标准规范。区别对待交通建设的强制性标准与推荐性标准，合理选用技术指标。有效利用线位资源，加快公路路线走廊带和站点的合理布局，优先选择能够最大限度节约土地、保护耕地的方案。

遵循"深水深用、合理开发"原则，集约使用岸线资源建设港口。建立港口岸线管理制度，探索岸线资源的有偿使用。严格执行经批准的港口布局规划、总体规划和岸线利用规划。

第三节 提高基础设施耐久性

勘察设计工作统筹考虑建设、运营、养护的全过程，不仅要控制建设成本，还要注意养护与管理成本，追求全寿命成本最佳。研究开发工程新材料、新技术，采用新工艺，应用新设备，提高基础设施耐久性和可靠性。

第四节　提升行业节能水平

鼓励低消耗、少排放、高效率运输工具的使用。提高运输组织化程度，提高实载率。大力依靠科技进步，不断提升营运车辆节能水平，提高能源利用效率。加强替代燃料和可再生能源的研究，缓解传统能源短缺的压力。

第五节　促进交通与自然的和谐统一

严格贯彻执行生态保护和水土保持的法律法规，积极开展交通基础设施建设生态保护和水土保持的宣传工作，做好规划和建设项目的环境影响评价工作，加强施工、运营过程中的环保检测、监督工作。

关于加快发展现代交通业的若干意见

交科教发〔2007〕761 号

各省、自治区、直辖市、新疆生产建设兵团、计划单列市交通厅（局、委），有关港口管理局，中央管理的交通企业，大型港口集团，有关科研院所、高等院校，部属各单位：

为深入贯彻落实科学发展观，按照国家加快转变经济发展方式、推动产业结构优化升级和大力发展现代服务业的战略部署，推进公路水路交通由传统产业向现代服务业转型，加快发展现代交通业，现提出如下意见：

一、加快发展现代交通业的重大意义

1. 发展现代交通业是经济社会发展的客观要求。我国经济社会快速发展，对外开放日益扩大，工业化、信息化、城镇化、市场化、国际化深入发展，经济结构加速调整，消费结构逐步升级，城乡区域协调发展，带来了旺盛的客货运输需求，安全可靠、经济高效、便捷舒适乃至个性化的价值取向不断增强，对交通运输提出了新的更高要求。只有继续扩大交通供给能力，不断提高运输服务水平，才能主动适应经济社会发展的客观要求。

2. 发展现代交通业是实现科学发展的必然要求。随着经济社会的发展，土地、能源等资源及生态环境的制约日趋突出，交通发展过程中一些深层次问题和矛盾日趋显现，交通发展面临巨大挑战。转变交通发展方式，调整产业结构，创新体制机制，强化行业管理，走资源节约、环境友好型的交通发展道路，是实现交通科学发展的必然要求。

3. 发展现代交通业是交通发展规律的内在要求。世界交通发展的历程表明，交通发展必然经历一个大规模基础设施集中建设的阶段，经历由单一运输方式的各自发展向多种运输方式协调发展的过程，经历由数量扩张到质量提升、由外延粗放向内涵集约的发展过程。随着交通基础设施规模的不断扩大，交通发展将更加注重科技进步与创新，更加注重质量效益的提升，更加注重运输效率的提高，更加注重与资源环境相协调，这是交通实现全面协调可持续发展的内在要求。

4. 加快发展现代交通业是新时期交通发展的重大战略。交通运输是国民经济的基础性产业，也是服务性行业，是现代服务业的重要组成部分。发展现代交通业，就是用现代科学技术、管理技术改造和提升交通，提高交通基础设施、运输装备的现代化水平和运营效能，适应现代服务业发展要求，不断拓展交通服务领域，走资源节约、环境友好发展之路，促进综合运输体系发展，提高交通现代化水平。发展现代交通业是新时期交通发展具有全局性、方向性的重大战略。

二、发展现代交通业的指导方针与总体要求

5. 发展现代交通业要以邓小平理论和"三个代表"重要思想为指导，全面贯彻落实科学发展观，紧紧围绕做好"三个服务"，统筹交通建设与运输服务协调发展，统筹城乡区域交通协调发展，统筹交通与资源环境协调发展，统筹各种运输方式协调发展，强化理念创新、科技创新、体制机制创新和政策创新，转变交通发展方式，走资源节约、环境友好型交通发展道路，推进公路水路交通科学发展。

6. 发展现代交通业，关键是要实现交通发展方式的转变，即：交通发展由主要依靠基础设施投资建设拉动向建设、养护、管理和运输服务协调拉动转变，由主要依靠增加物质资源消耗向科技进步、行业创新、从业人员素质提高和资源节约环境友好转变，由主要依靠单一运输方式的发展向综合运输体系发展转变。

7. 发展现代交通业的总体要求是：到2010年，交通发展质量和效益明显提高，运输服务的能力和水平明显增强，交通行业创新能力明显提升，现代交通业发展明显加快，基本适应国民经济和社会发展的需要。

——交通基础设施建设和运营服务水平明显改善，基础设施网络化程度和管理信息化水平进一步提升，道路、航道通行能力明显增强，港口、站场服务功能进一步拓展，运输方式之间分工合理、衔接有效，服务效率明显提高。

——交通增长方式转变取得明显进展，资源利用、环境保护的水平明显提高，交通发展集约利用土地和岸线取得明显成效，单位运输能耗和污染物排放量明显下降。与2005年相比，实现公路单位运输周转量用地面积下降10％，营运货车单位运输周转量能耗下降5％，营运船舶单位运输周转量能耗下降10％，营运车辆单位运输周转量污染物排放量下降30％。

——运输服务质量明显提高，运输组织进一步优化，运输服务效率有效提升，运输服务领域得到拓展，服务增加值有所增长，公众出行信息服务及时、准确，公众满意度明显提高。

——公路水路交通支持保障系统更加完善，交通安全服务水平、救助打捞和应急保障能力明显提高，营运车辆引发的道路交通事故死亡人数大幅减少，运输船舶重大事故率持续下降，与2005年相比，营运车辆万车死亡率下降40％，万艘运输船舶重大事故率下降10％。

——创新型交通行业建设得到有效推进，科技创新体系进一步完善，科技的支撑作用进一步加强，与2005年相比，交通科技进步贡献率提高五个百分点。

——交通管理体制改革取得实质性进展，基本建立符合社会主义市场经济体制要求的体制机制和政策法规体系。

8. 到 2020 年，交通发展的质量和效率显著提高，运输服务和管理显著改善，行业创新实力显著提升，资源节约、环境保护显著增强，基本建成更安全、更通畅、更便捷、更经济、更可靠、更和谐的交通运输服务体系，交通发展成果惠及城乡、人民共享，适应全面建成小康社会的需要，为本世纪中叶实现交通现代化打下坚实基础。

9. 发展现代交通业，在当前和今后一个时期的重点是：调整交通结构，促进结构的优化升级，增强交通运输服务保障的能力；转变发展方式，建设资源节约、环境友好型交通，增强交通可持续发展的能力；推进自主创新，建设创新型行业，增强交通发展的内在动力；完善行业管理，建设服务型政府交通部门，增强交通公共服务的能力。

三、大力调整优化交通结构

10. 调整优化交通结构，统筹基础设施建设、养护与运输服务的协调发展。继续加强公路水路交通基础设施建设，不断提升基础设施运行维护水平。强化交通运输服务，引导运输结构不断优化，提高运输服务的能力和水平。优化投资结构，调整行业政策，实现资源的优化配置和有效利用。

11. 加强基础设施薄弱环节建设，优化网络功能结构与布局。继续加强国家高速公路网建设，加强农村公路建设，加大国省干线改造力度，完善运输枢纽布局，加强与其他运输方式相衔接的公路水路交通枢纽的建设，提高基础设施使用效率和服务能力。充分发挥水路运输的比较优势，进一步优化港口结构，整合港口资源和功能，加快以长江黄金水道为重点的内河航运建设，加快国家高等级航道建设，提高整体服务水平和效率。加强海事船检、救助打捞、科技教育、安全保障、信息通信等支持保障系统建设。

12. 加快运输结构调整，提升交通运输服务能力。优化运输组织结构，大力发展规模化、集约化、网络化运输，提高运输组织效率，逐步实现货运的无缝衔接和客运的零换乘。引导营运车船向标准化、专业化、清洁化方向发展，发展厢式运输、甩挂运输和汽车列车，提高运输装备的技术水平。优化远洋船队结构，扩大国轮船队规模，适应国家经济安全的需要。

四、加快转变交通发展方式

13. 转变交通发展方式，提升交通发展质量和效益。提高发展质量和效益是最有效的资源节约和环境保护，要以节约集约利用资源和保护生态环境为主线，积极推进交通基础设施的升级改造，不断提高工程的质量和耐久性，降低全寿命周期成本，加强基础设施养护管理，提高交通运输的信息化、网络化、智能化水平，提升设施的使用效率，保障交通运行安全。要减少对资源的占用和消耗，把节约资源、保护环境落实到交通发展的各个层面和各个环节，实现交通发展与自然生态的和谐统一。

14. 节约利用资源，实现集约发展。落实国家最严格的耕地保护政策，完善公路用地及建设的相关标准，节约集约利用土地资源，集约使用和有效保护岸线资源，优化利用岛屿岸线，促进内河航运资源的合理开发、优化配置、高效利用，提高水资源综合利用水平。遵循"减量化、再利用、资源化"原则，积极研究开发资源综合利用、材料再生等技术，大力发展交通循环经济。

15. 推进节能减排，发展清洁运输。制定营运车船的节能减排标准，进一步完善运输装备的市场准入和退出机制，从源头上限制高耗能运输装备进入运输市场，逐步淘汰高耗能的设施和装备，促进运输技术装备结构升级。进一步完善公路、水路运输和港口的节能减排指标体系。积极推广应用节能新技术、新工艺、新装备，鼓励推广使用替代能源。

16. 促进环境保护，建设生态文明。强化全行业环境保护意识，贯彻落实有关环境保护的法律法规，完善相关的行业政策及标准规范，严格执行建设项目环境影响评价制度和"三同时"制度，加强建设工程的环境保护和生态恢复。做好环境影响评价工作，建立交通环境保护监测评估体系，加强环保监测和监督，切实将环境保护落实于规划、设计、施工、运营的全过程。

五、积极促进现代物流发展

17. 改造和提升传统货运业，加快现代物流发展。交通运输是现代物流发展的基础，要充分发挥港口、站场在物流中的结点作用，扩展交通运输在供应链中的服务功能，提供延伸服务和增值服务。引导运输企业拓展业务范围，鼓励运输企业按照市场机制整合资源，提升运输的专业化、社会化服务水平，由单一的运输承运人向现代物流经营人转换，积极发展第三方物流。加快航运中心建设，延伸水运服务功能，提高海运服务贸易能力。

18. 加强统筹规划，完善物流网络布局。进一步做好港口、运输站场等物流结点的布局规划，货运站场选址要充分考虑物流组织的需要，注重与其他运输枢纽的衔接，重视中心城市、口岸和物资集散地物流基地（园区）的规划工作，促进区域物流网络的形成。

19. 加强物流技术研发应用，重视物流标准规范制定。强化现代物流技术的研发和应用，推动物流信息公用平台、物流在线服务平台等的建设，促进物流资源的整合。注重现代物流标准的研究与制定，加强基础性标准的制修订，注重与各种相关技术标准的协调一致，促进现代物流标准体系的建设。

六、有效提升客运服务品质

20. 发展优质的公共客运，提供安全便捷的出行服务。构建由快速客运、干线客运、农村客运和旅游客运等组成的多层次客运网络体系，加强道路客运与其他运输方式的紧密衔接。提供安全好、效率高、质量优、成本低、污染小的公共客运服务，引导交通消费，鼓励公共交通出行。

21. 发展农村客运，促进服务均等化。创新城乡客运管理体制，研究制定进一步支持农村客运的相关扶持政策，推动建立城乡统一的客运市场。统筹规划农村公路、客运站点和线路布局，加快乡镇客运站点建设，探索农村客运线路公交化运营模式改革，提高乡镇客运班车的通达率和覆盖率。

22. 拓宽客运服务领域，满足多样化运输服务需求。鼓励客运企业向社会提供高品质、多层次的运输服务，积极发展新兴运输服务形式，扩展运输服务功能，适应小汽车进入家庭的需要，加快建立全国机动车维修救援网络，推行连锁经营等现代经营方式。

七、全面提高公共服务能力

23. 转变政府职能，规范行政权力运行。加快服务型政府建设，强化公共服务，加强行业管理，规范市场秩序，完善运输服务标准，形成统一开放、竞争有序的运输市场，创造公平竞争的市场环境。推进依法行政，规范执法行为，减少和规范行政审批。建立健全重大决策的专家咨询、社会公示、听证和信息公开等制度，增强科学决策、民主决策、依法决策的能力与水平。加快发展交通电子政务，完善交通统计体系和统计制度，提高交通行政管理的效能。

24. 完善信息服务体系，提升公共服务能力。积极推进交通政务公开，加强政府门户网站建设，加快建立统一的交通服务热线。充分利用和整合信息资源，建立交通信息共享平台，提高交通公共信息服务的有效性和针对性，提供及时、准确、全方位的惠民便民交通信息服务。

25. 强化安全监管，加强交通安全保障能力。提高水上安全监管、救助打捞、船舶检验及应急抢险能力，强化重点水域、重点船舶、重点时段和重点环节的安全监管，建立水上交通安全管理长效机制。继续实施公路交通安全保障工程、危桥改造工程、干线公路灾害防治工程，建立和推行桥梁定期检验制度。落实交通建设项目施工安全生产责任制，严格执行工程项目和设备监理制度，增加施工安全生产投入，加大监管力度。加强道路客运和危险货物运输安全管理，继续加强车辆超限超载治理。

26. 完善应急保障机制，提高应急保障能力。完善交通突发公共事件应急预案和应急体系，加快交通应急平台建设，加强交通应急队伍建设，提高应对突发公共事件的能力。完善重点物资运输机制，保障特殊情况与紧急状态下农副产品、人民生活必需品、重点物资、抢险救灾物资、军需物资等的运输，维护经济安全和国防安全。

八、着力强化科技创新和人才保障

27. 加强科技创新体系建设，提高交通科技创新能力。继续加快交通科技划新体系建设，加强交通行业重点实验室建设，着力培育国家重点实验室，积极做好科技信息资源共享平台建设。切实加大交通科技创新投入，充分发挥企业技术创新的主体作用，促进产学研相结合。积极扩展科技咨询、技术交易、成果推广、信息服务、检验检测、知识产权等交通科技服务，加强国际科技合作与交流。

28. 大力推进交通科技创新，强化科技成果转化和应用。注重原始创新，强化集成创新和引进消化吸收再创新，紧密结合交通生产建设实际，努力突破一批行业重大关键技术，推进信息通信、现代物流、环境保护、新材料、新能源等技术在交通领域的研发和应用，大力发展智能交通，加强科技成果的推广，及时将先进适用的科技成果纳入标准规范，实施科技成果推广示范工程，提升交通发展的科技含量。

29. 加强人才培养，为交通发展提供智力支持。牢固树立"人才资源是第一资源"的理念，创新人才引进、培养和使用机制，加强管理人才、专业技术人才和技能型人才队伍建设，大力发展交通职业教育，加强交通从业人员专业技能培训，积极推行职业资格制度，加强行业精神文明建设，注重从业人员素质提高，提升交通行业从业人员的服务意识、服务能力和服务水平。

九、切实推进现代交通业发展

30. 提升发展理念，深化对发展现代交通业的认识。深入贯彻落实科学发展观，不断增强发展现代交通业的紧迫感和使命感。进一步明确任务，狠抓落实，使做好"三个服务"和推动交通由传统产业向现代服务业转型成为行业的自觉行动，通过理念创新、科技创新、体制机制创新和政策创新，大力推进现代交通业发展。

31. 调整投资结构，引导现代交通业发展。突出"四个重点"，保证国家规划的公路水路重点项目、农村公路、安全保障工程和科技创新项目的重点投入，实行"两个倾斜"，坚持向中西部地区和公益性强的项目倾斜，继续加大对节能减排、生态环保、信息化建设等领域的持续投入，发挥财政性资金的引导和杠杆作用，积极吸引社会资金参与现代交通业发展。强化对资金、资产安全与使用效益的监管，不断提高交通资金的使用效率和效益。

32. 完善体制机制和行业发展政策，保障现代交通业发展。继续深化交通运输管理体制改革，积极推进城乡、区域交通一体化，促进综合运输体系建设。加快交通执法体制改革，积极推进交通综合执法，提高交通行政执法的能力和效率。按照社会主义市场经济体制发展的要求，进一步推进和完善高速公路管理体制、干线公路养护机制、农村公路管理体制、航道管理及养护体制、内河航运管理体制以及港口管理体制等方面的改革。强化政策创新，研究制定新时期促进交通科学发展的行业政策和技术政策，加快调整收费公路、标准规范等政策规章，加强交通法规建设，进一步完善交通法规体系，建立和完善交通行业服务标准体系。

33. 抓好典型示范，大力推进现代交通业发展。针对发展现代交通业的重点、难点问题，找准工作的切入点和着力点，树立一批代表产业发展方向、能够引导行业发展的突出典型，通过试点示范工程或专项行动计划，以点带面，全面推进现代交通业发展。

交通部
二〇〇七年十二月二十九日

008

关于印发公路水路交通"十一五"科技发展规划的通知

交科教发〔2006〕70 号

各省、自治区、直辖市、新疆生产建设兵团、计划单列市交通厅（局、委），中央管理的交通企业，主要港口管理机构和港务（集团）公司，有关科研院所、高等院校，部直属各单位：

为深入贯彻党的十六届五中全会和全国科学技术大会精神，推动交通行业科技进步与创新，建设创新型交通行业，促进公路水路交通又快又好发展，我部在《公路水路交通科技发展战略》和《公路水路交通中长期科技发展规划纲要（2006－2020 年)》的基础上，编制完成了《公路水路交通"十一五"科技发展规划》。

现将《公路水路交通"十一五"科技发展规划》印发给你们，请认真贯彻执行。

交通部

二〇〇六年二月二十二日

公路水路交通"十一五"科技发展规划

交通部

2006 年 2 月 22 日

"十一五"是我国全面建设小康社会、推进社会主义现代化的关键阶段。党的十六届五中全会明确了"十一五"国民经济和社会发展的主要任务，全国科学技术大会做出了建设创新型国家的重大战略决策，强调把增强自主创新能力作为科学技术发展的战略基点和调整产业结构、转变增长方式的中心环节。未来五年，交通行业必须深入实施"科教兴交"和"人才强交"战略，充分发挥科技的支撑和引领作用，不断增强自主创新能力，推动公路水路交通又快又好地发展。

按照《公路水路交通"十一五"发展规划》、《公路水路交通科技发展战略》和《公路水路交通中长期科技发展规划纲要（2006—2020 年)》的总体要求，我部组织编制了《公路水路交通"十一五"科技发展规划》，提出了未来五年交通科技发展的指导方针、发展目标、重点任务和保障措施。实施本项规划，要充分发挥政府、企业、科研单位、高等院校及中介组织等方面的积极性和创造性。通过全行业的共同努力，建立起一个适应交通发展需要、符合交通科技发展规律的创新体系，取得一批拥有自主知识产权和具有世界领先水平的科技成果，培育一支数量充足、结构合理、素质优良、勇于创新的科技人才队伍，推进创新型交通行业建设，为全面建设小康社会做出贡献。

第一章　发展形势与需求

一、发展形势

"十五"是我国公路水路交通历史上发展速度最快、成效最好的时期，也是对经济社会的支撑保障和服务作用最为显著的时期。全社会累计完成交通建设投资21957亿元，年均增长18.7%，超过建国以来51年完成投资的总和，在高速公路、农村公路、沿海港口、内河航运建设等方面取得了显著成就。截至2005年底，全国高速公路总里程达到4.1万公里，位居世界第二；农村沥青（水泥）路达到63万公里，比建国以来前53年翻了一番；公路客运量达171.2亿人次，货运量154亿吨，分别比2000年增长102%和32.6%；港口货物吞吐量达49.1亿吨，集装箱吞吐量达7580万标准箱，连续三年稳居世界第一位。交通事业的快速发展为交通科技提供了广阔的舞台，交通科技的发展也为交通事业的发展提供了有力支撑。

五年来，交通行业坚持"科教兴交"和"人才强交"战略，坚持科技工作面向交通建设主战场，坚持以开放的姿态发展交通科技事业，坚持发挥市场机制配置资源的基础性作用，坚持依靠广大科技人员的拼搏精神，科技投入不断增加，科研条件不断改善，创新能力不断增强，在科技进步和创新方面取得了显著成绩。全行业科研开发总投入约60亿元，其中中央财政性资金约11亿元；建成了2个国家级工程研究中心，建设了17个交通部重点实验室；形成了一支相对稳定、能力较强的交通科技研发队伍；获得国家和省级（含中国公路、航海学会）科技进步奖300余项，获得国家专利数比"九五"增加了一倍多；特殊地质条件筑路技术、公路桥梁隧道建设技术、农村公路建设技术、外海区深水港口建设技术、航道整治和通航技术等一大批交通建设和养护关键技术取得突破，其中高等级公路建设成套技术、大跨径桥梁和深水筑港技术等已达到国际领先水平，为交通基础设施建设提供了保障；现代信息技术的应用，提升了行业的管理和服务能力；加强决策支持技术研究，提高了科学决策的水平；注重交通安全技术的开发和应用，提高了交通安全保障能力；加快环境保护和资源节约技术研究，提高了交通可持续发展能力。

"十一五"我国国民经济将保持平稳较快发展，交通需求仍十分旺盛。预计

"十一五"公路客货运周转量年均分别增长 8.3％和 6.7％，水路货物周转量将年均增长 6.6％，汽车保有量将年均增长 10％以上，全国沿海港口货物吞吐量、集装箱吞吐量将年均增长 8.0％和 12.2％。在交通的快速发展过程中，交通建设任务仍然繁重，运输服务要求不断提高，我们不仅面临着重大技术突破和管理水平提升的挑战，还面临着土地、能源、环境、资金等因素的制约。因此，必须实现交通增长方式从要素驱动向科技驱动的根本性转变，走集约化、内涵式发展道路；必须依靠自主创新，大力提高科技进步对交通发展的贡献水平，不断提高交通发展的全面性、协调性和可持续性，建设便捷、通畅、高效、安全的公路水路交通运输体系。

二、发展需求

"十一五"期间，交通科技要面向交通发展主战场，以解决当前和未来发展中的重大科技问题为核心，满足公路水路交通发展扩充能力、提高质量、降低成本、改善服务、保障安全、缓解制约的需要，为公路水路交通发展提供强有力的科技支撑。

——扩充能力。我国交通基础设施建设的任务十分艰巨，跨江跨海通道工程、离岸深水港航工程、特大桥梁与超长隧道、特殊地质条件下的公路工程等新项目建设的自然环境恶劣、工程难度大，面临的关键技术问题亟待攻克。随着交通网络的扩大，已有设施改扩建、养护问题日渐突出，危旧桥改造技术、高速公路改扩建技术、无损与快速检测技术、工程快速修复技术等亟待突破。

——提高质量。交通基础设施建设要高度重视工程建设质量。工程设计要科学合理，工程结构要安全耐久。高速公路路面的早期破坏、水工工程设施的耐久性、大型桥梁隧道的可靠性等问题提出了全新的技术挑战，需要在机理、设计、施工、管理上开展深入研究。

——降低成本。公路水路交通是资金密集型行业，交通基础设施建设一次性投入大，运营时间长，在规划、设计、施工、运营、管理等各个环节都有很大的节约潜力，要树立全寿命周期成本理念，需在上述各个环节进行科技创新。我国区域差异性大，根据区域气候、地质、地理等自然条件，因地制宜地进行设计创新，合理确定建设标准，都对科技创新提出了新要求。

——改善服务。提高公路水路交通服务社会的能力，需要推进政务信息化，建设电子政府；需要加快行业信息资源的整合开发和综合利用，建设公众信息服务系统；需要加强综合运输枢纽建设，构筑现代综合运输体系。因此，要加强智能化数字交通技术、多式联运技术以及集装箱一体化运输关键技术和现代物流技术的研究开发与推广应用，促进运输保障能力和服务水平的提高。

——保障安全。交通安全最能体现以人为本、社会文明。要对交通设施实施有效的监控与安全评价，提高安全事故的主动防控能力。要从驾驶员、车辆、道路、管理等各个环节形成完整的我国公路交通安全的技术体系。要在船舶交通安全监控、水上事故应急处理、港口安全等方面形成成套技术。要从技术上保障立体搜救与深水打捞，建立全天候运行、全方位覆盖的现代化水上安全监管和人命救助保障体系。

——缓解制约。交通的发展必须做到与自然的和谐。要贯彻循环经济理念，在建设、运营、使用、管理等环节形成完善的管理体制和运行机制，依靠科技进步，节约资源，降低能耗，保护环境，发展洁净运输和绿色交通；加大交通领域资源节约与环境保护的新技术、新工艺、新材料、新装备的研发和应用，在发展中节约、集约利用资源，保护生态环境。

第二章　指导方针与发展目标

一、指导方针

"十一五"交通科技发展的指导方针是：以邓小平理论和"三个代表"重要思想为指导，以科学发展观为统领，深入实施"科教兴交"和"人才强交"战略，按照"以人为本、需求引导、综合集成、强化创新、重点突破"的基本方针，以提高自主创新能力为主线，加快交通科技创新体系建设，提升交通科技的总体水平，提高科技对交通发展的贡献水平，为建设创新型行业，推动公路水路交通又快又好发展提供强有力的科技支撑。

二、发展目标

到 2010 年公路水路交通科技的发展目标是：

（一）建立一个适应交通发展需要、符合交通科技自身发展规律的交通科技创新体系，显著提高交通行业自主创新能力。

1. 建成 35 个交通行业重点实验室，覆盖公路、水路、材料、运输工程、交通安全、决策支持、环保节能、智能交通等 8 个专业领域的 25 个研究方向，力争培育 1～2 个国家重点实验室；

2. 在交通建养技术、智能交通技术、运输组织技术、决策支持技术、安全保障技术及绿色交通技术等方面，整合形成 3～5 个专业优势明显、学术水平突出、服务全国或区域的交通行业技术研发中心；

3. 以交通科技信息资源集成共享为目标，基本建成数字化、智能化的公共科技信息资源共享服务平台，为交通行业以及全社会提供内容丰富、准确及时、使用便捷的科技信息服务。

（二）突破交通生产建设中的重大关键技术，取得一批拥有自主知识产权和具有世界领先水平的科技成果，大大提高科技成果转化率，全面提升交通的科技含量。

1. 着力解决公路水路交通重大工程建设、养护中的关键技术问题，在高速公路、桥梁隧道、深水码头和航道整治等工程建养技术方面达到和保持国际领先水平；

2. 大力开发应用交通信息化技术，以信息化推动交通产业的升级，在智能交通技术、现代化运输管理技术、交通事故应急反应技术等方面达到国际先进水平；

3. 努力突破交通领域资源利用和环境保护等方面的关键技术，在交通决策支持研究等方面取得明显进步；

4. 不断加强先进适用技术的推广应用，科技成果的推广率和转化率显著提高，将交通科技普及工作提高到新水平。

（三）培育一支数量充足、结构合理、素质优良、勇于创新的科技人才队伍，形成比较完整的科研梯队，为交通发展提供智力支持和人才保障。

1. 以交通行业重点实验室和行业技术研发中心为基地，依托重大科技项目，造就 50 名左右学术造诣深厚、具备国际先进研究水准、国内一流、国际有影响的交通科技领军人才；

2. 形成一支高素质、有活力、创新能力强的交通科技人才队伍，培养 1000 名左右有学术造诣的优秀青年科技人才；

3. 形成一支政治素质和业务素质高的科技管理人才队伍。

第三章　重点任务

"十一五"交通科技发展的重点要按照总体部署、分步实施、远近结合、解决急需的原则，以增强自主创新能力为主线，全面加强交通科技创新体系建设，着力解决牵动性、关键性、前瞻性重大技术问题，充分发挥科技对公路水路交通发展的支撑、推动和引领作用。

一、创新能力建设

（一）科研基地建设

以交通行业重点实验室建设为切入点，启动交通行业技术研发中心建设，改善交通科研条件，整合社会科技资源，完善行业科研力量布局，形成高水平的科研基地，培养交通行业的主力研发力量，初步建成适应交通现代化要求、充分发挥市场机制作用、符合交通科技自身发展规律的交通科技创新体系。

1. 建设交通行业重点实验室

在"十一五"期间，交通行业重点实验室建设要覆盖公路工程、水路工程、材料工程、运输工程、交通安全、决策支持、环保节能、智能交通等 8 个专业领域的 25 个研究方向。重点实验室的布局突出应用基础研究和重大关键技术研究，重点实验室的建设面向高等院校、科研院所或其他具有自主创新能力的机构，充分吸纳社会各类科技资源。

在强化调整现有交通行业重点实验室的基础上，在长大桥梁和隧道建养技术、大型公路工程构造物的检测与诊断技术、新型港口水工建筑物设计与建造技术、大型水工构造物的检测与诊断技术、交通设施安全技术、道路安全保障技术、交通应急处理技术、交通防灾抗灾技术、水上三品（危险品、化学品和油品）污染监测、防治和处理技术、公路水路环保新技术、智能公路、船舶远程状态检测与信息处理技术等 12 个研究方向优先认定交通行业重点实验室，到 2010 年完成其它研究方向的行业重点实验室认定工作。

结合交通行业发展的需要，适时发布行业重点实验室认定指南，指导重点实验室的建设和管理工作。

2. 培育国家重点实验室

对研发能力强、优势明显、业绩突出、影响广泛，对交通行业发展有重大作用，符合"十一五"期间国家重点实验室建设领域和方向的行业重点实验室，加大支持力度，培育 1～2 个国家重点实验室。

3. 建立交通行业技术研发中心

在公路水路交通建养技术研究、智能交通技术研究、一体化运输系统研究、船舶标准研究、交通决策支持研究、交通安全及可持续发展研究等方面建设形成 3～5 个专业优势明显、学术水平突出、服务全国或区域的交通行业技术研发中心，使其具备承担重大交通科研攻关和长期从事交通应用基础研究的条件，成为交通科技自主创新的主力。

4. 改善交通科研单位的基础条件

"十一五"期间，各级交通主管部门要加大对交通科研单位的投入，改善基础条件，提高科研开发能力，保障交通科技的可持续发展。部直属科研单位要在道路工程、港口工程、智能交通、集装箱运输和决策支持研究等方向成为国内一流、国际有影响的交通科研机构。主要改善规划与决策咨询、港航安全、动静态数据统计和分析、环境保护、路面试验、公路和港口检测设施、海岸动力环境等方面的研究条件，改善科研业务用房。

（二）科技信息资源共享平台建设

以交通科技信息资源的集成共享和优质服务为目标，以信息保障系统和共享制度体系为基础，建成交通科技信息资源共享平台，提供数字化、智能化交通公共科技信息服务。

1. 加快信息资源共享平台基础设施建设。编制科技信息资源共享平台建设规划，形成交通科技信息资源中心。重点加强科技管理、信息服务、成果发布与技术交易等信息系统的整体开发，形成行业科技管理工作平台与科技信息服务平台。

2. 加强交通科技信息资源的整合与共享。打破科技信息资源分散、封闭和垄断的状况，对公益性、基础性科技数据资源和工程技术数据资源进行有效整合，实现科技信息资源的有效集成、高效流动与低成本使用。

3. 建立信息资源共享平台运行管理机制。开展信息资源共享平台的信息资源、应用系统、服务体系和标准规范建设研究，制定相应的规章制度，形成有效的平台运行机制和管理机制，实现交通科技信息资源的共建共享。

（三）科技人才队伍建设

1. 培养高层次科技人才

交通行业要营造一个有利于培养、吸引高层次科技人才的良好环境，通过交通生产建设实践、重大科研项目以及国际科技合作与学术交流，培养、锻炼和发现人才，使优秀科技人才充分发挥聪明才智，脱颖而出。加快交通科技创新团队建设，改善科技人才结构，着力培养青年科技人才，建设科技人才梯队，促进交通科技的持续创新。

2. 开发利用各类科技人才资源

充分发挥市场机制在人才资源配置中的基础性作用，把引进人才和引进智力结合起来，开发利用国内外科技人才智力资源。建立更加开放的科技人才引进、使用机制，通过合作研究、技术交流与培训等多种形式，吸引社会科技人才为我国交通科技创新服务。采用积极有效的人才政策，鼓励和支持专业技术人员为基层、为交通生产建设第一线服务。

二、重大专项攻关

开展重大专项攻关，重点解决交通生产建设面临的关键技术难题，重点支持对行业发展具有明显支撑和引领作用的重大科研项目，力争形成一批拥有自主知识产权、技术水平世界领先、成果实用性强、生产效益显著的科研成果和科技产品。组织开展5个重大专项：

（一）大型公路桥梁隧道建设关键技术研究

1. 预期目标

开展公路桥梁、隧道等重大建设工程关键技术攻关，形成具有我国自主知识产权的、整体上达到国际先进水平，并在若干单项技术居世界领先地位的大型跨江跨海桥梁、公路隧道建设成套技术；在勘察设计、施工组织、质量管理、安全控制等方面的水平均有明显的提升，为我国公路重大基础设施建设和运营管理提供技术支撑。

2. 主要研究内容

    ——深水地域地质、水文勘察技术

    ——构造物抗风、抗震、抗潮汐性能

    ——超大跨径桥梁关键部位设计、施工技术

    ——超大跨径桥梁施工技术和质量控制技术

    ——钻爆法、盾构法海底隧道建设技术

    ——连拱隧道与特长隧道修筑与围岩监控、施工技术

    ——长隧道运营管理与交通管理技术

    ——特大桥梁和长隧道运营安全与紧急援助系统技术

（二）高等级公路养护技术及装备开发

1. 预期目标

初步形成以路桥状况数据采集为中心，以评价管理系统为基础，以材料、装备、工艺为重点的适应我国国情的高等级公路养护管理技术，推动养护材料、养护装备和检测设备的开发，以适应我国公路交通养护工作发展的需要。

2. 主要研究内容

    ——网级、项目级公路养护管理系统的完善与应用

    ——高速公路改扩建关键技术

    ——道路预防性养护与快速维修技术

    ——桥梁运营状况检测、评定与桥梁加固技术

    ——无损检测技术

    ——养护新材料、新工艺应用技术

    ——大型桥隧结构健康诊断与养护管理技术

    ——多功能养护设备

（三）大型深水港口建设关键技术研究

1. 预期目标

解决大型外海深水港口建设设计、施工和养护中的技术难题，提高工程质量和结构物的耐久性，降低工程的全寿命成本，使我国筑港技术处于世界领先水平，适应全球船舶大型化和专业化发展需要，从技术上保障我国深水港口建设目标的实现。

2. 主要研究内容

    ——大型外海开敞式深水码头建设成套技术

    ——新型水工建筑物结构、材料及施工技术

    ——新型深水防波堤结构与施工关键技术

    ——码头基础设施健康状态检测、诊断及养护技术

    ——航道适航水深关键技术

（四）智能交通技术研究开发

1. 预期目标

建成区域高速公路联网电子不停车收费示范车道，实施精确气象预报，完成与大经济区域联网信息服务相关、具有自主知识产权的关键技术及应用示范，形成相关的成套标准规范。通过集成开发路上行驶车辆的信息采集和计量技术，为未来道路用户费用征收模式的改革提供前瞻性技术支撑。

2. 主要研究内容

    —— 联网电子不停车收费技术

    —— 车辆导驶与路侧通信系统

    —— 计算机识别与动态交通数据采集技术

    —— 公路公众出行信息服务系统

    —— 公路运输紧急事件应急管理及处置系统技术

    —— 基于定位系统的车辆运营监控、调度和精确计量技术

（五）水上突发事故应急反应关键技术研究

1. 预期目标

在海上遇险人员快速撤离、溢油和化学品处置、深潜水打捞作业等方面的关键技术有所突破，提高深潜水施工和装备的集成应用能力，形成水上突发事故应急反应成套技术，为提高水上人命救助能力，改善水上安全状况提供技术支撑。

2. 主要研究内容

    —— 溢油应急决策、指挥支持系统及跟踪监测技术

    —— 大面积溢油清除、回收及生态恢复技术与装备

    —— 水上快速搜救指挥决策支持系统及船舶应急响应系统

    —— 海上快速搜救技术及遇险人员安全撤离装置

    —— 深潜水饱和系统及潜水模拟训练系统

    —— 水下遥控机器人、水下切割设备、多波束扫测设备研究

    —— 深水打捞成套技术与装备集成应用和开发

    —— 水上危险品、化学品应急处治技术

三、重点研发方向

重点研发方向主要支持为制修订重要技术标准规范开展的研究，具有行业技术共性的应用研究，需要长期跟踪的前瞻性基础研究，难以靠市场力量完成的高风险、公益性的研究等。确定 10 个重点研发方向：

（一）长寿命路面关键技术研究

1. 预期目标

从结构、材料、工艺入手解决路面早期损坏问题，形成我国重交通沥青路面

的修筑技术，保证路面在使用寿命内的使用功能，降低公路的全寿命成本，通过预防性养护和不定期表层维修，路面的使用寿命力争达 10～20 年。

2. 主要研究内容

—— 路面长期性能观测与数据库开发

—— 路面损坏机理分析研究

—— 路基路面综合设计体系研究

—— 长寿命路面结构与材料设计研究

—— 长寿命路面施工与质量控制

—— 长寿命路面养护与维修技术

（二）桥梁耐久性及安全性检测评价与加固关键技术研究

1. 预期目标

研究方便、实用、快捷、有效的提高桥梁耐久性和旧桥检测、评定、加固成套技术。在混凝土桥梁耐久性极限状态设计方法理论上取得突破，达到国际领先水平；在桥梁铺装材料耐久性评价指标体系和混凝土耐久性检测评价指标体系上有所创新；在耐久性桥面铺装施工工艺和大型桥梁结构物全寿命设计及养护管理技术方面取得具有自主知识产权的核心技术。支持公路旧桥检测、评定、加固技术工作向系统化、规范化、专业化方向发展。

2. 主要研究内容

—— 桥梁病害识别与成因机理分析

—— 桥梁耐久性设计方法

—— 桥梁关键性部位施工质量控制技术

—— 桥梁安全可靠性评定、养护管理与加固关键技术

—— 桥梁质量通病的防治技术

—— 钢桥面铺装关键技术

—— 桥梁施工安全评价与管理技术

—— 桥梁隐蔽工程无损检测装备与检测技术

—— 特大桥隧运行过程中病害检测技术开发

—— 新型高性能加固材料

（三）内河航运技术研究

1. 预期目标

推进内河航运信息化建设，开展内河航运监控、运输组织管理、航道整治、运输装备等技术研发，全面提高建设、装备与管理的技术水平，为发挥内河运输优势提供技术支撑。

2. 主要研究内容

—— 电子航道图技术

  —— 河道演变规律研究

  —— 航道整治与疏浚技术

  —— 内河灾害监控和预警技术

  —— 内河运输拖带方法研究

  —— 内河新型船舶和动力装置开发及江海直达关键技术

  —— 内河新型港口装卸工艺及装备

（四）交通运输管理信息化关键技术研究

1. 预期目标

开展交通运输管理与服务信息系统关键技术的研究，支持交通系统电子政务建设，逐步形成交通运输管理信息与服务网络，提高交通运输管理能力和服务水平。

2. 主要研究内容

  —— 交通电子政务及公众信息服务关键技术

  —— 交通大型数据库群建设及应用关键技术

  —— 交通应急反应系统建设关键技术

  —— 道路运输联网信息服务、分析统计系统关键技术

  —— 综合运输管理系统接口设计技术

  —— 内河和沿海港航运政联网系统技术

（五）运输组织管理技术研究

1. 预期目标

深化区域交通运输管理、多式联运及集装箱一体化运输、运输组织调度、客货运枢纽规划和设计等方面的技术研究，推动区域交通资源整合，为区域交通一体化提供技术支撑，推进现代综合交通体系建设。

2. 主要研究内容

  —— 区域交通一体化及综合运输规划设计技术

  —— 综合枢纽功能设计、智能管理及建设关键技术

  —— 多式联运和甩挂运输组织技术

  —— 智能化集装箱运输关键技术研究

  —— 港口集疏运体系建设关键技术

  —— 跨国运输关键技术研究

（六）交通决策支持研究

1. 预期目标

开展交通发展与改革的理论与实证研究，深刻认识交通发展规律，为交通发展战略、规划、政策法规制定以及体制改革等提供决策支持。

2. 主要研究内容

  —— 交通发展战略、规划

　　—— 交通行业发展政策、行业立法、管理体制

　　—— 交通运输宏观调控问题与现代交通规划理论方法

　　—— 交通运输市场的监测、管理和机制

　　—— 行业发展前瞻性、敏感性问题

　　—— 现代交通统计技术

　　—— 交通行业行政执法相关问题

　　—— 交通行业精神文明建设

（七）公路交通安全保障技术研究

1. 预期目标

从驾驶员、车辆、道路以及管理等多个方面开展公路交通安全技术研究，建立适合我国国情的公路安全技术体系，并大力推广和应用，促进我国公路交通安全形势的逐步好转。

2. 主要研究内容

　　—— 超限运输长效治理机制与管理技术

　　—— 公路安全设计与运营安全评价技术

　　—— 车辆安全性能检测与危险品运输保障技术

　　—— 事故多发路段综合治理技术

　　—— 驾驶员行为特性与培训机制

　　—— 特殊气候条件下道路交通安全保障技术

（八）水上交通安全保障技术研究

1. 预期目标

在船舶交通安全监控、船舶主动避碰、水上事故应急处理、港口安全等方面形成完整的技术体系，提高水上安全事故的预防、应急反应和处治能力，促进我国水上交通安全保障能力的显著提高。

2. 主要研究内容

　　—— 水上安全监管系统关键技术

　　—— 船舶航行安全监控关键技术

　　—— 危险品运输船舶监控技术

　　—— 船舶避撞技术

　　—— 辅助安全驾驶技术及设备

　　—— 港口防灾减灾关键技术

（九）技术标准与规范研究

1. 预期目标

在工程设计、建设养护、运输组织、管理服务、安全保障、信息技术、环保节能等方面开展技术标准与规范研究，基本形成适应交通发展需要的交通技术标

准规范体系。

2. 主要研究内容

—— 交通标准规范发展战略与框架体系

—— 国外先进标准规范引进、消化、吸收

—— 交通信息化、数字化技术标准

—— 交通基础设施建设工程系列技术标准

—— 交通运输管理及危险货物运输技术标准

—— 交通安全、环保与节能技术标准

—— 交通建设质量监测标准与计量规程

—— 船型标准化技术

（十）交通资源节约与环保新技术研究

1. 预期目标

开展以节约土地、岸线、能源、材料以及资源综合利用和环境保护为重点的关键技术研究，建立循环经济的技术发展模式，促进交通与自然的和谐发展，为建设资源节约型、环境友好型交通提供技术支撑。

2. 主要研究内容

—— 交通行业资源节约型发展机制

—— 交通发展与国土资源有效利用

—— 工业废料与再生技术的应用

—— 车辆、船舶节能与代用燃料应用

—— 车辆、船舶废气、噪声、排污治理技术

—— 交通发展生态保护与水资源综合利用技术

—— 疏浚土综合利用技术研究及推广

—— 环境评价方法与管理技术

第四章 保障措施

一、提高认识，加强领导，推进创新型交通行业建设

认真贯彻党中央、国务院提出的增强自主创新能力，建设创新型国家的战略决策，深入实施"科教兴交"和"人才强交"战略，积极推进创新型交通行业建设。

公路水路交通是以技术应用为主的行业，是科学技术应用的重要领域，其行业特性决定了在重视原始创新的同时，要更加注重集成创新和引进消化吸收再创新。各级交通主管部门要增强科技创新的责任感和紧迫感，把科技创新摆在交通工作的突出位置，加强领导，明确责任，分解任务，落实措施，进一步提高科技

进步对交通发展的贡献水平，促进交通增长方式的转变，实现交通产业结构的升级，推动公路水路交通又快又好发展。

二、深化科技体制改革，加快交通科技创新体系建设

继续深化科技体制改革，按照以政府为主导、企业为主体、市场为导向、产学研相结合的科技创新模式，加快交通科技创新体系建设。政府通过制定发展战略、规划、政策等把握科技创新的方向，营造科技创新的良好环境；企业作为科技创新的主体，在交通生产建设中充分发挥主动性、创造性；科研机构、高等院校在应用基础性研究、公益性研究、行业共性技术和重大工程技术研发中发挥主力军作用；科技中介机构在科技评价、成果推广应用、知识传播中发挥桥梁和纽带作用，不断提高交通科技的自主创新能力。

三、建立稳定的科研资金渠道，保证科技创新的持续发展

充分调动和吸纳社会可以利用的资金资源，逐步形成以政府投入为引导，广泛吸引企业、科研机构和大学、社会资金等的交通科技投入体系。为保证科研开发资金的落实，继续执行《交通部关于加强技术创新、推进交通事业发展的若干意见》（交科教发〔2000〕282 号）中提出的科技开发资金政策；要积极争取国家、地方政府和社会各界的支持，在稳定财政性科技资金投入的基础上，广开融资渠道，鼓励和吸引国外和社会资金投向交通技术研究开发活动。

在增加交通科技投入的同时，要通过科学立项、鼓励竞争、完善管理、强化信用、加强监督等手段，提高科技研发资金的使用效率。对于交通行业的应用基础研究、需要长期跟踪的重大交通科技问题，给以持续性的支持和长期的科研投入。

四、强化科技成果推广应用，推动交通科普工作

着力做好科技成果的推广应用和产业化工作，及时将成熟技术纳入标准规范；充分利用科技信息资源共享平台和技术交流等多种形式，加大先进技术成果的推广应用力度，提高全行业的科技成果转化和应用水平。

加强交通科技普及与技术培训工作，提高交通职工的科技文化素质，积极开展科技下乡、下基层等活动，提高交通生产建设一线职工的科技知识和技能。

五、拓展对外科技交流，积极引进国外先进技术

充分利用全球科技资源，提高交通科技交流与合作的层次和水平，既要充分利用国外先进的科技成果，也要对世界科技发展有所作为。广泛开展双边和多边合作与交流，积极参与和组织重大交通国际科技合作计划，充分利用好技术展

览、技术论坛等科技交流平台。引进国外先进技术，注重进行消化、吸收和再创新。积极参与有关国际组织的活动，参与国际公约和国际标准的制定工作。

六、完善科技管理机制，提高科技管理水平

交通科技管理部门要按照提高自主创新能力的要求，拓宽交通科技工作视野，创新交通科技管理机制。认真做好科研组织管理工作，抓好科技立项、合同管理、过程评价、质量监督、项目后评估等科研工作的全过程管理；加强交通科技计划项目的绩效评价，建立交通科技信用管理制度，完善重大科技项目招投标制，建立交通行业科技进步的统计和评价制度；加强交通科技管理队伍建设，提高科技管理人员的能力和水平。

完善交通科技管理部门的有效协作机制，鼓励开展跨地区的科研项目联合攻关，加强交通行业各单位间的科技交流与合作，促进交通科技资源的共享，强化科技成果在更大范围的推广应用。

009

公路水路交通信息化"十一五"发展
规划（简要本）

交通部　交规划发〔2006〕210 号
2007 年 5 月 22 日

序　言

　　进入新世纪，全球信息化步伐不断加快，信息技术渗透到社会经济的各个领域，给人类社会带来巨大而深远的影响。交通，作为国民经济基础产业，大力发展和推进信息化，是实现交通现代化的必然选择。交通信息化是运用信息技术对交通基础设施、运载装备和管理手段等进行改造，全面提升交通运输系统供给能力、运行效率、安全性能和服务水平，推动公路水路交通实现产业升级和结构优化的进程。信息化发展水平已成为衡量交通现代化程度的重要标志之一。

　　我国已经进入全面建设小康社会的新的历史阶段，交通发展面临着巨大的机遇与挑战，交通信息化经过长期的实践与探索，已初步具备了全面发展的基础条件。"十一五"期间，为把交通行业建设成为创新型行业，必须力争在交通信息化领域取得新的突破。在进一步加速完善交通信息基础设施建设的同时，应更加注重交通信息资源的合理开发、利用和整合，提高行业运行效率，改善服务质量，增强市场监管能力，应对重大突发事件，提供全方位的交通信息服务，以适应转变政府职能、构建节约型社会和和谐交通的需要。

　　为更好地指导"十一五"期间交通行业信息化的发展，特编制《公路水路交通信息化"十一五"发展规划》，并作为《公路水路交通"十一五"发展规划》的重要组成部分。规划坚持"统筹协调、分类指导、整合资源、强化服务"的方针，确定"十一五"期间公路水路交通信息化的指导思想和目标，明确主要任务和建设内容，同时提出规划实施的建议和保障措施。

一、现状与形势

（一）现状

　　目前，交通行业对加快信息化发展已取得共识，以信息化促进交通现代化的发展理念为全行业普遍接受。"十五"期间，交通信息化工作呈现出令人可喜的局面，各级交通管理部门相继颁发了一系列宏观性指导文件，交通信息化发展的政策环境进一步改善。交通行业信息化组织机构建设得到进一步加强，保证了信息化建设的持续推动和有机协调。交通行业各类信息系统建设已逐步覆盖和深入到各个业务领域，交通标准化体系建设也进入全面启动阶段，交通信息资源得到了进一步积累和整合，信息共享的范围逐步延伸和扩大，信息化对行业发展的促进效应正逐步体现。

1. 交通政务信息化取得明显成效，管理效能普遍提升

截止到"十五"期末，全国所有交通厅（局、委）都建设了机关局域网和政府网站；29个厅（局、委）应用了办公自动化系统；20个厅（局、委）建设了道路运输管理系统；6个厅（局、委）建设了港航运输管理系统；17个厅（局、委）建设了省交通行业信息网络；11个厅（局、委）建立了省级视频电话会议系统；19个厅（局、委）实现了与省政府网络的连通。通过"十五"交通信息化的建设，交通行业政务数据资源得到进一步的整合和共享，公众交通信息服务得到了一定程度的重视和加强。交通政务信息化建设明显提高了交通管理部门的管理效能，改善了公共服务水平，推动了政府职能转变，同时也为实施有效的行业管理提供了支撑和保障。

2. 应用系统建设呈现良好势头，行业运行效率显著提高

信息技术广泛应用在公路水路交通规划、勘察、设计、运营和管理等领域。高速公路监控和收费、路面和桥梁养护管理、运政和路政管理、港政和航政管理、水上安全管理、公路客运联网售票、货运交易信息服务、港口物流等信息系统得到推广应用。截止到"十五"期末：

——全国已有24个省、自治区、直辖市实施了高速公路联网收费，高速公路联网收费总里程突破26000公里，占高速公路总里程85％以上；跨省联网收费系统在京沈高速公路试点成功；有12个省、自治区、直辖市实施了联网监控；公路主枢纽客运站全部实现了微机售票，同城联网售票在部分地市已推广应用。

——沿海20多个港航企业建设了电子数据交换系统（EDI），用户数超过1000个；集装箱智能化生产管理系统得到较为广泛的应用，大中型港口企业、海运企业的信息化建设接近世界先进水平。

——"数字航道"系统建设在珠江三角洲、长江三角洲、长江干线和京杭大运河逐步开展，广东、浙江、江苏、上海等省市以及长江航务管理局都建设了基于地理信息系统平台的各类水路运输业务管理信息系统。

——水上安全管理已初步建成了覆盖交通部海事局、所有直属海事局、所有海事分支机构和部分海事派出机构的四级海事专网。基于该广域网，初步实现了船舶管理、船员管理、事故与应急、通航安全管理、船载客货管理、行政办公和法规管理七大业务的信息化管理，并开通了视频会议和IP电话。海事信息系统的建设在保障海上安全方面发挥了重要的作用。

——为积极探索交通信息资源整合、综合利用和信息服务模式，推进交通行业信息化建设，交通部启动了"省级公路业务管理信息资源整合工程"、"区域道路客运综合信息服务系统"和"公众出行交通信息服务系统"三个交通信息化示范工程的建设。

信息技术在交通行业的广泛应用，极大地提高了交通系统运营管理水平，有效地增强了交通运输的整体效能。

3. 交通信息基础设施建设取得重要进展，支撑保障作用明显加强

国道主干线公路通信系统初具规模，建成公路通信管道 3.27 万公里，敷设光缆 2.92 万公里；水上安全通信网络进一步完善，基本形成了以国际海事卫星、搜救卫星和海岸电台等多种通信方式组成的海上遇险与安全通信系统，可满足近岸和远洋船舶通信的需要，长江干线航运通信基本形成。全国已经建设的 26 个船舶交通管理系统（VTS），覆盖了我国沿海主要港口、台湾海峡、琼州海峡以及南京以下的长江干线水域。2005 年交通部启动的信息化建设二期工程，将建设覆盖 36 个省级、5 个计划单列市的交通行政主管部门（一类结点）以及各主要港口和交通企事业单位（二类结点）的交通行业信息专网。交通信息基础设施建设的加快将构建起天地合一的交通通信信息网络，为交通行业信息化、智能交通系统（ITS）的发展奠定了重要的物质基础，对交通基础设施效率的发挥和安全运营的保障起到了举足轻重的作用。

公路水路交通信息化建设虽然取得了较大的成绩，但也必须清醒地看到，还有不少困难和问题，主要是：业务管理与信息化管理部门间、各业务管理部门间缺乏信息资源共享的统筹协调机制和协同工作的观念，对运用信息化手段优化和规范业务流程、实施综合管理的作用认识不足，为社会公众提供交通信息服务的意识比较薄弱；交通信息化管理、运行机构和机制不健全，运行维护资金渠道不畅，交通信息资源采集、共享、信息公开、信息报送等制度不完善等；交通信息化标准体系、评估考核体系建设严重滞后；全国不同地区交通信息化建设发展水平不平衡。总之，目前制约交通信息化发展的主要因素不仅仅是技术，更关键的是观念、机制和制度的建立。这些问题导致了行业内信息化建设大多还处于各自为政的状态，使得交通信息资源共享程度低、信息服务能力不足，极大地阻碍了交通信息化的可持续发展，影响了交通信息化整体效益的发挥。

（二）面临的形势

"十一五"期间，公路水路交通将加快提升生产力水平，全面提高交通持续综合竞争力和国防安全保障能力，在总量、结构、质量等各个方面全面发展，为社会提供安全、便捷、高效的交通条件与运输服务，与其他运输方式共同构筑布局协调、衔接顺畅、优势互补的现代综合运输体系，对交通信息化发展提出了更高、更新的要求。

1. 贯彻"以人为本"新理念，需要以交通信息服务为重要任务

"以人为本"是发展交通事业的出发点和最终归宿。随着全面建设小康社会进程的加快，人民的生活将更加富足，"十一五"期间，预计国内旅游平均年递增10％左右，人均乘用交通工具次数将明显增加，民用汽车保有量将达到6000万辆，汽车开始广泛进入城市家庭，追求安全、便捷、经济、舒适和个性化的出行需求将更加旺盛，需要交通行业能够提供满足公众需求的出行信息服务，服务内容要更加丰富、服务范围要更加广泛、服务手段要更加经济和便捷、服务质量要更加优质。通过整合信息资源，提供全方位的公众出行信息服务将成为"十一五"交通信息化的重要任务之一。

2. 交通供给能力明显增加，需要借助信息化手段全方位提高运营管理和服务水平

"十一五"期间，全国公路总里程将达到230万公里，其中高速公路通车里程将超过7万公里；沿海港口（含南京以下长江港口）总吞吐能力将达到50亿吨；三级以上内河航道里程将达到1万公里；国家公路运输枢纽建设力度将大幅度提高。交通基础设施的规模扩大和网络的延伸，对交通部门保障网络畅通、提高管理水平提出新的挑战。需要充分借助信息化手段，全面挖掘现有交通网络潜能，最大程度提高基础设施利用效率，增强交通网络的可靠性，保障和扩充交通运输的供给能力。

3. 加快运输结构调整，需要以推动企业信息化、发展电子商务为重要途径

"十一五"期间，运输结构变动加快，对运输速度、质量、服务将提出更高的要求，需要充分运用信息技术加强对交通传统产业的改造与升级，推动企业信息化、电子商务的发展，从而全面提高企业效益，改进和优化企业业务流程，使企业经营管理更加系统化、高效化，全面提升交通运输企业的竞争力，提高全行业的运输组织和管理效率，极大地缓解运输的瓶颈制约作用。同时，借助信息技术，进行多种运输方式间信息的快速采集、处理、传输和控制，从而将各种运输方式进行有效衔接，推进一体化综合运输发展，缓解总量供给不足的矛盾，促进交通发展质量和效益的提高。

4. 推进政府职能转变，需要以电子政务建设为依托

电子政务作为转变政府职能和创新管理方式的重要手段，其最本质、最核心的内容是用现代信息技术对政府的业务流程进行改造，使其更加规范和优化，支持政府完成其业务活动，实现其法定职能。"十一五"期间各级交通部门必须在实施市场监管、安全保障和公众服务方面充分履行政府职能，需要以交通电子政务的建设为依托，加强交通信息资源的开发利用，不断提高政府决策水平、调控和监管能力以及服务质量，并通过各种形式广泛接受社会监督，全方位提高政府依法执政、民主执政和科学执政的能力。同时，需要借助信息技术进一步提高安

全管理和重大突发事件应急反应能力。

5. 实现交通可持续发展，需要信息化建设发挥重要作用

"十一五"期间，交通的快速发展与土地、能源、环境等资源条件制约的矛盾将进一步显现，公路水路交通必须走可持续发展之路，借助信息化手段提高运输效率，缓解资源压力，适应交通发展的新需求。通过高速公路联网收费系统的建设，减少车辆在途时间和排队拥堵；进一步加强运输信息的交换与共享，不断提升运输组织管理和服务水平，应用交通优化与管理系统，减少无效出行、空驶运输、重复运输、迂回运输，降低物耗和能耗水平，避免交通拥堵与事故，推动资源节约型和环境友好型行业建设，实现洁净运输和绿色交通，保障交通运输与社会经济的和谐发展。

6. 完善交通安全保障体系，需要以信息化手段为重要支撑

实现安全、便捷、经济、舒适的交通出行，是交通新的跨越式发展面临的又一重大挑战。交通运输引发的安全问题不仅给人民生命财产带来重大损失，而且给国民经济带来严重影响，给社会安定带来巨大的负面效应，运输安全问题将面临前所未有的关注。因此，应借助信息化手段构筑安全源头管理、预警、应急处理等全方位交通安全体系。加强覆盖公路、站场、港口、内河航道、海上交通网络与节点的重点实时监控、建立快速应急反应指挥系统，提高各类突发事件的应对处置能力，提升遇险救援水平，改善交通系统的安全性。

二、指导思想和原则

（一）指导思想

在全面建设小康社会的总体要求下，紧紧围绕交通实现新的跨越式发展这一主题，贯彻落实科学发展观，紧密结合转变政府职能、完善市场监管、提高行政效能，服务百姓需要，坚持"整合、应用、服务、效益"的发展理念，建立政企互动、联合推进、互联互通、共建共享的建设模式，以政务信息资源综合开发利用与共享为先导，以关键业务和跨部门协同业务应用系统建设为重点，提高公共信息服务能力，增强交通行业管理的科学性和协调性，发挥交通信息化在带动交通产业升级、构建现代化交通体系中的重要牵动作用，促进交通行业持续、健康发展。

（二）基本原则

"十一五"公路水路交通信息化发展应遵循以下基本原则：

· 统筹规划，分类指导

从交通发展的全局出发，统筹规划和推进交通行业信息化建设，防止各自为政、盲目投资、重复建设、资源浪费，并按照"政府主导"和"政府引导"的推进方式进行分类指导，分级建设，促进行业内不同领域、不同区域的信息化协调

发展。

·需求导向，突出重点

紧密结合行业发展、公众需求和政府履责的要求，重点建设交通行业监管、安全和公共服务中需求迫切、条件具备、效益明显的应用项目，以点带面、有序推进。

·整合资源，注重实效

充分利用已有的资源，以业务为主线，以核心部门数据为基础，按照"一数一源、共建共用"方式，推进信息资源整合与共享，实现业务协同，探索低成本、高效率的发展模式，提高交通信息化发展的质量和效率。

·创新开放，确保安全

坚持观念创新、制度创新、管理创新和技术创新，充分利用市场和各种资源，鼓励竞争，扩大交流与合作。正确处理安全与发展的关系，在项目建设中同步考虑安全问题，确保系统可靠和信息可信。

三、发展目标和主要任务

（一）发展目标

"十一五"期间，力争在交通运输动态信息的采集和监控、交通信息资源的整合开发与利用、交通运行综合分析辅助决策和交通信息服务等四个方面实现重点突破，全方位提升政府科学决策水平，增强市场监管、应急处理和公众服务能力，全面提高交通行业整体运营效率，推动交通管理体制改革、机制创新和政府职能转变，为"十一五"交通发展目标的顺利实现提供支撑和保障。

——交通动态信息资源采集能力明显增强。以省级数据与图像相结合的高速公路联网监控和联网收费系统为主要基础，初步建成全国高速公路重要路段的动静态数据采集、分析系统；在主要港口、重要水道和航段实现船舶动态实时监控；通过对客运、危险品等特种车辆、船舶的监控、运营车辆的移动稽查以及对重点物资运输的监控，大幅度提高运输动态信息的掌控能力。

——交通信息资源开发利用工作、重点应用项目的资源整合和业务协同取得实质性进展。初步建成行业政务信息交换体系和重大基础性、战略性数据库；开展跨部门、跨行业信息交换与共享，建成关键业务系统并发挥重要作用，促进部门间业务协同；通过信息技术与业务的结合使各级交通主管部门的管理决策能力、公共服务能力、应急处理能力以及企事业单位的市场竞争能力得到较大提高。

——充分运用信息化手段提高政府对交通行业的整体监管水平。依托各类交通行业管理信息系统，综合运用行业管理信息资源，构建和完善交通行业的企业信用监管体系，加强对交通建设、养护与运输市场的有效监管，推进公路水路交通"诚信行业"的形成和发展。

——为公众提供的交通信息服务取得显著效果。在40％的省（市）交通厅（局、委）建成以多种方式满足不同出行人群需要的公众出行交通信息服务系统；在50％的主要港口实现基于EDI的货运信息服务；主要业务的审批实现网上办理。

——建立和完善交通信息化保障体系。初步建立交通行业信息化建设与运营保障体系；完善交通行业信息化标准和信息安全体系。

（二）主要任务

"十一五"公路水路交通信息化主要任务可归纳为：建设两级数据中心、三大综合信息平台、三大应用系统，完善两大门户网站、三个保障体系和一个通信信息基础网络。

以数据库建设为基础，以信息资源共享为目的，建设部、省厅（局、委）两级数据中心；以业务数据为核心，整合业务系统，构建部省两级公路、水路和综合类管理三大综合信息平台，从而形成交通电子政务平台的核心内容；以三大信息平台建设为基础，开发和推广交通运行综合分析、公路水路交通应急处理和公路水路公众出行信息服务三大应用系统；建设和完善各级交通主管部门的内外网两大门户网站，作为信息平台和应用系统的前端展示；构建和连通覆盖区域的交通通信信息基础网络，为交通信息的传输、交换与共享提供支撑；构筑交通信息化建设运营、安全保证及标准规范三个保障体系，确保交通信息化建设目标的顺利实现。

1. 适时建设两级数据中心

部、各省厅（局、委）应在明确整合数据需求的基础上，分别规划、适时建设交通数据中心，有条件的地市根据实际情况建设地市级数据中心。各级数据中心均由公路管理、运输管理、港航管理、海事管理、行政管理等业务数据分中心组成，各业务数据分中心相对独立，分别由相关业务部门建设、维护和管理各类业务基础数据库群，上下级同类业务数据分中心以业务数据为核心，以业务流程为对象，分别构成完整的业务数据链。对于行业内需要交换与共享的数据，以业务数据库群为基础，进行抽取、转换、加工后形成部、省厅（局、委）两级资源共享数据库，由部、省厅（局、委）两级数据中心分别建设、维护和管理。

2. 构建三大综合信息平台

（1）公路交通综合管理信息平台

各级交通主管部门应充分整合公路规划、建设、管理、养护、规费稽征、运输服务等信息资源，提高信息资源的使用效率，并根据业务管理的需要，加大相关信息采集与更新力度，集中力量建设公路综合管理信息平台、道路运输综合管理信息平台，并积极引导公路运输枢纽信息服务平台建设。通过资源整合和共享，突破地域、行业内部门间的限制，优化配置公路资源，发挥公路交通整体效益。

· 公路综合管理信息平台

重点推进高速公路联网收费、不停车收费和联网监控，推动联网收费结算中心和路网监控中心信息资源的整合，为建设省级路网运行综合管理平台创造条件，为全国公路网管理中心的建设奠定基础；重点完善全国公路数据库，推进相关业务应用系统与公路数据库平台的数据共享，互动更新。通过公路综合管理信息平台的建设，改变以往基于业务、路段、路线分割的管理模式，从单一管理逐步实现对全路网的综合管理。

· 道路运输综合管理信息平台

"十一五"末，全国所有的交通厅（局、委）基本建成省市县三级联网的道路运输综合管理信息平台，实现道路运输管理的信息化、网络化、智能化。以省级道路运输综合管理信息平台为基础，交通部主导建设全国统一的运输业户、营运车辆、营业性驾驶员和执法检查数据库，形成异地共享稽查信息，实现全国范围针对营运车辆和驾驶员的综合执法和对运输业户的信用管理，加强对运输市场的监管。

· 公路运输枢纽信息服务平台

省地市交通主管部门应积极引导在公路运输枢纽城市建立和完善公路运输枢纽信息服务平台，满足交通主管部门优化运输管理、运输企业提高管理水平、社会公众了解运输信息的不同需求，实现行业主管部门、运输企业和社会公众之间信息的有机互动与共享。

（2）水路交通管理综合信息平台

各级港航管理部门应加大港口、航道、船舶、港航企业、船舶交通等水路运输信息的采集力度，整合各类信息资源，构建港航管理综合信息平台、水路运输综合管理信息平台、水上交通安全保障信息平台，并积极引导港口物流综合信息服务平台试点工程建设。全面提高水路交通管理水平、服务能力和港航企业竞争能力。

· 港航管理综合信息平台

重点实现沿海及长江、珠江干线、京杭运河、长三角、珠三角水网地区的主要港口、干线航道数字化管理，初步形成部和地方港航管理综合信息平台，提升港口、航道的建设、运行和养护水平，提高港口和航道的综合利用效率。

· 水路运输综合管理信息平台

各级港航管理部门通过整合船舶、港航企业及重点物资运输量等信息资源，建设水路运输综合管理信息平台，实现全国范围内的运输船舶、港航企业的信用管理，提高水路重点物资运输生产的监管和调度能力，为国民经济正常运行提供保障。

·水上交通安全保障信息平台

以现有海事信息系统为基础，通过对船舶交通管理系统（VTS）、船舶自动识别系统（AIS）、电视监控系统（CCTV）、船舶报告制、安全遇险等系统的有机整合，全方位获取船舶、船员技术状态和船舶交通动态等交通安全信息，构建交通部海事局、直属海事局、海事分支机构和海事派出机构四级水上交通安全保障信息平台，提高水上交通安全管理的整体预防能力和搜救应急决策水平。

·港口物流综合信息服务平台

在交通主管部门的引导下，推进港口物流综合信息服务平台建设，促进港口与公路、铁路、管道等其他多种运输方式之间以及与国际贸易、海关通关、口岸管理与服务部门之间的信息融合，逐步实现政府、物流服务企业、工商企业之间实时、可靠的信息交互，拓展港口物流信息服务功能，增强港口服务能力，促进港口运输加速融入现代物流体系。

（3）综合类管理信息平台

主要建设内容：

——建立与完善各级交通法律法规数据库系统；

——建立与完善科技信息资源数据库系统，通过相关信息资源的整合，构建交通科技信息资源平台；

——建立与完善交通建设市场诚信体系；

——建立与完善交通人力资源管理系统；

——完善公文及档案管理系统。

——完善交通政务信息管理系统。

3. 开发与推广三大应用系统

（1）交通运行综合分析信息系统

在公路水路交通各类管理和服务信息资源平台建设、完善和相互融合的基础上，充分利用交通统计信息，广泛吸纳各类社会经济信息等，开发建设公路水路交通运行综合分析系统，实现对各类交通数据资源的综合分析处理，有效提高对现有交通数据资源的利用深度和使用效率，全面掌控公路水路交通行业的运行态势，充分反映公路水路交通在国民经济发展中的重要作用，为政府部门科学决策提供全方位的辅助参考。

（2）公路、水路交通应急处理信息系统

加快建立和完善统一管理、多网联动、快速响应、处理有效的公路、水路应急反应处理系统，加强对全国公路网中事故多发路段、危桥、长大隧道以及渤海湾、琼州海峡、舟山水域、西南山区河流和长江干线等重点部位的监控，在路网、航路发生交通事故、突发事件和特殊气候等异常情况下，实时采集现场图像、语音等数据，及时采取相应的对策与预案，统一调度各方力量，缩短反应时间，预防连锁事件的发生，提高对交通紧急事件的快速反应和应急处理能力。

（3）公路、水路交通公众出行信息服务系统

省市两级交通主管部门应充分利用交通信息化建设成果，建立和完善覆盖更广泛的人群、并提供更高质量和更丰富的信息服务内容的公路、水路交通公众出行信息服务系统，为建立全国统一的公众出行交通信息服务系统奠定基础。

4. 完善两大门户网站建设

各级交通主管部门应基于三个综合管理信息平台，整合其它相关资源，构建和完善内外网 2 大门户，实现便捷的交通政务信息检索、查询、网上办公、展示和交流，并通过相关媒介手段实现内外网之间有效的信息传递与共享。

5. 善交通通信信息传输基础网络

各省应根据实际需求，充分利用高速公路和国家公共通信资源，合理建设和完善覆盖省市县三级的交通信息骨干网和传输网，完善网络管理，形成管理有序、安全可靠、天地合一的交通通信信息基础网络，并根据国家和交通部的统一要求进行政务内外网建设，实现省部两级互联互通。

6. 构筑三大保障体系

（1）交通信息化建设与运营保障体系

加强部省级交通主管部门信息化机构建设，明确职责，合理分工，培养熟练掌握信息技术与交通行业管理业务的复合型人才，保障信息化建设项目的有序实施、信息资源的有效管理和系统正常运行维护。将政府主导建设的交通信息化项目按交通基本建设程序管理，其建设管理、采集更新、运行维护资金来源由交通专项资金或财政资金解决。创建交通信息化建设与运营评价体系，加强对建设与运营资金使用效果的审计和目标责任制的考核，以提高资金使用效率。

（2）交通信息安全体系

信息安全体系包括组织体系、管理体系和技术体系三部分。信息安全体系建设的核心应该以提高安全意识，加强安全组织体系建设为本，以管理体系为保障，以技术体系为支撑。按照国务院办公厅和国务院信息办的统一要求，建立行业内的安全认证体系，保障今后各类涉及身份认证、法律责任的信息系统的推广应用。

（3）交通信息化标准体系

切实贯彻执行国家电子政务标准和行业已有标准，结合交通行业应用系统建设，加快制定业务协同、信息资源共享等方面的规范和标准，推动相关配套规章、制度的制定和完善；建立覆盖全行业的交通信息元数据标准体系，逐步构建一个科学、系统、先进和开放的交通信息平台标准体系框架。同时，建立健全交通信息化标准管理机制，加强交通信息化标准工作的统一领导、统筹规划、统一组织和协调。

四、措施建议

（一）加强组织协调和统筹规划

各级交通部门要进一步加强组织领导，提高认识，转变观念，统筹规划，统一部署，协调推进信息化建设。要高度重视组织机构建设，健全管理体制，合理分工，明确职责，形成上下联动的统筹协调机制，加大不同业务部门间的协调力度。

各级交通部门要根据部《公路水路交通信息化"十一五"发展规划》的总体要求以及各地的特点、发展需求，加紧编制本部门、本地区的信息化发展规划和信息资源开发利用专项规划，并持续深化交通信息化发展战略研究，动态调整信息化发展目标。

（二）大力推进交通信息资源共享

为推进交通信息资源共享，要加强有关政策的研究，完善相关法规，制定相关标准，尽快组织建立合理的交通信息采集和共享机制，根据法律规定和履行职能的需要，明确相关部门信息共享的内容、方式和责任，实现交通各部门内部及部门间应共享信息的互通互联。

（三）加强管理，整体推进交通信息化建设

各级交通主管部门应在信息化规划指导下，要按照"需求导向、资源共享、先易后难、分步推进"的原则，结合自身实际情况，制订分阶段（2006—2007年和2008—2010年）实施计划，确定重点推动的建设内容。并按照基本建设程序统一建设管理，完善评估体系。

要认真做好信息化建设项目的前期论证和顶层设计，避免重复建设和资源浪费，探索成本低、实效好的交通信息化发展模式。

交通部将以示范工程和试点工程的形式支持交通信息化重点领域和关键项目的建设，优先选择成熟、有效的应用系统，向全行业推荐。

（四）加强信息化人才的培养

各级交通部门要广纳贤才，采取多种措施，培养、引进既懂交通行业知识、又懂信息技术的复合型人才。完善人才培养、引进、使用、交流、奖励等机制，落实各项人才政策，创建良好的人才环境。多渠道、多层次、多形式开展信息技术和应用技能的培训，强化行业从业人员信息化意识和信息服务能力。

（五）积极推进交通信息化的市场化运作

各级交通主管部门要充分调动社会各方的积极性，以市场化的方式积极规范、引导和推进交通信息化发展，发挥市场对信息资源配置的基础性作用，引导社会力量广泛参与到交通信息化的建设与运营中，探索新形势下交通信息化建设的管理体制与运营模式，加快使交通信息化建设和服务逐步走向社会化。

关于做好 2010 年农村公路工作的若干意见

交公路发〔2010〕119 号

各省、自治区、直辖市、新疆生产建设兵团交通运输厅（局、委），天津市市政公路管理局：

为贯彻落实 2010 年中央 1 号文件、全国交通运输工作会议和全国农村公路工作电视电话会议精神，全面完成"十一五"农村公路建设任务，落实农村公路管理养护责任，推进城乡客运交通一体化，现就做好 2010 年农村公路工作提出以下意见：

2010 年农村公路工作的总体要求是：深入贯彻党的十七届三中、四中全会精神，落实科学发展观，服务社会主义新农村建设，以"农村公路建设质量年活动"为载体，以第三批农村公路建设示范工程为导向，继续加快农村公路建设，推进管理养护工作的常态化、规范化，确保全面完成"十一五"农村公路建设任务，为统筹城乡经济社会发展作出新的贡献。

一、加强责任落实，全面完成"十一五"建设任务

1. 各地要按照部省"共建意见"要求，紧紧围绕本省份"十一五"农村公路建设目标，进一步加大工作力度，责任落实到位，确保建设任务全面完成。特别是建设任务较重的省份，更要认真查找差距，细化各项措施，严格奖惩，逐级落实建设任务。

2. 已全面或基本完成"十一五"建设任务的省份，要重点加强农村公路上的危桥、安保工程和排水设施建设，兼顾农村公路乡际、村际联网公路建设。具备条件又确有需求的地区，可实施通自然村沥青（水泥）路建设。

3. 四川、陕西、甘肃等省级交通运输主管部门要按照中央要求，基本完成地震灾后农村公路恢复重建工作。

二、加大落实力度，推动管理养护常态化、规范化

4. 各地要进一步提高对做好农村公路管理养护工作重要性的认识，把加强管养工作作为转变发展方式、加快发展现代交通运输业的重要内容，作为延长农村公路使用寿命、降低资源消耗的实际举措，真正实现"有路必养，管必到位"。

5. 各地要按照国办发〔2005〕49 号文件和本省（区、市）出台的管理养护

体制改革实施方案，在落实上狠下功夫，继续做好管理体制"三落实"和运行机制"三结合"。

6. 各地要建立公共财政用于农村公路管理养护的稳定的资金渠道，形成公共财政用于农村公路管养的投入机制。农村公路养护工程费用除按国办发〔2005〕49 号文件规定的标准，在中央转移支付地方的燃油税中列支外，不足部分和日常养护费用由地方各级人民政府财政统筹解决，纳入财政预算支出。

7. 各地要加强对农村公路管养工作的考核，加强行业管理，完善规章制度，健全技术标准体系，强化质量监督，做好技术指导和日常培训。要建立健全考评体系，落实奖惩措施，根据实际情况组织开展养护检查工作，并将检查结果与建设项目安排、资金拨付挂钩。

8. 各地要继续加强养护大中修工程的实施，特别是对早期建成的县乡公路出现"油返砂"路段，及时安排养护大中修工程。

9. 各地要加大农村公路路政管理力度，进一步完善管理机构，充实人员力量，重视并做好农村公路治超工作。

三、加强指导监管，确保质量年活动取得实效

10. 各地要加强农村公路质量监督和质量检测工作。今年农村公路质量监督覆盖面要达到 90％以上，每个县必须落实一个具有相应资格的工程试验室，负责农村公路试验检测工作。

11. 各地要做好质量年活动的总结工作。要按照质量年活动总体方案要求，认真总结质量年活动中的好经验、好做法，将成熟的质量管理经验上升为规章制度，进一步规范质量管理工作。

12. 各地要组织开展好质量年活动评比表彰工作。要制定办法，表彰奖励质量年活动中的先进单位和个人，并加强对质量年活动成效的宣传工作。

13. 各地要高度重视农村公路交通安全问题。要加强农村公路交通安全设施、安保工程、危桥改造、渡口改造和渡改桥等专项工程的实施，全面提升农村公路交通安全服务水平。

四、抓好示范工程，促进"少边穷"地区农村公路加快发展

14. 各省级交通运输主管部门要加强对示范工程单位农村公路建设目标完成情况的督促检查，通过组织人员培训等方式加强对示范工程单位技术支持。

15. 各示范工程单位要加大工作力度，在确保完成本地区"十一五"农村公路建设任务的同时，要按照示范工程实施方案的要求，总结适合"少边穷"地区农村公路发展的经验和做法。2010 年 10 月底前将示范经验成果报部。

五、规范客运发展，加快推进城乡客运交通一体化

16. 各地要统筹规划，因地制宜建设乡镇客运站场，满足农村道路客运运营和广大农民群众安全方便的乘车需要。客运场站要与农村公路同步规划、同步设计、同步建设，做到"路、站、运"协调发展。

17. 各地要整合资源，鼓励和引导农村客运主体进行公司化改造，优化和调整农村客运市场结构。要高度重视农村客运安全生产，不符合安全条件的客车，不准投入客运班线经营。对违规经营行为，要坚决予以查处。要推进农村客运车辆的标准化，加快推广农村客运经济适用车型。

18. 各地要加快推进城乡客运一体化进程，形成城乡公共客运资源共享、相互衔接、布局合理、方便快捷、畅通有序的新格局。有条件的地方要用公交化的管理理念推进农村客运班线改造，用便捷化的管理理念支持城际客运资源整合，用一体化的管理理念优化城乡客运网络衔接，促进城市公交扩大服务范围，推进公共交通服务均等化。

19. 各地要积极争取各级财政资金对农村客运进行政策性补贴，研究建立扶持农村客运发展的公共财政奖励制度。要与财政部门共同落实好成品油价格补贴工作，加强农村客运车辆用油统计，保证对农村道路客运的燃油补贴足额、及时发放到位。

六、加大工作力度，做好宣传工作

20. 2010 年是"十一五"农村公路发展成就宣传报道的重要一年。各地要进一步解放思想，拓宽思路，继续加大农村公路宣传力度。在宣传方法上做到日常宣传和重点宣传相结合，日常宣传常态化，重点宣传有影响，在加强日常宣传的同时重点抓好重大事件、重要时段的宣传工作。在宣传组织上要加强沟通协调，整合宣传资源，形成宣传合力，扩大宣传效果。在宣传模式上要进一步丰富宣传手段，提高宣传报道深度。

七、进一步完善和落实鲜活农产品运输"绿色通道"政策

21. 各地要严格按照部印发的《关于进一步完善和落实鲜活农产品运输绿色通道政策的通知》（交公路发〔2009〕784 号）要求，进一步完善鲜活农产品运输"绿色通道"政策，明确界定"绿色通道"政策中鲜活农产品的范围，着力构建由国家和区域性"绿色通道"共同组成的、覆盖全国的鲜活农产品运输"绿色通道"网络，同时采取措施全力确保鲜活农产品运输"绿色通道"网络畅通，坚决落实免收整车合法装载运输鲜活农产品车辆通行费的相关政策。

八、深入调查研究，编制好"十二五"发展规划

22. 各地交通运输部门要在总结经验、查找问题的基础上加强调查研究，进一步了解需求，准确把握"十二五"农村公路发展的阶段性特征。按照"突出重点、巩固成果、政府主导、协调发展"的原则，科学制定"十二五"农村公路发展规划，有序推进农村公路持续健康发展。

23. 各地要坚持量力而行、尽力而为，在确定"十二五"农村公路建设目标和重点上突出三个层次任务：一是通达、通畅任务，要以 2020 年全国农村公路建设规划目标为依据，确定"十二五"需要完成的通达和通畅任务；二是改造提高任务，包括危桥改造、渡改桥工程、安保工程等，保障农村公路的行车安全；三是优化网络任务，包括县乡道改造、乡村联络线建设等，以提高农村公路的网络化水平。

今年，部将依据部省"共建意见"，对农村公路建设任务较重的省份进行专项调研和督查，并组织召开部分省份农村公路建设座谈会。将会同国家有关部委对各省（区、市）落实国办发〔2005〕49 号文件情况进行检查和评估，适时召开农村公路管理养护经验交流会。将制定印发进一步加强农村公路建设质量管理的若干意见，采取省区市互检等方式，加大对建设质量的督查力度，将对质量年活动中工作成绩突出的单位和个人进行表彰。将继续加大对示范工程的指导，组织召开示范工程现场会，编辑出版示范工程经验汇编，交流推广示范工程建设经验。

交通运输部
二〇一〇年三月五日

011

关于印发 2008 年农村公路工作若干意见的通知

交公路发〔2008〕144 号

各省、自治区、直辖市、新疆生产建设兵团交通厅（局、委），天津市市政公路管理局，上海市市政工程管理局：

为贯彻落实 2008 年中央 1 号文件和全国农村公路工作电视电话会议精神，进一步加强农村公路建设，推进农村公路管理与养护改革，大力发展农村公路交通，现将部制定的《2008 年农村公路工作若干意见》印发你们，请遵照执行。

交通运输部

二〇〇八年三月二十七日

2008 年农村公路工作若干意见

交通运输部

2008 年 3 月 27 日

为贯彻落实 2008 年中央 1 号文件和全国农村公路工作电视电话会议精神，稳步推进农村公路建设，大力发展农村公共交通，更好地服务于社会主义新农村建设，现就做好 2008 年农村公路工作提出以下意见：

一、总体要求

（一）认真贯彻党的十七大精神，深入落实科学发展观，按照统筹城乡发展、区域发展和经济社会发展的要求，量力而行，突出重点，全面提升农村公路建设质量，健全路站养运发展机制，推进城乡客运协调发展，努力实现农村公路交通又好又快发展目标。

（二）落实加强农业基础建设的新要求，稳步推进农村公路建设；落实促进城乡经济社会一体化发展的新要求，大力发展农村公共交通；落实改善民生、加强公共服务的新要求，服务农民群众安全便捷出行；落实建设创新型交通行业的新要求，着力推进理念、科技、体制机制和政策创新，努力解决制约农村公路发展的突出矛盾和问题，推动新时期农村公路稳中求进、好字优先、科学发展。

（三）认真落实部《关于加强农村公路建设廉政工作的意见》，坚持预防与惩处相结合，完善制度，加强监督，做好农村公路建设中的廉政工作。

二、加大投入，推进农村公路稳步发展

（一）按照今年中央 1 号文件要求，继续加大对农村公路的投入力度。各地交通主管部门要积极向当地政府汇报，争取更多的资金用于农村公路建设，使今年农村公路建设投资比去年有大幅度增长。

（二）调整投资结构，转变农村公路发展方式。要实现农村公路发展由速度型向质量型转变，正确处理好规模和结构、速度和质量、公平和效率的关系，调整和优化投资结构，突出建设重点，优先解决没有通公路地区的通达问题。部今年将在边疆地区、少数民族地区和贫困地区选择若干地州市进行试点，加大支持力度，加快特殊困难地区农村公路的发展。

（三）在资金使用上，鼓励各地实行"以奖代补"政策，充分调动各方积极性，提高资金使用效率。

三、加强组织领导，开展好农村公路建设质量年活动

（一）各省级交通主管部门要按照部制定的质量年活动总体方案的要求，制定本省份质量年活动实施方案，分解质量目标，落实质量责任，组织、指导省级以下交通主管部门及有关单位开展好质量年活动，确保今年质量目标的实现。

（二）各地交通主管部门要加强农村公路建设质量管理，建立和完善适合本地区实际的质量管理模式，健全质量管理的规章制度，完善质量与安全管理网络，加强质量监督，组织农村公路质量督查，分析本地区质量状况，每半年通报一次质量抽查情况。

四、以人为本，提升农村公路交通安全水平

（一）加强安全设施建设。农村公路新改建项目应按有关要求设置安全设施，并与主体工程同步设计、同步施工、同步验收。

（二）加强施工安全监管。各地要结合今年的"隐患治理年"活动，落实责任，抓住关键，针对当地施工安全的薄弱环节，组织专项督查，重点加强对山区农村公路路基高边坡和隧道开挖、满堂支架的石拱桥、梁桥施工的安全管理。

（三）加强危桥改造。今年要启动农村公路危桥改造工程，要用三年左右时间，逐步消灭县道中桥以上、乡道大桥以上的危桥。

（四）公路安保工程实施经验，安排必要资金，抓好试点，逐步推开。有条件的省份，要加大投资力度，加快实施步伐。

（五）加强渡改桥、渡口改造工程建设。各地要针对渡改桥、渡口改造工程建设特点，理顺管理体制，完善管理制度，加强质量管理，解决项目进展慢、投

入不均衡等突出问题。

五、深化改革，加强农村公路管理养护

（一）推动农村公路管理养护体制改革向纵深发展。各地要认真落实省级政府出台的实施方案，做到责任落实、机构落实和资金落实；要加强规章制度建设，健全管理养护体系，建立协调、监管、考核机制。要按照部制定的《农村公路养护管理暂行办法》和《农村公路养护技术指南》的要求，抓紧制定适合本地实际的管理办法和技术规范。

（二）加强农村公路保护工作。各地要加强农村公路路政管理，加大对农村公路上超限超载车辆的治理力度，按照全国治超办的统一部署，在加强执法监管的同时，通过设置限高、限宽等设施，防止超重车辆行驶农村公路，保护好农村公路建设成果，提高农村公路服务水平。

六、发展客运，提高农村公路交通服务水平

（一）加强农村客运站点建设。农村客运站点要与农村公路同步规划、同步设计、同步建设、同步验收。要加强对农村客运站建设的管理，解决目前存在的征地难、成本高、管理不规范的问题。客运站建设标准要以满足需求为原则，合理确定，不要求一乡一站或都建等级站。

（二）加大对农村客运的政策扶持力度。要根据农村客运的公益性特点，按照"多予、少取、放活"的原则，积极争取地方政府财政补贴和优惠政策，使农村客运开得通，留得住，有效益。要采取有效措施，加强引导，改善服务，创造良好的政策环境和市场环境。

（三）加快完善农村客运网络。要根据农村公路通达、通畅情况，及时开通农村客运班线，科学调整、改造和延伸现有客运线路，适当增加班次密度，努力提高客运班车在农村地区的覆盖面。

（四）创新农村客运组织方式。要学习借鉴城市公交运输组织模式，在乡镇、村庄比较集中的地区，实施农村客运公交化改造，增加停靠站点，滚动发车，定线循环，促进农村客运网络和城市公交网络的合理衔接和有效融合，最大程度地减少中转次数，最大限度地方便群众出行。

（五）规范农村客运市场。要加强农村客运市场监管，严把客运市场准入关，维护运输市场秩序，优化农村客运运力结构，让农民群众坐上安全车、放心车。

七、完善措施，确保鲜活农产品"绿色通道"畅通

（一）落实政策，促进农产品流通。各地要进一步加强领导，加大监督力度，认真落实"绿色通道"通行费减免政策，特别是落实对省内外合法整车装载的鲜

活农产品运输车辆无差别减免通行费政策,进一步完善"绿色通道"网络和标识,提高鲜活农产品运输车辆的通行能力和通行效率。

(二)加大源头监管力度。要从装载环节入手,确保鲜活农产品运输车辆按规定装车、配载和运输,严厉查处冒充鲜活农产品车辆和超限超载等扰乱运输市场秩序的不法行为。各省级交通主管部门要定期组织检查,对政策落实不到位的,要责令整改,并进行通报,为鲜活农产品快速进入市场提供强有力的运输保障。

(三)加强宣传,营造"绿色通道"运行的良好氛围。要进一步加大对鲜活农产品运输"绿色通道"相关政策、装载要求等方面的宣传,让更多的鲜活农产品运得出来,让更多的农民群众享受"绿色通道"政策带来的实惠。

(四)继续落实从事田间作业的拖拉机免征养路费和农机跨区作业免费通行的政策,促进农业发展、农产品流通和农民增收。

八、加强行业管理,促进农村公路可持续发展

(一)加强统筹协调,促进农村公路全面发展。要统筹城乡交通发展,统一规划,完善路网结构,发挥整体效益;统筹考虑农村公路路面、桥梁、安保设施、渡口改造工程的实施,全面提升农村公路建设质量和安全水平。要协调好农村公路建设速度、质量与效益的关系,实现又好又快发展;协调好建设、养护、运输的关系,推动路站运一体化。

(二)加强管理,提升行业管理水平。要针对农村公路交通的特点,落实环境友好、资源节约、以人为本的建设理念,研究加强行业管理的新政策、新措施。推广适合农村公路特点的新技术、新材料、新工艺,加快科技成果的转化。加强对基层人员的技术指导和培训。强化地方政府对农村公路交通的管理职能。加强对农村公路建设资金使用情况的监管与审计。

(三)加强宣传,树立行业形象。要继续加大对农村公路和农村客运网络建设的宣传力度,组织农村公路专题宣传,开展质量年宣传月活动,注重网络媒体作用,发挥行业媒体专业优势,进一步丰富报道形式、深化报道内容、扩大宣传效果。

稳步推进农村公路建设,大力发展农村公路交通是一项长期而艰巨的任务。各地交通主管部门要认真贯彻中央1号文件精神,从加强行政能力建设入手,落实新要求,采取新举措,求真务实,开拓进取,全面完成2008年农村公路各项工作,为推进社会主义新农村建设和全面建设小康社会做出应有的贡献。

012

关于印发 2007 年农村公路工作若干意见的通知

交公路发〔2007〕135 号

各省、自治区、直辖市、新疆生产建设兵团交通厅（局、委），上海市市政工程管理局、天津市市政工程局：

为贯彻落实 2007 年中央 1 号文件和全国交通工作会议精神，进一步加大农村公路建设力度，加强农村公路养护和管理，更好地服务于社会主义新农村建设，现将部制定的《2007 年农村公路工作若干意见》印发给你们，请遵照执行。

交通部

二〇〇七年三月三十日

2007 年农村公路工作若干意见

交通部

2007 年 3 月 30 日

为贯彻落实 2007 年中央 1 号文件和全国交通工作会议精神，进一步加大农村公路建设力度，加强农村公路养护和管理，更好地服务于社会主义新农村建设，现就做好 2007 年农村公路工作提出以下意见：

一、总体要求

（一）以落实科学发展观、构建和谐社会为统领，以服务现代农业、促进社会主义新农村建设为目标，以尊重农民意愿、维护群众利益为出发点，坚持"量力而行、好中求快"的指导思想，全面推进农村公路又好又快发展。

（二）继续抓好交通工作服务新农村建设"八件实事"的实施，确保完成新改建农村公路 30 万公里，加快实施农村渡口改造、渡改桥工程和农村客运场站建设，切实推进农村公路管理养护体制改革，扩大农村客运网络，推动城乡客运一体化进程。

（三）重点围绕"质量、资金、安全、技术、群众利益"等关键环节，加强领导，落实措施，强化监督，建立上下协调、信息通畅的部省农村公路工作协调机制，推动农村公路各项工作再上新台阶。

（四）按照现代农业的发展要求，进一步完善农村公路发展规划，明确各阶段目标和建设重点，做好农村公路规划与新农村建设总体规划的衔接。

（五）按照农村公路廉政建设的要求，坚持预防与惩处相结合，完善制度，加强监督，做好农村公路建设中的廉政工作。

二、落实建设资金，完成建设任务

（六）分解建设目标，建立考评体系。各地要按照部省共建意见要求，按年度对"十一五"建设目标进行分解（目标分解表附后），建立并完善项目库，明确建设重点，做好项目前期工作。建立农村公路建设目标考评制度，年底各省份要对目标完成情况进行考评，考评结果报部备案。在此基础上部将对各省份农村公路建设目标完成情况进行考评和通报，以确保整体规划目标的实现。

（七）完善投资政策，提高投资效益。各地要按照部提出的"四个重点"、"两个倾斜"的要求，进一步提高农村公路投资在公路建设总投资中的比重。建设资金要结合实际，有重点地向偏远地区、贫困地区、革命老区、少数民族地区倾斜，要优先解决没有通公路地区的通达问题。对特别贫困的地区要研究出台扶持政策，体现公共服务均等化和社会公平原则。在项目投资安排上，既要考虑主体工程，也要将桥梁、涵洞、排水和必要的安全防护设施纳入到项目中。在资金使用上，鼓励各地实行"以奖代补"政策，充分调动各方积极性。要落实政府对建设与养护资金的监督职责，加强资金监管，确保资金安全，提高投资效益。

（八）拓宽资金渠道，完善筹资体系。要加强融资政策研究，探索建立新的融资平台。在积极争取地方政府加大投入的同时，要充分发挥社会各界的力量，多渠道筹集农村公路资金，形成在公共财政框架下，政府投入为引导，农民积极筹资投劳，社会力量广泛参与的多元化筹资体系。

（九）高度重视乡村债务问题。要认真贯彻中央农村综合改革的要求，在推进农村公路建设中不得增加乡村债务，做到不安排有资金缺口的项目，不增加乡村负债建设农村路，不超规模、超标准搞建设，不由企业带资施工，不拖欠企业工程款。

三、加强监督管理，确保质量和安全

（十）完善农村公路"政府监督为主，群专结合"的质量监督体系。建立工程质量责任制和质量责任档案，明确工程各环节责任人。充分发挥各级质量监督机构的作用，加强质量抽检和技术指导。对发生重大质量安全事故的，要依法追究责任，通报处理结果。要创新质量管理制度，安排资金补助、考核单位绩效、评估企业信用应与工程质量挂钩。要充分发挥群众监督和社会监督的作用，各省级交通主管部门要公布农村公路质量监督电话，对举报反映的问题要进行调查处理。

（十一）加强技术研究，提高技术含量。要加强对农村公路设计标准、典型路面结构、防护与排水工程、安全设施等技术问题的研究，推广适合农村公路特点的新技术、新工艺、新材料，确保农村公路工程质量与安全。

（十二）推进农村渡口改造和渡改桥工程。要对农村渡口改造和渡改桥工程实施情况进行深入调研，分析存在的问题，制订相关措施。要通过渡口改造和以桥代渡等工程措施，切实解决农村特别是水网地区、江河两岸和岛屿居民过渡难和渡运安全问题，让农民群众过安全渡、乘放心船、走方便桥。

（十三）推进县乡公路安保工程和危桥改造。各地要在做好国省干线安保工程和危桥改造的基础上，逐步进行县乡公路安保工程和危桥改造。今年要摸清底数，开展试点工作，提出实施方案，并将试点结果报部。

四、深化管养体制改革，加强农村公路养护

（十四）各地要按照国办文件要求，确保在今年6月底前出台农村公路管理养护体制改革实施方案，做到养护责任到位、资金到位，健全机制，完善制度，逐步实现农村公路"有路必养"。部将会同有关部门，对各地农村公路管理养护体制改革推进工作进行专项督察。

（十五）加强农村公路养护技术指导，推进养护标准化、规范化、制度化。各地要认真总结养护示范点经验，扩大示范范围，完善相关制度，切实加强农村公路的养护管理工作。今年部将出台《农村公路养护管理办法》和《农村公路养护技术指南》，并推广各地的好经验、好做法。

五、推进乡镇客运场站建设，发展农村公路运输

（十六）实施农村公路"路、站、运一体化"。按照"统筹规划、同步实施、加强协调"的原则，以及发展现代农业的新要求，深入研究，制定措施，积极推进农村公路运输的发展。要采取措施，认真解决当前农村客运场站建设征地难、补助标准低、工程进度迟缓等问题。

（十七）扩大农村客运覆盖范围。要合理安排农村客运线路，对已通路未通客运班车的，应创造条件，尽快通车。要推广安全、经济、适用的农村客运车型，扩大覆盖范围，统筹城乡交通发展，推进城乡交通一体化。要培育农村客运市场，积极协调有关部门，落实扶持政策，加强市场管理和安全监管，确保农村客运班车开得通、留得住、有效益。

六、维护群众利益，促进农民增收

（十八）尊重农民意愿，实行民主决策。各地要学习借鉴一些地区创造的好的经验和做法，充分发挥政府主导、群众主体作用，建立完善基层民主议事制

度，增加工作的透明度和公开性。

（十九）采取有效措施，严格控制农民负担。要做到"四个不准、三多三少"。即：不准违反"一事一议"原则强行集资；不准将多年需征集的集资款一次性征集；不准拖欠农民工工资；不准代扣应给农民的各类补助款。鼓励农民多投工投劳，少让农民集资出钱；集资标准要多考虑农民的实际承受能力，少搞"一刀切"；路线设计要多利用老路改建，少占地拆迁。要鼓励施工单位多用当地农民工，增加他们的现金收入。

（二十）广泛吸引农村富余劳动力，促进农民就业。各地要结合行业特点，采取各种措施，积极动员农民参与农村公路建设、养护和客货运输，加强对农民工、养路工，以及从事公路运输业的驾驶员、维修工的交通技能和实用技术培训，提高他们的从业能力。

（二十一）依托公路事业发展，促进农民增收。农村公路建设要尽可能使用当地农民工和运输工具，积极发动农民参与农村公路养护，增加农民收入。各地要对农民参与农村公路建设和养护情况建立抽样调查制度，定量分析农村公路促进农民就业和增加农民收入情况并进行通报。

七、做好行业指导，加强舆论宣传

（二十二）深入基层，开展调研。各地要高度重视调研工作，了解基层政府和农民群众的意见，总结推广好的经验和做法，拓宽工作思路，调整完善政策，更好地为基层服务。今年要重点对农村公路工程质量、工程造价、农民负担以及养护管理机制等问题进行调研。

（二十三）加强人员培训与技术指导。各地要充分发挥行业的技术和人才优势，加大对基层农村公路建设管理人员的技术指导和培训力度。要做好人员培训的组织与规划，制订具体措施，提高培训质量。

（二十四）依托示范工程，总结新经验，探索新举措，解决新问题。各地要继续依托示范工程，探索总结农村公路建设标准、施工技术、质量控制、资金筹措、政策创新、服务"三农"、建管养运并重等多方面的经验和做法，组织交流与学习，以点带面，整体推进。

（二十五）加强农村公路的统计工作。各地要健全农村公路统计工作制度，完善统计指标体系，提高统计工作的准确性和时效性。要将农村公路通达、通畅进展情况，纳入统计范畴，为全面分析农村公路建设形势和发展趋势提供基础资料。

（二十六）加强农村公路宣传工作。要继续将农村公路宣传列为交通宣传工作的重点，突出典型事例宣传，做到日常宣传与重点宣传相结合，日常宣传常态化，重点宣传有影响。要切实增强宣传工作的主动性，加强与有关方面的沟通与协调，整合宣传资源，形成强大的宣传合力。不断丰富宣传报道形式，提高报道深度，扩大宣传效果，为农村公路的健康快速发展创造良好的舆论环境。

发展农村公路是一项长期而艰巨的任务。各地交通主管部门要认真贯彻中央1号文件精神，从加强行政能力建设入手，树立新理念，采取新举措，与时俱进，开拓进取，全面完成2007年农村公路各项工作，为建设社会主义新农村、构建和谐社会做出应有的贡献。

二 省级交通运输业"十一五"发展规划与相关政策

013

北京交通发展纲要（2004—2020）

2005 年 4 月

前　言

北京是中华人民共和国的首都，是全国的政治中心和文化中心，是世界著名古都。北京也是我国综合运输体系中重要的航空与陆上交通枢纽城市。

在党中央、国务院的关怀支持下，北京交通事业不断发展，为首都功能发挥与经济社会发展提供了有力的保障。新世纪的第一个十年是北京实施"新三步走"战略的重要时期，全面实现"新北京、新奥运"战略构想是这一时期的主要任务。北京经济社会的快速发展将有力地推进交通事业的持续发展，同时，交通的现代化也将为北京建设成为具有鲜明特色的现代国际城市、文化名城和宜居城市提供必要的基础条件。

北京交通发展既面临世界大城市的共性问题，也有其特殊性。解决城市交通问题，既需要政府审时度势，不失时机地作出正确决策，同时也必须依靠社会公众的积极参与和广泛支持。为此，市委、市政府决定编制《北京交通发展纲要（2004—2020）》（以下简称《纲要》），以指导北京交通事业的新发展。

《纲要》在总结历史经验教训的基础上，分析了交通问题的症结与未来发展趋势，提出了建设"新北京交通体系"的目标，制定了实现这一目标的战略途径、基本交通政策和近期实施的重大行动计划。《纲要》将作为今后一个时期指导制定全市交通规划、交通政策和实施计划的纲领性文件。《纲要》既是政府在发展交通方面对社会的承诺，也是规范公众交通行为的基本准则。

《纲要》编制的基准年为 2003 年，近期指 2010 年，远期指 2020 年以远。

第一章　交通发展进程

1.1　发展成就

北京经济社会的快速发展和城市现代化步伐的加快，为北京的交通发展提供了前所未有的机遇和条件，交通事业实现了跨越式发展。

（1）交通建设投资持续增长

1993—2003 年，全市交通基础设施建设投资累计达 1219 亿元，占同期地区生产总值的 5.32％。其中，"九五"期间交通建设投资总额比"八五"期间增加了 3.5 倍，达到 602 亿元，占地区生产总值的比例由"八五"期间的 3％上升到 5.97％。2003 年，交通建设投资总额 208 亿元，占地区生产总值的比例达到 5.67％。

（2）交通设施供给水平不断提高

2003 年，市区道路总里程达 3727 公里，其中城市快速路达到 216 公里，道路面积 7344 万平方米；与十年前相比，市区道路总里程和面积分别增长了 41％和 1.7 倍，路网功能结构及运行条件显著改善；市域公路网总里程 14453 公里，其中高速公路总里程达到 501 公里；城市轨道交通运营里程 114 公里；公共汽车及无轨电车总数已达 18929 辆（含小公共汽车 2295 辆），运营线路总长度 17908 公里；航空港及铁路枢纽运输能力与服务水平均有较大的提高。

（3）交通运输能力快速增长

城市机动车保有量由 1993 年的 56.4 万辆上升到 2003 年的 212.4 万辆，道路系统承载能力基本适应了机动车保有量快速增长的需要。公共客运交通系统年客运量达到 42.7 亿人次，增长了 19.2％；道路年货运总量达到 2.86 亿吨，增长了 10％。

（4）交通管理水平不断提高

初步建成了以交通控制系统为龙头，以交通实时信息采集为基础的现代化智能交通管理体系框架。交通法制建设和教育宣传取得显著成效，主干道机动车遵章率 99.1％，交通事故万车死亡率 7.7，均达到历史最好水平。城市公共客运系统引入现代信息技术和先进管理手段，运营效率和服务水平得到提高。

（5）交通环境明显改善

2003 年，新增轻型汽车和重型柴油车排放全部达到第二阶段机动车排放标准（相当于欧洲Ⅱ号标准）；使用压缩天然气公共汽车达到 2078 辆；机动车尾气排放污染得到初步控制，一氧化碳和氮氧化物浓度较"九·五"期间下降 26.7％；交通环境噪声降至 70 分贝以下；行人交通设施和步行街区的建设为市民提供了良好的出行环境；在改善城市交通状况的同时，对交通建设与城市风貌及自然生态环境的协调关系愈加关注，交通服务愈加重视"以人为本"的原则。

1.2 主要问题

尽管在交通设施建设与运行管理上不断增加投入，但由于交通需求总量的急剧增长及需求构成的多样性和复杂性，城市交通总体形势依然非常严峻。

北京社会经济现代化、城市化以及机动化已同时步入高速发展期，当前城市交通的紧张局面是城市快速发展进程中多种矛盾的集中反映，交通拥堵状况的根本缓解是一个长期的过程。

北京交通发展既面临世界大城市普遍存在的共性问题（例如小汽车交通需求过度膨胀，与城市资源和环境承载能力的尖锐矛盾），同时也有其自身的特殊性问题，主要表现在：

（1）城市建设与城市交通发展不协调

市中心区城市功能的过度聚集和土地的超强度开发导致人口与就业岗位的高度集中，由此也带来了交通出行的高度集中，三环以内集中了全市出行量的50％。同时，由于交通基础设施建设与城市交通结构的优化调整滞后于城市发展，难以满足城市空间结构和功能布局优化调整的需要，在客观上助长了中心区超强度开发和无序蔓延扩展的趋势，进一步加剧了中心区的交通拥堵。

（2）公共客运交通系统基础薄弱，难以应对小汽车交通的强劲挑战

北京目前处于小汽车进入家庭的快速发展期，而且小汽车在日常通勤出行中的使用率高于发达国家一些大城市的水平。市区全日小汽车出行方式比重已经由1986年的5％上升到2003年的26％，这种出行方式的需求与道路交通基础设施供给的矛盾日益加剧，是导致城市交通拥堵的首要因素。与国外同类城市交通发展状况相对照，北京的不利条件在于公共客运系统基础相对薄弱，轨道交通承担日常出行量的份额不足5％，地面公交系统结构单一，难以充分满足日常出行的多样性要求。因此，在推行合理使用小汽车，改善城市交通出行结构策略计划上，北京比其它国际大城市更困难。

（3）城市布局与资源条件制约道路系统扩充和结构调整

中心城道路网的密度、面积率与国外同类城市有相当大的差距，在功能级配结构上也存在明显的先天性缺陷：环路之间快速联络通道建设滞后；主干道系统空间布局不均衡，贯通市区的城市南北向主干道不足；次干道、支路严重短缺，"微循环"系统薄弱；道路交叉口通行能力低，制约路网整体效能的正常发挥；封闭独立的"大院"分割城市路网，严重损害了路网系统的整体性，交通组织困难。

受特殊的城市历史和环境条件限制，中心城土地空间资源严重短缺，加之旧城风貌保护的严格要求，今后中心城路网难以大幅度扩充，路网结构调整难度更大。

（4）交通系统规划、建设、运营、管理及服务缺乏有效整合

交通基础设施规划、综合运输规划与交通组织管理规划不配套。附属道路交通设施与主体设施建设不配套。城市交通与城际区域交通网络，市区与市域交通网络，以及城市轨道交通与地面公交网络运力不匹配，衔接不顺畅。城市交通服务价格体系不完善，没有建立合理的比价关系。交通运营管理者与服务对象之间

缺乏必要的信息沟通平台和手段，难以对各类交通服务需求进行有效的引导，交通设施资源未能充分有效利用。

（5）交通管理水平不适应现代交通发展的要求

交通需求管理薄弱，客货运输组织以及交通出行引导缺乏科学手段和有效措施。交通信号、标志、标线设置缺乏统一规划，交通秩序管理有待进一步加强。交通法规标准体系不健全，现代交通宣传教育不够深入。交通参与者缺乏现代交通观念，交通法制意识淡薄。

1.3 发展趋势

经济和社会现代化、城市化和交通机动化三大发展进程依然是未来城市交通发展的外部条件，而交通战略模式与政策的选择将是决定交通发展走势的内在决定性因素。

（1）经济和社会现代化进程影响

随着国民经济总量快速增长和交通建设投融资体制改革的不断深化，未来北京城市交通建设投入将持续稳定增长。全面信息化的进程将深刻影响市民的生活和工作方式，不仅出行量持续增长，出行结构特征也将发生重大变化。

（2）城市化进程影响

北京将按照国务院批准的《北京城市总体规划（2004—2020）》全面实施新的城市空间发展战略，优化调整城市功能布局，逐步构建"两轴—两带—多中心"的城市空间结构。城市功能布局及空间结构的优化调整是改善中心城交通的治本之策，但布局调整是一个长期的渐进过程，短期内难有明显成效。

此外，北京作为环渤海地区中心城市，在区域经济和社会一体化协调发展进程中，其综合服务功能将进一步加强，城市交通综合体系也将发生重大改变。

（3）交通机动化进程影响

今后几年，北京市民用机动车保有量的年增长率仍会保持在10%左右。预计2010年全市民用机动车总量将达到380万辆左右，其中私人小汽车总量将从2003年的93万辆发展到280万辆左右，私人小汽车拥有率由2003年的0.22辆/户增加到2010年的0.53辆/户。预计2020年，北京市民用机动车保有量有可能突破500万辆，家庭小汽车拥有率可能达到0.8辆/户以上。

（4）交通需求变化趋势

需求总量大幅度增长。从1986年第一次出行调查以来，全市日出行量年均递增4%，2003年已达到2100万人次（不含步行出行量），增长了87%；一次出行平均行程由6公里增加到8公里，出行周转量（人·公里）增加了1.49倍；市区机动车出行总量由42万车次/日发展到345万车次/日。未来交通出行需求增长的突出表现在出行距离的增长和机动车出行总量的大幅度上升。预计2010年平均一次出行距离将可能达到10公里左右，出行周转量比2003年增加90%。

需求构成明显改变。未来交通需求特征的重大改变主要表现在需求的多样性和个性化。市民上班和上学的日常通勤出行所占份额由 1986 年的 80％降至 2000 年的 58％，预计 2010 年，将会进一步下降到 50％左右。市民对于出行方式、出行路线及出行时机的选择会趋于理性化，同时对交通服务的安全、快捷、舒适、经济及灵活便利方面也会有更高的要求，交通服务的供求关系将变得更加复杂。

（5）基本需求量和道路负荷水平预测

2010 年预计全市出行总量将达到 3500～4000 万人次/日，其中，中心城出行量 2300 万人次/日；预计 2020 年全市出行总量将达到 5200～5500 万人次/日。2010 年预计全市道路货物运输发生量 4.5 亿吨/年；2020 年预计将达到 5.5 亿吨/年。

由于未来城市交通结构的不确定性及交通供给方式的不同，中心城的道路网高峰负荷也会有很大的差别。在全面实施本纲要推荐的战略方案前提下，预计 2010 年市区道路网高峰小时负荷量为 516 万车公里，比 2003 年增长 34％左右。

总之，2010 年之前，出行需求总量和中心城建设投资规模的增长趋势较为稳定；而出行需求时空分布及出行方式构成的发展趋势则有很大的不确定性。因此，未来中心城交通状况的改善关键在于城市功能布局、交通发展模式、系统整合和政策调整的力度。

第二章　交通发展目标与战略任务

2.1　交通发展目标

（1）远期目标

北京交通发展的远期目标是：全面建成适应首都经济和社会发展需要，满足全社会不断增长和变化的交通需求，与国家首都和现代化国际大都市功能相匹配的"新北京交通体系"。

"新北京交通体系"以现代先进水平的交通设施为基础，构建以公共运输为主导的综合交通运输体系；以信息化与法制化为依托，提供安全、高效、便捷、舒适和环保的交通服务；城市交通建设与历史文化名城风貌和自然生态环境相协调，引导、支持城市空间结构与功能布局优化调整，实现城市的可持续发展。

"新北京交通体系"的基本特征：

以人为本的交通服务宗旨。注重交通与环境保护的协调和可持续发展，提供与自然和城市风貌相和谐的交通环境，合理分配与使用交通资源，满足社会多样性交通服务需求。

以一体化交通作为新体系基本构架。在交通规划、建设、运营、管理和服务全面整合的基础上，实现中心城交通与市域交通、城市交通与城际交通，以及各类交通运输方式的一体化协调运行。

实施以内涵发展为主的集约化发展模式。从城市环境与资源条件出发,北京交通发展必须采取以内涵型增长为主的集约化发展模式。"新北京交通体系"以公共运输为主体,建立现代化城市综合运输体系;充分发挥既有交通设施的潜在效能,以系统结构优化和先进的运行管理为战略手段,最大限度地提高道路网及各类交通运输设施整体运行效率和服务水平,减少资源消耗及对环境的影响。

以信息化为依托。交通体系发展的各个环节和服务领域全面实现信息化,交通运输与设施运行管理全面实现智能化。

以法制化为保障。交通规划、建设、运行管理与社会服务全面纳入法制化轨道,通过健全法律、规章和完善规范、标准体系,有效地约束决策、管理、服务等所有交通参与者的行为,保证交通系统的有序发展和高效运行。

(2)近期发展目标

2010年之前,初步建成交通设施功能结构较为完善,承载能力明显提高,运营管理水平先进,基本适应日益增长交通需求的"新北京交通体系"框架,初步形成中心城、市域和城际交通一体化新格局,中心城交通拥堵状况有所缓解,为全面实现"新北京、新奥运"战略构想提供支持。

2010年,城市干道高峰小时平均行程车速达到20公里/小时以上;五环路内85%的通勤出行时耗不超过50分钟;边缘集团到达市中心的出行时间在1小时以内;最远的郊区新城到中心城的出行时间不超过2小时;北京与周边地区主要中心城市的陆路运输行程时耗在3小时内。

2010年之前,北京的交通建设要在以下几方面取得重大进展:

第一,建成功能完善的综合交通运输网络,道路交通设施总体承载能力与服务水平明显提升。

2010年,要按城市总体规划基本建成总长890公里的市域范围内高速公路系统,建设京津冀地区城际快速铁路干线,扩建首都国际机场,形成完善的对外综合运输网络;全面改善中心城道路系统结构,基本建成14条快速放射干线,与3条快速环路一起构成中心城快速路网系统。大幅度扩充和完善道路"微循环"系统,提高集散能力与交通可达性水平。中心城道路网高峰小时负载能力比2003年增长40%以上,路网整体应变能力有明显改善;初步建成与道路交通容量相匹配的停车系统,基本停车位实现"一车一位",公共停车位总量达到汽车保有量的10%以上。

第二,建成以快速大容量客运交通为骨干、多种方式协调运输的城市公共客运系统,初步建成现代化物流运输系统,城市交通运输结构得到改善。

2010年,城市轨道交通线路网通车里程达到250~300公里。新型大容量快速公共汽车(BRT)系统初具规模,运营里程达到60公里以上。公共交通服务水平和吸引力大幅度提高,中心城公共客运系统承担全日出行量比例达到40%

以上,其中,在早晚高峰通勤出行中分担的比例达到50%～60%。

以综合运输枢纽、物流配送系统及综合运输信息平台的建设为基础,初步建成高效、畅达、有序运转的现代化城市客货运输体系。

第三,初步实现智能化交通系统管理,提高交通运行效率与安全水平。

实现交通体系的全面整合和信息共享,科学配置交通工程设施;以全方位的信息化、智能化为依托,基本建成具有国际先进水平的智能化道路交通管理系统和交通出行信息服务系统;初步建成先进的智能化公共客运调度与乘客信息服务系统;交通拥堵点(段)治理取得成效,干线路网高峰时段平均车速逐步提升,2010年之前达到20公里/小时以上。

加强交通管理法制化建设和市民现代交通意识教育,改善交通秩序与交通安全水平,全市道路交通事故万车死亡率下降到6以下。

第四,发展"绿色交通",交通环境质量进一步改善。

2005年开始执行国家第三阶段机动车排放标准(相当于欧洲Ⅲ号标准),力争2008年与国际排放控制水平接轨,污染物总量逐步减少,交通噪声得到有效控制。

2.2 战略任务

基于交通发展的历史经验和未来发展趋势,必须着手优化调整城市总体布局及城市交通结构模式,即:坚定不移地加快城市空间结构与功能布局调整,控制中心城建成区的土地开发强度与建设规模;坚定不移地加快城市交通结构优化调整,尽早确立公共客运在城市日常通勤出行中的主导地位。同时,全面整合既有交通设施资源,提高资源使用效能。

(1)城市交通与城市布局协调发展

全面贯彻实施国务院批准的《北京城市总体规划(2004—2020)》,积极推进城市空间发展战略的实施,加快构建"两轴—两带—多中心"城市空间新格局,同步实施城市功能布局的优化调整,以期从根本上缓解中心城交通紧张状况。

实施新的城市空间发展战略要以交通建设为先导,与城市交通发展战略相协调。当务之急是实施城市建设重点战略转移,严格控制中心城建设规模。旧城区实施"整体保护,有机更新"策略,严格控制建设总量;中心城建成区重点进行环境整治和基础设施改善,不再进行高强度开发;集中力量建设新城,优化调整城市功能布局,完善新城功能结构,引导中心城的就业岗位和人口向新城转移;为支持城市空间结构及功能布局调整,要重点建设贯通东部发展带以及连接新城与中心城多种交通方式兼容的复合型快速交通走廊,按规划抓紧构建新城内部交通网络体系,为新城建设提供交通支持。

(2)建设以公共运输为主导的综合运输体系

从体制、机制、政策和运行上整合规划、建设、运营、管理和服务各个环节，实现多方式交通网络的匹配与无缝衔接，以优质高效的集约化运输网络满足通勤出行和集中物流的需要，寻求资源利用和环境效益的最大化。

以城市快速轨道交通系统为龙头，全面推进现代化公共客运系统建设，加快确立其在城市客运中的主体地位。改善不同客运方式衔接换乘条件，实现公共客运交通、自行车交通、步行交通与汽车交通多种交通运输方式协调发展，形成多方式和多层次出行服务体系。同时，建立由快速公共客运以及实施严格流量控制的快速道路（或高速公路）组成的城市快速出行服务系统与应急交通保障系统。

优化调整货运枢纽及物流园区布局，建立陆路、海上与航空综合运输体系。

第三章 基本交通政策

3.1 交通先导政策

坚持城市交通基础设施适度超前、优先发展，充分发挥交通建设对城市空间结构调整的引导和支持作用。中心城建成区的改造和新城建设要坚持交通基础设施"同步规划，先行实施"的原则，建设规模及功能布局要以交通设施资源可能提供的容量为约束条件，实行建设项目交通影响评价和交通组织设计审查认证制度。

3.2 公共交通优先政策

从城市可持续发展的要求出发，按照公平和效率的原则，合理分配和使用交通设施资源，在规划、投资、建设、运营和服务等各个环节，为公共交通发展提供优先条件。

设施用地优先。优先安排公共交通设施建设用地，确保公交场站设施与土地开发项目同步建设。各阶段城市土地使用规划中均须为公共汽（电）车场站、地铁车站、换乘枢纽和车辆维修保养设施留足建设用地。不得随意挤占或挪用公共客运设施用地。

投资安排优先。2010年以前，公共客运交通在交通建设投资中所占份额由18％提高到50％以上，重点支持轨道交通、大容量快速公共汽车（BRT）系统和综合交通枢纽建设。公共交通（含轨道交通、公共汽车及电车等）基础设施建设以政府资金投入为主导，积极吸引社会投资。

路权分配优先。在城市道路资源分配和路口放行上给予公共客运优先权。

财税扶持优先。公共交通实行与居民承受能力相适应的低价格政策，给予公交企业税费减免、政策性运营补贴以及其它有利于公交企业良性发展的扶持政策。

3.3 区域差别化交通政策

从城市不同区域交通需求和可能提供的交通资源实际状况出发，中心城与新城采用不同的交通模式，实施因地制宜的交通设施供给与管理政策。中心城内的旧城区和旧城以外的区域交通模式与政策也要有所区别。

旧城区：按照整体风貌保护的要求，基本维持既有的道路网整体格局。对已划定的历史文化保护街区和内环路以内地区，尤其是皇城范围，道路空间尺度基本维持现状。在对胡同系统的整体格局实行原貌保护的前提下，进行必要的整理，按照行人、自行车和小型公共汽车的优先次序合理利用。重点发展以地铁和地面公交为主的公共客运体系，通过停车位供给总量控制、停车收费政策以及必要时对特定区域实行通行收费等手段，对小汽车交通实行相对从紧的管理政策。

旧城以外的中心城：优先发展以轨道交通和快速大容量公交为骨干的公共交通系统，根据道路资源和环境容量允许限度，对小汽车交通实行适度调控政策。

新城和郊区城镇：在优先发展公共交通服务网络的同时，要为小汽车交通提供相对较为宽松的使用空间。新城道路网密度要达到5～7公里/平方公里，道路用地率要达到20%以上，新城的各类停车泊位总数要达到机动车保有量的1.2～1.3倍。

此外，新城要有适度规模和完善的配套功能，减少与中心城之间的穿梭交通量。

3.4 小汽车交通需求引导政策

在大力发展公共客运为主体的综合运输前提下，对小汽车交通在行驶区域、行驶时段以及停车服务等方面实行差别化调控管理，特定区域和特定时段实施必要的限制，保持汽车交通量与道路负荷容量协调匹配增长，确保中心城道路系统维持适当的服务水平。

把停车设施的建设与运营管理作为调节道路交通负荷的重要手段，对不同区域制定不同的停车设施配建标准和停车服务价格，推行分时段弹性停车费率制度，调节道路交通负荷的时空分布，提高道路交通设施利用效率。

积极推进公车改革，减少单位公车的配置和使用量。提倡"合乘"制，对高载客率的车辆给予优先通行权。

3.5 政府主导的交通产业市场化经营政策

在充分考虑城市交通社会公益性，满足公众需要的前提下，积极推进政府主导的交通产业市场化步伐。

进一步深化城市交通投融资体制改革，构筑政府投资、企业自筹、社会投资等多元化主体的投融资体系，拓展投融资渠道，盘活存量，引进增量，不断增加交通建设投资规模。

对公益性的交通基础设施项目和有收益的经营性项目实行分类管理。建立统筹协调的交通服务价格体系，满足不同服务水平档次的交通需求。对企业为实现公益性目标承担的指令性任务给予相应补贴。

向国内外开放交通基础设施建设与交通服务经营市场，引进竞争机制，推进特许经营制度。取得特许经营权的企业，自主经营，自担风险。

政府制定和完善市场经营法规，对经营市场严格监管。不断完善企业资质和信用考核制度，同时对企业合法经营权益给予充分保障。

第四章 完善交通规划体系

4.1 交通规划编制

交通规划要与城市总体规划和国民经济社会发展计划相协调，要与城市规划层次和编制阶段相衔接，建立和完善多层次的城乡一体化交通规划体系。各层次的交通规划要与相应层次的城市规划同步编制，相互协调，同时要建立交通规划与城市土地使用规划之间的反馈机制。

不断提高交通规划编制科学化水平，重视交通规划理论与方法的创新，加强交通规划方案的科学论证和实施效果的跟踪检验评估工作。处理好交通规划与建设计划、工程设计的衔接关系，做好重大工程项目前期论证和建设项目储备工作，为交通规划的顺利实施提供充分保障。

交通规划研究与编制要向社会开放，重大规划编制项目实行社会公开招标；建立专家论证与社会公示制度，鼓励社会公众参与规划的编制和监督规划的实施工作。

4.2 近期重点规划编制任务

以《北京城市总体规划》和《北京交通发展纲要》为指导，进一步规范城市综合交通体系规划的目标、内容和编制方法，修订《北京综合交通体系规划》，同时编制《北京东部新城发展带交通战略规划》。

加强城市综合运输规划及交通管理规划等专项规划编制工作，整合交通设施规划、运输规划及交通管理规划关系。修订和完善《北京市城市轨道交通近期建设规划》、《北京高速公路网规划》、《北京市中心城道路网规划》、《北京市公共汽车线网规划》、《北京市停车规划》、《北京城市物流园区与货物运输规划》。研究编制《北京市交通流组织与交通管理规划》、《北京市智能交通体系总体规划与近期建设规划》。

修订和完善顺义、通州、亦庄等重点新城以及回龙观、北苑、望京、东坝、定福庄、垡头、南苑等十个边缘集团综合交通规划。

研究和编制《北京奥运公园地区综合交通规划》以及 2008 年奥运会专项交通规划，同时开展相关专题研究工作。

第五章 加快交通基础设施建设

5.1 城市道路系统

（1）城市道路系统包括中心城、新城及郊区城镇的道路网。城市道路系统的长远建设目标是：适应未来城市发展的需要，具有高度的畅达性、安全可靠性和应变能力，与城市布局、风貌、环境相协调，为多种交通方式协调运行提供足够的交通承载能力和良好的出行环境。

（2）近期在继续扩充中心城路网规模的同时，要特别重视路网结构优化，提高路网整体承载能力和运行效率，充分挖掘既有道路系统潜力。重点抓好两头：加快建设快速道路系统，为进出中心城和中心城内中长距离交通提供通畅的出行条件；加快中心城 10 个边缘集团的道路网络建设，同时要大力扩充支路"微循环"系统，提高路网的集散能力和交通可达性。

2010 年，中心城快速路系统总里程达到 280 公里；中心城主干道网总里程达到 540 公里，城市主、次干道网密度由 1.5 公里/平方公里提高到 1.85 公里/平方公里。路网总体承载能力比 2003 年提高 40％以上，基本适应 380 万辆左右机动车总量的发展需求。

在抓好中心城道路建设的同时，要按照《北京城市总体规划》和新城规划加快新城道路系统建设。

（3）自行车和步行系统

充分利用旧城胡同、街坊道路和支路开辟自行车交通系统，逐步形成地区性的自行车通行网络。在市级商业区、中央商务区（CBD）、奥林匹克公园、中关村科技园区等重点功能区以及新城普遍建立与城市风貌和自然环境和谐的无障碍步行系统。在旧城区，要充分利用胡同和街坊路开辟自行车或行人专用系统。在新建住宅区，建设良好的自行车交通和步行设施，提高居住环境质量。完善行人过街设施和行人步道系统，禁止挤占人行道和自行车道，确保自行车和行人出行安全、便利。

（4）近期重点建设项目

环路间快速联络通道建设。包括：二环路与机场高速路联络线、京承高速路与三环路联络线、西外大街延长线（至五环路）、通惠河北路、莲花池东路西延（至西六环）、阜石路（三环至五环区间）以及蒲黄榆路南延（至五环路）等。

增辟贯通中心城的南北通道。包括：蓝靛厂路、展览馆西侧路、北苑路、西大望路南北延长线、玉泉路延长线及惠新西街延长线等。改造一批主干道，包括：中关村大街、南中轴路（前门至德茂庄）、朝阳路及安立路等。

完成中关村科技园、中央商务区（CBD）、奥林匹克公园、亦庄、望京、北苑、回龙观等重点建设地区路网改扩建工程，建成北京站东街、金融大街、前门东侧路、马连道路、南湖渠东路、清华东路、岳各庄东路、金顶山路等一批地区集散道路。

新改建一批重要立交节点和平面交叉口，包括：东直门、西直门、东便门、丽泽桥、崇文门、东大桥、德胜门等。

分期分批整治和清理封闭大院、胡同和街坊道路，加密中心城路网，扩充"微循环"集散系统。次干道、支路的实现率由 2003 年的 30％提高到 2010 年的45％左右。

(5) 道路配套设施建设和维护管理

交叉口渠化、公交港湾、道路标志、标线、信号、安全保障及照明等交通工程附属设施要与道路主体同步规划设计，同步建设，并加强维护管理。同时，道路建设要与各类市政管线设施统一规划、同步施工，避免"拉锁"工程，条件成熟时建设市政综合管廊（沟）。

5.2 市域公路系统

(1) 实现市域公路网与国家干线公路网及周边地区城际公路网衔接匹配，强化北京公路主枢纽功能，为京、津、冀环渤海经济区资源共享、全面合作、统筹协调发展提供有力交通支持。

2010 年，初步建成以高速公路和一级公路为骨架，功能级配合理，与国家干线和环渤海经济区干线公路网有机衔接的公路运输网络。市域公路网总里程达到 16000 公里，公路网密度由 2003 年的 0.86 公里/平方公里提高到 0.95 公里/平方公里。高速公路网总里程达到 890 公里。新城及平原区重要中心城镇均直接与高速公路走廊相连接，市域范围内公路网将覆盖全市所有村镇，实现村村通油路。

(2) 2010 年之前，市域公路网重点建设项目：

建成京津间第二条高速公路、京沪高速北京段（104 国道）、京承高速北京段、京平（谷）高速，并对既有京津塘高速公路进行改造和扩建。

建设首都机场南线高速公路和机场北线高速公路，完善机场周边公路网络，修建六环路与机场高速公路之间的高速联络线（李天路）。

建设密云、怀柔、顺义、通州、亦庄等新城之间的高速公路通道，强化东部及东南部新城开发带的交通联系。

继续建设六环路，全线贯通运行，疏解市域过境交通。着手改造 108 国道及 109 国道，畅通市域西部出入通道，缓解西北方向出入通道的交通压力。改造 110 国道，并与六环路连通，提高西北货运通道的能力，明晰客货运输通道，有效分流八达岭高速公路的交通。分段扩建规划 111 国道（市区至小汤山区段），提高北京正北方向交通能力。

新、改扩建白马路、密兴路、辛樊路、房通路、长周路、沙阳路、京塘路、杨雁路、顺密路、周张路、长韩路、京良路、南雁路、延硫路等一批市级干道项目。

(3) 优化市域公路网功能结构，加强既有公路技术改造和养护工作，提高既有公路网整体运输能力和效率。改进公路设计技术标准和设计方法，节约使用土地，降低工程造价。

5.3 城市轨道交通系统

(1) 加快建设市郊铁路、地铁、轻轨及有轨电车组成的轨道客运系统，改善中心城交通，并为开发建设中心城边缘集团及郊区新城提供强有力的交通支持。2010 年，全市轨道交通线网运营总里程达到 250～300 公里。

（2）2010 年之前，轨道交通重点建设项目：

地铁 4 号线、5 号线、10 号线（一期）、8 号线北段（奥运支线）、9 号线，机场客运专线以及通往亦庄等郊区新城的轨道交通线。

在建设新线的同时，对地铁 1 号线、2 号线进行技术改造，同步进行轨道交通与其它交通方式衔接换乘设施建设。

（3）积极研究开发低能耗、高效能的新型轨道交通系统。改进轨道交通规划设计和施工技术，加快车辆及通信、信号设备国产化进程，降低工程造价。

5.4　客货运输枢纽

（1）加快综合客运枢纽建设，组织和协调各种不同层次客运网络，为乘客提供集中换乘服务。

2010 年之前，初步建成城市客运与城际客运一体化综合枢纽体系，改善城市与城际客运衔接与换乘条件。建成首都国际机场、北京铁路南站、北京铁路西站及六里桥客运站等大型综合客运枢纽。

改善市域范围内客运网络的衔接关系，建成西直门、东直门、四惠、一亩园、北苑及宋家庄等一批为中心城与郊区线路衔接换乘服务的公共客运枢纽站。改善市区公共汽车、电车、轨道交通及出租车等不同客运网络的衔接换乘条件，建设一批公交中心站。

（2）建设"停车—换乘"枢纽

为了适应私人小汽车普及发展进程，引导小汽车合理使用，在中心城边缘主要交通走廊规划建设一批"停车—换乘"枢纽设施。2010 年之前，要结合轨道交通和大容量快速公共交通新线建设，在五环路周边地区统一规划建设小汽车停车换乘公交的设施。

（3）加快货运枢纽建设。公路货运枢纽体系采用分级结构布局，规划建设 6 个一级货运枢纽和 6 个二级货运枢纽。2010 年之前，重点建成马驹桥、阎村、天竺等货运枢纽。

5.5　停车设施

（1）根据城市交通综合体系运行的全局需要，对停车设施的供给与运行管理采取因地制宜、区别对待的原则。

（2）根据不同地区道路交通承载能力和土地空间资源条件，重新修订居住区及各类公共建筑停车位配建指标，完善各类停车设施规划，制订停车设施建设与运营管理法规，加强停车设施建设、使用及停车秩序的执法管理。

（3）2010 年之前，优先解决各类车辆不出行时所需驻车位（即自用基本停车位）短缺问题。全市各类机动车都要拥有自用基本停车位。新建居住区及各类公共建筑均按新的配建指标同步建设自用基本停车位；旧居住区根据规划分期分批补建或租用（购置）公共停车位用于弥补基本停车位的不足；各类客货运输经营企业（个体）必须足额配置具有合法使用权的自用停车位，作为经营资质必要条件。已取得经营许可，但尚未达到要求的，限期解决，并纳入年度考核。

（4）加快公共停车设施建设。2010年，全市公共停车位供给总量要达到机动车保有量的10％以上。

（5）统筹调配，充分利用各类停车设施资源。对中心城各类公用停车位及单位附建停车设施实行注册登记，统一调配管理，满足全日不同时段不同停车需求。

（6）为自行车短途出行及换乘公共客运交通创造良好条件。在中心城主要客流集散中心、公共客运交通中心站及换乘枢纽站建设自行车停车场。

（7）按照统一规划，结合公共汽（电）车运营场、首末站及中心站的布局调整，优先安排专用停车场地，基本满足全部营运车辆的夜间驻车和维修保养需要。同时，建设安排出租车专用停车（含夜间驻车）场地，并在主要客流集散点建设出租车服务站或候客区。

5.6 铁路枢纽及航空港

（1）改造和扩充北京铁路枢纽的客货运输集散能力，引入京沪、京哈、京广等客运专线及京秦、京津等地区快速客运干线。同时，建设和改造枢纽内的货运编组站及货运作业站，提高货物吞吐能力。

2010年之前，配合京沪客运专线及京津快线等新线建设，完成北京站及北京南站站区改造，同步完成市内交通及公用市政设施配套建设；修建北京站与北京西站之间的地下直径线；改善北京北站、北京西站、丰台站及北京东站地区的交通集散条件和地区环境。

（2）2008年之前，完成首都机场国际枢纽港的扩建任务，实现飞机起降量50万架次/年，旅客吞吐能力6000万人次/年和货运吞吐能力180万吨/年的目标，充分满足2015年之前航空业务量发展的需求。2010年之前，要完成第二航空港的选址、规划设计和立项审批，力争尽早开工建设。

第六章 改善城市运输服务

6.1 轨道交通客运服务

（1）扩大轨道交通客运规模，轨道交通客运量从2003年的130万乘次/日增加到2010年的400～500万人次/日，占公共客运系统总运量比重由10％提高到25％左右。

（2）利用先进科技手段，改造既有线路，优化运营输组织，缩短发车间隔，扩大运能，降低运营成本。2008年前，地铁1号线、2号线车全部更新为舒适便利的新型空调车。

（3）改造车站配套服务设施，引入自动售检票系统和乘客信息服务系统，增加为老人、儿童和残疾人士提供特殊服务的设施，改善出入条件和乘车环境。

（4）加强轨道交通运营的安全保障。新线建设严格按照国家规范标准，同时着手对既有轨道交通线进行改造，消除安全隐患。建立突发事件应急保障系统。

6.2　公共汽（电）车客运服务

（1）2010年，公共汽（电）车客运交通承担日客运量达到1300～1500万人次。

（2）优化调整公共汽（电）车线网和场站布局，扩大线网覆盖率，完善功能级配结构。按照城乡统筹协调发展的需要，建立中心城、新城和郊区城镇三级公共汽（电）车运营网络。完善功能层次结构，优化快速干线网、普通干线网及支线网的级配比例与衔接关系。

重点调整中心城线网，增加边缘地区和旧城区的线网密度，改善站位和线路衔接关系，缩短换乘距离和乘车前后的步行距离。2010年，中心城90%公交乘客步行到站时间不超过8分钟；平均换乘距离不超过300米。

扩大郊区线网覆盖率，建立和完善新城公共客运网络，满足新城和郊区城镇日常出行需要。

（3）加快大容量快速公共汽车运营系统（BRT）建设。2010年前，在完成南中轴路BRT示范工程基础上，选择有条件的主要客流走廊再建设3～4条BRT线路，与快速轨道交通线网相结合，构成中心城公共客运系统的骨干网。

（4）以高速公路与城市快速路为依托，开辟以大容量公共客运为骨干，多种交通方式协调运行的复合型客运走廊，支持新城开发建设。重点是沿东部新城发展带建设连接各个新城的复合型走廊，并与京津方向城际快速通道相衔接。

（5）继续扩展公共汽（电）车专用道网络。2010年，中心城50%的主干道和有条件的快速路均要开辟公共汽（电）车专用或优先车道，总里程由现在的114公里增加到300～350公里。结合城市"微循环"系统建设，选择一批有条件的街巷、胡同开辟公共汽车专用道路。改造交叉口信号控制系统，分期分批地实现公共汽车优先通行。

（6）进一步完善公共汽（电）车的运营、保养场站体系，建立以运营场为中心的运营组织调度系统和以枢纽站为中心的分区服务网络系统。

（7）改善公共汽（电）车客运系统运力配置及车辆构成，建立适合不同服务类别、不同运量等级的运力级配体系。既要发展适合BRT的专用车辆和快速干线所需大容量、大功率、低底盘、环保型的公共汽车，也要按适当比例配置中型车辆和适用于支线运营的小型公共汽车。

6.3　出租车客运及租赁服务

（1）继续推进出租汽车企业兼并重组，控制出租车总量规模，实现规模化和规范化经营；合理调整企业、司机和乘客之间的关系，维护各方合法权益；逐步统一租价，建立健全出租汽车市场准入和退出机制，建立良好的出租汽车运营市场秩序和环境；加强对出租汽车企业的监督管理，规范企业行为，切实保障从业人员合法权益，提高服务水平。2010年前，重点建设全市出租车预约服务和智能调度系统，提高运营效率，空驶率降低到30％以下，日客运量达到200万人次。

（2）制定并实施汽车租赁业、旅游客运业发展规划，建立企业信用体系，实施特许经营，创建规范有序的市场环境，加强政府监管。汽车租赁业要调整车型结构，优化车辆档次配置，扩大企业规模，规范企业经营行为，实行网络化经营。旅游客运业要满足多元化需求，建立起服务本市及外省市的旅游客运班线和网络。

6.4 道路货物运输服务

（1）道路货物运输是现代城市物流体系的基础。为满足城市物流畅达、安全及服务方式多样化需求，必须加快市域范围道路货物运输网络建设，并与铁路、海运、空运接驳，形成功能结构完善的货物集散体系。2010年，全市公路货运总量从2003年的2.8亿吨增加到4.5亿吨。

（2）根据城市空间结构调整和区域经济发展的需要，优化全市货运枢纽及物流园区规划布局，统筹协调运力配置、货物仓储、配送及大宗物资转运分发等各个环节，并处理好与口岸的衔接关系。制定城市货运走廊和货物运输组织规划，调整货运交通流在时间与空间上的分布状况。

（3）鼓励和支持运输企业资产优化重组，组建区域性大型道路货运骨干企业，发挥其在跨省市专递快运、集装箱、危险品、大型物件运输领域的主导作用。加强货运市场管理，鼓励规模化与专业化经营模式。

（4）优化货运车种结构，调整运力分布。在城际干线上鼓励使用高效率、低能耗、低污染的大型货车车辆；建立和完善货物配送系统，以低污染厢式货车为主要运输工具。

第七章 提高城市交通管理水平

7.1 道路交通组织

（1）根据路网特性和交通需求结构，科学组织交通，合理划分道路使用功能，调节路网交通流时空分布，有效缓解拥堵点（段）的交通压力。在路网总体负荷水平较高的情况下，维持城市快速走廊系统的畅通，满足长距离出行和应急交通需求。减少特种交通服务对日常交通流的影响，保障路网整体运行稳定性。

（2）建立分工明确、运行高效的由公共汽（电）车、普通机动车、自行车和行人等各类交通有机衔接的道路交通运行体系。为步行和自行车交通提供良好条件，鼓励短距离出行使用自行车和步行方式。充分运用专用道、单行线、可变车道以及灵活方便的空间分隔等交通流组织手段把各类交通流的交叉和交织干扰降低到最低程度。

（3）加强对高速公路网、城市快速路网以及中心城干道网交通流的调控，提高通行效率。

7.2 道路交通执法管理

（1）认真贯彻落实《中华人民共和国道路交通安全法》和《北京市实施〈中华人民共和国道路交通安全法〉办法》等道路交通管理法律法规。

（2）加强道路交通执法队伍建设，改善装备与技术手段。在路面秩序管理、驾驶员管理、车辆管理、交通事故处理等方面坚持严格执法，文明执法，严格管理，进一步加大执法力度。

（3）建立和完善城市交通规划、建设、设施维护、运输市场管理、交通环境等城市综合执法体系，全面整合并理顺城市交通执法管理与城市综合管理的关系，提高综合执法管理水平。

7.3 加强安全管理

完善全市道路交通安全管理系统和工作机制，健全交通安全责任制，加强道路交通事故分布规律研究，建立交通安全预警信息发布制度。实施人、车、路及环境交通安全综合管理，预防重、特大交通事故的发生，提高道路交通安全水平。

7.4 交通应急保障

建立各类灾害及突发事件应急交通指挥联动调度系统和应急交通保障体系，减少突发事件和日常交通事故对道路运行的影响，为城市防灾减灾提供交通保障条件。建立交通事故受伤人员快速抢救绿色通道，按照《中华人民共和国道路交通安全法》要求，设立并用好道路交通事故社会救助资金，化解社会矛盾，维护社会安定。

7.5 现代交通意识教育

健全现代交通意识和交通法规宣传教育体系，做到组织健全、人员到位、工作落实。以"建首善之区，创一流城市"为行动口号，分阶段开展"迎奥运，共建首都交通文明"教育实践活动。

滚动实施北京交通文明建设五年规划，坚持开展交通安全宣传活动。

将现代交通意识和交通安全纳入幼儿园、中小学的教学活动，同时将交通法制宣传教育纳入全民普法教育序列。通过各级安委会、劳工组织等对全社会（含流动人口）进行交通安全教育。

第八章 促进交通科技发展，加快交通信息化与智能化建设

重视交通科技进步、科技成果转化和应用，引进、吸收国外先进的交通科技成果，以信息化、智能化为重点推进交通行业的科技进步，全面提升交通科

技含量，提高交通规划、设计、施工、管理的科技水平，实现交通科技跨越式发展。

8.1　交通科技发展

组织重点交通科技项目攻关和国内外交通科技合作，研究开发新交通方式、新交通工具、新材料、新工艺。组织开展城市综合交通体系规划、智能交通系统、轨道交通装备与运行服务、地下工程施工、高效环保型运输车辆、运输组织优化以及交通环境影响评价等重点领域关键技术的研究开发工作。

充分利用首都人才优势，全力整合人才智力资源，建设一支专兼职结合的高素质交通专业技术队伍，提高交通行业整体科技水平。

8.2　交通信息化建设

（1）制定全市交通信息化建设总体规划和分期实施计划。在国家主管部门指导下，以国家标准为依据，结合北京智能交通系统（ITS）的实际，建立地方性标准体系和技术规程。

（2）全面整合交通信息资源，建立信息共享机制。2008年前，完善全市交通基础信息和交通实时动态信息采集系统。在此基础上，建立全市交通综合信息平台，为全市交通发展的综合决策、公众交通信息服务以及交通应急指挥调度提供保障。

（3）逐步建设综合交通信息发布体系，包括出行信息服务系统、运输市场信息系统、路边交通信息发布系统、车载信息接收和自动导航系统等。

以全市综合交通信息平台为主要依托，充分运用互联网、电视互动信息服务网、交通信息广播电台、咨询服务热线电话、个人数字助理（PDA）或手机等信息服务手段向政府主管部门及社会公众提供交通资源管理、投资经营、运输服务、紧急救援以及出行引导等全方位和全天候的交通信息服务。

8.3　智能交通系统建设

（1）2005年，完成智能交通系统示范工程建设，包括：综合交通信息平台，交通流信息采集、分析、发布系统，智能交通信号控制系统，停车诱导系统，高速公路不停车收费系统，出租车智能指挥调度系统，客运枢纽站运营调度管理与乘客信息服务系统，公共电汽车区域运营组织与调度系统，公共交通车辆救援调度系统。

（2）2010年之前，在智能交通系统示范工程基础上，全面建设智能交通运输体系，逐步建成"交通控制"、"公交运输"、"高速公路不停车收费"、"物流运输"、"出租车智能指挥调度系统"以及"停车诱导"等智能化子系统。

交通控制系统　实现城市智能交通信号控制系统的协调控制。2010年，把中心城90％的信号灯纳入智能交通信号控制系统，对主要道路实施线控制，对主要区域实施区域控制。

实行公交车、救援车辆以及特种勤务车辆的信号优先。

公交运输系统 建立以 GPS 为基础的区域智能调度和乘客服务系统。

出租车智能指挥调度系统 以 GPS 为基础,实现出租车动态交通信息采集,建立智能调度平台,实现预约服务和智能调度,提高出租车安全水平和运输效率。

物流运输系统建立货运综合管理与信息平台,提供货运供求信息服务;建设智能化货运运力资源调配、价格管理及运费结算等运转系统;实施对货运车辆的全程监测和路线引导服务。

不停车收费系统 在高速公路收费系统中逐步采用不停车收费方式,减少行车延误,提高收费口通行效率。

停车诱导系统 建设覆盖整个中心城的智能停车诱导系统和自动停车计时收费系统,增加停车信息服务设施,近期重点建设地区为金融街、CBD、中关村等繁华地区。

8.4 交通管理设施建设

按照世界先进城市交通管理标准,加强交通管理设施建设,提高科技含量。充分利用高新技术和新型材料,全面提升交通管理设施的档次和使用效果。规范道路交通标志、标线、信号的制作和设置,重视可变交通信息标志的应用,为交通参与者提供全面、系统的交通引导服务。

第九章 营造优良交通环境

9.1 交通建设与城市环境风貌相协调

交通发展与城市发展保持协调的互动关系,充分考虑土地资源、环境容量的制约,因地制宜科学配置城市交通资源,保持交通建设与城市资源环境的协调发展。

依据历史文化名城保护规划,维持旧城区道路系统历史格局,严格控制路网空间尺度。旧城区道路的改造与扩建在服从历史文化风貌保护需要的前提下,充分兼顾基本交通需求与市政基础设施建设的需要。

提高旧城区公共交通服务水平,控制旧城区小汽车的拥有量和通行量。

9.2 交通污染防治

交通发展与环境保护相协调,做好大气污染、噪声和振动的污染防治工作。

严格控制新车污染排放。逐步严格新车排放标准,鼓励生产、销售、使用低排放,超低排放和零排放的机动车。公共汽车、出租车、环卫车、邮政专用车及旅游车等高出行率的车辆要达到更严格的排放标准。加强在用车污染控制。不断强化和完善在用车排放检查与维修制度,对机动车实行环保标志管理,对高排放车辆分时段在划定的区域内采取限行措施。采取鼓励和强制相结合的措施,加快老旧车辆的更新淘汰。加强油品质量管理,不断提高车用燃油质量。鼓励生产、使用优质清洁的车用燃料,减少车辆排放和燃料挥发对大气造成的污染。

加强交通噪声和振动的污染防治。道路及轨道交通规划中要考虑交通噪声和振动的污染控制，开展交通环境噪声和振动影响的评估。研究推广使用低噪声车辆和降噪、隔声的建筑材料，研究、推广低噪声路面材料。

大力发展高效、清洁交通工具，鼓励使用符合国家质量技术标准，安全性能达标的各类电动车辆。在适宜的街道和地区保留无轨电车运行，积极研究建设有轨电车线路的可行性。

9.3　构建优质出行环境

城市交通设施的建设、运营管理及交通服务以人为本，因地制宜，以适宜方式充分满足人的多样性出行需求，为道路交通设施使用者提供公平服务。

构建良好的步行、自行车交通环境，提倡绿色交通方式，开展"绿色交通日"活动，营造全社会支持公交发展，人人以公共交通为首选出行方式的社会环境。

实施"无障碍"工程，新建交通设施必须按照国家和本市有关规范标准进行建设，2008年前逐步对现有交通设施进行无障碍改造。公共客运逐步推行无障碍服务。

第十章　改革交通体制，加强交通法制建设

10.1　改革投融资体制与经营管理体制

深化投融资体制改革的基本目标是：充分发挥政府主导作用，调动社会投资积极性，改革政府投资运作方式，合理界定政府投资职能，落实企业投资自主权，实现政府宏观调控与监督下的多元化投融资体系。

（1）2010年前，首先以轨道交通和高速公路投融资体制改革为突破口，放开市场，"引进增量，盘活存量"，搭建交通基础设施投融资平台。

采取BOT、TOT、PPP、BT等多种投融资方式，建立投资回报机制，鼓励国内外企业和财团投资，充分利用资本市场筹措交通发展资金。

（2）推行交通设施建设和运营服务特许经营制度。在政府扶持与监管下，积极推进收费道路、停车设施、交通枢纽、城市客运及货物运输经营的市场化运作，实施特许经营，打破行业垄断，形成有效竞争格局。政府投资的建设项目实行代建制，通过公开招标选择项目法人。

（3）进一步深化交通建设和运营企业改革，剥离企业承担的政府职能，企业按市场规律自主经营，以契约形式维系投资、建设与经营主体之间的关系，实现政企分开，产权明晰的经营管理机制。建立市场诚信体系，对所有进入交通设施投资建设、经营与服务市场的主体实行资质和信用考核制度，维护交通建设与经营市场正常秩序。

（4）政府对公益性服务为主的交通经营企业给予政策扶持，并对服务价格与服务质量严格管理。

10.2 改革交通设施建设与养护管理体制

建立责权分明、分工合作、高效运转的市、区（县）两级交通设施建设体制和市、区（县）、乡（镇）三级交通设施养护体制，提高交通设施建设与养护水平，确保交通系统的正常运行。

交通设施建设与养护工程通过市场招标，实行市场化运作，提高工程质量和投资效益。

逐步增加交通设施养护资金投入，明确资金分担和管理职责，确保养护资金按国家标准金额到位，养护工作到位，道路、桥梁及其它附属构筑物完好率全部达标。2010 年中心城道路养护资金由 2003 年的 1.4 亿元/年增加到 6.5 亿元/年。2010 年，全市公路养护资金投入达到 10.7 亿元/年。

10.3 推进价格与收费体制改革

以各类交通设施使用的社会总成本和社会承受能力核算为基础，以交通需求管理政策为指导，建立统筹协调的交通服务价格体系。逐步理顺公共客运、道路通行和停车收费的价格体系，建立合理的服务收费比价关系。以价格杠杆调节供需平衡，既满足不同服务水平档次的交通需求，也有助于提高既有交通设施资源的有效利用率。

建立高速公路联网收费系统，改革高速公路收费办法，提高高速公路运行效率和经营效益。

调整路内与路外停车设施服务价格，充分发挥停车服务价格对供求关系调节作用。

全面推进交通服务"一卡通"收费系统建设，先行实施公共客运系统（城市轨道交通、公共汽车、出租车）的"一卡通"，再扩大到停车等领域。

以"一卡通"实施为契机，改革交通补贴办法，实行公交通勤优惠票价，适时替代公交月票。

10.4 加强交通法制建设

完善法规体系，充分运用法治手段规范交通规划、建设、运营、管理与服务工作。

制订《北京市公共交通条例》、《北京市道路条例》、《北京市轨道交通运营安全办法》、《北京市公共停车场管理办法》等地方性法规和政府规章；修订《北京市出租汽车管理条例》、《北京市道路运输管理条例》、《北京市交通安全责任制暂行规定》、《北京市城市道路桥梁管理暂行办法》等地方性法规和政府规章。

根据北京交通建设与管理的需要，加强各类道路交通设施标准、规范的研究、编制和实施工作。

建立交通规划、建设、运营、管理与服务相协调的综合决策机制，完善专家咨询和社会公示制度。重大交通政策及交通规划的制定要经专家充分论证，必要时举行听证会，听取社会公众意见。

014

北京市"十一五"时期交通发展规划

2006 年 11 月 23 日

前　言

"十一五"时期,是全面建设小康社会承前启后的关键时期,"十一五"规划是党的十六大提出全面建设小康社会后编制的第一个五年规划,是按照科学发展观要求编制的第一个五年规划。为了更好地指导"十一五"时期交通发展,支持《北京城市总体规划 2004—2020》的实施,实现《北京交通发展纲要 2004—2020》的近期目标,按照市政府的统一部署,北京市交通委员会会同北京市发展和改革委员会编制完成了《北京"十一五"时期交通发展规划》。

《北京"十一五"时期交通发展规划》包括轨道交通建设规划、公共(电)汽车客运系统建设规划、城市道路建设规划、公路建设规划、城市道路与公路养护规划、公路运输规划、停车设施规划、交通管理规划、交通科技规划、民航规划和铁路规划 11 个子规划。

规划实施期限:2006—2010 年。

一、"十五"期间交通发展概况

(一)总体评价

"十五"期间,北京经济社会现代化、城市化及机动化同时步入一个新的快速发展期,为交通事业实现跨越式发展提供了机遇和条件。同时,交通需求的持续高速增长,使交通发展仍面临十分严峻的挑战。

"十五"期间,北京市机动车保有量平均年递增 11.4%,五年内新增机动车 108 万辆,机动车保有量达到 259 万辆,其中私人小汽车达到 130 万辆。

全市居民日出行量迅速增长,平均年递增 4%,2005 年底已达到 2830 万人次/日(不含步行出行量);中心城地区道路全日交通量近 3 年增长更为迅猛,累计增加 43.5%,平均年递增 12.8%,市区机动车出行总量已达到 415 万车次/日。

"十五"期间,城市交通基础设施建设规模达到前所未有的水平。累计完成投资 1052 亿元,为同期 GDP 总额的 5.6%(其中地方投资 880 亿元)。持续的高投入使城市交通基础设施得到飞速发展。在不断扩充交通设施供给规模的同时,

"十五"期间通过内涵改造,挖掘既有设施潜力,提高交通综合体系运行管理水平,加大综合治理力度,市区路网高峰小时承载能力提高了35%左右。城市公共客运能力与服务水平有所提高,公共交通承担的出行比例由"九五"期末的26.5%上升到"十五"期末的28.1%。

总体上看,"十五"期间,交通设施建设基本满足了这一期间迅猛增长的交通需求,中心城交通拥堵加剧的势头基本得到遏制,局部地区有所缓解,但交通拥堵的形势依然严峻。中心城主要干道高峰小时平均负荷度由五年前的0.86上升到0.9;高峰小时五环路以内平均出行时间约为58分钟,与五年前相比变化不大。中心地区道路通行状况相对平稳,中心城边缘地区道路负荷上升较快,呈现堵点外移的趋势。

当前城市交通的紧张局面是城市快速发展进程中多重矛盾的集中反映,城市交通发展始终伴随着城市空间结构和功能布局的调整、城市经济发展与产业结构调整以及机动化发展进程,交通拥堵状况的根本缓解将是一个长期的过程。

(二)"十五"交通发展计划执行情况

"十五"期间,交通基础设施建设和客、货运输量均取得较大增长,交通各领域、各行业基本实现了"十五"计划目标。

1. 交通基础设施建设

五年内新增轨道交通线路60公里,轨道交通运营里程达到114公里,比"九五"末期增长111.1%;开工建设地铁5号线、10号线一期(含奥运支线)、4号线和机场轨道交通线,在建轨道交通新线115公里。

2005年,城八区城市道路通车里程达到4073公里,五年新增道路长度449公里,比"九五"末期增长12.4%,其中城市快速路通车里程达到239公里,实现规划里程80%以上。市域公路网总里程达到14696公里,新增1096公里,比"九五"末期增长8.0%;其中高速公路总里程达到548公里,新增280公里,比"九五"末期增长一倍。

2. 客货运输

2005年,轨道交通客运量达到6.8亿人次,比"九五"末增长56.6%。公共电汽车运营车辆数达到18503辆,运营线路达到593条,年客运量45亿人次,分别比"九五"末增长83.5%、39.5%和28.9%。出租车车辆总数达到6.66万辆,"十五"期间更新老旧车辆4万辆,年客运量达到6.5亿人次。省际客运已基本形成以北京为中心,以高速公路、高等级路为主干线的辐射全国的长途客运网络。"十五"末省际客运线路790条,日均发班2267班次,年省际客运量达到2261万人次。"十五"末全社会货运量达到3亿吨,货运周转量85.49亿吨,分别比"九五"末增长7.1%和3.4%;其中营业性货运量达到1.72亿吨,货物周转量69.68亿吨,道路营业性货运车辆12.39万辆。

3. 汽车维修行业

2005 年，全市共有汽车维修营业户 6800 户，维修量 616 万辆次，分别比"九五"末增长了 40.9％和 113.8％。一个以一类汽车维修企业为骨干，二类汽车维修企业为基础，三类汽车维修企业为补充的维修服务市场格局基本形成。

4. 交通管理

"十五"期间，通过科技手段的应用，初步建成了以"两大系统、八个项目"为核心的智能化交通管理体系，极大增强了交通管理能力。交通信号、标志标线、交通安全防护设施建设及交通法规宣传教育取得长足进展，道路交通秩序及安全状况不断改善，万车事故死亡率已下降至 5.87。

（三）"十五"期间北京交通存在的主要问题

"十五"期间公交投资比重比"九五"有所提高，但公交系统薄弱的局面依然没有得到根本改善。"八五"期间公交投资比重约为 29％；"九五"期间公交投资比重约为 18％；"十五"期间公交投资比重约为 27％。

路网结构不合理的状况仍然存在，道路建设仍然以高等级道路为主，县乡道路以及城市道路中微循环系统建设依然不足。

运输系统运营组织管理不完善，各种运输方式之间缺乏整合，衔接换乘不顺畅。

交通规划、建设、运营、管理及服务缺乏整合，存在重建轻管、重建轻养问题。

（四）"十五"期间交通发展经验

（1）必须坚持"城乡统筹、适度超前、标本兼治、建管并举"的方针，综合治理交通拥堵

"十五"期间，市政府正式颁布了《北京交通发展纲要》（2004—2020 年），明确了今后一段时期交通发展目标、战略任务、基本政策和近期行动计划。把缓解交通拥堵作为全市中心工作之一，分阶段治理，积小胜为大胜，既"治标"也"治本"，以"治标"为"治本"赢得时间。在加强完善快速干道系统和轨道线网建设、优化交通结构的同时，实施了 1000 余项投资小、见效快的交通"疏堵工程"，使局部点段通行能力提高 15～25％，有效缓解了中心城交通拥堵。

（2）必须坚持交通与城市布局协调发展

"十五"期间，城市建设规模不断扩大，每年竣工的建筑面积 3000 万平方米以上，其中 85％左右集中在中心城。中心城功能的过度聚集和土地的超强度开发导致人口与就业岗位的高度集中，由此带来了交通出行的高度集中。

边缘集团和新城的建设虽在一定程度上疏解了市中心城的人口压力，但由于功能配套不完善，居住与就业比例失衡，因而未能有效疏解中心城交通压力，向心交通有所加剧，出行距离也明显加大。市中心交通未得到根本缓解，同时一些

放射线也出现严重交通拥堵。

交通基础设施建设与城市交通结构优化调整滞后于城市发展，难以满足城市空间结构和功能布局优化调整的需要，在客观上又助长了中心城超强度开发和无序蔓延扩展的趋势，进一步加剧了中心城的交通拥堵。

（3）必须坚持公交优先，把改善交通出行结构作为重要战略任务

"十五"期间公共交通投资比重虽比"九五"有所提高，但公交系统薄弱的局面依然没有得到根本改善。公交在出行中所占比例由"九五"末的 26.5％ 增长到"十五"末的 28.1％，与世界同等规模的大城市相比，总体水平仍有相当距离。

更为值得重视的是，小汽车进入家庭步伐加快，小汽车在日常通勤出行中的使用率远远高于发达国家一些大城市的水平，市区全日小汽车出行方式比重由 2000 年的 23.2％ 迅速上升到 2005 年的 29.3％。

尽快确立公共交通在城市交通中的主导地位，是缓解北京城市交通拥堵的根本措施。要进一步提高公共交通投资比重，在规划、建设、运营管理和服务等各个环节为公共交通发展提供优先条件。

（4）必须坚持外延增加和内涵挖潜并举的发展模式，提高既有设施的使用效率

"十五"期间，交通发展主要着眼于外延增长，城市道路网络和公交线网均得到了较大规模扩充，但结构不合理、系统资源未得到充分发挥的状况仍然突出。例如：道路微循环系统严重不足，市区交通过度依赖快速路和主干道系统，降低了系统的整体运行效率。另外，城市轨道交通与公共电汽车系统衔接匹配不够，运输组织不够协调，同样影响整体服务水平的发挥。为此，要在加快交通基础设施建设的同时，优化系统结构，重视既有设施的挖潜改造。

二、"十一五"交通发展前景分析

"十一五"期间，北京将全面实现"新北京、新奥运"战略目标，经济社会现代化、城市化和交通机动化三大发展进程依然是城市交通发展的外部条件，而交通战略模式与政策的选择将是决定交通发展走势的内在因素。

"十一五"期间，北京市将进一步优化调整产业结构，继续保持社会经济高速增长，2010 年地区社会生产总值将达到 11500 亿元，按现价计算人均 GDP 将达到 8670 美元。

北京市的城市化水平将进一步提高，预计到 2010 年底将超过 75％，城市总人口将增加到 1600 万人左右。

城市建设用地规模将达到 1620 平方公里。其中，中心城建设用地规模将有可能扩展 70 平方公里左右，达到 780 平方公里，新增各类建筑 1.2 亿平方米，

净增 20%。应该充分估计到城市空间结构与功能布局调整的复杂性和长期性，预计"十一五"期间，中心城功能高度集中的状况难有根本性改变，中心城交通压力仍有可能进一步加剧。

预计到 2010 年，全市人员出行总量将达到 3500～4000 万人次/日，中心城出行总量 2300 万人次/日，平均出行距离将从 8 公里增长到 10 公里左右。

预计到 2010 年，全市机动车保有量将可能超过 350 万辆，市区机动车出行总量 540 万车次/日；市区道路网高峰小时负荷量为 516 万车公里；全市道路货物运输量约为 4.5 亿吨/年。

城市布局调整及出行结构的改善将是决定"十一五"期间交通发展前景的两大关键，如果能在这两方面取得突破性进展，同时加大综合治理力度，全面落实公交优先，预计 2010 年城市交通在总体上能够维持供需基本平衡。

（一）挑战

疏解中心城功能难

控制中心城建设和人口规模任务艰巨，新城建设需要一个相当长的过程。按照北京中心城控制性详细规划，中心城规划用地 1088 平方公里中，城市建设用地 713 平方公里，规划建设用地 782 平方公里。现状建筑面积 5.8 亿平方米，规划建筑面积 7.0 亿平方米，还要新增 1.2 亿平方米。中心城功能高度集聚状况短期内难以改变，持续高强度开发还会加剧交通压力。

北京市这样单强中心发展模式，造成中心城功能过度聚集，城市人口与就业岗位高度集中。近年来未能给予边缘集团和郊区卫星城的开发建设以充分的交通支持，城市中心区功能、就业岗位和人口疏解进行缓慢。如果不能对中心城功能进行成功的疏解，交通状况很难从根本上得到改善。

调整交通出行结构难

随着北京市经济的发展，机动车保有量也随之迅猛增长，小汽车在出行中所占的比例由 2000 年的 23.2% 增长到 2005 年的 29.3%。北京是一个快速发展中的特大城市，以小汽车出行为主导的交通模式难以满足城市发展的需要。从城市可持续发展的要求出发，按照公平和效率的原则，必须合理分配和使用交通设施资源，在规划、投资、建设、运营和服务等各个环节，为公共交通发展提供优先条件。

受产业政策、首都特殊环境制约，难以出台限制小汽车拥有和使用管理政策，小汽车将在出行中占较高比例；另一方面，轨道交通建设投资大、周期长，地面公交优先实施中矛盾较大，实现 2010 年公交出行比例 40% 的目标任务艰巨。

（二）发展目标

2010 年之前，初步建成交通设施功能结构较为完善，承载能力明显提高，运营管理水平先进,基本适应日益增长交通需求的"新北京交通体系"框架,初步形成中心城、市域和城际交通一体化新格局,市区交通拥堵状况有所缓解,为全面实现"新北京、新奥运"战略构想提供支持。

2010 年,北京交通发展的具体指标是:公共交通承担全日出行量的 40%;城市干道高峰小时平均行程车速达到 20 公里/小时以上;五环路内 85% 的通勤出行时耗不超过 50 分钟;边缘集团到达市中心区的出行时间在 1 小时以内;最远的郊区新城到中心城的出行时间不超过 2 小时;北京与周边地区主要中心城市的陆路运输行程时耗在 3 小时内。

2010 年之前,北京的交通建设要在以下几方面取得重大进展:

第一,建成功能完善的综合交通运输网络,道路交通设施总体承载能力与服务水平明显提升。

第二,建成以快速大容量客运交通为骨干、多种方式协调运输的城市公共客运系统,初步建成现代化物流运输系统,城市交通运输结构得到改善。

第三,初步实现智能化交通系统管理,提高交通运行效率与安全水平。

第四,发展"绿色交通",交通环境质量进一步改善。

(三)发展对策

"十一五"时期是交通发展的关键时期,要在《北京城市总体规划(2004—2020 年)》、《北京市国民经济和社会发展第十一个五年规划纲要》及《北京交通发展纲要(2004—2020 年)》的指导下,继续坚持"标本兼治、建管并举"方针,更要加大"治本"力度,坚持"一个控制,一个引导,两个建设,一个加强"的总体发展策略,即控制中心城开发强度,引导小汽车合理使用,建设完善路网系统、建设大容量公共交通,加强交通综合治理。

(1)坚定不移地加快城市空间结构与功能布局调整,严格控制中心城建设规模

全面贯彻实施国务院批准的《北京城市总体规划(2004—2020)》,积极推进城市空间发展战略的实施,加快构建"两轴—两带—多中心"城市空间新格局,严格控制中心城土地开发规模和开发强度,以期逐步缓解中心城交通紧张状况。

(2)引导小汽车合理使用

从城市不同区域交通需求和可能提供的交通资源实际状况出发,实施因地制宜的交通供给与管理政策。

对小汽车交通在行驶区域、行驶时段以及停车服务等方面实行差别化调控管理,保持汽车交通量与道路容量协调匹配增长,确保中心城道路系统维持适当的服务水平。

为不同区域制定不同的停车设施配建标准和停车价格,以"静"制"动",通过对静态交通(停车)的控制管理,调节动态交通负荷,缓解道路供需

矛盾。

（3）建设以公共运输为主导的综合运输体系

从投资、规划、建设以及道路资源使用分配上全面向公共交通倾斜，全面推进现代化公共客运系统建设，加快确立其在城市客运中的主体地位。"十一五"期间，力争把公共客运建设投资占交通基础设施总投资比重提升到40％以上，加快城市轨道交通、大容量快速公交（BRT）及换乘枢纽建设，更新车辆，优化线网，提高公共交通服务水平，以确保实现公交承担40％日常出行量的预期目标。

（4）建设完善路网系统

中心城加快快速路、主干路系统的建设，同时加快次干路和微循环系统建设，尽快形成结构合理、畅达的路网体系；新城建设要严格按照控制性详细规划确定的交通建设目标实施；加快高速公路网建设和郊区公路提级改造，实现城乡和区域交通一体化。

（5）加强交通综合管理

加强交通流量、流向监测，优化路网交通流组织，加强秩序管理；加快智能交通建设，整合信息资源，提高交通系统运行效率；加强各运输方式的整合，建立高效的综合运输服务体系；加强交通设施养护和管理，确保交通设施运行安全畅通；清理整顿占道停车、非法占道，改善交通运行环境；加强公众现代交通意识教育，改善交通运行秩序。

三、"十一五"时期主要任务和重点项目

（一）轨道交通建设

在符合总体规划的前提下，以支持城市空间结构与功能布局调整，改善城市交通结构，确立公共交通的主体地位为目标，以建设合理、完善、安全的轨道交通客运网络为手段，为提高城市公共交通系统的效率，为建设节约型可持续发展的公共交通系统作出应有的贡献。

2008年之前，市区轨道交通建设以改善中心区交通，满足奥运交通需求为重点，为旧城保护提供条件；市郊轨道交通建设要开始启动，支持近期重点开发建设的几座新城，改善新城与中心城之间的交通联系。2008年之后，轨道交通建设战略重点有所调整，将以改善中心城交通和引导郊区新城发展并举，全面改善城市客运交通结构，提高城市居民出行质量，使城市交通紧张状况得到根本缓解。

到2010年，地铁4号线、5号线、10号线一期、奥运支线、首都机场轨道交通线全面建成投入运营，同时力争建成地铁9号线、10号线二期和亦庄轻轨线，运营总里程力争达到270公里以上。同时，与铁路部门合作，积极推动市郊

铁路建设进程，充分利用国铁资源，加快市郊铁路建设，拟从规划的五路至门头沟（S1）、北京南站至良乡（S5）、北京北站至昌平（S2）等线路中选择具备条件的 1～2 条开工建设。

此外，为消除安全隐患，提高既有线路运营效率，改善服务水平，将对 1 号线及 2 号线进行技术改造，并继续更新老旧车辆。建设票务结算中心和调度指挥中心。

图 1 北京市轨道交通"十一五"建设规划示意图（略）

（二）公共（电）汽车客运系统建设

根据发展目标和将来需要承担的客运需求，确定公共交通系统近期发展规模。考虑到旧城区、市区和市域不同的发展政策，同时兼顾公共交通多种综合的系统构成，制定能够满足居民出行需求、提供高质量服务水平的公共交通发展规模。

到 2010 年，中心城公共客运系统承担全日出行量比例达到 40％以上，客运量达到 1800～2100 万人次/日，其中轨道交通承担 500～600 万人次/日，地面公交承担 1300～1500 万人次/日。匹配的总运力规模达到 4.47 亿人公里/日。其中轨道交通占 1.33 亿人公里/日，地面公交占 3.14 亿人公里/日。

"十一五"期间，公共电汽车发展的主要任务是：

1. 全面推进 IC 卡，改革公交票制票价。

2. 增加运力，更新车辆，改善乘车条件。到 2010 年公共电汽车车辆总数达到 19000～21000 辆，其中空调车比例达到 63％以上，新增和更新的车辆全部达到欧Ⅲ以上尾气排放标准。

3. 建设智能化区域调度及乘客信息服务系统。

4. 完善中心城线网结构，优化调整线路，扩大中心城边缘地区公交线网覆盖率，提高中心地区支线网密度；建设郊区新城公交线网，初步形成市中心区、边缘集团、郊区新城和中心镇三级公共电汽车运营网络。

5. 加速推进农村客运网络化建设，实现全部行政村通公共汽车。

6. 改善换乘条件，建设一批综合客运枢纽和中心站。

7. 加快大容量快速公交系统（BRT）建设，继南中轴 BRT 通车之后，继续完成安立路、阜石路和朝阳路的 BRT 建设，营运里程达到 40 公里以上。同时，公交优先车道总里程扩大到 300 公里以上。

（三）城市道路建设

"十一五"期间，北京城市交通基础设施建设的总体思路及目标是：适应北京经济、社会及城市发展的需要，突出城市功能与特点，满足申办 2008 年奥运会和发展高科技信息产业的要求，继续加大投资力度，加快城市交通基础设施的建设。根据社会主义市场经济的要求，进一步加快投融资体制改革步伐，逐步实现交通基础设施企业化运作，为城市交通基础设施的健康发展创造良好条件。

"十一五"期间继续加大中心城道路建设投资力度，完善路网功能结构，重点抓好两头：加快建设快速道路系统，为进出中心城和中心城内中长距离交通提供通畅的出行条件；同时要大力扩充支路和"微循环"系统，提高路网的集散能力和交通可达性。

1. 快速路系统

中心城和新城之间以及中心城连接国道对外放射干线全部实现快速交通。同时，对中心城快速环路主要拥堵节点实行技术改造，提高网络整体通行效率。到2010年中心城快速道路总里程达到280公里以上。

图2-1　北京市快速路"十一五"建设规划示意图（略）

2. 主干路系统

"十一五"期间主干道建设主要工作是要优化路网的空间布局，增加南北贯通干道，加强东部发展带以及边缘集团与中心城的交通联系。同时，要着重解决中关村科技园区、中央商务区以及奥林匹克公园等重点建设地区的道路交通拥堵，全面实现这些地区道路交通现代化的目标。

主要道路工程包括：安立路、万寿路、大屯路、北苑路等城市主干道。"十一五"期间，主干路建设里程约208公里（不含奥运场馆周边道路）。

图2-2　北京市主干路及奥运道路"十一五"建设规划示意图（略）

3. 奥运场馆周边道路

建成59条奥运场馆周边道路，满足2008年奥运会需要。

4. 城市微循环道路系统

加快微循环系统的建设，提高中心城路网的集散能力和可达性。"十一五"期间，建设次干路、支路约300公里（不含奥运场馆周边道路）。

（四）公路建设

为实现建立现代一体化综合交通体系的战略目标，"十一五"期间要继续加快北京市域内国道主干线、国道、市道以及县乡公路建设，进一步优化北京市路网，实现市域公路网与国家干线公路网及周边地区城际公路网衔接匹配，强化北京公路主枢纽功能，为京津冀环渤海经济区统筹协调发展和市域城乡统筹协调发展提供有力交通支持。到2010年，市域公路累计达到16000公里。

1. 重点建设项目安排

高速公路

到2010年，建成京津第二通道、机场北线、机场南线、京承高速公路（北京段）、京平高速公路、京包高速公路（北京段）和六环路等项目，高速公路通车总里程达到900公里。

国道

除高速公路外,对 103、107、108、109、110 和 111 等六条国道进行提级改造。

市道

市道建设主要任务是完成北京市主要专项公路通道的建设,重点完成大件路、京良路、温南路等项目。

图 3　北京市公路"十一五"建设规划示意图(略)

县乡公路

"十一五",县乡公路建设重点完成新城间和县域内城镇间公路通道建设。继续加快农村公路建设。县道系统平原地区实现以二级公路为主,山区以三级公路为主;乡道系统平原地区实现以三级公路为主,山区以四级公路为主。

2. 治理超载超限

"十一五"期间,建设治超和综合检查站是治理超载超限工作的实施重点。综合检查站涵盖治超、交管、治安、运政、路政、动检、林业、环保等 8 种职能。

本着以现有站点为基础、固定与流动相结合、统筹平衡、合理布局、优化配置、规范管理的原则,全市共设治超及综合检查站点 47 处,其中在现有道路上新改扩建综合检查站 35 处,与规划道路结合设置的综合检查站 12 处,高速公路 10 处,一级公路 14 处。到 2010 年,将在北京外围形成一个结构合理、层次分明的综合检查站网络,成为北京市陆路口岸公共安全的强有力屏障。

3. 国防公路建设

"十一五"期间,按照平战结合、军地一体的原则,努力改善战时交通条件,完善交通网路布局、线路走向。对具有重大军事意义的项目优先安排,加大投资力度。一是贯彻国防要求,制定交通基础设施技术规范和标准。二是在铁路、高速公路、城市交通、机场、通信干线等项目中落实国防要求,增强国防功能,加强作战机动道路、部队进出口道路建设。

4. "村村通"工程

2005 年末已全部完成行政村通油路,并在怀柔、密云等 6 个区县实施了 43 个自然村通油路工程。"十一五"期间继续实施通自然村及村内街坊路硬化工程。

(五)城市道路与公路养护

继续贯彻"建养并重"的原则,加大道路与公路养护资金投入,并继续改革和完善道路与公路检测、养护体制,全面提高既有设施完好率及运行效率。

1. 城市道路养护

"十一五"期间,将在城市道路养护工作中继续加大力度,2008 年之前,对奥运公园等 10 个中心区奥运场馆常备路线和运动路线进行重点养护,提高城市道路完好率,确保奥运会前车行道完好率达到 80％以上(奥运常备路线 95％以上,周边路线 90％,其他路线 80％),B 级以上(含 B 级)桥梁达到 80％。2008—2010 年继续维持较高的养护力度,使道路各项指标维持在奥运会前的良好水平。

2. 公路养护

"十一五"期间,随着公路里程的增加,建成道路设计年限的临近,养护工作的任务将更加艰巨,同时奥运会的举办将对养护工作提出更高的要求。为此,继续加大公路养护力度,修复高速公路和主要国道及大部分临近设计年限、强度不足的破损道路,将使道路状况大为好转,在 2008 年前达到公路路况 PCI 值85,好路率 85％的良好水平。2008—2010 年继续维持较高的养护力度,为支持北京市社会经济持续发展提供一个安全、环保、舒适、和谐、耐久的交通环境。

(六)公路运输

1. 公路客运

(1)建立满足城乡经济一体化发展的便捷的客运交通服务网络,初步实现市域范围内城乡公路运输一体化。

(2)统筹城乡客运发展,在中心城区与新城之间建立公共客运通道,在平原地区推行公交化班车客运,山区发展乡镇到行政村、自然村的短途客运线路,完善新城、中心镇的客运站场以及行政村候车亭,初步形成多层次、具备较好集散和换乘能力、衔接城乡的便利客运网络,满足广大群众的出行需要。

(3)初步实现京、津、冀北经济区重点客运站和国内经济发达地区大城市客运站间联网售票和公众信息服务共享平台。

"十一五"期间建设四惠、一亩园、宋家庄、北太平庄、北京西客站等综合客运枢纽。

图 4　北京市客运枢纽"十一五"建设规划示意图(略)

2. 公路货运

(1)初步建立干线快速运输、站场集散与市内配送有效衔接的道路货运服务体系,危险货物、大型物件和专用运输逐步实现专业化经营。

(2)逐步提高货运市场主体规模化、货运车辆专用化、货运经营集约化组织化和货运交易信息化程度,专用车辆运输能力所占比重力争由 10％上升到 15％,爆炸、剧毒、易燃、放射性等危险货物运输车辆 100％安装 GPS 和行车记录仪。

(3)重新规划的货运主枢纽站场基本退出四环路以内区域。

(4)推进京津冀经济区域政府及企业间的物流服务合作,逐步实现物流资源整合与信息共享。

"十一五"期间,将建设马驹桥、阎村等货运枢纽,同时着手八达岭、孙村等一批货运枢纽建设的前期工作。

3. 旅游客运

建立以旅游集散中心为主导的布局合理、功能完善的旅游散客运输网络体系；形成以旅游包车为基础，以市域内和城际旅游班线、城市观光环线为补充的旅游客运服务格局。提高旅游运输组织、服务功能和服务水平，达到奥运会交通服务的标准。到 2010 年，旅游客车总量控制指标为 5600～5800 辆，开通境内旅游班线 25 条、省际旅游班线 10 条，年客运量预期指标为 9000 万人次。加快人力三轮车行业向旅游业转化，除保留实行特许经营的胡同游览人力客运三轮车外，其它车辆逐步退出市区道路。

图 5　北京市货运枢纽"十一五"建设规划示意图（略）

4. 汽车维修业

（1）基本实现汽车维修业供需动态平衡，供需比例达到 1.4：1，预计每千辆车维修网点配备率为 2.8。

（2）基本建立起品牌连锁和网络化维修服务网络，品牌连锁经营站点占专项维修企业的比重预计由 2003 年的 6％上升到 10％。

（3）调整和完善现有汽车维修网点布局及其业态构成，初步形成汽车维修服务园区、汽车维修服务街区和社区汽车维修服务网点三级汽车维修服务体系。

（4）全面推行 I/M 制度，预计质保期内返修率小于或等于 2.5％，汽车大修、二级维护的上线检测一次合格率不低于 96％。

（5）基本建立起覆盖本市市域干线公路和京津冀经济区域内国道主干线的汽车维修救援服务网络。

5. 汽车租赁业

（1）完善政策法规，创造良好经营环境，鼓励企业规模化网络化经营，力争在 2010 年将北京汽车租赁业建设成为市场集中度较高、运营模式多样化、营业网点布局合理、服务水平高、运行安全高效、充分满足市场需求的具有国内领先地位的行业。

（2）可供租赁汽车规模预计将达到 3 万辆左右，业户发展到 150 家左右；培育品牌，市场集中度明显提高，形成少数核心企业主导市场的局面。

（3）营业网点布局进一步优化，全市汽车租赁经营站点达到 350 个左右，基本形成覆盖主要交通运输枢纽、核心商务区、旅游饭店、大型居住集中区等的汽车租赁经营站点网络体系，服务规范、标识统一、功能互补，提高车辆租赁的方便性，初步建立京津冀经济区的汽车租赁服务网络，实现异地经营。

（4）建立汽车租赁行业的信息化网络平台和行业信用信息体系，行业计算机网络化管理普及率达到 80％，具有安全监控及导航功能车辆达到 10％，车辆安全技术性能明显提高。

6. 出租汽车

继续实施出租汽车总量控制政策，即严格控制在现有 6.66 万辆水平之内，并按安全、环保、服务要求逐步提高车辆档次，满足首都的实际需要。

修订《北京市出租汽车管理条例》，进一步完善特许经营制度，完善市场准入与退出机制，完善企业和驾驶员的利益分配和驾驶员权益保护机制，建立租价与油价联动调整机制，全面启动出租汽车素质工程建设，促进出租汽车行业的稳定、持续发展。加快出租车智能调度和乘客信息服务系统建设，减少空驶，改善运行服务水平。

（七）停车设施

"十一五"期间实行停车车位差别化供给，以价格杠杆为主调节停车需求，加强停车秩序管理，"以静制动"，市区基本停车位"一车一位"，加快公共停车设施建设，社会公共停车位达到小汽车保有量的 10％以上，停车秩序明显改善，初步实现市区特别是中心区的动静态交通基本平衡。

通过政府引导，市场运作，面向拥车与用车两方面的车位缺额，按照差别化供给的原则，分区、分类修订停车配建指标；严格控制中心区停车泊位总量，中心城外围地区增加停车泊位供给；推进停车设施建设与运营的产业化，加快公共停车设施的建设步伐；提高中心城（尤其是四环以内地区）停车收费标准，分类、分时调整停车收费标准；依法加强政府监管，建立健全停车法规和管理体制，整治占道停车秩序；制定停车信息化建设的规划和标准，在重点地区和大型商场、医院、公园、综合交通枢纽等推广建设停车诱导系统，逐步建成综合管理信息平台。近期重点建设中关村、CBD、奥运公园、大型商场等地区停车诱导系统。

2010 年以前，原则上通过配建指标修订，新建住宅和公共建筑停车泊位不欠新帐，对目前的 22 万个车位缺口采取补建和挖潜相结合的方式弥补，重点解决夜间驻车泊位和停车换乘（P&R）泊位。

（八）交通管理

建成与首都经济和社会发展水平相适应，与北京城市总体规划和"新北京交通体系"相协调，与举办一届"有特色、高水平"奥运会交通保卫工作相匹配，应用现代科学技术，体现现代管理理念的智能化公安交通管理体系，使北京交通管理基本实现现代化、科学化，走在世界先进行列。

建立和完善"六大体系"，即：系统化的交通组织管理体系、智能化的交通科技体系、社会化的交通安全防范体系、现代化的交通应急处突体系、规范化的交通执法办案体系、正规化的交警队伍保障体系。

进一步完善道路交通管理设施，科学设置交通标志和道路划线，提高交通设施使用效率。加强交通管理法制化和市民现代化交通意识教育，整顿道路交通秩序，治理交通安全隐患，提高交通安全水平。

（九）交通科技

按照交通部、建设部、北京市有关交通科技信息化工作文件精神和工作部署，结合当前北京市的实际，从科技化和信息化两方面着手，针对交通热点、难点问题，以交通体制创新和科技创新为动力，以项目建设为核心推动科技信息化工作，引导带动行业科技信息化进步，全面提升交通运输管理和服务水平。总体目标如下：

1. 初步建成比较完善的电子政务系统

围绕政府职能转变，突出服务，提高决策、管理和应急能力，以电子政务系统建设为主线，通过政务信息化带动行业信息化。

2. 加快智能交通系统建设

按照智能交通系统总体规划，加快建设道路交通信号控制、停车诱导、出行信息服务、运输智能调度、道路不停车收费、信息服务、等先进智能交通应用系统。

3. 利用各种科技手段，提升交通基础设施建设和养护质量，实现绿色交通。

应用新工艺、新技术、新材料提高交通基础设施建设质量和养护水平；在主要客运、货运领域，以材料、安全、设备为重点，加大科技应用，实现洁净运输和绿色交通。

（十）民航

完成首都机场的扩建任务，完成第二机场选址前期工作并开工建设。到2010年，首都机场通航城市将增至200多个（国内、国际各100多个），覆盖全国（除台湾省）所有的省会、自治区首府、直辖市、重要的开放城市和旅游城市，以及重要的国际空港城市。定期航班航线250多条，使用北京机场的航空公司将达到70多个。到2010年，首都机场将具备年旅客吞吐6000万人次、货邮180万吨、起降50万架次（高峰小时124架次）的能力。

（十一）铁路

1. 扩建和改造北京铁路枢纽

扩充北京铁路枢纽的客货运输集散能力。改建北京北站和北京南站，修建北京站与北京西站之间的地下直径线。

2. 铁路道口平改立

对五环路内运营线上的64处道口，考虑实施的可能性，计划"十一五"期间，重点选择交通繁忙的27处平交道口进行"平改立"，每年实施大约4～5处。五环路以外的平交道口共有221处。拟在"十一五"期间，对公交车通过、旅游景点、新开发建设的小区、中小学校附近等道口进行优先改造，分期分批完成改造。

北京市综合交通体系发展规划[①]

交通发展目标与战略任务

与国家首都和现代国际城市功能相匹配，建设可持续发展、以人为本和动态满足交通需求的，以公共交通为主导的高标准、现代化综合交通体系，引导城市空间结构调整和功能布局的优化，促进区域交通协调发展，支持经济繁荣和社会进步。以"高效便捷、公平有序、安全舒适、节能环保"为发展方向，2020年，交通结构趋于合理，公共交通成为主导客运方式，出行的选择性增强，出行效率提高，交通拥堵状况得到缓解和改善，交通发展步入良性循环。

（1）交通发展战略的核心是全面落实公共交通优先政策，大幅提升公共交通的吸引力，实施区域差别化的交通政策，引导小汽车合理使用，扭转交通结构逐步恶化的趋势，使公共交通成为城市主导交通方式。

（2）突出交通先导政策。根据"两轴—两带—多中心"的城市空间结构，加大发展带的交通引导力度，积极推动东部发展带综合交通运输走廊的建设，构筑以轨道交通、高速公路以及交通枢纽为主体的交通支撑体系。

（3）优化完善中心城路网体系，全面整合既有交通设施资源，挖掘现有设施潜力，大幅度提高现有道路的通行能力。加大路网密度，完善路网"微循环"系统，提高资源使用效率。合理确定中心城的土地开发强度与建设规模，改善中心城交通状况。

交通发展指标

预计2020年，全市民用机动车拥有量达到500万辆左右，全市出行总量将达到5200万～5500万人次/日。中心城公共交通出行占客运出行总量的比例，由2000年的27％，提高到50％以上，其中轨道交通及地面快速公交承担的比重占公共交通的50％以上。

交通发展策略

（1）发挥交通对城市空间结构调整的带动和引导作用，根据城市总体布局，

---

①摘自《北京城市总体规划（2004年—2020年）》，题目为编者所加。

积极推广以公共交通为导向的城市开发模式（TOD），优先建设联系新城的大运量快速公共客运走廊，依托走廊发展新城。高标准编制新城的道路、公共交通、场站枢纽、交通管理等专项规划。

（2）加强京津冀北区域城市间的联系，促进区域协调发展，统筹考虑区域交通设施的规划、建设和运营。完善区域航空、铁路、公路网络，促进大型交通基础设施区域共享。区域交通运输枢纽布局与城市交通系统良好衔接，实现区域交通与城市交通一体化，引导城市空间与区域空间结构协调发展。

强化京、津之间的交通联系，建设快速交通走廊。加强北京主要出海通道的建设。加强北京市域范围内的货运通道建设。

（3）提高公共交通系统的服务水平。加大政府对公共交通的投资力度，积极吸引社会投资，加速发展轨道交通和地面快速公共交通系统。优先确保各类公共交通设施用地需要，调整优化公共交通网络结构与布局，改善换乘环境，提高换乘效率。给予公交车辆充分的道路优先行驶权，深化公共交通运营和管理机制改革，推行公交运营服务特许经营制度。

（4）加强枢纽建设，实现航空、铁路、公路等对外交通与城市交通之间的顺畅衔接。改善城市各种交通运输方式之间的接驳换乘条件，实现不同交通方式之间运营、组织、票制一体化。

（5）以有效的需求管理政策和手段对小汽车交通的使用实施引导与调节。采取差别化的交通政策，在中心城中心地区特别是旧城，在提高公共交通服务水平的同时，加大对小汽车交通的管理力度。提倡步行交通和自行车交通，积极发展驻车换乘。改革出租汽车运营管理体制，降低出租车空驶率。推进公务用车制度改革。

（6）道路建设的重点逐步由中心城向中心城以外的地区转移，促进和引导新城的发展。中心城道路建设的重点由快速路、主干路逐步向次干路、支路转移，提高道路网整体能力和应变能力。道路建设要为公共交通、步行交通和自行车交通创造良好条件。交通设施充分考虑无障碍设计，保障交通弱势群体应有的交通权利。旧城道路建设要服从历史文化名城保护的要求。

（7）强化道路交通安全，提高道路交通管理水平。提高全民现代交通意识，加大执法力度，建立良好交通秩序，提高交通安全性。向所有交通参与者和管理者提供动态交通信息，提高交通决策和管理的科学性，减少出行的盲目性。

机场

北京首都国际机场是大型的、现代化的、具有国际和国内枢纽双重功能的综合性枢纽机场。继续按计划完成首都国际机场扩建工程。根据城市及区域发展的需要，结合民用航空事业发展的要求，通过加快京津冀北地区的协调，在区域经济联系的主导方向上，选址建设首都第二机场。场址建议选择在北京的东南方向或南部。同时配合选址工作的进展，适时开展与新空港配套的集疏运交通设施建设的规划准备工作。

应与津冀进行沟通与协调，共同对选址方案规划建设用地进行控制和预留。

铁路枢纽

北京铁路枢纽现有京山、京九、京广、京原、丰沙、京包、京通、京承、京秦、大秦线 10 条干线，在既有铁路基础上，规划京沪、京广、京哈客运专线，积极推进京津区域快速铁路的建设。

客运系统按"四主两辅"总体布局，北京站、北京西站、北京南站和北京北站为主要客站，新北京东站（通州）、丰台站为辅助客站，新北京东站（通州）预留发展条件。北京站与北京西站、北京北站与广安门站间以地下直径线连接。

调整铁路货场布局，逐步将大型铁路货场迁出五环路以外。

区域快速铁路

规划和建设作为区域内部高服务水平公共客运交通设施的区域快速铁路交通，加强区域内城市职能中心、城市重点发展地区、大型客运交通枢纽设施之间的联系。规划以北京为中心，以京津为主轴，以石家庄、秦皇岛为两翼的区域快速铁路网构架，覆盖京津冀地区的主要城市，基本形成以北京、天津为中心的"两小时交通圈"。

公路系统

北京市公路网络由国道（主干线）、市道、县道和乡道组成，公路与城市道路的交接点在五环路上。规划全市公路网总里程约为 22000 公里，公路网密度约为 1.34 公里/平方公里，其中，由国、市道系统组成的干线公路网总长度约为 3000 公里。

（1）国道系统是国家公路网和战略性快速通道系统的组成部分，由 3 条国道主干线和 8 条国道组成。

国道主干线有八达岭高速公路、六环路、京沈高速公路（以上三条高速公路共同组成国道主干线丹拉线 G025）、京津塘高速公路（G020）和京石高速公路（G030），规划标准均为高速公路。

国道有京承高速公路（G101）、京哈高速公路（G102）、京济公路（G104、G105）、京开高速公路（G106）、京原公路（G108）、京大公路（G109）、京包公路（G110）和京丰公路（G111），其中京承高速公路、京哈高速公路、京济公路、京开高速公路、京包公路规划为高速公路，京原公路、京大公路、京丰公路规划为一级公路。

（2）市道系统是中心城与新城之间，以及北京与邻近省市之间的主要通道，由1条环线（即五环路）、16条放射线和20条联络线组成。

市道放射线由京承公路、机场高速公路、京平高速公路、京津第二通道4条高速公路和12条一级公路组成。

市道联络线由机场第二通道、机场北线、李天路3条高速公路和17条一级公路组成。

（3）县道和乡道系统是联系新城与重点镇、一般镇之间的地方性道路。原则上县道系统采用二级和二级以上技术标准，乡道系统采用三级或四级公路技术标准。

公路主枢纽系统

（1）公路客运主枢纽。依托公路客运主枢纽系统，积极发展跨省市与铁路、航空相接驳的公路长途旅客运输。北京的公路客运主枢纽体系由9个客运枢纽场站所组成。

（2）公路货运主枢纽。发展专业化、集约化货物运输，依托口岸、航空港、公路及铁路集装箱场站设施以及公路货运主枢纽，构筑北京的物流基地。北京的公路货运主枢纽体系由6个一级枢纽和5个二级主枢纽构成。

公共交通系统

在2020年前初步建成公共交通为主体、轨道交通为骨干、多种运输方式相协调的综合客运交通体系。

（1）轨道交通系统。由地铁、轻轨、市郊铁路等多种方式组成的快速轨道交通网将覆盖中心城范围，并连接外围的通州、顺义、亦庄、大兴、房山、昌平等新城。

2020年建成轨道交通线路19条（中心城线路15条，市郊线路4条），运营线路总里程约570公里。规划并预留轨道交通车辆段30处、停车场20处、大修厂3处。

（2）地面公交客运系统。按快线、普线、支线三级系统进一步完善地面公交线网结构。根据客运枢纽和轨道交通线网的发展，动态调整优化全市公交线网布局。在中心城和新城之间建设快速公交走廊，近期内轨道交通建设困难较大的，在走廊上安排大容量地面快速公交线路。

（3）公交场站。按照保养场、中心站、首末站、到发站四个层次安排公交场站规划用地与建设。中心城规划保养场10座，中心站44处。继续改善首末站和到发站的条件。公交场站设施应与城市的开发和改造同步建设。

（4）公共交通枢纽与换乘。结合轨道交通车站规划，在客流集中的区域建设公共交通枢纽，中心城规划33处，每个重点新城规划2～3处，其它新城规划

1～2处。改善大型道路交叉口、立交桥等处的公交换乘条件，缩小换乘距离。

（5）控制出租汽车总量，提高服务水平，改变运营管理模式，逐步降低出租车的空驶率。在居住区、大型公共建筑、各类交通枢纽等人流集聚的地区，设置出租汽车候客区。

城市道路系统

（1）中心城道路系统仍保持方格网与环路、放射线相结合的布局，路网由快速路、主干路、次干路和支路组成。其中，快速路系统由3条环路、17条放射线及2条环路联络线组成。

中心城规划道路总长度约为4760公里，其中干道网总长度为2610公里；支路比例约为45.2％。道路网密度为4.4公里/平方公里。道路用地率为16.4％。

中心城道路红线规划宽度（不含旧城）：快速路60～80米，主干路40～80米，次干路30～45米，支路20～30米。道路横断面的布置，要为合理组织行人交通、公共交通、机动车与非机动车交通以及公交乘降等创造条件；要为轨道交通、过街设施等预留合适的空间；应尽量保留道路中间及两旁树木，改善城市景观。

快速路与道路网中重要道路相交时采用立体交叉，其它路口一般采用平面交叉。

在完善中心城快速路系统建设的基础上，重点加强次干路、支路和南北向交通主干线的建设。

（2）结合城市结构调整和新城发展，加快外围新城干线道路网络建设，增加东部、北部道路网密度，形成以高速公路和快速路为骨架、级配合理的路网系统。

建立新城与中心城紧密衔接的复合型交通走廊。重点新城规划快速路系统。规划新城道路网密度为5～7公里/平方公里，道路用地率大于20％。

（3）保持旧城路网的棋盘式格局和街巷胡同肌理、空间尺度，调整旧城历史文化保护区内的道路功能、性质和横断面布置，在严格保护旧城内胡同尺度的前提下，实施建设与改造。

停车系统

强化交通需求管理，分区域采用不同的供给标准和收费标准。在中心城中心地区特别是旧城，根据可能提供的停车位，对机动车拥有和使用实行适度控制。在道路资源总体不足的状况下，严格控制路上停车。促进既有停车设施的充分利用。除严格按规定配建停车位之外，中心城规划布置公用停车场200处左右。

为方便换乘、吸引个体交通向公共交通转移，积极发展驻车换乘（P＋R）系统，中心城规划驻车换乘停车场50处左右。在轨道交通及地面公交车站，根据需要就近设置自行车停车处。在停车收费方面实行优惠政策。

步行与自行车交通

步行交通和自行车交通在未来城市交通体系中仍是主要交通方式之一。提倡步行及自行车交通方式,实行步行者优先,为包括交通弱势群体在内的步行者及自行车使用者创造安全、便捷和舒适的交通环境。

规划、建设和政策法规制定中,为行人过街和自行车交通提供方便。应保证步道的有效宽度,中心城内行人过街设施以平面形式为主,立体方式为辅。改善自行车与公共交通的换乘环境。在次干路及以上等级的道路上实现机动车与自行车之间的物理隔离,保障自行车交通安全和通畅。

编制城市步行交通规划、自行车交通规划,并纳入城市综合交通规划。

交通管理系统

强化交通管理系统建设,充分利用高新技术提高道路交通管理水平和道路交通安全水平。注重公共交通、步行和自行车交通的路权分配。提高全民现代化交通意识,实现城市道路交通系统的高效、安全、便捷、舒适和文明,降低交通能耗和污染。

(1)加强交通管理设施建设与交通需求管理。完善道路交通标志、标线、信号灯等交通工程设施,加强基层驻地、分指挥中心以及交通安全宣传教育设施建设。在旧城和中心城中心地区实施强有力的交通需求管理措施,引导小汽车交通的合理使用,鼓励市民使用绿色交通方式出行,削减城市道路交通及环境负荷。

(2)加强交通法规建设,严格执法,制定交通安全发展规划,加强道路交通安全工程建设与交通安全社会宣传力度。

(3)加强交通环境综合治理,全面改善交通环境,做好机动车尾气污染、噪声和震动的防治工作,发展高效、清洁的交通工具。针对机动车增长对环境影响的状况,实行动态监测和环境影响评估。

(4)加强智能交通系统建设与管理。构筑包括公共交通指挥调度、交通诱导、紧急救援管理、交通事故快速勘察等子系统在内的智能交通系统,全面提升交通管理水平。

应急交通

提高交通设施自身的抗灾能力和可靠性,结合城市减灾的相关要求,建立应急交通组织机制,制定应急状态下的交通组织方案,整体提高北京城市交通系统的应急能力。

充分考虑特殊交通运输的需要,完善交通体系,保障城市交通系统运行的可靠性和效率。

天津市综合交通"十一五"发展规划

天津市交通委员会

2007 年 1 月 22 日

"十五"时期,天津已初步形成以海港、空港、铁路、公路、管道为骨架的综合交通体系。"三五八十"奋斗目标的实现,为天津的进一步发展奠定了坚实基础。交通运输作为经济社会发展的重要基础产业和拉动力量,始终发挥着举足轻重和不可替代的作用。以港口为代表的综合交通管理与投资体制改革全面推行并逐步深化,为天津的综合交通发展注入了新的活力。"十一五"时期,是天津现代化建设进程中的关键时期。按照国家将天津市"逐步建设成为经济繁荣、社会文明、科教发达、设施完善、环境优美的国际港口城市、北方经济中心和生态城市"的总体定位,以及市委、市政府"站在新起点、再创新优势、实现新跨越"的工作思路,科学编制和有效实施天津市综合交通"十一五"发展规划,对于建设天津市现代综合交通体系,推进天津滨海新区开发开放,加快建设北方国际航运中心和国际物流中心,实现天津市更快更好的发展,具有重要意义。

第一章 "十五"计划回顾

第一节 "十五"计划执行情况

"十五"期间,我市综合交通发展速度加快。一是加大港口投资力度,提升了港口等级和吞吐量规模,拓展了港口功能,枢纽港战略地位日益巩固。二是对天津机场进行了技术改造,提高了规模等级,增开了航线航班,机场客货吞吐量大幅度提升。三是铁路建设进入了快速期,一些大项目纷纷上马,枢纽与通道能力均得到全面提升。四是公路建设投资力度加大,高速公路建设取得突破性进展,公路网密度跃居全国第二位。五是公路运输取得长足进步,客货运输场站资源得到有效整合和梳理。六是依托港口、腹地与内外贸易,航运要素进一步集聚,航运事业取得较大成就。七是管道运输正在形成规模,网络日益扩大。八是以港口政企分开、组建天津港集团为代表,先后组建了交通集团、铁路集团等行业骨干企业,交通体制改革不断深化。九是综合交通投资体制日益社会化、市场化和国际化,建设资金来源渠道畅通,确保了行业能力快速增长。五年间,天津市综合交通共完成投资 343.8 亿元,是"十五"计划 202.7 亿元的 1.7 倍,比"九五"期间增长 100%。综合交通对国民经济发展的适应度进一步提高,为

"十一五"期间综合交通大发展奠定了基础。

一、港口与水运

1. 港口

2005 年天津港完成吞吐量 2.41 亿吨,其中集装箱吞吐量 480.1 万标准箱,分别是"十五"计划目标的 2.4 倍和 1.6 倍, "十五"期间年均增长分别为 20.3%、23%。

"十五"期间,天津港累计完成固定资产投资 128.9 亿元,为"十五"计划投资的 3.2 倍,年均增长 33%。新建、改造泊位 21 个,累计增加通过能力 9362 万吨,其中集装箱 270 万标准箱。

到"十五"末,天津港拥有大型深水泊位 55 个,年通过能力达到 1.6 亿吨,其中国际集装箱年通过能力 385 万标准箱,分别为"十五"计划目标的 191.1% 和 137.5%。天津港通过码头泊位的新建和改造,提高了港口码头泊位通过能力,进一步适应了国际航运市场船舶大型化、码头航道深水化、机械设备高效化、货物装卸专业化的发展趋势,正朝着世界一流大港目标迈进。

2. 水运

"十五"期间,水路运输健康发展。全市完成水路货运量 44414 万吨,货物周转量 42041 亿吨公里,分别是"九五"期间的 3.2 倍和 3.01 倍。"十五"内,水路货运量、货物周转量年均增长率分别达到 25.1% 和 25.3%。

运力结构不断优化。2005 年全市共拥有沿海、国际运输船舶 383 艘,总载重吨达到 637 万吨。其中沿海运输船舶 272 艘,总载重吨 71.2 万吨,国际运输船舶 111 艘,总载重吨 565.8 万吨。"十五"期间,沿海、远洋运能进一步调整,沿海运力增长较快,年均增幅 1.66 倍;远洋运能稳步提高,集装箱运输比重不断加大。

水运从业企业数量快速增加、规模不断扩大。国际排位居前列的海运企业,大都在我市设立分公司或代表机构。国际船舶代理公司、国际船舶管理公司、无船承运人公司、集装箱堆场和场站等国际海运辅助业企业发展良好,行业竞争力均列全国前茅。

二、民航

"十五期间",天津航空运输业务持续快速增长。天津滨海国际机场旅客吞吐量由 2000 年的 88.4 万人次增长到 2005 年的 213.7 万人次,年均增幅 28.3%;货邮吞吐量由 2000 年的 5.32 万吨增长到 2005 年的 9.33 万吨,年均增幅 15.1%;起降架次由 2000 年的 2 万架次增长到 2005 年的 4.75 万架次,年均增幅 27.5%。

国内国际航线航班不断增加。2005年，机场航线65条，航班769班次/周，分别比2000年增长51.2%和127.5%。其中国内航线48条（含港澳地区航线1条），国际航线17条；国内航班678班次/周（含港澳地区航线14班次/周），国际航班91班次/周。通航城市54个，国内方面，主要通往香港、上海、广州、深圳、海口、三亚、重庆、西安等35个城市；国际方面，主要通往首尔、明斯克、名古屋、莫斯科、东京、依尔库茨克、阿姆斯特丹、新西伯利亚等19个城市。

基础设施建设日益加强。实施了候机楼改扩建工程、候机楼B、C区改造、飞行区整修加强工程、供电系统改造工程等项目，完成固定资产投资2.69亿元。候机楼设计吞吐能力由原200万人次提高到260万人次。飞行区等级由4D级提高到4E级水平，使天津机场硬件保障能力得到很大加强。

安全保障能力进一步提高。天津机场和有关航空公司，形成了一整套行之有效的安全管理制度、措施和方法。不断强化安全责任制建设，建立和完善安全监督、检查奖惩和制约机制，加强重点部位、重点环节的安全防范，实现了保障航空安全45周年。

三、铁路

天津铁路枢纽内有国铁管理的京山、津浦、津霸、津蓟干线、北环线、西北环线、天津西至陈塘庄支线。天津市铁路集团管理的李港铁路、周芦线、津南线。蓟港公司管理的北塘西（不含）至咸水沽（不含）线。枢纽内国铁管理的26个车站，其中25个车站办理货运业务，16个车站办理客运业务；地方铁路管理11个车站，其中8个车站办理货运业务；合资铁路管理一个车站。南仓编组站为主要编组站。天津站、天津西站为主要客运站。

"十五"期间，我市与铁道部合资建成了蓟港铁路，启动了京津城际轨道交通、津秦客运专线、黄万铁路等一批重点项目的建设，天津枢纽运输能力得到进一步提高。2005年，天津地区旅客发送量1353万人次，货物发送量3291万吨，比2000年分别增长-15%、6.9%。

地方铁路五年间累计投资2.7亿元，新建了官港—东大沽站复线和东大沽机务段，实施了官港站、咸水沽站和港前编组站—东大沽站，完成了机车换型，既有铁路线路标准达到国铁一级，建立了8000万吨运输体系，基本满足了南疆港区对铁路后方通道能力的要求。

四、公路建设

"十五"期间，我市公路建设完成投资197亿元，较"十五"计划增加77.3亿元，增长62%，较"九五"增长53%。

高速公路建设总里程600公里。一是建成通车高速公路299公里，分别为唐津高速天津南段 66 公里、津蓟高速 103 公里、津晋高速天津段 58 公里（含威乌高速公路天津西段）、京沪高速公路天津段（正线）一期工程部分路段 24 公里、京津塘高速公路二线（天津东段）21 公里、海滨大道南段 27 公里等 6 条（段）。二是开工跨转"十一五"期的高速公路里程 301 公里，分别为京沪、京津塘二线、津汕、津蓟延长线、海滨大道。

完成杨北公路、京福公路、津文公路、汉港公路、塘汉汉北联络线、津静公路、大赵公路、大陈公路、津汉公路、津涞公路、大丰公路、宝白公路改线、津塘二线、汉蔡公路、津围公路改线等 711 公里干线公路的新建和改扩建，其中新建 123 公里，改建 588 公里。开工建设津芦南线、津永公路等 63 公里干线公路，其中新建 22 公里，改建 41 公里。新建农村公路 804 公里，改建农村公路 2000 余公里。

新增公路通车里程 1213 公里，其中：高速公路 299 公里，一级公路 94 公里，二级公路 234 公里，三级及以下公路 586 公里。2005 年，公路网总里程达到 10836 公里，其中：高速公路 603 公里，一级公路 487 公里，二级公路 1729 公里，三级公路 1328 公里，四级公路 6645 公里，等外公路 44 公里。公路网密度达 91 公里/百平方公里，路网等级水平为 3.23。

五、公路运输

"十五"期间，公路运输基础设施建设完成投资 7.8 亿元，是"十五"计划目标的 2.8 倍。2005 年全社会公路客运量完成 2961 万人，货运量完成 1.99 亿吨。比 2000 年分别增长 62.7%，5.8%。

全社会公路货运量累计完成 10.06 亿吨，周转量完成 369.3 亿吨公里；全社会公路客运量累计完成 1.06 亿人，周转量完成 110.28 亿人公里。"十五"期末，全社会拥有营运货车为 67682 辆、32.2 万吨位。全社会拥有营运客车为 5754 辆、18.6 万座位。

公路主枢纽的客、货场站建设在主枢纽总体规划的框架下逐步实施。建成了大港、汉沽、塘沽、河北、天环、天津站后广场等客运站，以及邓善沽、汉沽、大毕庄货运枢纽站和滨海地区信息服务副中心。建成兴达、东大、东兴、北辰和津南等大型省际货运配载站。

天津港散货物流中心、天津港集装箱物流中心、天津空港国际物流园区、天津空港物流加工区等大型物流基础设施相继建成和基本建成。

全市共有客运站 28 个，其中二级以上客运站 16 个。对外客运线路，北部至承德、赤峰、沈阳、长春、哈尔滨，东部和东北部至唐山、秦皇岛、营口、大连，西部和西北部至北京、廊坊、保定、石家庄、太原、西安，南部至沧州、德州、青岛、郑州、合肥、武汉、上海、温州。公路专业运输场 10 个，公路货运交易配载场站 5 个。东部以大毕庄、东大、东兴货站为主，辐射东北方向；西部以兴达货站为主，辐射沧州以远的华东地区；北部以北辰货站为主，辐射北京及石家庄方向；南部以津南货站为主，辐射天津港南疆及黄骅以远地区。

六、管道

天津的管道运输分为成品油和原油两种类型。成品油管道有京津输油管道，以天津港南疆码头为起点，经天津机场到达首都机场岗山油库，全长 185 公里，为目前国内最长的航空输油管线，可输送煤油、汽油、柴油、石脑油等多种成品油，年输油能力 320 万吨。另有通往天津石化公司炼油厂、中石化销售公司海河油库、中石油大港油田炼油厂的原油、成品油等专用管道。

原油管道大部分集中在滨海新区内。其中南疆港区至石化炼油厂主管道 42 公里，大港油田至各炼油厂间主管道 92 公里，大港油田至周李庄输油管线总长 210.5 公里，年输油能力 500 万吨。

临港工业港区的液体化学品管道运输已经起步。

第二节 天津综合交通的特点

一、各种运输方式门类齐全

水路、铁路、公路、航空、管道运输方式俱全，构成了综合交通体系和立体交通框架。城市交通中，公交、出租、轻轨、地铁等运输方式互为补充，不断完善，为综合运输的进一步发展，以及城市交通与对外大交通体系有机的衔接，提供了良好的基础。

二、港口、航空发展条件优越

天津港位于海河入海口，拥有比较充裕的濒海滩涂资源，面对广阔的海域，可填海造地和开发人工岸线资源，有很大的港口及临港产业发展空间。天津港腹地广阔、资源丰富、经济发展不断加快，给港口提供了充足的货源。天津港后方铁路、公路比较发达，集疏运基本通畅。港区毗邻开发区和保税区，其外向型经济又为天津港提供了稳定可靠的货源。港口与滨海新区其他功能区域日益融合，正在形成互动发展形势。

天津滨海国际机场具有优越的空域条件和适宜的土地拓展空间，地处欧洲航路和跨太平洋航路交汇点，可连接中国南部以及北美欧洲航线，为首都机场和天津机场共同营造东北亚复合枢纽机场提供了先决条件。

三、公、铁、水路货运过境运量大

天津公路网每天约有 24 万辆车进出境，其中外省市车辆约占 70%；天津铁路枢纽客货运输都是通过量大于始发终到量;天津港进出口货物中约有 70% 来自腹地省市,充分体现了大型枢纽城市交通运输的构成规律。

四、公路网密度居全国前列

2005 年,我市公路网总里程达 10835 公里,公路网密度达 91 公里/百平方公里,居全国第二位。

第二章　"十一五"规划指导思想和发展目标

"十一五"期间,天津市交通运输发展面临着新的历史机遇,肩负着重大使命。党中央、国务院把加快推进天津滨海新区开发开放纳入国家总体发展战略,温家宝总理在视察滨海新区发表的重要讲话以及《国务院关于推进天津滨海新区开发开放有关问题的意见》都明确指出,建设天津北方国际航运中心和国际物流中心。市委八届九次全会通过的"十一五"规划建议明确提出,依托海空两港,强化交通枢纽功能,以公路、铁路、快速路、轨道交通为骨架,构建各种交通方式紧密衔接、转换便捷的现代综合交通体系。

为了贯彻落实党中央、国务院和天津市委的重要战略部署,"十一五"期间,要认真贯彻和落实科学发展观,坚持更高标准,追求更高水平,按照把天津建设成为北方国际航运中心和国际物流中心的要求和思路,做好交通基础设施的规划和建设工作,把天津交通事业不断推向前进,在新的历史时期实现新的跨越。

第一节　指导思想

以邓小平理论和"三个代表"重要思想为指导,深入贯彻党的十六大和十六届五中全会精神,全面落实科学发展观,站在提高区域国际竞争力的高度,按照市委"三步走"战略部署,以建设资源节约型,环境友好型城市为目标,全面提升综合交通运输能力。发挥组合效率和总体优势,努力构建与周边地区紧密联系的现代综合交通体系。加快建设北方国际航运中心和国际物流中心,为促进滨海新区的开发开放和区域经济的发展,提供可靠的交通运输保障。

第二节　发展目标

"十一五"期间,要做到交通先行。交通基础设施固定资产投资增幅要高于全市平均水平;运输能力增幅要高于运量增幅;海港、空港的吞吐能力要大于吞吐量,做到基本适应国民经济发展和人民生活水平不断提高的需要。

"十一五"期间总体目标是:到 2010 年,形成天津北方国际航运中心和国际物流中心框架,在东疆保税港区的基础上,创建自由贸易港,基本实现国际中转、国际配送、国际采购、国际转口贸易和出口加工等功能。

天津港货物吞吐量超过 3 亿吨,集装箱吞吐量超过 1000 万标准箱,港口等级达到 30 万吨级。实现大型邮轮定期到港,成为邮轮母港;完成 LNG 接卸设施建设，成为区域清洁能源供应基地。

天津机场旅客吞吐能力达到 560 万人次，吞吐量力争达到 800～1000 万人次，货邮吞吐能力达到 50 万吨。建成国内大型客货枢纽机场和东北亚航空货运集散中心。

天津铁路枢纽旅客发送量 3000 万人次，货物发送量 5000 万吨。地方铁路货运量 6000 万吨。逐步实现铁路与其他运输方式的高效衔接。

天津公路通车总里程 12500 公里，其中高速公路 1200 公里。公路客运量 5000 万人次，货运量 3 亿吨。强化天津与周边地区的高速公路网建设，建成港城分离的立体交通体系。

管道货运量 3000 万吨。

为实现上述目标，"十一五"期间交通基础设施固定资产投资要达到 1159.38 亿元，其中港口 367 亿、铁路 357.4 亿、公路 350 亿、公路运输场站 40 亿、机场 44.98 亿。

第三章　"十一五"发展规划

"十一五"期间，以加快天津北方国际航运中心、国际物流中心发展为目标，高标准搞好综合交通基础设施的规划和建设，全面提升天津的城市载体功能，促进滨海新区进一步的开发开放，推动交通事业发展。

一、全面提高综合交通的适应能力

海港。加快实施 25 万吨级深水航道、30 万吨级原油码头、液化天然气接卸码头、集装箱码头、集装箱物流中心、散货物流中心等港内 12 个重点项目以及港外以集疏运通道为重点的 22 个配套项目，加快东疆保税港区建设步伐，使天津港成为国际化深水大港、东北亚地区国际集装箱主枢纽港和中国北方最大的散货主干港。同时加快天津临港工业港区、临港产业港区的规划与开发，不断拓展港口发展空间，带动临港区域产业开发。与城市规划和土地开发等相结合，实现海河港区的功能调整和北塘、泰达等港区的综合开发，逐步实现港城一体化。

空港。扩建天津滨海国际机场和相应配套设施，建成国内大型客货枢纽机场和东北亚航空货运集散中心，与首都机场共同构筑东北亚地区的国际航空枢纽。根据国务院批复的《天津市城市总体规划》，适时选址建设首都第二国际机场。

铁路。建设京津城际轨道交通、津秦客运专线、京沪高速铁路天津段；加快黄万铁路复线建设和蓟港铁路扩能改造，实现与朔黄线和大秦线贯通；建设京津四线和保霸铁路，形成沟通环渤海地区和腹地便捷高效的客货铁路运输网。

公路。建设京津塘二线、京津塘三线、京沪、津汕、国道 112 线、海滨大道等高速公路天津段，将津蓟高速公路延长至北京平谷，建设塘沽至承德高速公路，形成高效快捷的高速公路网络，确保京津、东北、西北、东南四个方向高速公路通道的畅通。

管道。以既有中石油、中石化和中海油在津输油、输气管道设施为基础，结合国家战略原油储备、1000万吨炼油、大型乙烯和LNG接收设施和临港大型石油、化工等重大项目建设，积极发展管道运输。

二、加强各种运输方式之间的有效衔接，构建综合交通体系

加快以天津港为中心的综合枢纽建设，以港口为龙头，整合公路、铁路以及枢纽场站等资源，构建运转高效的综合运输枢纽。

加快以天津机场、天津站为中心的客运枢纽建设。将京津城际轨道交通、城市轨道交通、长途客运、城市公交引入机场和天津站，实现旅客的"零换乘"和各种运输方式之间的"无缝衔接"。

三、建立港城分离的立体交通体系

高架天津港疏港公路，实现港口集疏运交通和城市交通的分层运行，提高交通资源的配置效用。在集疏运交通汇集处设置完善的互通式立交，解决海滨大道与横向主要集疏运干道间的交通转换。

第四章 实施"十一五"规划的保障措施

第一节 完善交通投融资体制

交通设施建设周期长、投资大，为了确保本规划建设项目的实施，必须采取一些特殊政策，广辟资金渠道，加大对交通运输的投入力度。

一、加大政府对交通建设的投入

凡公益性交通基础设施项目，如港口的航道和防波堤、机场跑道、铁路和公路主干线、公路的客货运场站等，应由政府提供一定的资本金进行融资建设。天津市重大交通建设项目，要争取列入国家级和部级重点建设项目，争取国家给予投资支持。对交通项目的征地、拆迁费用，政府应给予优惠。"十一五"期间，天津交通基础设施建设年度投资额占全市GDP的比重，应保持在10%左右，以保证交通事业适应国民经济的发展需求。

二、用好用活交通专项资金

国家和地方建立的交通专项资金，如养路费、车购税，客货运输附加费、机场建设费、港口建设费返还等，要统筹规划，保证重点。并适时组建交通投资公司。

三、积极吸引内外资

在统筹规划和政策指导下，除中央和地方政府投资外，鼓励部门、企业、社会合资建设交通基础设施。

利用国际金融组织及国外政府贷款，优先进行交通基础设施建设。吸引外商直接投资，包括国际通用的建设—转让（BT）和建设—经营—转让（BOT）等投资方式建设交通基础设施。

四、引导社会资金流向交通基础设施建设和交通运输产业

利用收费、债券等手段吸引投资。地方和企业利用自有资金和贷款建设的港口、公路、铁路、机场、管道等建设项目，经批准，允许收费用于还贷；允许指定的金融机构发行交通建设债券。

第二节　培育和规范运输市场

一、培育市场主体

发挥多种运输方式的组合优势，塑造新型的集团化市场主体，实现产权多元化。搞活国有交通企业。重点搞好关系国计民生的大型交通企业集团，整合、盘活现有资源，调整优化产业结构，走规模经营的道路，增强其竞争能力。

二、规范交通运输市场

积极推进交通运输价格改革。在国家控制运输价格总水平的前提下，允许交通客运企业根据成本、物价指数变化、服务设施改善、服务范围的调整、季节的不同，实行差价和浮动价格。适度放开公路、水运、民航和地方铁路的国内货物运输价格；逐步放开港口的装卸费，实行市场调节。

三、发挥中介服务机构的作用

积极发挥交通运输行业协会、咨询组织、服务中心、各类事务所及经纪人等中介服务机构的作用，构建完善的运输市场。

第三节　完善保障系统

一、完善安全生产保障

水路运输方面，建立"一个网络、一个中心"，即计算机信息管理网络、海上搜救中心。航空方面，进一步建设完善紧急救助设施，提高应急能力，加强航管设备现代化。铁路和公路方面，重点研究、建立高速铁路和高速公路的安全保障和紧急救助系统。

二、加强后勤、维修保障

根据交通发展需要，增加后勤保障、维修设施的建设，提高燃料供应、水电供应、食品供应、养护维修的能力。充分利用社会设施和能力，加快市场化进程，形成综合交通后勤供应、养护维修的保障系统。

三、健全金融保险服务

积极拓展与银行、信贷、保险、证券、贸易结算等金融保险业务的联系与沟通，为交通运输服务。

四、加强交通建设投资风险管理

应对地价及运营成本的大幅提升，加强交通行业建设投资风险管理，保持整个行业的竞争力。

第四节 加强综合交通法制建设

一、制定和完善综合交通法规

针对交通发展中出现的新情况、新问题，及时制定有关法规。重点考虑在现行公、铁、水、空、管五大类法规系统的基础上，加强地方交通法规体系建设，拟定综合交通管理的法规系统：综合交通规划管理、投资管理、基础设施建设市场的管理、招投标管理，联合运输管理、集装箱多式联运管理、综合交通运输市场管理，以及各种交通基础设施之间的衔接管理等方面的法规和规章。

二、加强依法行政和执法监督力度

建立和完备综合交通行政执法各类标准、规范和执法责任制，重点加强港口水运与公路建设市场管理力度。逐步建立联合执法制度，处理好综合交通与专业交通行政执法之间的关系，提高综合交通行政执法的水平。强化执法监督力度，建立社会对综合交通行政执法进行监督的机制和网络，确保交通法规的有效执行。

第五节 坚持科教兴交

一、提高管理水平

综合交通是一个庞大的系统工程，要利用信息技术，强化通信手段，进行综合交通管理软件的研究、开发工作，逐步实现综合交通管理现代化。

开发智能交通系统（ITS）。以开拓信息服务为起点，建立 ITS 系统，包括交通管理、信息服务、通信传输、电子计费、客货枢纽、应急服务等六大系统。

交通管理系统重点强化交通监视、交通控制、事故处理、出入口管理等。信息服务系统重点提供运输线路、气象、旅行、换乘、服务信息。通信系统重点开发音频和数字通信，电子计费系统，自动收费、IC卡记帐和不停车收费等业务。客货枢纽系统推广电子数据交换和处理等。为了实现天津交通智能化，应实施与国家和天津市信息基础设施不同层次横向联合建设的策略，尽快建立起主持研究和制定智能交通标准的专门机构和智能交通管理机构。

建设天津电子口岸。改善通关条件，提高通关速度，提高行政效率、降低贸易成本。围绕电子口岸核心应用，突出其实用性，解决关键问题。通过应用信息化手段，在更大范围内实现信息共享，实现跨部门电子政务、口岸综合执法、相关物流及商务的现代化。

建立天津物流信息平台。该平台由政府负责推动，第三方实施，实行市场化运作，统一规划，分步实施。物流信息平台以"天津交通信息中心"为中心，组建集中统一的运输服务中心，对物流信息资源和社会物流资源进行整合，通过现代的通信、计算机网络技术等公共通信服务网，把运输服务窗口推向社会。货主和承运方可通过网络获得运输咨询、数据交换、信息发布、在线交易、智能配送、货物跟踪、银行结算、保险业务等各项信息与服务。旅客也能从网络中得到一系列客运信息。

二、加大科技进步的力度

积极引导采用先进适用的新技术、新工艺、新材料。对具有重大社会效益的科技成果采取行政手段进行推广。要引导交通运输企业依靠科技进步挖掘潜力，扩大能力，提高速度，保证安全，降低成本，提高效率，改善管理。新的项目建设要加大技术进步成份，现有设施要加快技术改造。要重点研究开发利用豪华快速列车、客车、联运设备、专用运输工具和配套设施，促进联合运输、集装化运输、滚装和冷藏运输的发展，改善旅客运输的技术装备，实现快速化和舒适化。

三、加强环境保护，坚持综合交通可持续发展

交通可持续发展的关键是如何节约资源、保护环境、提高效率、保障安全。要坚持贯彻国家环境保护法，既要发展交通，又要保护环境，造福天津人民。保护好所在地域和所经区域的生态环境，在设计中要考虑不破坏生态，在建设中要切实保护生态，在建成后要尽快恢复生态。要用降低能耗、防止污染、减少成本、少占地、安全率高、噪音小、社会福利多等多项指标来建设综合交通体系。对现有交通设施和工具中污染严重的，应限期治理。市综合交通主管部门应强化这一职能，切实保证天津综合交通的可持续发展。

第六节 强化综合交通统一管理功能

要进一步理顺综合交通管理体制，借鉴北京、重庆市的管理模式，做到"一城一交"，建立统一的综合交通管理体制。

综合交通管理机构的职责是：贯彻执行国家有关交通的法律法规和方针政策，负责起草地方有关交通行政管理的法规，并监督贯彻实施；研究和编制发展战略，统筹地方交通全行业的规划和建设，并组织实施；依法对交通运输和建设市场主体的准入资质的审定及对市场经营行为进行规范和管理；组织和推进各种运输方式之间的协作；研究制定有关综合交通发展的产业政策、运输政策和技术标准等。

河北省"十一五"高速公路发展规划

"十一五"是河北省经济社会发展的战略机遇期，也是我省建立现代综合交通运输体系的关键阶段。随着我省经济持续增长、社会全面进步、京津冀都市圈一体化进程日趋加快，对外开放进一步扩大。特别是省七次党代会提出建设沿海经济社会发展强省，培育沿海经济隆起带，构筑"东出西联"互动格局等战略目标的提出，对交通运输的能力、效率与服务质量都提出了新的更高的要求。

高速公路作为经济社会发展的重要战略资源、综合交通运输网络的重要组成部分，对建设沿海经济社会发展强省、实现全面建设小康社会和现代化的战略目标意义重大。进一步明确河北省"十一五"期间高速公路的发展目标，加快构筑"东出西联"高速公路大通道，提高交通资源利用效率，发挥其支撑保障作用，实现我省高速公路又好又快的发展。《河北省"十一五"高速公路发展规划》是指导我省高速公路建设的重要依据。

一、面临的形势与需求

（一）主要成就

河北省高速公路经过近 20 年的发展，取得了显著成绩，为全省经济和社会发展提供了重要的基础支撑。尤其是"十五"期间，在省委、省政府高度重视和正确领导下，我省高速公路建成和在建规模实现了新突破，期间建成高速公路 9 条段 655 公里，使河北省高速公路通车总里程达到 2135 公里。其中"五纵七横"国道主干线河北省境内所有路段（1295 公里）全部建成通车，并实现了市市通高速。以石家庄、北京、天津中心，辐射 10 个地级市及港口，连接周边省区的高速公路主骨架已初步形成。

（二）面临的形势

1. 建设沿海经济社会发展强省，培育沿海经济隆起带，构筑"东出西联"互动格局，对高速公路建设提出新的更高要求

省第七次党代会提出建设沿海经济社会发展强省宏伟目标，加快培育沿海经济隆起带，打造新的区域增长极，形成"沿海突破、一线带动、两厢并进、协调互动、整体腾飞"的区域发展布局，要求临港产业要实现跨越式发展。受资源全球化配置的影响，重化工业临港布局已成为当前世界发展的大趋势，港口、港城和工业区的快速发展，沟通腹地内外的客流、货流急剧增加，也要求构建高效率

的港口集疏运通道和快捷的运输系统。

我省东临渤海，内环京津和近邻晋蒙的特殊区位，构筑"东出西联"的开放交通格局是建设沿海经济强省的重要支撑。通过充分发挥港口的龙头作用，促进外向型经济发展，实现经济由内循环向外循环转变。通过交通运输通道建设密切沿海地区与省内其他各地的连接，与山西、内蒙古等省份的连接，在能源、资源和市场方面加强合作。

充分发挥交通运输在构筑"东出西联"互动格局中的基础性引导作用，加快构建港口与中心城市、港口与西部省区腹地联系的高速公路通道，是培育沿海经济隆起带、建设沿海经济社会发展强省的重要支撑和保障。

2. 京津冀区域经济发展要求公路交通为构建一体化综合运输体系发挥重要作用

区域经济一体化的实质是优化资源配置，打破行政分割，建立统一市场，实现生产要素的高效流动。河北省环绕北京、天津，接受京津两市的经济辐射，充分发挥后发优势，才能实现经济跨越式发展。继"珠三角"、"长三角"之后，环渤海地区正在成为我国新的经济增长极，尤其是京津两市的发展正在从要素集聚向集聚与扩散并重的方向转变，京津冀区域合作呈现逐步加强的趋势。京津冀都市圈和环渤海经济圈加速崛起，将有力促进河北省更好地发挥区位优势；曹妃甸港区和循环经济产业示范区的开发和建设，2008 年北京奥运会的举办，将对河北省释放蓄积多年的"环京津、环渤海"优势产生巨大的推动作用，河北省与京津之间的联系将更加紧密，经济进一步融合。

京津冀地区经济的一体化发展趋势要求有一体化的综合运输体系作支撑，交通建设特别是公路基础设施建设要超前满足经济一体化要求，尽快建成便捷、高效的城际高速公路网络，为"环京津、环渤海"经济区的腾飞提供快速、完善的交通运输条件。

3. 工业化进程加快、产业结构优化升级将促使客货运输规模和结构发生很大变化，要求公路交通运输必须向高效和优质服务的方向发展

随着经济社会的发展，河北省主导产业将逐步向资本技术密集的工业领域转移，工业的加工能力明显提高，高附加值工业品和消费品的加工工业比重逐步加大，使得运输货物的平均价值明显提高，而平均体积却逐渐减少。批次多、批量小、价值高、随机性强、分散度高的货运需求将大大增加，而"定单经济"、"物流经济"等新型经济模式将对交通运输的质量提出更严格的要求。货物运输的发展趋势将以适应各种小批量、灵活多变的生产方式、满足"零库存"和世界范围生产体系的需要为主要特征，运输需求总量的增长速度有所减缓，但运输服务质量的要求更高。随着第三产业的发展壮大，旅游业异军突起，客运交通也不仅是简单的人员输送，还需要提高服务质量，使游客能够感受交通、享受交通，这对公路的安全、舒适、便捷、畅通、景观等提出了更高要求。加快建设高速公路网

络，提高全省公路网的效率和服务水平，是公路交通适应这一趋势的必然选择。

4. 城镇化进程的加快、城镇人口的大幅增加将会产生巨大的公路交通需求，同时也对运输质量提出了更高的要求

国外经验表明，城市化水平越高，人均出行需求越大。据有关资料显示，我国城镇居民的平均出行次数是农村居民的 8~9 倍，对出行质量的要求也远远高于农村居民。农村人口向城镇的转移和城镇人口规模的扩大，将促使人员流动和商品消费增加，势必会带来巨大的公路客货需求量。与此同时，随着城市化向更高层次发展，城市群和城市带大量出现，将使城市间的联系更加紧密，物资交流更加频繁，从而形成更大的公路货运需求。同时，与农村居民相比，城市居民对公路运输在舒适、便捷、可靠、安全等质量方面的要求更高，势必要求公路交通为之提供良好的交通条件。

预计到 2020 年，河北省城镇人口将达到 4235 万人，其中转移农村人口约 1400 万人，城市化水平将达到 58％左右。城市化的快速发展、农村人口向城市的大量转移，必将带动公路交通需求的大幅度增长，并对运输质量提出更高要求。建成并不断完善通行能力大、服务质量好的高速公路网络，是支撑全省城镇化发展的重要保障。

5. 国民经济持续快速发展和人民生活水平提高对公路交通提出了新的要求

"十一五"期间，我省国民经济将保持快速增长趋势。预计全省生产总值年均增长 11％左右，2010 年达到 1.457 万亿元以上，人均生产总值达到 2 万元。经济规模的明显扩大以及经济活力的增强，必将使"十一五"期间交通运输需求保持持续增长势头，人民生活水平的普遍提高对交通运输在质和量上都将提出新的要求。

6. 可持续发展战略的实施，要求公路交通在加快发展的同时，走节约资源、保护环境、提高效率、保障安全的可持续发展道路

汽车社会的来临是经济与社会发展的必然趋势。家庭小汽车的普及将带来一场行为方式的革命，大大改善人们的生活质量，提高全社会的机动性。但与此同时，也会带来能源紧张、环境污染等压力。资源短缺和环境破坏是河北省可持续发展面临的严峻挑战。实施可持续发展战略，要求公路交通在加快发展的同时，必须注重对国土资源的集约利用，保护自然环境，特别是加强生态敏感区、退化区、脆弱区、天然林保护区的生态环境保护，走节约资源、保护环境、提高效率、保障安全的可持续发展的道路，促进人与自然的和谐，为创造经济繁荣、生活富裕、生态良好的发展做出贡献。

（三）公路交通需求分析

1. 公路运输量预测

预计到 2010 年，全社会公路客运量、旅客周转量将达到 8.5 亿人、570 亿人公里，全社会公路货运量、货物周转量达到 7.8 亿吨、820 亿吨公里。分别比

"十五"末增长 18.7%、24.6%，13.2%和 19.4%。"十一五"期间年均增长速度分别为 3.5%、4.5%、2.5%和 3.6%。

2. 公路交通量预测

"十五"末，河北省主要公路通道的平均交通量为 15000 辆/日（小客车，下同）。预计到 2010 年，将达到 30000 辆/日左右，比目前增加约一倍。京港澳、京沈、京沪、京张等大通道中高速公路交通量预计达到 5~6 万辆。

二、指导思想和目标

（一）指导思想

围绕建设沿海经济社会发展强省目标，以科学发展观为统领，以建立现代综合交通体系为方向，加快推进"东出西联"高速公路通道建设。坚持发展是第一要务，适度超前建设高速公路基础实施，加快完善我省"五纵、六横、七条线"高速公路网络，积极推进公路交通现代化。

在建设安排上，以加快国家高速公路网建设为重点，优先安排"东出西联"大通道功能和作用突出的项目、大通道高速公路扩容项目、京津冀城际高速公路联网项目的建设。在建设管理上，坚持质量优先，加强自主创新、科技攻关，不断提高建设管理水平，使高速公路建设更加安全耐久、节约资源、保护环境、降低成本，实现又好又快的发展。确保高速公路建设质量保持全国领先，努力达到国际先进水平。

（二）发展目标

到 2010 年，基本建成我省规划的"五纵、六横、七条线"主骨架高速公路网，期间新增高速公路通车里程 2459 公里，通车总里程达到 4594 公里（2007 年达到 2853 公里）。国家高速公路网项目建成 86.5%，剩余路段开工建设；规划的 14 条"东出西联"大通道建成 82%，剩余路段开工建设；京港澳高速公路改扩建工程项目开工建设；京津冀城际高速公路联网项目基本建成。

实现全省大部分市、县在半个小时左右上高速，形成省会与各设区市、与京津及周边外省市、各重要城市与港口之间布局合理、快速便捷的高速公路网络。以适应构筑"东出西联"互动格局，对高速公路发展的需求。统筹港口、公路、铁路、民航的规划与建设发展，协调推进构建以港口为龙头的综合交通运输体系。

三、建设任务和具体项目安排

（一）建设任务

1. 构建"东出西联"高速公路通道

充分发挥交通建设在构筑"东出西联"互动格局中的基础作用，为建设沿海经济社会发展强省提供保障和支撑。加快构建"东出西联"高速公路通道，按照发挥港口优势，促进开放型经济发展，实现经济由内循环向外循环转变的总体要求，规划了实现沿海地区与省内其它各地市连接，与山西、内蒙古等省份连接的14条高速公路出海大通道，着力完善沿海港口集疏运高速公路网络，加强港区与腹地的交通运输通道建设。以促进在能源、资源和市场等方面的相互合作，发挥我省"东出西联"的枢纽作用。

2. 完善城际间高速公路网络

加强北京、石家庄、天津三个区域中心城市之间以及中心城市与所有地级市之间的便捷连接，强化中心城市的辐射作用，促进京津冀区域一体化进程，增强区域竞争力。加强相邻地市的便捷连接，构筑相邻地市间的快速高速公路通道，促进省内各区域间经济要素流动、优化资源配置，促进全省协调发展。连接周边省区，形成京津冀地区对外快速公路通道。

3. 实施大通道高速公路扩容

加快京港澳、京沪、京张等大通道高速公路的扩容，采用现有高速公路加宽改建和新建二通道等方式，提高国家大的综合运输通道中高速公路的通行能力和服务水平，以满足迅速增长的交通运输需求。

（二）具体项目安排

"十一五"期间，全省建成通车"十五"结转项目13条段1163公里，新开工项目25条段2867公里（含京港澳高速公路改扩建），建成通车15条段1296公里，共计建成通车2459公里。2010年底全省高速公路通车里程达到4594公里。

项目具体安排为：

2006年建成通车194公里：张石公路张北至旧罗家洼90.2公里，石黄公路沧州至黄骅段70公里，长深公路南小营至唐山18.5公里，大广公路承德偏桥至北京8.2公里及双滦区连接线7公里。全省高速公路通车里程达到2329公里。

2007年建成通车524公里：津汕公路沧州段69.1公里，石黄公路黄骅至黄骅港段23.3公里，沿海公路秦皇岛至冀津界段160.1公里，保沧公路保定至沧州段122.5公里，青兰公路山东界至邯郸段93.7公里，张石化稍营至蔚县段55公里。全省高速公路通车里程达到2853公里。

2008年建成通车402公里：张石公路蔚县至张保界段22.6公里、石家庄段76.9公里、保定段曲阳至涞水161.5公里，密涿公路廊坊至涿州段58.4公里，唐曹公路61.6公里，京化公路延庆至土木段21.5公里。全省高速公路通车里程达到3255公里。

2009—2010年建成通车1339公里：张石公路张保界至涞水段126.2公里，青兰公路邯郸至涉县段98公里，保阜公路143.7公里，张承公路张家口至崇礼段60.9公里，长深公路3段245.5公里，大广公路2段375.8公里，廊沧公路廊坊至沧州段140.9公里，密涿支线三河至冀津界段33.9公里，京津南通道59公里，沿海公路沧州段54.8公里。全省高速公路通车里程达到4594公里。

河北省"十一五"高速公路发展规划项目表

序号	项目名称	路段名称	建设规模（公里）	建设年限	估算投资（亿元）	"十一五"投资（亿元）	"十一五"期新增里程（公里）				
							2006	2007	2008	2009—2010	合计
		合计	4034		2189	1448	194	524	402	1339	2459
一		续建项目	1167		574	279	194	524	319	126	1163
1	青银公路	山东界至石家庄段	182.0	2003—2006	46.24	1.64					
2	大广公路	京冀界—承德段	83.6	2004—2006	27.55	2.15	15.2				
3	长深公路	南小营至唐山市段	18.5	2004—2006	5.63	2.13	18.5				
4	沧黄公路	沧州—黄骅港	93.3	2003—2007	26.40	12.10	70.0	23.3			
5	津汕公路	沧州段	69.1	2004—2007	25.50	11.90		69.1			
6	沿海公路	秦皇岛至冀津界段	160.1	2004—2007	63.20	47.21		160.1			
7	保沧公路	保定市至保沧界段	122.5	2004—2007	48.41	37.21		122.5			

续 表

序号	项目名称	路段名称	建设规模（公里）	建设年限	估算投资（亿元）	"十一五"投资（亿元）	"十一五"期新增里程（公里）				
							2006	2007	2008	2009—2010	合计
8	青兰公路	山东界至邯郸段	93.7	2004—2007	27.31	15.71		93.7			
9	张右公路	张北至旧罗家洼段	90.2	2004—2006	28.36	17.36	90.2				
10	张右公路	化稍营至张保界段	77.6	2005—2008	46.52	44.52		55.0	22.6		
11		石家庄段	80.7	2005—2008	47.97	39.27			76.9		
12		保定段	287.7	2005—2010	193.36	19.26			161.5	126.2	
13	密涿公路	廊坊至涿州段	58.4	2005—2008	33.96	29.86			58.4		
二	新开项目		2867		1614	1169			83	1213	1296
1	唐曹公路	唐山至曹妃甸	61.6	2006—2008	49.76	49.76			61.6		
2	京化公路	延庆至土木	21.5	2006—2008	12.62	12.62			21.5		
3	青兰公路	邯郸至涉县段	98.0	2006—2010	76.93	76.63				98.0	

续 表

序号	项目名称	路段名称	建设规模（公里）	建设年限	估算投资（亿元）	"十一五"投资（亿元）	"十一五"期新增里程（公里）					
							2006	2007	2008	2009—2010	合计
4	保阜公路	保定至阜平	143.7	2006—2010	98.80	98.70				143.7	
5	张承公路	张家口至崇礼段	60.9	2007—2010	36.26	36.26				60.9	
6	长深公路	承德市至承唐界段	84.0	2007—2010	57.50	57.50				84.0	
7	长深公路	承唐界至唐山市段	42.5	2007—2010	25.68	25.68				42.5	
8	大广公路	承德市至冀辽界	119.0	2007—2010	53.00	53.00				119.0	
9	大广公路	京冀界至深州段	186.3	2007—2010	93.89	93.89				186.3	
10		深州至冀豫界段	222.5	2007—2010	116.80	116.80				189.5	
11	廊沧公路	廊坊至廊沧界	92.9	2008—2010	69.37	69.37				92.9	

续 表

序号	项目名称	路段名称	建设规模（公里）	建设年限	估算投资（亿元）	"十一五"投资（亿元）	"十一五"期新增里程（公里）					
							2006	2007	2008	2009—2010	合计
12	廊涿高速	廊沧界至冀鲁界	94.0	2008—2011	66.00	56.00				48.0	
13	密涿支线	三河至冀京界段	33.9	2008—2010	17.39	17.39				33.9	
14	京津南通道	廊坊段	59.0	2008—2010	48.00	48.00				59.0	
15	沿海公路	沧州段	54.8	2008—2010	47.80	47.80				54.8	
16	荣乌公路	徐水至涞源	130.0	2008—2011	88.90	50.00					
17	京港澳公路	涿州至安阳	525.9	2008—2011	234.00	200.00					
18	张石公路	张北至内蒙界段	57.0	2008—2011	16.00	10.00					
19	邢汾公路	邢台至冀晋界	83.0	2008—2011	62.00	15.00					

续 表

序号	项目名称	路段名称	建设规模（公里）	建设年限	估算投资（亿元）	"十一五"投资（亿元）	"十一五"期新增里程（公里）					合计
							2006	2007	2008	2009—2010	
20	京化公路	土木至化稍营	79.0	2009—2011	44.00	10.00						
21	承秦公路	承德段	96.0	2010—2012	61.00	5.00						
22		秦皇岛段	101.0	2010—2012	63.00	5.00						
23	张承公路	崇礼至张承界段	114.0	2010—2013	33.48	5.00						
24		张承界至承德市段	200.0	2010—2013	84.52	5.00						
25	大广公路	承德至赤峰段	106.0	2010—2013	57.70	5.00						

四、保障措施

（一）统一思想，形成共识。河北省公路交通事业近年来得到快速发展，公路交通对经济社会发展的瓶颈制约得到改善。但是要适应河北省建设沿海经济社会发展强省、实现全面小康社会和现代化目标的要求，公路交通的发展任务仍然艰巨繁重。因此，必须加强行业内外宣传，统一各级政府部门和社会各界的认识，从战略高度认识加快公路交通发展的重要性，继续树立抢抓机遇和加快发展的主导思想，把实现目标变为大家的自觉行动，齐心协力抓落实。

（二）保障"十一五"高速公路发展规划的严肃性。为确保决策、建设的科学性和有序性，避免随意性，本规划一经省政府批准执行，各部门在制定或修编相关规划时应加强与本规划的衔接和协调，并作为安排全省高速公路建设计划和项目审批的依据。

（三）多渠道筹集建设资金。落实建设资金是顺利实施"十一五"高速公路发展规划的关键因素之一，须积极努力拓宽筹资渠道。一方面积极争取国家对河北省高速公路建设的支持；另一方面要转变观念，把"行业办交通"转向"社会办交通"，争取各级政府加大对交通建设的财政投入和政策支持；同时积极推进高速公路投融资体制改革，借鉴国内外高速公路投融资先进经验，探索创新适合我省实际特点的筹资与建设方式，吸引社会、民间和企业的资金参与建设。

（四）加快项目的前期工作，加大项目储备。提高项目研究报告的质量，把基础工作做深做实做细，为项目科学决策和顺利审批创造条件。积极做好与相关部门的沟通协调工作，争取国家有关部委的支持。对规划内项目及早开展项目前期工作，做好项目储备。

（五）加快科技创新及人才培养。继续实施"科教兴交"战略，提高交通行业技术创新能力，积极发展交通职业技术教育和成人教育，引进和培养高素质专业人才。通过请进来送出去等办法，丰富从业者的知识，提高自身素质，加快培养一批适应新形势要求，文化素质高，懂经济、懂技术、懂法律、懂政策、会管理的高素质人才。

018

河北省人民政府关于印发《河北省"十一五" 综合交通体系发展规划》的通知

冀政函〔2007〕46 号

各设区市人民政府，各扩权县（市）人民政府，省政府有关部门：

《河北省"十一五"综合交通体系发展规划》已经 2007 年省政府第 80 次常务会议讨论通过，现印发给你们，请结合本地本部门实际，认真贯彻落实。

河北省人民政府

二〇〇七年四月二十五日

河北省"十一五"综合交通体系发展规划

河北省人民政府

2007 年 4 月 25 日

"十一五"是我省建设沿海经济社会发展强省的重要时期，打造沿海经济隆起带，构筑"东出西联"的开放交通格局，必须统筹协调铁路、公路、水运、民航发展，充分发挥各种运输方式的组合效率和集成优势，加快建立我省现代综合交通运输体系。

一、主要成就与问题

"十五"期间，在省委、省政府高度重视和正确领导下，全省以科学发展观统领综合交通发展全局，深化改革，加大投入，大力推进现代综合交通体系建设，铁路、公路、港口、民航等运输方式得到全面发展。

（一）综合交通网络主骨架基本形成。以沿海港口为龙头，铁路、高速公路、干线公路为基础，陆运、海运、航空和管道运输相互配合的综合交通运输网络得到进一步加强。2005 年底，全省铁路运营里程 4887 公里，居全国第三位，比 2000 年增加 860 公里，增长 21.4%；公路通车里程 14.16 万公里，公路网密度达到 75.43 公里/百平方公里，比全国平均水平高 40 公里/百平方公里，高速公路达到 2135 公里，比 2000 年增加 655 公里，增长 44.3%。同时，秦皇岛、唐山、黄骅等主要港口建设加快，2005 年底，港口生产性泊位 82 个（设计通过能力 2.73 亿吨），其中万吨级以上深水泊位 66 个，分别比 2000 年增加 43 个和 30 个，增长 1.8 倍和 77％。机场基础设施不断完善，石家庄机场飞行区达到了 4E 等级，秦皇岛山海关机场实施了奥运保障改造项目，邯郸机场 3C 等级扩建工程竣工，2005 年全省民用机场旅客吞吐能力达到 100 万人次，货邮吞吐能力 5 万吨。

（二）六大综合运输通道基本建成。围绕支撑全省经济社会发展，服务全国，以秦皇岛、黄骅和唐山三个沿海港口为龙头、石家庄为综合运输枢纽，基本形成了以京沪铁路、京沪高速公路为主干的京沪综合运输通道，以大秦、京秦铁路、京沈高速公路和京秦输油管道为主干的京沈综合运输通道，以京广铁路、京珠高速公路为主干的京广综合运输通道，以京兰铁路、青银公路为主干的京兰综合运输通道，以京九铁路、京福公路为主干的京九综合运输通道，以石德、石太铁路和石太高速公路为主干的石太、石德综合运输通道等 6 条跨省市主通道。综合运输通道的建设和完善，使我省在全国"西煤东运"、"北煤南运"、"煤炭铁海联运"以及区域客货交流中的通道和枢纽作用日益显著。

（三）综合运输能力得到提高。2005 年，全省全社会旅客运输量和旅客周转量达到 8.06 亿人和 945 亿人公里，分别比 2000 年增长 22.8％和 18.7％，年均增长 4.2％和 3.5％。全省全社会货物运输量和货物周转量达到 8.28 亿吨和 3470 亿吨公里，分别比 2000 年增长 9.5％和 49.3％，年均增长 1.8％和 8.3％。

虽然我省综合交通基础设施已具备一定规模，但无论是从总量上所提供的运输供给能力，还是从水平上所反映的运输效率，以及从结构上所体现的综合效益，与全面建设小康社会和建设沿海经济社会发展强省对交通基础设施的要求还有较大差距。主要表现为：综合交通总量规模偏小，交通网络整体水平有待提高，结构性矛盾较为突出，交通基础设施空间布局不均衡，交通投资和管理体制改革滞后。

二、面临的形势

"十一五"时期是建设沿海经济社会发展强省的重要时期。作为经济社会发展重要基础支撑，交通运输发展面临新的更高要求，也面临新的环境与形势，机遇与挑战并存。

随着我省国民经济持续快速增长，产业结构和区域经济布局加速调整，城市化水平不断提高，以及社会主义新农村建设力度的不断加大，全省旅客和货物运输市场将持续趋旺，交通运输需求将稳步增加，经济和社会对交通运输超前发展的要求也更加迫切。特别是在我省确立建设沿海经济社会发展强省新的战略目标和环渤海地区及京津冀都市圈加速崛起的形势下，我省交通运输存在着巨大的潜在需求，要求交通基础设施无论在总量上，还是在布局、结构和水平上，都必须实现新的跨越式发展。预测到"十一五"末，全省全社会旅客运输量和周转量将分别达到 10.1 亿人和 1389 亿人公里，年均增长 4.5％和 6.6％；货物运输量和周转量分别达到 9.8 亿吨和 5609 亿吨公里，年均增长 3.3％和 5.7％。

"十一五"期间，国家将进一步加大对重点交通建设的投入力度，更加注重交通与经济、社会、环境的和谐发展，更加注重推进交通投入的市场化改革。由于我省处于京津冀都市圈和环渤海地区的重要位置，具有加快建设的政策环境。但同时也面临改革滞后和环境、生态、土地等因素制约加剧的诸多困难。

必须抓住机遇，深化改革，加快发展，进一步增加交通基础设施总量，提高对经济社会发展的支撑能力；进一步适应交通发展新趋势，努力提高交通运输水平，不断优化交通运输结构，尽快构建现代化综合交通运输体系；进一步适应全省产业发展和结构升级需要，瞻前研究大问题，提出新思路，谋划大项目，充分发挥综合交通对全省经济社会发展的支撑和引导作用。

三、指导思想和目标

"十一五"我省综合交通体系发展的指导思想是：围绕建设沿海经济社会发展强省目标，以科学发展观统领全局，顺应现代交通运输发展趋势，加快推进综合交通体系建设。坚持以发展为主题，适度超前建设交通基础设施；加快各种运输方式协调发展，提高能力和效率；强化通道、网络及枢纽建设，优化交通布局；促进交通科技进步，提升运输质量和水平；深化交通体制改革，努力加快市场化进程。

按照上述指导思想，"十一五"我省综合交通体系发展的主要目标是：形成以沿海港口为龙头，综合通道能力充分，网络高效畅通的"东出西联"开放交通格局。到 2010 年，全省铁路运营里程 7000 公里，其中铁路客运专线 800 公里；公路通车里程 15 万公里，其中高速公路 4500 公里；沿海港口泊位 115 个，设计通过能力 6 亿吨；民用机场 5 个，旅客吞吐能力 280 万人次。

四、建设任务

（一）构建功能合理、分工明确、优势互补、内外通连的沿海港群系统。以服从全国战略，支撑临港产业开发，服务区域和纵深腹地经济社会发展为目标，根据各港口临港产业定位、港口资源状况和港口发展规律，科学整合秦皇岛港、唐山港曹妃甸港区和京唐港区、黄骅港港口资源，实现协调发展。进一步拓展三大港口（四大港区）功能，完善基础设施，软硬件建设并举，打造成自身特色突出、竞争优势明显、具有核心竞争力的以大型化、专业化、现代化港群体系为特征的河北组合港。重点抓好曹妃甸港区专业化大型能源、原材料码头建设，加快黄骅综合性港口建设，巩固秦皇岛全国能源输出大港地位，拓展港口功能，建设综合性大港。

大力加强港口出海通路建设，强化港口间的海运联络，促进四大港区融为一体，抓好航道、锚地等基础设施建设，构筑方便、快捷、安全的出海通道。

（二）构建铁路、公路相协调的沿海港口集疏运系统。以煤炭、矿石、建材等大宗货物和集装箱为主，加强和完善铁路运输系统，形成港口与产地之间、港口与用户之间的大运能、高效、畅通的专用通道。重点抓好迁曹、邯黄、遵小和通往山西、内蒙等纵深腹地的邢和、石太、蓝丰、张桑铁路建设以及大秦、朔黄、石德铁路改造扩能。

以杂货、集装箱为主，加强和完善公路运输系统，实现港口与用户间的"点对点"连接。加快建设沿海、唐曹、沧黄、承秦等高速公路，形成进出港口和港口间的高速公路通道；建设保沧、长深、廊沧、大广等高速公路，形成港口与各市间的高速公路通道；推进邢汾、荣乌、张北至内蒙、张承等高速公路建设。

加强铁路专用线和高速公路连接线建设，形成港口至大型、重点产业集聚区以及骨干企业、产业园区的便捷通道。

（三）构建快速客运系统。以京石、石郑、津秦、京张等铁路客运专线和京沪高速铁路为重点，建设铁路高速客运系统，实现各市与北京、天津、上海、广州、武汉等大城市之间以及各市之间中远距离的铁路快速连接。

以"五纵、六横、七条线"和连接线为重点，形成覆盖全省的高速公路客运系统，实现各市与京津、市与市、市与县之间中短距离的高速公路连接。

（四）构建高效货运系统。围绕省内各市、重点物资产区、产业集聚区、物流集散地货运需求，以及中西部省份通往港口的货物运输，在强化国铁、地铁、高速公路、干线公路建设和扩能改造的同时，加快铁路与铁路、铁路与公路、高速公路与干线公路、城市与机场之间的有机衔接，形成高效、畅通、便捷的综合货运网络。

（五）构建综合交通枢纽系统。加快石家庄、唐山和秦皇岛三个国家级综合运输枢纽建设，构建面向全国、多种运输方式相配套的综合交通运输枢纽。要突出综合运输枢纽的物流集散功能，强化多式联运，努力实现货运的"无缝衔接"。要突出换乘功能，强化安全、便捷、舒适、经济，努力实现客运的"零换乘"。要结合城市发展规划，建设、完善和合理布局综合运输枢纽基础设施，协调好各种运输方式接入枢纽的形式，与城市交通系统紧密衔接，提高枢纽运行质量和效率。

加强沧州、邯郸、保定、廊坊、张家口、承德、邢台、衡水等区域性综合交通运输枢纽建设，构建辐射城乡的省级综合交通枢纽系统。重点做好各种运输方式衔接与协调，强化铁路、公路、航空运输之间的快捷转换，加强市与县、乡、村，与特色产业区、商品集散地的公路联络。

（六）构建畅通的跨省通道系统。以铁路、高速公路为主干，以干线公路为辅助，构建连通周边省市，高效畅通的客货运输通道。要强化与山西、内蒙中西部、河南北部、山东西北部及京津的联络。重点抓好张集等货运铁路、铁路客运专线、高速铁路建设和国铁既有线扩能改造，加快跨省地方铁路建设；抓好国家高速公路网建设，加快保阜等高速公路建设，强化我省高速公路路网向山西、内蒙的延伸；改造升级"西联"干线公路。

（七）构建全国性航空网络系统。在充分发挥现有机场作用和不断扩大覆盖范围的基础上，完善现有机场基础设施，重点建设支线机场，形成全省"一干多支"的机场布局。石家庄机场要发展成为连接国内各省会机场、区域性枢纽机场和省内支线机场的区域性枢纽机场，其他机场要发展成为石家庄机场和全国部分重点城市机场的支线辐射机场。大力发展支线航空，增强航空运力，扩展航线网络，基本形成我省与全国航空网络融为一体、干支结合的航空网络，全面提高民航运输保障能力。

（八）构建农村公路网络系统。大力发展农村公路，全面实施通达、通畅工程，实现农村公路等级化，构建满足建设社会主义新农村要求，与干线公路相匹配，农民出行方便、快捷，四通八达的农村公路网络。重点要抓好通村油路改造工程，彻底改善农村公路状况，要抓好连接干线公路的县、乡公路和通往经济中心、交通中心的出口路建设，逐步形成与干线公路网相配套的县乡公路网络；要抓好资源、旅游开发公路、商品粮生产基地公路和贫困地区开发公路的建设。

（九）构建方便、通畅、快捷的旅游交通系统。围绕全省旅游景区、景点，结合周边省市旅游资源分布，根据观光、度假的不同特点，按照大客流量重点景区直达通畅、一般景区和景点衔接成网的原则，新建和改造提升交通基础设施相结合，协调发展公路、铁路、航空运输，构建覆盖全省的旅游综合交通系统。

同时，进一步完善交通运输管理系统，提高交通运输整体效率，增强安全性、经济性。通过各种运输方式技术标准的协调和信息一体化，消除各环节的衔接障碍，为实行一体化运输创造条件。建立协调机制，制定相应政策，加快交通运输信息化、智能化建设。

五、重大建设项目

按照上述指导思想和建设任务，重点实施以下重大建设项目：

（一）港口。

——唐山港曹妃甸港区。25万吨级矿石专用泊位2个，年吞吐能力3000万吨；30万吨级原油泊位2个，年吞吐能力4000万吨；5～10万吨级煤炭泊位8个，年吞吐能力10000万吨；10万吨级1NG泊位1个，年吞吐能力600万吨；3～15万吨级杂货泊位6个泊位，年吞吐能力4500万吨。

——唐山港京唐港区。重点改造杂货、液体化工和集装箱码头。

——秦皇岛港。调整岸线布局，在稳定煤炭运能的前提下，重点建设杂货和集装箱码头。

——黄骅港。改造煤炭港区，提高煤炭装船能力，建设煤炭码头三期工程。拓展港口功能，重点建设杂货、液体化工和集装箱码头。

（二）铁路。建设石太（我省境内60公里，下同）、京石（230公里）、石郑（203公里）、津秦（171公里）客运专线，京沪高速铁路（180公里），邯黄（530公里）、张集（65公里）、邢和（90公里）、桑张（205公里）、蓝丰铁路（146公里）等；扩能改造京沪、京九、津沈、石德、邯济、朔黄等既有铁路。开展保霸铁路西延至山西前期调研工作。

（三）高速公路。建设长深（承德至承唐界84公里、承唐界至唐山43公里、承德至冀辽界115公里）、大广（承德至赤峰99公里、冀京界至深州186公里、深州至冀豫界220公里）、青兰（邯郸至涉县98公里）、张石（张北至冀蒙界段65公里）、保阜（150公里）、邢汾（邢台至冀晋界84公里）、荣乌（徐水至涞源131公里）、秦承（200公里）、廊沧（廊坊至冀鲁界192公里）、张承（张家口至崇礼70公里、崇礼至张承界97公里、张承界至承德208公里）等高速公路，扩建京珠高速公路河北段。

（四）民航机场。改扩建石家庄正定机场，新建秦皇岛、承德、张家口等机场。

六、保障措施

"十一五"期间我省综合交通发展任务繁重而艰巨，必须进一步强化宏观指导，加大投入力度，深化体制改革，推进市场化进程，实现我省综合交通运输的跨越式发展。

（一）加强组织领导。各级各部门要紧紧围绕建设沿海经济社会发展强省目标，树立交通先行的意识，把交通运输工作放在重要位置，以科学发展观统领全局，严格履行职责，并做到紧密配合，齐抓共管，形成合力，切实加快交通基础设施建设。

（二）强化规划的宏观指导作用。要以本规划为依据，研究制定全省铁路、公路、港口、民航等专项发展规划，实现各种运输方式快速协调发展。

（三）加快重大项目前期工作步伐。一是加强与国家有关部委的沟通联系，要以锲而不舍的精神，千方百计争取我省重大交通项目纳入国家规划体系，在土地、资金、政策、项目核批等方面取得国家支持，确保重大项目前期工作取得实质性进展。二是制定重大项目前期工作计划，建立有效的督促和保障机制。三是认真落实国家投资体制改革的精神，加强效能建设，加快项目审批、核准和备案工作进度。四是加强协调调度，及时了解项目前期工作进展情况，协调解决存在的各种问题，加快项目建设进度。

（四）搞好重大问题研究和重大项目谋划。抓住一些对全省经济和社会发展具有重大影响的交通建设问题，选准课题，深入研究，提出思路，制定措施，并超前谋划重大项目，促进全省交通事业又好又快发展。

（五）推进交通运输市场化改革进程。一是积极推进交通基础设施投资主体多元化，鼓励和引导各类投资主体进入交通基础设施建设领域。特别是要大力推行高速公路、收费公路、港口码头等交通基础设施业主招标，广泛吸引社会资金。同时，要采用转让基础设施经营权、选择优质交通资产包装上市等手段，盘活交通基础设施存量资产，通过资本运营筹集建设资金。要加强与国内外大集团、大公司的合资合作，促进我省交通设施建设。二是组建省交通投资公司，充分发挥其在全省交通建设投融资中的主体作用，打造全省交通建设投融资平台。三是按照政企分开、管理科学的改革方向和决策、执行、监督相协调的要求，深化交通体制改革，逐步建立计划、执行、监督相互分离、相互制衡的交通投资管理体制。

（六）促进交通可持续发展。制定相关支持政策，保证交通运输发展所需土地、海域、空域等资源供给，满足适度超前发展要求。要落实科学发展观，实现交通和经济、社会、资源、环境的协调、和谐发展。实施可持续发展战略，通过科学规划和合理布局交通基础设施，优化建设方案，推广应用高新技术，最大限度的节约和集约利用各种资源，提高资源利用效率。按照建设环境友好型社会的要求，高度重视环境和生态保护，加大投入，最大限度地减少对环境和生态的影响。

（七）注重交通科技创新。加大交通科技投入，鼓励使用先进技术和装备改造现有交通运输业，提升交通运输服务水平。加强人才培养，逐步形成一支高素质、高层次、复合型的人才队伍，为新时期交通建设提供智力支撑。

019

"十一五"山西省公路交通发展规划

山西省交通运输厅
2006 年 9 月 1 日

公路交通连接所有产业，触及社会每个成员的生活，是实现门到门运输的唯一方式，每一位居民出行、每一个企业运转都离不开公路交通运输。

新世纪头 20 年，我国将集中力量，全面建设惠及十几亿人口的更高水平的小康社会，实现到 2020 年国内生产总值比 2000 年翻两番。这是一个社会财富迅速增加，经济结构、社会结构急剧变动，具有持续，巨大的增长潜力的时期。面对新形势，我们紧紧把握住交通需求的新特征，历时三年时间，编制完成了完整的公路交通规划体系，为我们提出了长远的、宏伟的目标，让我们为之而努力、奋斗！

一、"以人为本"的公路水路交通"十一五"发展规划

"十一五"期间，坚持"以人为本"，把提高安全水平和服务质量放在首位，构建功能完善的高速公路、干线公路、农村公路、运输站场、现代物流、信息服务六大网络，为社会提供安全、便捷、优质、经济、智能、和谐、公平的交通服务。

总体目标：到 2010 年交通运输基本适应经济社会发展要求。

公路建设目标：

——公路通车里程达到 80000 公里，路网密度达到 50 公里/百平方公里以上。二级以上高等级公路里程达到 17000 公里，占公路通车总里程的 21.2%；高级、次高级路面里程达到 56000 公里，路面铺装率达到 70%。在省会到市 3 小时通达的基础上，基本实现市到县 2 小时、县到乡 1 小时通达。

——高速公路打通吕梁山、贯通太行山、连通东中西，总里程达到 3000 公里，"9 横 9 环"建成"5 横 5 环"，高速出省通道达到 15 个，我省与相邻东部河北省形成 6 条高速通道，与相邻中西部河南、陕西、内蒙三省区各形成 2 条以上高速公路通道。所有市 30 分钟上高速公路，87% 的县城 1 小时上高速公路。

——干线公路连通所有县级以上行政中心、经济中心和重要旅游景区、交通枢纽，总里程达到 13000 公里。85% 达到二级以上标准，其中国道全部达到二级以上标准，市到县 90% 实现二级以上公路连接，县与县之间 85% 实现二级公路

连接。

——农村公路实现县到乡等级公路连接，总里程达到 64000 公里，全省具备条件的建制村通水泥（油）路，所有的建制村通公路。

公路养护管理目标：

——高速公路：到"十一五"末，全省高速公路平均优等路率达到 95％，为用户提供安全、舒适、快捷、优美的行车环境。

——干线公路：到 2010 年，干线公路基本消灭危桥，平均好路率保持在 88％。宜林路段绿化率 100％，文明路达到 8000 公里，为广大人民群众创造安全舒适、环保高效的公路运输环境。

——农村公路：到 2010 年，县公路平均好路率、乡村公路路面平均完好路率分别达到 76％，为农民出行提供便利的条件。

道路运输发展目标：

——客运站场建设。重点建设太原客运枢纽南站、西站、北站，大同客运枢纽东站等 12 个一级客运站和 50 个二级客运站、460 个乡镇客运站，实现市市有一级客运站、县县有二级客运站、50％的乡镇有等级客运站、85％的建制村有候车亭（牌）。

——货运站场建设和现代物流。加快太原、大同、临汾、长治等 4 个现代物流综合枢纽建设，推进物流配送中心建设，初步构筑起覆盖全省、布局合理的物流网络和信息平台。引导交通运输、仓储配送、货运代理、多式联运等企业延伸服务功能，向第三方物流企业转变。积极推进物流规范化和标准化，树立物流服务品牌。

——运输结构调整。运力结构、组织结构进一步优化，高级长途客车在全省营运客车中的比重增长 3％；城际客运和旅游客运中高级客车达到 90％；专用货车在营运货车中的比重增长 20％，重型车增长 30％；长途客运和货运市场集中度分别提高 15％。全省实现中型城市之间当日往返，全省具备条件的建制村通客车。

水运建设目标：

到 2010 年，重点水域的重点渡运设施得到全面改善，水上安全监管水平明显提高。新建和改造分布在黄河、汾河水库、漳泽水库等重点水域的 52 处渡口，完善水上交通安全监管救助设施，改善渡运监管条件。

二、四通八达、全面开放高速公路布局规划

到 2020 年，形成纵贯南北、承东启西、覆盖全省、通达四邻的高速公路网，实现省会到相邻省会、省会到地级市、相邻地级市之间高速通达，连接城镇人口超过 15 万的所有城市。届时，全省约 90％的市县能在一小时内到达高速公路，

为居民出行、企业发展提供便捷高效的交通服务，为经济社会的发展提供强有力的交通支撑。

山西省高速公路网规划布局为人字骨架，9横9环。由以省会太原为中心的3条放射线构成人字型主骨架，以9条横线和9条环线为次骨架，以4条连接线为补充，总里程达到4000余公里，打通22个高速出口通道，形成开放型的高速公路网络。

人字骨架：新荣得胜口—芮城风陵渡、太原—泽州道宝河。

9横：阳高孙启庄—右玉杀虎口、灵丘驿马岭—平鲁二道梁、五台长城岭—保德、太原袁家庄—临县克虎寨、平定旧关—柳林军渡、汾阳—邢台、霍州—永和县永和关、黎城下浣—吉县七郎窝、泽州韩家寨—河津禹门口。

9环：大同环、朔州区域环、太原环、太原区域环、晋中区域环线、临汾区域环、运城环、长治环、晋城环。

连接线：安阳—长治、陵川—高平、垣曲—闻喜、运城—平陆、阳泉—盂县。

三、科学公平、协调发展的"两区"交通建设规划

为改变贫困地区落后的交通状况，响应省政府提出的"十一五"期间要"举全省之力，支持晋西北、太行山革命老区和连片贫困地区加快发展"，编制了"两区"交通建设规划。

到2010年，"两区"形成以高速公路为骨架，国省干线为主体，农村公路为基础的层次分明、布局优化、结构合理、功能完善的公路网；形成各种运输方式有机衔接、高效运转的站场枢纽系统和综合运输体系。

——公路基础设施建设。高速公路打通吕梁山，贯通太行山，连通东中西，"两区"59个贫困县有50个能在1小时内到达高速公路；国省干线公路连通所有贫困县行政、经济中心和重要旅游景区、交通枢纽，实现地级市到县二级以上公路连接，县到乡三、四级公路连接，所有建制村通公路，具备条件的建制村通水泥（油）路。

——道路运输。59个贫困县均有二级客运站，三分之一的乡镇有等级客运站，所有通水泥（油）路的建制村通客车。

020

山西省人民政府办公厅关于印发山西省"十一五"综合公路网建设规划的通知

晋政办发〔2007〕24 号

各市、县人民政府，省人民政府各委、厅，各直属机构：

《山西省"十一五"综合公路网建设规划》已经省人民政府同意，现予以印发。

山西省人民政府办公厅

二〇〇七年三月十六日

山西省"十一五"综合公路网建设规划

山西省人民政府办公厅

2007 年 3 月 16 日

今后五年，是山西省抓住国家促进中部崛起战略机遇，组织实施、全面落实山西省国民经济和社会发展第十一个五年规划纲要，全面建设小康社会、构建和谐山西和建设社会主义新农村的重要时期。为编制好全省"十一五"规划，省政府于 2005 年初确定了 37 个专项规划和区域规划，分头落实各有关部门组织编制。本规划作为专项规划之一，以《山西省国民经济和社会发展"十一五"规划纲要》及《山西省"十一五"公路水路交通发展规划》为指导，在《山西省高速公路网规划研究》、《山西省干线公路网规划研究》、《山西省农村公路建设规划研究》的基础上，充分考虑与其他相关规划的衔接，合理确定"十一五"全省公路发展的目标和建设重点，并提出具体的政策措施。

本规划的规划期限为 2006 年—2010 年。

一、"十五"公路建设发展评价

（一）公路基础设施供给能力提高，有力支撑了全省经济社会发展

"十五"期间，山西省坚持高速公路、干线公路和农村公路"三网并重"的方针，大力实施"三小时高速通达"、县际公路改造、乡通油路、村村通水泥（油）路四大工程，公路基础设施建设取得了突破性进展。五年新增公路通车里

程 14155 公里,新增高速公路 1168 公里,新增一、二级公路 4693 公里。到 2005 年底,全省公路网总规模达到 69563 公里,路面铺装里程达到 45599 公里,公路网面积密度达 44.5 公里/百平方公里,公路网人口密度达 20.73 公里/万人。从公路技术等级来看,高速公路 1686 公里、一级公路 1011 公里、二级公路 11586 公里、三级公路 15998 公里、四级公路 37503 公里、等外公路 1779 公里,等级里程占通车总里程的 97.44%,二级以上高等级公路占通车总里程的 20.5%。从公路行政等级来看,全省境内共有国道 4257 公里、省道 9220 公里、县道 16477 公里、乡道 38786 公里、专用公路 824 公里。覆盖全省的公路运输网络基本形成,全省 11 个地级市实现了高速公路连通,68% 的市到县、57% 的相邻县(市)由二级以上公路连通,97% 的建制村通了公路,100% 的乡镇通了油路,80% 的建制村通了水泥(油)路,公路基础设施供给能力明显提高,有力地支撑了全省经济社会发展。主要体现在以下几方面:

1. 客货运输条件明显改善

"十五"期间,大同—运城、太原—长治、长治—晋城、汾阳—离石等高速公路主通道建成通车,通往周边省市的高速出口路已有 7 条打通,并有 3 条正在建设之中。太原环城高速公路建成通车,纵贯南北的"人"字形高速公路主骨架全面建成,实现了省会到地级市"三小时高速通达",成为交通跨越式发展的重要支撑和显著标志。一般干线公路中二级以上里程达到 8947 公里,占一般干线总里程的 76%,公路交通运输条件得到明显改善。

2. 农村公路规模扩大,通达深度明显提高

"十五"期间,山西省抓住国家支持农村公路建设的机遇,大力推进县际油路改造和"村村通"工程,五年完成投资 228 亿元,新改建县乡油路 13717 公里、村村通水泥(油)路 75875 公里,全省 100% 的乡镇通了油路和客车,97.3% 的建制村通了公路,80% 的建制村基本通了水泥(油)路,83.6% 的建制村通了客车,比"九五"末分别提高了 13.5 个、3.3 个、37.5 个、16.6 个百分点,农村交通面貌发生了深刻变化,全省广大人民群众都享受到了交通发展带来的成果。农村公路的快速发展,改善了农民的生产生活条件,为加快山西省解决"三农"问题以及建设社会主义新农村提供了有力的支撑和保障。

3. 公路交通的支撑保障服务作用明显增强

"十五"期间,山西省公路建设完成投资 700 亿元,直接拉动了经济增长,带动了能源、冶金、装备制造、特色农业、旅游文化和现代服务业等相关产业的发展。公路交通事业的快速发展,改善了省内要素流动条件,扩大了资源配置范围和市场边界,为深化省内各区域间的经济分工与协作奠定了坚实基础;同时,也为加快山西省区域经济一体化及推进城镇化进程提供了有力的支撑和保障。特别是随着大运高速公路的建成通车,一条贯穿 8 个市、辐射 41 个县(市)的产业密集带已

经初步形成,大运"经济走廊"已具雏形,成为山西省经济的重要增长极。

4. 为进一步扩大开放创造了良好的公路交通环境

近年来,随着公路基础设施规模的不断扩大,覆盖全省的公路运输网络基本形成,极大地促进了省内外的经济文化交流。特别是高速公路快速发展,打通了通往周边省区的 7 个高速出口,提高了运输效率,提升了山西形象,改善了投资环境,促进了对外开放。同时,随着公路交通运输条件的不断改善,广大人民群众思想观念和生活方式也发生了相应转变,改善了投资的软环境。

(二)存在问题及不足

1. 总量不足,通达深度不够,不能满足经济社会快速发展的需要

近年来,山西省公路基础设施供给能力明显提高,但与广东、江苏等东南部发达省份相比,公路网整体发展水平包括高速公路里程、公路网面积密度、高等级公路所占比重等指标还有一定差距。从公路交通在山西综合运输体系中的地位及今后应发挥的作用来看,公路网规模仍较小,路网密度还偏低。特别是山西省作为特殊的资源型经济省份,运输强度历来较高,矿产资源的开采加工及矿产品的流通、丰富的旅游资源的深度开发等均需要公路建设先行。因此,全省公路在数量上、尤其在质量上都要有较大发展,才能更好地支撑保障经济社会发展。

到 2005 年底全省不通公路的建制村还有 767 个,不通水泥(油)路的建制村还有 6522 个,主要分布在忻州、吕梁等偏远山区,通达通畅任务还十分艰巨。区域性不平衡和差异化发展不利于经济社会的协调发展和全面进步,必须进一步扩大路网规模,以适应经济社会的发展要求。

2. 路网平均技术等级不高,通行能力较低

尽管近年来山西省高等级公路里程增长较快,但在整个公路网中所占比例仍较低。截至 2005 年底,二级以上等级公路占总里程的 20.5%,三级公路占 23.0%,而四级及等外公路占 56.5%,全路网平均网等级仅为 3.32 级。从路面构成来看,目前山西省有铺装路面仅占 25.4%,简易铺装路面占 40.1%,未铺装路面高达 34.5%。从整个路网功能来看,因高速公路尚未成网,运输主通道作用不能充分发挥,而一般干线公路网作为运输通道和集散道路的连接层,其骨架路段等级不高,形成卡脖子路段,导致整个干线公路通行能力不高,不能满足实际需要。

3. 路网发展不平衡,影响整体服务水平提升

山西省公路网发展较快,但发展不平衡,从布局上看,地区分布不尽合理,中部腹地较为完善配套,晋西北、太行山革命老区还比较落后,如运城市和晋中市公路密度已达到 63 和 54 公里/百平方公里,而吕梁市仅为 32 公里/百平方公里。部分路段仍存在"瓶颈"路段,一些城市过境路段和交通流量大、超载严重

的路段由于养护费用不足，破损路段不能及时得到改造，成为"瓶颈"。且公路网内部发展不平衡，高速公路和农村公路连年大幅增长，而一般干线公路的规模多年来基本未变，全路网呈现出两头快速增长、中间基本不动的不均衡发展态势，影响整体服务水平提升。

4. 公路建设资金紧张的问题仍然突出

山西省公路建设投资渠道单一，政府仍然是公路建设的投资主体，社会资本进入的机制不够完善，信贷规模控制影响从金融机构的融资。以政府为主体的投资行为直接导致了贷款余额逐年增加，交通部门承担着很大的债务压力。再由于高速公路先期效益不足，还本付息占用了大量的公路建设基金，进一步发展受到资本金短缺的制约。同时，随着农村公路建设的快速推进和规模的持续增加，农村公路建养资金短缺、来源不稳定、保障不健全等问题也日益显现。面对经济社会对交通"质"和"量"同步增长的需求，庞大的资金需求与日趋紧张的资金环境构成了尖锐的矛盾。

二、"十一五"公路建设发展面临形势及要求

未来五年，是山西省全面建设小康社会的关键时期，也是推进经济结构调整、加快新型能源和工业基地建设的关键时期。山西将紧紧抓住国家促进中部地区崛起的战略机遇，继续深入推进经济结构调整，加快新型工业化、特色城镇化进程，培育优势产业、统筹城乡发展、扩大对外开放，把山西建成国家的新型能源和工业基地，缩小与发达地区的差距，在中部地区崛起和周边省份竞相发展的格局中走在前面，构建充满活力、富裕文明、和谐稳定、山川秀美的新山西。

公路是山西省主要的交通运输方式之一，要发挥好基础、先导性作用，适应经济社会全面快速发展和人民生活质量全面提高的要求，适应构建社会主义和谐社会和建设社会主义新农村的要求，就必须统筹协调发展，加快公路基础设施建设。具体要做到以下几个方面：

1. 对内构建快速、便捷、机动的公路基础设施网络，对外构建衔接顺畅、能力充分的区域大通道

山西产业结构优化升级的出路在于"新兴产业规模化，传统产业新型化"，这两条路的基础是市场空间扩大化，现代、开放、高效的交通基础设施则是扩大市场空间的物质基础。同时，产业结构优化升级必然伴随生产方式的转变，即由过去的与初级重工业发展相适应的规模化、标准化生产方式向与高加工度产业发展相适应的小批量、多批次、高价值的灵活生产方式转变。新的生产方式对交通运输水平、能力提出了新要求，并基于维系供应链和信息沟通的需要而对客货运输的时效性提出了更高要求。山西交通要适应和促进全省产业结构优化升级进程，就必须构建与高度化产业结构相适应的更快速、更便捷、更通畅的公路交通

服务体系。

山西处于内陆腹地，具有承东启西、连北接南的特殊地理区位优势，紧邻环渤海经济圈，同时是西部省市进京、向东出海的重要通道。这就要求山西交通必须要发挥承东启西的大通道作用，一方面，打通东部通道，积极融入东部沿海发达地区，参与区域间的合作，另一方面，要打通西部通道，带动西部落后地区的发展。

2. 全面提升公路基础设施供给能力和服务水平，保持公路交通又快又好发展

未来五年，经济的高速增长和产业结构优化升级将产生大量的客货运输需求，全社会运输需求总量将持续快速增长。山西经济的运输强度历来较高，经济发展和公路客货运输增长之间一直呈明显正相关关系，"十一五"山西经济的这一基本特点不会发生质的变化。经济的快速发展要以大规模、高效率、现代化的交通运输服务为基础，因此，要保证经济总量持续、高速增长，山西公路交通必须全面提升供给能力和服务水平。

3. 加快晋西北和太行山革命老区公路建设，促进区域均衡发展

由于地理、经济等条件的制约，山西省公路建设不平衡，沿大运高速公路的中轴地带地势平缓，经济较为发达，交通便捷，而东部沿太行山脉和西部吕梁山脉及沿黄河地区则地形复杂，经济相对落后，交通不便。落后的交通基础设施成为制约这些地区发展的瓶颈，未来五年，省政府要重点加强对"两区"在产业、基础设施等方面的扶持力度，因此，要特别注重晋西北和太行山革命老区公路建设，以促进全省经济社会协调发展。

4. 将"以人为本"理念贯穿于公路发展全过程

要将"以人为本"理念贯穿到规划、设计、施工、管理全过程，注重细节，注重使用者的需求，使所有的人都能享受到交通基础设施提供的便利。特别是要把"安全至上"成为全社会所有交通参与者的共同理念，牢固树立"安全第一"的思想，继续实施"安保"工程。"以人为本"还要更加注重公平，统筹城乡发展，缩小城乡差距，改善人民群众的出行条件，特别要让边远、贫困地区的人民群众都能享受到公路交通发展的成果。

5. 降低资源消耗，注重生态环保，走可持续发展之路

要在快速发展中达到持续发展目标，增强山西的可持续发展能力，就必须提高山西交通的集约化水平，降低单位通行能力和单位运输量的环境资源代价。这就要求要重点发展具有集约利用土地资源和大通过能力特点的高等级公路系统，并加强其他公路设施的改造升级，提高通过能力。同时要增强效率观念和节能意识，建设节约型交通。在规划、设计、施工、运营等各个环节都要更加注重生态、环保和节能，合理利用线位资源，少占耕地，从实际出发，灵活运用指标，在保证安全、满足服务功能的前提下，尽量选用合理指标，不盲目追求高标准、

高指标,努力节约建设成本。

6. 发挥自身优势,与其他运输方式协调发展,推进现代综合交通运输网络的构建

现代综合运输体系是由多种运输方式共同组成的有机整体,各种运输方式间存在很强的互补性和相互依赖性。公路交通作为综合运输体系的基础,既为其它运输方式提供集疏运服务,又在运输通道中发挥重要作用。产业结构的优化升级,将会使运输产品发生新的变化,对运输方式、运输质量提出新的要求。这就要求充分发挥自身优势,在宜于道路运输的范围内最大限度地发挥其作用,为用户提供"门到门"的运输服务,保持公路运输在综合运输中的基础性地位。在规划建设时,充分考虑与铁路、航空等其它运输方式的和谐统一和有机衔接,实现各种运输方式之间的布局衔接和功能互补,推进现代综合交通运输网络的构建和完善。

三、公路网规模确定

根据《山西省高速公路网规划研究》、《山西省干线公路网规划研究》、《山西省农村公路建设规划研究》结论,得出:

到 2010 年,山西省公路网总规模将达到 11.7 万公里(包括 2006 年全国统一纳入统计口径的村道)。

其中,高速公路合理规模为 3000 公里;一般干线公路合理规模为 13000 公里;农村公路合理规模为 10.1 万公里。高速公路、一般干线公路、农村公路分别占全路网规模的 2.6%、11.1%、86.3%。

四、"十一五"公路建设发展指导思想、原则、目标

1. 指导思想

全面贯彻和落实科学发展观,按照全面建设小康社会、构建社会主义和谐社会和建设社会主义新农村的要求,进一步创新发展理念,创新发展模式,提高发展质量,坚持"三网并重"的方针,认真实施《山西省高速公路网规划》、《山西省干线公路网规划》和《山西省农村公路建设规划》,构建布局合理、衔接顺畅、安全便捷、节约环保的综合公路网体系,进一步提升公路交通基础设施有效供给能力和服务水平,为建设新型能源与工业基地、创建和谐山西提供强有力的交通支撑。

2. 原则

(1) 统筹兼顾,加强衔接

与国家重点建设项目衔接,突出抓好国家高速公路山西境内路段建设。服务于重点产业布局和开发战略,加强与城镇体系、旅游、水利、煤炭等专业规划的衔接,立足于综合运输体系的建立和完善,在高速、干线、农村公路三网有机融合的基础上,充分考虑与铁路、航空等其他运输方式相衔接协调。

（2）突出重点，协调发展

要特别重视统筹区域协调发展和贫困地区扶贫开发，注重"两区"公路基础设施建设、西部沿黄干线公路建设和通村水泥（油）路建设，注重红色旅游、扶贫公路建设，以交通基础设施建设推进贫困地区扶贫开发，促进区域、城乡协调发展。

（3）加快改造，提升服务

加快实施运煤通道、红色旅游公路及县乡砂砾路改造工程。坚持"用户为本"，加大养护投入，增强管护能力，完善标志标线，增加安全设施，全天候提供信息服务，提升道路整体服务水平。

（4）科技先导，节约环保

创新发展理念，以科技创新为先导，发挥科技在交通创新发展中的先导作用，建设一批科技品牌工程带动全行业发展。用科技手段更进一步地减少对生态资源的破坏，降低环境污染，合理利用线位资源，少占或不占耕地。

3. 发展目标

到2010年，公路网布局及技术结构更加合理，功能更加完善，各层次间能力匹配，衔接顺畅，以高速公路为运输主通道、一般干线公路为集散通道（次骨架及连接层）、农村公路为出入道路（基础）的综合公路网体系基本形成，公路交通基础设施有效供给能力和服务水平明显提高。全省85％以上的县城1小时上高速公路，农民群众"出行难、运货难"问题基本解决，全省人民均可享受到便捷、公平、安全、机动、高效的公路交通运输服务。

公路通车里程达到11.7万公里（包括2006年全国统一纳入统计口径的村道），路网密度达到75公里/百平方公里。

高速公路通车里程达到3000公里，占公路通车总里程的3.75％。"9横9环"建成"5横4环"，高速出口达到17个。一般干线公路通车里程达到13000公里，85％达到二级标准，其中国道90％达到二级标准。设区市与县之间85％实现二级以上公路连接，县与县之间80％实现二级以上公路连接。

农村公路县道通车里程达到1.7万公里，乡道达到3.9万公里，村道达到4.5万公里；所有建制村通公路，建制村"通达"工程建设任务全面完成；实现全省具备条件的建制村通沥青（水泥）路。75％的县道达到三级以上标准，乡道基本达到等级公路，全省农村公路通达深度、技术状况和服务水平得到明显提高，基本解决农民群众"出行难、运货难"问题，为构建和谐社会、全面建设小康和社会主义新农村奠定良好的交通基础。

五、"十一五"公路建设重点

1. 建设重点

高速公路重点加强高速公路网中的"九横"建设。续建5个项目，新开工20

个项目，五年建设里程 1900 公里，其中建成 1300 公里。

山西省"十一五"高速公路续建项目表（略）

一般干线公路重点抓好路面改造、运煤通道、沿黄扶贫干线、旅游干线改造以及纳入"两区"交通专项规划中的项目。总规模 5000 公里。

农村公路"十一五"期间，结合社会主义新农村建设和"两区"开发，全省农村公路建设 8 万公里，其中建设"通达"、"通畅"工程 5 万公里，重点解决 767 个建制村不通公路和 3700 个建制村不通沥青（水泥）路问题。建设乡村公路网化项目 2 万公里，同时结合扶贫开发、旅游矿产资源开发，安排县乡公路改造工程 1 万公里。

山西省"十一五"各市通达通畅工程建设情况表（略）

2. 投资规模

根据规划目标和建设任务，"十一五"期间，公路网建设需投资约 900 亿元，其中高速公路建设 600 亿元，干线路网建设 100 亿元，农村公路建设 200 亿元。

六、政策措施

1. 简化审批程序，加快前期工作进程

规划经批准后，应积极开展项目前期准备工作，建立相应的项目储备。公路建设前期审批程序复杂，各级政府及相关部门要高度重视，积极配合公路交通部门完成公路建设所涉及的征地拆迁等工作，要简化公路建设所涉及的国土、林业、环保、水利、文物、铁路、电力等前期工作程序，特别是对于一般干线路网规划中属于原路改造工程且方案明确的项目，建议工可阶段简化审批手续，加快前期工作进程。

2. 将公路建设用地纳入全省土地利用总体规划，预留建设用地

"十一五"新建的高速公路项目多，建设用地规模较大，建议政府出台相关规定，预留规划项目建设用地，明确公路用地的土地使用性质、范围，实行红线控制。红线内禁止审批新增建筑物或私自乱搭乱建，省政府将公路建设用地纳入全省土地利用总体规划，重点予以保障。

3. 拓宽筹资渠道，引进社会资本，推进公路建设投资主体多元化

全面落实《国务院投资体制改革的决定》，以更加开放的姿态引进社会资本。完善市场准入和退出机制，实行项目投资人招标制度。对在规定期限内不能履行投资约定的，取消其投资资格。

对于经济效益好、市场能有效配置资源的项目，要确保其享受与政府投资项目同等待遇。只要符合规划和核准条件，均可进入交通基础设施领域，疏通社会资本进入通道，科学合理地利用上市、发债、转让经营权、项目融资、直接投资等筹资方式，引导包括保险、证券资金在内的社会资本进入交通基础设施领域。

鼓励社会资本通过参股、控股、收购、兼并等方式，参与新建项目的建设和已建成运营项目的重组。引导高速公路投资人将影响区域内连接线纳入项目整体改造，提高投资效益。

对市场不能有效配置资源的项目，利用特许经营、投资补助等方式，吸引社会资本参与有合理回报和一定投资回收能力的项目建设。

对市场完全不能配置资源或现阶段不能配置的项目，政府交通部门集中资金组织建设，保证规划顺利实施。

4. 加大政府扶持力度，促进农村和欠发达地区交通发展

积极争取山西省有更多的项目进入国家"五年千亿"工程和"十一五"规划，加快农村交通建设。"十一五"期间，交通厅进一步加大对"两区"交通建设的政策和资金支持力度，"两区"交通建设项目优先安排实施。在安排国家开发银行 50 亿元县乡公路建设贷款时，对 59 个贫困县每个县专项补助 1000 万元，用于"十一五"农村扶贫道路的建设和解决"十五""村村通"工程个别村镇欠款债务。对工程难度大、地方积极性高的个别项目，实行"以奖代补"政策。省政府出台全省交通基础设施建设征地拆迁政策，各市要落实好"两区"交通建设的资金配套。从省煤炭可持续发展资金中提取一定数额的公路建设基金，集中用于煤矿矿区公路的建设、改造和养护。全省各市将重点公路工程建设营业税设财政专户，全部返还用于农村公路建设。鼓励农村采用"一事一议"的政策，积极投工投劳建设和养护农村公路。

5. 因地制宜，科学确定建设标准

综合考虑满足功能、服务经济社会发展、集约利用资源等因素，确定一般干线公路技术标准以二级公路为主。所有设区市行政中心与高速公路连接采用一级公路标准，所有县级行政中心与高速公路连接采用二级公路标准。对交通流量较大、城市过境路段，在地形和环境条件允许的前提下，结合当地城市规划可考虑适当加宽路基路面或改出城外。对交通量较大的重要一般干线公路，可设置必要的小型停车服务区，对于一般干线公路交叉的路口，可因地制宜设置智能信号管理或建设互通立交。在公路路面结构选择上，要充分考虑重载车单向行驶因素，灵活确定路面结构。

农村公路建设应以畅通、安全为主，根据地形条件、建筑材料资源、经济情况和交通需求适当选择技术标准，不片面追求高等级。注重排水防护工程，设置必要的安全防护设施，如警示标志、护栏等，保证行车安全。加大对农村公路建设质量的监管，提高农村公路施工质量。

6. 加强公路养管，保障有效供给能力

加大公路养护立法与执法力度。按照《公路法》、《农村公路管理养护体制改革方案》的条款内容，加快制订适合省情的相关配套法规条例和技术标准、操作

规范，加强行业管理，保障公路供给能力的有效发挥。按照国务院《方案》精神，进一步理顺农村公路养护管理体制，落实养护管理责任主体，保证足够稳定的养护资金投入，管好养好农村公路。

积极推进养护体制改革。加强执法监管力度，按照市场运作模式实行养护作业市场化管理，使公路养护管理和生产部门政企分开，明确市场主体的责任和义务，通过招投标委托专业公司开展养护作业，实行社会监理、政府监督，保证养护施工的质量和工期。

021

关于印发《内蒙古自治区交通运输"十一五"发展规划》的通知

发改规字〔2006〕1456 号

各盟行政公署、市人民政府，自治区有关厅、局，相关企业：

交通运输"十一五"发展规划是国民经济和社会发展的重点专项规划之一，是自治区"十一五"规划的重要组成部分。为指导交通运输的发展，加快交通现代化建设，统筹规划交通领域的重大建设布局，按照自治区政府的要求，我委编制完成了《内蒙古自治区交通运输"十一五"发展规划》，现印发给你们，请结合实际，认真组织实施。

附：内蒙古自治区交通运输"十一五"发展规划

内蒙古自治区发展和改革委员会
二○○六年八月十八日

内蒙古自治区交通运输"十一五"发展规划

内蒙古自治区发展和改革委员会
2006 年 8 月 18 日

一、交通运输发展现状

"十五"期间，随着国家西部大开发战略的实施，加快了交通基础设施建设步伐，自治区交通建设也进入了快速发展阶段，基础设施投入力度进一步加大，交通状况明显改善，运输市场进一步发展，运输能力有了大幅提高，有效地缓解了交通运输对自治区经济社会发展和人民生活水平提高的不适应状况，为全区经济的快速发展提供了有力保障、做出了较大贡献。

（一）"十五"期间交通运输发展取得的成就

1. 交通基础设施规模迅速扩大，运输能力显著提高

"十五"期间，自治区以前所未有的投资力度和建设速度，实现了交通基础设施总量的快速增长，路网规模继续扩大，运输能力显著提高。到 2005 年底全区铁路总里程达到 7934 公里，比"九五"末增加 755 公里；全区公路总里程达到 7.9 万公里，新增 1.17 万公里，已初步形成西起巴彦浩特东至海拉尔的区内

东西大通道，全区实现了全部旗县通油路，100％的乡镇（苏木）、90％的行政村（嘎查）通公路；全区民用机场达到 9 个，增加 2 个。目前，全区铁路运营里程达到 6410 公里，全区汽车站场达到 380 个，营运线路 7400 条，民航共开通经营航线 45 条，通航城市 30 多个。2005 年全区货物发送量达到 7.8 亿吨，比"九五"末增长 75％；旅客发送量 3.14 亿人，比"九五"末增长 34％。

2. 交通基础设施技术等级显著提高

"十五"以来，随着交通基础设施建设步伐的加快，技术等级明显提高。铁路复线里程达到 1216 公里，电气化线路里程达到 289 公里；高速公路从无到有，已建成通车 1001 公里，一级公路达到 2139 公里，二级以上高等级公路比重由 2000 年的 5.2％提高到 14.6％；全区 9 个民用机场中呼和浩特机场飞行区等级达到 4D 级，包头和海拉尔机杨达到 4C 级。

3. 交通固定资产投资快速增长，市场融资步伐加快

"十五"期间交通建设累计完成固定资产投资 897 亿元，是"九五"期间投资的 3 倍多，年均投资增长率超过 30％。"十五"以来，大力引进区内外各类建设法人实体，通过收购、合资、BOT 等形式加快自治区交通发展建设，五年累计投资 130 亿元。同时，国家和自治区也加大了重点公路、农村公路和民航支线机场的投资力度，形成了"国家投资、地方筹资、银行贷款、民营企业投资、引进利用外资"的全社会、全方位合力办交通的建设格局。先后建成了满洲里、二连口岸站场扩能改造、准格尔—东胜一期、锡林浩特—桑根达赍—正兰旗等铁路项目，麻黄沟—乌海—包头、呼和浩特—老爷庙、包头—东胜—苏家河畔高速、省际通道白音查干—阿荣旗一级等公路项目以及乌海和满洲里支线机场。

4. 交通管理体制改革取得实质性进展

自治区境内铁路局撤消了所有铁路分局，并将所属学校、医院移交地方管理，逐步实施主辅分离；2003 年国家民航总局将自治区境内 7 个机场全部下放地方，自治区组建了内蒙古民航机场集团公司，对区内机场实行企业化管理，实现了民航机场的政企分开；2004 年，自治区成立了高等级公路建设开发有限责任公司，负责对区内高等级公路进行建设经营管理。民航机场公司和高等级公路公司的组建，使以"政企分开"为核心的交通经营管理体制改革迈出了重大步伐。

（二）交通运输发展存在的问题

"十五"期间，虽然自治区交通建设和发展取得了较大的成绩，但与自治区经济社会发展的要求和全国及其他地区相比，由于基础差，发展相对滞后，交通基础设施仍然是薄弱环节，总量不足依然是发展中面临的突出问题：

1. 交通设施密度小，等级偏低

自治区交通现状与全国的差距仍然较大。到 2005 年底，我区铁路、公路网密度和百万平方公里拥有的机场数分别是全国平均水平的 85％、33％、49％，

交通设施总量仍然不足。自治区境内铁路仅有大准线一条电气化铁路,除京包、包兰线和滨洲线部分为复线外,其余都是单线,线路整体技术标准低、设备老化;公路等级偏低,高级、次高级路面仅占公路总里程的38%,较全国低8个百分点;现有机场等级低,呼和浩特机场在全国省会机场处于较低水平,其余大多数机场为3C~4C级。

2. 部分交通设施建设投资渠道少,筹资难

我区位于国土面积大,且处于国家路网的边缘,建设任务十分艰巨,地方财政困难,政府配套资金匮乏;交通流量偏小,项目招商引资难度较大,特别是一些公益性交通基础设施,投资渠道单一,筹资难仍是制约自治区交通建设的主要矛盾。

3. 铁路运输通道不畅,综合运输网络尚未形成

我区资源丰富,煤炭等大部分能矿资源需通过铁路运输,铁路通道输送能力紧张,特别是深入能矿产地的铁路支线少,配套设施不完善,影响了我区以煤炭为主的资源开发规模和速度。自治区规划的"三横九纵十二出口"公路建设布局还没有形成,对外出口、地区间的通道数量少、等级低,没有形成合理的公路网络。运输车辆不能合理地选择最佳运输线路和运输方式,从而对运输质量和效率产生一定影响。

4. 行业管理体制改革滞后,不能很好地适应市场化需求

铁路建设管理体制改革步伐缓慢,未能实现政企分开;公路建设的市场化程度低,大部分公路建设没有实行真正意义上的项目法人责任制,直接融资受到影响;民航机场虽然按企业化进行经营管理,但由于我区大多数机场航空客运量较小,机场自我生存及发展能力较低。

二、交通运输发展的环境和需求预测

(一)交通运输发展的宏观环境

1. 西部大开发等战略的实施将继续为我区交通事业带来发展机遇

"十一五"时期,随着西部大开发战略的深入实施,国家将继续出台扶持政策,加大投资力度,支持西部地区交通运输的发展,加快西部地区的通道建设和农村公路建设;同时,国家又开始实施振兴东北等老工业基地的发展战略,并在积极制定实施包括我区东五盟市在内的东北地区交通发展规划和战略,加强交通基础设施建设。这些政策的实施,必将有力地推动自治区交通基础设施的建设和发展。

2. 全面建设小康社会和经济持续快速增长将有力促进交通运输的发展

"十一五"期间,自治区将按照和谐发展的总体要求,加快经济发展,全面建设小康社会,全区经济将继续呈现持续快速发展的良好态势,自治区生产总值

增长速度将保持在13%以上。随着自治区经济的快速发展,产业、产品结构进一步优化升级,资源转化和输出能力将越来越大;同时,经济增长会带动社会和个人收入的增长,人们的出行将更加频繁,这必将推动交通运输业的发展,要求交通运输提供更快捷、高效和安全的服务,同时也将为交通发展提供物质供应和资金保障。

3. 改革开放的深化将对交通运输产生较大的推动作用

"十一五"期间自治区将积极实施"走出去"战略,主动拓展与俄、蒙合作的空间,以大型企业为主导,通过境外的并购及投资,引导区内外优势企业进入俄、蒙市场,并积极合作开发利用俄、蒙两国的矿产资源。对外开放的扩大将使国内外、区内外的经济联系更加密切,地区间的人员、货物交流更加频繁,从而带动客货运量的增长,并对我区对外通道建设提出了更快、更高的要求。同时,党的十六届三中全会提出进一步放开基础设施建设准入市场,这将进一步调动全社会建设和经营交通的积极性,开创交通大发展的新局面。

4. 我区特有的资源优势为交通建设加快发展提供了支撑

我区与八个省区毗邻,随着经济的快速发展,国内东西协作将进一步加强,而我区经济与内地省区有较强的互补性。近年来,以能源为主的资源需求旺盛,我区丰富的资源优势日益显现,煤炭、油气、有色金属等各类矿产资源开发利用步伐加快。同时,自治区将重点开发以草原、沙漠、森林、冰雪、温泉、口岸等为主要内容的旅游资源,大力发展旅游业。资源开发和旅游业的发展对交通运输具有很强的依赖性,反过来也为交通运输提供了巨大的运量保证。

5. 自治区工业化和城市化进程的加快将为交通运输提供广阔的发展空间

按照自治区经济社会发展的总体要求和奋斗目标,自治区将继续加快工业经济发展和城镇化步伐,工业将重点发展六大产业,到2010年,全部工业增加值达到3180亿元,年均增长18%;城镇化水平达到56%。工业化进程和城镇化水平的提高,将对交通运输产生更大的需求,使客货运输结构和布局产生新的变化,对运输资源的合理配置产生较大的积极影响,即要求提供安全、及时、快捷、方便的运输服务和集中化、专业化的运输,从而推动交通运输的进一步发展。

(二)交通运输需求分析及运量预测

"十一五"时期,运输市场竞争机制进一步形成,不同运输方式、不同运输行业之间在竞争的运输市场中所占有的市场份额将继续发生变化,并日趋合理。同时,自治区工业化、城镇化水平的进一步提高,工业生产结构由资源密集、劳动密集型向资本密集、技术密集型转化,产品高附加值趋势越来越明显,对客货运输的要求将更侧重于迅速、方便、安全、舒适等运输质量的提高。

货运需求持续高增长。长期以来,我区煤炭、金属矿、石油、钢铁、建材等能源原材料运输占货运总量的较大部分，产业和产品结构优化升级将使这部分货物运输量的内部结构发生变化，但能源、钢铁、建材等用量随着经济的快速发展、城市化进程加快和基础设施建设规模的扩大，将会有较大的增长。货运需求中高附加值产品、特种货物以及鲜活农副产品总量不多，但增幅较大。因此，货运需求总量仍会有较大增加。

客运需求呈较高的增长速度。随着自治区国民经济的快速发展，人民生活水平将持续得到改善，人们出行次数会显著增加，旅游度假等因私出行比重将明显增加，客运需求比较旺盛。同时，由于城市化进程的加快，更多的农村剩余劳动力将向城镇集中，人民生活水平的提高将使区域之间、城市和农村之间的人员往来更加频繁，客运需求由此增加并将保持较快的增长态势。

按照自治区中远期经济社会发展目标，结合自治区经济发展和客货运输市场分析，根据2001—2005年客货运输完成情况，经测算确定"十一五"期间我区运量弹性系数采用0.9左右。

预计到2010年，全区客运量为5.5亿人，年均增长11.8%，其中铁路4500万人，公路5亿人，民航200万人；旅客周转量为520亿人公里，年均增长11.6%，其中铁路180亿人公里，公路315亿人公里，民航25亿人公里。全区货运量为14.5亿吨，年均增长13.2%，其中铁路4.5亿吨，公路10亿吨，民航2万吨；货物周转量为3270亿吨公里，年均增长11.2%，其中铁路2600亿吨公里，公路670亿吨公里。

三、交通运输发展总体思路、基本原则和发展目标

（一）发展的总体思路

"十一五"期间，我区交通发展的总体思路是以发展为主题，以改革开放为保障，以协调发展为立足点，继续加大投入，全面提高运输供给能力和服务水平，加强综合运输通道建设，加快新农村交通设施建设，改善区域交通，逐步完善交通运输市场体系，初步形成铁路、公路、民航等交通运输方式协调发展的综合运输网络和运输市场体系，交通运输总体能力、市场化进程和服务质量基本满足经济增长和社会发展的需要。

（二）发展的基本原则

1. 坚持统筹规划的原则。以综合交通运输发展为指导，统筹规划，合理布局，注重不同运输方式间的衔接，促进铁路、公路、民航的协调发展。

2. 坚持适度超前的原则。从满足于经济发展的需要出发，高起点规划交通发展和重点建设布局。

3. 坚持重点推进原则。结合自治区推进的工业化、城镇化、农牧业产业化等发展战略，重视大城市、开发区和产业基地的交通基础设施建设。

4. 坚持协调发展的原则。在加快发展的同时，因地制宜，要重视区域间、城乡间的不平衡，加强土地、环境和生态保护，注重协调发展。

（三）发展的总体目标

到 2010 年，全区铁路总里程达到 11000 公里以上，其中复线里程 2100 公里，电气化线路里程 1800 公里；全区公路总里程达到 8.9 万公里，高速公路达到 2500 公里，一级公路达到 3500 公里，高级、次高级路面达到 5 万公里，自治区首府至盟市以高速和一级公路连通，盟市至旗县基本以二级公路连通，乡镇（苏木）通油路，行政村通公路；区内民航机场达到 14 个；全区货物发送量达到 14.5 亿吨，旅客发送量达到 5.5 亿人。

四、交通发展建设重点

按照交通运输发展的指导思想和总体目标，"十一五"期间自治区交通发展要以铁路和公路基础设施建设为重点，统筹规划、扩大网络、完善布局、提高等级，进一步加快运输通道建设，继续构建"贯通区内、畅通三北、联通俄蒙"的交通运输格局，基本建成能够满足自治区经济发展和社会进步的综合交通运输网络。

（一）铁路

"十一五"期间，铁路建设要以自治区东西大通道、出区通道、口岸通道、煤运通道为重点，进一步加大新线建设和既有线电气化扩能改造力度，建成能够基本满足区内资源开发和对外贸易发展的铁路运输网络及出区、达海通道。

1. 加大对既有铁路干线和枢纽扩能改造力度，不断提高列车运行速度和铁路输送能力。对大包线、包兰线、集二线、滨洲线等进行提速改造，提高国铁干线的客货运输速度；对京包、包兰、集二、京通、集通等线进行电气化改造，全面提高铁路的运输能力；对滨洲、大齐、新包神、大准、白阿、通霍、叶赤线等增建复线或扩能改造，解决通道能力不畅问题；对包头、集宁、通辽枢纽进行扩能改造，解决枢纽能力不足问题。

2. 加快新线建设，构建自治区铁路东西大通道。重点建设东胜—乌海、伊敏—伊尔施、锡林浩特—白音华—霍林河—乌兰浩特、通辽—乌兰浩特等铁路，初步形成由西至东的自治区铁路运输通道，提高铁路对地区经济和社会发展的适应能力。

3. 加强出区通道、口岸通道、煤运通道建设，尽快适应自治区经济快速发展对铁路运输的需要。建设临河—策克、包兰线—甘其毛道、白云鄂博—满都拉、阿尔山—乔巴山、满洲里—伊尔施、海拉尔—黑山头、莫尔道嘎—室韦等铁路，增加我区与蒙古和俄罗斯的铁路连接通道；加强满洲里、二连、策克等铁路口岸站场建设，扩大口岸过货能力，为实现我区向北开放创造条件；建设呼和浩特—准格尔、集宁—张家口、准格尔—朔州、赤峰—大板—白音华、正蓝旗—丰宁、西乌旗—阜新等铁路，形成自治区煤炭运输和出区下海的新通道。

"十一五"期间，铁路建设共需投资 500 亿元，新增铁路 3560 公里，新增电气化铁路 1500 公里。

（二）公路

"十一五"期间，要按照自治区"三横九纵十二出口"的总体布局，围绕区内通道、出口通道、口岸通道、新农村公路、国边防公路及运输站场加快建设，全面提高路网密度和等级，基本建成自治区干线公路网络及与周边省区快速直达的公路运输通道，初步形成与自治区经济发展相适应、与其他运输方式相协调的公路运输系统。

1. 完善国道主干线和省际通道建设，全面贯通区内主通道。重点建设横线中绥满国道主干线 301 线牙克石—甘南段高速公路，国道 110 线呼和浩特和临河绕城高速公路，形成以高速公路为主的西起阿左旗东至满洲里的主横线，全面畅通自治区东西部的公路大通道；建成国道 111 线赤峰—通辽高速，国道 109 线东胜—大饭铺、棋盘井—察汗淖高速公路，基本形成以二级以上高等级公路构成的西起乌海东至额尔古纳的自治区第二横线。

2. 加大出区通道和路网改造力度，形成自治区通往"三北"的运输通道。进一步加强盟市出区公路通道建设，在重点区域初步形成路网通道。建成国道 302 线乌兰浩特—白城、国道 303 线通辽—双辽、省道 205 线赤峰—朝阳、国道 208 线赛汉塔拉—白音查干—丰镇、国道 109 线大饭铺—十七沟、国道 207 线桑根达赉—三号地、阿左旗—银川等一级以上出口公路，打通所有盟市至"三北"的运输通道。同时，以改造、完善国省干线为主，重点建设省道 203 线乌兰浩特—阿尔山、国道 303 线天山—通辽、国道 111 线巴彦胡硕—舍佰吐、省道 207 线赛汗塔拉—新宝力格等区内路网改造项目，完善区域内部路网结构。

3. 加快口岸公路建设，连通对外公路通道。在二连、满洲里口岸通道建成一级公路的同时，重点建设策克、甘其毛道、满都拉、珠恩嘎达布其等口岸二级公路和部分口岸界桥，形成联通俄蒙的公路通道。

4. 大力推进新农村公路建设。以通乡油路和行政村"通达"工程为重点，全面提高农村公路等级和通达深度。重点建设国家和自治区规划的通乡油路和行政村通路工程，建设总规模为 3.5 万公里，其中通乡油路 13000 公里，到 2010 年基本实现全区乡镇、苏木通油路和行政村通公路（其中，50%的行政村通油路）的建设目标。

5. 加强公路站场和国边防公路建设。继续完善自治区公路主枢纽建设，建成呼和浩特公路主枢纽，陆续开工建设包头、赤峰、通辽、海拉尔、临河等公路枢纽工程。根据需要适时对重点旗县经济运输站场进行改扩建，适应区域物流发展的要求。继续加强国边防公路建设步伐，重点实施边防连队与边境旗、县、乡镇连通的公路项目。

"十一五"期间，公路建设共需投资1200亿元，新增高等级公路里程9000公里，其中高速公路里程1500公里。

（三）民航

"十一五"期间，民航机场建设要以建立内蒙古区域支线航空运输网络为目标，根据经济社会发展，结合旅游、口岸和通用航空的需要，进一步完善机场建设布局，提高现有机场综合配套能力，初步形成以呼和浩特机场为中心，覆盖华北、西北、东北的支线航空网络。

1. 强化地区枢纽机场。将呼和浩特机场建成地区枢纽机场，"十一五"期间完成呼和浩特机场扩建，使其飞行区等级达到4E级，成为首都国际机场的主备降场。逐步开通呼和浩特机场与全国各大枢纽机场以及全国干线机场的航线。

2. 完善地区性干线机场。"十一五"期间对包头机场和海拉尔机场进行扩建，使两机场飞行区等级达到4D级并具备一定干线机场功能。

3. 加快发展支线机场。进一步完善现有支线机场综合配套能力，规划布局一批新建支线机场项目。"十一五"期间对乌兰浩特机场飞行区、锡林浩特机场航站区进行扩建；建成鄂尔多斯机场、阿尔山机场、二连浩特机场，迁建赤峰机场，适时开工建设巴彦淖尔、额济纳旗机场。

"十一五"期间，民航机场建设共需投资20亿元，新增机场5个。

五、交通运输发展的保障措施

（一）促进交通运输的可持续发展

一是要树立综合交通发展观，充分发挥各种运输方式的比较优势，通过不同运输方式的快速、协调发展，提高综合运输能力，发挥投资的整体效益；二是要认真做好交通运输与城乡发展和地区发展的衔接，使交通的发展在城乡间和地区间相协调；三是要积极贯彻可持续发展的战略思想，尽可能减轻交通建设对资源、生态、环境的影响。合理使用土地资源，尽量少占耕地。对建设项目要实行环境影响和水土保持评价制度，采取环境、土地保护整治措施，使交通运输发展与国土资源的保护治理相互协调。

（二）深化交通管理体制改革

进一步加快和深化交通管理体制改革，适应市场经济发展的要求。铁路方面，要改变目前"政企不分、网运一体、高度集权"的体制，建设项目要实行投资主体多元化，尽快开放铁路运输服务市场，实现"网运分离"，逐步建立起与市场经济体制相适应的政府监管机制、企业激励机制、自我发展机制。公路方面，要进一步推进公司化改革步伐，努力培育交通建设经营法人主体，同时积极推进公路养护管理体制改革，实现管养分离，提高公路的使用寿命和通行能力。民航方面，通过引进国内外大型机场和航空公司对我区现有机场公司实行联合重组，提高机场管理水平，不断降低运营成本，提高机场经济效益。对新建机场要按照现代企业制度进行管理，不断探讨新形势下机场经营管理的最佳模式。

（三）多渠道筹集建设资金

按照国家和自治区投融资体制改革精神，合理确定公益性和经营性交通基础设施。属公益性的，要进一步加大政府投资力度，通过争取国家投资和自治区各级政府出资来加快建设；属经营性的，要通过市场机制来实现投资主体多元化，积极鼓励和引导各类投资主体采取多种方式进入交通运输领域，广泛吸引社会资金。同时要采用转让经营权、收费权作为筹集资金的重要手段，尽快盘活存量资产；通过扩大利用外资和银行贷款规模、发行企业债券、股票上市融资等多方式、多渠道、宽领域筹集交通建设资金。

（四）创造良好的交通发展环境

积极贯彻执行国家和自治区制订的西部开发和加快公路发展有关政策，尽快制订出台加快铁路建设和经营的优惠政策，结合支线航空试点工作，出台配套政策，为交通发展提供良好的政策环境。自治区各有关部门要依法行政，加强服务意识，提高办事效率，在项目的前期工作、建设实施和经营发展等方面提供优质快捷服务，为交通发展创造良好的投资环境。加大新闻舆论宣传力度，使广大人民群众充分理解并亲身感受到交通基础设施建设的重要性，从而支持并帮助交通建设与发展，形成全社会支持交通建设的良好氛围。

（五）保障交通规划实施

交通运输中长期发展规划是政府对交通运输基础设施建设合理布局、并进行宏观调控的重要手段，也是提高交通运输建设质量、提高运输效率和效益的重要措施，是实现交通运输发展战略目标的关键之一。规划一经确定，各级政府和交通部门都要自觉维护规划的权威性和严肃性，保证规划的顺利实施。要以中长期规划为指导制定年度计划，把中长期规划和年度计划衔接好，通过年度计划的实施，逐步实现中长期规划确定的战略目标。在具体项目的组织上要加强前期工作，搞好项目储备，提高前期工作质量，为年度计划和规划的实施创造条件。

022

吉林省"十一五"交通发展规划①

吉林省交通运输厅

2008 年 1 月 1 日

"十一五"期间,是体现振兴东北等老工业基地战略具体实施效果最重要的五年,是全面建设小康社会和构建社会主义和谐社会、实现交通更快更好地发展承前启后的关键时期。公路、水路和地方铁路交通发展将面对新的、更高的发展要求,机遇与挑战并存。公路、水路和地方铁路交通"十一五"规划是这一时期交通发展的纲领性文件,主要指明行业发展方向、目标和重点。谋划好"十一五"交通发展规划,对于推进我省全面建设小康社会进程,加快吉林老工业基地振兴,建设社会主义新农村,支撑和带动我省经济社会更快更好地发展等具有十分重要的意义。

一、"十五"交通发展回顾与评价

"十五"期间,我省经济社会持续、健康、快速发展,人民生活水平不断提高,既为公路、水路和地方铁路交通带来了巨大的需求,也为其快速发展创造了有利条件。我省交通发展紧紧抓住国家继续扩大内需,加大基础设施建设投入和支持东北等老工业基地振兴的历史机遇,围绕"十五"计划目标,坚持以人为本,以发展质量为核心,统筹推进交通建设、养护管理、运输的全面协调发展,运输条件得到了很大改善,公路、水路和地方铁路交通发展基本适应了我省经济社会发展需要。

(一)"十五"交通发展状况

1. 交通发展投入创历史新高,对经济增长拉动作用明显。

"十五"期间,是我省交通发展史上投入最大、发展速度最快的时期,全省交通发展完成总投入 735 亿元,比"九五"增加 446 亿元,是"九五"实际完成的 2.5 倍。其中:基础设施建设 465 亿元(公路建设 443 亿元、运输场站 13.6 亿元、地方铁路 7.7 亿元、内河航道 0.2 亿元)、公路养护 50.3 亿元、事业发展 17.9 亿元、偿还贷款 201 亿元,分别比"九五"增加 252 亿元、22.7 亿元、5.1 亿元、165.2 亿元。巨大的资金投入,支撑起交通建设的快速发展,同时带动了全省经济和相关产业的快速发展,创造了大量的就业机会。据测算,"十五"期

---

① 本文收录编辑时有删减。

间交通建设累计拉动 GDP 增幅达 2.25 个百分点，创造就业机会 142 万个。

"十五"交通发展投入表 （单位：亿元）

项目	"九五"完成	"十五"		"十五"完成比"九五"		"十五"完成比计划	
		计划	完成	增加	增长	增加	增长
全社会投入	289	520	735	446	154％	215	41.3％
一、基础设施建设	213	355	465	252	118％	110	31％
1. 公路建设	203	330	443	240	118％	113	34.2％
2. 运输场站	7.3	12	13.6	6.3	86％	1.5	12.5％
3. 地方铁路	2.4	12	7.7	5.3	221％	−4.3	−35.8％
4. 内河建设	0.2	1	0.2	0	0％	−0.8	−80％
二、公路养护	27.6	38	50.3	22.7	82.2％	12.3	32.4％
三、事业发展	12.8	17	17.9	5.1	40％	0.9	5.3％
四、偿还贷款	35.8	110	201	165.2	461％	91	82.7％

2. 公路建设成效显著，通行能力和服务水平全面提高。

公路建设规模空前，路网结构明显改善。五年新改建各级公路 4.9 万公里，同比"九五"增加近 3.5 万公里，超"十五"计划目标 3.6 万公里。相继建成了拉林河至长春、长春绕城北段、图们至延吉、长春至龙嘉机场（六车道改造）高速公路和长春至白城、白山至四平、吉林绕城（西南段）一级公路等一批重点项目，开工建设了江密峰至珲春高速公路和肇源经松原至金宝屯一、二级公路。开展了干线公路大中城市绕越规划建设工作，建成了四平、辽源市城市绕越（环线）公路和吉林绕城公路（西南段）。农村公路建设成绩显著，五年新改建农村公路油路或水泥路 3.73 万公里，比原计划目标增加 2.77 万公里，是"九五"实际完成的 10 倍。

"十五"末，全省公路总里程达到 50308 公里，比"九五"末增加 15092 公里；其中二级以上公路达到 9406 公里，比"九五"末增加 4493 公里，占公路总里程的 18.7％，比"九五"末提高 4.7 个百分点。除通往延边州府所在地高速公路在建外，全省所有地市政府所在地实现了与省会一级以上公路连接；市州到县市基本实现二级以上公路连接。乡镇通水泥（沥青）路率达 98.5％，比"九五"末增加 15.5 个百分点；提前两年实现了村村通公路目标，行政村通水泥（沥青）路率达 65.6％，比"九五"末增加 38.2 个百分点，其中通化市率先实现所有行政村通水泥（沥青）路。

2005 年底全省公路按技术等级、行政等级及路面结构划分如下图：（略，编者注）

公路通行保障条件稳中有升，与公路自身因素相关的安全状况得到改善。"十五"期间，全省累计完成养护工程 3886 公里，国省干线、专养路线和重点旅游路线美化 24516 公里，建设公路绿色通道 3464 公里。投入 2.3 亿元，实施安保工程 5260 处，改造加固危（险）桥 565 座。干线好路率达到 85％，专养路线好路率达到 77.4％。

3. 公路运输快速发展，在综合运输体系中的主导地位进一步加强。

公路客货运输比重增加，组织管理水平不断提高。到"十五"末期，公路运输完成客运量 2.3 亿人，旅客周转量 93 亿人公里，货运量 2.7 亿吨，货物周转量 99 亿吨公里；年均增长 5.2％、4.1％、3.1％、2.9％。道路运输在综合运输体系中的竞争力得到加强，旅客运输量占五种运输方式的比重达到 82％，比"九五"末期提高了 6.6 个百分点；货物运输量占五种运输方式的比重达到 73％，比"九五"末期提高了 2 个百分点。

车辆迅猛发展，结构明显改善。到 2005 年，全省民用汽车保有量将达到 63.9 万辆，比"九五"末增加 23.5 万辆，年均增长 9.8％，私人小汽车在"十五"中后期呈高速增长。营业性车辆数量持续增长，预计到"十五"末，全省营业性运输车辆达到 16.6 万辆，其中班线客车 1.05 万辆，营运货车 12.17 万辆，分别比"九五"末增加 3.0、0.06、2.39 万辆。客运班车的高中普车辆比例为 16∶33∶51，其中高级车 2000 台，比"九五"末期增加 1700 台；营运货车大中小车辆比例由"九五"期末的 57∶10∶33 到"十五"期末的 42∶8∶50，其中专用载货汽车 4700 辆，占营运货车总数的 3.9％，比"九五"末期提高了 2 个百分点，净增加 2816 台。

场站设施进一步完善，运输服务能力和水平显著提高。"十五"期间，全省新建二级以上客运站 11 个，三级客运站 3 个，改建二级以上客运站 18 个，新建三级以上货运站 32 个。到 2005 年，全省二级以上客运站达到 62 个，三级以上货运站达到 53 个。长春公路主枢纽信息服务中心基本建成并投入使用，62 个二级以上客运站、41 个三级以上货运站完成了信息系统建设，17 个客运站安检系统完成设备安装并投入使用，初步形成了依托长春公路主枢纽和 8 个市（州）中心城市，辐射经济较发达县市的运输站场服务体系。运输信息化、组织化程度增强，车辆空驶里程减少，社会运力资源得到有效整合，运输效率明显提高，道路旅客运输停候车紧张的状况得到改善。农村客运网络初步形成，全省已有 148 个乡镇设有客运站，占总数的 22％，100％的行政村通车（船），通车（船）率比"九五"末期提高了 8 个百分点。

4. 内河建设开始起步，水运发展势头良好。

"十五"期间，开工建设了第二松花江吉林市区至陶赖昭段 177 公里四级航道，维护性疏浚航道 64.9 公里。新建了查干湖、松花湖客运泊位各 1 个，扩建了松原港宁江作业区 5 号泊位。新建港航监督船舶 1 艘，维修改造链斗挖泥养护船队 1 个，航运管理和航道养护力量得到加强。

"十五"期间，全社会完成水路客运量 460 万人次、货运量 376 万吨，分别比"九五"期间增长 72.3％和 31.9％。水路客运长期下降的局面得以扭转，水路运输优势得到一定的发挥，呈现出加快发展的良好势头。

5. 地方铁路建设取得突破，区域铁路网络更加完善。

建成了靖宇至辉南 67 公里地方铁路，结束了靖宇县不通铁路的历史，为加快长白山区域资源开发，实现综合运输体系协调发展奠定了基础。靖宇至松江河、长春至烟筒山、和龙至德化、榆树至舒兰等地铁项目纳入地方政府与铁道部共同建设的合作合资项目，将加速我省境内铁路网络建设步伐。作为东北地区第一条合资铁路，长春经双阳至烟筒山项目已于 2005 年 9 月开工建设，探索出一条我省铁路建设的新路子。

2005 年，全省地方铁路运营总里程达到 160 公里，比 2000 年新增 67 公里，地方铁路货运量 162 万吨，货物周转量 5120 万吨公里，运营收入 1100 万元，分别比 2000 年增长 18.9％、101.5％和 100.6％。实现了总量增长，效益提升。

6. 支持系统得到加强，依法行政能力提高。

安全工作摆到了突出重要位置。省厅成立了安全管理处，统筹全省交通安全管理。组建了省、市、县三级地方海事机构，强化了水上安全管理，全省内河运输连续十七年无重大水上交通事故。建立完善了各种应急预案和救助措施，提高了突发事件的应急反应和处置能力。

科研教育工作成效显著。获省部级科技进步二等奖 2 项，三等奖 8 项。研究开发了"高等级公路沥青路面柔性基层研究"、"超大型 320T 沥青混凝土搅拌设备"等一批新技术、新产品和新材料，并加快了高新技术成果转化为现实生产力进程，以科技人才为依托的交通科技服务体系初步建立。举办各类培训班 659 期，培训 5.9 万人次，共培养硕士研究生 261 人、博士生 9 人，已形成多层次、多形式、多渠道的交通成人教育体系，为交通发展提供了人才保障。

法制建设不断完善。制定、修改了《吉林省公路管理条例》、《吉林省道路运输管理条例》、《吉林省高速公路路政管理条例》等 3 部地方性交通法规和《吉林省乡道管理办法》、《吉林省公路养路费征收管理办法》等 7 部政府交通规章，规范了交通行政许可和行政监管等行政行为，基本适应了依法行政和交通发展的需要。

（二）基本经验

1. 坚持齐抓共管，形成全社会办交通的良好氛围。

充分发挥政府的领导和协调作用。交通建设涉及面广，组织协调量大，为此，我们在交通发展中，充分依靠各级政府，每年省政府都与各市（州）政府签订交通建设目标责任书，以契约的形式明确工作责任和目标任务，作为省政府考核各级政府的年度重点工作之一，从而增强了各级政府做好交通工作的责任心和使命感。随着农村公路建设的不断发展，广大群众深切体会到农村公路建设对改变生产生活条件、发展经济的重要性，发展愿望空前高涨，全省农村公路建设规模迅速扩大，推动了交通建设的快速发展。

2. 坚持政策引导和技术扶持，效果事半功倍。

省厅出台了对少数民族地区、贫困地区、东部山区、粮食主产区、旅游公路和交通建设积极性高的地方政府给予支持等投资政策，出台了引导加快物流基础设施建设的意见，极大地调动了各方面的交通建设积极性。为解决技术力量不足，保证农村公路建设质量，实行了厅领导联系点制度和农村公路建设督导制度，每位厅领导负责联系 1 个市（州），并对每个市（州）派驻农村公路建设督导组。政策引导和技术支持起到了事半功倍的效果。

3. 坚持科学发展观，提高交通发展质量。

根据我省省情，确立了以提高发展质量为核心的交通发展观，重点建设了具有全局性影响的国道主干线上的高速公路。强调并落实"建设是发展、养护管理也是发展"的理念，提出"公路养护管理也要讲质量，讲成本，讲时效"，并按这个要求建立了公路养护管理快速反应机制，明确 4 月末以前完成路面灌缝、养护工程的补强设计和备料工作，汛期来临之前完成养护大中修工程，提高了经济和社会效益。

4. 坚持改革创新，推进交通发展市场化进程。

深化公路建设市场改革。在全国率先实行了"有限低价评标法"，有效解决了低价抢标问题，并探索了无标底招标，得到了交通部的充分肯定。

深化公路养护市场改革。公路管理养护体制改革取得了突破性进展和阶段性成果，制约改革的养老保险、养护工程税赋等关键问题基本得到解决，省市县三级公路管理机关改革全部完成。全省共组建各类养护公司 114 个，转制分流职工21393 人。积极推行小修保养招投标和合同管理，改善、大中修养护工程全部实行了招投标管理，有效降低了养护成本，提高了养护管理水平。

深化公路运输市场改革。紧紧抓住准入、监管、退出三个关键环节，深化运用市场机制配置运输资源的改革。对新增线路和已到期经营线路实行统一招标，加大对运输经营行为的监管力度，对于违法经营导致其不具备许可条件的，坚决依法令其退出市场。

5. 坚持依法行政，推进行业文明建设向深层次发展。

依法民主科学决策。组建了工程技术专家委员会、法律与经济决策咨询顾问委员会和督查委员会，建立了依法行政法律顾问咨询把关机制、科学理政专家咨询论证机制和从严执政工作监督落实机制，提高了决策科学化、民主化水平。

加强交通法制建设。制定和完善了高速公路管理、乡道建设养护管理、道路旅客运输安全生产管理等政策法规。针对人、财、物、工程招标、稽查收费等容易产生权钱交易的环节，研究制定了从源头上制约腐败发生的规章制度。

依法加强行业管理。依法开展超限超载治理工作，建立了政府领导、交通主导、部门联动的治理工作格局。

6. 坚持科教兴交通，为加快交通发展提供技术支持。

创新了科技管理机制。围绕重点工程建设、公路养护、运输管理中的技术难点组织科技攻关，注重安全技术、生态环保技术、重大关键技术和普遍性技术研究。实行激励机制，建立了科技发展基金和科技成果推广奖。

积极推进科技成果产业化。"环保型道路除冰液"在北方地区公路除雪养护中发挥了重要作用；公路管理信息系统、道路运输管理信息系统、交通行政机关办公服务系统初具规模。

7. 坚持以人为本，提高交通队伍整体综合素质。

注重提高干部职工队伍素质。坚持加强学习，努力做到继承贤人向书本学；他山之石可以攻玉向省外、境外、国外学；实践出真知向基层和群众学。坚持寓教于学，设立了交通教育发展基金和交通教育奖励基金，通过采取高校联合办学、办班培训、向国内外和省内外实践学习等多种形式，全方位多层次培养人才。

（三）存在的主要问题

在看到成绩的同时，还要清醒地认识到面临的困难和问题。

1. 公路网的整体功能有待进一步增强。国道主干线尚未全部建成，有 6 个市州尚未实现与省会通高速公路，国省干线仍有 430 公里未建成沥青（水泥）路；高速公路出省通道较少，促进东北地区整体协调发展的能力有限；全省还有近 35％的行政村不通油（水泥）路。

2. 运输组织化程度有待进一步提高。道路运输信息不畅，运输成本高、效率低，运力结构不合理；公路服务水平、场站条件的改善，反映出的运输效率的提高不明显。地方铁路和水路交通，污染小、成本低的优势未能得到充分发挥。

3. 市场机制有待进一步完善。制约交通发展的体制性、结构性深层次矛盾还没有根本解决，交通市场准入、监管、退出机制仍不健全，市场体系发育不完善。安全、质量、成本等重点管理工作还存在薄弱环节。筹融资体制改革效果不明显。农村公路缺乏长效的养护机制。

4. 规划前期工作有待进一步加强。对新时期交通发展需求和交通基础设施建设对经济拉动作用的认识不足，前瞻性不够，未能对既有规划作出及时调整，使项目在路网中的作用和功能定位不明确，随意性较大。项目前期工作周期短，储备少,难以满足新时期交通建设快速发展需要。

5. 建设资金紧张矛盾有待进一步解决。随着交通建设的进一步加快,建设资金特别是资本金不足的矛盾更加突出,银行贷款已成为建设资金的主要来源。

6. 人才队伍有待进一步培育。思想观念距离市场经济的要求、距离科学发展观的要求还有差距,各类经营管理型人才和高科技人才不足,队伍综合素质还不能全面适应新时期交通发展的需要。

二、"十一五"交通发展面临的形势与需求

（一）国民经济发展趋势

"十一五"时期,我省正处在人均 GDP1000 美元到 3000 美元的发展阶段,这是一个社会财富迅速增加,经济、社会结构急剧变化,增长潜力巨大的黄金发展时期,也是一个矛盾凸显时期,既充满发展机遇,也面临严峻挑战。五年间,我省将围绕汽车、石油化工、生态型绿色农产品加工、现代中药和生物制药、光电子信息等产业,实施一系列重大基础设施建设项目,振兴吉林老工业基地。预计"十一五"期间,全省国民经济将保持持续快速增长,年均增长 12% 以上。到 2010 年,全省 GDP 达到 5900 亿元。

（二）对交通运输发展的要求

随着全面建设小康社会和振兴吉林老工业基地战略的实施,"十一五"我省经济社会发展对交通运输发展提出了更高要求,也是交通发展的重要战略机遇期。

1. 振兴东北等老工业基地战略的实施和不断深入,要求交通运输提供充分、高效和优质服务。一方面,工业化进程的加快,经济总量的不断扩大,必将带动全社会人流、物流的持续增长,要求交通扩大总量,提供充足的运输能力。另一方面,随着产业结构的优化升级,产品结构向重量轻、深加工、小批量、高附加值方向发展,要求交通提高服务水平,满足安全、快速、可靠的运输需要。交通发展应由增加总量为主,向增加总量和提高质量并重方向发展,构建适应产品生产与流通特点和供应链管理的低成本、高效率运输服务体系。

2. 经济社会更快更好地发展,要求基础设施建设投资保持适度的增长。为促进我省经济快速发展,解决我省经济总量低的问题,省委、省政府提出每年固定资产投资要超过上年 GDP 的增长幅度,而交通占全省固定资产投资约十分之一左右,交通要服务和适度超前于经济社会发展,必然要保持适当增长;同时,"十一五"也是振兴东北老工业基地的关键时期,对于交通是难得的机遇,需要抓住机遇,加大投入,取得进一步发展。

3. 城镇化进程的加快和人们生活水平的提高,迫切需要提高运输的安全性、舒适性和便捷性。随着城市化进程的不断加快,城市群和城市带大量出现,城市

间的联系更加紧密，人口聚集带动产业聚集，从而形成更大的客货运输需求，要求加快城际间快速交通网建设，注重公路与城市道路的便捷衔接，适应城市间、城郊间、城乡间人流、物流快速增加的需要。与此同时，随着人们生活水平的日益提高，私人小汽车和农用小型运输货车将呈加速增长态势，消费性出行逐渐成为出行的主流，出行次数明显增加，范围不断扩大，要求交通提高运输服务水平，以提供人性化、个性化的运输服务。

4. 商品粮基地建设，农村产业结构调整，建设社会主义新农村，要求加快改善农村公路行车条件。我省是国家重点商品粮生产基地，全国 441 个优质专用粮食重点建设县中，我省占 27 个（另含前郭垦区）。而乡村公路是广大农村最基本的运输基础设施，直接影响农民增产增收和农村生产生活条件的改善。为确保粮食安全和解决好"三农"问题，"十一五"期间，国家将继续加大对农村公路特别是粮食主产区农村公路建设的扶持力度，我省应抓住机遇，围绕农村产业结构调整，加快农村公路建设步伐，突出社会主义新农村建设，提高服务水平。

5. 参与东北亚区域经济合作和扩大对外开放，要求交通基础设施给予有效的支撑。吉林省位于东北亚的地理中轴，面朝海外，连接俄、朝、日、韩、蒙等国家，具有沿海、沿边的独特区位条件，全省现有公路口岸 11 个。图们江区域经济合作开发，正在逐步形成积极、主动、寻求合作的开放态势，发展前景十分广阔。东北亚区域经济的快速发展，要求进一步加快区域内公路通道和边境口岸公路桥梁建设，拓展中朝、中俄国际运输路线，充分利用国际国内两个市场、两种资源。

6. 维护边境地区的安全与稳定，要求公路水路交通提供有效保障。我省边境线长 1452 公里（中朝 1206 公里，中俄 246 公里）。由于我省边防公路多处于长白山区，沿线地形地质条件复杂，公路发展一直比较落后。近几年，朝鲜半岛局势错综复杂，充满变数，非法越境问题还很突出，要求加快公路水路交通建设步伐，尽快打通中朝边境一线边防公路，加强边境一线与腹地的连接，提高交通应急保障能力。

7. 可持续发展战略的实施，要求交通走节约资源、保护环境、提高效率、保障安全的可持续发展的道路。近几年，国家实行了严格的耕地保护制度、节约能源制度和环境保护制度。交通发展必须努力适应，在规划、设计、施工、运营、管理等方面，提高土地等稀缺资源和不可再生资源的使用效率，合理利用线位资源，保护好我省得天独厚的生态环境条件，促进人与自然的和谐发展。要进一步加快内河航运发展，充分发挥水路运输投资省、占地少、能耗低、运能大、污染小的优势。

（三）交通运输量预测

1. 公路客、货运输量保持较快增长。

"十一五"期间，随着经济的快速增长和公路交通运输条件的不断改善，特别是高速公路逐渐联网后,将使我省公路客、货运输量保持较高的增长幅度。预计到 2010 年,全省公路客运量达到 3 亿人,旅客周转量 118 亿人公里,货运量 3.3 亿吨,货物周转量 120 亿吨公里,年均增长速度分别为 6.2%、4.7%、3.8%和 3.8%。

2. 水路运量持续增长。

"十一五"期间,二松航道等级提高,旅游设施不断完善,资源约束更加紧张,为水路运输快速发展创造了难得的机遇,我省水路客运量将平稳回升、货运量将显著增长。预计"十一五"期间,全省水路客运量为 600 万人次,旅客周转量 4800 万人公里,货运量 500 万吨,货物周转量 25000 万吨公里,分别比"十五"期间增长 31.8%、6.5%、34.7%和 73.8%。

3. 地方铁路运量不断增加。

"十一五"期间,随着区域铁路网的完善,以及运营的规范管理和市场化程度的提高,地方铁路货物运输量将不断增加。到 2010 年,全省地方铁路货运量将达 840 万吨,周转量 62700 万吨公里,运营收入 14140 万元,比"十五"计划末期分别增长 4.18 倍,11.26 倍,11.86 倍。

三、"十一五"发展目标与重点

（一）指导思想

紧紧抓住我国经济社会发展的重要战略机遇期,围绕全面建设小康社会和振兴吉林老工业基地的总体要求,贯彻"以人为本、全面协调、适度超前、环保节约"的方针。进一步统筹公路与其他运输方式的协调发展,统筹交通建设、运输和养护管理的协调发展,统筹公路建设与自然环境的协调发展,统筹交通事业与人的素质提高的协调发展。加快体制和机制创新,提高公路交通经济增长的质量和效益,为振兴老工业基地,实现全省经济更快更好发展,提供安全、便捷的公路、水路、地方铁路交通运输支撑和保障。

（二）基本原则

1. 坚持协调发展,进一步提升交通经济质量。要积极推进公路与水路、地方铁路建设,公路建设与养护,公路建设养护管理与运输,运输与现代物流,交通事业发展与以人为本的协调发展,形成以交通经济质量为核心新的发展观。

2. 坚持改革创新,进一步完善交通市场机制。用改革的思路解决在市场经济条件下出现的新问题,加快体制、机制创新,充分发挥市场优化配置交通资源的基础性作用。

3. 坚持依法行政,进一步提高行业管理水平。要提高法律意识,增强法制观念,依法科学民主决策,依法治理整顿交通市场,维护人民群众的根本利益。

4. 坚持发挥人才优势,进一步推进科教兴交通进程。加大交通科技投入,围绕高速公路建设搞好科技攻关,加速成果应用和转化,提高交通科技含量,推进交通信息化进程,同时提高队伍的整体素质。

5. 坚持求真务实,进一步把交通各项工作落到实处。结合实际,全面落实国家和我省在振兴老工业基地中对交通发展的要求,使交通发展适应于经济社会的发展。

(三)发展目标

"十一五"交通发展的总体目标是:到 2010 年,公路、水路等交通基础设施能力明显增加,网络结构更加合理,运行质量明显改观;基本建立符合市场经济要求的交通运输市场体系,服务能力和质量明显提升;科技创新能力明显增强,劳动者素质明显提高;初步建立起能力充分、组织协调、运行高效、管理上乘、服务优质、安全环保的公路、水路运输系统,与其它运输方式共同构筑布局基本协调的现代综合运输体系,服务国防安全的能力进一步增强;公路、水路和地方铁路运输基本适应并适度超前于全省经济社会发展需要,为全面建设小康社会奠定坚实的基础。

1. 运输服务目标

(1)运输装备。基本实现高速公路和国省干线客运由高级客车为主经营,城乡客运以中级和普通客车经营为主的运力布局。信息及节能降耗技术在经营性客货车辆中广泛应用。

(2)运输管理和服务水平。公路、水路运输市场体系进一步完善,市场准入、监管和退出机制基本健全;市场主体改革步伐加快,规模化、集约化、公司化、经营水平和服务质量进一步提高。基本建立起全省城际快速客货运输网络,实现省会到市州当日往返,市州到县市 2 个小时内到达;通公路的建制村全部通班车,80%以上的乡镇政府所在地设置农村客运站,基本达到"乡镇有站、干线有亭、村屯有牌"。

(3)运输科技和信息化建设。区域性运政、客运和货运信息平台及运输商务网络初步建立;建立道路运输应急反应信息系统和出行信息服务系统,出行信息服务系统覆盖率达到 40%,力争实现同城联网售票和异地售票。建立松花湖等重点水域公共安全通信网络,覆盖率达到 100%,道路、水路运输的科技含量和信息化程度明显提高。

(4)运输安全。紧紧围绕"三关一监督"制度,建立和完善运输事故预防和应急处理机制,严格从业人员培训和资质管理,强化车(船)安全保障体系,运政、海事管理部门安全监督能力不断提高,运输生产安全状况进一步提高。

2. 基础设施建设目标

(1)公路建设。高速公路网主骨架初具规模,国省干线公路技术等级进一步提高,农村公路覆盖面更广,基本建成比较完善的公路网络。公路总里程达到 6

万公里,其中二级以上公路达到 1.2 万公里。高速公路通车里程力争达到 2000 公里,新增 1500 公里。建成进关出海主要的高速公路出口 3 个,北上黑龙江的出口 1 个以及长春至长白山(松江河)的高速公路;省会长春与各市州政府所在地通高速公路,市(州)到县(市、区)基本实现二级以上公路连接。所有乡镇和 90% 以上的行政村通水泥(沥青)路,具备条件的行政村之间互通公路。

(2)内河建设。全省航道总里程达到 1609 公里,新增四级航道 177 公里,四级以上航道里程达到 394 公里,航道等级标准有所提高。新建 1000 吨级货运泊位 1 个,内河港口吞吐能力和机械化率明显提高。争取全面完成渡口、渡船改造,渡运条件明显改善。

(3)地方铁路建设。协助配合有关部门,做好地方铁路建设的相关工作。

3. 公路养护目标

加大公路科学养护和预防性全年全面养护管理,及时消灭病害,保持路况稳定。进一步加强安全保障工程建设,基本消除各等级公路上危(险)桥,争取建立起农村公路长效管养体制。干线公路好路率达到 87.5%,公路养护管理水平进一步提高。

4. 支持系统发展目标

(1)交通科技教育。围绕高速公路建设管理,开展关键适用技术研究、新技术推广应用和技术标准建设。行业科技进步贡献率达到 58%,建成体系完整、结构合理的科技人才队伍。开展全省交通系统信息资源整合,信息化应用深入到交通各个领域。交通专门人才比例达到 35%,其中大专以上专门人才比例达到 20%。

(2)交通安全。公路水路交通事故得到有效控制,紧急救助能力明显提高,危险货物运输安全性明显改善。水上监管范围达到所有旅游船舶航行水域,救助范围覆盖具有 20 艘旅游船舶的航行水域,水上交通安全继续保持无重大责任事故。

(3)可持续发展。公路水路交通对土地、岸线资源的集约利用水平明显提高,实现经济效益、社会效益和环境效益的统一。

(四)发展重点

1. 运输服务

(1)公路运输

——优化道路客运运营方式,大力发展快客运输,加快高速公路长途客运网络化、中途客运直达化、短途客运公交化、出租车客运规范化进程。加快构筑遍布城乡、四通八达的农村客货运输网络,改善农村运输服务质量。

——引导货运场站完善物流服务功能,鼓励大型运输企业由承运人向第三方物流经营人转变,提高综合物流服务水平。提高快速货运、集装箱、化学危险品、大型物件、冷藏保鲜货物等运输的专业化、规模化与现代化水平。

——开拓出入境汽车运输市场，争取开通长春至海参崴国际运输线路。提高出入境运输服务能力，开展与邻国的交流与合作，促进出入境运输发展。

（2）水路运输

——重点发展具有特色的内河水上旅游运输和高速客船运输，满足日益增长的旅游运输需要。

——发挥内河航运优势，提高航道利用率。新建 500 吨级航道养护船队 1 个，提高航道养护管理水平。新建 1000 吨级粮食船队 1 个，重点运输二松吉林至陶赖昭段沿岸玉米原料，为吉林市 30 万吨乙醇工程服务。

（3）地铁运输

——引导企业加大设备的更新改造速度和维修水平，提高线路设备完好率和运输能力。

2. 基础设施建设

（1）公路建设

——加快构建区域高速公路网，重点安排国家高速公路网项目。一是重点建设出海入关通道，强化与辽宁省等周边省、区的联系，接受环渤海经济圈辐射；二是加快省会到市（州）的高速公路建设，缩短时空距离，充分发挥长春中心城市对全省的辐射作用，改善投资环境；三是建设长春至长白山的快速、便捷、安全的高速公路通道，促进长白山资源开发。基本建成珲乌高速公路、吉沈高速公路吉林至草市（省界）段、长春至长白山高速公路、鹤大高速公路（东通道）抚松经通化至岗山岭（省界）、集双高速通化至东丰段。高速公路建设要充分体现建设节约型交通原则，要适度把握技术标准，注重保护环境，充分利用线位资源，尽量少占耕地和基本农田。

——继续实施干线公路升级改造工程，适当安排国省干线公路改造项目。为完善路网功能和结构，逐步提升干线公路的等级和服务水平，使各等级公路协调发展，满足不同公路用户需求，服务区域经济社会发展，将适度安排部分干线公路项目建设。优先安排列入交通部"十一五"规划、东北骨架公路网规划的项目，如：长春经济圈环线农安至德惠、九台至双阳段一级公路，环长白山旅游公路等；为促进区域经济发展和重点区域开发，规划建设无并行高速公路、现有二级以下（含二级）公路升级改造的项目，如：省道五桦线北大湖至桦甸一级公路，及长清线烟筒山至东清、朝长线松江河至长白（含长松岭隧道）、榆江线榆树至天德、通化至七道江等二级公路；虽有并行高速公路，但对区域经济发展和将来路网改造都具有重要作用的项目，如长春至拉林河（G102）、延吉至汪清、延吉（和龙）至长白山（和平营子）等一级公路，及三江口至巴西、朝阳镇至抚民等二级公路。为改善安全状况，或需要局部改线的项目。如辽源北绕城 3 座互通立交，老龙口水库改线段等。

——加快农村公路建设。把实现村村通油路，促进城乡道路和运输网络一体化作为建设社会主义新农村的一项重要任务，重点加快粮食主产区和农产品加工重点地区农村公路建设，同时，结合农村公路建设，做好农村客运站（亭、牌）建设，加快渡口、渡船改造。

——完善公路运输场站和枢纽。重点完善国家级主枢纽、市（州）中心城市、边境口岸等运输基础设施建设。

（2）内河港航建设

——以加强航道基础设施建设为核心和突破口，带动港口和船队货物运输的发展。重点建设第二松花江吉林市区至陶赖昭段177公里四级航道。

——新建松花江干流1000吨级货运泊位1个。鼓励支持社会投资建设第二松花江吉陶段区间的港口。

3. 运输装备

——鼓励使用高级、多轴、大吨位货车，限制和淘汰技术等级低、排放不达标、老旧的车辆；鼓励发展厢式货车和集装箱、冷藏、散装、液罐车等专用车辆。

——鼓励发展大中型高档客车，大力发展适合农村客运的安全、实用、经济型乡村客车。鼓励使用柴油车，加快更新老旧车辆。

——客运船舶与旅游产业紧密结合，向舒适化、休闲化发展；货运船舶向标准化、大型化、现代化方向发展。

4. 支持系统

——加大交通运输安全保障。在规划、前期工作、建设管理、运营管理中深入贯彻"安全第一"的思想。建立国省干线公路抢险救灾机制和水上应急救援体系。

——完善交通科技服务体系。结合高速公路建设开展关键技术、适用技术攻关，突出山区高速公路适用技术、高速公路机电等系统研究。建立体现季冻地区特点的试验研究基地。制订适合吉林省气候特点和地理特征的地方技术标准。加快交通信息化建设步伐，推进政务办公信息系统整合。

——加强交通人才队伍建设。建立完善的人才培养、考核制度，优化交通人才结构，培养一批适应现代交通发展的交通人才。

（五）交通发展资金需求与筹措

1. 资金需求

"十一五"期间，全省交通发展总投入目标1550亿元，其中：交通基础设施建设投资1020亿元，公路养护投入62.5亿元（不含东北高速），还贷442.5亿元，事业发展投入25亿元。基础设施建设中，公路建设1000亿元，场站建设15

亿元，内河建设 2 亿元，地方铁路建设 3 亿元。

2. 资金筹措

根据现行政策，"十一五"期间交通发展主要资金来源：省交通规费收入、中央投资、国内外金融机构贷款等。据预测，"十一五"期间，经过争取可落实资金约 690 亿元，其中：交通规费收入 149 亿元，申请国家投资 102 亿元，金融机构贷款 275 亿元，BOT 融资 37 亿元，地方财政等投入 127 亿元。其余需通过国家和地方出台公路建设扶持政策、加大招商引资力度，争取中央（地方）财政专项资金等解决。

四、实现规划目标的措施及建议

（一）加强组织领导，确保完成规划目标

"十一五"我省交通建设，特别是高速公路建设任务重，占地数量大（占用土地约 13500 公顷，其中：高速公路 9850 公顷，其他 3650 公顷），涉及相关部门多。建议充分发挥吉林省高速公路建设工作领导小组作用，及时协调解决交通建设发展中的重大关系和问题。各相关部门、市（州）、县（市、区）政府相应成立由主要领导挂帅的领导小组，负责协调交通建设项目报批、征地、拆迁等事宜和具体建设工作。

（二）探索建立规划协商机制，不断完善规划

探索建立区域协商制度，定期对区域内各省（区）交通发展规划、基础设施建设、运输组织与管理、市场监管和政策法规等实施对接，及时处理发展中的问题，使经济区交通走廊的重点项目在规划标准、建设时间等方面保持协调一致，达到"规划联动、接口联通、信息联网、管理联手"的目的。

建立规划实施的监测、评估和规划调整机制，完善科学、准确、及时的信息反馈和决策体系，认真开展规划的中期评估和后评价工作，根据经济社会发展和重大政策调整变化情况，及时调整和完善交通发展规划。

（三）采取超常规思维，加快前期准备工作步伐

拟采取可研、设计交叉进行，高速公路勘察设计采用邀请招标，引进域外设计单位，控制工程以初步设计招标等办法，加快各项前期准备工作步伐，争取使"十一五"高速公路建设项目尽早具备开工条件。

（四）拓宽投资渠道，为加快交通发展提供资金保证

资金是实现规划目标的关键，"十一五"交通发展资金筹措压力巨大。为此建议：

加大扶持力度，增加交通建设资本金。争取对内开源节流，增收节支，在适当时机提高交通规费（如养路费、客货附加费、通行费等）征收标准；减免高速公路建设的营业税、所得税，作为地方政府投入。对外，成立专门的筹融资小

组，争取中央各项资金和银行贷款支持。同时，做好招商引资规划，有条件地选择项目对外以 TOT、BOT 及合资、合作等方式招商，盘活存量资产，缓解建设资本金不足。

完善贷款基础条件，争取开行等金融机构贷款。完善交通筹融资平台信用结构，公路收费权统一上收省级管理，实现交通建设统贷统还，通行费统收、统缴、统支，调控还贷风险；将行政事业性质的交通建设到期债务列入"费改税"后的交通专项资金预算。对经营性收费公路缴纳的营业税、所得税，纳入各级财政预算后，专项用于国、省级干线公路建设及偿还项目贷款本息。梳理项目，做好贷款准备工作，请省政府协调国家开发银行，争取开行更多的软贷款支持。

出台相关政策，加快建设社会主义新农村，确保农村费改税转移支付给交通建设的资金，及时、足额到位，用于农村公路建设养护管理。

（五）强化行业管理，提高行业整体服务水平

进一步治理和整顿交通市场秩序。依法规范招投标行为，打击非法和不规范运输经营行为，保证公路建设与运输市场的公平与公正。鼓励和引导运输企业实行多方式、跨行业、跨区域的联合与重组，实现运输经营的规模化、集约化和网络化。

进一步加强"安全、质量、成本"管理。建立健全安全生产责任制、安全监督机制和责任追究制度，加大对危险桥梁的维修改造和危险路段的集中整治，从源头上消除安全隐患。健全"政府监督、社会监理、企业自检"的质量保证体系，探索建立质量评价体系。继续实行选派优秀中青年干部赴各市（州）督查和厅级领导联系制度，帮助地方完善工程管理，加快交通建设步伐。

进一步深化交通管理体制改革。探讨高速公路事业制管理方式的实现模式；根据国家投资政策调整情况，适时调整我省公路建设投资政策，充分体现公平、公正、公开原则；继续完善公路养护管理体制和运行机制改革，充分利用市场机制配置资源，提高养护质量，降低养护成本。

进一步加强收费公路管理。对现有收费公路进行必要的清理，对新增收费公路严格把关，合理控制收费公路规模。采取符合市场经济要求的方法，通过适当延长部分公路收费年限、增加政府投入等手段，合理确定收费标准。

进一步提高交通可持续发展能力。更新公路设计理念，认真抓好环长白山旅游公路示范工程前期工作和建设管理，尽可能减少项目建设对沿线环境的破坏，并做好项目总结和先进做法的宣传和推广。

（六）加大科技投入，营造交通行业新的经济增长点

加大科技攻关和实用技术研究。针对东北地区交通发展的特点，依托高速公路建设开展科研攻关，注重解决重大关键技术问题、生态环保问题和普遍性技术问题。

积极推进科技成果产业化。加大新技术、新材料、新工艺、新产品推广力度，通过开展科技中介服务、建立产业化基地等形式，促进已有成熟技术的升级和应用，使科研成果商品化、市场化，加速高新技术成果向现实生产力转化。

推动交通信息化进程。整合现有局域网络和信息资源，完善信息平台建设，提高交通快速反应能力和运输服务水平。

（七）实施人才兴业，提高交通队伍综合素质

进一步深化人事制度改革，创新人才工作机制和优化环境，建立有利于优秀人才脱颖而出、充分展示才能的选人用人机制，建立鼓励创新的人才激励和保障机制。公开招聘领导干部，不拘一格选拔人才，强化智力引进工作，面向社会公开招聘各类急需和紧缺人才，特别是高速公路建设管理人才。

五、2020 年交通展望

党的十六大报告提出，要在本世纪头二十年，集中力量，全面建设惠及十几亿人口的更高水平的小康社会，使经济更加发展、民主更加健全、科教更加进步、文化更加繁荣、社会更加和谐、人民生活更加殷实。2011—2020 年，正是全面建设小康社会最关键的时期，公路、水路、地方铁路交通必须全面适应并保持适度超前于国民经济和社会发展，初步建立起公路、水路、地方铁路与其他运输方式布局协调、衔接顺畅，智能化、信息化的现代交通运输体系。预计到2020 年，全省公路总里程达到 7.5 万公里，高速公路达到 3600 公里。高速公路主骨架全面建成，全省 75％以上的县（市）实现高速公路连接，市（州）到县（市）基本达到一级以上公路标准，县市到乡镇基本达到二级以上公路标准，实现村村通油（水泥）路目标。公路信息系统完善，支持保障系统齐全完备，内河航道等级提高。物流服务和运输管理向系统化、智能化方向发展。水路运输优势得到发挥，地方铁路与国铁、公铁联运网络完善。形成统一、开放、竞争、有序的公路交通市场体系，公路交通安全水平显著提高。

黑龙江省综合交通运输"十一五"规划

综合交通运输在我省国民经济和社会发展中起着重要的支撑作用，为进一步加快全省综合交通运输体系建设，根据《黑龙江省国民经济和社会发展第十一个五年规划纲要》，制定本规划。

一、交通运输的现实支撑条件

"十五"时期，我省交通运输得到快速发展，初步形成了以哈尔滨为中心，铁路、公路、水运、民航和管道等运输方式构成的综合交通运输网络，为支撑我省国民经济和社会发展奠定了坚实基础。

（一）交通运输网络基本形成。"十五"期末，铁路形成了以哈尔滨为中心，辐射全省，连接省内外大中城市和对外主要口岸的网络，全省铁路营业里程达5499公里（含地方铁路708公里）。公路形成了连接省内区域中心城市的"OK"型及"一环五射"高等级公路主骨架，全省乡级以上公路总里程达到67077公里，其中高速公路958公里，一级公路1118公里，二级公路7140公里，三级公路32806公里，四级公路19669公里，等外公路5386公里。二级以上等级公路达到9216公里，占总里程的13.7％；公路网密度达到14.8公里/百平方公里。水运形成了以黑龙江和松花江为骨干，以哈尔滨、佳木斯、黑河和同江等开放港口为重点的黑龙江流域水运网，省内水运通航里程达5528公里，其中通行千吨级船舶的三级以上航道1924公里，占通航总里程的34.8％；客货运泊位172个，年货物通过能力达1500万吨，旅客通过能力180万人次。民航机场5个，飞行区等级全部为4C以上，目前已开通正班航线57条，其中国际航线15条。连接东北亚及省内外大中城市和主要经济区的交通运输网络初具规模。

（二）运输结构不断优化。公路和民航客货运输发展较快，2005年全省货运量达到6.384亿吨，其中铁路1.59亿吨，公路4.36亿吨，水运0.13亿吨，民航0.004亿吨，管道0.3亿吨。客运量达到5.31亿人，其中铁路0.83亿人，公路4.43亿人，水运0.02亿人，民航0.03亿人。全省货运周转量达到1160.1亿吨公里，其中铁路898.7亿吨公里，公路207.1亿吨公里，水运20亿吨公里，民航0.79亿吨公里，管道33.5亿吨公里。客运周转量达到462.8亿人公里，其中铁路175.2亿人公里，公路238.5亿人公里，水运0.3亿人公里，民航48.8亿人公里。

（三）交通运输布局日趋合理。省内交通运输网络的重心与经济、资源分布重心相一致。经济比较发达和资源分布较集中的东部、中部、南部地区运输网络密度与线路等级都优于地域广阔的西北部、北部，哈尔滨、牡丹江、佳木斯市及其周边交通条件好于其他地区。

（四）对外运输通道已具雏形。我省处于东北亚经济圈的中心，是我国对俄罗斯及东北亚其他国家经济贸易的前沿。目前已初步形成了以哈尔滨至大连、绥芬河至符拉迪沃斯托克等陆海联运通道为主骨架，以哈尔滨至满洲里、黑河、同江等对俄运输通道为主通道，以各中小口岸运输通道为辅助通道，基本适应不同品类、不同流向、不同流量，具有一定功能的国际经贸大通道体系框架，为我省"十一五"对外运输奠定了基础。2005 年，经我省运输的进出口货物达 962 万吨，比 2000 年增长 205.6％。

我省交通运输虽然取得了长足发展，但还存在一些亟待解决的问题，主要有：

（一）交通运输体制改革相对滞后。我省交通运输体制改革总体上难以满足交通业发展需要，国家铁路体制改革进展缓慢，民航事业尚未步入良性发展轨道。一些项目缺乏启动资金和资本金，公路贷款余额已达 330 亿元，还贷能力薄弱，信用等级下降，借贷空间逐渐缩小。项目协调机制不健全，交通基础设施项目征地、拆迁难。

（二）对俄、出省通道基础设施不完善，口岸结构和分布不合理。在我省与俄罗斯长约 2600 公里的界河上，尚无一座永久性桥梁。许多口岸没有铁路、高等级公路直接通达，后方通道不畅。出省通道公路多是砂石路，等级较低，东北部和东部地区铁路还存在部分断头，给货物出省带来困难。全省只有绥芬河 1 个铁路口岸，虎林、密山、绥芬河和东宁 4 个公路口岸，其余都是水运口岸。而且铁路、公路口岸都分布在东南部地区，地域面积广阔的西部、中部和东北部均为水运口岸。铁路、公路口岸通道运量不均衡，仅绥芬河铁路口岸的货运量就占全省进出口总量的 70％以上。

（三）省内交通运输网络薄弱，内部通道运行不畅。现有的综合运输网络密度稀疏，交通基础设施总量仍显不足。铁路断头多、技术状况差，公路通达深度不够，有一半的通乡公路尚未完成，尤其是通村公路条件较差，道路等级低，严重制约了地方经济发展。

（四）运输方式缺乏协调。运输设施的统筹规划尚未形成，城市道路与公路、地方铁路与国家铁路、城市公交与公路运输等多头管理，各种运输方式间难以形成有效的配合与衔接。

（五）交通基础设施经济效益较差，难以满足日益增长的社会需求。交通基础设施具有明显的公益性特点，其社会效益与经济效益存在较大差异。加之我省地处偏远，过境客货运量少，经营收费公路、铁路、机场、水运效益相对较差，市场化运作、多元化筹资困难。

二、综合交通运输的发展趋势及预测

（一）面临的形势。

从国际看，随着世界经济全球化和区域经济一体化进程进一步加快，国际间合作与交流规模和范围不断扩大，中俄两国战略协作伙伴关系不断发展，为我省利用国外资源和国际资本市场，参与国际竞争合作，拓宽发展空间，融入世界经济提供了契机，也为我省充分发挥在东北亚地区的桥梁和纽带作用，实施交通外向型拉动战略提供了条件。

从国内看，随着我国社会主义市场经济体制日趋完善，国民经济连续快速增长，为交通运输发展奠定了坚实的物质基础。特别是党的十六大提出全面建设小康社会和中央实施东北地区等老工业基地振兴战略，为我省国民经济和社会快速发展提供了难得的历史机遇，工业化水平、城镇化水平、社会民主进程、科学文化理念、生态环境保护和人民生活水平等将全面进步，跨区域经济交流与合作将进一步加强，对交通基础设施提出了更高要求，为实现跨越式发展创造了条件。

从省内看，随着各项改革逐步深化，对外开放步伐加快，经济增长方式进一步转变，结构调整不断优化等，都将为交通基础设施建设创造良好条件。但同时，伴随全方位开放和市场化进程的加快，市场竞争也更加趋于激烈，我省交通运输发展也面临着巨大挑战。

（二）发展趋势及需求预测。

1. 需求总量。2010 年前，预计客运需求年平均增长率为 5.7%，其中铁路增长率为 1.9%、公路增长率为 6.3%、水运增长率为 7.7%、民航增长率为 10.9%；货运需求年平均增长率为 4.4%，其中铁路增长率为 5.41%、公路增长率为 4%、水运增长率为 4.8%、民航增长率为 8.5%。

2. 需求结构。随着老工业基地振兴战略的深入实施，产业结构和产品结构的调整，各种运输方式的需求结构将发生变化，对民航需求继续保持高速增长，对公路客运和铁路货运需求增长仍将较快。

3. 需求布局。六大产业群规划布局的重点地区，东部粮食、煤炭等资源富集区，大量进口木材等货物的重要口岸，特别是哈大齐工业走廊地区的交通需求将高于其他地区。

4. 需求质量。经济社会发展对交通运输服务质量提出新的更高的要求，快速安全、便捷高效使高附加值货运和快速舒适的客运需求将有较大幅度增长。

三、指导思想和规划原则

（一）指导思想。

以党的十六大和十六届三中、四中、五中、六中全会精神为统领，以邓小平理论和"三个代表"重要思想为指导，坚持科学发展观，按照全面、协调、可持续发展的总体要求，抓住振兴老工业基地的历史机遇，以确保全省国民经济和社会持续、稳定、健康发展为目标，以提高运输质量和效益为中心，以市场需求为导向，以提高交通运输综合能力为手段，以体制和技术创新为动力，建设外通内畅的交通基础设施和技术装备现代化的国际物流运输平台和通道，逐步建立布局协调、结构合理、经济节约、功能完备、辐射力强的综合交通运输网络，为全省经济社会发展提供强有力的支撑。

（二）规划原则。

1. 统筹规划，合理布局。全省综合交通运输发展规划要与国家和东北地区交通规划相衔接，统筹考虑经济布局、人口分布、对外开放、城市化进程对交通运输的要求，与全省国民经济和社会发展总体规划、老工业基地振兴规划、哈大齐工业走廊生产布局相适应。

2. 突出重点，分步实施。既要抓好对交通布局有重要影响的重大建设项目，也要兼顾涉及广大群众切身利益的惠民工程，特别是农村公路项目建设；既要着眼长远，又要立足当前。

3. 适度超前，量力而行。发挥交通基础设施对经济发展的引导和支撑作用，既要优先发展、适度超前，又要实事求是、量力而行。

4. 优势互补，协调发展。按照各种运输方式的技术经济特征和比较优势，促进各种交通运输方式协调发展，充分发挥综合交通运输体系的整体效能。

5. 建改并举，注重实效。既要抓好新建项目，又要做好现有设施的改建、扩建，降低能源消耗，注重节约资源，提高资金使用效益，增加投入产出比例，切实保护生态环境。

四、发展思路和规划目标

（一）发展思路

基本思路是"一个提高，两个加强，三个跨越，四个突破"。一个提高是充分利用市场机制和现有交通基础设施，挖潜增效，搞好综合运输方式和各个运输环节的衔接配套，提高综合交通整体服务水平。两个加强是加强出省通道及与俄罗斯、东北亚国际经贸大通道相连的主骨架交通基础设施建设；加强省内六大产业群布局重点地区、哈大齐工业走廊、商品粮基地、能源基地、贫困地区及广大农村交通基础设施建设。三个跨越是由单一的平面式数量扩张向更加注重质量的综合立体交通发展跨越，由单纯依靠自我完善、自我发展向政府引导、市场化运作的良性循环发展跨越，由不完全满足社会需要向基本适应国民经济和社会发展及老工业基地振兴需要跨越。四个突破是交通运输体系整体管理和服务水平取得新突破，交通改革工作取得新突破，交通重大项目建设取得新突破，交通基础设施投资总额取得新突破。

（二）规划目标。

到 2010 年，全省基本形成"快速安全、便捷高效、外通内畅、结构合理"的综合交通运输体系，即基本实现旅客出行快速安全，货物运输便捷高效，对俄通道节点打通，出省通道瓶颈消除，内部交通网络运能充足、衔接顺畅，全省综合交通体系结构协调、布局合理，初步形成多功能、多层次的物流体系框架，有效缓解交通运输对国民经济发展的制约，早日实现零换乘和无缝衔接的目标。

1. 铁路。建设客运专线，对繁忙干线进行电气化改造，推进技术进步；加强路网技术改造和枢纽建设，完善路网结构，提高设备质量和综合运输能力。逐步形成以哈尔滨枢纽为中心，以绥芬河和满洲里口岸为两翼，以滨洲和滨绥、七台河至牡丹江、佳木斯至哈尔滨、加格达奇至泰来等铁路干线构成的"一横三纵"主骨架为依托，省内其他地方及合资铁路为重要补充，通道快捷顺畅，点线流转合理的铁路运输网络，提高整体运输能力。力争建成哈尔滨至大连客运专线；加快东北东部地区铁路省内段建设步伐，形成新的出海通道，将绥芬河铁路口岸及后方通道建成大能力、高质量的国际运输通道，适时建设其他口岸后方铁路；完成黑龙江东部大能力煤运通道建设；将现有铁路继续向资源丰富地区延伸，为重点项目配套建设铁路。保证主要干线全部复线，牵引质量达到 5000 吨以上。

2. 公路。加快国家高速公路网、骨架公路网建设进程，加强连接哈大齐工业走廊、能源基地、商品粮基地的公路建设，加强省际出口、边防、口岸和旅游公路的建设与改造，加快农村公路建设。到 2010 年，以哈尔滨为中心向外放射的高速公路网框架基本形成，由国、省道组成的骨架公路技术等级全面提升，农村公路交通条件得到明显改善。公路总里程（乡级以上）达到 7 万公里。高速公路力争达到 2000 公里，连接除黑河、加格达奇以外的所有区域中心城市。二级以上公路里程达到 12000 公里，基本覆盖所有县（市、区）、重要边境口岸和省际出口。所有具备通车条件的乡镇与建制村通公路，力争所有乡镇通沥青（水泥）路，55％以上的建制村通沥青（水泥）路。公路运输枢纽系统、主要边境口岸运输站场、县级客运站基本建成；货运站逐步完善物流服务功能，逐步建成现代物流中心或货运中心。加快农村客运站点的建设步伐，改善农村公路客运条件，为农民出行提供安全、经济、便捷的客运服务。

3. 水运。加强干流航道、开放港口码头和支持系统建设。加快松花江局部渠化和江海联运国际贸易通道建设。三级以上航道里程达到 1972 公里，3000 吨江海轮可由黑龙江（阿穆尔河）下游直航同江。内河重要对外开放港口的基础设施建设取得较大进展，泊位数量和吞吐能力有较大提高。

4. 民航。力争确立哈尔滨机场中型门户枢纽机场地位，完善现有机场使用功能；加快漠河、鸡西、伊春和大庆支线机场的建设步伐，初步形成方便、快捷、高效、功能齐全的省内机场布局网络体系；积极培育民航市场，形成国际航线、国内干线、支线航线三位一体、互为补充、协调发展的综合航线网络。

5. 管道。根据经济社会发展需要，适时建设与俄罗斯相通的石油、天然气管道。

五、建设重点和资金估算

（一）建设重点。

1. 对俄运输通道。

哈尔滨至绥芬河（东宁）通道。铁路：完成滨绥线哈尔滨至牡丹江、牡丹江至绥芬河扩能改造工程，力争开工建设东宁至乌苏里斯克国际铁路。公路：建成海林至亚布力高速公路，开工建设绥芬河至牡丹江高速公路（含绥芬河至东宁段）、牡丹江对俄贸易工业园区海关监管仓储基地项目。

哈尔滨至同江（抚远）通道。铁路：力争开工建设同江黑龙江铁路大桥、虎林至列索扎沃茨克国际铁路。公路：建成佳木斯至集贤高速公路、佳木斯至中伏一级公路和抚远口岸公路，完成哈尔滨至佳木斯高速公路大修工程。水运：建成松花江大顶子山航电枢纽工程、抚远水道3级航道、同江至哈巴罗夫斯克2级航道整治工程，改扩建同江、富锦、抚远港，力争开工建设松花江依兰航电枢纽、悦来航电枢纽工程和佳木斯至同江2级航道整治工程。

哈尔滨至名山通道。铁路：建成鹤岗至名山地方铁路。公路：建成通河至汤原二级公路。

哈尔滨至黑河通道。公路：力争开工建设黑河黑龙江大桥，开工建设黑大公路兰西至明水一级公路。水运：完成黑河港口铁路专用线、黑河船舶卧冬基地工程。

哈尔滨至洛古河通道。铁路：建成古莲至洛古河地方铁路。公路：建成齐齐哈尔至嫩江一级公路、黑河至呼玛三级公路、洛古河口岸公路，力争开工建设洛古河黑龙江大桥。民航：建成漠河支线机场。

哈尔滨至满洲里通道。铁路：力争开工建设哈尔滨至齐齐哈尔城际铁路。公路：建成大庆绕行线和黄牛场至齐齐哈尔高速公路。

2. 出省通道。

东部通道（牡丹江地区）。铁路：建成东北东部地区铁路东宁至省界段。公路：建成牡丹江至宁安高速公路、宁安至杏山一级公路、杏山至省界和老黑山至省界二级公路；建成佳木斯和牡丹江公路客运枢纽。民航：完成牡丹江机场跑道改造工程。

中部通道（哈尔滨地区）。铁路：开工建设哈大客运专线哈尔滨至省界段。

公路：建成哈尔滨至拉林高速公路、任民至肇州和拉林至五常（省界）二级公路；建成哈尔滨道外、哈尔滨公路主枢纽、哈尔滨会展中心和哈尔滨教化等公路客运站、建成哈尔滨麒麟客运停车场、哈尔滨神通物流中心、哈尔滨龙运物流综合站场，建成哈尔滨龙运物流平房货运站、哈尔滨哈五、易通和哈港公路货运站。民航：完成哈尔滨机场候机楼改造工程。

西部通道（大庆、齐齐哈尔地区）。铁路：建成平齐线泰来至富裕复线工程，力争开工建设滨洲线哈尔滨至省界铁路电气化工程。公路：建成大庆至肇源高速公路、齐齐哈尔至泰来（省界）一级公路、依安至讷河（省界）二级公路；建成大庆公路客运站、货运站和齐齐哈尔公路货运枢纽站。民航：完成大庆支线机场和齐齐哈尔机场跑道盖被工程。

3. 省内交通网络。

铁路：完成佳富线佳木斯至福利屯、林密线林口至鸡东、林口至七台河、莲江口至鹤岗铁路技术改造，建成宝清至迎春铁路、向阳山至北兴农场（龙湖）地方铁路、成高子至宾西地方铁路、七台河至密山地方铁路、苇河至亚布力滑雪度假区铁路、金水至木尔气地方铁路及哈尔滨集装箱中心站。完成鹤岗、双鸭山、鸡西和七台河煤运技术站和牡丹江枢纽技术改造。开工建设哈尔滨枢纽（含两江桥改建）和密山至档壁镇地方铁路。

公路：建成哈尔滨绕城公路东北段、七台河至鸡西、依兰至七台河高速公路，富锦至绥滨和亚布力滑雪场支线一级公路，富锦至友谊、宝清至密山、嘉荫至五营、五大连池至嫩江、伊春至北安、方正至五常（省界）、宝清至饶河、绥滨至名山、嫩江至多宝山、大顶子山航电枢纽连接线、鸡西至拜泉等二级公路。开工建设嫩江至黑河二级公路、铁力至绥化和伊春至铁力高速公路。完成边防公路、部队进出口及农村公路建设任务。继续推进农村客运站、口岸运输及其他运输基础设施项目建设。

水运：完成黑龙江航道生产设施建设和黑龙江水运导航信息网络。

民航：建成鸡西、伊春支线机场。

管道：根据俄罗斯石油天然气管道建设时间及走向，适时开工建设中方我省境内石油和天然气管道。

（二）资金估算

"十一五"期间全省综合交通运输建设项目投资总估算为1330.2亿元，其中铁路建设项目投资347.7亿元，占总估算的26.1%；公路运输建设项目投资817.6亿元，占总估算的61.5%；水运建设项目投资52.5亿元，占总估算的3.9%；民航建设项目投资12.4亿元，占总估算的0.9%；管道建设项目投资100亿元，占总估算的7.6%。

六、保障措施

（一）拓宽筹资渠道，加大交通基础设施筹资力度。积极争取国家在政策和资金上的支持。继续实行政府交通建设专项财政资金制度，进一步扩展政府资金来源与投入方式，保证有充足的资金用于交通基础设施建设。积极推进交通投融资体制改革，引导和鼓励非公有经济特别是民营企业向交通基础设施领域投资。推进 BOT（建设—运营—移交）、TOT（转让—运营—移交）、PPP（私人—公共—项目）等融资方式筹集交通基础设施建设资金。加大招商引资和利用外资的力度。放宽准入限制，鼓励、引导外商资本介入，形成"中央投资、地方合资、社会融资、利用外资"的筹资新格局。

（二）加快交通运输体制改革步伐。全面推进交通行业改革，为交通基础设施建设进一步发展提供动力。继续稳步推进民航体制改革，加快省机场管理集团公司与首都机场集团的重组步伐；进行农村公路养护体制改革，制定农村公路养护管理办法。培育和建立符合市场经济要求的交通运输经营主体，增强交通运输行业微观基础的经营活力和自我发展能力。

（三）大力推进科技进步和技术创新。推动交通设施建设、运输设备制造、组织管理等方面自主创新，引进和采用新技术，促进交通运输服务水平上台阶。提高运输基础设施和装备的科技含量与现代化管理水平，加大交通领域新技术、新材料和新工艺的研发与应用。加强交通运输系统的信息资源共享和交换，发展智能交通。

（四）强化管理和服务。提高运输组织管理水平，充分发挥现有设施的运输能力，促进交通运输业由粗放型向集约型增长转变。加强交通运输业的宏观管理和服务，充分发挥政府宏观调控和行业主管部门的管理、协调和服务职能，建立公开、平等、规范、有序的交通建设市场和运输市场。

（五）做好交通基础设施项目的前期工作。要统一思想，形成共识，切实加强组织领导。各地、各部门要积极配合，相互协作，形成合力，解决好征地、拆迁等具体问题，加大项目前期工作力度。

（六）实现交通运输业可持续发展。大力发展循环经济，促进交通运输资源的合理、有效配置，提高利用效率，促进发展环境友好型交通。强化规划约束力，建立交通可持续发展评价指标体系和标准，提高交通基础设施建设和运输装备土地利用、环境影响和能源消耗控制标准。鼓励使用节能技术和清洁能源的运输设备，加速淘汰落后的交通技术和高耗低效运输设备。

024

市交通局关于发布《上海市城市交通"十一五"发展规划》的通知

沪交规〔2007〕450 号

各区、县人民政府，市政府有关委、办、局，久事公司，申通集团，大众集团，交运集团，各有关单位：

《上海市城市交通"十一五"发展规划》已经市政府审定同意，现予发布实施。

上海市城市交通管理局

二〇〇七年九月十日

上海市城市交通"十一五"发展规划

上海市城市交通管理局

2007 年 9 月 10 日

前　言

城市交通是城市重要的基础功能和形象标志之一，是综合交通系统的重要组成部分。"十一五"是上海加快推进"四个率先"、加快建设"四个中心"的关键时期，2010 年要举办成功、精彩、难忘的世界博览会，一个高效、和谐的一体化城市交通体系是成功举办世博会的基础保障，是上海社会经济持续发展的重要支撑。

本规划以《上海市城市总体规划》、《上海市国民经济和社会发展第十一个五年规划纲要》为主要依据，在整合"十一五"城市交通规划纲要和各分项规划并衔接《上海市"十一五"综合交通规划》以及相关行业规划的基础上，明确了"十一五"上海城市交通发展战略、主要目标和任务。本规划的主要内容涵盖了上海城市公共客运（含长途客运）、道路货运、静态交通以及汽车维修、汽车租赁、机动车驾驶员培训等交通衍生服务业。

本规划由上海市城市交通管理局组织编制。

1 "十五"回顾与评估

1.1 主要成就

"十五"期间,市委、市政府颁布了《上海城市交通白皮书》,确立了建设"一体化交通体系"的战略,逐步实施了公共交通优先、机动车总量控制和区域差别化管理等重大交通政策,轨道交通、高速公路和城市道路等基础设施建设实现重要突破,交通条件不断改善,为城市交通系统供应能力和服务水平的提高奠定了基础,一体化交通体系框架雏形已现。

1.1.1 供应能力增强,服务水平提高

公共客运 全市公共交通客运总量 2005 年比 2000 年增长 23.6%,占居民出行总量的比重从 19.6%上升到 24.4%。轨道交通运营线路长度从 62.9km 增加到 147.8km(含磁浮线),日均客运量从 37 万乘次增长到 163 万乘次,日最高客运量已达 213.6 万乘次。地面公交重点增设了新建住宅区、郊区[①]新城以及与轨道交通接驳的线路,日均客运量从 724 万乘次增长到 762 万乘次,公交专用道里程达 40km。出租汽车日均客运量从 213 万乘次增长到 283 万乘次。(参见图 1-1)

省际公路客运保持持续快速增长,年客运发送量从 1282 万人次增长到 2468 万人次(参见图 1-2)。

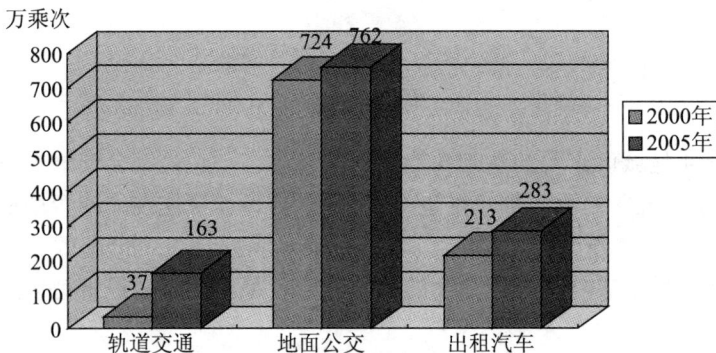

图 1-1 公共交通日均客运量

道路货运 2005 年道路货运量达 3.3 亿吨,占上海城市货运总量的 45.8%,比 2000 年增长 15.2%(参见图 1-3);其中道路集装箱运量达 884 万 TEU,比 2000 年增长了 137.5%。至 2005 年底全市拥有载货汽车 19.16 万辆,其中营运货车 16.3 万辆,比 2000 年增长 30.5%。西北、外高桥、浦东空港、深水港物流中心相继投入运营,并逐步形成规模能力。

---

①郊区:指上海市外环线以外区域

万人次

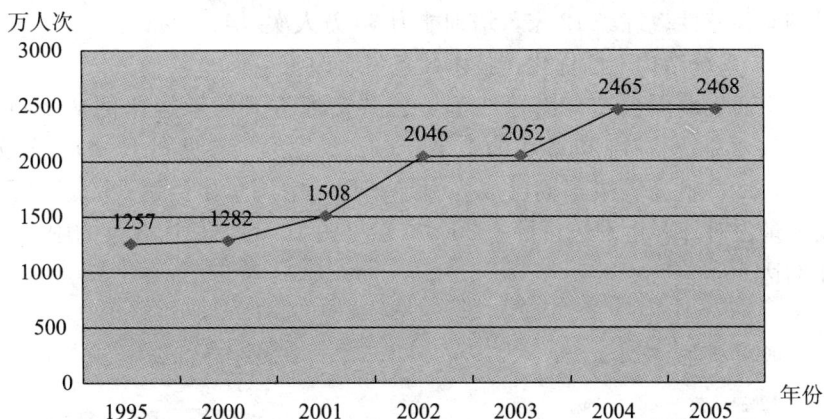

图1-2 省际公路客运发送量

万吨 亿吨·公里

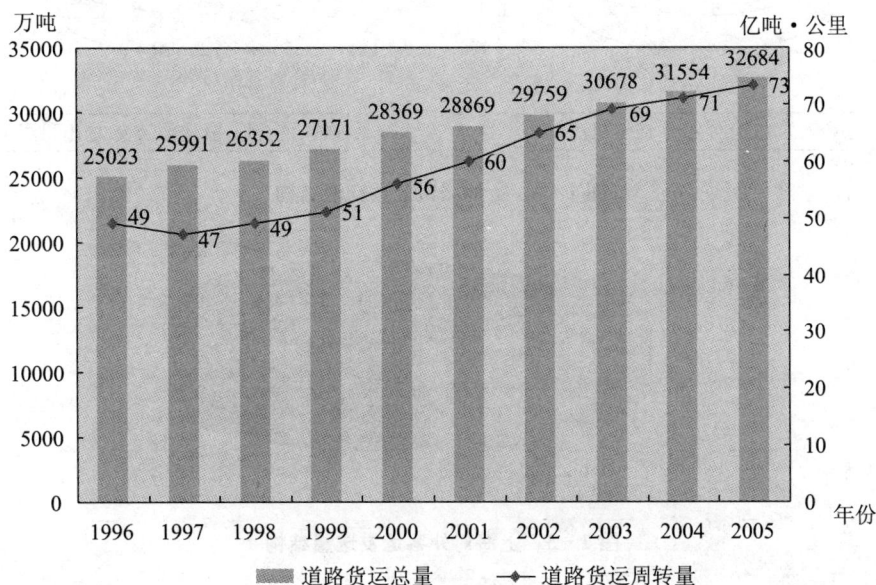

图1-3 道路货运量

静态交通 静态交通设施建设力度不断加大,至2005年底全市经营性公共停车泊位有16.9万个,比2000年净增7.76万个,其中社会公共停车场(库)泊位达到1万个。路内停车逐步规范,咪表收费开始推行。

交通衍生服务 交通信息化、汽车维修、汽车租赁、驾驶员培训等交通衍生服务业趋向社会化和专业化。汽车维修辆次2005年比2000年增长151.8%。汽车租赁业初步形成稳定的市场。驾驶员培训人数2005年比2000年增长113.1%,

目前已拥有经营性教练场 12 家，培训能力 30 万人次/年。

1.1.2 系统结构不断优化，技术装备显著改善

轨道交通、地面公交、出租汽车等公共交通方式的承运比例从 2000 年的 4%、74%、22%发展到 2005 年的 14%、63%、23%（参见图 1-4）。公交车辆更新加快，2292 辆高等级车辆已成为引导车型，空调车比例达 46%。省际公路客运发送量占对外客运发送总量的 26%（参见图 1-5），长途客车的中、高等级车辆比例达 86%。

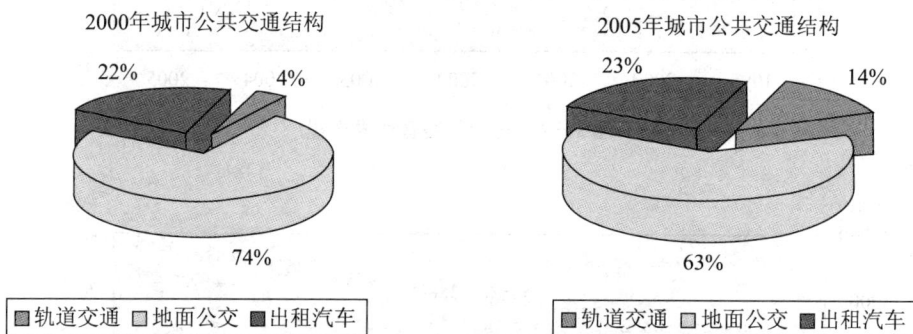

图 1-4 上海城市公共交通结构

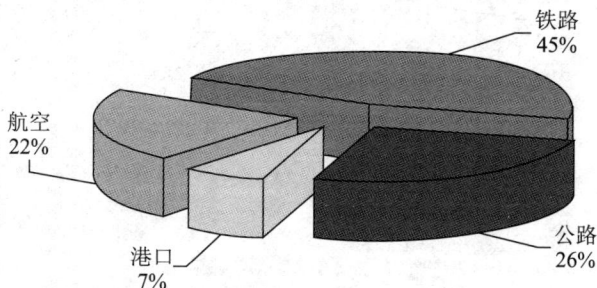

图 1-5 上海对外客运发送量结构

道路货运初步形成了集装箱、危险品、省际快运、城市便捷货运等专业运输细分市场，集装箱车、冷藏车、罐体车等专用车辆增长近 60%，达到 1.7 万辆。

建筑物配建的对外开放停车泊位成为经营性公共停车泊位供应主体，城市中心和副中心地区结合绿化等公共设施建设了一批社会公共停车场（库）；汽车维修基本形成了专业维修、快修连锁、综合维修①为骨干的业态架构。（参见表 1-1）

---

①专业维修：指汽车生产厂特许的品牌维修服务商（简称特约维修站）。

　快修连锁：指满足《汽车快修企业技术条件》的汽车专项维修业户。

　综合维修：指专业维修企业以外的整车维修企业。

表 1-1　　　　　　　　　**2000 年与 2005 年交通指标比较表**

	指标	2000 年	2005 年	年均增长率（%）
公共客运	地面公交（万乘次）	264900	278090	0.98
	日均（万乘次）	724	762	
	轨道交通（万乘次）	13556	59406	34.38
	日均（万乘次）	37	163	
	出租汽车（万乘次）	77830	102889	5.74
	日均（万乘次）	213	282	
	城市公共交通总量（万乘次）	356286	440385	4.33
	日均（万乘次）	974	1207	
	长途客运发送量（万人次）	1282	2468	14.00
	日均（万人次）	3.5	6.8	
道路货运	道路货运量（万吨）	28369	32684	2.87
	其中集装箱（万 TEU）	372	884	18.88
交通服务	经营性公共停车泊位（万个）	9.1	16.9	13.18
	汽车维修（万辆次）	195	491	20.28
	驾驶员培训（万人）	11.6	23.78	16.2

1.1.3　信息化加快推进，服务水平得到提升

交通信息化从服务行业管理逐步转向辅助决策、市场监管和公众服务，"三网一库一平台[①]"等城市交通信息化基础构架开始形成，交通政务公开、信息查询、网上办事等功能相继开通。出租汽车、长途客运、停车诱导等信息服务平台以及集装箱运输智能卡、危险品运输车辆电子档案等系统相继投入运行。

1.1.4　体制改革不断深化，政府职能进一步转变

城市交通管理体制改革逐步到位，政企分开、城市公共客运、道路货运以及静态交通的综合管理体制开始运行。公共交通步入了"行业公益性、运作市场化"的发展新路。地面公交初步形成集约化经营的市场格局，企业总数从 63 家减少到 44 家，巴士、大众两大集团占据市场份额的 75%；出租汽车已形成行业主导、企业主管、公司化经营的有效管理机制；轨道交通运营初步形成横向适度竞争格局。

1.1.5　岗位培训体系初步建立，从业人员素质逐步提高

"十五"以来，城市交通专业岗位从业人员培训总量达 64.8 万人次，约占全

---

①三网一库一平台：指行政管理网、行业信息网与公众服务网，全行业基础数据库和城市交通综合信息平台。

行业从业人员总数的 86.8%。出租汽车、地面公交行业高星级驾驶员已达 2 万名，占驾驶员队伍的 13.6%。轨道交通和汽车维修行业高、中级工占全行业技术工的比重达到 60% 以上，基本适应了行业快速发展的需要。

1.2 存在问题

1.2.1 设施能力仍不能满足需求的快速增长

城市中心区①土地高强度开发和功能集聚引发的交通需求增长与交通设施能力不足的矛盾依然存在。轨道交通运营线路长度较短，运送客流量占公共交通客运总量比重尚低。公交专用道、换乘枢纽建设滞后，地面公交与轨道交通之间未形成良好衔接；货运场站缺乏统筹，停车泊位缺口较大。城市外围和郊区新城镇快速发展与交通设施建设滞后的矛盾日益显现。

1.2.2 城市交通资源配置不尽合理

中心区地面公交线路过度重复，而外围区②和郊区线网密度不足。长途客运站点分布与新的城市功能布局不相适应，班线配置统筹不够。专业物流企业的市场份额较低。停车泊位总量不足和局部区域停车场（库）利用率不高的现象并存。

1.2.3 "公交优先"长效发展机制有待进一步完善

公共交通在设施用地、道路资源分配、公共财政投入与补贴、票价机制等方面的优先政策和机制有待完善。地面公交吸引力和竞争力不强，线路经营权管理的操作机制有待建立，区域化经营的市场新格局需要统筹协调。出租汽车行业提升整体服务水平、确保持续、健康、稳定发展还缺乏完善的机制保证。

1.2.4 行业集约化程度亟待提高

长途客运、道路货运、汽车维修等行业缺乏引领市场的龙头和品牌企业，规模效应难以体现。大多数企业仍以低价竞争作为争夺市场份额的主要手段，运输组织水平和运输效率较低，产业标准化进程缓慢，市场体系亟待完善。

1.2.5 信息化建设统筹不够

交通信息化进程总体滞后，相关设施和信息资源共享度不高，信息化在提高管理效能和服务水平方面的作用尚未得到充分发挥。

1.2.6 从业人员平均年龄偏大，技能水平较低

交通行业特别是地面公交、出租汽车行业普遍存在从业人员年龄偏大、文化偏低、技能不高的问题，尚未形成稳定、梯队化的职业驾驶员队伍。

1.3 总体评估

"十五"期是上海城市交通的快速发展和重要转型期，城市交通基础设施条件明显改善，供应能力不断增强，服务水平进一步提高，基本满足了客运、货

---

① 中心区：指上海市内环线以内区域。
② 外围区：指上海市内外环线之间的区域。

运、停车需求快速增长的需要。但是,上海城市交通仍然处在偿还历史欠债和努力满足社会经济发展现实要求的阶段,公共交通设施能力不足、吸引力不强,良性发展的长效机制尚未形成,结构性矛盾依然突出:轨道交通尚未成网,在公共交通中的分担率与国际大都市水平还有较大差距;地面公交服务方式单一,速度和可靠度较高的快速公交系统和公交专用道网络尚未形成,局部区域公交线网布局不合理;道路货运、汽车维修等行业处于粗放型增长方式向集约型转变过程中,品牌企业未成为市场的主体,市场退出机制不健全;停车泊位总量供应不足,社会公共停车场(库)拥有的泊位比重偏低。城市交通需要进一步加快发展,与上海国际化大都市的功能定位相适应,与上海经济的快速发展相适应,与市民出行需求的持续增长相适应。

2 城市交通发展趋势

2.1 社会经济快速发展带来交通需求持续增长

2.1.1 经济社会快速发展

党的十六届六中全会作出了加快构建社会主义和谐社会的重大决定,将推动经济社会的协调发展,随着城乡、区域差距的逐步缩小和人民生活水平的逐步提高,商务、公务、旅游等活动越来越频繁,区域内交通出行需求旺盛。上海产业结构的调整、长三角区域经济的联动发展和世博引擎效应的发挥,将促使上海经济在"十一五"期间保持持续较快健康发展的势头,到 2010 年全市生产总值达到 1.5 万亿元,以服务经济为主的产业结构加快形成,城市机动化进程进一步加快。上海的交通需求总量将呈现快速、持续增长的趋势。

2.1.2 人口总量持续增长

随着经济社会快速发展,预期人口也将保持持续增长趋势。人口总量的增加必然带来交通出行总量的增长,预计 2010 年全市日出行总量将达 5000 万人次,对交通基础设施和服务水平提出新的要求。

2.1.3 城市布局调整功能重塑

上海城市发展空间正从中心城①660 平方公里拓展到市域 6340 平方公里,城乡规划体系推进实施。郊区新城和中心城边缘地区将成为出行量增幅最大的区域。制造业、化工业等产业外迁,重大产业基地建设加快推进,使郊区物流呈现大运量集中运输趋势;中心城现代服务业和都市工业的进一步发展,使城市物流向小批量、高附加值、高时效性方向发展。

2.1.4 世博挑战城市交通

2010 年世博会客流预测将达到 7000~8000 万人次,日均客流量 40~60 万人

---

① 中心城:指上海市外环线以内区域,由中心区和外围区组成。

次、峰值 80 万人次。世博客流空间上"多线聚焦"、时间上"单向集中",是对上海城市交通体系的挑战和考验,必须建立协调高效一体化的交通服务体系,以确保世博会的成功举办。

2.2 交通结构调整对系统整合提出更高要求

2.2.1 对外交通设施高强度建设

为适应经济全球化和长三角区域经济一体化的发展趋势,上海对外交通基础设施建设力度继续加大。洋山深水港二期、三期工程,浦东、虹桥国际机场扩建工程,沪崇苏越江通道以及高速公路网正抓紧建设,京沪高速铁、长三角城际铁前期工作正全力推进,对与之衔接配套的城市交通客货运输系统的设施能力、服务水平提出更高要求。

2.2.2 轨道交通基本网络基本形成

轨道交通基本网络[①]的基本建成,将改变公共交通系统结构。中心区轨道交通逐步成为公共交通的主体,外围区和郊区将以轨道交通车站为枢纽向周边地区辐射。地面公交的线网布局必须进行配套调整,以进一步提高公共客运系统的整体效率。

2.2.3 机动出行需求快速增长

至 2005 年底,上海机动车总量已达 220.5 万辆,其中汽车 95.15 万辆(私人小客车 32.21 万辆)。预测 2010 年汽车保有量将达 160～180 万辆,私人小客车发展进入快速增长期。中心城道路增量的有限性和机动出行需求快速增长的必然性,使路、车矛盾日益加剧,交通排堵保畅面临更严峻的形势,对资源能源和生态环境也将带来更大压力。

2.3 城市交通管理体制和管理方式发生变革

城市交通管理体制改革后,形成了政企分开、区域差别化管理的新体制,市政府城市交通管理部门主要运用法律法规、专业规划、标准规范以及公共资源配置调控等手段,强化对全行业的综合管理。区县政府交通行政部门成为区域内交通规划建设和行业管理的主体。

3 指导思想和发展战略

3.1 指导思想

围绕加快推进"四个率先"、加快建设"四个中心"和 2010 年成功举办世博会的目标,全面贯彻落实科学发展观,抓住优化调整结构、完善市场机制、改进管理方式三大环节,以解决人民群众最关心、最直接、最现实的利益问题为重点,着眼于交通供应能力和服务水平满足城市经济社会又好又快发展的需求、着

---

①轨道交通基本网络:由 13 条线组成,总长 510km,将于 2012 年前建成。2010 年前将建成 400km。

眼于"以人为本、客畅货通、环境友好"的和谐交通理念落到实处、着眼于市域交通、上海与长三角区域交通体系的统筹协调，注重前瞻性与操作性、指导性与针对性、近期目标与长远规划的结合，确立"公交优先"发展战略，推进客运交通和货运交通、动态交通和静态交通、市区交通和郊区交通的协调发展，为增强城市国际竞争力、建设资源节约型和环境友好型社会、确保 2010 年上海世博会成功举行提供基础支撑。

3.2　发展战略

紧紧抓住"点、线、面、块"四大发展要素，全面落实"公交优先"战略，突破设施、体制、机制瓶颈，建成与上海社会经济发展水平相适应的一体化和谐交通体系。

——点：推进交通枢纽建设，以枢纽点锚固线网，全面改善换乘条件。

——线：加快轨道交通、快速公交系统、公交专用道建设，构建层次分明、功能清晰、有机衔接、协调发展的公共交通线网，切实提高公共交通运行效率，增强公交吸引力。

——面：调整优化中心城交通结构，大力发展郊区公交系统，建成全面覆盖市域的市郊一体化城市公共交通网络，提升城市交通服务保障能力。

——块：促进公共客运、道路货运、静态交通和交通衍生服务四大板块的协调和可持续发展，确保公共客运系统的高效运行和道路货运系统的有序运行，提高交通服务系统的衍生能力和覆盖领域。

——公交优先：建立以公共交通为导向的城市发展和土地配置模式，优先发展符合城市和交通发展实际的公共交通，有效降低能源消耗，缓解城市交通拥堵，改善城市生态环境。从规划、建设、管理等方面，加快建立确保公共交通优先发展的法律法规体系。

——和谐交通：不断提高城市交通运营、服务、管理质量和水平，以人为本，创新服务理念，满足市民需求。全面推行交通影响评估制度，充分发挥规划调控作用，加强统筹协调，实施区域差别化交通政策和交通需求管理措施，提高城市交通总体效率和交通资源利用效率，促进交通和谐、社会和谐。

4　"十一五"发展目标

以确保城市社会经济活动正常有序运行、确保世博会成功举办为目标，以公共客运为重点，全力推进城市交通"人性化、便捷化、信息化"建设，着力提升城市交通的整体服务水平和综合管理水平。加强城市交通的规划和建设管理，综合运用交通需求管理措施，改善交通方式结构，基本建成与城市社会经济发展相适应、内外交通有效衔接、多种交通方式协调发展的国际大都市一体化城市交通体系，提供安全、畅达、经济、舒适的城市交通服务，使城市交通供应和管理水平基本达到亚洲先进城市水平。

公共客运

全面落实"公交优先"战略，提高城市交通便捷化水平，引导市民选择公共交通作为主要出行方式，提高公共交通出行比重，确立公共交通在交通出行中的主体地位。结合城乡规划体系建设，中心城以提高速度和可靠度为导向，全力推进轨道交通、公交专用道和枢纽建设，优化结构，提高服务质量，实施换乘优惠，切实增强公共交通吸引力和竞争力；郊区以公共交通引导城市发展、建设城乡一体化交通体系为导向，推进郊区城市化进程，全面提高郊区城、镇、村的公交覆盖率。基本形成以轨道交通为骨干、地面公交为基础、出租汽车为补充、信息系统为手段、交通枢纽为衔接、市区郊区协调发展、内外交通有机连接的一体化公共客运体系。实现"3个一"：中心城两点间公共交通出行在一小时内完成，郊区新城一次乘车进入轨道交通网络或中心城，新市镇与所属的中心村之间一次乘车到达。实现公共交通站点 500m 服务半径在中心城和郊区城镇全覆盖，其中，中心区实现 300m 服务半径基本覆盖。

到 2010 年，轨道交通、地面公交、出租汽车等公共交通日均客运量达到 1690 万乘次，占居民出行总量的比重达到 33％以上，占机动出行比重达到 65％以上，占机动通勤出行比重达到 75％（中心城达到 80％以上）。其中轨道交通日均客运量达 500 万乘次，占公共交通客运量的比重达到 30％以上（中心城 40％以上，中心区 60％以上），轨道交通骨干作用得到体现；地面公交日均客运量达 860 万乘次，占公共交通客运量的比重达到 50％；发挥出租汽车的补充作用和便捷、灵活、个性化服务优势，出租汽车日均客运量达 330 万乘次，占公共交通客运量的比重为 20％。

长途客运充分发挥便捷、直达的优势，形成覆盖长三角、辐射中原地区的省际公路客运网络，实现短线公交化、中线直达化、长线驿站化。2010 年旅客发送量达到 3200～3400 万人次。优化调整长途客运站点布局，形成中心城"四主六辅"、郊区新城"一城一站"的新格局。提升设施能力和服务水平，提高公路客运的吸引力和竞争力。

道路货运

以建设国际航运中心为契机，以发展现代物流业为主导，构建与口岸物流、制造业物流、城市配送物流相配套的道路货运系统，重点发展道路集装箱运输、省际快运和城市物流配送，形成社会化、专业化、集约化、标准化道路货运体系，促进道路货运企业整合资源、延伸服务。培育和扶持 3～5 个国际上有影响、国内领先的自主知名物流品牌，体现上海现代物流业的整体水平。不断优化市场环境，规范行政行为，为世界著名物流企业的入驻创造条件。到 2010 年完成道路货运量 3.8 亿吨，占全市货运总量的 40％。营运货车总数达 20 万辆，其中货运专用车达 2.9 万辆,厢式货车的比重由 20％提高到 40％。

静态交通

采取"行车—停车"均衡发展和区域差别化供给战略,按"中心区从紧、外围区适度、郊区满足"的规划原则,通过配建标准和建设力度调控不同区域停车泊位供应水平。坚持"建管并举",一方面结合建筑改扩建工程和市政、绿化等工程增建及其他措施增加泊位供给总量,基本满足城市发展、汽车进入家庭所带来的大量刚性需求,缓解中心城主要商务办公区停车供需紧张和老城区配建不足的矛盾;另一方面通过实施全面的交通需求管理,综合利用价格、信息技术等各种手段,控制个体机动出行的快速增长和弹性出行需求,并引导需求的合理分布,以适应车辆的管理政策从"限制拥有"向"限制使用"的转变。初步建成与道路交通容量相协调、与土地利用功能相匹配的停车系统。2010 年经营性公共停车泊位总量达到同期汽车保有量的 12％～15％。

交通信息化

建设以服务和管理为导向、信息资源共享、系统全面整合的统一平台。建成覆盖轨道交通、地面公交、出租汽车行业的公共交通应急指挥、行业监管、运营调度和乘客信息服务系统,建成服务世博会的综合交通信息系统,建成覆盖市域的道路货运信息系统和停车信息系统,向社会提供多元化、专业化、全过程的交通信息服务。

5 "十一五"主要任务

5.1 公共客运

5.1.1 轨道交通

——全力推进轨道交通基本网络建设 加快形成轨道交通基本网络,有效疏解中心城地面交通压力;加快中心城与松江、嘉定—安亭、临港等新城之间的市域线建设,促进新城的迅速崛起;重点加强服务世博会的轨道交通线路建设,确保轨道交通分担世博会 50％的高峰客流和全日客流。2010 年运营线路长度达到400 公里,运营网络实现"一卡通"和"一票通"。

——合理配备运能,优化组织调度 根据网络运营特性,加强运营管理,综合调度运能,缩短高峰时段运行间隔。进一步提高系统运营效率和服务水平,充分发挥轨道交通大容量、快速、可靠的优势。

——建立轨道交通网络资源共享机制 推进轨道交通网络化、标准化建设,合理安排车辆段、停车场、供电等资源配置和建设进程。在实现轨道交通一票换乘和累积优惠的基础上,有序推进轨道交通与地面公交的换乘优惠。

——建立健全轨道交通行业安全体系 建立健全运营安全监测和应急施救保障体系,提高轨道交通运营的整体安全性能。

5.1.2 综合交通枢纽

——加快综合交通枢纽建设 "十一五"期间，依据上海市综合客运交通枢纽布局规划，结合世博会综合交通、轨道交通建设、地面公交线网布局优化、对外交通枢纽等重大市政配套项目建设和新城乡体系建设，重点建设和完善虹桥综合交通枢纽、浦东国际机场、铁路上海站、铁路西站、虹口足球场、龙阳路、东方路—世纪大道、徐家汇、江湾五角场、嘉定新城、松江新城等 60 个综合交通枢纽（世博会配套枢纽 26 个）。至 2010 年，综合交通枢纽达到 84 个，实现内、对外交通的紧密衔接和公共、个体交通的便捷换乘，提高公共交通一体化水平。

——创新枢纽建设机制 按照城市交通区域差别化管理政策，落实市、区两级投资主体和实施主体，加快推进综合客运交通枢纽建设。轨道交通站点与配套换乘设施实行统筹规划、同步设计、同步施工、同步竣工交付使用。

5.1.3 地面公交

——加快公交场站规划建设 在推进客运枢纽建设的同时，改造、调整中心城 60% 占路设置的公交始末站，规范和完善其他沿路设置的始末站，为公交线网的调整优化创造基础条件。加快中心城公交停车保养场改造扩能和郊区新场建设，"十一五"新增公交车停车泊位 5000 个，到 2010 年设计停车保养能力与营运公交汽电车保有量基本持平。

——大力推进公交专用道建设 以城市干道网络为依托、以客运枢纽为节点、以客流为导向，规划建设 300 公里公交专用道，高峰时段公交专用道车辆运行时速达到 15~18 公里。在有条件的路段建设中央车道公交专用道。郊区新城规划建设城区道路时，统筹考虑公交专用道的设置和预留。深化研究、加快推进快速公交系统建设，使之成为轨道交通网络的重要补充和提升地面公交服务水平的有效载体，"十一五"期间建成铁路上海南站至西站的 15 公里快速公交试验线。

——优化调整公交线网 根据轨道交通基本网络、枢纽、公交专用道建设和郊区城市化进程，有序推进公交线网布局优化调整，提高线网效率，形成由骨干线、区域线、驳运线组成的功能清晰、布局合理、与轨道交通合理分工、紧密衔接的新型公交网络。

中心区（内环线以内）梳理归并骨干线路，调整区域线，削减不合理重复线路；市通郊线路站点迁移至外围区轨道交通枢纽站点（参见图 5—1）。

外围区（内外环线之间）合理布设区域线和驳运线，形成以换乘枢纽为中心、通达郊区新城、辐射周边地区的区域公交网。

郊区（外环线以外）结合轨道交通和快速公交系统建设，布设连接客源点与客运枢纽的驳运线，有序发展"区域公交"，形成连通郊区城、镇、村的多级公共交通网，全面改善郊区居民出行条件。

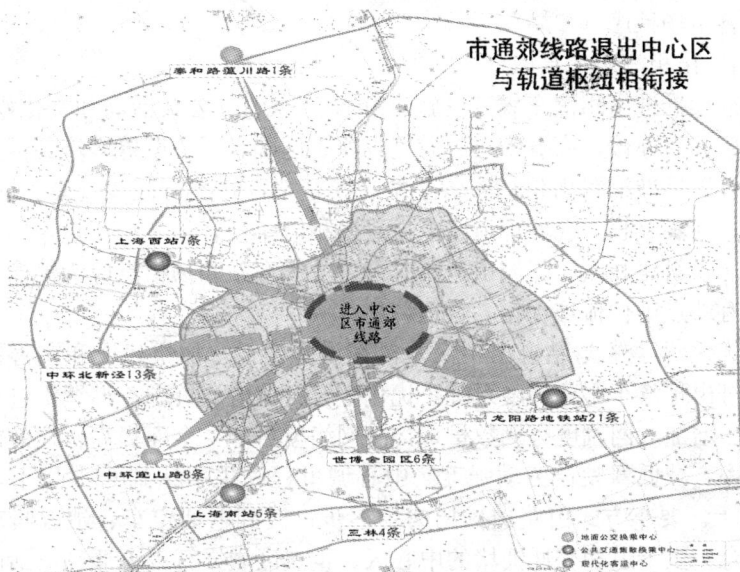

图 5-1 市通郊线路起点退出中心区调整示意

——提高车辆装备的服务和节能环保水平 积极发展低能耗、环保、舒适的新型公交汽电车。2007 年起，新投运的公交车辆达到国Ⅲ标准，2010 年国Ⅱ普及率达到 100%，符合国Ⅲ排放标准的公交车辆比例达到 35%。郊区公交根据客流需求和城市化进程适度发展经济适用车型。高等级车使用率达到 50% 以上。积极研究、鼓励使用混合动力等清洁能源的新型节能公交车，并在世博园区及世博专线上投运。加强对在用车的检测和管理，采取鼓励和强制相结合的措施，加快老旧车辆的更新，对尾气排放达不达标、车况差的车辆限期整改和淘汰，不达标车辆不得上线运营。2010 年公交汽电车总量规模为 19000 辆，结合公交线网优化，中心城内公交汽电车数量相应减少，郊区区域公交车辆适度发展。

——完善并实施"世博会"公共交通方案 按照世博交通总体方案，合理布设园区内的客运交通线和直达世博园区的公交世博专线，调整园区周边地区线网和设站，实现园区内外的有效衔接，确保地面公交集疏能力不低于 40%。

——加大政府监管和制度创新，规范服务和经营行为 强化全行业统一管理，加强法制建设，注重政策引导、资源配置等方式，促进政府对行业的监管创新。完善公交市场格局，实行区域化、集约化经营。加强企业成本规制管理，建立公开透明的经营审核机制。完善线路经营权管理制度，建立健全市场退出机制。完善企业考核评价体系，聚焦服务质量、营运效率和成本控制，推动企业健全自我规范、自我约束、自我完善机制。通过满意度指数测评、行风评议以及市民、新闻舆论监督的等手段，建立有效的服务质量评估监督体系。严格市场管理，不断优化和完善市场秩序。

5.1.4　出租汽车

——继续推进出租汽车候客设施建设　交通枢纽、公共活动和文化娱乐场所、宾馆、饭店、商办楼、商业中心、游览场所、医院、居住区等客流集散点按出租汽车站点设置标准配置出租汽车营业站、候客站，并实行同步规划、同步设计、同步建设、同步验收。在城市道路上设置出租汽车候客站和扬招点，不应影响道路交通畅通，新建和改扩建城市道路时设置的候客站和扬招点应为港湾式。对中心城内现有站点进行梳理优化、合理调整。

——优化营运模式　结合出租汽车候客设施建设，加快建设和完善覆盖市域范围的顶灯出租汽车服务调度系统，优化整合行业电调资源；继续推进车载智能系统建设，增加入网调度车辆数量，提高网络覆盖率，全面提高营运效能，有效降低空驶率，减低驾驶员劳动强度。中心城里程利用率达到 65％以上，郊区达到 55％以上。要车方式由路边扬招为主逐步过渡到电话定车、站点叫车和路边扬招相结合，主干道和交通拥堵的中心区、重点区域推行以电调和电话叫车、站点上车为主的要车方式。

——改善车辆设施　2007 年起新投运车辆全部达到国Ⅲ排放标准；2010 年前全部达到国Ⅱ以上标准。顶灯出租车总量达 5 万辆，其中中心城内出租汽车基本保持现有数量，区域性出租汽车将根据郊区（县）的社会经济发展状况适时逐年增加，总量不超过 9000 辆。全行业以安全、环保、节能、舒适的新型出租车为主体车型。

——提高服务质量和管理水平　完善出租汽车调度系统的服务和管理功能，提升营运数据采集系统功能，增强信息的时效性和利用率，加强对行业的监管监控，提高全行业服务质量。建立残障人员等特殊人群的服务数据库，建立电话约车和实时优先供车等保障机制，保证特殊人群用车服务。建立资源配置、价格调节、收益分配、风险共担、劳动保障、综合整治等机制，推动行业稳定发展。引导郊区出租行业向企业规模化、服务标准化方向发展。研究建立出租汽车经营权有期限使用制度，制定和推行信用等级管理制度，建立企业诚信档案，规范企业经营行为。建立市场准入退出机制，使社会公共资源向服务优、管理好的企业集中。打击"黑车"非法营运，改善和净化市场环境、维护良好的市场秩序。

5.1.5　长途客运

——完善站点布局　结合虹桥、龙阳路、铁路西站、中环沪太路等交通枢纽和郊区新城、新市镇的建设，规划设置长途客运新站点；对现有的未列入布局规划的客运站点通过功能调整、资产重组、线路迁移等市场调节手段和管理引导措施，有序实施整合归并；提升规划长途客运站点等级。到 2010 年中心城以一级、二级客运站为主（参见表 5-1）。

表 5 - 1 　　　　　　　2010 年规划长途客运场站布局一览表

所在区域	站点名称	站点等级	站点特性	建设性质	衔接轨道交通	备注
中心城区内	虹桥综合枢纽客运站	一级	枢纽站，主站	新建	2/5/10/13 号线	
	长途客运总站	一级	枢纽站，主站	已建成	1 号线/3 号线	
	长途客运南站	一级	枢纽站，主站	已建成	1/3/15 号线	
	龙阳路客运站	二级	枢纽站，主站	改建	2 号线/7 号线	
	真如客运站	三级	始发站，辅站	改建	11/15/16 号线	
	汶水路客运站	三级	始发站，辅站	新建	7 号线	
	杨浦客运站	三级	始发站，辅站	已建成	8 号线	
	沪太路客运站	二级	始发站，辅站	已建成		远期撤并
	恒丰路客运站	二级	始发站，辅站	已建成	1/12/13 号线	远期撤并
	浦东白莲泾客运站	二级	始发站，辅站	已建成	7 号线	远期撤并
	南浦大桥客运站	三级	始发站	已建成	4 号线	远期撤并
中心城区外	嘉定客运站	三级	郊区新城站	改建	11 号线	
	松江客运站	三级	郊区新城站	保留	9 号线	
	临港新城客运站	三级	郊区新城站	新建	11 号线	
	宝山客运站	四级	郊区新城站	改建	3 号线	
	青浦客运站	三级	郊区新城站	保留	2 号线	
	金山客运站	三级	郊区新城站	改建	1 号线	
	奉贤客运站	三级	郊区新城站	改建	1 号线/5 号线	
	崇明客运站	四级	郊区新城站	保留	9 号线	
	浦东机场客运站	二级	枢纽站	新建	2 号线	
	川沙客运站	三级	新市镇站	保留	2 号线	
	惠南客运站	四级	新市镇站	保留	11 号线	
	浦江镇客运站	四级	新市镇站	新建	8 号线	
	朱泾客运站	五级	新市镇站	改建	9 号线	
	安亭客运站	五级	郊区站	改建	11 号线	
	罗店客运站	五级	新市镇站	改建	7 号线	
	陈家镇客运站	五级	新市镇站	新建	9 号线	
	凤凰镇客运站	五级	新市镇站	新建	9 号线	
世博园区	济阳路世博客运站	四级	世博临时站	新建	6/8/11 号线	远期撤并

——整合客运线网"十一五"期间，结合站点撤并，调整、优化以长三角城市及周边省市为主要腹地的长途客运班线运输网络，同向、顺向班线相对集中，南北客站班线配置遵循南线南发、北线北发（主向不低于三分之二）的基本原则，中心城内旅客集散充分利用其他城市公共交通方式。重点发展300公里以下班线，适度发展300～800公里班线；控制发展800公里以上班线。整合梳理长三角区域短途班线和重复班线，进一步推广班线联合经营、捆绑经营等模式。

——优化运力结构 进一步提升车辆技术等级，推广清洁能源车辆，使舒适环保的高等级客车逐步成为长途客车市场主体。客运车辆总数达1.3万辆，中高等级车辆占90％以上。高速客运、干线客运和旅游客运重点发展安全性、舒适性较好的高等级客车，农村、支线客运等发展安全、经济的中级及以上客车。

——加强行业管理和市场调控 强化公共资源的管理，建立班线经营权管理制度，明确班线经营权的期限、服务、安全等要求及退出机制。鼓励通过兼并、联合、重组等方式，扩大品牌企业规模，提高市场集中度和竞争力。建立并发布长途客运市场供求指数，以此作为开线、增班、增车依据。

——积极稳妥发展旅游客运 强化对旅游及包车客运市场的监管，推进旅游包车企业的集约化、专业化、网络化经营。

——完善长三角区域协调合作机制 统筹制定发展规划、标准规范和运输管理政策，强化班线资源协调利用率，规范客运市场秩序，促进长三角区域客运交通的联动发展。

5.2 道路货运

5.2.1 规划建设货运枢纽

重点建设和完善与洋山深水港区、外高桥港区、浦东铁路配套的综合货运枢纽，以及与浦东、虹桥机场相衔接的国际空运物流中心。推进与区县产业布局相配套的区域性货运场站建设。在郊环线和外环线附近规划建设省际和市内货运配送中心。

5.2.2 构筑货运主通道网络

强化道路使用功能分配，依托城市外围高等级公路，建设"一环三纵五横七射"货运主通道网络，与海港、空港、铁路枢纽、大型物流园区、先进制造业基地相连接，与苏浙两省货运主通道相连接，减少大型货运车对城市环境和城区交通的影响，加快货物集散，提高运输效率（参见表5-2）。

表 5-2　　　　　　　　　　　货运主通道网络

名称	通道
一环	郊环
三纵	A5 高速（嘉金）、A4 高速（莘奉金）、A2 高速（沪芦）
五横	宝杨路—宝安公路、A15 高速（浦东机场高速）、大叶公路—叶新公路、A7 高速（亭枫）、奉柘公路—沪杭公路
七射	A14 高速（沪崇苏）、A12—A5 高速（沪嘉浏—沿江）、曹安公路、A16 高速（沪苏）、沪青平公路、A8 高速（沪杭）、沪杭公路

5.2.3　提升道路货运能力水平

以货运枢纽为节点，以货运主通道网络为依托，重点发展道路集装箱运输、省际快运和城市物流配送，加大危险品运输市场监管力度。

——充分发挥道路集装箱运输在多式联运体系和在港口集疏运中的骨干作用 大力发展框架式、多轴集装箱车辆。全行业集装箱车辆实行 RF 卡[①]为主的监管模式，强制推行集装箱车、重型大吨位车安装行车记录仪。到 2010 年，道路集装箱运输量达 1600 万 TEU，集装箱运输车辆达 2.2 万辆。

——以大吨位、标准化厢型货车为基础，以道路货运信息平台为纽带，大力发展通达全国各城市的省际公路货物快运班线 班线规模达 150 条以上，长三角地区实现公路快运的"门到门"服务。

——积极发展城市快运、商业配送、货运出租等专业化物流配送 依托公共货运信息网络，建设分区配送和集中配送相结合的城市物流配送系统。适应城市商业配送、包裹快件等运输的系列化专用厢式货车达到 5 万辆。

——严格危险品运输监管 建立企业许可制度，鼓励发展专业化的危险货物运输企业。实施分类分项管理措施。推行运输车辆箱式化、罐体化，危险货物运输车辆厢式车比例由目前的 25％提高到 50％，专用罐车比例由目前的 20％提高到 40％；危险品运输车辆全部安装车载定位跟踪系统。加强苏浙沪危险品道路运输安全联控和查验监管，实行危险品运输车辆从指定公路道口出入市境的管理措施。落实应急预案，保障城市安全。

5.2.4　推进装备标准化建设

推进道路货运车辆结构调整和车型标准化。鼓励发展承运冷藏、散装、液态、气态、商品汽车等货物的特种专用车辆。以 2007 年实施车辆国 III 排放标准为抓手，推动货运车辆更新换代。城市配送、集装箱车、公路快运厢式车以及罐

---

①RF 卡：指安装在经核准可从事道路集装箱营运的集装箱卡车上的电子射频卡。可记录车辆运行的基本信息，满足集装箱港区自动调度作业需求。

式车等各类专用营运车基本达到部、市推荐车型标准。

5.2.5　加强行业管理，完善市场体系

强化综合执法，加强市场监管，改善市场环境。改革市场准入的行政审批制度，提高政府行为的透明度。鼓励道路运输业延伸服务领域，促使传统货运企业向规模化专业运输、现代化物流方向转型。加快培育本土品牌，积极引进国际品牌物流企业，提升行业整体水平。

5.2.6　推进长三角地区货运资源共享和政策协调

推动形成统一的制度框架、服务体系和信息网络，倡导和鼓励道路货运企业协同开展区域受理、干线运输和区域配送业务，促进长三角地区道路货运统一市场的建设。

5.2.7　完善"世博"货运交通组织

建立会展物流保障系统，实现展品在港口、机场、车站与世博园区之间的顺畅流动，保障食品、会展物资的及时供应。建立园区内外展品、商品集散配送系统和进入世博园区的物流通道。

5.3　静态交通

5.3.1　规划建设公共停车设施

停车矛盾相对集中的中心城结合交通枢纽、公共绿地、市政和商业设施建设，新建一批公共停车场（库），增加泊位约10000个，以弥补现有建筑配建停车泊位的不足、满足小型建筑的停车需求、调节停车泊位供应水平。中心城外，结合综合交通客运枢纽规划，建设"P＋R"①停车场16处，泊位约8000个。新城和新市镇根据区域交通规划建设公共停车设施。中心城公共停车设施全面实现信息系统联网，泊位高峰时段利用率达到70％。

5.3.2　修订并实施停车配建标准

调整并施行差别化停车配建标准，增加和细化配建类型，设置地带调整系数。新建建筑和居住区严格按照标准同步配建；目前未达标的建筑物和居住区，通过内部改造、挖潜等措施补建停车泊位。

5.3.3　规范管理道路停车泊位

按照有限供应、差别对待的原则，对道路停车泊位实施总量控制，以区域停车设施供求状况、道路交通通行状况为设置依据和条件，严格按照规定程序设置或撤除道路停车场。公共停车场（库）300m服务半径范围内，原则上不设置道路停车场；四快二慢（含以上）、有固定机非、人非隔离设施的道路，原则上不设置道路停车场；机动车、非机动车专用道，一般白天不设置道路停车场；通行

---

①P＋R：指停车—换乘系统（Parking and Ride），是设置在市中心外围、与公共交通枢纽衔接、收费低廉的停车场，以鼓励个体机动车停放，换乘公共交通进入市中心。

公交车辆的道路，原则上白天不设置道路停车场。中心区道路停车泊位全面实施电子仪表计时收费，加强对道路停车场违反收费规定行为的处罚力度。

5.3.4　提高停车设施利用率

实施"区域差别、价格调控、鼓励开放、错时利用"策略，鼓励各类停车设施根据高峰时段差异，实施错时利用和功能互补，提高停车设施利用率。

5.3.5　统筹制定停车收费标准

发挥经济杠杆调节作用，实施不同区域、不同类别、路内路外、日夜时段等差别化停车收费价格调控措施，有效调节需求、道路停车收费鼓励短时停车，限制长时停车。对"P＋R"等公益性停车设施采用优惠低价的停放政策。

5.3.6　建设世博园区停车设施

合理布局建设服务世博园区的永久性和临时性停车设施。中心城内结合世博专线巴士和轨道交通站点，设置临时性停车设施；中心城外结合轨道交通和BRT① 枢纽、高速公路与中心城连接节点，建设永久性的"P＋R"设施。

5.4　交通衍生服务

5.4.1　交通信息服务

——完善城市交通管理信息平台　全面建成面向辅助决策、市场监管和公众服务的城市交通综合信息平台，建立城市交通指标体系和线网规划评估系统，有效监控和评估城市交通运行。加快全行业诚信信息系统建设，整合行业服务质量满意度指数、综合执法、交通安全等信息，实现有效监管。加强信息处理与分析，通过数据模型等辅助手段，为政府交通管理决策提供依据（参见图5-2）。

——整合行业信息系统　结合"三位一体"改革，对现有行业内各子系统进行全面整合，再造业务流程，建立与综合管理、综合执法、一门式受理和行业培训考试管理相适应的信息服务系统，加强与区县交通管理部门的信息化联网。

——完善公共客运信息系统　公交全行业线路营运车辆安装车载调度服务系统，实现智能调度和在线监管，对中心城及近郊范围的公交站牌实施数字化改造。完善出租汽车行业调度服务平台，健全服务功能，扩大网络涵盖范围。借助上海市轨道交通信息传输网络，实行运营资源共享，推广乘坐动态导引信息服务。实现长三角及周边省市长途客运信息查询服务和远程监控系统，推动区域内联网售票进程；沪籍长途客运班线车辆全面安装车载定位系统。

——加强道路货运信息系统　建成具有货运信息集成、发布等综合功能的道路货运公共信息平台，加速货运交易电子商务发展，动态发布行业价格指数等信息。全市危险品运输车全面安装车载定位系统，实现运输全过程监管。

---

①BRT：指快速公共交通（Bus Rapid Transit）。是利用新型的公共汽车车辆和智能交通信息技术，在道路上开辟公交专用道和建造新式公交车站，实现轨道交通式运营服务，达到轻轨服务水准的一种独特的城市现代化客运系统。

上海市交通信息中心

局层面：规划、法规、客运、货运、静态⋯

局指挥系统

辅助决策

决策、服务数据

公众服务

市场监管

综合信息平台

执法总队运管处受理中心考试中心

区县执法大队运管所

业务管理系统

考试培训

业务受理

业务数据

运输管理

综合执法

城市交通门户

交通执线投诉

出行换乘查询

出行车辆预订

出行票务预售

运输行情发布

世博交通专项服务

公众服务

长三角道路运输系统

行业信息化应用专项系统

轨道交通

公交服务

出租调度

公共停车

道路运输

⋯

企业运营

营运管理

财务管理

车辆监管

车辆调度

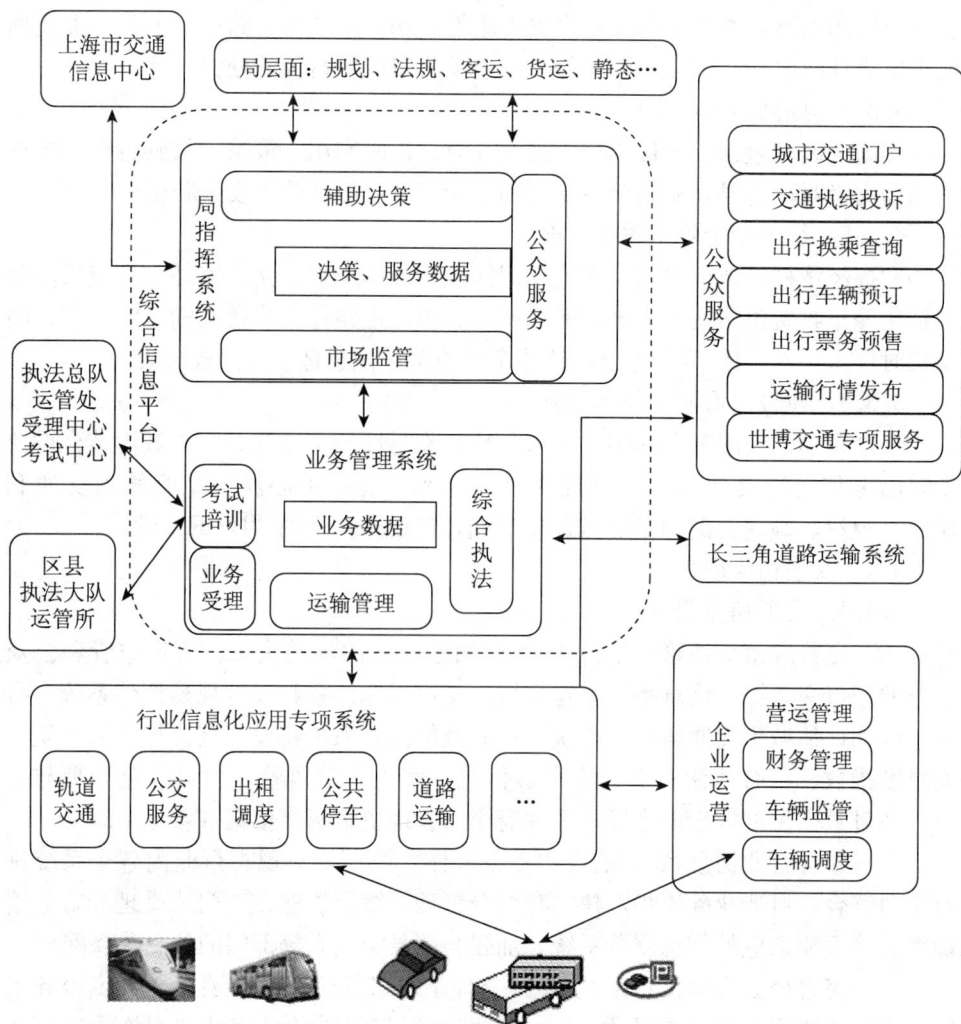

图 5-2 上海城市交通信息化整体框架

——拓展交通服务信息系统 完善停车信息平台服务功能，实现全市公共停车场库信息联网和中心区停车诱导多方式信息发布。整合车辆电子运营证和维修电子档案系统，车辆检测维修电子档案向全行业营运车辆推广。建设租赁车信息系统，提供供求信息互动和异地、异点租借信息发布。

——建立世博交通配套信息系统 包括面向世博会的公共交通综合调度管理系统、公交票务管理系统、长途客运多方式联运调度系统以及服务于世博会的停车换乘信息系统。

——完善信息化建设管理制度 抓好技术标准和功能性标准的制定工作，建立与交通信息化基础设施建设和发展相配套的信息标准。建立完善行业信息化数据采集、动态更新、资源共享、安全备份等管理制度。

5.4.2 汽车维修

——推进业态结构调整 引导维修业态向专业化、集约经营方向发展。形成专业维修、快修连锁、综合维修三种业态功能互补、协调发展的市场格局。到2010年，汽车维修量达到950万辆次，专业维修、快修和综合维修企业维修辆次分别占全行业的46%、25%和28%。

——调控维修网点布局 实行专业规划、标准规范和政策指导相结合的方法，加强总量和布局调控。中心区重点发展快修、养护和救援网点，依据标准规范引导三类专项维修业户向快修连锁转型，外围区重点布设综合性维修和特约维修网点，中心城内不再新设机动车专项维修点。合理配置新城、新市镇专业维修、快修连锁和综合维修能力。

——加强市场监管，维护市场秩序 建立汽车维修、检测电子技术档案，逐步实现社会化、全过程监管。推行企业信誉等级评定制度和社会满意度指数考评制度，建立全市汽车维修企业信用管理体系。

5.4.3 汽车租赁

——有序推进行业发展 适度发展汽车租赁业，满足个性化市场需求。鼓励与国内外品牌租赁车企业合资合作，引进先进的管理理念和技术、人才。在市内均衡营业网点分布，在长江三角洲区域试行异地租还车。

——合理配置市场资源 依据租车率等重要指标数据，有计划地发展租赁车市场。租赁车总量达1.8万辆，比"十五"期末翻一番。逐步使中小企业公务用车、大型活动用车以及个性化出行用车成为汽车租赁的主要服务对象。

——完善法规，规范市场 实行租赁汽车与出租汽车分业管理。建立租车信用体系，规范租赁市场。

5.4.4 机动车驾驶员培训

——健全培训体系 通过规范化、标准化、科学化教学管理，实现集约化发展、专业化培训、计时化教学、数字化监控，保持35万人次/年的培训能力，提高培训质量和效率，注重学员安全行车知识的掌握和文明行车技能的培养，促进培训与考试的有效衔接。

——提高管理水平 重视应用信息化手段，以方便学员和确保培训质量为主要目标，加强驾校行业监管，推行教练员职业资格管理制度。按照市场需求，通过规划和政策指导，控制培训能力的适度投入，继续对驾校、经营性教练场的申办进行管理调控，鼓励和推动驾驶员培训机构实现规模化、集约化和网络化经营，整合市场资源。

——坚持科技兴业 鼓励运用远程教育、多媒体、信息化网上教学等多种形式对学员进行道路交通安全法规和相关知识教学；推广和运用汽车驾驶模拟器和训练房等设施，引领现有教学设备、设施的升级换代，提高行业科技含量。

——开展诚信评价 制定和推行信用等级管理制度，建立企业诚信档案，定期向社会公布企业诚信信息。

6 政策措施

6.1 全面落实公共交通优先战略，增强公共交通吸引力

确立公共交通在城市交通中的优先地位。加大政策扶持和政府性资金投入力度，完善市、区两级政府投入机制和补贴机制，确保公共交通在规划控制、设施用地、投资安排、路权分配、政策扶持等方面的优先落到实处。推进轨道交通基本网络建设。加快建设公交专用道网络和公交快速系统，提高地面公交的可靠性和运营速度。完善公共交通设施使用办法，换乘枢纽、始末站点免收使用租金，政府投资建设的公交停车保养场站，实施低价租赁使用。建立健全政府购买公共服务制度，建立各种公共交通方式之间合理的比价关系，科学核定公共交通票价，努力降低市民出行成本，实施一票（卡）换乘以及各种方式的优惠票制，提高公共交通吸引力。完善适度竞争、区域化经营的市场格局。

6.2 实行差别化交通政策，提高城市交通总体效率

科学划分城市交通区，从不同区域交通需求和交通资源的实际出发，实施不同的交通供应政策和交通需求管理措施。中心城以公共交通为主体，鼓励使用公共交通工具；中心区在交通资源增量有限的情况下，逐步实施控制小汽车进入量、限制过境交通量的管理措施；完善并调整物流配送车辆的市区通行和停泊装卸货政策，中心城实施货运车辆通行权管理。郊区以公共交通引导城镇发展，加大交通基础设施建设力度，改善路网结构，合理加密公交线网，提高换乘设施能力。

6.3 加强统筹协调，推进城市交通设施建设

合理规划调控，全面推行交通影响评估制度。按照"双增双减"的原则严格控制建筑容积率和功能布局，以交通设施资源的容量作为土地开发的约束条件。加快城市交通设施建设，按照交通专业规划，在道路建设、改造时，同步建设公交专用道、港湾站、始末站、出租车候客站等公共交通设施；在轨道交通车站建设时，同步规划建设配套换乘设施。规划明确的公共交通基础设施用地，不得擅自改变用途。

6.4 完善行政管理体制，充分发挥区（县）政府作用

进一步转变政府职能，发挥新体制优势，切实加强行业管理，实施综合管理。按照区域差别化管理的原则，理顺区（县）城市交通管理体制，新建区和郊区全面实行市、区（县）两级管理；中心区在实行交通运政和行政执法一级管理的同时，充分发挥区政府交通部门在交通规划建设和管理中的作用。

6.5　加强法规和标准规范建设，提高市场监管水平

适应行业发展以及政府职能转变的要求，进一步完善城市交通法规和标准体系。适时修改完善相关的地方性法规和市政府规章，健全行业技术规范和标准。实行管理方式从偏重行政管理向强化间接管理转变。充分运用政策法规、专业规划、标准规范，加强对行业发展引导和市场行为的监管，改善和净化市场环境、维护良好的市场秩序，促进全行业全面协调和可持续发展。

6.6　采取切实有效措施，提高公共交通专业岗位吸引力

建立职工工资与其产生的社会效益相联系的正常增长机制，提高一线职工收入。将公共交通驾驶员培训纳入再就业培训项目，确保公共交通行业的长期稳定发展。

025

江苏省城市交通"十一五"发展规划

城市交通主要包括道路、公共交通、停车场等，是城市经济社会赖以生存和发展的基础设施，是体现一个城市综合竞争力和现代化发展水平的重要标志。随着我省城市化、机动化进程的不断加快，土地、能源、环境等问题对城市发展的制约作用日益突出，因此，加快城市交通建设、加强城市交通管理、优化城市交通结构，建立以城市公共交通为主导的城市客运系统，是缓解城市交通拥堵、方便群众出行、改善人居环境、促进经济社会可持续发展的关键所在。

"十一五"期间是全省实现富民强省、率先全面建设小康社会和率先基本实现现代化的关键时期。作为提出科学发展观后的第一个五年时期，编制城市交通"十一五"发展规划，对于促进城市健康、可持续发展，对于统筹城乡发展、统筹经济社会发展、统筹人与自然和谐发展、建设节约型社会和节约型城市具有重大意义，是贯彻科学发展观、实现"富民强省"、"两个率先"总目标、构建社会主义和谐社会的根本举措。

江苏省城市交通"十一五"发展规划是江苏省建设事业"十一五"规划的重要组成部分，是落实优先发展城市公共交通战略、加快城市交通行业建设、优化城市客运交通结构的重要依据。本规划主要阐明"十一五"期间全省城市交通发展的指导思想、发展目标、基本任务、建设重点和实施对策，是今后五年全省城市交通规划、建设和发展的指导文件。

一、"十五"发展情况回顾

(一)"十五"发展取得的成效

"十五"期间，在省委、省政府的领导下，全省城市交通全面落实科学发展观，围绕"富民强省"、"两个率先"目标，贯彻落实宏观调控政策，突出重点、扎实工作，城市交通建设事业健康发展，为全省改革、发展和稳定的大局作出了贡献。

1. 城市交通日益受到各级政府重视，规划编制工作成绩显著

城市交通备受关注。针对城市市政公用事业改革不平衡、行业市场垄断、缺乏竞争、人浮于事、效率低下等问题，省政府制定了《关于进一步推进全省城市市政公用事业改革的意见》（苏政发〔2003〕9号）文件，提出建立适应社会主义市场经济发展需要的市场竞争机制、企业经营机制和政府监管机制，为增强市

政公用事业服务功能和服务水平提供了依据。为突出解决城市交通拥堵等重点问题，省建设厅在2005年全省建设工作会议工作报告中指出，要确立以人为本和公交优先的交通理念，加大行人与非机动车交通设施、公交场站设施、公交专用道、公共停车设施和无障碍设施的建设力度，提高道路通行能力，努力建成方便、快捷、安全、高效的城市交通系统。针对城市出租汽车供求矛盾突出、市场管理不力、劳动用工不规范等问题，省政府下发《关于进一步加强和规范出租汽车行业管理工作的通知》（苏政办发〔2005〕94号），要求各相关单位开展对出租汽车等城市公共客运交通的清理整顿工作，严厉打击非法营运，清理各类乱收费，加强出租汽车经营权有偿使用管理，积极应对燃油价格上涨对出租汽车的影响，努力提高出租汽车行业服务水平。针对全省交通需求快速增长、城市内外交通压力日益加大、交通矛盾日益凸现问题，省建设厅下发《关于加强城市综合交通规划编制工作的通知》（苏建规〔2005〕193号），要求各相关部门充分认识开展城市综合交通规划编制工作的意义，加强重点问题研究和组织管理工作。针对全省由于机动车数量迅速增长致使城市机动车停车泊位明显不足等问题，省政府转发省建设厅、省公安厅《关于切实加强城市机动车公共停车设施建设管理工作意见的通知》（苏政办发〔2005〕14号），要求各有关部门切实提高对城市机动车公共停车设施建设管理重要性的认识，明确城市机动车停车设施建设管理工作的发展思路与目标任务，制定和实施城市机动车公共停车设施发展规划，切实加快城市机动车公共停车设施建设，严格设置和管理路内停车，合理制定停车收费办法，规范城市机动车公共停车设施经营服务管理，加强停车管理信息系统建设以及建立协调有效的停车管理机制。

规划工作成绩显著。全省40个设市城市中，18个城市完成城市综合交通规划，19个城市完成城市公共交通规划，4个城市完成城市轨道交通线网规划，3个城市完成城市公共停车设施规划。目前，全省设区市基本完成城市综合交通规划的编制工作。城市综合交通规划的制定和实施，对完善城市综合交通体系、引导城市空间和功能合理布局起到了积极作用。苏南地区南京、苏州、无锡、常州已完成城市轨道交通线网的编制工作，其中总投资近85亿元的南京市地铁一号线（奥体中心站至迈皋桥站）21.72公里已于2005年9月顺利投入运营，苏州市轨道交通建设规划正处于国家发改委立项过程之中。顺应苏锡常都市圈的发展趋势，2003年省建设厅组织并完成《苏锡常都市圈轨道交通线网规划研究》。2004年，响应省委、省政府沿江开发战略，省建设厅组织并完成《江苏省沿江轨道交通线网规划》。

实施管理得到加强。根据城市交通发展形势需要，省建设厅颁布了《江苏省城市社会公共停车设施规划编制纲要》、《江苏省城市综合交通规划编制导则》、《江苏省城市道路内汽车停车泊位设置标准》等规范和标准，用以指导地方城市交通建设。五年来,全省各地以降事故、保安全、保畅通,周密部署,狠抓落实,有效实施国家公安部、建设部"畅通工程"。

2. 城市交通建设投资力度加大,建设步伐加快,设施水平显著提高

投资力度逐步加大。"十五"期间,全省城市交通建设固定资产投资累计完成 1598 亿元,是"九五"期间城市交通建设固定资产投资的 8.1 倍。五年间,全省城市公共交通投资 149 亿元,城市道路桥梁投资 1449 亿元。一批大中型城市交通基础设施项目相继建成使用,改善了投资环境,增强了城市功能。

建设步伐明显加快。"十五"期末,全省城市道路里程达 28674 公里,比"九五"期末增长 149%,年均增加 20.0%;道路面积达 45626 万平方米,比"九五"期末增长 185%;人行道面积达 6016 万平方米,比"九五"期末增长 91%;公交车辆达 25440 辆,公交运营线路网长度 20151 公里,分别比"九五"期末增长 60% 和 95%;出租车 46799 辆,比"九五"期末增长 19.9%。

设施水平显著提高。"十五"期末,全省城市人均拥有道路面积 15.58 平方米,比"九五"期末增长 43.1%;万人拥有公交车辆 8.63 标台,比"九五"期末增长 23.3%;公交客运量达 29.47 亿人次,比"九五"期末增长 17.8%;路网密度 1.51 公里/平方公里,比"九五"期末增长 14.4%。

实施畅通工程成效显著。"十五"期间,按照建设部、公安部的要求,全省积极开展实施"畅通工程"活动,各地加大公共交通基础设施投入力度,采取多种措施改善经营条件,为城市公共交通发展创造良好环境。南京市、无锡市、常熟市、昆山市被评定为交通一等管理水平城市,苏州、常州等 13 个城市被评定为交通二等管理水平城市,淮安、连云港等 13 个城市被评定为交通三等管理水平城市。根据全省统一部署和要求,各地认真贯彻落实,在新建、改建城市道路时同步建成港湾式公交停靠站,增设出租汽车停靠点,南京、苏州等城市还建成专门的出租汽车服务中心,使出租汽车等城市公共客运交通营运环境得到很大改善,方便了群众出行。

3. 城市交通行业管理和市场改革初见成效,服务质量和服务水平明显改善

行业管理得到加强。为解决城市停车难问题,省建设厅与省公安厅联合发出《关于切实加强城市机动车公共停车设施建设管理工作意见的通知》,《通知》从全面落实设施规划、推进市场化建设、落实社会化经营服务、深化管理体制改革和强化政策引导等方面,均提出了相应对策措施,为各地加快城市公共停车设施建设与管理创造了有利条件。为确保出租汽车行业稳定工作继续得到加强,各地进一步巩固清理乱收费成果,镇江、扬州、盐城等地通过调低客票附加费和企业收费,进一步减轻出租车经营者负担;全省进一步规范出租汽车经营权有偿使用管理,12 个市、县的出租汽车经营权有偿出让方案通过省政府审批。

市场改革初见成效。按照《省政府关于进一步推进全省城市市政公用事业改

革的意见》（苏政发〔2003〕9号）要求，全省各地市政公用事业改革全面展开，13个设区市中已有10个公交公司改成股份制企业，其中有2个公交公司还改制成中外合资企业，尚未完成改制的公交企业也正在逐步推进之中。通过改制，公交企业的市场意识、服务意识、效益意识不断增强，主动寻找市场、改善服务、增辟线路、发展车辆的积极性大为提高，一些城市的公交企业通过自加压力、自我完善、自主发展，取得很好的成效。

4. 城市交通行业科技创新能力不断提升，科技应用水平取得可喜进展

科技创新能力显著提升。"十五"期间，南京市地铁一号线、玄武湖湖底隧道、赛虹桥立交、苏州市官渎里立交等一批高难度城市交通基础设施建成并投入运营，以及支持江苏省成功举办全国第十届运动会的南京市大型活动交通应急组织保障系统，提升了全省城市交通行业的科技创新能力，为行业的发展积累了丰富的经验。

科技应用水平大大提高。到"十五"期末，无锡、常州、苏州等许多城市推行公交IC卡，无锡实现与上海两地公交IC卡的互通，南京市推行公交和地铁一卡通，不少城市在公交和出租车营运、管理方面逐步引入GPS、GIS等智能化营运管理技术，使公交企业的人车比例不断降低，企业效益和行业形象得到明显改善。南京等城市已推行停车诱导系统，提高了路外停车设施泊位利用率，促使停车设施利用均衡化，减少了路边停车、等待入库排队车辆和驾驶员寻找停车泊位的时间消耗。全省各市大力推行可变信息板，通过在交通要道及时发布出行信息和气象预告信息，方便城市居民选择最佳的出行路线和出行时段。

（二）存在的主要矛盾和问题

"十五"期间，尽管在交通设施建设与运行管理上不断增加投入，城市交通基础设施得到长足发展，但由于交通需求总量的急剧增长及需求构成的多样性和复杂性，城市交通仍然存在一些矛盾和问题，突出表现在四大方面：

1. 优先发展公共交通战略有待进一步落实

公交吸引力不强。由于长期以来公共交通基础薄弱，公交服务质量有待提高，公共交通发展的问题必然造成城市交通方式的结构性偏差，除南京等几个特大、大城市外，公共交通在居民出行方式中的比例均在10％以下。一些大城市对公共汽车、轨道交通、私人小汽车等交通出行方式缺乏有机整合，不能更有效地方便乘客换乘，无法提高公共交通的吸引力。公交发展的滞后使更多人转向选择个体机动化交通方式，而过多的个体机动化交通出行造成道路在路权和容量分配上的严重失衡，反过来又导致公交运营环境恶化，运行能力下降，使公共交通对客流的吸引力进一步下降，这不但造成公交发展陷于恶性循环的窘迫境地，也引起出行量的需求与道路交通基础设施供给的矛盾日益加剧，成为导致城市交通拥堵的首要因素。

公交发展瓶颈仍然存在。主要体现在规划、建设、制度、管理、营运五个方面。规划中，规划内容不完善，城市公共交通中轨道交通、公共汽车、出租车等组成部分难以发挥系统的整体性；建设中，城市公共交通设施建设严重不足，大运量公交系统建设缓慢，公交运力结构失衡，没有真正发挥大运量公共交通方式在大城市交通出行中的主力军作用；制度上，城市公共交通发展缺乏系统完善的法规保障和政策支撑体系；管理上，在市场化进程中，对公交企业还没有形成一套科学合理的财政补贴补偿机制，公共交通的公益性难以体现，公共交通服务水平低；营运上，城市公交场站建设严重不足，公交换乘枢纽设施建设滞后，线网密度、场站覆盖率低，公交专用道建设步伐缓慢。

2. 城市交通基础设施供需失衡

机动化水平上升过快。全省各城市虽加大了城市道路基础设施的投资力度，城市道路交通基础设施规模和能力有了很大的提高，城市道路长度年均增长20.0%，但城市私人小客车在"十五"期间年均增长率达58.4%，私人汽车平均增长率达38.6%，道路建设和车辆增长之间的矛盾仍然存在。

静态交通设施严重短缺。全省13个设区市现有公共停车泊位近9万个，按照合理水平应达到40万个以上，缺口达30万个左右。一些大型的公共建筑、房地产开发、商业中心建设没有配建相应的停车设施，迫使车辆大量占用人行道和车行道，加大了道路负荷，进一步导致了交通拥堵。

3. 道路系统存在结构性偏差

道路微循环系统重视不够。目前城市道路建设普遍存在重干路、快速路，轻支路的问题，一些大城市热衷于建设高标准的大型交通工程，忽视道路微循环系统的建设，环路之间快速联络通道建设滞后，主干路系统空间布局不均衡，次干路、支路严重短缺，"微循环"系统薄弱，城市道路级配关系呈现头重脚轻的现象，导致城市道路网路呈现出"宽而疏"的模式，这种结构性的"负效应"将引起功能上的先天性缺陷，支路网数量、密度均较低，导致道路系统性差，交通组织困难，道路交叉口通行能力低，同时在快速路和干路上集中的大量车流难以从网络上分流，制约路网整体效能的正常发挥。

4. 城市交通系统缺乏有效整合

交通设施协调性较弱。主要体现在交通基础设施规划与交通组织管理规划不配套，附属道路交通设施与主体设施建设不配套，城市交通与城际区域交通网络、市区与市域交通网络以及城市轨道交通与地面公交网络运力不匹配、衔接不顺畅等方面。

交通管理技术水平有待提高。交通运营管理者与服务对象之间缺乏必要的信息沟通平台和手段，难以对各类交通服务需求进行有效的引导。交通需求管理薄弱，对客运组织以及交通出行引导缺乏科学手段和有效措施。城市交通服务价格体系不完善，没有建立合理的比价关系。交通信号、标志、标线设置缺乏统一规划，交通秩序管理有待进一步加强。交通法规标准体系不健全，现代交通宣传教育不够深入。交通参与者缺乏现代交通观念，交通法制意识淡薄。

二、"十一五"发展形势

准确分析"十一五"期间的宏观政策环境，把握经济社会发展趋势对交通要求的变化，对于正确预测城市交通发展趋势，科学规划全省城市交通"十一五"发展具有重要意义。

1. 宏观政策环境对交通发展的要求

城市交通系统应是可持续发展的系统。中共十六届五中全会提出的建设资源节约型、环境友好型社会的精神要求，城市交通系统应当是统筹规划、合力建设、综合协调的"节能、环保、安全、高效"的可持续发展系统。

城市交通系统应是高度一体化的系统。落实"五个统筹"离不开一体化城市交通系统的支撑，城市交通系统应紧密策应这个要求，促进基础设施一体化、运输服务一体化。

城市交通系统应是能主动拉动城市发展的系统。实现"两个率先"作为全省发展的一个中心任务，要求城市交通紧紧围绕核心，提高服务功能，成为全省城市化和城市现代化强有力的先行拉动力量。

2. 经济社会发展形势对交通发展的要求

城市交通系统应是能提供多种方式服务的系统。随着城市居民生活水平的提高，居民对出行质量的要求也随之提高，具体体现在方便、快捷和舒适等方面，城市居民出行会更倾向于机动性较强、方便度较高、舒适性较好的交通方式，城市常规公共交通、小汽车、轨道交通等方式交通需求所占份额将会不断增加。

城市交通系统应是公共交通优先发展的系统。十六届五中全会明确提出，在"十一五"阶段，在科学发展观的指引下，经济增长方式将真正由"粗放型"向"集约型"转变，将"转换经济增长方式"落实到法律条文上和现实生活的执行中，并且定量地提出"单位 GDP 的能源消耗下降 20%"。据统计，交通能源消耗在社会总能源消耗结构中占 30%。我省作为一个能源资源相对短缺、能源消耗却又较大的地区，能源已成为经济社会发展的瓶颈。因此交通系统的节能意义重大，更加迫切地要求确立以公共交通为主导的城市交通模式。

3. 城市发展对交通系统的要求

城市交通系统应是能满足城市交通需求的系统。城市发展需要相应规模的交通基础设施的支撑。随着城市化进程不断加快，城市化水平迅速提高，人口快速向城市集中，城市规模不断扩大，同时城市的经济社会功能不断加强，居民的经济、文化活动更加频繁，使城市居民出行总量迅速增长，需要相应容量的城市交通基础设施来承载。

城市交通应是能引导城市有序拓展的系统。城市的有序拓展需要城市交通在与城市用地互动关系中发挥更主动的作用。城市快速发展时期，城市框架迅速拉开，城市各片区的成长发育、功能发挥、交通联系，都取决于城市交通系统的超前性、引导性。

城市交通系统应是能全面提升城市竞争力的系统。随着经济全球化进程的加快和改革开放步伐的不断深入，我省作为外向型经济大省，对外依存度高，城市投资环境对于吸引外资，支撑城市在更大范围、更深层次参与国际经济合作和竞争，促进经济发展具有举足轻重的作用。城市交通是体现城市竞争力、提升城市竞争优势的重要环节，城市交通的快捷性、方便性和可靠性成为决定城市把握发展机遇的关键。

城市交通应是以人为本的系统。城市人居环境的改善需要城市交通能够做到体现人性化、体现社会公平性、发扬城市特色、保护文化遗产和生态环境。

城市交通系统应是能适应地区发展特性需要的系统。城市发展的地区差异决定城市交通基础设施建设的差异性。全省城市发展的地区不平衡性要求城市交通发展必须实事求是、因地制宜，有重点、有差异地确定不同发展区域的城市交通模式、规模和水平，加强分类指导。

城市交通系统应是能促进区域共同发展的系统。城市群及城镇带是城市发展的未来趋势，城市间、城乡间的人员流动将更加频繁，区域经济联系将更加紧密，对城市、城乡之间的交通系统的运输能力将随之提高。城市群和城镇带的连绵发展，使发展快速、大容量的交通系统迫在眉睫。特别是苏南地区，传统的公路运输已经难以承担日益增长的交通需求，建设城际轨道交通、快速城乡公交等公共交通方式已刻不容缓。

4. 城市交通发展趋势

发展方式将由"被动适应型"向"主动引导型"转变。城市交通的迅速发展已部分超出人们的判断，仅仅考虑城市交通发展的"延续"已经无法解决目前面临的问题，必须改变思路，从节约资源、保护环境两方面正确引导城市合理发展，城市交通发展方式必然由以往的"被动适应型"向"主动引导型"转变：由只重视建设快速路、主干路，不重视次干路和支路的"重干轻支"建设方式转变为干路、支路同样重视的"干支并举"建设方式；由出现停车问题再寻求建设的"亡羊补牢"建设方式转变为系统规划、合理布局的"管理引导"建设方式；由遍地开花、功能单一的零散建设方式转变为集并规划、紧凑建设的综合建设方式。

公共交通主导地位将得到确立。可持续发展的战略思想已成为共识，城市居民对和谐、安宁的生活工作场所，人性化、有益健康的环境质量空前渴望。为解决好城市交通问题，促进城市健康发展，2005 年 9 月，国务院办公厅转发建设部等部门关于优先发展城市公共交通意见的通知〔国办发〔2005〕46 号〕，该通知指出，优先发展城市公共交通是提高交通资源利用效率，缓解交通拥堵的重要手段。随着国家可持续发展战略的确定，优先发展城市公共交通，建设"以公共交通为主导、其它交通方式有机补充"的城市交通系统，将成为全省大、中城市交通发展的唯一选择，也是大、中城市交通发展的必由之路。为保障优先发展公共交通的战略能够得到落实，对公共交通发展倾斜的相关政策将会出台，公共交通基金将会建立，公共交通系统的体制改革将会继续进行。

分类指导城市交通发展将成为必然。对于苏南地区的城市，将着重整合区域交通网络，抓紧建设城际轨道交通，完善城市内部交通网络；苏中地区的城市则应该查找现实中存在的问题并予以解决，构筑能够与城市发展良性互动的城市交通系统；苏北地区的城市仍将加大基础设施投入，抓紧基础设施建设，保证基础设施能够适度超前于城市发展，从而拉动经济社会发展。对于江苏省内的特大城市和大城市，将发展大容量的城市快速交通系统，并与区域综合交通运输系统相衔接。有条件的城市，将充分利用城市空间，建立立体的城市交通系统。

城市交通出行环境质量将得到改善。具体表现在贯彻"以人为本"思想，从吸收废气、降低噪音的角度重新考虑城市道路设计；加强城市交通设施的无障碍设计；优化停车场布局，使驾车人到达停车场的距离在最适宜的范围内；优化公共交通站点布局，合理设置公交站点候车系统等。

投资规模将继续增长。预计在"十一五"期间，城市交通系统建设和管理投资将达到 4100 亿元。其中城市轨道交通总投资将达到 600 亿元，轨道交通投资中苏锡常地区总投资达 400 多亿元，南京地区 170 亿元，省内其他地区 30 亿元；城市常规公交投资 500 亿元；城市道路建设投资 3000 亿元。

投资方式将由"单一化"向"多元化"转变。城市交通建设投资方式将采取"投资多元化、经营专业化"的模式，允许社会资本进入法律法规未禁入的基础设施、公用事业及其它行业和领域，政府投资主要用于关系国家安全和市场不能有效配置资源的经济和社会领域，做到投资多元化，而对基础设施的运营和维护则交由专门的部门或单位负责，做到经营专业化。

三、指导思想和发展目标

（一）指导思想

以邓小平理论和"三个代表"重要思想为指导，以贯彻落实"五个统筹"为主要内容的科学发展观统领城市交通发展全局，围绕"富民强省"和"两个率先"总目标，以实现"以人为本"全面、协调和可持续发展的和谐城市交通系统为要求,以促进城市经济社会发展为方向,以建设节约型城市和创建优良的人居环境为落脚点,实施公交优先、建管并举方针,为构建和谐社会提供坚实基础。

——坚持以人为本,实现城市交通健康发展。保证城市交通设施满足大多数人的出行需求,强调人的可达性优于车辆的移动性,体现社会公平。通过各种交通方式的协调和联运,实现城市交通健康发展。

——坚持公共交通优先,落实绿色交通战略。确立公交主体地位,实施公交优先战略,通过优先发展公共交通,为城市居民提供安全、方便、舒适、快捷、经济的出行方式。

——坚持全面、协调、可持续发展,构建集约化城市交通系统。通过建立以公共交通为主体、融个体交通为一体的、多元化协调发展的城市交通系统,发展低能耗、低环境污染、低出行费用、低土地占用的交通方式。

——坚持分类指导,促进区域共同发展。针对苏南、苏中、苏北不同的区域差异进行分类指导,制定差别化的发展规划,促进区域共同发展。

——坚持科技先导,加强城市交通行业创新能力。以先进的现代科技为支撑,大力发展智能交通系统,通过技术创新和体制创新,积极推动科技进步,不断增强向生产力转化的能力。

(二)发展目标

1.总体目标

"十一五"期间,江苏省城市交通发展的总体目标是:以推动城市交通与城市建设协调发展、提高交通效率、保护城市历史文脉及传统风貌、净化城市环境为目的,运用科学的技术和方法,营造与城市经济社会发展相适应的城市交通环境,形成以公共交通为主体的高效率、低费用、低污染的城市交通体系,与土地利用协调发展、与对外交通有机衔接、不同交通方式换乘方便的一体化城市交通体系,充分体现以人为本、社会公平、景观优美、有利于生态和环境保护的人性化城市交通体系。"十一五"期末建成6~8个畅通工程"全国一等交通管理水平"城市、10~15个"全国二等交通管理水平"城市,2~3个城市成为全国"绿色交通示范城市"。到2010年左右建设能促进、提升城市功能和综合竞争力,支持、改善城市合理布局和优良人居环境,形成高效率、一体化、人性化、以公共交通为主导的多元化城市综合交通体系。

2.分项指标

(1)基础设施

• 城市道路交通基础设施投资比例

全省城市道路交通基础设施投资占地区生产总值的比重达到3%,苏南地区城市重点投资重大交通基础设施建设,苏中和苏北地区主要加快道路和场站设施建设。

表1 城市道路交通基础设施投资比例（单位:%）

城市规模	特大城市	大城市	中等城市	小城市
苏南地区	3.0～4.0	3.0～4.0	3.0～4.0	2.5～3.0
苏中地区	—	3.0～4.0	2.5～3.0	2.5～3.0
苏北地区	3.0～4.0	2.5～3.0	2.5～3.0	2.5～3.0

- 道路网密度

城市道路网密度达到7.0～9.0公里/平方公里。

- 主次干路密度

城市建成区内主次干路（含城市快速路）密度达到3.0～4.0公里/平方公里。

- 人均道路面积

全省城市人均道路面积达到17平方米，年均增长1.76%左右。

表2 城市人均道路面积（单位：平方米/人）

城市规模	特大城市	大城市	中等城市	小城市
苏南地区	13～18	13～18	14～19	15～20
苏中地区	—	13～18	14～19	15～20
苏北地区	13～18	14～19	15～20	15～20

- 道路面积率

全省城市建成区道路面积率不低于17%，年均增长11%左右。

- 道路等级结构比例

全省特大城市以及大城市中道路长度快速路：主干路：次干路：支路为1:1.5～2:3:6；中小城市主干路：次干路：支路为1:2:4～6。

表3 城市道路等级结构比例

城市规模	特大城市	大城市	中等城市	小城市
结构比例	1:1.5～2:3:6	1:1.5～2:3:6	1:2:4～6	1:2:4～6

（2）公共交通

- 公共交通分担率

全省城市公共交通（包括轨道交通和常规公交）分担率达到22%，其中特大城市及大城市达到25%以上，中小城市达到18%以上。

表4   城市交通结构公交方式分担率（单位:%）

城市规模	特大城市	大城市	中等城市	小城市
苏南地区	≥30	≥25	≥20	≥15
苏中地区	—	≥25	≥20	≥15
苏北地区	≥25	≥20	≥15	≥12

• 万人拥有公共交通车辆

全省城市万人平均拥有公共交通车辆达到 13 标台，年均增长 8.5％左右。

表5   城市万人拥有公交标台数（单位：标台/万人）

城市规模	特大城市	大城市	中等城市	小城市
苏南地区	≥16	≥15	≥11	≥9
苏中地区	—	≥15	≥11	≥9
苏北地区	≥15	≥11	≥9	≥7

• 公交站点覆盖率

城市公交站点覆盖率按 300 米半径计算大于建成区的 50％，中心区覆盖率大于 70％；按 500 米半径计算大于建成区的 90％，中心区覆盖率为 100％。

• 居住小区距离公交车站最远距离

城市居住小区距离公交车站最远距离不超过 500 米。

• 公交乘客平均等候时间

城市公交乘客平均等候时间不超过 10 分钟。

• 公交车辆进场率

城市运营公交车辆进场率应大于 90％。

（3）停车场

• 百辆汽车停车位数

城市平均每百辆标准小汽车占有的公共建筑配建停车场、社会停车场和路内停车场的车辆标准泊位数不小于 35 个。

• 路内停车泊位占城市停车泊位总量比例

路内停车泊位占城市停车泊位总量比例特大城市不大于 8％，大城市不大于 10％，中等城市不大于 12％，小城市不大于 15％。

表 6 　　　 城市路内停车泊位占城市停车泊位总量比例（单位：%）

城市规模	特大城市	大城市	中等城市	小城市
苏南地区	≤4.5	≤4.5	≤8.0	≤8.0
苏中地区	—	≤5.0	≤10.5	≤10.5
苏北地区	≤7.5	≤7.5	≤12.0	≤12.0

（4）交通环境

• 学校周边安全设施设置率

在学校周围 300 米以内的范围根据需要已设置交通安全设施（过街设施、护栏等以及相关的警告、提示标志）的学校占全市大、中、小学校总数的比例不低于 99%。

• 主要道路交通噪声

城市主要道路和交叉口的交通噪声不超过 70 分贝。

四、基本任务及建设重点

面对"十一五"期间经济社会发展新形势对城市交通发展提出的新要求，必须深入分析并切实解决好事关全省未来发展的重大城市交通问题，主要是完善专业规划、提高道路建设水平、落实公交优先发展战略、切实加强城市机动车停车设施的建设管理、有效整合城市交通系统、倡导绿色交通等六个方面。解决这些重大问题，需要长期不懈的努力，今后五年，必须切实加快推进，取得明显成效。

（一）基本任务

1. 完善交通专业规划编制，强化规划指导作用

重视规划编制工作。各城市要及时按照城市总体规划，结合当地国民经济和社会发展五年规划，抓紧编制和修订完善城市综合交通规划，确定城市交通发展目标和战略。正在执行的城市综合交通规划存在明显不适应的，应适应城市发展需要进行及时修编。高度重视城市公共交通规划，明确不同的公共交通方式的功能分工、线网及设施配置、场站规模及布局等。切实加强城市停车设施规划等各类专项规划的编制工作。拟建轨道交通的城市要认真编制《城市轨道交通建设规划》，明确远期目标和近期建设任务以及相应的资金筹措方案；明确轨道交通的线路站点选址、沿线用地规划控制以及与其他交通方式的衔接。

提高规划编制水平。重视交通规划理论与方法的创新，加强交通规划方案的科学论证和实施效果的跟踪检验评估工作。处理好交通规划与建设计划、工程设计的衔接关系，做好重大工程项目前期论证和建设项目储备工作，为交通规划的顺利实施提供充分保障。

依法审批交通专业规划。大城市和特大城市的《城市综合交通规划》和《城

市公共交通专项规划》，应由省级以上建设行政主管部门组织专项技术论证和审查后纳入《城市总体规划》，并按《城市总体规划》的规定程序报批。《城市轨道交通建设规划》应由省级建设行政主管部门初审后，报送建设部和国家发展与改革委员会审查，报国务院审批。

重视城市交通规划作用。加强城市交通规划对土地利用规划的反馈作用，实现城市交通与用地布局的互动发展。在大城市实施大型建设项目交通影响评价制度，并纳入城市规划建设管理体系，对新开发项目交通影响区域内各类交通设施的供求进行分析，评价项目开发对周边交通影响程度，及时提出城市开发项目的改善措施和方案。

2. 提高道路建设水平，构建和谐城市道路系统

提高道路建设水平。各级城市要特别重视路网结构优化，提高路网整体承载能力和运行效率，充分挖掘既有道路系统潜力。各城市要尽快建成"外成环、内成网"有机协调的城市道路网络结构，保障城市交通功能的正常发挥。在新区通过道路交通设施的建设引导新城区的开发，在旧城区则要通过支路网建设推进旧城改造。大城市重点抓好两头：加快建设快速道路系统和中心区新区间通道性道路建设，为进出主城区和主城区内中长距离交通提供通畅的出行条件；同时要大力扩充支路"微循环"系统，在"十一五"期末各城市支路网密度要达到4～6公里/平方公里。同时采取各种措施积极清理违章占道、违规封闭，打通断头路、拓宽卡口，整治通行条件较差的支路。提高路网的集散能力和交通可达性，实现道路功能结构、等级结构和布局结构的高度和谐。

合理扩张道路容量。大力提高道路网密度，扭转城市道路建设中重干路轻支路的局面，引导城市道路网由"宽而疏"模式向"高密度、小间距"的模式转变，建立合理的路网级配关系。特大城市和大城市快速路：主干路：次干路：支路达到1：1.5～2：3：6，中小城市主干路：次干路：支路达到1：2：4～6。城市建成区内道路长度与建成区面积比值为7.0～9.0公里/平方公里。

重视交通环境建设。新区建设应在干路红线划定的同时明确其渠化方式，旧城改造的地区应完成干路交叉口的渠化工作。加强城市路网与沿线土地利用的协调，从根本上解决好交通拥堵问题。道路建设注重路面、空间、地下整体联动，追求交通、景观、环境并重。道路交通分隔设施整洁美观，视觉良好，居住区实施慢行交通，配套相应的减速、隔离及其他交通安全设施及管理设施。完善步行系统，禁止挤占人行道和自行车道，确保自行车和行人出行安全、便利。在城市中心区因地制宜地设立步行街或步行区。城市快速路、主干路上设立适合步行交通特点的布局合理、方便、安全、整洁美观的行人过街设施。

3. 落实公交优先发展战略，建立以公共交通为主体的城市综合交通系统

优先发展公共交通。在南京、苏锡常地区大城市实现逐步以地面常规公交为

主体向以轨道交通为骨干的城市交通体系的过渡，建成以快速大容量轨道交通、快速公共交通和在公交专用道上运营的常规公共电、汽车为主体的公共客运交通网络。其它各大中城市要利用三到五年时间大幅度提升公共交通方式在城市交通出行中的地位。发展适应城市老城区、城市历史风貌保护区等特定区域道路网特点的支线公共交通。

加大公交建设投入，提高公交管理水平。通过深化实施畅通工程和推进创建"绿色交通示范城市"活动，优化公共交通设施布局。重点发展公共汽车专用道和港湾式停靠站，配套建设交叉口公交优先通行控制系统，全面提升公共交通行业的信息化水平和安全运营水平。

推动城乡公交统筹协调发展。通过加大试点，在全省范围落实一些城市，进行城乡公交统筹协调发展的试点工作。增强城市公交对农村的辐射作用与服务功能，鼓励实力强、服务优的公交企业以兼并、收购等市场化方式服务农村客运市场，逐步推进公交服务城乡的工作进程。农村公交与客运班车协调发展，争取实现市区范围路路通公交线、区区设公交站的目标。推进农村公交首末站、换乘站的建设，50％以上停靠站完成候车亭建设，改善城乡居民出行环境。

加强出租汽车行业管理。建设对外交通枢纽出租车营业站点，改善铁路客运站、公路客运站出租车营业站点的交通状况。改善大型公共设施出租车服务。在各大医院、大型居住区、娱乐场所、大中院校、公交枢纽等附近建设出租车停靠点，适度建设综合服务网点。随着西气东输工程建设的不断推进，做到出租车综合服务网点的规划建设与加气站建设相协调。谨慎对待出租车更新换代问题，出租车作为大众服务业，其更新必须考虑多层次需要，同时其数量必须与城市发展建设和人口总量相适应。出租车经营权属政府所有，政府对特许经营权的出让必须采取公开出让的方式。

改善城市轮渡服务水平。要充分认识到轮渡是多层次发展城市公共交通网络中不可缺少的重要组成部分，把城市轮渡的发展纳入本城市公共交通发展规划和城市总体规划。各沿江、沿湖和沿海城市，应当积极发展多样化服务的城市轮渡系统，引进快速、节能环保型、行止灵活、造型美观、服务设施先进完备的新型客运船只，提高服务水平。水上旅游资源丰富的城市应加快实现常规轮渡客运向高速化、舒适化、旅游化方向发展。要以发展为主题，以结构调整为主线，以改革为动力，依靠制度创新和技术创新，巩固普渡，壮大高速，发展旅游，从单一客渡向多种功能服务转变，不断满足乘客、市场需求。

加强公交客运市场调控。各大中城市形成既独立成网又紧密衔接的客运服务网络，加大公交行业清理整顿力度。认真组织开展出租汽车清理整顿检查；研究贯彻实施出租汽车经营资格证、车辆营运证和司机资格证等"三证"工作。

推进公交市场化改革进程。改革现行公交管理体制，通过清产核资，把政府行政管理职能与国有资产所有者的代表职能分离，实现政企分开。推进公交场站、线路管理体制改革，整合公交场站资源，可通过合并的方式组建国有独资的"场站公司"。推进公交票制改革，建立相对灵活的公交票价定价和调整机制。建立统一的市场准入机制，统一税费标准，鼓励中外资本进入公交领域，形成投资主体多元化的局面，开展公平有序的竞争。在推行产权明晰的市场化改革的同时，配合有效的社会监督和反垄断措施。

4. 切实加强城市停车设施建设管理，维持城市动静态交通平衡

加强城市停车设施建设。坚持"配建为主、路外公共停车为辅、路内停车为补充"的发展模式。重点推进和支持公共停车设施建设，公共停车泊位达到总停车泊位的 25％～40％，构筑规模适宜、布局合理并与道路设施和公交设施相协调的停车系统，维持城市动静态交通平衡。大城市积极研究停车需求管理问题，推进城市停车在供应和收费上的区域差别化，引导人们选择合理的交通出行方式，保障公共交通的主体地位。中小城市以"扩大停车设施供应为主、停车需求管理为辅"。各城市逐步形成"布局合理、比例适当、使用方便"的城市机动车停车设施供应体系，到"十一五"期末，各城市机动车停车泊位与机动车拥有量之比达到 1.0∶1～1.2∶1。

严格执行停车设施建设标准。各城市应根据自身情况尽快制定建筑物配建停车地方性标准，新建建筑配建停车泊位指标不得低于江苏省建设厅 2004 年制订的《江苏省城市规划管理技术规定》的要求。新建居住区及各类公共建筑均按江苏省或当地的最新配建指标同步建设自用基本停车位；旧居住区根据规划分期分批补建或租用（购置）公共停车位用于弥补基本停车位的不足。完善拥车自备车位制度。各类客货运输经营企业（个体）必须足额配置具有合法使用权的自用停车位，作为经营资质的必要条件，对已取得经营许可，但尚未达到要求的，限期解决，并纳入年度考核。严格贯彻执行《江苏省城市道路内汽车停车泊位设置标准》（DGJ32/TC02—2005），合理控制路内停车泊位占停车泊位总量的比例，并根据道路交通状况从严限制。城市道路内汽车停车泊位占城市停车泊位总量的比例小城市控制在 15％以内，中等城市控制在 12％以内，大城市控制在 10％以内，特大城市控制在 8％以内。

理顺停车管理体系。大中城市着手建立统一、高效、信息化的公共停车管理系统，在主要干路配置停车信息电子诱导系统，路内停车普遍采用咪表收费。同时各级政府统筹调配，充分利用各类停车设施资源，对中心城各类公用停车位及单位配建停车设施实行注册登记，统一调配管理，满足全日不同时段不同停车需求。积极探索停车场的开发、建设和经营模式，促进停车产业化进程。

5. 推动一体化交通建设，有效整合城市交通系统

实施一体化交通战略。外部要协调与区域交通、城市发展、土地利用及环境

保护的关系，内部要统一协调各种交通方式的设施规划、设计、建设、运营、管理和收费的关系。同时，要强化交通管理一体化，统一服务执法的标准和规范，促进统一规范交通运输市场的形成，统一标准搭建信息平台，积极推进交通运输信息化建设。

有效整合交通系统。构建一体化交通设施，提高运输效率，实现交通系统有效衔接，将各种交通方式内部、各种交通方式之间、私人交通与公共交通、市内交通与对外交通有效衔接，发挥交通体系的整体效益。以枢纽建设为纲，发挥交通设施的整体效益；以换乘服务为中心，促进各种方式的无缝衔接、协调运行、合理分工和紧密衔接。

6. 倡导绿色交通，构建优良的人居环境

加强与城市环境风貌协调。各历史文化名城应严格依照历史文化名城保护规划，维持旧城区道路系统历史格局，严格控制路网空间尺度。旧城区道路的改造与扩建在服从历史文化风貌保护需要的前提下，充分兼顾基本交通需求与市政基础设施建设的需要。同时提高旧城区公共交通服务水平，控制旧城区小汽车的拥有量和通行量。

合理引导自行车交通的发展。改善自行车停车条件，在公共活动中心和交通枢纽换乘点建设合理规模的自行车停车场。

严格控制汽车排放标准。公共汽车、出租车、环卫车、邮政专用车及旅游车等高出行率的车辆要达到更严格的排放标准。加强在用车污染控制，不断强化和完善在用车排放检查与维修制度，对机动车实行环保标志管理，对高排放车辆分时段在划定的区域内采取限行措施。大力发展高效、清洁交通工具，鼓励使用符合国家质量技术标准、安全性能达标的各类电动车辆。道路及轨道交通规划中要考虑交通噪声和振动的污染控制，开展交通环境噪声和振动影响的评估。

实施"无障碍"工程。新建交通设施必须按照国家和本市有关规范标准进行建设，逐步对现有交通设施进行无障碍改造，在城市主要活动空间普遍建立与城市风貌和自然环境协调的无障碍步行系统，大中城市的公共客运逐步推行无障碍服务。

（二）建设重点

"十一五"期间，必须从战略上重视并实施一批事关江苏发展全局的重点项目建设，以保障规划的全面实施。

1. 积极推进公共交通基础设施建设

重点建设城际轨道和城市轨道交通。全力推进长三角大流量的城际轨道交通系统建设，重点建设沪宁城际轨道交通，争取尽早开工建设宁杭城际轨道交通，启动宁镇扬城际轨道交通规划，沿线各城市应预留城际轨道与城市交通接口的站场用地，做好城市公交换乘枢纽和其他配套设施的建设工作。积极缓解大城市交通拥堵状况，优先发展城市轨道交通，加快完成南京地铁 2 号线，启动建设苏州地铁 1 号线、无锡地铁 1 号线和南京地铁 3 号线，争取启动建设常州地铁 1 号线，积极做好其它特大城市轨道交通的前期工作。"十一五"期间，新建城际轨道 450 公里、城市轨道交通 100 公里左右。已批准立项建设城市轨道交通的城市，应认真安排好建设工期和资金投放，重点建设交通需求大的线路。积极拓展建设资金渠道，加强站点的综合性开发和配套设施的建设。已经投入运营的线路，要进一步完善安全保障设施，完善信息服务系统，更新改造车站配套设施，增加换乘设施。拟建城市轨道交通系统的城市，要进一步深化前期研究工作，科学选定建设项目，避免盲目建设。

发展大容量快速客运系统。有条件的城市要认真做好大容量快速公共汽车系统（BRT）的前期研究和工程准备，积极稳妥地逐步推进 BRT 的建设。特别是结合我省城市的具体道路条件和交通特点，合理确定 BRT 系统在公共交通中的功能和作用，处理好 BRT 系统与城市轨道交通网络、公共汽（电）车网络布局的衔接以及换乘关系，充分发挥 BRT 系统运量大、速度快、服务水平高的特点，协调好 BRT 系统规划与土地利用开发规划的关系。

加强公交专用道建设。各大中城市要把公共交通专用道系统建设作为"十一五"建设的重点。特别是在城市中心区，通过设置和划定公共交通专用道、优先单向、逆向专用线路等，保证公共交通车辆对道路的专用或优先使用权。公共交通专用车道要配套设置完善的标志、标线等标识系统，做到清晰、直观。同时要加强宣传教育，保证公共交通专用道不受侵犯，真正专用。要建立公共交通专用车道的监控系统，对占用专用道、干扰公共交通正常运行的其他车辆要严肃处理。

加强公共交通场站建设。各大中城市要按照"统一规划、统一管理、政府主导、市场运作"的方式，优先安排公共交通设施建设用地，对于用地符合《划拨用地目录》（国土资源部令第 9 号）的枢纽站、首末站、停车场、保养场等设施，应用划拨方式对建设用地提供保障。机场、铁路客运站、公路客运站、客运码头、居住小区、开发区、大型公共活动场所等重大建设项目，应将公共交通场站建设作为项目的配套设施，同步设计、同步建设、同步竣工。对于不按规定配套建设公交场站的重大建设项目一律不予审批，不予验收。已投入使用的公交场、站等设施，不得随意改变用途。逐步完成对旧城区公交首末站的补充建设，大型居住区应符合公共交通设站的用地条件，2～3 万人的居住区同步建有公共交通首末站，0.7～2 万人的居住小区同步建设中间站或首末站。

探索公交场站建设经营模式。坚持政府引导、市场运作的原则，对公共交通场站设施分类建设。鼓励在公交枢纽站地区进行高强度的综合开发，在站点的布置上面充分考虑规划用地的布局，将站点与商业等用地紧密结合，使部分大型枢纽形成具有一定规模的商业中心。同时要确保高强度土地开发带来的巨额利润用于整个公交系统的营运补贴，形成良性循环。对那些极易形成垄断的重大基础交通设施项目，如对外交通枢纽和重要公交枢纽设施，政府应拥有控制权。对于那些既带有社会公益性又可以进行商业化运作的设施如一般公交枢纽站、公交首末站等则可以适当放宽政策界限，由"政府主导、社会参与、市场运作"来完成场站的建设与运营。政府还可以借助于价格、税收、信贷等手段来管理这些公交场站的建设与运营。

2. 着力解决停车难问题

推进公共停车设施建设。尽快在建成区范围内完成对停车泊位的全面普查工作，摸清城市停车泊位缺口。通过清查整顿，恢复挪为他用的停车场库的停车位。严格保证规划公共停车场用地，严格禁止停车场用地被挤占挪用。加紧在城市出入口、对外站场、旅游景点和一些缺乏停车设施的大型公建周围，建设一定数量的路外公共停车泊位，以缓解这些地区较集中的停车需求，尽量满足城市基本功能需要。全面开放公共停车场建设市场，初步解决城市停车难矛盾。

加强停车配建标准管理。重点改善已有居住区的停车供应，通过利用绿地地下空间建设地下停车泊位等方式增加居住区停车泊位。结合老城改造在其附近兴建部分路外公共停车设施。对主城区内一些旧居住建筑群，结合房屋的翻建、拆迁和小区综合开发建设，适当规划一定的路外公共停车泊位，作为对以往配建不足的补充。

3. 加快建设城市交通枢纽

重视公交枢纽布局。改变传统公交线路规划理念，以积极推进大型公共交通综合枢纽和场站建设为手段，通过换乘枢纽重新布局公共交通。明确枢纽实现的是"人的换乘"，而不是"车的换乘"。通过公交枢纽站的合理设置，向公交乘客提供方便的换乘条件。

加强交通枢纽建设。通过综合性枢纽和连接市内的道路、轨道，将航空、港口、铁路客运站和公路客运站等对外交通设施与市内交通紧密相连。通过"停车＋换乘"，实现公共交通与个体交通的有效转换。大城市可通过在主城区边缘主要交通走廊规划建设停车换乘枢纽设施，提高中心区公共交通方式出行比例，缓解中心区交通问题。通过在主城区主要客流集散中心、公共客运交通中心站及换乘枢纽站建设自行车停车场，为自行车短途出行及换乘公共客运交通创造良好条件。

4. 大力推广交通行业科技创新

积极推广新科技应用。重点研究开发轨道交通、大型桥梁隧道、综合立体交通枢纽等高难度交通运输基础设施建设管理的关键技术。大城市要逐步建立智能交通管理系统、交通应急反应系统。加快推进信息技术、通讯技术、智能技术在公共交通行业的应用。进一步普及公交 IC 卡，使采用 IC 卡的城市达到 10 个以上；特大城市加快建立智能化公共交通调度管理系统和公交信息服务系统，普及率达到 10％以上；特大城市主要公共汽电车线路的站牌要向电子化方向发展。积极推进先进公共汽（电）车的研制开发。同时发展低底板、高性能、低污染、新能源车辆的研制，逐步取代传统车型。

五、主要对策和措施

1. 健全法规体系，提高监管水平

建立健全建设法规体系。根据建设部《城市规划编制办法》（新版）、《城市黄线管理办法》、《城市道路管理条例》、《城市公共交通条例》、《城市轨道交通运营管理办法》、《城市公共汽电车客运管理办法》、《市政公用事业特许经营管理办法》等相关法规，依照国家颁发的相关法律，因地制宜，制订具备可操作性的地方性法规和政府规章，完善城市交通建设系统法制建设。加快城市公共交通建设、管理等领域相关政策条例的研究，尽快出台城市公共交通、停车设施建设管理办法和停车收费管理办法，进一步规范行业管理，实现依法治业。继续开展对城市交通相关技术规范的补充完善工作，落实各城市综合交通规划的编制，加强规划的执行情况检查。

全面实行法制化管理，提高监管水平。将城市交通行业的管理与发展纳入规范化要求。加强对城市道路及公共交通设施建设工程的管理，提高质量管理标准，完善质量管理机制，加强质量管理培训，争创一流的工程质量，积极推进工程造价计价方式和管理模式改革，积极研究和推动政府投资工程建设组织实施方式的改革，认真开展工程担保和工程质量保险制度的研究。加大对停车设施运营管理、公共交通设施运营管理、出租车行业管理等方面工作的管理力度，保证管理政策的权威性和一贯性，稳定市场，树立行业信心。完善行政执法工作机制，进一步规范行政执法行为，认真贯彻实施《行政许可法》，落实行政执法责任，强化行政执法监督，加强对行政权力的制约。建立服务质量监管体系，明确考核目标，定期考核，充分发挥各级主管部门的监管作用，不断增强行政管理工作的透明度，推行政务公开、阳光工程，对行政执法过程开展有力的监控。

2. 优化用地布局，提高规划效益

完善城市规划，优化用地布局。按照工作与居住就近平衡的原则安排用地，缩短城市居民通勤出行距离。利用土地级差效应，将部分工业、仓储性质用地迁至城市外围地区，严格控制主城区的容积率、建筑密度，减少不必要的交通出行，在城市外围新建城区充分预留停车设施建设用地，逐步疏解大城市中心区人口和车辆密度，适当分散城市活动，寻求城市交通时空分布均衡。加强黄线用地控制，各类城市规划应把黄线作为规划的强制性内容，保证公共交通设施建设用

地的供给，根据公交可达性条件控制用地类型和开发强度，提高公共交通出行效率。

提升城市交通专业规划地位。在城市总体规划和详细规划阶段加入交通影响评价内容，建立大型建设项目交通影响评价制度，将土地开发强度控制在交通环境容量许可的范围之内，并纳入城市建设管理体系，从决策制度上增加交通决策的"一票否决权"。

3. 推进体制改革，拓展投资渠道

继续推进体制改革。改革市政公用企业产权制度，深化城市公共交通等企业的改革，加快市政公用事业市场化进程，逐步实行政企分开、政事分开、企事分开，鼓励良性竞争。采用整体改制、引资改制、切块改制、国有股出让等方式，引导社会资金和国外资本参与企业改革和重组，优化资本结构，实现投资主体多元化。按照建立现代企业制度的要求，完善企业法人治理结构，深化企业内部人事、分配制度改革，分离企业办社会职能，创造企业改革发展的良好环境。放开经营市场，鼓励公共交通企业通过参股、联合、收购、兼并等方式，进行低成本扩张，逐步实现跨地区、跨行业经营，区域化、规模化发展，使企业成为自主经营、自我发展、自我约束、自我完善的市场主体。

放开资本市场，拓宽投融资渠道。改变单一的政府投资模式，依照"经营城市"理念，推进城市交通建设投融资体制改革。积极盘活城市交通基础设施存量资产，形成投资、经营、回收的良性循环，推行特许经营权、BOT（建设—经营—转让）、BLT（建设—租赁—转让）、ABS（资产收益抵押）等多种融资方式和经营方式，鼓励外资和社会各类资本参与城市交通设施的投资建设和经营，加快建设资金的再投入。

4. 明确管理职能，完善协调机制

明确管理职能，提高管理水平。加强规划、建设、交通、公安等部门沟通协调，明确城市道路、停车场等交通设施的管理办法和行政权限，对职能重复部门予以合理的合并，实现城市交通设施的建管并举，避免在职能分工、管理尺度、管理依据等方面产生多重标准。

完善衔接协调机制。通过政府对城市交通的统一领导，建立大城市的交通委员会，统一制定城市交通发展战略，集中管理和指导城市交通建设，统筹融资和体制改革工作，协调城市建设与城市财政、计划、物价、土地、税务等部门的职能与职责，保证重大交通决策得以实施。加强城乡之间、城市之间政府协调，继续完善区域性交通基础设施共建共管共享机制，研究鼓励跨地区、跨行业经营的政策和措施，全面推进交通基础设施建设和服务的区域化、规模化。逐步推广城乡公共交通一体化建设，加强区域间道路设施、轨道线网以及公共交通换乘节点的衔接，建立集中统一的交通管理体系，便于交通基础设施的统筹布局和交通运输网络的整体规划，使城市中心区、城乡结合部的交通配套设施更趋合理，实现城乡、城市间交通畅通，提供高效率的区域交通服务。

5.落实经济政策，体现市场引导

落实经济优惠政策，确保公共交通优先发展。将城市公共交通事业发展纳入公共财政体系，统筹安排，重点扶持。对轨道交通、综合换乘枢纽、场站建设等项目给予必要的资金保证。大力扶持公交企业，建立财政补偿机制，配合财政、价格部门建立规范的企业成本费用评价制度和政策性亏损评估制度，对企业的成本和费用进行评价，核定企业的合理成本，继续推行价格决策听证制度，改进定额补贴，调整公共交通价格，尽量保持票价平稳，逐步做到保本微利。对城市公共交通企业承担社会福利和完成政府指令性任务（包括老年人、残疾人、学生、伤残军人等实行免费或优惠乘车）增加的支出，给予经济补偿。推广公共交通收费"一卡通"服务，提高不同交通方式之间换乘的便利性。充分利用价格、便捷优势吸引客流，提高城市公共交通工具的利用率，促进城市公共交通的优先发展。在各种城市公共交通方式之间建立合理的比价关系，调整客流分配结构，提高系统的运行效率。

运用价格杠杆，发挥市场引导作用。完善财政税收改革措施，合理收取小汽车道路使用成本、环境影响等税费。鼓励停车设施产业化经营，积极拓展停车设施规模，利用土地市场调控手段，逐步拉大城市中心区与边缘地区、路内与路外、高峰时段与非高峰时段停车收费的差距。在鼓励小汽车产业发展的同时，运用经济杠杆发挥对小汽车出行的宏观诱导控制作用，减轻主城区、中心区的交通压力。

6.强化组织落实，健全监督评估机制

强化组织落实。地方政府各部门要按照职责分工，将发展规划确定的相关任务纳入本部门年度计划，明确责任人和进度要求，并及时将进展情况向主管部门报告。本规划提出的分项目标，要分解落实到各市有关部门，特别是公交出行分担率、人均道路面积、百辆汽车停车位数三项指标，要定期检查，强化落实，其他目标也要分解落实。要按照科学发展观和正确政绩观的要求，进一步改进考核评价机制，确保涉及到畅通工程和绿色交通关键性指标的落实。

健全规划实施报告制度。通过制定和实施城市交通发展年度计划，每年将规划目标和主要任务的进展情况向主管部门报告。推进规划实施的信息公开，健全政府与企业、公众的沟通机制，加强社会对规划实施的监督。

健全规划调整制度。"十一五"规划实施期间，如遇国内外环境发生重大变化或其他重要原因导致实际运行与规划目标发生重大偏离时，省建设主管部门将适时提出调整方案，保证规划实施。

026

关于印发《江苏省公路行业"十一五"发展规划纲要》的通知

苏交公〔2007〕108 号

各市交通局、江苏交通控股有限公司：

现将《江苏省公路行业"十一五"发展规划纲要》印发给你们，请认真贯彻执行。

江苏省交通厅

二〇〇七年十一月七日

江苏省公路行业"十一五"发展规划纲要

江苏省交通厅

2007 年 11 月 7 日

公路是国民经济和社会发展的重要基础设施。"十一五"是我国贯彻落实科学发展观，全面建设小康社会承前启后的关键时期，也是我省推进富民强省，实现"两个率先"的关键时期。为适应新的更高的要求，进一步推进我省公路率先发展、科学发展、和谐发展，更好地发挥公路在经济社会发展中的作用，根据交通部《更好地为公众服务——"十一五"公路养护管理事业发展纲要》、《江苏省国民经济和社会发展第十一个五年规划纲要》和《江苏省公路水路交通"十一五"发展规划纲要》，特制定本纲要。

一、站在新的发展起点上

1. 发展取得巨大成就。

"十五"时期，全省公路系统紧紧围绕省委省政府加快实现"两个率先"的战略部署，认真贯彻落实省厅加快交通发展的一系列政策措施，着眼富民强省，立足率先发展，创造了历史上发展速度最快、质量最好、成效最显著的又一个黄金期。至 2005 年，全省公路社会总里程达 82739 公里，五年累计新增公路 54125 公里。公路基础设施投入大幅增加，累计完成干线公路、农村公路基础设施投资 488.3 亿元，其中新改建国省干线公路 4119 公里，完成投资 289.6 亿元。高速公路网络骨架基本形成，累计新增高速公路 1800 公里，达到 2886 公里。路网结构逐步优化，技术状况明显改善，二级以上公路占全部国省干线公路比重达到93.55％。农村公路建设取得重大突破，自 2003 年开始，三年累计建成农村公路41000 公里，完成投资 198.7 亿元，100％的乡镇、93％的行政村实现了灰黑化等级公路连通，通达深度和质量大幅度提高。公路桥梁建设成就突出，至 2005年，全省共有公路桥梁 25239 座 1321763 延米，相继建成南京长江二桥、南京长江三桥、润扬大桥等一批具有重要影响的世界级桥梁。公路服务水平大幅提高，全省公路平均好路率达 69％，其中国省干线公路达到 87％，基本消灭了国省干线公路上的危桥。出行信息服务水平大幅提高，建成了集路网运行监控和调度、路网运行信息分析和评价、路网运行辅助决策、公众出行信息服务和出行诱导等功能为一体的全省公路路网调度指挥系统，5 年累计为社会公众多渠道、全天候发布公路交通路网运行信息 3.8 万条，处理处置交通路网调度事件 5473 起，公路服务的内涵进一步延伸。公路行业行政管理能力显著提高，管理法治化进程进一步加快，"十五"期间，先后颁布施行了《江苏省公路条例》、《江苏省高速公路条例》、《江苏省治理超限运输办法》等法规和规章。建设管理体制、养护运行机制、统贷统还机制等体制改革创新取得实质性进展，一些约束行业发展的障碍正逐步消除。科技的主导作用明显增强，管理信息化建设、"三新"技术研发和应用取得重大进展。公路的出行保障能力、对外服务水平和行业可持续发展能力都显著提升。总体上看，全省公路"十五"主要发展目标提前实现，使我省公路发展走在全国的前列，为"十一五"的发展奠定了良好基础。

2. 发展取得有益经验。

切实转变发展理念，创新发展思路，着力提升公路为民服务的能力，是行业又快又好发展的根本前提；始终坚持建养管并重，立足全面发展，着力提升公路的有效供给能力，是行业可持续发展的重要途径；稳步推进改革创新，突破体制瓶颈，着力培育公路发展的内生机制，是行业持续健康发展的不竭动力；全面加强依法治路，健全法规体系，强化队伍建设，着力提升公路的行政管理能力，是行业持续健康发展的根本保障；大力实施科技兴路，坚持统筹规划，着力提升公路的集约发展能力，是行业持续健康发展的重要支撑；坚持内外兼修，不断加强行业文明和基层建设，着力提升行业形象和凝聚力，是行业持续健康发展的重要抓手。

3. 发展中存在的问题。

公路的有效供给能力有待进一步提高，路网结构不尽合理，高速公路网络尚未全面形成，南北过江交通的压力依然存在。干线公路中部分路段技术等级、服务设施、农村公路整体服务水平偏低。公路公共突发事件的应急处置能力亟待提高。公路行业管理没有得到充分体现，高速公路路政管理不顺，高速公路养护监管难以到位；农村公路管养体制不健全。养护运行机制改革进展不平衡，统一开放、竞争有序的养护市场尚未形成。公路法律法规体系建设依然滞后，与国家法规配套的实施细则未能及时制订，法规层次也有待提高。深化改革的动力不足，政策性障碍依然存在。公路管理的理念、方法与"让江苏交通基础设施，包括交通方便程度和交通成本上成为最有竞争力的投资环境"的要求还不能完全适应。

4. 发展面临新的形势。

"十一五"时期，是全面建设小康社会承上启下的关键时期，也是我省工业化转型、城市化加速、市场化完善和国际化提升互动并进的重要时期。国际经验表明，这一时期既是经济社会转型升级的重要时期，也是公共需求发生深刻变化的时期。经济持续快速发展将使公路客货运量继续在高位上增长。工业化转型、国际化提升使产业结构升级、布局优化步伐加快，货物运输的需求加速由数量型向质量型转变，快速、安全、低货损、高时效等要求日益提高。公路运力结构进一步优化，货运车型日趋大型化、厢式化。居民消费水平和消费结构升级提速，对"行"的需求更加旺盛。"汽车社会"加速到来，个性化、多样化出行将成为未来私人出行的主要方式。城市化进程加速，城市间、城乡间的联系更加紧密，对城际间公路网络和不同功能层次公路的衔接提出了新的更高的要求。农村公路规模快速增长，建立农村公路长效养护机制极为迫切。日益增长的多样化、个性化出行需求与公路基础设施有效供给不足的矛盾，将是未来五年或更长一段时期公路发展面临的主要矛盾。新时期经济社会发展对公路发展的要求无论在量上还是在质上都将不断升级，公路行业面临巨大挑战。

5. 发展面临新的任务。

公路行业面临更加复杂的发展环境，公路持续发展面临巨大的资金压力，普通国省干线公路负债沉重，公共财政趋势（特别是费改税）将进一步加剧部门融资难度，亟需建立稳定的资金渠道。资源性约束与快速发展的矛盾将更为突出。资源节约、环境友好、循环经济日益成为社会共识，增长方式更加注重内涵。深化行政管理体制改革和事业单位改革，要求加快转变、调整和优化配置公路管理职能。"十一五"公路发展将面临更多的内外制约，必须以科学发展观统领公路发展全局，进一步转变发展观念，创新发展模式，提高发展质量，加快建设向养护管理转移步伐，充分挖掘潜力，盘活存量资产，依靠质量和效益提升服务能力，着力提高集约化水平，在发展的目标取向上突出服务优先，在发展的战略上突出科技优先，在发展的价值取向上突出环保优先，在发展的模式选择上突出节约优先，全面构建和谐公路。

二、努力开创发展新局面

1. 指导思想。

紧紧围绕富民强省、"两个率先"的总目标，以科学发展观为指导，坚持率先发展、科学发展、和谐发展，全面实施网络公路、畅通公路、数字公路、法制公路、安全公路、惠民公路工程，实现"发展数量（速度）向发展质量（效益）"和"行业管理向为公众服务"两个根本性转变，走出一条将"以人为本"作为核心价值取向、又快又好的科学发展道路。

"十一五"期间江苏公路发展的战略定位是：保持江苏公路在全国领先、与国际接轨，构建一个更畅通、更安全、更和谐、更高效，可持续，让公众放心、省心、舒心的公路基础设施网络，使其成为构成江苏最具竞争力投资环境的最活跃、最重要的环节。

2. 基本原则。

"十一五"公路工作应遵循以下基本原则：

——坚持好中求快。立足率先发展，转变发展观念、创新发展模式、提高发展质量。既要保持公路平稳较快发展，更要注重发展的质量和效益，不断提高管理和服务水平。要牢固树立"建设是发展、养护管理也是发展，而且是可持续发展"的理念，不断增强适应经济社会发展的能力，保持江苏公路走在全国的前列。

——坚持效率公平。正确处理高速公路与普通公路、干线公路与农村公路的关系。注重高速公路与平行普通国省干线公路的合理分工、紧密协作，提升通道交通路网运行的可靠度。在确保干线公路安全、畅通的基础上，进一步加强县乡公路的养护管理，积极帮助和扶持苏北及部分欠发达地区加快公路发展，提高路网整体服务水平，使全省各地区、各阶层、各群体民众都能充分分享受到公路发展的成果。

——坚持和谐统筹。和谐社会需要和谐交通作为支撑，和谐交通需要和谐公路作为主导。要树立"以人为本、用户至上"的服务观念，不断扩大公路服务公众的领域和范围，增加公路服务公众的手段和途迳。努力构建公路行业与社会公众的和谐关系、与外部行业的和谐关系、与交通系统内部的和谐关系。统一规划，突出重点，统筹地区间、城乡间的公路工作，维护路网的完整。

——坚持环保节约。使公路发展与环境承载能力相协调、与自然生态环境相统一，合理开发、利用和保护自然资源，以最小的资源环境代价实现公路的发展目标。树立环保和循环经济理念，按照减量化、再利用、资源化的要求，发展绿色公路、预防性养护和再生利用技术，致力于建立一个资源节约、环境友好的公路系统。

3. 战略目标。

树立和落实一个"以人为本，用户至上"的服务理念；建设并维护一个"安全、畅通、经济、便捷、友好"的公路网络；建立和完善一个"反应灵敏、保障有力"的支持系统；建设并稳定一支"素质优良、业务过硬"的管理队伍；创造和拓宽一个"内外和谐、上下顺畅"的发展环境；展现并颂扬一种"服务人民，奉献社会"的行业风貌。

三、切实做好七项重点工作

1. 路网完善。

基本形成总量充分、结构合理、密度适当、覆盖全省的公路交通基础设施网络。国家高速公路在江苏省内路段全面建成，与长三角其他省市的高速公路网实现有效衔接，公路网络和城市结点实现有效衔接，重要交通通道和经济发达地区的高速公路容量得到扩充，新增高速公路1200公里，高速公路通车里程达到4000公里。全面实施《江苏省干线公路建设方案（2005—2010年）》，加快构筑完善的国省道干线公路网络，市到县、相邻县之间基本以一级公路短直连通，实现县级结点以一级以上公路连接的"县县通"，出省通道、重要枢纽、主要工业区、重点旅游区、商品粮基地等以二级以上公路连接，实现所有工业园区之间干线公路的"区区通"。新改建国省干线公路3000公里，完成投资超过300亿元，确保国省干线公路中一级公路里程达到4500公里以上。加快推进农村公路建设，全面实现县到乡通二级、乡到乡通三级、乡到村通四级的发展目标。启动通往规划集中居住点上农村公路建设，加大农村公路上的桥梁改造力度，基本形成比较完善的并与农村经济社会发展相适应、与镇村规划相协调、与区域干线公路网相衔接的农村公路网络。新改建农村公路40000公里，完成投资超过150亿元，进一步扩大农村公路的覆盖面，提升畅通水平，为建设社会主义新农村服务。国省干线公路新改建工程项目优良率达到95%以上，农村公路项目优良率达到80%以上。

2. 养护保障。

坚持"与文明同行、与时代同步"理念，以文明样板路建设为总抓手，努力营造"畅、洁、绿、美"的公路交通环境。新增省级文明样板路4000公里，通过五年建设，全省文明公路网力争达到1万公里以上，全省高速公路文明样板路达标率达到95%，普通干线公路达到80%。建立公路养护应急保障体系，大力实施安保工程和灾害防治工程，危桥险段得到及时处置，积极探索公路安全工作新机制、新措施、新平台，并逐步向县乡公路延伸，使干线公路安全隐患基本消除，县乡公路安全水平和抗灾能力明显提高，全面提升公路交通安全保障水平。建立健全干线公路路况检测评价体系，科学安排公路养护大中修，每年安排的干线公路大中修里程原则上不低于国省干线公路总里程的13%，使国省干线公路进入预防性和周期性养护的良性循环。全省公路平均好路率不低于80%，国省干线公路好路率经常保持在90%以上，其中高速公路平均优等路率达到96%。全面加强公路标志标线设置、维护和管理工作。加快干线公路漫水路改善提升步伐；建成绿色通道4000公里，干线公路绿色通道率达 100%；加速推进干线公路养护现代化，逐步实现生产方式机械化，管理手段信息化，运行机制市场化。积极开展公路养护机械化发展政策研究，增加经费投入，创新管理机制，不断提升公路养护机械化水平。抓紧做好农村公路管理养护工作，不断改善农村公路的服务水平。

3. 行政管理。

按照"精简、统一、效能"原则和决策、执行、监督协调的要求，科学界定省、市、县三级公路管理机构的职能和权责。以履职到位为总要求，切实担负起法律法规赋予的职责和义务。巩固确立公路管理机构执法主体地位。按照"做强基层、做精机关"的思路，加强路政大队、中队"软""硬"件建设，提升执法能力。建立健全路政管理和养护监管体制，完善公路养护市场的规则体系。开展国省干线公路用地的确权工作，强化公路建筑控制区管理，路产路权得到有效保护。建立健全农村公路路政管理机构。加强路网调度考核力度，完善路网调度制度，提高路网运行可视化、实时化监控水平。建立公路应急处置养护管理中心，提高公路安全管理和重大突发事件应急处置的能力。

4. 规费征收。

力争"十一五"期间规费总收入超过 450 亿元，其中，汽车养路费累计收入 350 亿元。按照国家的统一部署，积极争取政策和支持，适时率先撤销二级公路收费站点，为方便群众出行、打造江苏最有竞争力的投资环境服务。普通还贷收费公路要按照"布局合理、结构优化、数量适度、统贷统还"发展思路，转变运营机制和管理模式，逐步推广建立统贷统还机制。开展费改税方案的支付政策研究和行政管理体制改革相配套的公路行业收费体制发展研究。

5. 工程质量。

牢固树立质量就是生命、质量就是责任、质量就是财富的观念。坚持把质量放在首位，高要求、高标准，层层把好质量关。"十一五"期间，高速公路工程优良率达 100%，普通干线公路工程优良率达 90% 以上，农村公路合格率达到 95% 以上。大力推行"优质工程＝科学设计＋优质材料＋规范施工＋严格监管＋技术创新"的质量管理理念，在设计上，要树立全寿命周期成本理念，合理设计方案和结构，强化"公路建设的缺陷不能靠养护来弥补"的原则；在机制上，要研究建立有效的机制，解决目前在设计上不愿创新、不敢创新、做不到精心设计等问题，鼓励在设计中积极采用节能、环保、合理节约材料和资源的新技术；在监管上，要建立健全有效的质量保证体系和质量监控体系，严格落实工程质量责任制，建立交通建设设计、施工、监理市场信用体系，加强行业自律和社会监督。在建设市场上，要进一步完善工程施工招投标管理，研究和推行设计施工总承包和政府投资项目代建制，完善招投标制度，规范建设市场秩序；在技术标准规范上，要进一步完善标准规范体系，保持标准规范的先进性、合理性和可靠性，积极引进、消化和吸收国外先进标准，把先进、适用的科技成果及时纳入标准规范。大力开展"两创三比"活动，深入贯彻公路勘察设计新理念，以工程建设为载体，以质量创新为动力，以质量创优为目标，比精细、比节约、比环保，以新理念、新标准、新措施推动工程质量在高平台上再上新台阶。

6. 科技服务。

加快信息化基础设施建设步伐，建成"一个平台和四个中心"，一个平台即网络平台，四个中心即数据中心、网管中心、视频会议中心、路网监控中心。江苏省公路交通调度指挥联网体系基本建成，公路应用系统对公路业务管理的覆盖率达到100％。推进"基础设施建设、信息资源整合、应用平台构架、应用系统开发、信息服务提升"工程；完善信息运行管理和安全保障两大体系；以电子政务建设为龙头，以空间地理信息技术为依托，以公路信息资源整合利用为中心，以公路路况数据采集、更新为基础，实现数据传输网络化，数据分析处理信息化、专业化，决策科学化。进一步拓展公路便民服务范围，提高信息便民措施的实效。全力推进五项信息服务：信息语音查询服务；公众公路出行信息服务；网上行政审批和执法结果公示服务；车辆信息查询服务；公路信息短信服务，及时通过网络、电台、短信等现代方式，为社会公众提供及时、准确、可靠的出行信息服务，接受公众咨询，为社会提供帮助，全面提升江苏省公路信息化应用和服务水平。

7. 基层建设。

到2010年，所有县级公路站点标准化建设达标，公路系统执法人员、45岁以下的管理人员全部达到国民序列教育大专以上文化。实施基层服务站点标准化建设，以标志明显、功能完善、装备优良、管理科学为要求，完成县级公路站房标准化改造工程，全面改善基层站房和窗口单位办公条件和对外形象。推进路政装备、养护设备现代化建设。按照管理规范化、装备现代化、数据采集电子化、应急快速化等要求，着重提升路政装备、养护设备的品质和档次，增强路政、养护队伍的快速反应能力以及突发事件处置能力。

四、大力创新发展理念

1. 创新行业发展理念。

推进公路行业发展理念创新，建设公众服务型行业。树立"以人为本、服务至上"理念，始终把实现好、维护好、发展好公路用户的根本利益作为加强公路服务的出发点和落脚点。推进公路服务管理创新，着力推进公路服务的法治化和规范化。推进公路公共服务体制创新，实现供给方式多样化。扩大公路公共服务项目和区域的覆盖范围，合理确定公路服务标准。加快推进建设普通干线公路服务设施。推进公路服务技术创新，充分利用现代科技成果，特别是信息技术的最新成果，改善公路服务的提供手段，不断提高公路服务的质量和水平。

2. 推行养护管理新理念。

大力推行全寿命周期成本理念，在保证安全、满足功能和质量要求的前提下，努力节约建养成本。大力推行预防性、周期性和精细化养护，实现由被动养护向主动养护转变，由单一养护向全面养护转变，由粗放型养护向集约化、专业化养护转变。全面提升公路行业安全管理理念，将"安全至上"意识贯穿于公路设计、施工、运营、管理全过程。加强对施工路段、危桥险段等关键部位的安全指导，加大对自然灾害后道路状况、安全设施的抢修和恢复监管。开展路权分配体系研究，做好公路平面交叉道口、集镇段等复杂路段的安全技术工作，完成指路标志体系建设。建立公路桥梁安全评价系统，通过先进的仪器设备对国省干线桥梁使用情况进行调查分析，对危险桥梁及时组织技术鉴定并进行改造和加固，消除安全隐患。加强公路行业应对公共突发事件和灾害天气的处置预案研究，提升公路应对公共突发事件和灾害天气的处置能力。

3. 更新建设发展理念。

按照科学发展观要求，更新建设发展理念，把以人为本、节约资源、保护环境等要求贯穿于设计、施工、管理全过程。大力推进理念创新、管理创新、技术创新，更加注重减少资源占用，更加注重保护生态环境，努力走出一条速度、质量和效益并重的建设发展道路，实现提高公路安全、降低公路工程全寿命周期成本、节约土地的目标，达到公路建设发展与环境相适应、与生态相协调。工程建设既要考虑当地的实际，更要从路网完善、实现互联互通的全局出发，优先安排"四沿"发展战略中的重点项目，优先安排路网中不达标的项目，优先安排路网中一级公路且成规模的项目，优先安排利于网络化、发挥路网整体效益的项目。加强附属工程实施的监管，在建项目同步实施"绿色通道"、"安保工程"，同步建成文明样板路，对没按要求完成附属工程的项目不予验收。逐步建立新型的干线公路建设招投标运行机制，研究编制中标履约考核办法，进一步规范建设、勘察、设计、监理、施工单位招投标行为。

五、加快理顺体制完善机制

1. 理顺公路管理体制。

建立精简高效、职能明确、权责一致、办事规范的新型公路管理机构。按照"精简、统一、效能"的原则，合理设置公路管理机构，科学界定公路管理机构对各层次路网管理的职责，强化行业管理职能，形成科学的公路管理体系。全面落实高速公路路政管理体制改革方案，理顺路政管理关系，明确法定职责，确保路政执法的独立性和权威性。开展基层路政管理职能定位、机构设置、人员编制、经费渠道的研究。按照国务院和省有关文件精神，贯彻落实县乡公路路政管理方案。积极应对燃油税改革和省直接对县的财政管理体制改革，及早做好省、市、县三级的管理体制对策研究，积极探索有利于公路行业长远发展的公路管理体制。

2. 强化收费公路管理。

认真贯彻国家《收费公路管理条例》，抓紧制定相关的实施细则和管理规定，强化公路交通部门对高速公路等经营性公路的行业管理。严格执行《收费公路管理条例》的规定，走以非收费公路和政府还贷收费公路为主，严格规范经营性收费公路的设立和管理，做到分类管理，控制规模，减少站点，降低标准，建立起"职能清晰、权责统一、运转协调"的收费公路管理体制和运行机制。根据新一轮高速公路网暨过江通道规划、干线公路发展规划，做好全省收费公路收费站点的合理布局与收费标准研究。积极进行国省干线公路省内无障碍通行方案研究。

3. 建立健全农村公路管养体系。

按照"统一领导、以县为主"的原则，建立完善以县为主的农村公路管理养护体制和运行机制。加快培育竞争有序、保障有力的农村公路养护工程市场，全面提高农村公路养护质量和服务水平，确保农村公路路况完好、路产完整、路权得到有效保护。按照"县乡自筹、省市补助"的原则筹集农村公路管理养护资金，建立由财政投入、养路费和其它资金共同组成的以政府投入为主的多渠道管理养护资金筹措机制，构成农村公路管理养护专项资金。每年安排不少于汽车养路费收入的5％用于农村公路养护。到2007年，建立基本完善的农村公路管理养护保障体系，实现农村公路管理养护工作正常化、制度化和规范化。

完善养护运行机制。坚定不移地推进养护运行机制改革，着力培育养护市场。完善公路养护工程市场进入、竞争和交易规则体系，建立健全公路养护监督、检测和评价制度，成立公路桥梁检测中心，最大程度发挥养护投资效益。切实加强养护监管，突出养护过程管理，建立健全以处置特情为主的应急机制、以桥梁检查检测为主的定检机制、以日常养护巡查为主的保障机制、以分级管理为主的监督机制和以发布路况信息为主的公众服务机制。建立一整套科学规范的公路养护与管理评价体系，建立健全满足公众需要、保障公路服务水平的公路养护技术规范体系。

六、努力拓宽资金渠道

1. 坚持科学安排资金。

公路养路费总收入中扣除征收成本和公安、水利等支出外用于公路养护的比例应不低于80％。按照省财政"一要吃饭，二要养护，三要建设"的原则，优先保障公路行政事业单位人员和正常业务工作经费，保持公路队伍稳定，保证各级公路管理机构公共管理和社会服务职能的履行和目标任务的完成。统筹安排建养资金，在确保公路正常养护的基础上，加快公路建设。

2. 积极争取财政投入。

公路作为社会公益性设施，坚持以政府财政性资金投入为主，积极争取政府建立公路建设长期、稳定的资金来源，逐步加大并保持一定的投资强度。以制度引导地方政府加大财政性资金投入来解决配套资金。积极争取将高速公路的部分经营收益和企业所得税用于干线公路和农村公路的建设，推动各层次公路的协调发展。稳定依托高速公路收取的农村公路建设资金，同时积极争取交通部"五年千亿元计划"农村公路建设资金补助；积极争取将通过高速公路收取的农村公路建设资金延伸为养护资金，加大对五小车辆养路费的征收力度并用于农村公路建设和养护。

3. 用好收费还贷政策。

依据《收费公路管理条例》等有关法律法规，尽快出台《江苏省车辆通行费征收管理办法》。按照"化解债务风险、缓解社会压力、合理分布交通流量"的原则，开展江苏省二级收费公路撤站政策研究。建立省级二级公路撤站还贷与发展基金，积极争取国家专项补助、地方财政预算补助、公路经营企业营业税、所得税和水利基金全额返还、适当提高养路费征收标准等资金纳入该基金，专项用于偿还撤并二级公路收费站的债务。争取实现高速公路与普通收费公路"统贷统还"，并从高速公路通行费提取一定比例的资金，专项用于二级公路收费站撤并债务的偿还及建设、养护，实现高速公路与普通收费公路的资源整合与统筹发展。总结扬州市统贷统还统一管理试点经验，做好逐步推广的基础工作。

4. 充分利用社会资金。

在继续坚持"国家投资、社会集资、企业融资、利用外资"机制的基础上，积极争取中央建设性资金的投入；拓宽间接和直接融资渠道，创新重大项目建设投入机制，采取多种方式引导社会资金和境外资金参与建设，积极引导金融机构采取银团贷款、混合贷款、委托理财、融资租赁、股权信托、合资、合股等多种方式，加大对公路的金融支持。积极争取国际组织和外国政府赠款及国外优惠贷款。积极探索吸引社会资本的途径和政策、投融资机制，研究费税改革、行政体制改革对公路行业发展的影响。

七、切实加强队伍建设

1. 深化用人制度改革。

以调整和优化人才结构为主线，建立、完善一整套公路交通行业人才选拔、任用、考核、监督的制度体系，培养人才、留住人才、吸引人才、使用人才，积极吸引国内外公路交通科技人才和智力，形成"能上能下、能进能出、充满活力"的用人机制和竞争激励机制。

全面提高职工素质。要认真分析公路养护管理的发展需求，研究制定行业人才规划，有计划、有步骤地改善职工队伍的文化层次和学历水平。以能力建设为核心，制定和完善鼓励政策，着力提升公路系统干部职工的学习能力、实践能力和创新能力，全面提升干部职工素质。以推进学习型行业创建为抓手，加快培养选拔一批眼界宽、善谋大势，思路宽，善于创新，胸襟宽、善聚人心的"三宽"型公路领导骨干，造就和稳定一支深谙公路交通重大技术问题的高水平、精干的科技人员队伍。重要专业岗位实行职业资格认证制度。加大岗位培训工作力度。采取长期培训、脱产半脱产进修、业余培训等多种形式，组织职工进行科学文化、岗位技能、更新知识的继续教育，使职工队伍素质跟上现代化管理的发展步伐。

2. 加强基层队伍建设。

制定公路行政执法队伍建设规划，结合机构改革，调整和优化执法干部队伍结构，按照装备精良、统一规范、快速反应、联动协调、便民服务的标准建设培养一支政治强、业务精、作风正的公路行政执法队伍，能够及时应急处置公路突发事件，大力提高公路部门依法行政水平。努力为基层工作人员创造更多学习交流机会，采取有效措施稳定基层队伍，为基层工作人员脱颖而出创造良好环境。打造一个基础设施齐全、保障有力的工作平台，按照科学规划、统一标准、统筹安排、突出重点、分步实施的原则，全面改善县一级公路站、收费站、征稽所、路政大队和养护工区的办公条件和对外形象，进一步提高公路行业办事效率，更好地为人民服务。

八、继续提高依法行政能力

1. 建立健全法规体系。

完善公路管理法规制定机制，加强立法协调和立法研究，加快立法步伐，建立健全相关的法律法规体系，修改完善《江苏省公路条例》，从制度上为公路事业发展提供保障。配合国家《公路保护条例》的制定出台，加快《江苏省农村公路管理办法》、《江苏省路政管理办法》、《江苏省收费公路管理条例》等的调研、草拟工作，积极争取省人大、省政府出台颁布，为路政管理、收费公路监管提供法制保障。

2. 加强养护监管。

建立健全公路养护工程管理的行政法规体系、技术规范体系和信息化标准体系，使养护市场行为得到有效监管，最大程度发挥养护投资效益。加强收费公路行业监管，依法建立经营性公路大修保证金制度，保证公路的养护水平。研究制定公路养护质量评价标准体系，对经营性公路的养护质量进行全面监督、检查、评定。

3. 强化行政执法监督。

严格执行《行政许可法》，强化对行政许可的监督检查。推行行政执法过错责任追究制、执法监督制，规范行政强制等执法行为。逐步实现规划、养护监管、路政执法政务信息公开，增加各种法律法规、规章和办事程序以及办事结果的透明度，接受社会监督。

九、不断提升公路科技含量

1. 提高科技兴路能力。

加大对公路科技项目开发、研究、推广的投入力度，每年公路科技专项资金不低于当年用于正常公路养护投入经费的 1%。加快农村公路养护与管理关键技术研究。以干线公路为重点，对公路基础设施建设中的技术问题、难点问题进行科技攻关，增强科研开发的实用性。进一步完善公路科技项目研究激励制度。

2. 提升信息化水平。

加快公路信息化建设，以地理信息技术为依托，逐步提升全省公路的规划、计划、建设、养护、管理、规费征收等环节的信息化水平。干线公路交通量调查实现自动化、实时化、网络化、专业化，农村公路交通量调查实现基本正常化。推广应用 ITS 实用技术，高速公路 ITS 技术应用初具规模，干线公路完成试点工作，公路交通管理控制水平进一步提高。

十、大力营造良好发展环境

1. 创造和谐顺畅的内外部环境。

推进内部环境建设，营造关系顺畅、职责明晰、分工到位、机制灵活、制度健全、政策配套的体制环境；创造信息沟通顺畅，组织运行高效，能够充分调动全行业和各方面积极性的内在机制，实现行业内部上下同心、目标一致、协调发展。积极向各级党委和政府汇报公路工作情况，争取党委、政府领导的重视和支持，使党委、政府掌握公路行业发展的动态，能够及时研究、解决工作中出现的问题。更加主动地加强与其他相关部门的沟通与协调，建立良性的协作对话机制。

2. 创造良好的舆论环境。

公路与每一个人息息相关，是全社会共同的财富。公路事业惠及广大公众，是一项覆盖范围广、涉及部门多、触及广度深、任务极为繁重的公益事业，需要动员各方面力量广泛参与。要主动引导舆论，加大宣传力度，不断增进广大人民群众和社会各界的理解和支持。要积极选塑公路系统先进典型，弘扬行业正气，树立行业新风，努力营造守法规、讲诚信、负责任、学先进、比贡献的行业氛围，使公路事业上升为全社会共同关注的事业。

3. 着力构建公路文化体系。

未来五年，公路行业可持续发展的任务相当繁重，需要发挥每一个公路人，尤其是基层一线人员一点一滴艰苦卓绝的努力。要充分发挥公路文化的导向、凝聚、激励和辐射功能，增强行业的凝聚力和向心力，形成良好的行业风气。立足于我国优秀的传统文化，立足于社会主义市场经济，立足于行业实际，以用户满意度、职工满意度和环境满意度为核心价值取向，深入开展公路行业文化研究，在对现有公路文化进行总结、开发、评估和提炼的基础上，着力构筑公路主流的价值观念，塑造和展现公路时代精神；以学习实践社会主义荣辱观为主线，以"学先进、树新风、创一流"活动为载体，以提高公路干部职工素质为根本，努力开创行业精神文明建设新局面，为实现江苏公路的率先发展、科学发展、和谐发展提供精神动力和智力支持。

今后五年，江苏公路将继续保持奋发向上的锐气，敢于攀登的勇气，在科学发展观的指引下，在省委省政府和交通厅的领导下，以"公路率先基本实现现代化"统揽全局，凝聚共识，加快发展、率先发展、科学发展、协调发展，奋力开创江苏公路"十一五"发展新的辉煌，为江苏经济社会发展、"两个率先"战略目标实现、小康社会推进、和谐社会构建提供更为坚实的公路基础设施支撑。

附：

"十一五"计划主要任务指标

指标	"十一五"任务
公路总里程（万公里）	9.5
公路密度（公里/百平方公里）	92.6
干线公路投资（亿元）	≥300（十一五）
农村公路投资（亿元）	≥150（十一五）
高速公路里程（公里）	4000
二级以上公路里程（公里）	25200
干线公路里程（公里）	13000
干线公路中二级以上公路比例（%）	100
干线水泥沥青砼路面铺装率（%）	100
农村公路里程（公里）	82200
行政村等级公路灰黑化通达率（%）	100
公路平均好路率（%）	80
干线公路平均好路率（%）	90
高速公路平均优等路率（%）	96
干线公路水毁路段年修复率（%）	100

027

浙江省人民政府办公厅关于印发"十一五"时期我省道路
运输业发展若干意见的通知

浙政办发〔2006〕14 号

各市、县（市、区）人民政府，省政府直属各单位：

经省政府同意，现将《"十一五"时期我省道路运输业发展的若干意见》印
发给你们，请结合实际，认真贯彻执行。

浙江省人民政府办公厅
二○○六年一月二十四日

"十一五"时期我省道路运输业发展的若干意见

浙江省人民政府办公厅
2006 年 1 月 24 日

道路运输是综合运输体系的重要组成部分，是国民经济和社会发展的重要支
撑和保障。为提升道路运输业的综合竞争力和公共服务能力，促进我省经济社会
的又快又好发展，根据《中华人民共和国道路运输条例》、《浙江省道路运输管理
条例》，现就"十一五"时期我省道路运输业发展提出如下意见：

一、准确把握我省道路运输业发展的形势和任务

（一）发展现状。近年来，我省道路运输业获得了较快发展，客运、货运占
综合运输的比重持续提高，运输结构在调整中得到优化，市场环境进一步改善，
行业文明创建活动成效明显，道路运输业对国民经济和社会发展的支撑和保障作
用日益增强。但道路运输业在发展过程中还存在着有效供给能力不足，规模化、
集约化、规范化程度和公共服务水平不高，安全形势不够稳定等问题，有待在改
革、发展过程中加以改进和解决。

（二）发展形势。"十一五"时期，随着"八八战略"的深入实施，我省客货
流量将大幅增加，先进制造业、现代服务业将长足发展，城乡一体化、长三角经
济一体化进程将持续推进，对内对外开放步伐将不断加快，这些都对道路运输业
的加快发展提出了新的要求；以人为本、和谐社会理念的确立，"平安浙江"、

"法治浙江"建设的推进,资源能源约束、环境保护压力的加大,也给道路运输业的可持续发展带来了新的机遇和挑战。

(三)指导思想。以党的十六届五中全会精神为指导,按照实施"八八战略"、建设"平安浙江"的战略部署,围绕交通跨越式发展目标和"六大工程"建设任务,全面提升客、货、维、驾四大子行业的发展水平,继续推进道路运输发展规划、市场准入、信息服务、监督管理、安全保障五大体系建设,切实提高道路运输业对经济社会发展的综合保障能力。

(四)基本原则。坚持以人为本,将人性化服务贯穿始终,将道路运输安全和行业文明建设置于突出位置,不断满足人民群众对道路运输的需求;坚持全面协调,统筹交通建设和道路运输发展,统筹道路运输各子行业发展,统筹道路运输地区间、城乡间发展;坚持可持续发展,努力调整和优化客货运输结构,推进增长方式转变;坚持长效管理,以市场引导为主要方式,以市场规范为主要方向,以市场机制为主要保障,形成统一、开放、竞争、有序的道路运输管理体系。

(五)主要目标。通过五年左右的努力,建立起运力充足、结构优化、运行高效、服务优质、安全环保的道路运输体系,在全国率先初步实现道路运输现代化。省内和长三角区域的快客、快运、快修、租赁、稽查、投诉、咨询等综合网络基本形成,公共服务渐趋完善;城乡客运一体化覆盖面进一步扩大,城乡居民出行更加方便;运力调节机制灵活有效,黄金周和春运需求得到保证,旅客滞留、货物积压现象基本消除;市场秩序明显好转,举报投诉、群众上访明显减少,无证经营现象得到有效遏制。到 2010 年的主要指标为:客货运总量、运力结构、班车密度、维修能力、驾驶员培训总量、安全指标等处于全国领先水平,其中客运量保持全国第 2 位,货运量进入全国前 5 位;货运车辆厢式化、重型化、专业化、社会化综合指标位于全国前列,五年中集装箱车辆年递增 35％以上;客货运企业集约化程度达到国内领先水平;行政村准四级公路客运通达率达到 95％以上,城乡客运一体化覆盖率达到 50％;年机动车维修量达到 1600 万辆次;年驾驶员培训量达到 80 万人次;驾驶员培训的综合管理、服务能力达到国内示范水平;运输企业责任死亡率呈零增长。

二、全面提升客、货、维、驾四大子行业的发展水平

(一)优化运输网络和组织方式。发展和完善省内大中城市之间和长三角地区主要城市之间的直达快速客运网络。建立以主要旅游景区为依托、与干线客运相衔接的旅游客运网络。发展以省内中心城市为结点的超长线路结点运输。构建省内及长三角地区的快运网络,打造立足省内、联合长三角、辐射全国的快速货运体系。培育一批集约化程度高、网络覆盖面大、组织方式优的道路运输龙头

企业。

（二）加快运输结构调整步伐。运用行政、经济等手段，加快农村适用客车的研制和推广，进一步提高干线客运车辆档次。

适当降低厢式化、重型化、专用化、社会化货运车辆规费征收标准，优化运力结构。引导运输企业选用自重轻、载质量大、能耗低、污染小的环保型、节约型车辆。鼓励运输企业采用新技术、新工艺、新装备，降低能耗，减少污染，提高能源利用率。努力提高快速客运、现代物流、快速货运等技术含量、组织水平、服务质量、经济效益较高的业务在行业中的比重。引导运输企业以资产为纽带进行跨地区、跨行业的重组、兼并，实现规模化、集约化和网络化经营。引导运输企业创立品牌，使企业之间的竞争向服务质量竞争、品牌竞争转化。

（三）加强运输站场建设和管理。根据道路客货运流量、流向，结合城镇建设规划，合理规划运输站场布局，建设一批现代化运输站场。鼓励大中城市发展综合枢纽型客运站，实现长、短途运输及与其他运输方式的"零距离"换乘。农村地区公路沿线的港湾式停靠站、招呼站，要与"乡村康庄工程"同步规划、同步设计、同步建设、同步验收，实现"路、站、运"一体化发展。积极推行站运分离体制改革，建立和推广客运站特许经营制度和独立法人制度，逐步形成符合市场规律的客运站管理体制和运行机制。鼓励建设能够提供综合运输服务的货运站场。

（四）推进城乡客运一体化。大力发展农村客运，积极、稳妥推动农村客运线路改造工作。按照集约化经营、公司化改造和城乡客运一体化的要求发展城乡网络化运输，统筹规划建设城乡线路站点，积极理顺城乡交通管理体制。鼓励大中型客运企业从事农村客运经营，鼓励采取"冷"、"热"线捆绑招标的方式发展农村客运班线，鼓励农村客运经营者根据农民出行特点采取各种营运方式，扩大经营自主权。县域内占农村客运班线主要份额的企业，可优先申请干线新增线路。引导和鼓励主要经营干线的客运企业在资金、管理等方面帮扶农村客运企业。对因定价偏低、承担社会义务而导致政策性亏损的客运企业，应给予一定的补贴。

（五）规范出租汽车行业管理。建立以服务质量招投标为主的出租汽车经营权配置机制。积极引导出租汽车企业转换经营机制，逐步取消高额承包等转嫁经营风险的行为。

支持建立集餐饮、加油、维修、洗车等多种功能于一体的综合性出租汽车服务区。鼓励汽车租赁业实行网络化经营，推行异地租车还车业务。

（六）推动传统货运业向现代物流业转型。服务于先进制造业基地建设，积极培育和扶持货运骨干企业，引导传统货运企业向现代物流企业转型。鼓励货运企业按照现代物流理念延伸和完善服务链，发展网络运输、甩挂运输、集装箱运输等高效运输组织形式，围绕网络化、快速化、信息化打造核心竞争力。通过建立货运配送车辆专用牌照制度等，推动城市配送物流业的发展。积极发展物流基地等货运集散地。

（七）提升机动车维修保障能力。引导维修企业建立能力充分、规范有序、服务优质、清洁环保的机动车维修服务保障体系。整合行业资源，调整网点布局，减少资源浪费，优化行业结构。在城市规划和乡村建设中，充分考虑维修网点布局，满足维修服务需求。鼓励维修企业实行专业化、集约化和品牌化经营，大力发展快修连锁经营。

（八）提高驾驶员培训服务水平。引导驾培企业实行规模经营。强化教员资格管理，提高教员综合素质。完善教学条件，改革培训方式，创新培训手段，确保培训质量。推动计时培训，实现培训模式多样化。促进培考有效衔接。

三、继续推进道路运输发展规划、市场准入、信息服务、监督管理、安全保障五大体系建设

（一）制定道路运输"十一五"发展规划。推进近、中、长期相衔接、综合规划与专题规划相补充、阶段编制和动态调整相结合的规划体系建设，制定符合我省实际的"十一五"道路运输发展规划。

（二）完善市场准入和退出机制。严格执行国家、省道路运输管理条例及开业技术条件，从源头把好客货运市场准入关。严把营运车辆技术管理关，逐步使能耗高、车型老旧、技术状况差、排放超标的车辆退出运输市场。强化维修企业资质监督检查。把好驾培市场准入关。建立从业人员培训管理机制，加强从业人员培训、资格审查、考试管理。对达不到相关经营条件、经营行为要求的经营者、车辆和从业人员实行强制退出机制。切实推进行业诚信体系建设，建立道路运输经营者诚信档案，建立企业诚信与市场资源分配挂钩的市场准入、退出机制。

（三）加强市场监督管理。以打击无证营运为抓手，加强交通、公安、财政、工商、物价等部门的协调配合，对非法营运车辆依法开展集中整治。加大对站外组客、车辆外挂、非法从事危险货物运输等行为的查处力度。加强客运承包管理，完善客运承包管理办法，通过规范承包行为、缩短承包周期等办法，消除客运线路私下炒卖现象。严禁客运车辆挂靠经营。建立适合我省实际的危险品运输车辆日常监管制度。落实行政执法责任制，继续推进行政执法规范化，强化行政许可、监督检查、行政处罚（处理）等操作规范。统一执法尺度，规范自由裁量权。建立道路运输业务网络管理系统，规范业务流程。

（四）提高资源配置和利用效率。合理调整对客运班次、运价等方面的管制，切实加强对货运企业的政策调控，努力减少超载、低价等无序竞争现象。根据运输业务特点确定道路运输组织规模，通过多种形式的联合、整合实现规模经营，提高企业经营效益和资源利用效率。

（五）提高科技创新和信息服务能力。加大资金投入，开展科技创新，鼓励运输企业采用先进技术提高装备和管理水平。充分利用现有信息资源，建立和完善道路运输信息服务平台。以全省道路客运站售票系统联网为重点，加快道路客运综合信息服务系统建设。以网上行政许可系统为主线，整合现有信息资源，形成数据资源共享、内外门户统一规范的运政管理信息服务网络。推进道路运输信息化技术标准和规范化管理体系建设。

（六）努力保障道路运输安全。围绕"三关一监督"（市场准入关、人员资格关、车辆技术关，车站门检监督），进一步加强对运输企业安全生产的源头管理，引导运输企业建立科学、有效的安全生产管理体系，严格落实安全生产责任制。加大安全技术装备、安全管理装备、事故救援、重大事故和险情预警系统建设等的投入。加强运管、路政、稽征、公安交警部门的协调配合，构建道路运输安全长效管理机制。实行营运驾驶员违章淘汰制度。建立健全乡镇行政领导负责制，落实乡镇政府和各有关单位的安全责任，营造和谐稳定的农村客运环境。

四、切实加强对道路运输业发展的政策扶持

（一）按照分级负责原则落实发展责任。道路运输业发展规划和政策由各级政府牵头制定执行，各级交通、财政、公安、建设、国土资源、工商、物价等部门按各自职责加强对当地道路运输业发展的政策支持特别是对农村客运发展的扶持，理顺交通管理体制，推进城乡运输一体化。

（二）努力保障道路运输发展和管理资金。每年按照规费收入的一定比例，核定道路运输发展引导专项资金，专项资金使用、管理办法由省交通、财政部门另行制定。各级财政要同时保障必要的道路运输管理经费。鼓励各地以市场化为导向，积极吸引民资、外资参与客货运场站等道路运输基础设施建设。

（三）积极安排站场建设用地。重大站场建设项目优先列入省和各地重点建设项目，及时安排建设用地指标，并在国家法规允许范围内优先供应建设用地。涉及农用地转用的，农用地转用指标可在全省交通建设用地指标中统筹考虑，土地使用权可通过协议出让方式取得。

（四）深化行政执法体制改革，提升道路运输管理队伍整体素质。按照"统一、精简、效能"原则，整合交通行政执法资源，建立上下一致、高效精简的道路运输综合管理与执法体制。坚持公开、平等、竞争、择优原则，加强运管机构领导班子和干部队伍建设。全面推行全员聘任（用）等制度，建立竞争上岗、优胜劣汰的用人机制。以交通干部学校等为依托，大力发展行业继续教育，开展运政干部、运管人员培训。加强对专业人才的培养和引进。扎实开展创建文明行业活动，推进文明服务窗口建设。完善有奖举报制度和96520电话举报投诉案件受理、督办、查处制度。严禁"三乱"，规范罚没款处理。

028

安徽省"十一五"交通发展规划

安徽省交通运输厅

"十一五"是全面建设小康社会承前启后的重要阶段，是我省实现奋力崛起的关键时期。在"中部崛起"、"东向发展"战略的强力推动下，加快交通发展的政策环境更加有利。随着交通运输量的大幅增长，经济和社会对交通建设和运输业发展提出了更高、更新的要求。顺应新形势，适应新要求，抢抓机遇、乘势而上、奋力崛起，实现交通各项事业的跨越式发展，是我们全行业上下需要积极思考、主动应对、不懈努力、奋力完成的时代重任。

"十一五"全省交通工作总的指导思想是：坚持以邓小平理论和"三个代表"重要思想为指导，以科学发展观为统领，紧密围绕我省经济社会发展的大局，认真贯彻十六届五中全会精神以及省委、省政府一系列重大战略部署，全面落实"中部崛起"和"东向发展"战略，在实施省"861"行动计划中，致力于交通"六大工程"建设，实现交通各项事业快速、健康和可持续发展。

"十一五"交通建设的主要预期目标是：全省公路水路建设完成投资 1040 亿元左右；高速公路通车里程达到 3500 公里以上；完成国省干线公路改造 5000 公里；建成农村公路 6 万公里；全省内河航道通航里程达到 5600 公里以上，港口吞吐能力达到 2.8 亿吨。

"六大工程"是：

（一）高速公路会战工程

认真贯彻实施《安徽省高速公路网规划》，新增高速公路通车里程 2000 公里以上。按照"加密、联网、扩容、提速"的要求，形成承东启西、贯通南北、高效便捷的高速公路网。加速推进高速公路"东向发展"，实现与长三角地区的无缝对接，与周边省份的 6 个省会城市、19 个地级市连接成网。加速推进合肥及16 个省辖市、区域中心城市、交通枢纽城市间高速公路以及县城连接线建设，建成合肥、芜湖、蚌埠、阜阳、安庆、六安等国家公路运输枢纽，使高速公路与重要港口、铁路、机场和重要旅游景区紧密连接。重点解决好高速公路的过境、过江、过河问题，开工新建四座长江、四座淮河高速公路大桥。根据车流量增长的需要，适时进行"四改六"、"四改八"的扩容工作。

（二）村村通工程

村村通工程是建设社会主义新农村的重大举措。"十一五"期间，建设农村水泥（沥青）路 6 万公里，新建农村客运站 1000 个，候车亭和招呼站 11000 个，渡改桥 500 座。按照统筹规划的原则，以实施行政村通水泥（沥青）路工程为重点，把村村通工程与社会主义新农村建设相结合，与江淮分水岭地区、行蓄洪区、商品粮基地、旅游、民族乡、艾滋病重点村的道路建设相结合，与农村渡改桥工程、农村客运站点专项建设相结合，提高通达深度和通达质量。按照分级负责的原则，加强对农村公路建设的领导，多方筹资，在落实国家和省定额补助的同时，采取有效措施，积极加大地方配套资金的投入力度。按照建管养运同步的原则，勘测上采用 GPS 系统确定建设里程；技术标准上以四级公路为主，充分利用老路，减少占用农田，保护生态环境；管理上实行统一领导，严格监督，严格采购，严格招投标；养护上明确职责，建立新机制，实施全面养护工程；农村客运站点建设上，做到站点建设与公路建设同步规划，同步实施，实现"路通车通"。

（三）国省干线公路通畅工程

以构筑与高速公路、农村公路相协调的国省干线公路网络体系为目标，以"优化布局、向东联网、完善功能、服务优先"为原则，完成 5000 公里国省及重要县道改、扩建任务。大力实施安保工程、山区公路养护示范工程、平原地区路容路貌整治工程、文明样板路创建工程、危桥改造工程和公路信息服务工程，着力提升干线公路的通行能力和服务水平。到"十一五"末，实现高速公路与干线公路的对接联网；省辖市以一级公路，县域和重要经济区以二级或二级以上公路连接高速公路；市与县、县与县之间以二级或二级以上公路连接；国省道和重要县道东向 41 个出口路，原则上达到或部分超过邻省标准。

（四）江河水运跨越工程

以七省二市合力建设长江黄金水道为契机，加速推进"水运大省"向"水运强省"的跨越。全面建设"两干三支"（长江、淮河、合裕线、芜申运河、沙颍河）水运主通道和"五条区域性重要航道"（涡河、浍河、兆河—西河、青弋江、新安江）工程，新增四级以上航道里程 325 公里，使四级以上航道达到 1400 公里，初步形成我省内河航道网骨架体系。合理利用岸线资源，以深水码头、专用码头建设为重点，加快主要港口和区域性重要港口建设，新增泊位 221 个、港口吞吐能力 1.36 亿吨，基本建成层次分明、布局合理、大中小结合的港口体系，使安徽港口密集带的优势得到充分发挥。到 2010 年，全省内河港口吞吐量达到 2.8 亿吨，集装箱吞吐量 32 万标箱。

（五）交通信息化工程

按照"统筹规划、分步实施、整合资源、注重实效"的原则，利用现代信息技术改造交通建设和管理的各个系统，提高以智能交通为代表的交通信息化水平。以公路、水路、运输、行政四大数据库群为基础，建设省市两级数据信息中心。构建公路交通、水路交通、道路运输、交通行政等四大综合管理信息平台，并以此为基础，开发和推广交通应急处理、交通出行信息服务和交通综合运行三大应用系统。建设和完善各级交通管理部门的内网、外网两大门户网站。构筑交通信息化的建设、安全、标准等三个保障体系，确保交通信息化建设运行和管理的顺利实施。

（六）运输保障提升工程

加快运输结构调整。推进企业进行重组、兼并、联合，实现规模化经营，培育一级道路运输企业2家以上。大力推广厢式车、集装箱车、冷藏车等专用运输车辆，重点发展多轴大吨位重型货运汽车。大力推进船舶大型化、标准化、专业化进程，使船舶保有量达到1500万载重吨，长江干流船舶平均吨位达到600吨，长江支流和淮河水系船舶平均吨位达到300吨。加快国家、省公路运输枢纽、农村客运站、港口运输体系建设，提高高速公路服务区、客货运站场、港口的服务功能和服务水平。大力发展物流产业，重点建设合肥、芜湖等5大物流园区以及13个物流中心，健全以合肥货运交易所为中心、以16个市货运信息中心为依托的货运交易市场。大力发展快速、舒适的直达客运，提高直达客运服务质量。健全农村客运网络，确保通公路的行政村通车率达到96％以上。出台并完善交通运输应急预案，建立高效运转的快速反应机制，不断提高处置能力，保障各类重大突发性事件对交通运输的应急需求。为顺利实施"六大工程"，我们必须落实八项措施。

一是紧紧围绕交通"六大工程"，全面落实科学发展观。要抓住当前的战略机遇期，将科学发展观落实到交通发展的全过程，坚持快速发展和可持续发展的统一，为经济和社会发展提供高效、便捷、畅通、安全的公路水路运输服务。

二是加强规划和前期工作，确保工程质量。要以交通各类规划为前提，加速前期工作，做好项目准备。要视工程质量为行业生命，通过提升设计理念，规范建设行为，加强工程管理，建设优质、高效工程。

三是全面推进依法行政，着力提高服务水平。要进一步加强交通法制建设，严格监管建设市场和运输市场，为市场主体创造公平竞争环境，提供优质方便的服务。

四是深化体制改革，加快科技创新。要以更大的决心、更有力的措施，解决体制、机制中的深层次问题。注重用现代技术手段，加快推进行业技术进步。

五是加强安全管理，确保人民生命财产安全。要始终坚持"安全第一"的方针，毫不松懈地抓好安全方面的法律法规和规章制度的贯彻实施，层层落实安全责任制，确保水上交通安全形势稳定，使各项安全工作始终处于可控状态。

六是深入推进精神文明建设，提升行业文明程度。要以建设负责任的部门、负责任的行业，构建和谐交通，促进交通职工的全面发展为目标，广泛开展文明行业创建活动，加强交通文化建设，培育"交通精神"，使广大交通职工始终保持奋发有为、昂扬向上的精神状态。

七是着力抓好反腐倡廉工作，建设"廉政交通"。要以贯彻《安徽省交通系统建立健全惩治和预防腐败体系实施意见》为抓手，紧密结合行业特点，在狠抓落实上下工夫，为实现交通跨越式发展提供坚实保障。

八是切实加强领导，理顺行业内外关系。形成发展合力；形成良好的发展环境；形成以事业凝聚人，以岗位培养人，人尽其才的浓厚氛围，为交通事业的可持续发展提供不竭的源泉。

029

安徽省"十一五"综合交通体系发展规划纲要

安徽省发展和改革委员会
2007 年 3 月 13 日

一、"十五"综合交通体系发展回顾

经过"十五"期间的不懈努力,全省交通基础设施规模和能力、运输服务质量和水平得到明显提升,交通运输体制改革取得重要进展,现代综合交通体系逐步形成,对国民经济和社会发展的支撑作用进一步加强。

（一）交通基础设施规模持续扩大,综合运输能力显著增强。

"十五"期间,我省在国家宏观政策引导和支持下,加大投资力度,加快建设速度,交通基础设施规模总量快速增长,综合交通网覆盖范围进一步扩大,通达深度大幅提高,以干线铁路、高速公路、主要航道和重点机场为骨架的综合交通网加快形成,综合运输能力显著增强。

至 2005 年底,全省拥有综合交通线路 81801 公里,比 2000 年增加 8674 公里；综合交通网密度达到 58.7 公里/百平方公里,比 2000 年增加 6.2 公里。建成合肥—西安铁路、宣杭铁路复线、京沪铁路淮河复线大桥、青芦铁路支线,基本完成漯阜铁路改造,动工建设合宁、合武客运铁路专线和铜九铁路,铁路营业里程达到 2308 公里,比 2000 年增加 145 公里,复线化率 46.8％；建成界首—阜阳—蚌埠、蚌埠—徐州、庐江—铜陵、黄山—杭州、芜湖—宣城、蚌埠—明光高速公路和安庆长江公路大桥、合徐公路淮南连接线、合界公路合肥连接线、芜湖长江大桥南岸公路立交,完成合肥—南京、合肥—芜湖高速公路改造,新建、改造国道、省道和重要县道 5800 公里,全省公路通车里程达到 72807 公里,比 2000 年增长 11.4％,其中高速公路 1501 公里；全省内河航道通航里程 5616 公里,拥有各类生产性港口泊位 1328 个、吞吐能力 2 亿吨,分别比 2000 年增加 211 个和 1.3 亿吨；完成空军蚌埠机场迁建、黄山机场扩建,实施合肥机场跑道改造,主要机场适航条件得到改善；全省管道运输从无到有,建成西气东输安徽段主管道和合肥、蚌埠、淮南、滁州、芜湖等支管道,开工建设齐鲁—宿州、安庆—合肥成品油管道和仪征—安庆—长岭原油管道,全省运输管道达到 1070 公里。"十五"期间,全省交通基础设施建设完成投资 826.3 亿元,其中铁路 53.3 亿元、公路 690 亿元、水运 13.2 亿元、民航 6.3 亿元、管道 63.5 亿元。

（二）技术装备水平明显提高，运输结构进一步调整。

基础设施方面：主要干线铁路连续提速，京沪铁路安徽段实施电气化改造，时速 200 公里以上的客运专线投入建设；全省二级以上公路比重由 2000 年的 11.7％提高到 15.8％，其中高速公路增加 2.2 倍，并实现电子监控、收费联网和计重收费；沿江集装箱和大型煤炭专用码头发展加快，一些技术和管理水平较为先进的公路客运站和铁路枢纽开始投入运营。

运输装备方面：铁路运输全面使用内燃机车，主要干线铁路开通高档空调旅客列车；公路客车技术性能和舒适度普遍提高，中高档客车比上升到 12.3％，厢式和专用重载货运汽车快速发展，专用货车比 2000 年增加 3 倍；沿江部分港口煤炭、矿石、水泥等大宗散货和集装箱专业装卸设备逐步使用；内河船舶更新换代步伐加快，船型标准化和航运安全保障系统建设启动；民用航空运输使用国际通用机型，主要机场空中交通管制、通信导航、安检消防、运输服务等配套设施进一步改进和完善。

运输结构方面：2005 年与 2000 年相比，铁路在货运周转总量中的比重由 57.5％下降到 56.4％，公路由 25.5％上升到 27.0％，水运、航空分别保持在 16％和 0.02％左右的份额；铁路在客运周转总量中的比重由 38％下降到 37.3％，公路由 58.5％上升到 59.7％，水运所占份额持续下降，仅为 0.04％，航空客运周转量由 2.8％上升到 3.0％。

（三）农村公路建设步伐加快，交通运输条件明显改善。

"十五"期间，国家和省安排建设县到乡公路 15500 公里，乡到村公路 4000 公里，投入各类建设资金 50.8 亿元，其中国家投入 26.8 亿元、省投入 24 亿元。全省农村公路通达深度、技术条件和抗灾能力显著提高。到 2005 年底，全省农村公路达到 60806 公里（不含村道），乡镇通油路（水泥路）率由 2001 年的 49.8％提高到 99.8％，基本实现所有乡镇通油路（水泥路），99.3％的行政村通公路。随着农村公路条件的改善，农用运输车辆大幅度增加，到 2005 年底，全省农用运输车达到 60.7 万辆。

（四）体制改革取得重要进展，行政管理行为逐步规范。

交通管理体制改革继续深化，政企职能加快分离。民航机场管理体制改革顺利实施。接收管理国家下放的沿江五港，实施了港务管理机构改组。全省高速公路融资、建设及运营管理全部从政府部门和相关事业单位分离，实行企业化管理和市场化运作。按照"管养分离、减员增效、招标养护"的原则，开始改革国、省道干线公路养护管理体制。铁路运输管理体制进行重大改革，安徽境内的铁路站段由上海铁路局直接管理。交通投资体制进一步理顺，多元化投资格局初步形成。规范高速公路经营权特许和转让行为，高速公路项目业主选择及经营权转让试行招投标制。

"十五"期间,我省交通建设和改革取得了长足进步,但交通基础设施供给规模小、运输服务水平低的总体状况没有根本改变,对国民经济持续快速发展的"瓶颈"制约没有完全消除。主要表现在:一是路网不完善,有效通道不足,不能适应全省经济发展战略与布局调整的要求;二是主要机场吞吐能力弱,货运港、站设施老化,运输装备总体技术水平较低;三是各种交通运输方式协调整合问题突出,综合运输系统效率低下,现代物流业起步缓慢;四是交通运输体制性障碍仍然存在,公平、有序的市场环境尚未形成,行政效率有待进一步提高;五是农村交通依然落后,城市交通日趋紧张;六是交通发展与资源、环境矛盾加大,交通安全形势严峻。

二、"十一五"综合交通体系发展面临的形势与要求

(一)经济社会快速发展要求交通运输能力加快提升。

"十一五"期间,预计全省旅客运输量年均增长 6%,客运周转量增长 7%,货物运输量年均增长 7%,货运周转量增长 8%,沿江主要港口货物吞吐量年均增长 20%左右(其中集装箱年均增长 35%)。

(二)"中部崛起"带来新的发展机遇。

加强综合交通运输体系建设是促进中部地区崛起的重要措施。省委、省政府作出"抢抓机遇、乘势而上、奋力崛起"的重大决策,不仅把综合交通运输体系作为加快建设的重点,而且要求在奋力崛起中发挥先导作用。

(三)产业结构调整升级要求优化交通运输结构。

我省正在实施的"861"行动计划,要求加速产业与产品结构优化升级,重点建设加工制造、原材料、化工、能源、高新技术、农产品等产业基地。与此对应的货物运输结构将随之发生变化,能源、原材料、机电产品、农副产品将成为运输重点,迫切需要大力发展快速化、专业化、大型化运输和综合运输,特别是集装箱运输和现代物流业。

(四)消费结构变化对交通及基础设施提出更高要求。

随着城乡居民收入水平不断提高,人们的消费观念、消费结构和生活方式将发生明显变化,不仅出行次数、距离和时间将持续增加,而且对出行质量的要求也将越来越高,出行方式的多样性、舒适性、快捷性和安全性更加受到重视。同时,随着小汽车消费大众化步伐加快,也将对道路的通行状况、覆盖范围、信息服务及可选择性提出越来越多的要求。

(五)统筹城乡发展要求更加重视普遍服务。

"十一五"交通运输发展,必须更加重视城乡协调发展和普遍服务,努力加大农村交通基础设施供给。此外,我省是人口大省,大量农村劳动力不断向城市转移并跨区域流动,需要加快改善城乡和城市之间的交通状况,提供安全、便

捷、大容量、人性化、高质量的客运交通服务。

（六）科学发展观要求建立和谐的综合交通体系。"十一五"综合交通建设必须有效地控制环境污染，努力减少土地占用和能源等资源的消耗，避免重复建设，建立环保节约型的和谐综合交通体系。

三、"十一五"综合交通体系发展基本思路

"十一五"期间，全省综合交通体系发展的基本思路是：坚持科学发展观，深化交通体制改革，加大交通基础设施投入，加快综合交通通道建设，增强城市交通能力，大力改善农村交通条件，提升交通技术装备水平，构筑区域综合交通枢纽，发挥各种运输方式组合效率和整体优势，建立全面对接长三角经济圈的综合交通体系，实现交通跨越式发展，促进全省经济快速崛起和社会和谐。

（一）以发展为主题，增加综合交通基础设施有效供给。

一是完善综合交通网络，解决交通基础设施总量不足的问题。二是改善结构，发挥各种交通运输方式的比较优势。三是建立便捷、安全、可靠的综合运输服务体系，满足不同类别、不同层次、不同群体的运输需求。

（二）深化交通体制改革，加快市场机制建设。

一是继续深化交通管理体制改革，规范行政行为，提高行政效能。二是加快交通投资和客货运输市场机制建设，进一步发挥市场在配置交通运输资源中的基础性作用。三是改革农村公路管理养护体制，建立规范、高效的管养机制，使农村公路得到全面、正常、有效的养护。

（三）加快综合交通通道建设，支撑各具特色的区域经济发展。

一是大力加强东向通道建设，实现与长三角经济圈综合交通网的全面对接。二是加快沿江及跨江综合交通通道建设，促进沿江重点产业和城市群发展壮大。三是加快合肥辐射通道建设，带动皖中地区经济整体发展。四是加强皖南地区旅游通道建设，促进全省旅游经济快速发展。五是加强煤炭运输通道建设，促进皖北地区煤炭资源优势向经济优势转变。

（四）抢抓机遇，全面提升安徽特别是合肥在全国综合交通网中的地位。

把握国家促进中部崛起的政策机遇，加快以合肥为中心、连接东部与中西部的综合交通枢纽建设，消除国家干线断头和瓶颈，贯通路网通道；提升现有干线技术水平，提高运输能力和效率；扩建改造现有客货站场设施，增加吞吐和中转能力，逐步确定安徽特别是合肥在国家综合交通网中的枢纽地位，提升安徽的区位优势。

（五）进一步改善农村交通条件，缩小城乡差距。

在巩固县乡公路建设的基础上，继续增加投入，加快乡村公路和客运站点建设，扩大农村公路网规模，提高通达深度，改善通行条件，逐步实现交通基础设

施供给的公平性和运输服务的普遍性，努力缩小农村与城市交通差距，促进农村经济发展和农民生活质量提高。

（六）贯彻科学发展观，努力实现交通运输可持续发展。一是科学规划交通网络及相关设施，合理、有效利用土地资源和空间资源，尽量减少占用耕地和林地。二是严格控制交通建设对生态环境的不利影响，落实环保要求，积极保护净空环境。三是推进交通技术进步，加快信息化和智能化建设，提高交通运输现代化水平，努力降低能源消耗，减少废气排放。

四、"十一五"综合交通体系发展目标

全省综合交通体系发展的长期战略目标：按照社会主义市场经济要求，建立和谐的现代化综合交通体系，实现客运快速化、货运物流化、管理智能化，满足经济与社会发展的需要。

"十一五"期间综合交通体系发展目标：通过深化改革和加快发展，交通管理体制基本理顺，交通运输市场进一步规范；综合交通通道网初步形成，农村及国防交通条件普遍改善，城市交通拥堵状况明显缓解，交通技术水平全面提升，区域综合交通枢纽地位得到确立；综合运输优势有效发挥，交通安全保障切实加强，运输服务质量和水平显著提高。到2010年，基本形成以合肥、芜湖、蚌埠、阜阳、安庆、黄山为综合交通主要枢纽，以长江、淮河为水运主要通道，国家干线铁路通达省辖市，高速公路基本通达县域，油路（或水泥路）基本通达行政村，航空运输服务覆盖全省，与长三角经济圈一体化的"两主、三通、一覆盖"综合交通体系，基本适应全省经济与社会发展的要求。

具体建设目标为：

1. 综合交通通道网与枢纽：初步形成由两种以上交通方式构成、联结全部省辖市、对接长三角经济圈的"两纵、五横、三连"综合交通通道网；构成以合肥为中心，芜湖、蚌埠、阜阳、安庆、黄山为支撑的综合交通枢纽体系。

2. 铁路：初步形成布局合理、干支基本协调、联通全部省辖市和长三角经济圈的铁路网，合肥成为路网性铁路枢纽。到2010年，全省铁路营业里程达到3855公里。其中，客运专线938公里，复线2536公里，电气化线路1977公里，复线率、电气化率分别达到65.8%和51.3%。

3. 公路：建成基本通达所有县域、联结各省辖市和邻省周边城市的高速公路骨架网，改善国、省道干线路网，实现行政村基本通油路（或水泥路）。到2010年，全省公路通车里程达到77000公里（不含村道），其中，高速公路3500公里、一、二级公路12500公里。农村公路总里程达到15万公里。

4. 水运：航道等级和港口吞吐能力明显提升。到2010年，全省航道通航里程达到5782公里，其中四级以上航道达到1400公里；港口货物吞吐能力达到

3.3 亿吨，其中集装箱吞吐能力 50 万标箱，建成沿江煤炭、集装箱、建材、矿石等大宗散货运输系统。

5. 民航：机场布局基本完善，干线机场能力增强，支线机场配套设施及设备得到改善。到 2010 年，全省开通民用航空运输的机场达到 7 个。

6. 管道：全省石油、天然气管道网及配套设施进一步扩展和完善。到 2010 年，全省石油、天然气干、支管道长度达到 2500 公里左右。

7. 城市交通：中心城市客运综合枢纽和轨道交通建设起步，城市道路与公共停车系统规模大幅度增加，城市智能化交通管理系统广泛应用，环境保护措施进一步加强。

"十一五"期间，全省交通建设总投资 2135 亿元。其中：铁路 700 亿元，公路 1250 亿元，航道、港口 85 亿元，民航 50 亿元，管道 50 亿元。

五、"十一五"综合交通体系发展重点

（一）铁路通道与枢纽。

加快以"东向"快速铁路为重点的干线铁路建设，增强既有铁路及枢纽运输能力，提升安徽在全国铁路网中的地位。一是建设以合肥枢纽为中心的快速铁路，包括合肥—南京、合肥—武汉、合肥—蚌埠客运铁路专线。二是建设与东部地区连接的通道，包括安庆—池州—铜陵—芜湖—马鞍山—南京沿江城际客运铁路、北京—上海高速铁路安徽段、铜陵—九江铁路、皖赣铁路复线、宣杭铁路电气化改造。三是建设与"两淮"亿吨煤炭生产基地连接的运输通道，包括阜阳—六安铁路、庐江—铜陵铁路、宿州—淮安铁路、青阜和符夹复线、两淮矿区铁路，对既有京沪、京九、阜淮和淮南铁路实施电气化改造。四是提高铁路站场运输吞吐能力，重点扩建改造合肥、阜阳、黄山、蚌埠、芜湖、安庆等主要铁路客货运站场。"十一五"期间，新建铁路 1547 公里，增建复线 518 公里，电气化改造 977 公里。

（二）高速公路通道。

以东向对接通道为重点，继续加快国家和区域高速公路建设，构成全省高速公路骨架网。一是国家高速公路，包括铜陵—黄山、亳州—阜阳—六安—安庆—景德镇、芜湖—安庆、合肥—六安—叶集、六安—武汉、黄山—塔岭及小贺—桃林、潜山—东至等高速公路。二是连接长三角经济圈高速公路，包括北沿江、铜陵—宣城、芜湖—雁翅、巢湖—马鞍山—禄口机场、扬州—绩溪、亳州—泗县、高淳—宣城—千秋关、扬州—滁州等高速公路。三是支撑省内区域经济发展的高速公路，包括合肥—淮南—阜阳、淮南—蚌埠、滁州—淮南、滁州—马鞍山、巢湖—铜陵等高速公路。四是与邻省连接的出口高速公路，包括阜阳—新蔡、黄山—祁门—景德镇、徐州—明光、岳西—武汉、东至—九江等高速公路。五是适

时扩容改造合宁、合安等早期建成的高速公路。"十一五"期间，全省新增高速公路 2000 公里以上。

（三）农村公路与城市交通。

根据新形势下农村经济与社会发展的要求，重点加快乡镇到行政村道路改造和建设，使行政村基本通达油路（或水泥路）。同时，把农村公路建设与扶贫开发整村推进工程、行蓄洪区防洪保安、江淮分水岭易旱地区综合治理、矿产和旅游资源开发、国家商品粮基地建设结合起来，统筹安排，统一实施。"十一五"期间，力争改造和新建农村公路 6 万公里。

加强以道路交通为重点的中心城市公共交通系统建设，支持合肥等有条件的大城市规划和建设轨道交通。鼓励发展公路与铁路、市内与长途等多种交通运输方式一体化的城市客运枢纽，配套建设大型停车场等公共交通服务设施。整合城市货运站场资源，优先发展铁路、公路、水运等多种方式联运的城市货运枢纽。加快建设智能化城市交通管理与控制系统，合理安排和有效疏导城市交通流。继续推广使用替代燃料公交车辆，鼓励乘用城市公共交通系统，不断降低废气排放水平。

（四）长江和内河航运。

调整优化沿江港口结构，重点建设沿江集装箱、建材、矿石和大宗散货码头，充分发挥长江黄金水道的运输优势。加强内河干线航道整治，提高航道技术等级，加快碍航闸坝复航工程建设，改善通航条件。扩建改造内河重点港口，改善码头装卸条件。一是建设安庆港五里庙三期工程、马窝港区一期工程、长风铁水联运散货码头，池州港泥洲港区二期工程、牛头山散货码头，铜陵港集装箱专用码头、件杂货码头二期扩建、循环工业试验园码头、顺安河港区，芜湖港裕溪口煤码头扩建、朱家桥集装箱一期工程、西江汽车滚装码头，马鞍山港 6 号码头扩建、集装箱专用码头、人头矶散货码头，合肥港集装箱码头、蚌埠新港二期工程、巢湖港巢城新港区等。二是建设芜申运河安徽段，重点整治淮河、顺安河、新安江、沙颖河、涡河、浍河、漳河、青通河、新汴河等航道，建设淮河蚌埠、合裕航道巢湖和裕溪口复线船闸，沙颖河太和、阜阳、颍上船闸和涡河大寺集船闸。"十一五"期间，新建和改造航道里程约 550 公里，新增港口吞吐能力 1.3 亿吨，其中长江港口 1 亿吨。

（五）民航和管道。

完善全省机场布局，增强合肥机场航空枢纽功能，改造现有机场设施，提高机场综合保障能力，扩大航空运输服务覆盖范围。重点迁建合肥机场，形成辐射全省的航空运输枢纽；新建九华山机场，改造和完善黄山机场，形成"两山一湖"空中交通通道；建成蚌埠民航站，完善安庆民航站配套设施，争取开通芜湖、蚌埠民航站民用航空运输，改善区域综合交通条件。努力增加航线和航班，充分发挥机场设施的运输能力。

建成安庆—合肥成品油管道，完成西气东输安徽境内全部支线工程，建设川气东送干支线工程，实现川气与西气联网。"十一五"期间新增管道 1421 公里。

（六）跨江通道。

根据综合交通网布局和沿江经济发展需要，重点加强连接路网和带动沿江城市发展的跨江通道建设。一是建设马鞍山长江公路大桥，贯通巢湖—马鞍山—南京禄口机场和滁州—马鞍山高速公路。二是建设安庆长江铁路大桥，贯通沿江城际客运铁路，联通合九和铜九铁路。三是建设铜陵长江公铁两用大桥，贯通庐江—铜陵铁路，联通南、北沿江高速公路。四是建设望东长江公路大桥，贯通济南—广州国家高速公路。五是建设芜湖长江公路大桥，连接无为—繁昌公路，扩大城市发展空间。六是建设池州长江公路大桥，沟通长江两岸路网。

（七）科技进步与运输服务。

大力运用先进技术和信息技术，提高交通基础设施和运输装备科技含量与现代化水平，加快发展现代化综合运输服务系统。一是加快建设高速铁路和公路，同时改造现有路网和运输设施，提高综合交通基础设施整体技术等级和水平。二是加快运输工具与设备更新换代，鼓励使用各种现代化大型专用车辆、船舶和港口装卸机械，大力发展以集装箱、煤炭、矿石、水泥、矿建材料等大宗散货运输为重点的高技术、专业化、大型化和规模化货物运输系统。三是加快便捷、安全、可靠、舒适的快速客运服务系统建设。四是加速建立与长三角经济圈全面联通的交通运输信息服务体系，积极发展现代物流业。五是加强对农村交通运输服务的扶持，着力提高农村客货运输的覆盖面和服务水平。

（八）交通安全建设。坚持"以人为本、安全第一"的思想，把保障人的生命安全放在首要位置。一是推进交通安全法制建设，加强交通安全教育，提高全民交通安全意识。二是强化交通基础设施安全性能设计和评估，消除安全设计缺陷，增强硬件安全保障功能。三是完善交通安全配套设施，不断提高运输工具的安全性和可靠性。四是运用科技手段，加强对交通设施和行为的监控、预警、引导和控制，抑制和减少交通事故隐患。

六、政策措施

（一）推进交通体制改革。

一是进一步推进政企分开、政资分开、政事分开、政府与市场中介组织分开，建立行为规范、运转协调、公正透明、廉洁高效的交通运输行政管理体制。二是规范政府投资和政府特许经营行为，建立国有与非国有企业公平竞争的机制。三是建立运输市场进入、退出机制和监管体系，形成公平、开放、竞争、有序的运输市场。四是建立政府投入为主、管养分离、养护市场化的农村公路管养体制。

（二）加强项目前期工作。一是努力做好重大建设项目与国家"十一五"建设规划的衔接工作，为项目审批和建设提供规划依据。二是"十一五"开工建设的重大项目，应提前完成可行性研究报告（或核准申请报告）和土地预审、环境评价、防洪评价、水土保持方案等相关工作，并按规定程序报批。三是在项目投资主体或法人暂不能确定时，由项目所在地政府或行业主管部门指定项目责任单位，并在规定时间完成前期工作。四是加强各相关部门和单位的协调，形成合力，共同推进前期工作。

（三）拓宽建设资金筹措渠道。

一是把握促进中部崛起、建设社会主义新农村等政策机遇，积极争取国家投入。二是发挥省属国有投资企业的融资平台功能，积极申请企业债券和银行贷款资金。三是充分发挥市场优势，积极吸纳社会投资。四是在国家政策许可范围内，积极盘活国有存量资产。五是解放思想，积极探索资产证券化等新的投资和融资方式。

（四）加强长江岸线资源管理。

长江岸线使用涉及沿江产业布局、城市发展、水利建设、交通运输、跨江建筑、生态保护等多个方面，必须科学规划、统筹兼顾、综合利用。尽快出台我省长江岸线管理办法，建立规范有序的管理机制，促进岸线资源整合、保护和合理开发，提高岸线使用效率。

（五）保障交通基础设施建设用地。

一是积极采取技术和工程措施，努力减少耕地占用。二是优先实施符合国家审批条件的项目，并按有关规定积极申请使用国家用地指标。三是统筹地方用地计划指标，适度向重点交通建设项目倾斜。四是加强土地整理和耕地开垦工作，确保交通建设占用耕地"先补后占"。

（六）促进科技应用创新。

一是运用市场、政策、行政等手段，推进产学研相结合，促进形成以企业为主体、中介为纽带、科研院校为支撑的交通运输科技应用创新机制，提高自主创新能力。二是加大政府对交通运输应用技术研究的投入，引导企业增加研发投资，形成一批具有自主知识产权的实用技术，提升我省交通设施、运输装备和运营管理科技含量及生产力水平。三是继续引进国际先进交通运输技术和重大装备，通过消化、吸收、创新，提高交通运输技术水平。

030

福建省人民政府关于加快公路建设
发展的若干意见

闽政〔2009〕19号

各市、县（区）人民政府，省人民政府各部门、各直属机构，各大企业，各高等院校：

为贯彻落实《国务院关于支持福建省加快建设海峡西岸经济区的若干意见》（国发〔2009〕24号），加快构建便捷、通畅、高效、安全的公路交通网络，为海峡西岸经济区建设提供有力的保障支撑，现提出如下意见：

一、明确总体要求和目标任务

（一）总体要求。深入贯彻落实科学发展观，紧紧抓住党中央、国务院支持福建省加快建设海峡西岸经济区的重大机遇，认真贯彻中央和省委、省政府扩大内需促进经济增长的一系列决策部署，全面落实"一通百通海西先行"，加快构建服务中西部和周边地区发展新的对外开放综合通道，提高不同层次公路的综合服务水平，促进公路交通建设又好又快发展，为海峡西岸经济区建设提供坚实的交通保障。

（二）目标任务。加快实施高速公路、国道、省道、农村公路各项发展规划，全面完成"十一五"和本届政府任期内交通主要发展规划目标任务。到"十二五"末，力争实现全省"三纵八横"高速公路、"二纵二横"国道、"八纵九横"省道和农村路网等不同层次的公路网络协调发展，结构更加合理，通行能力显著提升，城乡居民出行更加顺畅。

高速公路：至2012年底，基本建成"两纵四横"主骨架，通车里程力争突破3000公里；至2015年底，争取建成"三纵八横"主骨架，基本建成海西高速公路网，通车里程力争超过5000公里。

国道、省道：至2012年底，完成建设改造国道、省道约3000公里以上，力争全面打通省道"断头路"，消灭砂土路，基本完成规划的"八纵九横"省道建设任务。

农村公路：至2012年底，完成新建农村水泥公路约1.6万公里，重点建设一批县通县、乡通乡等具有一定通道功能的农村公路网络项目；至2015年底，基本实现全省农村公路网络化。

枢纽场站：至 2012 年底，全省新建公路运输枢纽客运站 18 个、货运场站 10 个；至 2015 年底，形成以国家公路运输枢纽为重点，以县级公路运输场站为基础，以乡镇公路运输场站为补充，与多种运输方式相衔接、结构合理的全省公路运输场站网络。

二、完善规划，加快前期工作

（一）根据《国务院关于支持福建省加快建设海峡西岸经济区的若干意见》提出的目标和主要任务，进一步完善交通发展中长期规划和各专项规划，强化公路发展规划与综合运输、国土、城市、产业等相关发展规划的相互衔接、相互协调。在城市建设总体规划和土地利用总体规划中，统筹考虑与城市交通、铁路、港口、机场等场站关系，合理布局城乡公路运输站场，最大程度地方便群众出行。

（二）全面启动海西高速公路网项目前期工作。按照依法依规、确保质量的原则，加快报批，加快建设，争取 2012 年底前大部分项目开工建设、2015 年基本建成。各级政府及相关部门要根据前期工作进展情况，按进度、按比例分批到位前期费用，保障前期工作顺利开展。

海西高速公路网项目可按有关规定直接委托有资质单位编制预可，其中跨设区市项目由省市联席会研究后，由省高速公路建设总指挥部统一委托设计单位编制预可，设区市按辖区分段签订合同。

加快推进工可和勘察设计。经省发展改革委、交通厅审查确定技术方案后，可提前进入初步设计阶段。工可和勘察设计可按规定合并招标，一次性择优选择勘察设计单位。特殊应急、技术复杂路段可按有关规定采取邀请招标方式选择勘察设计单位。进一步完善勘察设计"双院制"，提高"双院制"审核质量，可按照相关规定采取邀请招标或直接委托方式选择咨询审查单位。

（三）优化设计。落实公路勘察设计"安全、耐久、环保、节约、和谐"的要求，更加注重以人为本、安全第一，更加注重尊重自然、节能环保，更加注重系统论证。综合路网布局、路线功能、地形条件等因素科学选择线路走向，合理确定规模和建设标准。尽可能利用荒山、荒地等未利用地，尽量少占耕地、水域、海域，尽量避免高填深挖，最大限度地节约集约利用土地。线路方案应尽量避开自然保护区、森林公园、湿地保护区、风景名胜区、饮用水水源一级保护区以及珍稀动植物资源集中区域等环境敏感区，最大程度地保护生态环境。加强设计优化工作，提高设计质量和设计水平。

（四）简化审批环节。在依法依规的前提下，进一步优化审批流程，简化审批手续，能合并的合并，能下放的下放。

1.《海峡西岸经济区高速公路网布局规划》（2008—2020 年）省内审批的项

目，项目立项和可研合并审批，直接报批可研。初步设计审批可采取先报批设计方案落实项目用地报件、后批复项目概算。

2.《海峡西岸经济区公路水路交通发展规划纲要》的国道、省道项目，可以规划代立项，直接进入工可程序。无大型构筑物的一般省道三级公路项目委托设区市发展改革部门和交通部门审批项目可研和初步设计、施工图设计（或一阶段施工图设计）；项目工可经有权机关审查后可提前进入初步设计阶段；对于技术简单、方案明确的小型建设项目以及养护工程项目可直接进行一阶段施工图设计。

3.《福建省建制村以上农村公路省级管理数据库》的项目视同批准立项，在对大中桥、隧道进行方案论证比选的基础上，县道、乡道可直接进入施工图设计，村道可进行简易设计。县道和含有大中桥、隧道或按三级以上（含三级）标准实施的乡、村道设计由设区市交通主管部门审批，其余农村公路项目设计由县级交通主管部门审批。

4. 抓紧编制出台《福建省公路运输枢纽站场布局规划》，统筹各种运输方式，逐步实现"零换乘无缝衔接"。符合规划布局的公路运输场站建设项目视同立项，直接报批项目可研。

（五）提高审批效率。交通部门要主动沟通、主动衔接，发展改革、建设、国土、林业、海洋、环保、水利、地震等部门要加强指导，靠前服务，推行网上审批，加快规划选址、用地、用林、用海以及环境影响评价、水土保持等前置审批，及时开展防洪（排涝）影响、地震与地质灾害评价工作。

三、加强工程建设管理

进一步加强和规范工程招投标、工程施工以及质量、安全管理，落实工程建设全过程质量管控机制，建立健全安全生产责任制，落实安全生产"一岗双责"和企业主体责任，加强督促检查，不断提高项目建设管理水平。落实工程设计与人文景观设计、工程施工与自然景观保护、工程竣工与生态景观恢复"三同步"，推广运用新工艺、新技术、新材料，建设若干条高速公路、国省道、农村公路等不同层次的"生态示范路"。

（一）高速公路。进一步完善和改进工程招投标办法，加强招投标监督，防止围标、串标。落实建设、施工、设计、监理的质量责任制，落实项目法人、项目经理、项目总监责任。推行精细化管理和标准化施工，优化施工工艺。加强对在建项目的监督检查，确保工程质量、建设安全。

（二）国道、省道。进一步强化项目法人责任制，提高法人管理水平。积极推行"代建制"，具体管理办法由省交通主管部门会同发展改革等部门制定。完善"政府监督、业主负责、社会监理、企业自检"的工程建设四级质量管理体系，加强对从业单位和人员的信用考核，杜绝"半拉子工程"。

（三）农村公路。推行"省级抽检、完工兑现"的质量核查管理机制，继续推行农村公路纪检监察巡查制度，坚持分级管理，深化全过程质量管理，确保工程建设质量。由省交通厅牵头会同省发展改革委等部门研究出台指导意见，推行县级"代建制"，不断提高农村公路建设管理水平。进一步推进农村公路"安保工程"、"附属设施完善工程"的实施，不断提高农村公路安全、畅通水平，真正把农村公路建成"放心工程"。

四、持续完善体制机制

充分发挥现行好的体制机制优势，在实践过程中不断探索，改革创新，巩固和完善公路建设管理体制机制。

（一）坚持和完善"省市共建，建设以市为主，运营全省统一"的高速公路管理体制，加快推进高速公路建设，加强建设运营管理，提高效益，实现高速公路建设与运营管理的有效衔接。省直有关部门要主动协作，加强与国家和设区市对口部门的沟通协调，形成合力。省交通厅、高速公路建设总指挥部要履行"监督、指导、协调、服务"责任，对全省高速公路规划、前期工作、质量安全、资金监管等进行行业管理，并实施统一的运营管理；各设区市政府要充分发挥责任主体作用，建立健全本市高速公路建设管理机构，形成更加有力、高效的指挥协调机制，领导、协调、组织实施本市高速公路项目前期、招投标、征迁安置、质量安全、资金筹措等建设管理具体工作。

（二）进一步完善"省地共建、县为主体"的国省道建设体制，充分调动省、市、县三级积极性。省级负责全省国省道建设的行业管理，制定政策、下达计划并按标准补助资金，加强建设监督指导。设区市统筹协调本辖区国省道建设管理，制定市级支持政策，筹措市级配套资金。县级负责具体组织实施，筹措县级配套资金，对工程进度、质量安全和投资控制负责。

（三）落实《福建省农村公路管理办法》，充分发挥现行"以库立项"、"县道县管、乡道乡管、村道村管"的农村公路建设管理机制的作用，在不断完善全省农村公路省级管理数据库的基础上，省级继续加大力度鼓励地方加快农村公路特别是具有一定通道功能的县通县、县通乡、乡通乡等农村路网建设，加快建设完善农村公路网络。省级将根据财力，以切块管理方式逐步推进通较大自然村公路建设。

（四）深化公路养护管理体制改革。逐步开放公路养护市场，整合干、支线公路养护、技术资源和高速公路、普通公路养护管理资源，建立区域性养护中心，提高养护质量，节约养护成本。贯彻落实国务院《农村公路管理养护体制改革方案》和《福建省农村公路管理办法》，市、县政府应明确农村公路管理机构，建立政府投资为主、村民自筹为辅、鼓励社会各界共同参与的农村公路建设、养护和管理资金筹集机制。实行"一事一议",探索建立专业养护与农民承包养护相结合、养护管理与路政管理相结合的运行体制。

(五)建立和完善"省级定额补助、市县为主、鼓励社会多元投入"的建设机制。省级重点推进枢纽站场建设。积极探索乡镇客运站与基层运管站、养护道班等多站合一的模式,整合资源,充分发挥站场效益。通过市场运作,实现以站养站的良性互动,实现运输站场"建得起、用得起、留得住"。

五、多渠道筹措建设资金

切实发挥各级政府的主体责任,加大公路建设资金筹措力度,为公路建设提供资金保障。

(一)构建融资平台。以成品油价格和税费改革为契机,抓紧研究构建交通融资平台,形成稳定和可持续的抵押、周转、还贷、投资等资金来源和运作机制,保障公路加快建设发展和养护管理的资金需求,推进交通建设滚动发展。省政府已经批准由省交通厅组建新的省级融资平台。各市、县(区)人民政府应根据本地实际,充分利用现有融资平台或参照省级平台组建模式组建本级交通建设融资平台。鼓励设区市政府出台相应政策,以优质资产和资源注入融资平台。

(二)多渠道筹措高速公路建设资金。加强资金调度,通过省市共同出资,争取中央预算内、专项资金、国债等资金,利用社会投资等多渠道筹措建设资金。

1. 统一规范高速公路项目省市股比。国高网项目由省市合作建设,省市股比原则上按 65:35 构成(省级股比含中央投资);海西网中省市合作的项目,省市股比原则上按 51:49 构成,省、市按照股比多渠道筹措项目资本金。省级通过盘活存量资产,充分发挥省高速公路资金结算管理委员会资金统筹调度作用,以存量带增量筹措资金。

2. 积极争取国家有关部委支持。抢抓机遇,加强沟通,争取更多项目列入国家高速公路网,争取国家对海西网主要项目给予资金补助。

3. 有序引进社会投资。总结经验,进一步完善社会资金投资高速公路政策规定,鼓励社会投资者通过合资、合作、独资和 BOT 等方式投资建设海西网规划的支线项目。

4. 鼓励各设区市政府包干负责征地拆迁,征地拆迁费用经政府有关部门对征地标准、征地量等审核认可后列入工程总投资,作为设区市政府的投资入股。

(三)加大省级干线公路投资力度。省级将根据县域经济发展情况,结合工程难易程度,按照鼓励先进、兼顾公平原则,在 2009—2012 年期间采取"定额补助加奖励"的机制加大省级资金投入力度。设区市政府要相应出台省道建设配套补助政策，加大扶持力度；县级政府要切实采取有效措施，落实自筹建设资金。

（四）继续推进"农村路网工程"建设。省级继续实行"阳光补助、开工预拨、完工兑现"的农村公路建设投资补助模式，推进"农村路网工程"建设。鼓励地方政府通过财政投入、吸引社会资金、社会募捐等方式多方筹集资金，并用好管好农村公路建设资金。

（五）鼓励多元化投资建设运输站场。调动包括民营经济等多种经济成分投资建设、经营公路运输站场的积极性。鼓励企业充分利用现有乡镇客运站的土地，投资建设经营乡镇客运站。

六、加强领导，落实保障措施

要高度重视公路建设，认真落实公路建设的发展规划和年度计划，形成全社会共同加快推进公路建设的合力。

（一）保障公路建设项目用地、用林、用海。各级国土资源、林业、海洋与渔业管理部门要优先保证公路建设与运输站场建设的用地、用林、用海需求，对于具有公益性的农村客运站建设用地可纳入行政划拨地。交通部门要根据交通发展规划计划，主动与相关部门衔接，并共同积极争取国家有关部委支持。

（二）提供良好施工建设环境。市、县（区）政府要发挥主体作用，依法依规切实做好征地拆迁工作，征地拆迁实行任务包干、费用包干、责任包干。加强辖区内公路建设项目所需火工材料及沿线涉及的电力、光缆等相关设施拆迁的协调工作。公安等有关部门要加强公路建设施工现场及周边的治安综合治理。市、县（区）政府应依法依规、主动协调，妥善解决公路建设所需的土场、料场，工程发包采用主要原材料甲供或甲控方式组织实施，最大限度地节约公路建设资金，降低造价。

（三）落实交通安全保障措施。公路建设要突出以人为本理念，在线路走向、建设标准等方面充分考虑公路运营安全的需要，做到公路交通安全管理和服务设施与公路基础设施同步规划、同步建设、同步验收、同步使用，其中高速公路交警队工作用房要纳入高速公路建设内容，实行统一设计、统一征地、统一施工建设，同步竣工投入使用。要加强公路运输场站的源头监管，加快推进事故多发点路段的整治、改造，提高公路运营安全管理水平，最大限度防范公路安全事故。

（四）加大政策扶持。落实好已出台的各项优惠政策。各级财政应根据财力对交通重点项目融资给予财政贴息补助，每年财政部门应根据交通项目融资计划提出补助意见报同级政府审定。对符合国家规定条件的政府收费还贷高速公路通行费收入可按国家有关规定享受营业税、所得税优惠政策。对不投入流通领域以获取矿产品营利为目的、公路建设自用的取弃土场、砂石料场以及路基和隧道挖方，可由主管税务机关核定一定比例给予减免砂、石资源税。在建设和生产过程中由建设单位组织水土流失治理、森林植被恢复的，可按最低标准收取水土保持补偿费。

（五）加强廉政建设。加强制度建设，落实廉政建设责任制，建立防腐倡廉长效机制，推进交通系统惩防腐败体系建设。加强招投标、征地拆迁、工程施工以及建设资金等各环节的监管，有效防范违法行为。加大检查监督和责任追究力度，树立良好的政风行风，为加快公路建设提供坚实保障。

（六）完善信用评价体系。进一步加强交通建设市场信用考评管理，建立法人、自然人违法违规信用档案，加强对监理、招投标、工程评估等交通建设中介机构的监管和专项治理。

各级各有关部门要根据本意见，结合本地区、本部门实际，积极研究出台支持加快公路建设的政策举措，共同为加快我省公路建设营造良好的发展环境，确保《海峡西岸经济区高速公路网布局规划》（2008—2020 年）和《福建省省级干线公路网规划》、《福建省农村公路发展规划》等公路发展规划落实到位。

福建省人民政府

二〇〇九年七月二十四日

福建省"十一五"海峡西岸综合交通体系建设专项规划

闽政〔2006〕号

前　言

"十一五"期，是福建建设海峡西岸经济区的关键时期。交通是国民经济和社会发展的基础性产业，加快交通基础设施建设，构建适度超前、功能配套、高效便捷的现代化基础设施支撑体系是建设海峡西岸经济区的重要任务之一。根据《福建省人民政府办公厅转发省发展和改革委员会关于组织开展我省"十一五"专项规划编制工作意见的通知》（闽政办函〔2004〕116号）要求，《福建省"十一五"海峡西岸综合交通体系建设专项规划》（以下简称《规划》）由省交通厅牵头，会同省发改委、民航、铁路等相关部门共同编制完成。《规划》的编制和实施，为福建更好地把握中央支持海峡西岸经济发展的重要战略机遇，实现交通新的跨越式发展，提升综合交通运输体系的总体服务水平，增强交通对海峡西岸经济区经济发展的基础保障能力具有十分重要的意义。

本《规划》的编制，以邓小平理论和"三个代表"重要思想为指导，以省十届人大四次会议通过的《福建省国民经济和社会发展第十一个五年规划纲要》为依据，主要阐述了规划期内政府对海峡西岸经济区交通发展的战略意图和工作重点，明确了指导思想和主要任务，是今后五年政府引导和推进交通发展的行动纲领，是制定交通发展相关政策和安排重点项目投资建设的重要依据。

第一章　实现交通跨越式发展的重要战略机遇期

一、"十五"建设成就

"十五"期间，在省委、省政府的正确领导下，交通建设取得了显著成就，基本实现了从严重滞后向有效缓解阶段的转变，初步建立起了由公路、水路、铁路和民航等多种运输方式共同构成的综合交通体系，为"十一五"交通实现跨越式发展奠定了坚实基础。

1. 公路建设。全省公路建设完成投资686亿元，为"九五"期的2倍，其中高速公路建设完成投资385亿元，为"九五"的2.7倍，普通公路完成投资301

亿元，为"九五"的 1.5 倍。至 2005 年底，全省公路通车里程（不含村道）达 58286 公里。高等级公路比重达 13.4%，比 2000 年底提高了 2 个百分点，其中高速公路通车里程达 1208 公里，新增 857 公里，提前一年于 2004 年实现省会至各设区市"四小时交通经济圈"的目标。农村水泥路面公路新增 21000 公里，厦门、泉州率先实现所有乡镇通建制村公路硬化目标。

2. 铁路建设。建成赣龙铁路，开辟第四条铁路出省通道，新增铁路 159 公里。至 2005 年底，铁路正线里程达 1630 公里，开工建设温福、福厦铁路。

3. 港口建设。完成投资 64 亿元，为"九五"期的 3.2 倍。新增万吨级以上泊位 21 个，新增吞吐能力 3509 万吨，全省港口生产性泊位达 509 个（其中沿海港口生产性泊位 399 个），万吨级以上泊位 66 个，全省港口年综合通过能力 1.22 亿吨（其中沿海港口年综合通过能力 1.17 亿吨，集装箱吞吐能力 513 万标箱）。

专栏一　2005 年综合交通基础设施现状及"十五"增量表

基础设施类型		单位	2005 年	"十五"增量	备注
公路	总里程	公里	58286	4780	公路总里程包括国道、省道、县道、乡道和专用公路；农村公路包括县道、乡道和村道。
	按技术等级分 高速公路	公里	1208	857	
	一级公路	公里	358	103	
	二级公路	公里	6262	747	
	三级公路	公里	4518	1078	
	四级公路	公里	35640	4564	
	等外公路	公里	10298	−2571	
	农村公路	公里	69046	21000	
铁路	营运里程	公里	1630	159	
港口	年综合通过能力	万吨	12190	3509	
	集装箱吞吐能力	万标箱	513	217	
	生产性泊位	个	509	62	
	万吨级以上泊位	个	66	21	

4. 航空港建设。完成投资 1.4 亿元，建成连城机场。目前共有 5 个固定翼航班运输机场，其中民用机场 2 个（福州长乐 4E、厦门高崎 4E），军民合用机场 3 个（泉州晋江 4D、南平武夷山 4C、龙岩冠豸山 4C）；开辟国内航线 125 条，国际及港澳航线 25 条。

专栏二　2005 年综合交通客货运输结构表

项目	总量	铁路		公路		水运		民航	
	数量	数量	比重	数量	比重	数量	比重	数量	比重
客运量（万人）	55663.7	1486.5	2.67	52500	94.32	985	1.77	692.2	1.24
旅客周转量（亿人公里）	480.78	90.9	18.91	309.99	64.48	1.39	0.29	78.5	16.33
货运量（万吨）	40424.1	3604	8.92	27600	68.28	9210	22.78	10.1	0.02
货运周转量（亿吨公里）	1577.06	202.9	12.87	238.25	15.11	1134.64	71.95	1.27	0.08

二、"十一五"发展环境

1. 面临的机遇

"十一五"是福建建设海峡西岸经济区的关键时期，党的十六届五中全会通过的"十一五"规划《建议》明确提出"支持海峡西岸和其他台商投资相对集中地区的经济发展"，这为加快推进海峡西岸经济区建设、实现交通跨越式发展创造了良好机遇。

海峡西岸经济区东临台湾海峡、西连赣湘及中西部广大内陆地区、北承长江三角洲、南接珠江三角洲，随着区域经济一体化进程的加快，其区位优势更加凸显。拓展海西区经济腹地和市场，为中西部地区在福建寻找便捷的出海口，加强东中西部之间经济的紧密协作，为"中部崛起"战略提供交通支持，迫切要求福建加快综合交通横向通道建设；对接长三角和珠三角两大全国最发达的经济区，使福建与长三角、珠三角、台、港、澳之间的经济协作更加密切，推动经济一体化进程，也需要尽快形成沿海纵向综合运输大通道。

海峡西岸经济区是促进祖国统一的重要前沿阵地，该区域的经济发展对推动台湾海峡经济融合、促进海峡经济区的形成、加快祖国和平统一进程具有重要作用。随着两岸经贸合作与分工的进一步深化，台湾对祖国大陆的贸易依存度不断提高。从 1982 年到 2005 年，台湾向大陆的出口占出口总额的比重由 0.88% 上升到 39.43%，从大陆的进口占进口总额的比重由 0.44% 上升到 9.11%。截止 2005 年底，两岸间接贸易总额累计达 4958.05 亿美元，大陆已经成为台湾第一大出口市场和最大贸易顺差来源地。对台贸易和对外贸易规模的日益扩大为交通的发展，特别是港口及港口集疏运通道建设提出了更高要求，福建应抓住这一历史机遇，发挥与台湾的"五缘"优势，加快综合交通体系建设，为祖国统一后或实现"三通"后，海峡两岸的便捷联系提供重要的通道，实现客流和物流的有效对接。此外，随着世界经济一体化进程的加快，无论是海峡西岸经济区自身经济的发展，还是其与周边区域、与东南亚等世界各国经贸往来与合作的增进，都要求我们加快海峡西岸港口群建设，构建海峡西岸经济区综合交通运输体系，这是经济社会发展对交通的要求，也是区域交通发展难得的历史机遇。

专栏三　2005年四大经济区综合实力相关指标比较

经济区	面积（万平方公里）	人口（万人）	GDP（亿美元）	GDP占全国（含港澳台）的比重	固定资产投资总额（亿元）	进出口总额（亿美元）
海西区和台湾	15.74	5812	4197.4	13.9%		
海西区（闽）	12.14	3535	811.9	2.7%	2328.5	568.0
长三角经济区	21.06	14151	5047.2	16.7%	18142.3	5437.9
珠三角经济区	17.71	9935	5162.8	17.1%	（粤）6840.7	（粤）4391.8
环渤海经济区	20.98	9432	2548.9	8.4%	8519.4	1274.5

2. 面临的主要问题

在看到交通发展面临的重要战略机遇期的同时，也要清醒地认识到，由于我省交通历史欠账太多，底子薄，综合交通体系仍存在许多突出矛盾急需解决。具体表现在：总量较小，港口年综合通过能力在沿海11个省市中仅高于广西和海南，高速公路总里程居全国第17位；结构不合理，建成10万吨级以上泊位仅3个，二级以上高等级公路的比重仅为13.43%，低于全国16.9%的平均水平，铁路等级低，和国铁联系的主干网络没有形成；各种运输方式自成体系，联运方式尚未形成，交通发展总体水平仍滞后于区域经济社会的发展要求。

此外，"十一五"期间，综合交通体系建设任务重，资金缺口大，需要积极发动全社会力量，以市场为导向，深化管理体制改革，拓宽思路，进行多元化、多渠道筹措资金，才能使规划得以顺利实施。

第二章　指导思想、规划原则与发展目标

为了实现省委、省政府确定的建设海峡西岸经济区的总体目标，根据我省国民经济和社会发展及国防交通的需要，加快综合交通体系建设是我省"十一五"期极其重要的任务。

一、指导思想

以邓小平理论和"三个代表"重要思想为指导，全面落实科学发展观，紧紧围绕海峡西岸经济区建设，按照"一通百通海西八方纵横"的要求，把港口建设放在更加重要的位置，着力推进综合交通运输通道建设，着力推进综合交通枢纽

建设，加快社会主义新农村交通基础设施建设；构筑适度超前、功能配套、高效便捷的现代综合交通网络，全面提升海峡西岸经济区综合交通运输总体能力和服务水平。

二、规划原则

1. 交通服务于海峡西岸经济区建设的原则。综合交通体系发展要紧紧围绕海峡西岸经济区建设的指导思想和发展目标，科学把握经济社会发展对交通提出的新形势、新要求，本着提升总体能力和服务水平的原则，合理确定综合交通体系的基本格局。

2. 各种交通运输方式协调发展的原则。根据我省国民经济和社会发展总体目标、生产力布局、区域经济发展、海岸线资源及旅游资源开发，以及客货运输流量流向等加以统筹，准确定位铁路、公路、水路、航空发展方向，以沿海港口为龙头，陆路集疏运干线为骨架，充实加强和拓展全省交通运输网主干线，合理规划和利用通道资源，完善综合交通运输体系，促进各种交通运输方式协调发展。

3. 交通适度超前经济社会发展的原则。交通基础设施建设要适度超前经济社会发展要求，以满足日益增长的客货运输需求，为海峡西岸经济区建设提供先行保障，为两岸"三通"提供充分准备，积极引导经济社会发展，促进交通与经济社会和谐发展。

4. 可持续发展的原则。提高土地、岸线等稀缺资源的利用效益，统筹交通建设与生态保护的关系，通过科技创新、规划协调、精心设计与施工，节约资源，保护环境，大力推进资源节约型、环境友好型交通的发展。

三、发展目标

根据海峡西岸经济区的实际状况和未来发展要求，综合交通体系发展应按照形成"大通道、大网络、大枢纽"的基本思路，加快实现海峡西岸经济区综合交通设施系统的建设目标。到 2010 年，基本形成以港口发展为龙头，以高速公路、快速铁路为骨架，以福州、厦门两大国家级综合交通枢纽为核心，区域内重要城市为中心，沟通沿海和内地，连接周边省区的铁路、公路、水运、民航、管道等各种运输方式合理分工、协调发展、衔接配套的综合交通基础设施网络系统。

1. 港口

重点加快建设厦门、福州和湄洲湾（南、北岸）主枢纽港，建设宁德、漳州古雷等港，到"十一五"末，基本形成福州、厦门两个亿吨大港，全省港口年设计吞吐能力将达 3.1 亿吨，其中集装箱吞吐能力达到 1300 万标箱。

2. 通道

加快干线通道建设，基本形成通往内陆省份的四条横向综合运输通道和对接两洲的两条纵向综合运输通道。

3. 网络

按照各种交通运输方式的功能和特点，构建省、市、县等不同层次的综合交通网络，以带动和服务于我省经济建设和人民生活水平提高。

4. 枢纽

重点建设福州、厦门两个国家级综合交通枢纽，同时，积极推进泉州、龙岩、三明、南平、莆田、漳州、宁德等区域性综合交通枢纽建设。

专栏四　海峡西岸经济区综合交通运输网络相关概念

▲"两纵四横"综合运输通道：

南北沿海综合运输通道：上海—温州—宁德—福州—莆田—泉州—厦门—漳州—汕头—深圳；

南北中部山区综合运输通道：杭州—金华—南平—三明—龙岩—梅州—广州；

北部横线综合运输通道：台北—宁德—衢州—南京—北京；

中部一横线综合运输通道：台北—福州—三明—南昌—武汉—北京、银川；

中部二横线综合运输通道：台北—莆田、泉州—永安—吉安—南宁；

南部横线综合运输通道：高雄—厦门—漳州—龙岩—赣州—昆明。

▲"两纵三横"快速铁路网：两纵是指：杭州—宁波—温州—福州—厦门—漳州—潮州—深圳—香港沿海快速铁路；整合与改造提升横南铁路、鹰厦铁路、龙梅铁路，形成北接浙赣铁路干线、南接京九铁路干线的纵向铁路。三横是指：福州—江西—北京铁路；厦门—龙岩—赣州—湖南—重庆铁路；莆田（福州）—三明—江西向塘铁路。

▲"三纵八横"高速公路网："一纵"：即沈海高速（福鼎—诏安）；"二纵"宁德至诏安公路；"三纵"长深高速（松溪—武平）。"一横"宁上线（宁德—武夷山）；"二横"京台线（浦城—福州）；"三横"福银线（福州—邵武）；"四横"莆永线（莆田—永定）；"五横"泉南线（泉州—宁化）；"六横"厦沙线（厦门—沙县）；"七横"厦蓉线（厦门—长汀）；"八横"漳武线（古雷港—武平）。

▲"八纵九横"省级干线公路网：八纵指省道 S201 至 S208；九横指省道 S301 至 S309 的绿色通道建设。

第三章　主要建设任务

按照以人为本和"一通百通海西八方纵横"的要求，坚持统筹规划、科学布局、合理安排，以港口建设为龙头，着力推进通道建设，着力推进网络建设，着力推进连接高速公路、快速铁路、国省干线公路和民航机场的客货运综合交通枢纽建设，构建适度超前、功能配套、高效便捷的现代综合交通网络。

专栏五 福建省"十一五"综合交通体系建设投资初步估算表

项目类型		建设规模	规划投资（亿元）	备注
公路	主通道	2094 公里	750	高速公路主通道
	重要网络	新增二级路 1000 公里 路面改造 1700 公里	178	包括县城连接高速公路、红色旅游线路、国省干线改造等
	农村公路	硬化 20000 公里 乡镇客运站 835 个 建制村候车亭 14117 个 渡改桥 170 座 更新改造渡口 450 个次 更新改造渡船 475 艘次 陆岛码头 60 个	103	
水路		码头泊位 156 个 公用航道 18 项	297	包括沿海港口、航道等
铁路		1344 公里	766	投资不含支线铁路30.6亿元
民航		沙县机场	4	
管道	液化天然气（LNG）	356 公里	58	项目总投资 62 亿（不含LNG专用码头投资 4 亿）
	成品油	520 公里	14	
综合运输枢纽			20	
合 计			2190	此表为初步估算数据，将随着工程实施具体情况作相应调整

一、加快构建海峡西岸港口群

加大重要港湾的协调和整合力度，优化配置港口资源，完善港口功能。加快建设厦门国际航运枢纽港和福州、湄洲湾（南、北岸）主枢纽港，积极发展宁德港、漳州古雷港，逐步形成面向世界、连接两岸三地、促进对外开放、服务临港产业、促进经济发展的规模化、大型化、信息化程度较高的现代化海峡西岸港口群。统筹规划，加快建设海上运输大通道，重点建设大型集装箱、油气化工、煤炭矿石、工业港区四大港口运输系统，推进港口管理体制改革与口岸、物流配套体系建设,提高为发展大型临港产业聚集区服务的能力。推进闽江航道综合整治,加强闽江沿岸城市内河码头和陆岛交通建设。

1. 港口

充分发挥港口资源、区位优势,科学合理把握各大港口的功能定位,把港口建设作为"十一五"基础设施建设的重要内容来加快发展。

(1)厦门国际航运枢纽港。通过厦门湾港口一体化整合,扩大规模,提升水平。重点建设东渡、海沧、嵩屿、石码、招银港区规模化、大型化、专业化集装箱作业区,后石港区大型能源、化工深水泊位。充分利用厦(门)成(都)、厦(门)沙(县)两条高速公路、赣龙厦和鹰厦两条铁路开拓厦门港经济腹地纵深扩展,落实港区联动政策,以综合优势促进国际集装箱中转业务的发展,把厦门港建成以国际集装箱干线运输为特色的国际航运枢纽港。

(2)福州主枢纽港。重点开发外海深水港区。江阴港区以建设西部作业区大型集装箱码头、东部作业区冶金深水泊位为主;罗源湾港区以可门作业区、将军帽作业区大型能源、矿石深水泊位为主;闽江口内和松下港区分别以建设长安、洋屿作业区内贸集装箱运输和滨海工业区临港工业泊位为主,增强主枢纽港作用。积极参与全国大型干散货物流的港口中转储备布局,以福银和京台两条高速公路、向莆和鹰厦两条铁路带动福州港开拓纵深腹地,把福州港建成以大型干散货运输中转为特色的国家主要港口。

(3)湄洲湾(南、北岸)主枢纽港。打破行政区划,整合资源,按照合理分工,统筹协调南、北港区建设。湄洲湾北岸依托 LNG 项目、进口木材检疫除害处理区和加工区等项目,带动秀屿港区开发和东吴港区的起步,并配套扩建湄洲湾大型深水航道。湄洲湾南岸依托福建石化基地、泰山石化物流,建设大型石油化工泊位和液体散货物流中转储备基地。以泉州区域经济为依托,重点发展石湖作业区国内集装箱中转运输和秀涂作业区临港工业泊位。以泉(州)南(宁)、湄(洲岛)永(春)两条高速公路、向莆和漳泉肖两条铁路带动湄洲湾港开拓纵深腹地,把湄洲湾(南、北岸)港建成以大型液体散货中转和重型石化以及内贸集装箱运输为特色的主枢纽港。

(4)宁德港。以吸引大型临港工业布局的建设带动港口的开发,重点依托三都澳大型深水港资源,近期起步开发建设三都澳城澳和溪南港区,配套建设港区的疏港路网和口岸联检等公共设施。积极推动宁(德)上(饶)高速公路和宁(德)衢(州)铁路的建设,为加快港口发展创造条件,加快把宁德港建成区域性重要港口,并积极向综合性、跨区域服务的港口发展。

(5)漳州古雷港。配合古雷半岛临港工业发展,加快开发建设古雷港大型深水泊位,建设疏港公路、铁路和口岸联检等公共设施,规划建设古雷港区至武平高速公路,促进港口腹地开发,合理开发东山、诏安、云霄等其他港区,加快建设成为区域性重要港口。

根据以上港口发展思路和各港区的功能定位,"十一五"期,福建省沿海港口规划建设万吨级以上泊位156个。从建设时序看,"十五"跨"十一五"续建26个,"十一五"开工并完工64个,"十一五"跨"十二五"34个,储备项目32个;从建设规模看,5万吨级以上泊位共108个,其中10万吨级30个,20万吨级2个,30万吨级2个。"十一五"规划新增万吨级以上泊位90个,新增港口通过能力1.9亿吨,其中集装箱通过能力790万标箱。到2010年全省沿海港口总通过能力达到3.1亿吨,其中集装箱通过能力1300万标箱,港口通过能力与预测货物吞吐量的适应度为1.0,其中集装箱通过能力的适应度达1.0以上。各港口规划建设方案详见附表1。

2. 沿海航道

沿海公用航道基础设施建设将以厦门港、福州港和湄洲湾(南、北岸)港的深水航道建设为重点。厦门港配套建设全天候接纳第六代以上集装箱船的出海航道;福州港配套建设罗源湾30万吨级、江阴20万吨级深水航道,整治闽江口通海航道;湄洲湾港浚深泉州湾5万吨级航道。同时兼顾地区性重要港口深水航道和为临海经济发展配套的航道整治和建设。

拟建沿海港口公用航道项目18项,其中"十五"跨"十一五"项目2项(厦门港和福州港各1项),"十一五"新开工并完工项目10项(厦门港4项、福州港3项、湄洲湾(南、北岸)3项),"十一五"跨"十二五"项目5项(厦门港2项、湄洲湾(南、北岸)港、漳州古雷港、宁德港各1项)。拟建航道总里程398.28公里。在规划建设的18项公用航道中,5万吨级以上的有13项,其中10万吨级7项,20万吨级1项,30万吨级2项。

3. 内河航道

"十一五"期我省内河航道将重点推进闽江航道综合整治,提升航道等级。

二、推进综合运输通道建设

根据海峡西岸经济区自然地理特征和经济空间布局的特点,以及既有综合交通网的状况,结合未来经济社会发展和经济空间布局的变化趋势,加快铁路、高速公路、港口、机场和管道中长期发展规划,构建担负客货运输量大、沟通区域联系作用显著,多种运输线路并行的"两纵四横"综合运输通道。

(一)纵向综合运输通道

1. 第一纵(南北沿海综合运输通道)。该通道是"国家综合交通网中长期发展规划"南北沿海运输大通道的重要组成部分,也是海峡西岸经济区对接两洲的最重要通道,同时也是福建省沿海产业带大发展的重要基础。该通道由现有的国家高速公路沈海线福建段、324国道、104国道,规划中的沈海复线、沿海快速铁路、沿海 LNG 管道和成品油管道，以及沿海港口和空港组成。该通道将福建东南沿海地区与我国经济最发达的长江三角洲和珠江三角洲地区联结起来，缩短浙江、福建、广东之间的时空距离，加强长江三角洲和珠江三角洲的经济联系，完善区域综合交通运输体系，充分发挥海峡西岸经济区港口优势、对台和资源优势，促进区域间经济协调发展，不断满足经济和社会发展对运输数量和质量的需求，提高国防交通保障能力具有重要意义。

"十一五"期间重点建设沿海快速铁路、既有高速公路连接线、重点建设大型深水专业性泊位和改造提高厦门机场及配套设施能力，全面增强综合运输能力。其中：

——快速铁路　建成温福铁路福建段、福厦铁路和厦深铁路福建段；

——高速公路　重点建设福州机场路、福州绕城高速、沈海复线南安金淘—厦门同安和福州湾边特大桥及接线、泉州绕城高速、沈海公路泉厦漳拓宽工程等；

——航空港　重点抓好福州长乐、厦门高崎机场改扩建和配套设施的完善工作，推进宁德民航支线机场前期工作；

——管道　重点建设福建天然液化气（LNG）管道和成品油管道，优化管道选线方案，提前预留通道，实现与其他交通方式在用地和通道资源等方面的合理布局，避免低水平重复建设。

2010 年前，基本形成一条纵贯南北的高标准、大能力的综合运输大通道，全面融入国家综合交通网中沿海大通道。

2. 第二纵（南北中部山区综合运输通道）。该通道是海峡西岸经济区对接两洲中部地区的最重要通道，横跨福建省中部山区、连接东中西四条出省综合运输大通道，加强了福建省的南平、三明、龙岩市与广东省梅州市、浙江省衢州市的经济联系，起着带动中部沿线地区经济发展的重要作用。该通道主要由既有横南铁路线建瓯至南平段，鹰厦线中段和漳（平）龙（川）线及规划的宁衢铁路北段和建瓯至浦城段、国家高速公路长深线福建段、205 国道，以及武夷山机场和规划中的三明机场组成。该通道除承担本地客货运输任务外，还担负中短途、大容量的过境运输任务，以及沿交通走廊产业发展的交通运输任务。该通道的建设，对于完善海峡西岸经济区交通骨架网布局，增加路网的机动灵活性，以及促进沿线经济发展具有重要意义。

"十一五"期间，铁路主要抓紧长汀至永安段铁路前期工作、公路主要是基本贯通国家高速长深线松溪至武平段高速公路，以及加强高速公路连接线建设、空港重点续建三明沙县机场，改造提高武夷山机场及配套设施能力，逐步增强综合运输能力。其中：

——高速公路　包括建成永安—武平段、浦南线建瓯—南平段、泉三线三明—永安段、邵武肖家坊至武夷山段联络线，积极推进松溪—建瓯段前期工作。

2010 年前，形成一条纵贯南北，沟通广东和浙江的综合运输大通道。

（二）横向综合运输通道

横向综合运输通道分别为：北部横线综合运输通道、中部一横线综合运输通道、中部二横线综合运输通道和南部横线综合运输通道。

1. 第一横（北部横线综合运输通道）。该通道是规划中京台综合运输通道的主要组成部分，是海峡西岸经济区开发北部地区的重要通道，也是加强福建北部地区与浙江、江西联系的重要通道，起着支撑宁德港口发展和拓展港口腹地的重要作用。该通道主要经过宁德、政和、浦城到浙江衢州市和江西上饶市，并通过国家路网与中部地区联系。该通道作为宁德港后方集疏运通道，为宁德港的发展提供重要的支撑。同时，该通道可与规划修建的九景衢铁路相接，形成一条自宁德至九江的新通路，将为江西省增加一条新的出海通道。该通道的建设，对于完善海峡西岸经济区交通骨架网布局，增加路网的机动灵活性，以及促进沿线地区国土开发，拓展宁德港腹地，具有重要的意义。

"十一五"期间，公路重点加快建设国家高速公路沈海线宁（德）上（饶）联络线福安—武夷山段，争取"十一五"期间路基贯通，铁路积极推进宁（德）衢（州）铁路、宁德城澳港口支线前期工作。

2015 年前，初步形成海峡西岸经济区又一条横贯东西的综合运输主通道，加强福建与江西、浙江的联系，全面融入国家综合交通网。

2. 第二横（中部一横线综合运输通道）。该通道是规划中京台综合运输通道的主要组成部分，是国家综合交通网"五纵五横"综合运输大通道中满洲里至港澳台通道的支线。目前，该通道主要由鹰厦、横南、外福铁路，国家高速福银线福建段，316 国道，闽江，以及福州港和机场组成。该通道西接京广铁路、京九铁路、京珠高速及沿线公路，与多个民航机场衔接；东连沿海综合运输大通道，与福州港相连接，远期将延伸至海峡东岸的台北市，是加强大陆与海峡东岸经济联系的主要交通纽带，在我国综合交通网中具有极为重要的地位。该通道对于加强海峡西岸经济区与首都、中部地区的经济和人员往来，实现优势互补，共同发展，以及拓展福州港的腹地，促进福建经济向纵深推进，均具有十分重要的战略意义。

"十一五"期间，重点加强既有铁路的扩能改造、沿线公路的扩能和内河航道综合整治；结合福州市区交通发展，充分利用规划的向莆铁路从永泰向福州的分支，形成由以福州为轴心的放射状城市轨道交通系统；同时积极推进可门港区、江阴港区疏港铁路前期工作。

——高速公路 完成国家高速公路福银线邵武沙塘隘—三明际口段扫尾工作，重点建设国家高速京台线福建境内浦南线浦城—建瓯段、古田—闽侯鸿尾段、渔溪—江阴及疏港路；

——内河航道 重点推进闽江航道综合整治,提升航道通航能力。

2010 年前,全面形成海峡西岸经济区一条横贯东西的大能力综合运输主通道,全面改善大陆与台湾联系的内陆交通状况。

3. 第三横(中部二横线综合运输通道)。该通道是规划中京台综合运输通道的组成部分,是海峡西岸经济区重化工业发展的重要通道,也是国家综合交通网"五纵五横"综合运输大通道中满洲里至港澳台通道的重要组成部分。该通道西接中西部地区,东接莆田、泉州港,贯通海峡西岸经济区的南北中部地区,是加强中西部地区与海峡西岸沿海地区运输联系的主要纽带,也是莆田、泉州沿海与内地重化工业的联系纽带,在海峡西岸经济区综合交通网中具有极为重要的地位。该通道对于加强福建省与中西部地区的经济和人员往来,实现优势互补,共同发展;对于拓展泉州港和湄洲湾港的腹地,开发中西部运输市场,以及实现北京—台湾间的快速联系,均具有十分重要的意义。

"十一五"期间,铁路重点建设向塘—莆田快速铁路,同时加快湄洲湾北岸港口铁路支线前期工作;高速公路重点建设国家高速公路泉南线福建段(包括泉州—三明段和永安—宁化段高速公路),莆田—秀屿疏港路和南安张坑—斗尾疏港路。

2010 年前,初步形成又一条横贯东西的综合运输大通道,加强福建与江西的联系,融入国家综合交通网。

4. 第四横(南部横线综合运输通道)。该通道是海峡西岸经济区拓展集装箱腹地的重要通道,也是国家综合交通网"五纵五横"综合运输大通道中沪瑞通道的重要组成部分(即长沙—厦门通道支线),是未来海峡西岸经济区对台的第二条便捷通道。该通道由赣龙厦铁路、国家高速公路厦成线福建段(厦门—漳州—龙岩—长汀高速公路)、319 国道,以及厦门港和机场组成。该通道是海峡西岸经济区联络中西部地区和陆路通往东南亚国家的主要运输通道,在综合交通网中占有重要的地位。随着西部大开发战略的实施,中部地区的崛起,东、中、西部地区经济的协调发展,以及海峡两岸经济贸易往来的增加,集装箱运输量将快速增加,该通道的建设,将对实现上述地区对台经济联系提供有力的支撑和保障。

"十一五"期间,重点加快国家高速公路厦成线福建段(包括龙岩—长汀段和厦门海沧港区—漳州长泰后山段)高速公路的建设和龙厦铁路建设,加快漳州开发区和漳州古雷疏港铁路支线前期工作。

2010 年前,初步形成一条大能力的集装箱港口集疏运主通道,拓展厦门港与江西及其他中西部地区的联系,融入国家综合交通网。

三、推进综合交通网络建设

我省综合交通网络发展应重点加强跨省综合运输通道建设,特别要加强以港口为龙头的横向通道建设,以满足客货快速运输、拓展市场和经济腹地的需求;

同时，要强化既有设施扩能改造和支线、连接线、农村路网的建设，优化综合交通网络布局，提升功能，提高综合交通运输网络的整体水平，增强对经济社会发展的支撑和引导作用。

"十一五"期间，重点扩充"两纵四横"综合运输通道能力，提高区域运网密度，密切综合交通网络与全国综合运输大通道的联系，通过优化布局，合理配置通道资源，有效联系主要经济中心、城市密集带和资源富集地，提高交通网的通达度。构建由海峡西岸经济区国家级综合交通骨干网、省级综合交通网和县市级综合交通网组成的功能明确、层次清晰的海峡西岸经济区综合交通运输网络。

2010年前，基本建成"两纵四横"综合交通骨干网，形成北与北京、西北与银川、西与成都、中与武汉、西南与昆明、南与香港、东南与高雄、东与台北、东北与上海、海上辐射全球畅通的交通骨干网络。

从综合交通网络的不同功能和层次看，国家级综合交通网由快速铁路和国家高速公路主干线等组成；省级综合交通网由既有铁路（除龙赣铁路福建段外）、铁路支线、地方高速公路、"两纵两横"国道和"八纵九横"省道等组成；县市级综合交通网主要由农村公路，即县道、乡（镇）道和村道组成。此外，铁路和公路也将在发挥综合运输功能和效益的同时，分别形成具有自身特色的网络体系和功能，把握发展方向和建设重点，加快推进综合交通运输网络建设进程。

1. 铁路

按照构筑快速通道，完善区域路网，改造既有线路，配套港口支线的总体思路，大力推进全省铁路网建设，加快建设高标准、大容量的铁路大通道，融入国家铁路网，强化与国家干线铁路的联系，使福建从国家铁路网络的末梢变为重要通道和交通枢纽。

加快建设由温福、福厦和厦深铁路构成，连接长三角、珠三角的沿海快速铁路通道；加快建设连接中西部地区的龙厦快速铁路通道和连接中北部地区的向莆快速铁路通道；加快改造提升横南、鹰厦、外福、漳龙和漳泉肖等既有铁路等级。开展永（安）长（汀）、宁（德）衢（州）铁路等项目前期工作，逐步实现全省主要港区、重要工业基地通铁路，形成连接各大经济区、开拓纵深腹地、加强区域协作的铁路网络。

到2010年，基本建成"两纵三横"快速铁路网的"一纵两横"，全省铁路进出省通道增至6个以上，铁路正线里程达到2500公里以上。

2. 公路

加快推进以厦门、福州、湄洲湾（南、北岸）、宁德等港口为龙头，向内陆省份纵深推进的四条通道建设，拓宽海峡西岸港口群经济腹地；同时，与四条通道建设协调同步，推进以县城连接高速公路、十大品牌旅游区和红色旅游景区干线公路、国省道路面改造以及大型跨海通道等项目为重要网络的普通公路建设，适时加快推进地方积极性较高的其余高速公路和普通公路建设;扎实稳步改善新农村交通基础设施条件。到 2010 年,基本实现全省所有县城和重点旅游景区 1 小时内上高速公路,二级以上公路进出省通道增至 20 个以上(其中高速公路 6 个以上),基本形成高速公路、国道、省道、农村公路、枢纽站场配套完善的公路网络体系。

(1)高速公路。高速公路重点建设龙岩至长汀、浦城至南平、泉州至三明、永安至武平、宁德至武夷山(闽赣界)、永安至宁化、古田至闽候鸿尾高速公路,福州机场高速公路,莆田至秀屿、武夷山至邵武、厦门海沧至漳州、南安金淘至厦门同安云浦高速公路,以及中心城市绕城高速公路等;积极推进福厦漳高速公路复线、松溪至建瓯、莆田至永春、漳平至永定、漳州至永安等高速公路和疏港高速公路的前期工作,适时建设。至 2010 年,新增里程 1250 公里,通车总里程达 2450 公里,基本形成"两纵五横"高速公路骨架网。

(2)普通公路。普通公路加快"两纵两横"国道、"八纵九横"省道的建设改造,逐步完善干线公路布局。新增二级公路 1000 公里,基本实现全省所有县城 1 小时内(除古田、屏南、寿宁、建宁、漳平和华安外)通达高速公路;十大品牌旅游区和红色旅游景区实现快捷舒适通达;国省道路面改造 1700 公里,所有国道以及县城连接高速公路通重要旅游景区等重要网络路面状况明显改善,设施保持完好,实现"畅、洁、绿、美"的道路通行环境。重点建设厦门东部跨海通道、泉州晋江大桥、厦门公铁大桥、平潭海峡大桥、厦漳跨海大桥,以及疏港公路、市县行政中心通往高速公路、机场、沿海港口和重要旅游景区等重要交通枢纽的主要公路,积极推进湄洲岛、泉州湾跨海通道等大型桥隧工程的前期工作。

(3)新农村交通。继续实施"年万里农村路网工程"。规划建设通建制村硬化公路 2 万公里,新增 4800 个建制村通达硬化公路,基本实现所有建制村都有一条硬化路通往干线公路的目标。同时积极开展通自然村公路调研及有关政策的研究,适时做好规划编制工作。

继续建设农村客运站点。规划建设乡镇客运站 835 个、建制村候车亭 14117 个,到 2010 年,全省基本实现"每乡一站、每村(建制村)一亭",村村通客运班车。

继续实施农村撤渡建桥工作。加大建设力度,加快解决沿河群众出行难和出行安全问题。规划建设 170 座桥梁,同时更新改造内河渡口 450 个次和渡船 475 艘次,力争使 90% 以上的内河渡口,95% 以上渡船得到更新改造,超过 25% 的渡口实现撤渡建桥。

继续建设陆岛交通码头。将进一步完善 500 人居民以上的海岛交通及解决 500 人以下海岛居民的生产生活交通条件,建成 60 个陆岛交通码头,基本解决 500 人以上海岛的对外交通问题。

四、推进综合交通枢纽建设

以福州、厦门两个国家级综合交通枢纽建设为重点,同时积极推进泉州、莆田、三明、宁德、漳州、南平和龙岩等区域性综合交通枢纽建设，整合资源，完善管理，努力实现"客运零换乘"和"货运无缝衔接"，从而提高整个综合运输网络的运行效率和总体服务水平。

1. 强化国家级综合交通枢纽建设

"十一五"期间，重点建设福州南客站、厦门西客站综合交通枢纽，努力协调好各种运输方式接入枢纽的形式，留足枢纽规划用地，优化枢纽内铁路、公路、港口等各种基础设施布局，注重区域综合交通与城市干道、城区和城际轨道交通等城市交通系统的紧密衔接，提高枢纽的运行效率；同时，要优化既有铁路福州站、厦门站的服务功能。为开展对台直航、服务内地、建设海峡西岸港口群等发挥积极作用。

2. 突出区域性综合交通枢纽建设

海峡西岸经济区区域性综合交通枢纽，包括泉州、莆田、三明、宁德、漳州、南平和龙岩等7个城市，"十一五"期间，应重点配合中心城市建设，协调运输枢纽设施的布局，并与城市交通系统紧密衔接，加快区域性综合交通枢纽的建设。

专栏六　城市轨道交通系统发展规划

▲福州轨道交通系统：主要考虑组团间联系与东向发展的引导。发展目标是通过在主城范围内构筑与土地利用相协调、规模合理、层次清晰、布局完善的城市轨道体系，为福州城市空间的构筑提供支撑。

1号线（东西线）：南通—南屿—大学城—金山新区—五一广场—远洋；

2号线（城市中轴线）：新店—福飞路—八一七路—林浦新区—南江滨—铁路南站；

3号线（城市发展延伸轴）：新店—铁路北站—晋安河—福峡路—铁路南站—长乐市区—铁路东站—滨海新城—长乐国际机场；

4号线（环线）：铁路北站—体育中心—西二环—西湖—金山新区—仓山文教区—鼓山新区—铁路北站；

5号线（沿海线）：滨海新城—东湖—松下—福清。

▲厦门轨道交通系统：以放射干线为主环形联络线为辅，与岛内线、市郊铁路（远景公交化运输）和城际轨道线共同构成海湾型城市远景轨道线网。

市郊铁路线

1号线：机场—厦门站—海沧—马銮—东孚；

2号线：厦门站—机场—新店—马巷—西柯—大同；

3号线：本岛区域线路；

4号线：角美—马銮—杏林—后溪站；

5号线：后溪站—集美—西柯—马巷—新店；

城际轨道线：马巷—新店—石狮—晋江—泉州。

第四章　环境影响评价

一、环境影响因素分析

1. 社会环境。交通基础设施建设需要征用大量的土地，将会对沿线农业生产和当地居民的生活条件产生一定的影响。

2. 生态环境。工程建设对生态环境的影响主要表现在农田占用、植被破坏和水土流失等。

3. 水环境。施工期对水环境可能产生影响的主要是施工人员的生活污水和施工生产废水，以及土石方开挖、填筑、堆弃和桥梁桩基施工过程散落的泥沙；营运期的水污染主要来自危险品运输可能造成的污染事故。

4. 声环境。施工期噪声影响范围大约在施工路段及料场等施工作业区周围200m左右的距离内，其中大量挖填方地段受影响比较明显。

5. 环境空气。施工期影响环境空气质量的污染物主要是施工场地的扬尘，其次是汽车及机械排出的尾气。

二、环境保护的对策和措施

1. 设计阶段环保措施

（1）生态环境污染防治。要优化选线或选点，并与当地城镇体系规划、环境规划做好衔接；要明确路基、施工场地和取土区占地情况，并制定合理利用和保护耕植土、熟土方案；在设计路基、桥涵、排水沟时，需满足排洪、泄洪的要求；要尽可能减少对植被和自然环境的破坏，还应有具体的绿化设计方案。

（2）水污染防治。尽量减少桥下构筑物对江河及其支流的水质影响；项目部分路段如经过水源保护区，各种排水沟应设沉淀池，尽量避免进入或直接进入该水域。

（3）大气污染防治。在方案选择时考虑避开敏感位置，尽量减少交通建设的环境空气对敏感点的影响。

（4）噪声控制。在设计施工时应尽可能绕过声环境敏感目标；经过集镇路段，应保持路基有足够的宽度，保证机动车道与周围建筑的距离，并要求在绿化设计时采用吸尘减噪的树种；对声环境敏感目标路段，设计时应考虑减噪措施。

（5）基本农田保护措施。铁路、公路、港口和机场设计时应尽量少占用基本农田，如采用避让或收缩公路边坡等措施。

2. 施工期的环保措施

（1）水土流失防治。合理安排工期、工序，避开降雨集中及干热大风天气，对先期完成的路段做好水土流失防护工程，植树种草，恢复植被；对弃土做到随挖、随运，覆土做到随铺、随压；工地（包括取土场）设置雨水沟，填方区外侧宜设挡墙。

（2）水污染防治。要设置沉淀池简易处理施工机械废水；设置化粪池，处理施工生活污水；沿河岸、洪道路段，须设置围堰或围墙和专门的排水沟。

（3）大气污染防治。在施工场地洒水，装车过程对渣土进行洒水；采取遮盖或密闭式运输，限速行驶，严禁抛、撒、漏；在居民区200米半径内不得布设料场、灰土拌合站。

（4）噪声控制。要尽可能选用低噪声的施工机械；要合理安排施工时间，以保障居民正常休息。

（5）固体废物处置。要对施工垃圾进行分类，没有利用价值的将及时清运处置，施工垃圾临时堆放，要选择适当地点，堆放有序；工地生活垃圾由环卫部门及时清运到垃圾中转站处置。

（6）绿化工程。路的两侧建绿化带，沿线种植乔、灌木等成活率高的树木，在陡坡外侧种植树粗大的乔木，并考虑景观美化。在路基边坡以及取弃土场上植树种草，达到水土保持和绿化环境的双重效果。

（7）基本农田保护措施。废方按设计要求堆放，严格采取必要环保措施，如有条件应结合废方造地；保证基本农田的灌溉系统畅通。

3. 营运期的环保措施

（1）大气污染防治。要严格控制尾气排放未达标车辆上路；道路沿线种植乔、灌木。

（2）噪声控制。车辆经过居民密集区，应禁止车辆鸣笛；车速应限制在设计范围内，减少汽车刹车次数；经过密集居民区使用吸声路面材料铺设或建隔声屏障。

（3）危险品的运输安全应急措施。按照国家有关规范，制定危险品运输事故应急计划和应急对策。

第五章　保障措施

有效实施规划，加快各种运输方式全面协调发展，提高政府宏观调控能力，是关系我省建设海峡西岸经济区交通发展的关键问题。为此，各级党委、政府和有关部门、单位应采取有效的措施，加大政府对交通发展的政策扶持，深化交通管理体制改革，解放思想，调动社会各方面的积极性，广开筹融资渠道，进一步改善发展环境，加快综合交通体系建设与发展。

一、加强组织领导，强化责任意识

各级政府、省直各部门要强化规划意识，做好统筹协调，保证规划目标的实现。要通过实施项目带动战略，逐一落实具体项目，推进各项工作的落实。

二、拓宽思路，广开筹融资渠道

1. 加大政府对交通基础设施的投入力度。一是要加大各项交通基础设施的前期经费投入。二是各级政府应健全和完善建设资金补助政策，加大和落实对经济欠发达地区的支持力度，加大对农村交通建设的投资力度。

2. 采取积极的政策和措施，鼓励多元化投资。面向国内外两个市场，大力激活民间资本投资，促进交通基础设施投资的多元化。资金来源除政府安排的财政性资金、交通规费等专项资金外，进一步放宽市场准入，鼓励国内外经济组织和个人依法投资建设、经营公路、港口、物流业和配套基础设施，优先支持关联性强的项目。允许投资者利用公路、港口码头建设综合开发、开展多种经营，鼓励投资者依法以发行股票、公司债券等方式筹集建设资金，鼓励投资者依法自行组织工程建设招标等，保护投资者的合法权益。

3. 建议省级成立由政府委托的特许经营机构，与地方政府、港口行政管理部门（或类似政府性开发机构）合资组建由省级控股的项目储备实体共同开展港口项目储备工作，对重点港湾岸线进行统一开发。在开发港口资源储备经验和条件成熟后，积极偿试"地主型"港口开发模式，统一开发港区及后方一定范围内的土地、岸线、航道等资源。

4. 总结高速公路世界银行、国家开发银行等贷款的成功经验，探讨港口、铁路等其它建设项目利用国内外金融组织贷款的模式。

5. 鼓励采用 BOT 方式建设和经营公路、独立大桥和隧道。对于已建成或准备建设的符合国家规定的收费公路项目，允许将公路收费权转让给国内外经济组织，收费权转让后，由受让方收费经营。经营期满时，受让方将处于良好技术状态的公路无偿移交给有关交通主管部门。

三、依靠科技创新，加大节约型交通建设力度

树立交通行业节约型发展理念，依靠科技进步和科技创新，实现交通基础设施耐久化、资源利用高效化、运输结构合理化，降低增量资源的使用和全寿命成本，提高运输供给能力和资源的使用效率，以节约土地、节约岸线、节约能源、资源综合利用与交通循环经济为重点，加快调整运输结构，完善交通组织管理，推进交通科技进步，创新体制和机制，逐步形成有利于资源节约的交通增长方式和消费模式，为交通全面协调可持续发展提供有力保障。

四、有效利用和保护交通资源，促进交通可持续发展

交通在为社会经济发展提供条件的同时，难免会对生态环境造成一定的负面

影响。要严格按照项目规划，有效利用和控制土地、岸线和通道等资源，统筹交通建设与生态保护的关系，在交通规划、设计、施工、运营等各个环节，都要提高土地、岸线和通道等不可再生资源的使用率，通过科技创新，规划协调，精心设计与施工，实施最严格的环境保护措施等，促进交通向和谐型、可持续方向发展。

五、规范规划组织实施管理，建立良好的监督机制

要认真做好规划的组织实施管理，强化项目管理，配备强有力的项目工作班子，狠抓项目的前期工作，简化审核审批程序，提高工作效率；狠抓工程质量，加强管理，完善交通建设市场秩序，建立市场信誉体系；要制定相应的保障机制，同时适时地对规划进行评估，以便调整进度和方案，确保规划的顺利实施。

032

关于印发《江西省综合交通"十一五"专项规划》的通知

赣发改交运字〔2006〕1326 号

各设区市人民政府，省直有关部门，南昌铁路局：

为全面贯彻落实科学发展观，继续加强交通基础设施建设，优化运输结构，促进国民经济持续、健康、快速发展，根据《江西省国民经济和社会发展第十一个五年规划纲要》的精神，我委会同省交通厅、南昌铁路局、省机场集团等单位编制完成了《江西省综合交通"十一五"专项规划》。该规划是全省国民经济和社会发展"十一五"规划体系中的重点专项规划之一。

经省政府同意，现将《江西省综合交通"十一五"专项规划》印发给你们，请认真组织实施。

附件：江西省综合交通"十一五"专项规划

江西省发展和改革委员会

二〇〇六年十一月十三日

附件：

江西省综合交通"十一五"专项规划

江西省发展和改革委员会

2006 年 11 月 13 日

交通运输业是国民经济和社会发展的重要基础，对保障国民经济持续健康快速发展、改善人民生活和促进国防现代化建设具有重要作用。继续加强交通基础设施建设，优化运输结构，是江西省"十一五"期间国民经济和社会发展的重要任务。根据《江西省国民经济和社会发展第十一个五年规划纲要》精神，特编制《江西省综合交通"十一五"专项规划》。该规划是国民经济和社会发展"十一五"规划体系中的重点专项规划，是"十一五"期间我省综合交通体系建设和发展的指导性文件。

— 336 —

一、综合交通体系发展现状

(一)发展基础

"十五"时期,是全省综合交通体系发展最快的时期,投入最多、成效最显著。在交通设施总量、运输能力供给以及运输质量等方面取得了巨大成就,有力地支撑了国民经济快速平稳发展。

——铁路方面。建成赣龙线、武九线复线;完成京九南线自动闭塞改造;顺利实现第四、第五次提速目标;新建新余二通道;浙赣铁路电化提速扩能改造顺利实施;完成南昌站候车室扩建、乐平站房改造和新余、赣州东、鹰潭南、南昌南、萍乡货场改扩建。京九铁路纵贯南北、浙赣铁路横穿东西,与鹰厦、皖赣、横南、赣龙线等构成了全省的铁路网,铁路营业里程达2292.9公里,并打通了南昌至厦门、南昌至深圳海铁联运通道。

——公路方面。全省新增高速公路1159公里,形成了"天"字型高速公路网架,实现出省主要通道和省会南昌到其他10个设区市全部高速化;共完成国省道公路改造5316公里,全省6条国道中,除316国道尚有120多公里未改造成二级公路外,其余路段均以二级公路以上标准改造到位;农村公路建设取得重大突破,改造硬化农村公路3.8万公里,基本实现县城到各乡镇通油(水泥)路。到2005年底,全省公路通车总里程62322公里(不含农村公路),其中,高速公路1580公里,一级公路565公里,二级公路8555公里,三级公路6193公里,四级公路26652公里,等外公路18777公里。

——水运方面。建设完成赣江樟树至南昌段Ⅴ级航道93公里、南昌至湖口段Ⅲ级航道156公里、吉安至樟树段Ⅴ级航道151公里整治及南昌港集装箱码头等一批水运重点工程,77个内河港站项目竣工投产。全省航道通航总里程达5716公里,比2000年增加179公里。"十五"时期全省航运建设为支持和配合旅游产业的发展,重点建设了国家级、省级风景名胜区的旅游码头,新余仙女湖、武宁湖、上犹陡水湖、会昌汉仙岩等重点风景区的旅游码头相继建成投产,共建成旅游客运泊位22个和客运站点8个。

——民航方面。全省现有南昌昌北国际机场(4D级)、赣州黄金机场(4C级)、景德镇罗家机场(4C级)、九江庐山机场(4C级)和吉安井冈山机场(3C级)等5个机场,开辟航线47条。2005年全省民航运输完成旅客吞吐量218.5万人次、完成货邮吞吐量1.75万吨。

——道路运输业发展迅速。"十五"期间,全省公路运输站场建设完成三级以上汽车客运站40个,主枢纽客运站2个,二级以上货运站3个,区乡级客运站110个。全省道路运输站场建设完成投资额以年均35%的速度增长。项目的建设速度和施工质量较"九五"有大幅度的提高。全省拥有汽车客运站354个,客运班线 5192 条，汽车货运站 8 个。

——坚持改革，开创交通发展新局面。按照完善社会主义市场经济体制的总体要求，坚持改革开放，以改革打破行业垄断，以开放促进行业发展。在试点的基础上，对全省公路管理体制实行了改革，按照统筹兼顾、分级管理、有效调控、增强活力的原则，对设区市公路分局人、财、物整体下放，公路建设、养护、管理责权下放，公路建设既有债务下放；交通稽征体制维持不变，高速公路建设管理体制维持不变；公路规费按确定的比例分成，用于公路建设、管理、养护及还贷。逐步建立了一个既充分调动和发挥市、县参与公路建设的积极性，又继续有效发挥省级宏观调控能力，有利于公路事业发展的责、权、利相统一的新型公路管理体制。在此基础上，继续加快交通运输市场化步伐，促进国有运输企业建立现代企业制度，为交通运输业引入竞争、适应需求、改善服务、促进发展开创了新局面。

（二）发展环境

随着经济全球化的日益增强，中国经济进一步同全球经济融为一体。一方面交通基础设施建设吸引投资的渠道将更多，另一方面，随之必然带来交通需求迅速增长，形成大市场大流通的格局。这种趋势将会对全国乃至我省的经济和交通的发展带来重大影响。从江西的地理位置看，江西是沿海的内地，内地的前沿，是长江三角洲、珠江三角洲和闽东南三角区的共同腹地，是三地之间最重要的公共走廊，区位优势将随着交通基础设施的发展而日益凸显。按照"十一五"期间国家综合交通体系发展目标及对中部地区综合交通体系建设重点的要求，江西要尽快建立适应大开放、快速便捷的交通网络。江西交通发展将面临着需求大、标准高、与邻省同步建设的形势。"十一五"时期是江西经济加速跨越式发展，全面建设小康社会，承前启后的关键时期。经济和社会的发展，需要交通运输提供强有力的基础支撑，全省综合交通运输体系面临着全新、更高的要求和更广阔的发展空间。

与此同时，我省综合交通体系与全国及周边省市相比，仍存在差距，还不能完全适应我省经济社会发展的需要。一是我省交通基础设施仍较落后。铁路运输能力还需提高；公路网络结构仍不完善；内河航道通航能力低，港站配套不足；机场布局还没完成，机场建设急需加快；管道运输在我省基本是空白。二是各种运输方式衔接还不顺畅，组合效率和整体优势没有充分发挥。三是土地资源和环境约束加大，在加快发展过程中，人口、资源、环境的矛盾进一步加大，征地拆迁和移民安置工作困难重重。四是交通运输业的体制改革相对滞后，运输市场还不规范。不同运输方式条块分割，政企不分的状况依然存在。各种运输方式间的协调发展受到地方保护主义和行业垄断制约，难以适应社会主义市场经济发展的要求，全省综合交通运输的发展任重而道远。

二、综合交通体系发展的指导思想、原则和目标

（一）指导思想

"十一五"时期全省综合交通体系发展的指导思想是：坚持以邓小平理论和"三个代表"重要思想为指导，全面贯彻落实科学发展观，紧紧围绕省委、省政府提出的尽快建立适应大开放的快速便捷的交通网络的要求，适度超前发展，继续加快交通基础设施建设，构建"便捷、通畅、高效、安全"的综合交通运输体系；以科技创新促进交通基础设施建设与资源和环境相协调；充分利用现代技术改造提升传统运输业，促进各种运输方式、各种运输方式之间及交通运输中的各个要素全面、协调和可持续发展；以建设和谐社会为基本立足点，进一步改善区域交通和农村交通条件，加强运输通道和枢纽建设，全面提升运输供给能力和服务水平。

（二）基本原则

——坚持适度超前发展的原则。以需求为导向，充分调动各方面的积极性，继续加快交通基础设施建设，力争实现交通发展总体趋势由基本适应向适度超前转变，以增强对未来经济社会发展的支持能力。

——坚持综合协调发展的原则。使各种运输方式既有竞争又能协调，避免各自为政、衔接不畅、系统低效的现象。逐步实现各种运输方式衔接顺畅，客货运输换乘方便，提高运输效率。

——坚持集约利用土地资源，节约能源，保护环境的原则。交通基础设施建设要合理布局、多方案比选，有效利用土地资源；强调可持续发展，在交通规划、建设中采取有效措施保护生态和环境；选用交通设施应遵循节约能源的原则。

——坚持现代化发展的原则。交通运输发展要突出科技的先导作用，重视智能运输、现代物流、交通环保等技术的开发研究，积极采用先进的运输方式，改进交通运输装备，提高交通运输现代化水平。

（三）发展目标

经过五年努力，到 2010 年，全省交通运输体系建设将实现从道路建设向路网建设、运输通道建设转变，从道路通达向运输通畅转变，实现高速公路与国省道、农村公路协调发展，公路、水路与铁路、民航协调发展。加强路网衔接，畅通联运通道，改善枢纽功能，初步构建网络畅通、便捷高效的综合交通体系。

——增强铁路运输能力。加快快速通道建设，加快路网配套建设，加快既有线改造，加快主要枢纽建设，升级改造运输场站和铁路枢纽，大幅度提高铁路运输能力和服务质量，以适应经济快速发展的需要。

——进一步完善全省公路网络。建设以"三纵四横"为主骨架的高速公路网，建成高速公路 1650 公里；加快国省道改造，提高路网通达深度及等级；加

快农村公路改造建设。到 2010 年，全省高速公路通车里程达 3200 多公里、一级公路达 1175 公里、二级公路达 10600 公里，省际出口路、设区市至各县（市）、县（市）至高速公路主通道达二级以上标准，县（市）至乡镇通三级以上公路，乡镇至行政村基本通油（砼）路。

——建设以公路运输枢纽站为网络主节点的安全、高质、快速的公路客货运输服务体系。完善以市、县、乡、村四级客货运站场为节点，与现代物流和快速客运发展相适应，与其他运输方式相衔接的现代公路客货运输站场服务网络。全省县（市）建成二级客运站和货运站，70％以上的乡镇建有等级汽车客运站，60％以上的行政村建有招呼站或候车亭。

——大力发展水运。形成以水运主通道为骨架，以区域性重要航道为依托，以一般航道为基础的通江达海的全省内河航道体系；完善港口布局，形成以枢纽港为中心，以区域性重要港口为依托，其他一般港口为基础的层次分明、功能完善、布局合理的全省港口体系。与长江沿线六省二市合力建设长江黄金水道，集中力量建设长江干线（江西段）、赣江、信江组成的"两纵一横"高等级航道 1052 公里，区域性重要航道 521 公里及一般航道 231 公里。

——完善机场布局，加快机场建设。基本形成布局合理、覆盖全省各区域的干、支线民航机场体系。

——合理有序发展管道运输。

三、布局规划与发展重点

（一）布局规划

"十一五"期间全省综合交通体系建设将立足现有基础，合理分工，突出重点，点面结合，充分发挥交通设施的能力和效益，全面提升综合运输的总体水平。

在国家综合运输大通道布局方案的基础上，结合我省实际，考虑综合运输通道应覆盖经济总量、人口密度等相对集中区域，提出我省"十一五"综合交通运输六大通道及其组成。同时，根据 11 个设区市所处区位、功能和作用，衔接交通运输线路的数量，吸引和辐射服务范围大小以及承担的客货运量和增长潜力，分为全国性、区域性和地区性三个层次的综合交通枢纽。

——南北运输通道：北起九江赣鄂界，经九江、南昌、吉安、赣州，南至赣州龙南、定南赣粤界。该通道包含京九铁路江西段、规划建设的九江至南昌城际铁路；福银高速公路九江至南昌段、南昌绕城高速公路、沪昆高速公路厚田至樟树段、樟吉高速公路、大广高速公路吉安至赣粤省界段、105 国道江西段；长江航道九江段，鄱阳湖、修河、赣江内河航道；九江机场、南昌昌北国际机场、井冈山机场、赣州机场；规划建设的九江至南昌至樟树（二期工程至吉安）成品油运输管道。

——东西运输通道：东起浙赣界，经上饶、鹰潭、南昌、新余、宜春、萍乡，西至湘赣界，是上海至瑞丽国家运输大通道江西省境内段。该通道包含浙赣铁路江西段、规划建设的杭长客运专线江西段；沪昆高速公路江西段、320国道江西段；信江、赣江、袁河航道；南昌昌北国际机场和规划建设的赣东机场、宜春机场。

——鄂赣闽运输通道：北起九江赣鄂界，经九江、南昌、抚州，东至抚州闽赣界，是满洲里至港澳国家运输大通道江西省境内段。该通道包含武九铁路江西段、京九铁路九江至南昌段和规划建设的九江至南昌城际铁路、向莆铁路江西段；杭瑞高速公路九江至瑞昌界首段、福银高速公路江西段；长江、鄱阳湖、赣江、抚河航道；南昌昌北国际机场、九江机场。

——环鄱阳湖运输通道：经南昌、九江、景德镇、鹰潭至南昌。该通道包含京九铁路九江至南昌段、浙赣铁路鹰潭至南昌段、皖赣铁路景德镇至鹰潭段、规划建设的南昌至九江城际铁路和九景衢铁路九江至景德镇段；福银高速公路九江至南昌段、沪昆高速公路鹰潭至南昌段、杭瑞高速公路景德镇至九江段、建设中的济广高速公路景德镇至鹰潭段、105国道九江至南昌段、320国道鹰潭至南昌段、206国道景德镇至鹰潭段；长江江西段、鄱阳湖、赣江、信江、抚河、修河、饶河航道；南昌昌北国际机场、九江机场和景德镇机场。

——闽赣粤运输通道：东起闽赣界的隘岭（瑞金），经瑞金、于都、赣县、赣州市、南康、大余，西至赣粤界的梅关（大余）。该通道包含赣龙铁路江西段、规划建设的赣韶铁路江西段；大广高速公路赣州至南康段、规划建设的厦成高速公路闽赣界（隘岭）至赣州段、建设中的南康至大余（梅关）高速公路、323国道江西段；赣州机场。

——鄂赣皖浙运输通道：西起九江瑞昌赣鄂界，经九江、景德镇，东至上饶婺源皖赣界、浙赣界。该通道包含武九铁路江西段、建设中的铜九铁路江西段、规划建设的九景衢铁路江西段；规划建设的杭瑞高速公路九江至瑞昌段、杭瑞高速公路九江至景德镇段、建设中的杭瑞高速公路景德镇至婺源（塔岭头）段和婺源至白沙关高速公路；长江江西段；九江机场、景德镇机场。

——全国性综合交通枢纽。位于国家综合运输大通道的重要交汇点，依托省、市、自治区经济、文化和政治中心，以及在我国经济和国际贸易中地位突出的沿海及内河主要港口、大型机场和国家战略物资运输中集散、中转功能突出，有广大的吸引和辐射范围，对综合交通网络的合理布局、顺畅衔接和高效运行具有全局性的作用和影响。省会南昌是全国性综合交通枢纽。

——区域性综合交通枢纽。其地位仅次于全国性综合交通枢纽，处于全省两个或以上综合运输通道交汇点上，涵盖了多种运输方式，既是各地区的经济、文化和政治中心又是全省区域经济中心,是全省综合交通运输网络中的重要节点。九江、赣州、鹰潭、景德镇是区域性综合交通枢纽。

——地区性综合交通枢纽。其地位次于区域性综合交通枢纽,是综合运输通道的节点,是地区的经济、文化和政治中心。上饶、新余、宜春、萍乡、吉安、抚州是地区性综合交通枢纽。

(二)发展重点

重点建设以综合运输通道和综合交通枢纽为主要内容的快速便捷的立体交通网络。按照客运快速化、货运物流化的要求,加快各种交通运输方式协调发展,增强综合运输能力。

1. 综合运输通道建设

• 南北运输通道

建成南昌至九江城际铁路、南昌铁路西环线;

实施京九铁路江西段电气化提速改造;

建设九江长江二桥及连接线;

建成南昌绕城高速公路(乐化至生米);

开工建设九江绕城、赣州绕城、吉安绕城高速公路;

105 国道分段改造 419 公里为一级公路;

完成赣江南昌至湖口Ⅱ级航道、樟树至南昌Ⅲ级航道、吉安至樟树Ⅴ级航道、赣江东河南昌经三江口至瓢山Ⅳ级航道整治;

完成江西省水上搜救中心和鄱阳湖分中心建设;

开工建设赣江石虎塘航电枢纽;

重点建设九江港、南昌港;

建设长江沿线瑞昌港、湖口港和彭泽港,赣江沿线吉安、新干、樟树、赣州港;

完成南昌昌北国际机场扩建(4E级)、赣州黄金机场迁建、井冈山机场扩建工程;

完成九江至南昌至樟树成品油运输管道和九江、南昌、樟树等 3 个站场以及配套油库、调度中心建设。

• 东西运输通道

完成浙赣铁路江西段电气化提速改造;

320 国道分段改造 413 公里为一级公路;

启动袁河渠化建设工程前期工作;

加紧建设赣东机场、宜春机场两个支线机场。

• 鄂赣闽运输通道

建成向塘至莆田铁路(江西段);

建成九江至瑞昌（界首）高速公路。
- 环鄱阳湖运输通道
  完成皖赣铁路江西段复线改造；
  建设九（江）景（德镇）衢（州）铁路江西段；
  建成景德镇至鹰潭高速公路；
  建成景德镇绕城高速公路；
  完成信江双港枢纽工程；
  完成信江双港至褚溪河口Ⅲ级航道整治；
  完成景德镇机场改扩建。
- 闽赣粤运输通道
  建成赣州至韶关铁路（江西段）；
  建成（瑞金）隘岭至瑞金、瑞金至赣州高速公路；
  建成南康至大余（梅关）高速公路。
- 鄂赣浙皖运输通道
  建成铜陵至九江铁路（江西段）；
  建成景德镇至婺源至黄山（常山）高速公路；
  建设瑞昌港、彭泽港。

2. 综合交通枢纽建设

"十一五"期间，各层级综合交通枢纽建设工作的重点是充分进行调研，做好发展规划。要综合考虑各种运输方式在枢纽节点内的有效衔接，与城市及城际公共交通的协调衔接。铁路、公路、水运、民航客货运站场的发展应纳入城市发展规划。

加快南昌、九江、鹰潭铁路枢纽建设；

完成南昌、九江、赣州、鹰潭、景德镇市城区各2个公路客运站、2个公路货运站建设；

建设南昌、新余。抚州、宜春、鹰潭、吉安市物流园区；

南昌市开展城区过江隧道交通前期工作。

3. 其他交通项目的建设
- 铁路
  建成井冈山铁路；
  实施鹰（潭）厦（门）铁路江西段扩能改造；
  实施横（峰）南（平）铁路江西段扩能改造。
- 高速公路
  "十一五"期间建成：
  武宁至吉安高速公路；

鹰潭至瑞金高速公路；

石城至泰和高速公路；

吉安至临川高速公路；

萍乡至上栗（洪口界）高速公路。

"十一五"期间开工建设：

吉安至莲花高速公路；

瑞金至寻乌高速公路；

赣州至崇义高速公路。

- 国省道

完成 316 国道武宁、资溪段公路改造；

完成 4 条省道省际出口路（S345 全南至吊兰寨接广东始兴、S207 黎川至叶竹隘接福建泰宁、S332 南丰至杉关接福建光泽、S336 广昌至船顶隘接福建建宁）公路改造；

完成奉新至带溪至江头、乐平至鄱阳公路改造；

完成宜春至排上、资溪至茶亭、源南至源头、长平至白竺公路改造；

建设永修艾城至柘林湖至武宁澧溪公路。

- 农村公路

新建、改造农村公路 6.5 万公里，其中农村公路改造硬化 5 万公里，新建砂石路 1.5 万公里。2010 年基本实现全省所有行政村通公路，96％行政村通油路水泥路。

- 农村客运站场建设

"十一五"期间，全省 70％以上乡镇完成 1 个客运站场的建设，每年安排建设一批农村客运招呼站；至 2015 年，基本解决农村乘客候车、乘车问题。

四、规划实施的保障措施

（一）深化体制改革，推进交通运输市场化进程

进一步深化改革，精简机构和人员，降低管理成本，增加建设投资；加强政府的宏观调控，着重做好行业管理，研究制定交通发展战略和规划，负责安全生产的监督和管理，制定市场准入标准，规范市场运作规则，对市场实施监督，发布各类交通信息。对国有交通运输企业进行规范的公司制改革，建立企业法人治理机制，通过联合经营、兼并、合资、上市、股份合作、托管、租赁等形式，进行产权制度改革，逐步实现股权多元化。进一步引进市场竞争机制，鼓励不同经济成分、不同行业进入交通运输市场。

（二）继续加强项目的前期工作，进一步提高项目决策的科学化、民主化水平

加强项目的前期工作，提高项目决策的科学化、民主化水平，节约投资、优化设计、提高效率。加强项目前期工作，是我省在"十五"期间交通建设中的成功经验，也是"十一五"期间综合交通规划实施的重要保障措施。

（三）多方筹措资金，拓展交通基础设施建设融资渠道

"十一五"期间全省交通建设投资规模大。为确保"十一五"交通规划得以顺利实施，一是大力争取国家投资和国内外金融组织贷款，进一步发挥各级政府、各类经济实体和广大群众办交通的积极性，继续实行各级政府安排配套资金的政策；二是加大招商引资力度，坚持以市场化手段引进国内外资金，推进投资主体多元化，逐步建立起"国家投资、地方筹资、社会融资、利用外资"和"贷款修路、收费还贷、滚动发展"的多渠道投融资机制；三是盘活存量资产，变存量为增量，通过经营权转让等方式，筹集更多的建设资金；四是继续抓好交通规费和通行费的征收，提高融资能力。

（四）提高土地利用率，缓解土地供需矛盾，确保重大项目用地需求

"十一五"全省交通建设项目规模大，土地供需矛盾突出。必须进一步调整优化供地结构，集约利用土地，严格土地供给审查审批，提高单位土地的使用效率。在积极盘活存量土地、闲置土地依法收回调剂使用的基础上，对全省重大交通建设项目用地优先供给。

（五）集中力量，保证重点

交通基础设施建设涉及面广，项目多，必须加强宏观调控，统一思想认识，协调好各方面的关系，集中力量支持铁路干线、高速公路、枢纽港口、高等级航道及航运枢纽、机场等重大交通项目建设。

（六）加快科技创新，促进交通可持续发展

科技创新是交通运输实现可持续发展的源泉。加快科技创新要求深化交通科技体制改革，整合交通科研资源，加强科技人才培养，鼓励产学研相结合，形成以企业为主体、中介为纽带、科研院校为支撑的创新体系，提高自主研发能力，促进我省综合交通体系可持续发展。

附：

江西省综合交通"十一五"专项规划重大建设项目表

项目名称	建设规模	匡算投资（亿元）	建设年限	备注
一、铁路				
昌九城际铁路	正线长96公里	58.77	2006—2009	南北通道、环鄱阳湖通道项目

项目名称	建设规模	匡算投资（亿元）	建设年限	备注
向莆铁路	246.5公里	156	2006—2010	鄂赣闽通道项目
铜九铁路	90公里	20.22	2005—2008	鄂赣皖浙通道项目
井冈山铁路	84公里	9.9	2005—2006	
南昌铁路西环线	57公里	15.39	2006—2008	南北通道项目
韶赣铁路	61公里	15.4	2007—2010	闽赣粤通道项目
九景衢铁路	225公里			环鄱阳湖通道、鄂赣皖浙通道项目
浙赣电化提速改造	570公里	91.37	2004—2006	东西通道、环鄱阳湖通道项目
京九电化提速改造	720公里	43.8	2006—2010	南北、环鄱阳湖、鄂赣闽通道项目
皖赣复线提速改造	255公里		2006—2010	环鄱阳湖通道项目
鹰厦扩能改造	72公里		2006—2010	
横南扩能改造	95公里		2006—2010	
二、公路				
1. 高速公路				
景婺黄（常）	151公里	66.7	2004—2006	环鄱阳湖、鄂赣皖浙通道项目
南昌绕城乐化至生米	41公里	15	2005—2007	南北通道项目
（瑞金）隘岭至瑞金	31公里	10.3	2006—2008	闽赣粤通道项目
景德镇绕城湘湖至丽阳	31公里	12.1	2005—2007	环鄱阳湖、鄂赣皖浙通道项目
景德镇至鹰潭	203公里	69	2005—2007	环鄱阳湖通道项目
武宁至吉安	282公里	116	2005—2007	
南康至大余（梅关）	55公里	16.5	2005—2007	闽赣粤通道项目
萍乡至上栗（洪口界）	30公里	9	2006—2008	
瑞金至赣州	115公里	56.6	2006—2008	闽赣粤通道项目
九江至瑞昌（界首）	49公里	19	2006—2008	鄂赣闽、鄂赣皖浙通道项目

续　表

项目名称	建设规模	匡算投资（亿元）	建设年限	备注
九江长江二桥及连接线	13 公里	11.6	2006—2010	南北通道项目
鹰潭至瑞金	305 公里	116	2007—2010	
石城（五里亭）至泰和	197 公里	77.8	2008—2010	
临川（东馆）至吉安	179 公里	54	2008—2010	
吉安至莲花（界化垄）	111 公里	35.2	2009—2012	
瑞金至寻乌（牛埃石）	144 公里	43.3	2010—2014	
赣州至崇义（文英）	87 公里	56.5	2010—2013	
九江绕城公路	35 公里	10.5	2010—2013	南北通道、环鄱阳湖通道、鄂赣闽通道、鄂赣皖浙通道项目
赣州绕城公路	47 公里	15	2010—2012	南北通道、闽赣粤通道项目
吉安绕城公路	33 公里	9.9	2010—2012	南北通道项目
2. 国省道				
105 国道改造	419 公里	46	2006—2010	南北通道项目
320 国道改造	499 公里	55	2006—2010	东西通道项目
316 国道武宁、资溪段公路改造	120 公里	5	2006—2010	
S345、S207、S332、S336 省道公路改造	211 公里	9	2006—2010	
奉新至带溪至江头、乐平至鄱阳公路改造	113 公里	4.19	2006—2010	
宜春至排上、资溪至茶亭、源南至源头、长平至白竺公路改造	278 公里	5.32	2006—2010	
3. 农村公路				
农村公路新建、改造	65000 公里	155	2006—2010	
三、水运				
信江双港枢纽	105 公里	3.1	2008—2010	环鄱阳湖通道项目

项目名称	建设规模	匡算投资 （亿元）	建设年限	备注
信江双港至褚溪河口 Ⅲ级航道整治	88 公里	0.6	2008—2010	环鄱阳湖通道项目
赣江吉安至樟树 Ⅴ级航道整治	151 公里	1.98	2003—2006	南北通道项目
赣江樟树至南昌 Ⅲ级航道整治	94 公里	1.3	2005—2007	南北通道项目
赣江南昌至湖口 Ⅱ级航道整治	156 公里	1.7	2008—2010	南北通道项目
赣江东河南昌经三江口 至瓢山Ⅳ级航道整治	87 公里	1.4	2007—2009	南北通道、环鄱阳湖通 道项目
江西省水上搜救中心和 鄱阳湖分中心		0.858	2006—2009	
九江港	10 万 TEU/ 130 万吨/年	4.25	2006—2010	南北通道、环鄱阳湖通 道、鄂赣闽通道、鄂赣 皖浙通道项目
南昌港	10 万 TEU/ 190 万吨/年	3.95	2006—2010	南北通道、环鄱阳湖通 道、东西通道、鄂赣闽 通道项目
瑞昌、彭泽港	200 万吨/年	1.0	2007—2010	鄂赣皖浙通道项目
赣江港口群	240 万吨/ 2.5 万 TEU/年	2.31	2006—2009	南北通道项目
赣江石虎塘航电枢纽	38 公里	20	2008—2012	南北通道项目
四、航空				
南昌昌北机场扩建	4E	9.5	2006—2008	南北通道、环鄱阳湖通 道、东西通道、鄂赣闽 通道项目
赣州黄金机场迁建	4C	4.2	2005—2007	南北通道、闽赣粤通道 项目
井冈山机场扩建	4C	0.5	2005—2007	南北通道项目

项目名称	建设规模	匡算投资（亿元）	建设年限	备注
赣东机场	4C	4		东西通道、环鄱阳湖通道项目
宜春机场	4C	4		东西通道项目
五、管道				
建设九江—南昌—樟树成品油管道及配套工程	240公里，3个站场及配套油库	6	2006—2007	南北通道项目

033

河南省人民政府关于印发河南省综合交通发展
"十一五"规划的通知

豫政〔2006〕73 号

各市、县人民政府，省人民政府各部门：

现将《河南省综合交通发展"十一五"规划》印发给你们，请遵照执行。

建设综合交通运输体系是实施中原崛起战略的重要内容，是发挥交通运输组合效率和整体优势的必然要求。各级、各有关部门要充分认识建设具有高度可靠性和应变能力的综合运输网络，充分发挥连南贯北、承东启西的运输纽带作用，是我省构建交通区位新优势、提高区域竞争力的关键支撑。要把建设综合交通运输体系作为"十一五"期间我省交通发展的重中之重来抓，切实加强领导，搞好配合，确保规划的顺利实施。要结合本地、本部门实际，认真研究制订具体实施方案，明确目标，统筹规划，突出重点，合理布局，使线路、站场、信息传输等设施在物理和逻辑上有效衔接，保证各种交通方式统筹协调发展、相互之间能力配套、集疏运通畅，进一步提高郑州在全国交通运输的中心枢纽地位，加快全省综合交通发展。

河南省人民政府

二〇〇六年十月十三日

河南省综合交通发展"十一五"规划

河南省人民政府

2006 年 10 月 13 日

2006—2010 年是我省全面建设小康社会、奋力实现中原崛起的重要时期，需要一个与之相适应的安全、高效、可持续发展的综合交通运输系统。因此，在全面总结"十五"综合交通运输发展成就的基础上，根据《河南省国民经济和社会发展第十一个五年规划纲要》，特制定《河南省综合交通发展"十一五"规划》。

一、综合交通发展现状

（一）"十五"期间发展成就

"十五"期间，在省委、省政府的正确领导下，我省认真贯彻落实国家的各项方针和政策，坚持把交通放在优先发展的战略地位；以改革促发展，坚定不移地推进交通领域的各项改革；突出重点，着力加强交通发展的薄弱环节；以前所未有的投资力度和建设速度，实现了跨越式发展。交通基础设施总量迅速扩大，网络布局进一步优化，运输能力和运输效率不断提高，综合交通得到全面发展，为全省经济社会的持续、快速、健康发展提供了有力支撑。

1. 公路建设实现新跨越。"十五"期间，全省公路建设累计完成投资 1297 亿元，是"九五"时期的 3.78 倍，年均增长 30.7%。截至 2005 年底，全省公路通车总里程达到 79506 公里，五年新增 12682 公里；一、二级公路达到 21790 公里，五年新增 9566 公里；二级以上公路比重达到 30.8%；公路网密度达到 47.6 公里燉百平方公里，比"九五"末每百平方公里增加了 7.6 公里。

高速公路建设实现历史性突破。截至 2005 年底，全省高速公路通车里程达到 2678 公里，是"九五"末的 5.28 倍，跃居全国第四位；五年新增高速公路 2171 公里，全面实现了"十五"末高速公路通车里程达到 2500 公里以上的目标。省会郑州市至全省 17 个省辖市及 64% 的县（市）通达高速公路，共建成出省通道 7 条、省界出口 10 个，已初步形成了以郑州为中心，纵贯南北、连接东西、辐射八方的高速公路网络。

干线公路等级得到全面提升。"十五"期间，全省累计完成干线公路投资 355 亿元，为"九五"时期的 3.38 倍；累计新改建干线公路 7599 公里，为"九五"时期的 1.77 倍。有 6400 公里的重要县道升级为省道，全省一般干线公路总里程达到 18231 公里，其中二级以上公路达到 14485 公里，占总里程的 79.5%，比"九五"末提高了 21.4 个百分点，初步实现了由数量增长型向质量提高型的转变。

农村公路建设得到全面加强。以县乡道路改造和村村通油路（水泥路）建设为重点，五年累计完成投资 208.7 亿元，是"九五"时期的 2.5 倍；实施了 6000 多公里县道升二级改造工程和 8000 多公里国债县乡公路改造工程，新改建农村公路 6.5 万多公里。到"十五"末，全省农村公路总里程达到 12.6 万公里，其中县乡公路 5.7 万公里、村道 6.9 万公里。全省所有乡镇全部通油路或水泥路并达到等级公路标准，63.5% 的行政村已通达油路或水泥路。

运输场站服务功能进一步完善。"十五"期间，全省新、改建客运场站 66 个（其中市级站 22 个、县级站 44 个）、货运场站 28 个（其中市级站 10 个、县级站 18 个），新建乡镇客运站 407 个，初步改变了我省道路运输设施落后的现状。

2. 铁路运输能力明显提高。"十五"期间，以扩能提速改造为重点，完成了陇海铁路郑州至徐州段、新乡至月山铁路电气化改造和漯阜、汤台地方铁路改建工程，宁西铁路建成通车，郑州至西安铁路客运专线开工建设，电气化铁路和复线铁路的比重不断增加，运输能力显著提高。截至 2005 年底，全省铁路正线营运里程达到 3761 公里,其中国家铁路 2549 公里(电气化铁路 1403 公里),五年新增铁路 506 公里;地方铁路 1212 公里(准轨 442 公里)。

3. 航空运输稳步发展。郑州新郑国际机场建成投用后不断开辟国内和国际航线,旅客吞吐量和货邮吞吐量逐年上升。2005 年,旅客吞吐量达到 296.93 万人次, "十五"期间年均增长 13%;货邮吞吐量达到 4.47 万吨,年均增长 16.7%。目前郑州新郑国际机场通航城市 46 个,有 8 家航空公司开辟航线 43 条,每周航班 640 架次。洛阳、南阳机场也不断开辟新航线、拓展新业务,运输形势逐年好转。

4. 内河航运和管道运输取得长足发展。实施了沙颖河周口至省界复航工程、黄河小浪底库区航运开发建设一期工程和淮河至润河集段航道治理一期工程。沙颖河周口至省界段复航工程已全部完成,实现了从周口直达华东地区的水上通航,成为我省第一条通江达海的水上通道。截至 2005 年年底,全省内河航道通航里程达到 1439 公里,其中四级航道 132 公里、五级航道 452 公里、六级航道 855 公里。

西气东输工程全部完成,长输油、气管道网进一步完善与增强。2005 年年底,全省油气长输管道达到 2368 公里,其中输气管道 1998 公里,输油管道 370 公里。

5. 运输生产稳步增长。2005 年,全社会货运量完成 78826 万吨,年均增长 5.4%。其中,铁路 14806 万吨,年均增长 7.8%;公路 62684 万吨,年均增长 4.6%。全社会货物周转量完成 2282.6 亿吨公里,年均增长 9.1%。其中,铁路 1759.8 亿吨公里,年均增长 9.8%;公路 467 亿吨公里,年均增长 5.1%。全社会客运量完成 98001 万人,年均增长 3.2%。其中,铁路 5842 万人,年均增长 4.3%;公路 91920 万人,年均增长 3.1%。旅客周转量完成 1001 亿人公里,年均增长 6.2%。其中,铁路 535.4 亿人公里,年均增长 7.2%;公路 437.8 亿人公里,年均增长 4.4%。

6. 信息化应用水平不断提高。"十五"期间,我省大力开展交通信息化建设,开发应用了高速公路联网收费系统及综合管理信息系统,全省已通车高速公路全部实现联网收费,成为全国最大的"一网相连"和"一卡通"的高速公路收费网络。同时,在全省推广应用了交通规费征稽管理、交通工程建设管理、公路智能养护管理等交通管理信息系统。

7. 交通领域的各项改革取得实质性进展。"十五"期间,我省坚持以改革促发展,积极推进交通建管体制改革和投融资体制改革,高速公路实现了以政府投资为主转向以社会融资建设为主的战略性转移,基本形成了建设市场化、投资多元化的良好局面;积极推进干线公路养护体制、道路运输场站管理体制、交通规费征收管理体制三项改革,在打破行业垄断、实行事企分离、管养分离、站运分离、推行养护和场站建设市场化、理顺征稽体制、强化征稽手段等方面取得积极进展；配合国家进行了民航体制改革，在经营管理企业化、建设投资市场化等方面取得积极进展；铁道部与我省合作建设铁路客运专线等铁路建设项目，开创了部省合作的新局面。

（二）存在的主要问题

1. 基础设施总量仍显不足，综合运输网络尚待完善。我省境内的京港澳、连霍国道主干线及部分国道、省道交通量快速增长，拥堵现象日趋严重；国家铁路运力紧张的局面仍未得到根本改变，地方铁路运输通道尚未形成；全省现有的3个民航机场设施条件需进一步改善。

2. 交通基础设施网络结构不尽合理，各种运输方式缺乏有效衔接。公路干支结构不尽合理，一级公路发展缓慢，一般干线公路技术标准偏低；交通枢纽、城市交通与交通干线之间的衔接不够顺畅；各种运输方式之间尚未形成有效的协调配合，运输设施缺乏统筹规划，交通资源未得到充分利用。

3. 交通领域的各项改革仍需进一步深化和完善。交通需求旺盛与交通建设资金不足的矛盾仍然比较突出，交通建设的债务风险逐渐凸显，交通投融资体制改革需进一步深化；干线公路建管体制改革和农村公路养护体制改革办法急需出台。

4. 交通科技发展水平较低，交通设施能力得不到充分发挥。科技进步在提升交通基础设施建设和运输生产整体水平方面的作用仍需进一步增强，交通信息化水平和交通技术装备水平有待进一步提高。

5. 农村公路仍然比较落后。农村公路还不能满足广大农民群众生产生活的需要，其建设、管理和养护主体不明确，管理与养护滞后问题较为突出。

二、"十一五"期间综合交通发展面临的基本形势和发展趋势

（一）"十一五"期间综合交通发展面临的基本形势

1. 经济社会发展和区位优势对综合交通发展的要求。为实现我省"十一五"规划纲要提出的全省生产总值年均增长10%左右、人均生产总值要提前实现翻一番的宏伟目标，综合交通必须有一个与之相适应的大发展。我省具有得天独厚的区位优势，在我国经济从东到西梯次推进中，既要承接东部沿海地区产业和资本的梯度转移，又要为西部原材料、产品以及资源、劳动力等向东部乃至海外输出发挥通道作用。只有加快综合交通的发展，才能将区位优势转变为经济优势。

2. 优化资源配置和提高运输效率对综合交通发展的要求。针对我省人口众多，土地、能源等人均资源短缺的现状，根据各种运输方式的功能、技术经济特征和对资源的要求，建设和完善符合我省实际、适应经济社会发展要求的现代综合交通运输体系，提高交通运输的整体效率，是"十一五"时期的重要任务

之一。

3. 工业化进程加快和产业结构调整对能源、原材料运输能力的要求。我省正处于工业化快速发展的时期，对能源、原材料的需求处于上升阶段。我省又是全国重要的煤炭、有色金属、建材、石油化工和煤化工基地，由于资源分布和工业布局不平衡，急需新建、改造一些重要的能源、原材料运输通道。

4. 中原城市群经济一体化发展对交通运输的要求。中原城市群是我省经济活动的重心和增长极，无论是其十字核心区的形成与发展，还是各产业带的形成与发展，包括城市群的内外联系，都需要发达的综合交通运输体系作支撑。

5. 消费观念的变化对交通基础设施及服务质量的要求。我省正处于机动化迅速发展的时期，随着人民群众收入水平的不断提高、旅游业的迅速发展和私人轿车的迅速增长，人们对出行的方便、快捷、舒适、安全等方面提出了更高要求，必然带来对交通设施数量与质量快速增长与提高的需求。

6. 城市化进程加快和城乡协调发展对交通运输的要求。由于城镇化进程的不断加快和区域经济、城乡经济发展的不平衡，农村劳动力和城市就业人员跨区域大范围流动，形成了城际之间、区域之间强大的客运需求。我省是农业人口大省，又处在城镇化加快发展的重要时期，由此带来的巨大交通运输需求不容忽视。

7. 社会主义新农村建设对农村公路提出了更高的要求。建设社会主义新农村是党中央、国务院在新的历史时期作出的一项重大战略部署。农村公路是农业和农村基础设施的重要组成部分，直接关系到农业生产和农民出行，需进一步提高服务水平。

（二）客货运输量发展的基本趋势

1. 客货运输量增长的基本态势。随着经济总量和建设规模的不断扩大，客货运输需求仍将保持不断增长的趋势。随着产业结构的进一步调整，单位产值的货运强度将逐步下降，货物运输量将呈平稳增长态势。随着城镇化进程的加快、人民生活水平和质量的不断提高以及旅游业的快速发展，客运需求将呈现较快增长的态势。

2. 综合运网承担的客货运量状况分析预测。我省过境交通量占据较高比重，并且主要集中在京广、陇海两大通道。从整个综合运网承担的客运量状况分析，出省客运量、外省到达客运量以及过境客运量约占总客运量的49%，去向以河北、湖北、安徽（华东）三个方向为主。从整个综合运网承担的货运量状况分析，出省货运量、外省到达货运量及过境货运量比重达到67%，去向以湖北、河北方向为主。

3. 运输结构及运输方式分工的变化趋势。随着交通运输业的快速发展，公路运输日趋成为中短途客货运输的主要方式，客货市场份额大大增加。铁路在长途、大宗货物运输方面仍具有优势,运输总量将继续保持较快增长。随着对外开放的进一步扩大、人民收入水平的不断提高,民航运输以其舒适、快捷、安全的特点将得到较快发展。

4. 客货运量、周转量增长预测。预计"十一五"期间,我省客运量、客运周转量的弹性系数分别为0.7、0.75左右,货运量、货运周转量的弹性系数分别为0.65、0.8左右。据此预测,"十一五"期间,全社会客运量、旅客周转量年均增长速度分别为7%和7.5%,全社会货运量、货运周转量分别为6.5%和8%。到2010年,全社会客运量、旅客周转量将分别达到13.75亿人次和1437亿人公里,比"十五"末增加3.9亿人和436亿人公里;全社会货运量、货运周转量将分别达到10.8亿吨和3354亿吨公里,比"十五"末增加2.9亿吨和1071亿吨公里。

三、"十一五"期间综合交通发展的指导思想和发展目标

(一)指导思想

"十一五"期间,我省综合交通发展的指导思想是:以邓小平理论和"三个代表"重要思想为指导,全面贯彻落实科学发展观,围绕全面建设小康社会、实现中原崛起的目标,坚持以改革促发展,完善网络,优化结构,提高运输效率,改善服务质量,保障有效需求,促进各种运输方式的协调发展,形成便捷、通畅、高效、安全的综合交通运输体系,构建交通区位新优势。

(二)发展原则

1. 坚持交通发展适度超前的原则。以加快发展为主题,着力提高交通运输的机动性和通达性,全面提升交通的供给能力,满足经济社会发展对交通基础设施的需求。

2. 坚持以改革促发展的原则。继续深化交通领域的各项改革,不断完善交通市场的准入、退出机制和监管体系,打破垄断,促进公平竞争,形成统一、开放的交通市场。

3. 坚持合理分工、统筹配置、协调发展的原则。以构建完善的现代综合运输体系为目标,合理有效配置交通资源,促进各种运输方式的综合利用和协调发展,提升交通系统的整体效率和服务质量。

4. 坚持统筹规划、合理布局的原则。综合考虑各地区经济发展现状和产业布局、城镇布局,统筹规划、合理调整交通路网及枢纽布局,发挥交通的先导和引导作用。

5. 坚持科技创新的原则。通过科技创新提高交通技术含量,加快交通运输增长方式的转变,使交通基础设施及装备水平、经营组织与管理服务水平等实现质和量的提升。

6. 坚持可持续发展的原则。实现交通发展与资源、环境和生态的有机协调,

建立环保型、节约型交通运输系统。

（三）发展目标

"十一五"期间我省综合交通发展的目标是：交通运输基础设施总量进一步扩大，综合运输大通道基本形成，城际交通快速便捷，农村公路通达水平大幅提升，区域综合交通枢纽地位更加显现，综合运输优势有效发挥，运输服务质量明显提高，运输市场进一步规范，技术装备水平明显提升，交通安全保障得到加强，基本形成结构合理、供需平衡、各种运输方式合理分工，便捷、通畅、高效、安全的综合交通体系，满足全国交通需求和我省经济社会发展的需要。具体目标是：

1. 规模与能力

• 综合交通网络规模进一步扩大，基本形成"三纵五横"的综合运输大通道骨架网，省内城际快速通道、城乡交通一体化系统基本建成，形成基础设施、运输工具配置合理、干支衔接的综合交通网络。

• 新增铁路客运专线 880 公里左右，2010 年铁路正线营业里程达到 4673 公里，其中国家铁路达到 3369 公里，地方铁路达到 1304 公里。初步形成布局合理、干支协调、"三纵五横"的铁路网络。

• 公路通车总里程达到 8.5 万公里以上。其中，高速公路达到 5000 公里以上，密度超过 3.05 公里/百平方公里。95％的县（市）平均 30 分钟以内抵达高速公路网，出省道路达到 13 条，省界出口达到 22 个；一、二级公路达到 28000 公里左右，二级以上公路所占比重达到 38％以上；公路密度达到 50.9 公里/百平方公里。农村交通条件明显改善，县道基本达到三级或三级以上公路标准，乡道达到四级或四级以上公路标准，所有行政村和部分自然村通油（水泥）路。

• 完善和提升郑州新郑国际机场、洛阳机场、南阳机场的功能。到 2010 年，全省民用机场旅客吞吐量力争突破 1000 万人次，其中郑州新郑国际机场年设计旅客吞吐能力达到 1000 万人次，旅客吞吐量力争突破 800 万人次。进一步完善机场布局，适时将境内的军用机场改建为军民两用机场。

• 内河航道通航里程达到 1584 公里，港口泊位数达到 145 个，港口吞吐能力达到货运 1200 万吨，客运 400 万人次。基本形成通过沙颍河、淮河、涡河直通长三角地区的多条水上通道。

• 建成油气管道 2000 公里以上，全省油气干、支线管道网及配套设施进一步改善。

• 建成郑州综合交通枢纽和其他 7 个铁路枢纽、8 个公路枢纽和 1 个航空枢纽。

• 加快轨道交通、城市道路系统和公共停车场建设。

2. 运输服务

•基本建立多种运输方式相协调、运输点线面相衔接、集疏运相配套，满足不同货种、不同层次运输需求的客货运输服务体系。

•提高运输服务的时效性和时间准确性，到发及运行正点率进一步提高。

•提高运输效率。以多式联运为基础的集装箱运输得到较大发展，零担和快递业务网络初步形成。

•增大运输服务网络覆盖面。所有乡镇和80％以上的行政村通客车。

3. 技术水平

•建成统一、高效的综合交通信息网络平台，基本形成体系完善、结构合理、宽带传输、互联互通、覆盖全省的交通系统电子网络系统，争取实现行业之间、各级交通部门之间政务信息化。

•基本建立交通诱导、全程监控、应急反应等系统。智能化交通管理系统得到广泛应用。

•完善高速公路联网收费系统，逐步建立不停车收费系统。

•环保措施加大，交通能耗明显降低。

4. 安全保障

•建立交通安全预防监控系统，完善交通应急反应系统，提高应对重大灾害突发事件的能力。2010年公路交通万车死亡率及重特大事故起数比2005年下降20％以上，铁路交通死亡人数比2005年下降10％以上。

（四）投资规模

随着经济的快速发展和交通需求的不断增加，"十一五"期间交通基础设施总量将有较大增长。预期"十一五"期间全省交通行业固定资产投资总规模达到2770亿元以上，较"十五"期间增加1倍以上，占"十一五"期间全社会固定资产投资的8.2％左右。其中公路固定资产投资约1692亿元（其中高速公路1010亿元，干线公路300亿元，农村公路300亿元，其他82亿元），占交通行业总投资的61.1％；铁路固定资产投资约1028亿元（包括地方铁路38亿元），占交通行业总投资的37.1％；民航固定资产投资约22亿元、内河航运约28亿元，占交通行业总投资的1.8％。

四、"十一五"期间综合交通发展重点

（一）加快中原综合运输大通道建设

充分发挥我省交通区位优势，优先建设和完善支撑国家及我省社会经济发展，以"三纵五横"铁路网、"六纵八横"高速公路网为骨干组成的"三纵五横"中原综合运输大通道，巩固提升河南在全国交通运输体系中的枢纽地位。

1. 中部纵向综合运输通道。新建京广铁路客运专线石家庄—郑州—武汉段，

完成京广铁路信阳—陈家河段提速改造工程，对京港澳高速公路安阳—新乡、郑州—漯河段进行拓宽改造，积极推进107国道升级改造工程，形成途经安阳、鹤壁、新乡、郑州、许昌、漯河、驻马店、信阳等8市，由京广铁路客运专线、京广铁路既有线、京港澳高速公路和107国道等组成的我省中部纵向综合运输通道。

2. 西部纵向综合运输通道。完成焦柳铁路电气化及提速改造工程，建成二广高速公路济源—洛阳—南阳（省界）段、焦作—平顶山—桐柏（省界）高速公路，改造提升207国道，形成途经焦作、洛阳、平顶山、南阳等4市，由焦柳铁路、二广高速公路、焦桐高速公路和207国道等组成的我省西部纵向综合运输通道。

3. 东部纵向综合运输通道。完成京九铁路电气化改造工程，建成大广高速公路河南段，改造提升106国道，形成途经濮阳、开封、商丘、周口、信阳等5市，由大广高速公路、京九铁路和106国道等组成的我省东部纵向综合运输通道。

4. 中部横向综合运输通道。新建徐州—郑州—西安铁路客运专线，对连霍高速公路郑州—洛阳段进行拓宽改造，对310国道进行升级改造，形成途经商丘、开封、郑州、洛阳、三门峡等5市，由陇海铁路客运专线、陇海铁路既有线、连霍高速公路、310国道等组成的我省中部横向综合运输通道。

5. 北部横向综合运输通道。打通长治—泰安地方铁路（新建长治—汤阴、台前—泰安地方铁路），建成南乐—林州高速公路，打通范县—辉县高速公路（新建鹤壁—省界、濮阳—范县高速公路），形成途经鹤壁、安阳、濮阳等市，由长治—泰安铁路、南乐—林州、范县—辉县高速公路组成的我省北部横向综合运输通道。

6. 中北部横向综合运输通道。完成新菏铁路电气化改造工程，建成济源—新乡—东明（省界）高速公路，形成途经济源、焦作、新乡等市，由新菏、侯月、新月铁路和济东高速公路等组成的我省中北部横向综合运输通道。

7. 中南部横向综合运输通道。打通登封—漯河—阜阳地方铁路（续建登封二期、新建范庄—辛安地方铁路），建成南京—洛阳高速公路河南段、永城—登封高速公路，改造沙颍河漯河—周口段内河航道，改造提升311国道，形成途经洛阳、平顶山、漯河、周口等市，由登封—漯河—阜阳铁路、南京—洛阳高速公路、永城—登封高速公路等组成的中南部横向综合运输通道。

8. 南部横向综合运输通道。争取开工建设宁西铁路复线，建成上海—西安高速公路河南段，改造提升312国道，形成途经南阳、信阳市，由宁西铁路、上海—西安高速公路、312国道等组成的南部横向综合运输通道。

（二）加快多种交通方式的协调发展

在重点抓好铁路客运专线和高速公路建设的同时，根据我省经济社会发展需要和交通的区位、资源优势，切实加快以民航为重点的其他交通方式的协调发展。

1. 大力发展航空运输。按照国际航空港标准，改扩建郑州新郑国际机场。2007年完成航站楼、停机坪改扩建工程，年设计旅客吞吐能力达到1000万人次。积极开辟国际、国内航线。除西藏拉萨外，实现与国内所有省会城市和主要旅游城市通航。开辟通往东亚、东南亚、欧美、俄罗斯等国家和地区的国际航线。到2010年，旅客吞吐量突破800万人次，将郑州新郑国际机场发展成为国内重要的区域性枢纽机场和航空物流集散中心，并在机场建设满足大通关要求的货运设施。积极引进航空公司在郑州新郑国际机场设立基地。对洛阳机场候机楼、停机坪进行改扩建，争取将洛阳机场建成国内干线机场。对南阳机场进行提升改造，改扩建航站楼、停机坪，延长跑道，引进先进导航、通迅等设备，使南阳机场达到国内干线机场的运输水平。适时将商丘、明港等军用机场改建为军民合用机场。

2. 积极发展内河航运。开工建设沱浍河（夏邑—省界）、沙颍河（周口—漯河）、淮河干流（淮滨—省界）、涡河（马厂—省界）等航运开发工程，提高我省向华东地区的通航能力。加强丹江、小浪底、三门峡等32个主要通航库区港航、安全监督设施建设，基本建成全省水上交通支持保障系统。

3. 加快开发管道运输。发挥区位优势，加大成品油（原油）管道建设力度，重点建设兰州—郑州—长沙、锦州—郑州等成品油管道，逐步形成区域性成品油管道网络，建设郑州大型油品储备中心和输配枢纽，满足西油东运、北油南运和进口国外石油需要。合理规划天然气管网，完善西气东输工程各项配套设施，加快建设"川气入豫"主干线及支线工程，规划预留西气东输二线工程通道，初步形成以郑州为中心向全省各地辐射的供气网络。

（三）建设完善综合交通枢纽

加强多种交通方式的衔接，以建设综合性交通运输枢纽为重点，进一步提高和完善各种运输方式的功能，巩固和提升我省在全国综合交通体系中的枢纽地位。

以建设郑州—北京、郑州—武汉、郑州—西安、郑州—徐州的"大十字"铁路客运专线为契机，对郑州铁路新客站、郑州公路客运枢纽站及相关的城市轻轨站、城市公交车站、出租车场站等进行统一规划、统一设计、集中建设，在郑东新区建成集铁路客运专线、高速公路、城市轨道交通、城市公共交通等多种交通方式合理配置、有机衔接、换乘方便、集疏迅速的大型现代化综合交通枢纽。

建设郑州铁路集装箱货运中心和铁路客运专线沿线城市新客站，完成郑州火车站西出口改建工程，进一步完善和提升郑州、洛阳、南阳、商丘、信阳、新乡、月山7个铁路枢纽的功能。以高速公路和国省干线公路为依托，建设和完善郑州、洛阳、开封、新乡、商丘、信阳、南阳、漯河8个公路枢纽，新改建一批市、县（市）客货站场及物流中心。以县乡公路为依托，完成全省全部乡镇客运站及部分农村招呼站建设，新改建部分乡镇货运站场。形成以郑州为中心，7个铁路枢纽、8个公路枢纽、1个航空枢纽为骨架，省、市、县、乡四级场站为网络，覆盖全省，辐射周边，服务全国的交通运输枢纽体系。

（四）增强中原城市群外联互通能力

进一步拓展中原城市群对外通道，完善区内交通网络，为加快中原城市群发展提供有力的交通支撑。

加密中原城市群高速公路网络。新建民权—开封—郑州（新郑国际机场）、郑州—石人山、巩义—登封、新乡—营盘（省界）、济源—邵原等高速公路，实现郑州与区域内各中心城市1个半小时内到达、各中心城市之间2小时内到达、县城和主要旅游区半小时内可上高速公路。

完善中原城市群核心区交通网络。建成郑州开封城市连接线，加快郑汴一体化发展。建成郑州—新乡一级公路，促进郑新两市呼应发展。改造升级107国道，加快郑州与许昌的相向发展。

围绕郑汴洛、新郑漯、新焦济、洛平漯四大产业带和区域城镇建设，加快国道310、107、207和省道309等国省干线公路升级改造，增强通行能力，促进区域内产业和人口的聚集。

有序推进城际和城市轨道交通建设。利用陇海、京广铁路客运专线和既有线，争取开行郑州—洛阳、郑州—新乡、郑州—许昌—漯河等城际列车。开工建设郑州高新区—中心城区—郑东新区城市轻轨，加快郑东新区—中牟—开封、郑东新区—郑州新郑国际机场轻轨及洛阳市城市轻轨项目的前期工作。

加快推动黄河两岸呼应发展的路桥建设。规划建设郑州黄河公铁两用桥、大广高速开封黄河桥及武陟—荥阳、焦作—上街、孟州—偃师等多座黄河大桥，进一步加强黄河两岸的直接联系。

（五）加快农村公路发展，切实改善农民出行条件

按照建设社会主义新农村的要求，新、改建农村公路9万公里。重点实施"村村通"工程，2007年在中部地区率先实现所有行政村通油（水泥）路的目标，2010年实现部分自然村通油（水泥）路的目标；积极实施县乡公路改造工程，进一步增强县（市）与乡镇、经济区、行政村以及相互之间的连接，2010年县道基本达到三级或三级以上标准，乡道达到四级或四级以上标准；加快大中桥梁改造步伐，基本解决县乡道路有路无桥、宽路窄桥和危桥问题。

大力发展农村客运，做到"路、站、运"同步发展，实现路通、站成、车通。合理安排线路，加快农村客运站点建设，推广安全、经济、适用车型。统筹城乡交通发展，推进城乡交通一体化，基本实现乡乡有等级客运站、所有乡镇和

80%以上的行政村通客车。

加强农村公路管理养护。尽快出台农村公路管理养护体制改革方案，理顺农村公路管养体制，明确养护责任，确保养护资金来源，建立农村公路管理养护的长效机制，实现农村公路的可持续发展。

（六）构筑能源、旅游及物流运输系统

1. 构筑能源运输体系。充分发挥铁路在能源运输方面的优势，加快侯月线扩能改造，提高晋煤入豫能力；加快长泰地方铁路建设，开辟晋煤东运新通道，满足鹤壁、安阳、濮阳等大型火电厂和安钢集团、中原大化集团等大型企业用煤需要；推进宁西铁路复线工程建设，提高陕煤东运能力；加快许禹铁路准轨改造，提高禹州、新密、新郑、登封等煤炭基地煤炭外运能力，满足许昌、驻马店、信阳等豫南地区电厂用煤需要；加快新密—商丘地方铁路扩能改建，提高白坪等煤矿外运能力，解决豫东地区开封、商丘民权等大型火电厂用煤需要。

2. 构筑旅游运输体系。加快重要旅游道路建设，改造南太行辉县—焦作—济源和新建黄河北大堤孟州—封丘二级旅游公路，促进南太行及黄河沿线旅游开发；改建洛阳—嵩县—栾川一级旅游公路，争取建设洛阳—卢氏、石人山—栾川和三门峡—南阳（省界）高速公路，促进伏牛山旅游开发及豫西经济发展；加快新县—罗山—光山等红色旅游公路建设，促进豫南的旅游开发与经济发展。

3. 构筑物流服务系统。依托我省交通优势，重点加强郑州、洛阳、南阳、信阳、新乡、商丘、漯河、开封等主要城市物流基础设施建设，注重运输装备、仓储设施以及现代信息技术与管理体系的建设，为推进现代物流系统的形成奠定基础，逐步形成支撑河南及周边经济发展的物流运输系统。

（七）加强交通安全和战备交通建设

加强运输工具的安全性、可靠性和交通安全设施的完善和配套，实现对交通行为的监控、预警、引导和控制，减少交通事故隐患。建立完善的交通应急反应体系，提高应对重大灾害及突发事件的能力。坚持以人为本，从方便出行、提高安全的角度出发，加强道路绿化、标牌、监控、安全保障、服务区等各种便民配套设施的设计和建设，提供人性化服务和安全保障。完善主要通航水域的通讯导航和安全监督设施，建立装备完善、反应快速的水上交通搜救系统。

提高交通战备保障能力。配合国家加快国防战备公路建设，完善重点地区交通网络，为驻豫部队通行和重点战略物资运输提供服务。提高民用运力动员能力，做好战时或应急情况下运输保障和组织指挥预案编制工作，确保交通枢纽、线路基础设施安全和战略通道安全畅通。

（八）提高运输服务水平按照"以人为本"的要求，充分运用现代科学技术和组织管理方式，全面提升交通运输的安全、便捷、高效服务水平。

开放运输市场，促进运输业公平有序竞争，建立统一、开放、有序的运输市场体系和完善的运输服务网络。运用现代信息技术和供应链管理技术，促进运输、存储、装卸、搬运、包装、流通、加工和配送的一体化运作，加快发展现代物流业。

加快发展零担运输、快递服务和汽车租赁业务，积极发展客货运输代理、票务销售网络等运输中介体系，建立交通流量分析系统、信息广播系统、气象和路况通报系统和综合交通信息网站，完善交通信息服务。

发展城镇公交，优化公交线路和公交场站布局，完善城镇道路网络，提高通行能力。改造提升高速公路服务区，加强公路通行车辆管理，提高高速公路通行能力和服务水平。

（九）加快交通科技进步和信息化建设

提高公路建设科技水平。以高新技术为切入点，不断开发和推广应用新设备、新材料、新技术和新工艺，加大对高速公路路面早期破坏防治、桥头跳车处理、破损路面快速修复、桥梁检测诊断、交通建设对生态环境影响等研究。规划建设低路基、低土方高速公路，降低工程成本，提高建设质量，减少高速公路占地和对周边环境的影响。

提升交通设施、运输装备、运营管理的科技含量和生产力水平。加速推广采用大容量、专业化的运输设备，减少环境污染，节约能源，提高运输效率。按照标准化、大型化、专业化和系列化的市场需要，大力发展厢式车、集装箱运输车、冷藏运输车、高速客运车辆和各种大型专用车辆，加速强制淘汰高耗低效运输设备。

推广应用智能交通信息系统。完善高速公路联网收费，加快公路通信、监控体系建设，推进高速公路收费省际间联网，逐步建立高速公路不停车收费系统。利用现代化管理技术，整合铁路、公路、民航、水运等交通信息，建设综合交通信息基础平台，建立信息管理和指挥控制系统，合理配置交通资源，提高运输效率。

五、保障措施

为完成"十一五"期间综合交通发展的各项任务，实现预期发展目标，需要进一步转变政府职能，完善调控手段，调节运行机制，促进市场发育，并给予必要的政策支持。

（一）积极推进交通管理体制改革，建立比较完善的交通运输市场体系

积极配合国家推进铁路管理体制改革；继续深化公路、民航、道路运输场站、水运等建设管理体制改革，积极推进政（事）企分开，打破行业垄断，建立规范的交通建设与运输经营市场准入制度，鼓励社会投资主体投资交通建设和从事运输经营，建立公平、公开、竞争、有序的交通建设和运输经营市场；大力推

进企业产权制度改革，鼓励各类运输企业采取股份制改造、兼并联合、资产重组等形式，优化资产结构，提升经营管理水平；建立全省统一的运输信息网络，实现各种运输方式信息资源的互通共享，利用市场机制合理配置交通运输资源，最大限度地发挥现有交通设施的运输能力；逐步建立政府调控下的运输价格市场形成机制，调整收费公路结构和管理模式，利用价格引导各种运输方式的有序竞争和资源的有效配置。

（二）进一步深化交通投融资体制改革，多渠道筹措交通建设资金

进一步放宽准入条件，拓宽融资渠道，多渠道筹措交通建设资金。发挥政府在交通基础设施建设中的政策引导作用，合理界定政府投资范围，理顺各级政府对交通发展的职责与事权划分。政府资金主要用于公益性或准公益性交通基础设施建设，竞争性、经营性交通基础设施项目实行市场化建设和经营方式；规范交通建设的投资主体，实现政府投资主体法人化。通过改革建立责、权、利明确的投资主体法人化的交通投资体制，提高交通投资效益，实现交通事业良性循环发展。明确各级政府与经营主体间的产权关系，建立与完善国有资产经营管理体系，逐步形成自主经营、自负盈亏，具有自行融资、自我还贷能力的企业法人主体；加强对交通规费的征收、使用与管理，充分发挥专项资金的使用和汇聚效能，确保农村公路、国防公路和其他公益性交通基础设施建设的投入；加大信贷金融政策支持，建立省级交通建设融资平台，争取政策性银行对交通建设的贷款额度；鼓励交通企业利用发行企业债券、重组上市及经营权转让等多种方式募集交通建设资金；配合国家完善特许经营的相关法律、法规，规范交通设施资产权益转让行为，合理界定政府和企业风险。

（三）加快公路养护体制改革，推进公路养护市场化、专业化

进一步深化干线公路养护体制改革，切实推进农村公路养护体制改革。通过事企分开、管养分离，尽快把公路养护企业推向市场，使其成为自主经营、自负盈亏的企业法人；鼓励各类社会投资主体建立养护公司，通过竞争参与道路养护；积极培育和发展公平竞争、规范有序的公路养护工程市场，实行养护工程公开招投标，逐步实现公路养护市场化和专业化；根据公路的性质、等级和管理渠道，合理划分养路费用的资金来源和养护责任。

（四）改革和完善农村公路投资管理体制，确保农村公路建设有序协调发展

继续把农村公路建设作为政府交通建设投资的重点，尽快研究建立适合农村公路持续发展的投资与建设管理体制。明确各级政府在农村公路建设中的职责与事权划分，继续坚持以各级政府投入为主的农村公路建设投资政策，在积极争取国家各类专项资金的同时，省级交通规费要确保农村公路建设的需要，市、县（市、区）财政支出中要有一定比例用于农村公路建设；积极探索和拓宽农村公路建设的投融资渠道，采用市场化运作方式，鼓励、吸引企业、个人等社会力量

投资建设农村公路。

（五）依靠科技进步，推进交通运输信息化和智能化建设，加快推进交通现代化

广泛应用计算机技术和网络技术等高新技术，推行运输经营、管理、组织、服务信息化，以交通信息化建设为龙头，构建综合运输信息服务平台和物流公共信息平台；积极推动交通智能技术的研发与推广应用，全面提高全省的交通运输现代化水平；加快各种运输方式的装备现代化，不断提高全行业的运行效率，逐步与国际接轨；大力实施"人才强交"战略，加强人才队伍建设，提高从业人员专业素质。

（六）促进交通可持续发展

制定交通可持续发展产业政策；提高交通基础设施建设和运输装备土地利用、环境影响和能源消耗控制标准，严格执行环境影响评价制度，加强交通建设生态破坏的修复和治理；统筹考虑交通基础设施建设与城市发展和产业布局的关系，通过优化配置交通资源，调控和引导交通需要，促进区域生产力和城市空间的合理布局；建立健全交通运输领域公共信息服务体系，加强交通动态监控和管理，提高运输有效供给；严格执行《中华人民共和国道路交通安全法》，提高全民的守法意识和交通安全意识；加快研究推广新的安全设施、设备和技术；建立统一协调的综合交通安全保障和应急机制，完善交通事故紧急救援体系。

034

湖北省"十一五"道路运输站场建设发展规划①

一、"十五"期道路运输站场的发展特点

站场建设步伐加快，站场网络逐步建立。"十五"期，全省预计完成客运站建设 12 个，其中武汉主枢纽客运站 1 个；完成货运站建设 21 个，其中武汉主枢纽货运站 1 个。到 2005 年末，全省共有客运站 451 个，其中一级站 17 个，二级站 90 个，三级站 69 个；货运站 52 个。全省各市、州、县均有符合规范的等级客运站，部分市州拥有符合规范的货运站。"十五"期站场建设完成投资 10.2 亿元，实际完成投资是"十五"计划目标的 169.15%。

全省二级客运站基本实现了微机售票和信息的电子显示，部分客运站设置了自动查询和电子监控系统，服务和管理更加科学化、人性化。货运站的综合服务设施能力逐步增强，服务功能明显延伸。其中信息设施建设已经初步显现成效。信息服务、配载服务等正在兴起，逐步成为货运站新的效益源。

二、道路运输站场发展中存在的主要问题

站场建设滞后，投资体制不适应市场经济要求。客货运站场设施建设与管理水平滞后，不能适应我省公路运输和社会经济发展的要求。产权不明晰，投资主体缺位，缺乏投资约束机制，资产管理不善，客货运站场生产服务功能设施的科技含量低，综合服务功能普遍较差，自动检票、电子监控等较先进的生产管理设施在我省客运站场中的应用还远不够。乡村客运站点建设滞后。客运候车设施供给不足，维护不到位，绝大多数村组没有候车亭，农民候车基本上是日晒雨淋的露天环境。

三、道路运输站场发展规划目标

1. 总体目标。"十一五"期，为适应社会经济发展需要和我省公路建设步伐，适应路站运一体化的要求，服务社会主义新农村建设，全省要着力构建"七主三网"的运输站场网络，大力加强国家公路枢纽城市客货站场建设，加快农村站点建设步伐。建设一批设施先进、管理科学、功能齐全、效益优良、规模适当

①节选自《湖北省道路运输与规费征稽"十一五"发展规划》。

的高档次客运站和规模较大、档次较高、功能齐全、效益优良的物流园区及货运中心，基本形成以武汉、襄樊、宜昌、荆州、黄石、十堰、恩施等七个国家公路运输枢纽城市为中心并连接高速公路沿线其他城市，连接农村乡镇客运站点，且适应我省公路客货运输发展及农村客运发展需要的站场网络。力争在建设规模、科技含量、站场等级、经济效益等方面实现新的发展。

2. 具体目标。按照"抓两头、带中间"的发展思路，以建设武汉、襄樊、荆州、宜昌、黄石、十堰、恩施等国家公路运输枢纽城市的物流园区（物流中心）和与高速公路配套的高速客运站及农村公路客运站点建设为重点。全省新建客运站 40 个（一级客运站 11 个、二级客运站 25 个、三级客运站 5 个），货运站（含物流园区、物流中心）29 个（一级货运站 9 个、二级货运站 20 个）；新建道路运输信息中心 7 个；新建乡镇五级客运站 500 个，候车亭 9000 个，招呼站17000 个。新增旅客日均发送能力 18 万人次，货运年转运能力 1200 万吨。农村站场建设实现交通部提出的"中部发达地区行政村建有招呼站或候车亭"的发展目标。到 2010 年，基本构建以一级客货运站为中心，连接高速公路的城际高速运输网；以二级客货运站为基础，连接国省干线的区域快速运输网；以农村客运站点为依托，连接乡村公路的农村通达运输网。

四、站场建设资金需求

"十一五"期间全省站场建设目标总投资为 18.55 亿元。其中拟申请交通部投资 2.47 亿元；拟由省交通规费补助投资 4.275 亿元；地方自筹（含招商引资、贷款）11.805 亿元。投资构成及资金来源为：

——国家公路运输枢纽城市和县（市）及以上城市站场建设项目投资 15.3亿元。其中拟争取交通部补助投资 1.72 亿元，省安排定额投资 3.275 亿元，地方自筹 10.305 亿元。

——农村五级站场建设投资 2.25 亿元。其中交通部补助投资 0.75 亿元，地方自筹 1.5 亿元。

——农村候车棚及招呼站建设投资 1 亿元。全部安排省定额补助投资。其中农村候车棚建设定额投资 0.9 亿元；招呼站定额投资 0.1 亿元，建议省厅按照"7211"政策每年安排 2000 万元。

五、政策保障措施

——改革站场建设管理模式。落实"交通社会化，社会办交通"精神，按照"抓两头、带中间"的思路，充分调动、发挥各级地方党委、政府和地方交通部门的积极性和创造性，形成社会办运输的合力，切实加快站场建设步伐，提高我省站场建设的质量及管理水平。将站场建设管理权全部下放地方政府，由地方政府组织项目业主负责工程建设管理。明确定额投资补助政策，厅按照全省交通发展规划实施定额投资。转变省局管理方式，调整站场管理工作重点。制定站场资产管理办法，委托地方交通主管部门管理部省站场资产。

——改革交通规费投资机制，明确站场建设投资政策。建立与事权相匹配、以"规划项目管理"为核心的"资金跟着项目走、项目跟着规划走"的规费投资机制。严格落实规划项目，对规划内项目省厅按统一定额标准进行引导性投资，全部资金落实到项目建设单位。进一步严格建设资金监管，坚持与审计、监察等多部门联动，强化社会监督，强化源头制腐，确保资金安全和专款专用。

出台《湖北省道路运输站场建设定额投资管理办法》，视地区经济发展水平、站场建设规模、功能完善程度综合确定定额投资标准。新建客运站，枢纽站不超过 1000 万，一级站不超过 600 万，二级站不超过 450 万，三级站不超过 350 万；新建货运站，枢纽站不超过 800 万，一级站不超过 500 万，二级站不超过 270 万；五级站 15 万元，候车棚 1 万元，招呼站 500 元。

——加快站运分离步伐。客运站从实质看是有形的客运市场。站运分离的本质就是将客运市场对所有经营者开放。从一定意义上讲，站运不分离，民营运输很难发展。挂靠车辆即使脱离被挂靠企业也难以生存。从目前情况看，强制推行站运分离易引发矛盾，难以实施。必须从客运站产权制度改革。

——拓宽资金渠道，加快站场建设步伐

1. 积极争取各级地方政府支持。道路运输站场是公共基础设施，必须纳入地方政府的统一规划，按计划逐步实施。在规划的统一指导下，要本着"谁投资、谁受益"的原则，多渠道筹措资金，加快道路运输站场建设。各地政府要运用市场经济的办法筹措资金，鼓励和支持各类企业、个人"自行筹资、自主经营、自行建设、自行管理"，逐步建立起"地方（企业）自筹为主，省投资为辅"、省投资与企业自筹资金相结合的场站建设投资体制，实现客运站场的投资主体和行政管理主体相对分离。

2. 改革客货运站场建设投资管理体制，实行"统一规划、分级管理、定额投资"的管理模式。加大站场建设投融资市场化力度，加快站场经营管理体制市场化改革，积极推行招商引资方式建设，已建成的项目可以采取转让经营权等方式筹集资金。所有规划内的等级客货运站场建设采取定额投资补助；为加大地方交通主管部门的积极性，规划内的农村客运站点建设建议由地方交通主管部门负责；加强对武汉市站场建设的规划、计划、项目质量、工程进度的全面管理。

——争取各级地方政府大力支持，出台相应的优惠政策

1. 各地政府要保证站场建设用地，并在土地征用、税费减免等方面予以优惠政策。

2. 加强道路运输站场设施国有资产管理。为实现国有资产的保值增值，建

议省厅明确将部省交通规费投资形成的公路站场国有资产，委托给市州交通主管部门按保值增值、明晰产权的要求统一管理。

湖北省"十一五"农村客运站点建设规划表

	五级站	候车亭	招呼站
合计	500	9000	17000
武汉	15	1195	876
黄石	20	215	458
襄樊	45	726	1551
十堰	50	562	1200
荆州	50	940	1780
宜昌	40	490	1047
鄂州	10	95	202
荆门	25	471	1007
孝感	45	892	1905
黄冈	55	1221	2737
咸宁	40	445	751
恩施	50	739	1517
林区	5	21	44
随州	20	429	815
仙桃	10	196	419
潜江	10	108	206
天门	10	255	485

035

湖北省"十一五"综合交通发展规划

湖北省发展和改革委员会

2005 年 8 月 31 日

交通是国民经济的基础和先行产业，也是社会发展和人民生活水平提高的基本条件。近些年来，我省综合交通发展较快，成绩显著，但仍然不能满足经济社会发展的需要。今后一个时期，我省要进一步加快综合交通发展，不断提高综合交通对经济社会发展的支撑能力。

一、"十五"综合交通发展情况

（一）主要成就

"十五"期间，国家有关部门和我省以前所未有的投资力度，加快综合交通建设，使我省综合交通在设施总量规模、运输能力供给和服务质量等方面取得了较大成就，基本形成了由铁路、公路、管道干线和长江、汉江、民用机场组成的连接我省"大三角经济区"的综合运输通道，运输紧张状况明显缓解，并开始进入各种运输方式协调发展、能力扩张与质量提高并进、全面建设现代综合交通体系的发展阶段。

1. 交通基础设施规模进一步扩大

公路建设步伐加快。预计今年底，全省公路通车里程达到 92000 公里（高速公路 1649 公里、一级公路 1020 公里、二级公路 15600 公里），等级公路占 82%，乡镇油路（沥青或水泥路）和行政村公路通达率分别达到 100% 和 99%，路网密度达到 49.5 公里/百平方公里，客、货运站分别达到 453 个和 51 个。一是高速公路和特大桥加快发展。建成了大悟至赤壁、孝感至十堰、襄樊（魏集）至荆州（大桥）高速公路、武汉绕城公路东北段和巴东、宜昌、荆州、军山、鄂黄长江公路大桥等项目，正在建设或即将开工建设宜昌至利川（鱼泉口）、十堰至郧西（漫川关）、武汉经荆门至宜昌、随州至监利高速公路、武汉市 7 条高速出口路等项目。五年新增高速公路 1079 公里、长江大桥 5 座、汉江大桥 4 座。二是干线路网改造取得明显成效。五年新增一级公路 772 公里、二级公路 10633 公里，二级以上公路占国、省道的比重由 2000 年的 56.8% 提高到 86.1%。三是农村公路建设全面铺开。五年建成通乡油路 8200 公里、通村油路 22000 公里。四是站场建设稳步推进。五年新建客运站 12 个、货运站 21 个。

铁路建设力度加大。建成了长荆铁路、宁西铁路湖北段及其与汉丹铁路联络线、黄石山南铁路、武九铁路增建二线工程和武广铁路、焦柳铁路襄樊至南阳段电气化改造工程,正在建设宜万铁路、武汉天兴洲公铁两用长江大桥、武广铁路客运专线、武汉至合肥铁路、武汉至安康铁路增建二线工程等项目。五年新增铁路280公里,达到2300公里。

水运建设稳步推进。建成了武汉阳逻集装箱转运中心一期工程、汉阳杨泗港集装箱改扩建工程、长江三峡库区港口淹没复建工程、汉江丹江口至襄樊航道和清江航道整治工程,其它港口、船闸建设和航道整治、疏浚进展顺利。五年新增港口吞吐能力7310万吨;共疏浚、整治航道569公里,新增航道里程76公里。

民航建设取得新进展。建成了襄樊、恩施机场扩建工程,正在建设武汉天河机场扩建工程,机场配套设施不断完善,形成了"一主(武汉天河机场)三辅(宜昌、襄樊、恩施机场)"的民用机场布局。

管道里程明显增长。建成了重庆忠县至武汉、黄石输气管线及荆州至荆门、襄樊等输气管道。五年新增高中压管道1328公里,达到1815公里(输油487公里、输气1328公里)。

2. 技术装备水平不断提高

交通基础设施总体技术水平与国内外先进水平的差距缩小。全省高速公路主骨架基本形成,高速公路基本实现黑色化。武广铁路客运专线开工,标志着我省铁路进入新的发展阶段。复线和电气化铁路里程不断增长。建成或正在建设一批具有世界先进水平的特大桥梁和隧道。集装箱运输发展迅速,带动了大型专业码头(港口)蓬勃发展。

运输装备数量、质量明显提高。全省民用汽车尤其是私人小汽车和厢式、重载货车数量大幅增加,今年将超过200万辆,公路客车的技术性能和舒适性、安全性有较大提高。主要铁路干线多次提速,其客车运行速度达到160公里/小时。民航干线使用的客机与国际水平基本同步。

随着路网布局的改善和各种运输方式的发展,各种运输方式的技术特征和优势得到进一步发挥,市场分工日趋合理。

3. 管理体制改革和市场化进程加快

今年3月,成立了负责我省境内全部铁路和江西、河南、陕西部分铁路建设与运营管理的武汉铁路局。民航系统实现了政企分开和机场属地化管理,武汉天河、恩施、襄樊机场加入首都机场集团,宜昌三峡机场加入了海(南)航集团。完成了港口管理下放和政企分开工作。

交通运输市场准入条件进一步放宽,投资主体、投资渠道和经营主体的多元化格局正在形成。公路、水路、民航、管道已初步建立起适应我国及我省经济社会发展的市场化经营管理机制。铁路进行了主辅分离、成立专业性运输公司、地方参股建设国铁等改革。

在市场竞争机制作用下，交通运输更加注重以人为本和节约能源、资源，服务质量和运输效率明显提高。

4. 运输量持续增长

随着经济社会的发展、综合交通网络的形成和运输能力、服务质量的提高，我省客、货运输量持续增长，各种运输方式均承担一定的运输量，公路、铁路、水运处于主导地位。

据测算，"十五"期间，全省全社会完成的客运量、旅客周转量、货运量和货物周转量年均增长 2.4%、5.4%、3.0% 和 6.0%（以 2000 年为基期计算）。预计今年全省全社会完成客运量 7.1 亿人（公路占 93.3%、铁路占 5.4%、水运占 0.7%、民航占 0.6%），旅客周转量 700 亿人公里（公路占 51%、铁路占 42.9%、水运占 0.5%、民航占 5.7%），货运量（未含管道）4.52 亿吨（公路占 72%、铁路占 11.7%、水运占 16.3%），货物周转量（未含管道）1450 亿吨公里（公路占 16.9%、铁路占 49.7%、水运占 33.4%）。

各种运输方式的发展情况如下：一是公路主要承担短距离运输，客、货运输量增长迅速。二是铁路主要承担长途运输，客、货运输量增速较缓。三是除长江和部分内河的旅游客运外，其它内河客运逐步被公路、铁路取代；水运主要承担煤炭、矿建等大宗、廉价货物和集装箱的中长途运输，其货运增速高于公路和铁路。四是民航主要承担 500 公里以上的长距离客运，但所占的市场份额仍然较小。五是管道运输正在兴起，形成了输油输气并存的格局。

（二）存在的困难与问题

我省交通运输虽然发展较快，但与发达国家和地区现有实力相比还存在较大差距，仍然是我省经济社会发展的薄弱环节。

1. 交通基础设施总量和能力不足

铁路营业里程及复线里程短，密度低。高速公路总里程低于河南、江西等省份，70% 左右的行政村未通油路。各种运输方式之间的协调整合不够，综合运输通道及干线铁路、主要港口集装箱、大型散货泊位能力不足，三峡船闸通过能力有限。

2. 结构性矛盾比较突出

四级及等外公路占 69.4%，六级及以下航道占 70.5%。货运重载、客运高速、运营管理自动化等尚处在起步阶段。大部分港口装卸设备、工艺比较落后。民航空管、通行导航技术装备不能适应飞机全天候起降要求。

3. 资金、资源和环境压力加大

各级交通（公路）部门贷款余额过大，现已出现还贷、贷款困难问题。土地、能源、城市发展空间和污染控制等对交通发展的制约越来越明显，交通建设成本越来越高，运输通道内的线位资源越来越紧张。交通对生态、环境和资源的影响，越来越引起社会的重视。

4. 改革相对滞后

各种运输方式的改革进度不一，目前还存在政企不分、行业垄断和各自为政等体制性障碍，开放统一的运输市场还没有形成。项目建设管理离国务院和省政府关于投资体制改革的决定要求，还存在较大差距。

二、"十一五"交通运输需求分析

（一）我省具有得中独厚的区位优势

我省地处华中腹地，现有的交通基础设施在全国综合交通运输网中起着沟通南北、连接东西的作用。长江水运是我省的主要运输方式之一，也是我省进一步融入长江经济带乃至世界经济体系中的基础通道。武汉素有"九省通衢"之称，具有发展成为全国内陆地区最大的三通（交通、流通、通信）中心的潜力和条件。

从区域经济发展趋势看，东部以上海为核心的"长三角"向西扩展，南部以广东为核心的"珠三角"向北推进，我省正处在这两条推进路线（即长江、京广经济带）的交叉点上。随着沿江开放开发步伐的加快和中部崛起、西部大开发战略的实施，我省尤其是武汉城市圈将发展成全国重要的经济增长极之一。

国家规划在 2020 年前建成京广铁路客运专线、沪汉蓉铁路通道和大（庆）广（州）、沪渝、沪蓉高速公路等一批通过我省的重大交通项目，使武汉到北京、广州、上海、成都等地的运输时间大大缩短，必将进一步增强我省及武汉的交通区位优势，加强我省与周边省市、沿海发达地区和西部贫困地区的联系与交流。

（二）经济社会快速发展，将使交通量仍呈增长趋势

为了使我省经济社会发展走在中西部前列，在中部地区率先崛起，我省计划在当前和今后一个时期，按照国家和省委、省政府的要求，努力把我省建设成为我国中西部重要的优势农产品生产加工区、现代制造业加工区、高新技术发展区和现代物流中心区。预计"十一五"期间，我省 GDP 将以 10% 左右的速度增长。

实现经济社会快速发展和总量规模上新台阶，需要交通运输提供强有力的支撑。目前，我省的客、货运输发展仍然处在较低水平。随着国家及我省经济战略的调整，几大经济地带之间的经济技术和物质交流的规模将日益扩大，我省的客、货运输量将相应增长。

根据国内外发展经验和我省及周边地区工业化、城市化所处阶段和资源、产业分布特征，预计"十一五"期间，我省交通运输需求将继续快速增长。全省全社会客运量、旅客周转量、货运量、货物周转量年均增速分别在 4%、9%、6%

和 5%左右（以 2005 年为基期计算）。预计 2010 年，全省客运量为 9 亿人、旅客周转量为 1100 亿人公里、货运量 6 亿吨、货物周转量为 1850 亿吨公里左右。

（三）城镇化、工业化进程加快，要求加快交通运输通道建设

近些年，我国及我省对能源、原材料的需求不断增长，运输需求量较大；主要通道的运输能力明显不足，运力储备小，难以适应运输需求波动的需要，制约了经济发展。为此，我省计划当前和今后一个时期，在狠抓武汉特大城市和宜昌、襄樊等大城市建设的同时，加快建设中小城镇，加速城市群一体化进程，大力推进工业化和农业产业化，不断提高对外开放水平。经济社会发展和内外贸易增长，要求进一步加快相关交通运输通道建设，构建结构合理的综合交通运输通道，并建设和完善集装箱运输等系统。

（四）产业、消耗结构的调整和和谐社会的建设，对交通运输服务质量提出了更高要求

产业结构优化升级加快，技术集约型产品和深加工、高附加值产品比重大幅上升，要求进一步提高运输效率和运输的安全性、便捷性。随着人们消费结构和消费观念的变化，尤其是出行次数增加和小汽车消费大众化，加上我省以"一江两山"为重点的旅游发展规划的实施，对交通基础设施数量、质量以及可选择性提出了更多更高的要求。建设和谐社会、节约型社会，全面建设小康社会，要求更加重视和解决区域、城乡交通协调发展和普遍服务问题，尽快改善贫困地区和农村交通条件，进一步发挥长江黄金水道的作用。

三、"十一五"综合交通发展方针目标任务

（一）基本方针

"十一五"期间，我省综合交通发展，要以尽早建立完善的综合交通运输体系和武汉、江汉平原率先实现交通现代化为目标，以公路、铁路为重点，以公铁联运、江海联运、水陆空联运为方向，加强公路、铁路、水运、民航和管道系统建设，形成健全畅通、安全高效的综合交通网络。具体要求：一是以发展为主题，全面提升交通运输供给能力和服务水平；二是以构建现代综合交通网络为主线，加强综合交通运输通道和综合交通枢纽建设；三是以体制改革为保障，促进交通运输市场体系的完善；四是以协调发展为基本立足点，进一步改善区域交通和农村交通条件；五是以科技应用创新为动力，推进信息化和智能化建设。

（二）发展目标

"十一五"期间及 2020 年前，我省要重点建设并建成"6 纵 5 横"综合交通运输通道和武汉、宜昌、襄樊 3 个综合交通枢纽，以便对外联系全国主要城市、地区以及部分外国大城市，对内联系各市、州、县、主要经济区和重点工矿企业，形成各种运输方式布局合理、衔接紧密、技术先进的综合交通网络，建立中

西部地区交通强省形象，使交通运输"全面适应"经济社会发展的需要。

力争到 2010 年，全省基本建成高效率、低消耗、各种运输方式相互协调的综合交通网络，武汉市和江汉平原等地区的综合交通网络初步满足率先实现现代化的要求，交通运输与经济社会发展的关系由"基本缓解"向"总体适应"跨越。

（三）主要任务

1. 增加总量。加快建设高速公路、铁路、大桥等重大交通项目，力争项目尽早建成并发挥作用。抓好贫困山区和农村地区交通设施建设，不断提高运输能力。加快国防公路建设，并在交通建设中积极贯彻国防要求。

2. 深化改革。改革现有的不适应综合交通发展的体制，彻底实现政企分开，打破行政管理导致的行业垄断，在市场准入、市场规范和法制建设方面迈出更大的步伐，使管理体制逐步适应综合交通发展和经济体制改革的要求。

3. 调整结构。加快集装箱运输、冷藏运输、散装运输、多式联运、管道运输、国际航空运输发展。不断提高高等级公路、高等级航道比重和铁路运行速度。调整车型结构，加快水上快速客运发展，提高旅客出行的舒适度。

4. 完善系统。加快建设交通枢纽、城市交通设施和城市与综合交通运输大通道之间、乡村与运输干线之间的交通设施，加强各种运输方式之间的协调配合与衔接，完善城市之间旅客快速运输系统、大城市和市郊旅客运输系统、集装箱运输系统、大宗物资运输系统和特种货物运输系统。

5. 提高质量。积极采用先进技术，提高交通运输设施设备的现代化水平。加强交通运输保障支持体系、现代化管理体系和智能体系建设，以便尽早实现客运高速化、货运物流化。加强运输组织管理，做好交通安全工作，努力为用户提供优质服务。

四、"十一五"综合交通建设重点

"十一五"期间，我省要以 9 条高速公路 [宜昌至利川，十堰至郧西（漫川关），荆州至公安，麻城至武汉，武汉经天门、荆门、宜昌、兴山至巴东，英山至武汉，麻城至浠水、黄石至通山，随州至监利，阳新至赤壁]、4 条铁路（宜昌至万州，武汉至广州，武汉至合肥，武汉至安康）、4 座长江大桥（天兴洲，阳逻，荆岳，鄂东）、1 条过江隧道（武汉青岛路）、3 条航道（长江，汉江，引江济汉通航工程）、1 个机场（武汉天河）、2 条输油气管道（江苏仪征经湖北至湖南长岭，西气东输与忠武输气管道连接线）和 3 个综合交通枢纽（武汉，宜昌，襄樊）为重点，进一步加快交通基础设施建设，为尽早建成"6 纵 5 横 3 枢纽"、尽早形成完善的综合交通运输体系，奠定良好的基础。

（一）坚持高速公路与农村公路建设并举，加快公路建设

到 2010 年，基本形成"6 纵 5 横 1 环"骨架公路网，建成武汉城市圈骨架公

路；从武汉到市州全部通达高速公路、到县市（区）全部通达二级以上公路，武汉市和江汉平原及经济发达地区县级以上城市均有一级公路与高速公路相通；乡镇全部通等级油路，行政村全部通公路，80％以上的行政村通油路。

一是重点抓好高速公路和特大桥建设管理，建成或基本建成列入全国及中部地区公路网规划的项目。确保建成宜昌至利川、荆州至公安（东岳庙）、武汉经荆门至宜昌、英山至武汉、十堰至郧西（漫川关）、麻城至浠水、黄石至通山、随州至监利高速公路，武汉市 7 条高速出口路和阳逻、荆岳、鄂东长江公路大桥等项目；力争建成麻城（长岭关）至武汉（长岭岗）、宜昌至巴东、阳新至赤壁高速公路等项目。新增高速公路 1853 公里、长江大桥（含天兴洲公铁两用桥）4 座，使全省高速公路总里程达到 3500 公里、长江大桥总数达到 19 座。

二是抓紧改扩建干线公路和出口路，提高公路的技术等级和服务水平。改造有关国省道、县际经济干线和省际出口路，建设高速公路连接线、城市出口路、旅游风景名胜区公路和安保、路面改善、GBM 工程，使全省二级以上公路总里程达到 2.4 万公里，90％以上的国省道达到二级以上标准，干线好路率、绿化率、GBM 工程实施率均达到 90％，实现路面高级、次高级化。

三是加快农村公路建设步伐，统筹城乡交通发展。建成通乡油路 2000 公里、通村油路 6800 公里，使 80％以上的县道达到三级以上标准，武汉市和江汉平原所有县道达到三级以上标准，85％以上的乡道达到四级以上标准，具备条件的行政村通油路，粮食主产区的公路交通条件明显改善。同时，做好农村公路养护管理和危桥改造工作，努力延长公路的使用寿命。

四是继续抓好客货运站场和公路运输信息系统建设，适应综合交通、现代物流和高速客运发展的需要。

（二）积极配合国家建设铁路新线、改造既有线，完善武汉铁路枢纽功能

按照铁道部与省政府签订的有关纪要、协议要求，认真做好支铁工作。建成或基本建成宜万铁路、武汉天兴洲公铁两用长江大桥、武广铁路客运专线、武汉至合肥铁路、武汉至安康铁路增二线工程、京广铁路信阳至广水（陈家河）改建工程、洛阳至张家界电气化改造工程、武汉客站、武昌和汉口站改扩建工程、武汉北编组站、武汉集装箱中心站等项目。开工建设郑武铁路客运专线、京九铁路电气化改造工程和利川至涪陵铁路等项目。新增铁路铺轨里程 1215 公里（新线 673 公里、复线 542 公里），全省铁路里程达到 2821 公里。力争尽早将武汉建成全国铁路四大路网中心之一。

抓紧研究提出支持武汉经荆州至宜昌、荆州至岳阳铁路建设的政策措施，争取铁道部尽早组织开展项目前期工作，使之尽早达到开工要求并开工建设；同时，积极配合铁路部门开展黔江至张家界、安康至常德铁路规划研究工作。

此外，还要抓好武汉轻轨、过江隧道等项目建设，争取尽早形成武汉轨道交

通网。

（三）加快水运设施建设，充分发挥长江、汉江作用

抓住三峡工程、南水北调中线工程实施和中央、有关省市高度重视长江航运发展的机遇，整治长江、汉江航道和江汉平原河、湖航道，建设汉江崔家营航电枢纽工程和引江济汉通航工程。

改扩建武汉、宜昌、黄石、荆州以及襄樊等港口，重点建设武汉集装箱中心，加快港口企业联合重组和港口信息化建设，大力发展集装箱运输和多式联运，尽早将武汉建成我国内河重要的航运中心。

加快三峡坝区翻坝运输设施建设，建立长效翻坝转运机制，实行滚装船常年翻坝，提高三峡坝区通航能力。

（四）抓好机场扩建和配套设施建设，增加运力和航班

建成武汉天河机场扩建工程，支持基地航空公司建设，力争该机场尽早取得第五航权（国际航班经停权），为将其建成全国大型枢纽机场奠定基础。

抓好宜昌机场口岸建设，完善襄樊、恩施等机场配套设施，进一步提高服务质量。

鼓励、支持东航、东星航空等国有或民营航空公司，按照巩固干线、发展支线、扩大网络的原则，不断增加运力和航线航班，尽早开通武汉、宜昌直达韩日及欧美的国际航线，以适应对外开放和旅游发展的需要。

（五）加快管道建设，完善管道运输网络

支持有关企业，建成经过我省的仪（江苏仪征）长（湖南长岭）原油管道工程（其湖北段主线 257 公里、支线 161 公里，共 418 公里；主线：黄梅—蕲春—梁子湖—赤壁，支线：梁子湖—青山、赤壁—洪湖等），建设西气东输与忠武输气管道连接线（红安—黄陂—蔡甸—军山，210 公里），完善各城市输配气管道网络。

五、加快综合交通发展的政策措施建议

鉴于上述情况，为了完成全省"十一五"综合交通发展任务，实现发展目标，我们认为，应该采取以下政策措施。

（一）树立科学的发展观，发挥规划的指导作用

交通运输发展要与经济社会发展相协调，与区域、城乡经济发展相衔接，充分体现以人为本，并坚持适度超前发展的原则。要正确处理交通运输发展与能源资源节约的关系，并在推进交通发展的同时，做好能源资源节约工作。通过交通系统协调发展和发挥轨道交通、水运在技术经济性能、运输效率、能源资源消耗、环境保护等方面具有的比较优势，实现整个交通系统效能的最大化，最大限度节省投资、节约用地和保护环境。按照国家、省里的规划，适时建设有关项

目,确保我省交通健康、有序地发展,防止过度超前建设交通项目,努力提高交通运输资源利用效率。

（二）切实加强领导,优先发展综合交通

加快交通基础设施建设,构筑新的"九省通衢"区位优势,是今后一个时期一项十分重要的任务,是确保经济增长、实现国民经济和社会发展战略目标的前提和基础。各级党委、政府及其有关部门要从为经济社会发展增添新的推动力、拓宽新的空间、增强后劲、加快全面建设小康社会步伐的高度,充分认识交通运输在经济社会发展中的重要地位,切实把交通建设发展列入重要议事日程,加强领导,加大投入,解放思想,转变观念,千方百计调动和发挥全社会大办交通、办大交通的积极性,认真做好土地征用、房屋拆迁等协调服务工作,努力为交通发展创造良好条件。

（三）加强和改进项目管理,抓好重大项目建设

交通建设涉及面广、投资量大,对工程质量的要求高,必须加强和改进项目建设管理。一是科学编制年度建设计划,安排好项目建设时序,合理调度建设资金,及时协调解决项目建设中遇到的困难和问题,确保项目建设的顺利进行。二是按照投资体制改革的要求,明确责任单位和责任人,扎扎实实地做好麻城（长岭关）至武汉（长岭岗）、宜昌至巴东、阳新至赤壁高速公路,荆岳、鄂东长江公路大桥,郑（州）武（汉）客运专线,引江济汉通航工程等项目前期工作,使之尽早开工。三是严格执行项目法人制、招标投标制、合同管理制和工程监理制,建立和落实工程质量领导责任制,强化施工管理,严格执法,狠刹建设工程违法分包转包歪风,千方百计把好工程质量关。四是科学确定有关公路项目省投资标准,加大对财政专项资金项目监管力度,做好统计分析、稽查和审计工作,确保资金安全和有效使用。五是加强和改进对现有交通基础设施、设备的养护管理,千方百计加大投入,保证其应有的使用效能。

（四）进一步深化改革,促进综合交通发展

改革是发展大交通、促进大发展的根本动力。全省上下必须进一步推进和深化改革,用改革的办法来推动交通的大发展。一是积极推进管理体制改革。按照国家的统一部署和要求,积极稳妥地推进铁路改革和有关政府机构改革,以促进交通一体化。与国家有关部门和沿江有关省市共同建设和完善长江水运发展的省级协调机制,促进长江水运与流域经济全面发展。加强和改进计划管理,合理划分各级各有关部门的职权,理顺工作关系。各级交通部门要着重抓好行业管理,力争尽早实现政企分开、政事分开和政资分开,并建立起与市场经济体制相适应的政府监管机制、企业激励约束和自我发展机制。二是大力推进交通建设市场化,将完全经营性的交通建设项目推向市场;对既有公益性、又有经营性的项目,由政府给予必要的资助或给予特许的条件,并推向市场;对完全公益性的项

目，也应引入市场竞争机制；按照"业主负责、政府服务、行业监管、依法行政"的模式，加强和改进招商引资项目管理。三是加快交通运输价格改革步伐，对于竞争性的运输价格，由企业根据市场自行确定；对于垄断性运输价格，由政府价格部门发布指导价和最高限价，具体价格水平也由企业根据市场确定；对于收费价格，如收费公路的收费标准等，由政府价格部门确定最高限价、允许企业向下浮动。四是完善交通运输法规、规章制度，尤其是要建立和完善交通项目投资者市场准入制度，规范交通建设和经营行为，形成公开、公平、有序的市场竞争机制，维护公众利益和投资者的合法权益。

（五）广辟资金渠道，加大交通建设投资力度

"十一五"期间，我省交通建设投资巨大（其中公路和地方水运投资 1200 亿元、铁路投资 700 亿元左右），必须推行投资主体多元化，多方筹集交通建设资金。一是积极争取国家支持。紧紧抓住国家实施西部大开发、中部崛起战略的机遇，切实做好相关工作，积极争取国家有关方面在安排投资、银行贷款、债券等资金时，对我省予以倾斜扶持。二是开辟新的筹融资途径。采用建立省级信用平台（以省财信誉作担保）等方式，筹措落实公路建设资金。依法设立不以营利为目的的项目法人，对已建、在建的相关高速公路进行管理，降低有关税费。实施收费还贷高速公路和收费还贷一般公路统贷统还政策，缓解普通公路还贷压力。采取由省财政为省政府出资人代表注入资金、将有关铁路建安营业税等三项税费省分成部分一并安排给县市（区）政府等措施，落实地方参股资金。三是积极有效地利用外资。抓紧做好汉江崔家营航电枢纽工程、宜昌至巴东高速公路等项目利用世界银行贷款工作。积极争取利用国外优惠贷款建设贫困地区的交通项目，进一步扩大我省交通利用外资规模。四是切实做好交通运输费税征收、管理工作，加大对贫困地区交通运输基础设施和农村公路的投资力度。五是不断规范和完善交通运输市场，为企业发展创造良好的环境。

（六）推进技术进步，加快人才培养

科技和人才是交通发展的重要支撑，必须抓住重点，予以突破。应用信息技术，实现铁路信息化，发展行车安全保障技术，建立安全监控网络。发展中高档客车、集装箱拖挂车及大型专用货车，全面提高公路运输车辆性能。抓好电子商务在交通运输中的应用。引进、开发涵盖交通基础设施规划、建设与运营全过程的信息技术、网络技术、智能交通等当代最先进的交通运输技术，以及现代物流系统中成熟、先进的技术，加速综合运输体系现代化建设。采取各种行之有效的措施，尽快培养和造就一批优秀的交通运输建设、经营、管理人才，使之与我省交通大发展的要求相适应。

备注：

1．"6 纵 5 横"通道，由复合的"3 纵 2 横"通道与补强的"3 纵 3 横"的公路通道共同组成。复合的"3 纵 2 横"，是铁路、公路、水运、民航、管道运输方式中的两种或两种以上线路联合组成的通道。补强的"3 纵 3 横"，是在复合的"3 纵 2 横"基础上，增加 6 条公路通道，以增强交通网骨架的密度和覆盖全省的能力。

"6 纵"为京广铁路通道［含京广（铁路）客运专线］/京港澳高速公路，京九铁路/大广高速公路，焦柳铁路/二广高速公路/洪（湖）荆（门）南（阳）管道，随州经天门、监利至岳阳高速公路，老河口经保康、宜昌至宜都高等级公路，郧县经十堰、神农架、巴东、恩施至来凤高等级公路；"5 横"为宜万、武宜、合武铁路/沪渝高速公路/长江航道/忠武、仪长管道，襄渝、汉丹、武九铁路/福银高速公路/汉江航道，麻城经大悟、随州、宜城、房县至竹溪高速公路，英山经武汉、荆门、兴山至巴东高速公路，阳新经赤壁、岳阳、石首、松滋、五峰至咸丰高等级公路。

2．"3 枢纽"为武汉一级综合交通枢纽和宜昌、襄樊二级综合交通枢纽。

根据我省经济布局及城镇发展目标，具备铁、公、水、空、管等运输方式的武汉市是国家级综合交通运输枢纽之一，规划为我省的一级综合交通枢纽，为区域物流中心和航运中心。

同样具备多种运输方式的宜昌和襄樊是区域经济和交通中心，规划为二级综合交通枢纽。

综合交通枢纽是一个大规模的交通流换乘中心，是各种交通工具间交通流量交换的主要场所，是多种运输方式相互之间实现一体化的全程"无缝"物理连接和逻辑连接的关键，其表现形式是一体化的交通衔接系统。从现状情况来看，我省还没有真正可称得上综合交通枢纽的交通枢纽点。包括武汉在内的各主要城市都将铁路、公路、航空站点等分别建设，使得各个交通系统之间衔接性差，城市对外交通与城市内部交通之间交通衔接性也较差。相对于综合交通通道而言，我省的综合交通枢纽规划和建设更加紧迫，必须加强包括城市部门在内的各有关部门的协调，采取指定部门（单位）负责、联合建设、共同使用的方式，加快"一站式"交通枢纽布局建设。

036

关于印发广东省内河航运发展规划的通知

粤府〔2004〕104 号

各地级以上市人民政府，各县（市、区）人民政府，省政府各部门、各直属机构：

现将《广东省内河航运发展规划》印发给你们，请结合本地实际，认真贯彻执行。

广东省人民政府

二〇〇四年十月十一日

广东省内河航运发展规划

广东省人民政府

2004 年 10 月 11 日

为加快我省内河航运基础设施建设，充分发挥水运资源的优势，实现水运交通新的跨越式发展，促进经济社会全面协调可持续发展，特编制我省内河航运发展规划。

一、广东内河航运基本状况

——航道

广东省河流纵横交错，水资源丰富。全省有大小河流 2000 余条，总长 36000 多公里，居全国第一，主要分布在珠江水系、韩江水系和榕江水系，发展水运具有得天独厚的自然条件，是全国航运资源条件最优越的区域之一。在全国规划重点建设的内河航道"两横一纵两网"中，我省就占了"一横"（西江航道主干线）和"一网"（珠江三角洲航道网）。

广东省现有通航里程 11844 公里，占全国内河通航里程的 9.6%，居全国第二；其中等级航道里程 4306 公里，占全省 36%，居全国第六；四级及以上航道里程 1036 公里，占全省 8.7%，居全国第五。广东省内河航道主要分布在珠江水系，共有通航河流 865 条，通航里程 8010 公里，占全省通航里程 67.6%，其中珠江三角洲河网通航里程 5823 公里，四级及以上航道里程 901 公里，分别占全省 49％和 87％。西江是珠江的干线，目前为三级航道，2000 吨级船舶可通达肇庆，1000 吨级船舶可通达广西梧州。

东江、北江已形成六级或七级航道。榕江和韩江分别形成三级和七级航道。

目前，珠江三角洲已初步形成了以通航 1000 吨级及以上标准航道为骨干，以四级航道为基础，江海直达，连通港澳的航道运输网；与西南等省区衔接的省际通航能力大大提高；粤东、粤北山区通航条件得到改善。

——港口

基本形成以广州、深圳、珠海、汕头、湛江为主枢纽港，惠州、茂名等为重要港口，其他中小港为一般港口的分层次格局。全省共有码头泊位 3066 个，年通过能力 50899 万吨，其中沿海码头泊位 1219 个，年通过能力 33399 万吨，约占全省 65.6％。

全省共有内河生产性码头泊位 1847 个，内河港口吞吐能力约 17500 万吨，约占全省港口吞吐能力的 34.4％，居全国第六，2003 年实际完成吞吐量 9348 万吨。全省约 95％的内河港口集中分布在珠江水系通航条件较好的河流沿线，多以中小型为主。我省的内河港口主要为沿海主枢纽港服务。

——船舶

广东省全社会内河船舶保有量为 19484 艘，约 331 万载重吨，69000 多客位，运输船舶多为 100～300 吨级，平均载重吨约 190 吨。

——内河运输

2003 年全省内河运量 1.3 亿吨，约占全省水运量的 48％，约占全国内河货运量的 1/5，其中珠江三角洲约占 85％；全省内河集装箱运量完成 564 万标箱，占全国内河集装箱运量的 80％，其中珠江三角洲完成的内河集装箱运量占全省内河集装箱运量的 98％。全省内河旅客运输量 984 万人。

——总体评价

1. 广东省内河航运覆盖了全省大部分地区，内河航运的发展，改善了沿江地区的交通运输条件和投资环境，加快了城镇化进程，促进了生产力的合理布局和国民经济的发展。内河航运最发达的珠江三角洲地区也是国民经济发展最快的地区。

2. 客运水平总体呈下降趋势，货运量稳步增长，集装箱发展迅速。1995—2003 年内河客运量年均下降 8％，但港澳航线客运量保持一定的增长，2003 年全省内河客运量达 984 万人。内河货运量稳步增长，1995—2003 年年均增长约 4％，2003 年内河货运量约达 1.3 亿吨，主要承担大宗散货和外贸物资运输，其中集装箱运输发展迅速，1995—2003 年内河集装箱运量年均增长约 20％。

3. 我省内河运输量主要集中在珠江三角洲，与经济总量分布一致。近年来该区内河客、货运量分别约占全省内河客、货运量的 85％。

4. 内河航道是广州、深圳等沿海港口的主要集疏运方式，主要为沿海港口服务，其中广州港约 1/3 的集疏运任务由内河承担。

5. 发展相对滞后，潜力尚未充分发挥。总体来看，我省综合运输体系发展不平衡，与公路建设相比，内河港口、航道建设相对滞后，不能适应经济快速发展的需要，水运优势未能得到充分发挥，与构筑"泛珠三角"区域经济发展战略和实现交通协调发展的要求有较大差距。

二、内河运输量预测

根据广东省国民经济和社会发展规划及交通运输发展规划，对广东省客、货运量及内河运量进行预测。"十五"和"十一五"期间，预计全省货运量年均增长速度分别为 5.5% 和 5.0%，其中，内河货运量年均增长速度均为5.0%；全省客运量年均增长速度均为 6.5%，其中内河客运量分别年均递减约 6.8% 和 5.1%。2005 年和 2010 年客、货运量预测结果见表一，集装箱运量预测见表二。

表一　　　　2005—2010 年广东省客货运量预测表　　（单位：万吨、万人）

| | 2003 | 2005 | 2010 | 年均增长速度（%） | | 备注 |
				"十五"	"十一五"	
全社会货运量	140442	156300	199500	5.5	5.0	
其中：珠三角	112353	126240	161120	6.0	5.0	
内河货运量	13000	14330	18300	5.0	5.0	
其中：珠三角	11050	12300	16080	5.5	5.5	
全社会客运量	182334	225777	309333	6.5	6.5	
其中：珠三角	145867	180622	247466	6.5	6.5	
内河客运量	984	623	480	−6.8	−5.1	
其中：珠三角	880	560	420	−7.6	−5.6	

表二　　　广东内河集装箱运量及沿海集装箱吞吐量预测表　　（单位：万标箱）

	1995	2002	2003	2005	2010	2003—2010 年年均增长（%）
内河集装箱运量	132	474	564	720	1250	12.8
沿海集装箱吞吐量	142	1217	1615	2180	4050	16.2

三、加快发展广东内河航运的战略意义

（一）全面建设小康社会，率先基本实现现代化的需要

改革开放以来，特别是近几年来，我省的交通事业发展突飞猛进，为我省经济发展提供了有力的支撑。但目前我省交通运输还不适应经济发展的需要，更难于适应我省全面建设小康社会的要求。省委九届二次会议确定了我省本世纪前二十年的奋斗目标：到 2010 年，全省人均生产总值比 2000 年翻一番，达到 3450 美元，珠三角率先基本实现社会主义现代化；到 2020 年，全省人均生产总值比 2010 年再翻一番，达到 7000 美元，全面建成小康社会，率先基本实现社会主义现代化。随着我省经济的发展，运输量将会大大增加。预计到 2010 年，我省沿海港口货物吞吐量接近 8 亿吨，是目前的 2 倍，内河港口吞吐量约 2.3 亿吨，是目前的 2.5 倍；沿海集装箱吞吐量 4050 万标箱，是目前的 2.5 倍；内河集装箱运输量将达到 1250 万标箱，是目前的 2 倍多。因此，必须加快发展内河航运、铁路、公路、航空运输等各种运输方式，构筑现代化综合运输体系。我省水资源丰富，河网密布，发展内河航运基础和条件较好，潜力很大。受到陆路通过能力限制，公路运输成本提高，水路在集装箱运输、能源、原材料等大宗物资运输等方面的优势将愈来愈明显。因此，要高度重视内河航运建设，大力发展内河航运，为广东的长远发展以及打造世界级制造业中心提供大运量、低成本的交通支撑。

（二）增强广东经济发展后劲和提高经济发展竞争力的需要

我省内河航运覆盖全省大部分地区，发展潜力很大。加快内河航运发展，对于进一步改善沿江地区交通运输条件和投资环境，促进沿江地区产业结构和产业布局的调整，降低运输成本，提高产品市场竞争力，促进我省外向型经济和沿江地区县域经济协调发展，增强我省经济发展后劲和提高经济发展竞争力具有重要的战略意义。

（三）贯彻和落实科学发展观，实现交通运输和经济社会可持续发展的需要

广东省尤其是珠江三角洲地区人口密度高，人均土地资源少，环境问题日益突出，能源原材料严重缺乏，需要大量从省外调入。内河航运具有投资省、运量大、能耗低、占地少、成本低、污染少等独特优势。大力发展内河航运，符合可持续发展战略的要求。据测算，在平原和渠化河流上，水运、铁路、公路的基建投资比例为 1：3：7；水运每马力运量是铁路的 2～4 倍、公路的 50 倍；水运成本相当于铁路运输的 1/2、公路运输的 1/5；修建 1 公里铁路（双线）、1 公里高速公路（4 车道）平均占地分别为 50 亩、100 亩，而航道建设基本不占土地；水运单位吨公里能耗约为公路运输的 1/10。因此，发展内河航运既有利于国土资源保护、减少环境污染、节约能源和投资，也有利于降低产品成本，提高市场竞争力，是我省实现交通运输和经济社会可持续发展的重要战略举措。

（四）促进"泛珠三角"区域合作的需要

"泛珠三角"区域内地 9 省区拥有众多的内河航道，大部分属于珠江水系，通航里程 1 万 8 千多公里，占全国的 13.5％。珠三角是航运核心地区，通过西江干线、红水河、南北盘江、郁江、右江等航运通道连接云南、广西、贵州等西部省区，形成了"泛珠三角"区域内面向东南沿海和港澳地区"一条通道一个水网"的格局。

珠三角地区是我国内河航运发展的重点地区，在广东省及周边地区能源等大宗散货运输中扮演了重要角色，完成的货运量占广东省内河货运量的 85％以上，占全国的 18％左右。珠三角内河航运发展的突出特色是集装箱运输发达，已经成为香港、深圳等重要港口集装箱疏运的主要方式之一。2003 年广东省共约 2000 多万标箱集装箱生成量中，有接近 1350 万标箱通过香港出口或运抵香港，其中 500 多万标箱通过内河航运完成，内河航运成为粤港经济紧密联系的重要渠道。

加快广东省内河航运发展，将为"泛珠三角"区域资源开发、物资运输提供便捷的出海通道，为"泛珠三角"区域发挥地缘优势、融入国际市场创造更加有利的条件；将为我省实现充分利用"两种资源、两个市场"，促进"泛珠三角"区域现代物流体系的形成奠定坚实基础，为"泛珠三角"紧密合作和协调发展提供有力支撑。

四、指导思想、基本原则和目标

（一）指导思想

以全面建设小康社会和率先基本实现社会主义现代化为目标，坚持全面、协调、可持续的科学发展观，注重内河航运与港口、海运的协调发展，围绕沿海主枢纽港发展内河航道，使内河航运更好地为沿海主枢纽港服务。突出重点，使内河航运发展与经济中心区、腹地和网络区的经济发展要求相协调，重点建设西江水运主通道和珠江三角洲高等级骨干航道，加密、延伸珠江三角洲高等级航道网，打通出海及与周边省（区）相联系的水上通道，改善粤东和粤北山区通航条件。结合各地城乡经济发展和城市发展的定位、产业分工和布局以及国土资源的开发利用，进一步加强内河港口的建设与改造，完善港口布局，提高机械化装卸水平，拓展主要港口功能；重点建设一批专业化码头泊位，逐步实现沿海主枢纽港、内河航道、内河港口协调发展。调整航运结构，大力推进内河航运船舶标准化，加快老旧船舶更新，推广标准化船型。积极培育内河航运市场，大力发展内河大宗散货和集装箱等专业化运输，充分发挥内河航运在综合运输体系中的作用，促进沿江流域经济快速健康发展。

（二）基本原则

1. 统一规划原则。统一规划，分步实施，充分利用水运资源。
2. 统筹兼顾原则。协调好航运与水利、水电等开发建设。

3. 环境保护原则。处理好航道、港口建设与环境保护的关系，提高水资源综合利用的整体社会效益。

4. 以人为本原则。处理好需求与可能的关系，实施可持续发展战略。

5. 市场原则。以市场为导向，积极引导和利用社会资金参与内河航运建设。

（三）目标

按照协调发展，基本适应国民经济和社会发展需要的要求，提出我省 2010 年内河航运基础设施建设的目标。

——航道

进一步完善适应大型船舶进出的出海航道。建成和完善以西江水运主通道和珠江三角洲"三纵三横"三级及三级以上航道为骨干的珠江三角洲航道网；以该网为核心，形成与北江、东江等航道干支相通，江海直达，布局合理，港、航、船协调发展的珠江水系内河航运体系。初步形成干支互通的韩江水系 300 吨级内河航道体系。至 2010 年，新增 5 万吨级出海航道 115 公里，5000 吨级海轮航道 66 公里，3000 吨级海轮航道 216 公里，1000 吨级海轮航道里程约 227 公里，2000 吨级内河航道里程 236 公里，1000 吨级内河航道里程约 230 公里，500 吨级内河航道里程 100 公里；改善其它等级航道里程约 777 公里；1000 吨以上内河航道里程达 1080 公里，约占全省内河航道里程 9％。逐步完善航道支持保障系统。[2010 年全省航道规划见附图一（略），珠三角航道规划见附图二（略）]

——港口

围绕沿海主枢纽港的发展及运输市场的需求，建成一批适应经济发展和运输需要的集装箱支线港口及其他专业化港口，形成布局合理、功能完善、既有合作又有分工的内河港口体系，新增千吨级以上内河泊位一批，珠江三角洲基本形成集装箱专业化运输系统，部分主要港口成为地区性物流中心。

——运输船舶

调整完善船舶运力结构，至 2008 年基本淘汰水泥船和挂桨机船。到 2010 年，珠江三角洲标准化船舶达到 60％以上，船舶平均吨位增加约一倍，达到 400 载重吨以上。基本形成珠江三角洲水网地区的专业化运输系统，专业化运输比重明显提高，运力结构明显改善。

到 2010 年，内河货运量约 18300 万吨，其中集装箱运输量达 1250 万标箱；内河旅客运输量约 480 万人。

五、主要任务及重点项目

（一）主要任务

1. 完善西江干线主通道，打通出海及与周边省份相联系的水上通道。

加快建设西江下游肇庆至虎跳门和横门 3000 吨级海轮航道，开工建设虎门出海航道（广州港出海航道二期）、崖门 5000 吨级出海航道和磨刀门 3000 吨级海轮航道建设，打通虎门、横门、崖门（含虎跳门）3 条连通西南的出海通道。

开工建设西江航运干线（两广交界处界首至肇庆）航道整治，使 2000 吨级船舶直通广西。

2. 建设和完善以"三纵三横"为骨干航道的珠江三角洲现代化航道网。

加快建设莲沙容水道、陈村水道和潭江水道，开工建设劳龙虎航道、洪奇沥水道等 1000 吨级及以上骨干航道整治工程，建成珠江三角洲"三纵三横"三级及三级以上航道为骨干的珠江三角洲现代化航道网。完善骨干航道的配套设施，率先实现全省骨干航道网维护、管理和服务的现代化。

3. 改善山区航道通航条件。

配合我省区域经济协调发展战略，加强山区水运基础设施建设。通过整治建设北江航道、东江航道和韩江水系航道，逐步改善粤东和粤北山区航道通航条件，促进粤东和粤北山区经济发展。

4. 完善航道支持保障系统。

通过推广应用航标遥测技术、船舶 GPS 定位技术等，建立航道管理数据库系统，逐步完善以电子地图为基础平台的航道地理信息系统，建成一套布局合理、功能齐全、技术先进、服务优质、管理高效、适应我省内河航运现代化要求的航道支持保障系统。

5. 进一步加强内河港口的建设和改造，提高港口装卸机械化水平。

适应经济发展和集装箱运输发展的需要，加强主要内河港口的建设，完善码头布局，调整港口功能结构，逐步建设珠江三角洲集装箱运输系统，进一步发展内河集装箱运输。以应用实用技术和先进设备为突破口，逐步实现港口装卸作业机械化，形成港口规模效益，部分重要港口逐步向区域物流中心方向发展。加强肇庆、佛山等内河港口建设，改善港口集疏运条件。

6. 积极推进内河运输船舶标准化。

逐步淘汰老旧船舶，在航道条件改善的同时，推广主要货种、主要航线的标准化船型，逐步实现内河运输船舶标准化。

（二）2004—2010 年重点项目：

1. 重点整治航道 24 条，整治航道里程约 1970 公里，估算总投资约 69.5 亿元。"十五"后两年和"十一五"投资 50 亿元，其中珠江三角洲航道网投资约 35 亿元。

2. 重点建设内河港口项目 62 个，估算总投资 66 亿元。

[广东省及珠江三角洲航道重点建设项目见附图三（略）、附图四（略），港口、航道重点建设项目具体情况见附表（略）]

六、规划实施意见

（一）各级政府、有关部门要进一步树立全面、协调和可持续发展的科学发展观，充分认识加快发展内河运输对节约土地资源、节约能源、保护环境、实现各种交通运输方式协调发展和交通运输可持续发展的重要性和现实性，采取有效措施加强内河航运基础设施建设，促进内河航运事业的发展。要从全局、长远的战略高度，结合水资源综合利用，加强港口岸线、航道和港口建设的宏观管理，航道、港口项目建设应以国家和省批准的规划为依据，实现航道、港口有序、协调发展，更好地为沿海主枢纽港服务。

（二）2004—2010年省交通规费用于航道建设资金由原来每年5000万元增加到2.5亿元，全部用于内河航道建设。同时，积极争取交通部资金支持。对于2004年起新开工的内河航道建设项目，属于珠江三角洲地区的项目，沿线地方政府负责安排项目总投资的35%；东西两翼内河航道项目，沿线地方政府按项目总投资的15%安排配套资金；山区航道建设项目，沿线地方政府按项目总投资的5%安排配套资金。剩余资金缺口由省和珠江三角洲沿线有关市向世界银行贷款解决。

（三）拓宽融资渠道。加大航道、港口等内河航运基础设施建设的投资力度，按照市场原则，广泛吸引外资和社会资金参与内河航运基础设施建设，形成多元化、多渠道的投融资体系。积极研究政府补助性投资改为参股投资的方案。

（四）积极推进内河运输船舶标准化。要按照安全、环保、经济、美观的要求，优化运输船舶结构，在改善航道条件的同时，推广标准化船型。积极开展船型标准化研究，制定船型标准化系列，特别是节能、环保、经济合理的专用集装箱系列船型，并制定相应的扶持政策，鼓励更新、淘汰老旧船舶和应用标准化船舶。建立和完善现代化船舶交通管理系统，保障船舶交通安全。

（五）理顺航运管理体制，依法治水、治航，促进航运事业协调发展。港口航道管理部门要统筹港、航、船的协调发展，加强与水行政主管部门的沟通和协调，并做好与水资源开发利用相关规划的衔接工作，使水利水电开发能兼顾航运的需要。加快航运立法步伐，尽快修订完善《广东省航道管理条例》，完善相关管理规章，加大航运执法力度，推进内河航运事业发展。

（六）积极培育航运市场，加强市场监管，规范航运市场秩序。各级政府和各有关部门要积极培育水路运输市场，为企业创造良好的市场环境；加强市场管理，从船舶、航运企业、水上运输服务企业、船员和经营管理等方面，提高准入标准，完善退出机制，形成统一、规范、开放、有序的运输市场；打击非法经营，保护合法经营，加强对航运企业的资质管理，规范市场经营行为。

037

关于印发广东省国道"十一五"建设规划的通知

各市交通局（委）、公路局，省公路局：

现将《广东省国省道"十一五"建设规划》印发给你们。请抓紧开展项目前期工作，认真组织实施。实施中遇到的问题，请径向省公路局反映。

广东省交通厅
二〇〇七年三月七日

广东省国省道"十一五"建设规划

广东省交通厅
2007 年 3 月 7 日

"十一五"时期是我省实现宽裕型小康社会，珠江三角洲率先基本实现社会主义现代化的关键时期，也是我省 2020 年全面建设小康社会承前启后的重要时期。为满足我省全面建设小康社会、率先基本实现社会主义现代化对国省道建设的新要求，充分发挥国省道公路在实现这一宏伟战略目标中的支撑和促进作用，根据《中共广东省委广东省人民政府关于加快交通业发展的意见》（粤发〔2006〕20 号）、省政府办公厅《关于印发广东省综合运输体系"十一五"规划的通知》（粤府办〔2006〕63 号）、省发展改革委《关于广东省国省道"十一五"建设规划及广东省高速公路服务区规划有关问题的复函》（粤发改交函〔2007〕228 号）和《广东省公路水路交通"十一五"发展规划》精神，编制本规划。

一、"十五"计划执行情况

（一）主要成就

"十五"时期，我省国省道公路建设紧紧围绕"力争用二十年实现现代化，并以交通、能源、通信的现代化促进整个广东经济建设现代化"的战略目标，坚持"需要与可能相结合，远期目标与近期目标相结合，经济效益与扶贫需要相结合，先主后次，先急后缓，全面规划，统筹安排，总体适当，个别超前，突出重点，发展一般"的原则，突出山区和经济欠发达地区的公路建设。

"十五"期间，全省共完成国省道改建、改善里程约 4600 公里，总投资约

207亿元，实现国道基本达到二级路及以上标准，市到县通二级及以上公路，县到镇通二、三级路，主要出省通道基本改造完成，消灭省道砂土路，基本完成"十五"期目标，国省道公路已初步适应了经济和社会的发展的需要。

至2005年底，全省境内共有国道（指1981年划定的国家干线公路，即一般国道，不含国家高速公路，下同）10条，省道138条。全省境内国道里程4056公里，其中高速公路149公里，占总里程的3.67%；一级公路2145公里，占52.88%；二级公路1454公里，占35.85%；三级及以下公路308公里，占7.59%。省道里程13186公里（不含高速公路，下同），其中一级公路2705公里，占20.51%，二级公路6403公里，占48.56%，三级及以下公路4078公里，占30.93%。

（二）主要存在问题

总体上来说，广东省国省道公路建设取得了很大成绩，国省道公路技术等级有了较大的提高，无论是高等级公路里程、高等级公路密度、投资额等多项指标均居全国前列，公路建设的经济和社会效益也是非常显著的，但也存在着不容忽视的问题，未来的发展面临着严峻的形势。归纳起来主要有：

1. 国省道部分路段的技术等级仍然较低，省道公路网中二级及以上公路所占比重仍然偏低，与国省道公路所担负的干线公路功能不匹配。

2. 国省道公路网中，高等级公路布局还很不完善，不同经济区域的国省道公路发展也不平衡。

3. 国省道公路网中，还存在一些"瓶颈"路段，影响了整段公路作用的发挥。

4. 一些国省道路面损坏较为严重，降低了国省道作为干线公路的服务水平。

5. 省道公路建设与城市建设规划欠协调，珠江三角洲地区的国省道公路发展与本区域的经济和城市化快速发展还相对滞后。

6. 国省道公路建设与高速公路、城市快速道路等其他快速干线建设协调性差，路网总体效益有待提高。

二、"十一五"国省道发展面临的形势

"十一五"时期，我省国省道公路发展面临着新的形势和任务，将对国省道提出更新、更高的要求。"十一五"期，公路客运量及客运周转量仍将持续较快的增长势头，预计到2010年，公路客运量将达25.0亿人次，"十一五"期间年均增长5.2%，公路旅客周转量1600亿人公里，年均增长5.6%。"十一五"期间，公路货运量及货运周转量也将持续增长，预计到2010年，公路货运量将达16.0亿吨，"十一五"期间年均增长6.9%，公路货运周转量1050亿吨公里，年均增长7%。

预计"十一五"期间，国省道公路将承担公路客、货运量的60%~80%。

三、发展目标与主要任务

我省国省道"十一五"的目标是：网络进一步完善，形成与高速公路网相互

连接、相互补充、层次分明的区域干线公路网;路面明显改善,服务质量达到全国先进水平。

主要建设任务是:

国道:以路面改善为中心,高标准建设十条国道文明样板路;抓紧国道的改造,使国道达到二级路及以上标准。

省道:以山区和经济欠发达地区为重点进行公路技术改造,对路面损坏严重的省道安排大修;对街道化严重、交通拥挤的路段予以改造扩建,以适应城市化发展的要求;加强具有高速公路联络线、旅游公路、国防公路功能的省道建设;继续加强出省通道的建设。

"公路安全保障"工程:结合交通部于 2004 年在全国国省干线公路上开始实施的以"消除隐患、珍视生命"为主题的"公路安全保障"工程,"十一五"期的所有国省道建设项目均应按国家、交通部及广东省下发的《公路安全保障工程实施暂行技术要求》、《广东省二、三、四级公路交通安全设施设计暂行规定》及其它有关公路交通安全的规范、规程、文件要求进行设计及施工。

公路养护:坚持"建养并重"的原则,对路面损坏严重的国省道安排大修,并在建设项目中严格执行《国省干线 GBM 工程实施标准》《国家干线公路文明建设样板路实施标准》等标准规范。

"十一五"期间,国省道建设总里程约 6773 公里。其中:国道建设里程约 2582 公里,其中国道文明样板路建设约 2100 公里,占国道建设里程的 81.3%,体现了"十一五"期国道建设是以路面改善为中心;省道建设里程约 4191 公里(新改建 3120 公里,大修 1071 公里),其中 50 个山区县和东西两翼地区(山区县除外)省道建设里程占省道建设里程的 75% 以上,体现省道建设是以山区及经济欠发达地区为重点。

"十一五"期间,全省国省道公路建设资金总需求约为 471 亿元(按静态投资匡算),其中需省投资资金约 77.7 亿元,新增建设用地约 0.9 万公顷。

四、保障措施和政策建议

(一)全面贯彻和落实科学发展观,推进国省道可持续发展

国省道建设要进一步树立全面、协调和可持续的科学发展观,从全局、长远的战略高度,正确处理好国省道建设与自然、环境、资源的关系,节约土地资源,减少环境污染。

(二)加大对国省道公路建设的投资力度

建议各级政府继续将交通运输作为国民经济发展的战略重点,继续把公路建设作为加快区域经济发展的先行条件。政府部门应继续将公路建设项目优先考虑,把公路建设项目作为基础设施优先发展。各级交通、财政部门均应加大投资

力度。

(三)深化国省道公路建设和养护管理体制改革

进一步加强国省道公路建设的宏观调控,加大省里对项目建设、经营的管理和监督力度。国省道公路建设要以规划为指导。公路建设要统筹规划,合理布局,对不符合总体布局规划的项目一律不予审批(核准),防止低水平重复建设和过度超前。加强国省道公路工程建设管理,完善国省道公路工程建设的投入和监管机制。

改革公路养护管理体制,提高对公路养护的重视程度。努力实现公路养护中管理和生产的分离或部分分离,从完善道班向养护公司过渡。落实养护资金,积极培育养护市场,引入竞争机制,提高养护生产效率和资金使用效率。

(四)努力解决国省道公路建设资金问题,积极筹措建设资金

目前我省公路建设存在着加快发展与资金严重匮乏的矛盾,公路建设已是负重前行,举步维艰,作为公路建设的关键因素——资金问题如果没有从根本上予以解决,引向良性循环的轨道,发展将阻力重重。因此,需建立和健全完善的公路建设投融资管理良性循环机制,使公路建设有稳定的资金来源和投资强度,才能加快公路建设的发展。

(五)省继续加大对山区和经济欠发达地区国省道公路建设的扶持力度

虽然近年来我省加大了对山区和经济欠发达地区公路建设的投入力度,提高了补助标准,但由于山区和经济欠发达地区的经济基础薄弱,政府财力有限,仍难以筹集大量资金投入到公路建设上;另外由于近年来国家对公路收费政策有所收紧及费改税政策的逐步实施,一些原来可募集社会资金投资的公路项目也无法通过收费还贷政策来筹措建设资金,致使地方配套资金筹集渠道越来越少,公路建设资金严重不足,公路建设缓慢,公路发展滞后,反过来又制约了当地经济的发展,导致山区和经济欠发达地区与珠三角经济发展的差距加大。"十一五"期省继续加大对山区和经济欠发达地区国省道公路建设的扶持力度。

038

广西壮族自治区人民政府批转自治区发展改革委关于落实西南出海出境大通道建设有关问题的意见的通知

桂政发〔2005〕22 号

自治区发展改革委、交通厅、商务厅、公安厅、信息产业局、通信管理局、物价局，南宁海关，广西出入境检验检疫局，柳州铁路局，开发银行广西区分行，广西机场管理集团公司，广西地方铁路公司，广西沿海铁路公司：

自治区人民政府同意自治区发展改革委《关于落实西南出海出境大通道建设有关问题的意见》，现转发给你们，请认真贯彻执行。

此项工作在实施过程中，由自治区发展改革委督促检查。

广西壮族自治区人民政府

二〇〇五年六月十二日

关于落实西南出海出境大通道
建设有关问题的意见

广西壮族自治区发展和改革委员会

2005 年 4 月 26 日

国家发展改革委办公厅《关于西南出海出境大通道建设有关问题的复函》（发改办交运〔2004〕1333 号），对西南六省区七方提出的有关西南出海出境大通道建设的有关问题作了答复。根据自治区领导同志批示精神，经商有关部门并结合我区经济发展和对外开放的新形势，本着突出重点和可操作的原则，对落实西南出海出境大通道建设有关问题提出如下意见：

一、抓住有利时机完善西南出海出境大通道，加快我区交通基础设施建设

自 1992 年中央明确我区作为西南地区出海大通道以来，在国家的大力支持下，我区的交通基础设施建设得到了长足发展，综合交通运输网络框架已初步形成。随着西部大开发的不断深入，西南地区及我区的经济也在快速发展，特别是中国—东盟自由贸易区建设进程的加快、泛珠三角经济圈的逐步形成，我区的交

通枢纽地位日益显现，而我区的交通基础设施的规模和水平却远不能适应社会经济发展的要求。今后一段时间我区要抓住有利时机，按照进一步建设完善西南出海大通道，构筑连接东盟的国际大通道和通向华南经济中心及华中腹地通道的总体思路，加快交通基础设施建设。

（一）加强与周边省及越南有关方面的沟通、协商，进一步完善我区出省出边出海交通通道规划，参与泛珠三角区域综合交通运输体系合作专项规划的编制工作，开展我区与东盟国家交通合作规划，并将规划成果纳入自治区"十一五"规划。此项工作由自治区发展改革委牵头、有关部门配合共同完成。

（二）积极推进项目前期工作，争取国家支持，多方筹措资金，加大对交通基础设施建设的投入力度。具体实施重点为：

1. 继续配合国家实施公路国道主干线、西部省际通道建设，结合国家及我区高速公路网规划抓紧建设区内重要经济干线，构筑我区以高速公路为主的公路主骨架。2010 年前后，我区与周边国家和毗邻省将建成 1 条以上高速公路通道（其中与广东的达 5 条），边境县（市）有 1 条以上二级公路与越南相连，所有一类口岸及具备条件的二类口岸均有二级公路连接。此项工作由自治区交通厅负责。

2. 结合自治区沿海基础设施大会战，加快建成防城港 15 万吨级、钦州港 10 万吨级和北海港（含铁山港）5 万吨级航道，完善港口集疏运设施，同时通过招商引资建设一批 5～10 万吨级及若干个 20 万吨级的集装箱、散杂货、矿石等码头，提高沿海港口吞吐能力。2010 年实现全区沿海港口吞吐能力达 8000 万吨以上。内河重点抓好右江、西江航运干线的航道整治和航运枢纽工程建设，同时结合红水河水电梯级开发，逐段整治红水河航道。"十二五"期间，实现百色至南宁航段建成三级航道（可通航 1000 吨级船队），南宁至贵港航段建成二级航道（可通航 2000 吨级船队），贵港至梧州航段建成一级航道（可通航 3000 吨级船队），红水河来宾以上航段达到四级标准（可通航 500 吨级船队），来宾至桂平航段达到三级标准（可通航 1000 吨级船队）的目标。开展都柳江、柳江航道的前期工作，分段进行整治建设。此项工作由自治区交通厅负责。

3. 按照自治区人民政府与铁道部签订的加快我区铁路建设"一揽子"协议精神，在抓好洛湛铁路（广西段）建设及黔桂铁路、南昆铁路、沿海铁路扩能改造的同时，积极创造条件动工建设田阳至德保铁路、合浦至河唇铁路、岑溪至罗定铁路，实施湘桂铁路、焦柳铁路、南宁至友谊关铁路及南宁、柳州铁路枢纽扩能改造工程。开展黄（桶）百（色）、贵（州）福（州）、柳（州）肇（庆）、南昆二线等铁路项目的前期工作，争取纳入国家铁路规划适时动工建设。2010 年前后，实现我区铁路出省出境通道达 9 条以上，其中通往广东达 3 条以上。各线路的通过能力有较大幅度的提高，大大缓解出省通道运能紧张的状况。此项工作由自治区发展改革委、柳州铁路局、广西沿海铁路公司、广西地方铁路公司共同负责。

4. 加快推进南宁机场、桂林机场扩建工程前期工作。按满足波音 747 等大型飞机起降的 4E 级标准，争取尽快动工建设。在国家规划指导下，适当发展支线机场。此项工作由广西机场管理集团公司负责。

二、进一步健全西南出海通道服务体系，提高通道运行效率和服务质量

为充分发挥现有西南通道作用，全区交通运输各部门和企业应积极协调增加运力，培育稳定的客货源并提高服务质量；有关政府部门要增强服务意识，主动创造良好运输环境。

（一）在已经开行的防城港、北海港至西南地区铁路集装箱"五定班列"的基础上加大营销力度，争取用 1～2 年时间使列车开行密度由每周 1 班增加到每天 1 班；运输货种由 4 个货种增加到西南主要进出口货种；覆盖面由直达西南个别城市提高到直达西南主要城市和货物进出口主要大企业；列车类型由集装箱扩至大宗散货。此项工作由柳州铁路局、广西沿海铁路公司负责。

（二）根据全区对外开放及社会经济发展的需求加大民航市场开发，除采取增加现有航线航班密度、更换机型提高运载能力、积极拓展国际国内航线、在中国—东盟博览会期间适当增开临时包机等措施外，重点向国家民航总局争取开放南宁、桂林机场第五航权，为外国航空公司开发我区航空市场创造条件，争取 2005 年开通南宁至雅加达、南宁至胡志明市等国际航线。2010 年前，争取我区与全国各主要城市、东盟各国的重要城市、日本及韩国的有关城市均有直达航线，并力争开辟 1 条欧美航线。此项工作由广西机场管理集团公司牵头负责。

（三）继续按照 2004 年 5 月全国开展车辆超限超载治理（以下简称"治超"）工作的统一部署，在前段工作成效显著的基础上，逐步将工作重点转向扩大治超覆盖面和建立治超工作的长效机制上。用 2～3 年时间在全区完善治超检查站点，配备必要设备和卸载场地。同时根据"绿色通道"政策出台以来形势的变化，通过制定《广西鲜活农产品绿色通道实施暂行办法》调整和规范"绿色通道"运输政策，有关建议专题报告自治区人民政府。此项工作由自治区交通厅、公安厅负责。

三、进一步加强口岸设施建设，简化通关手续，促进贸易便利化

各口岸有关部门要加强协调和配合，最大限度提高口岸工作效率，实现口岸物流、人流畅通。在完善"大通关"机制的基础上，进一步加强口岸基础设施的规划，并多渠道筹措资金建设。

（一）以完善为中国—东盟博览会服务、客货流量大或增长潜力大的口岸基础设施为重点，开展口岸发展规划工作。通过调查研究，摸清全区口岸基本情况，合理确定口岸的功能定位，以及我区经济发展和对外开放的需要，研究制订我区口岸发展规划，并上报国务院，争取纳入国家五年口岸开放规划。此项工作由自治区商务厅牵头负责。

（二）按照国务院对实现口岸"大通关"的总体目标要求，进一步完善口岸通关机制。利用中国电子口岸现有资源，建设广西电子口岸，争取在 2010 年前全面建成使用，形成我区口岸统一、高效、安全的信息服务平台。在规划建设我区电子口岸时，积极探索市场化建设运营方式，做到起点高、投资省。此项工作由自治区商务厅牵头负责。

（三）多渠道筹措口岸建设资金，2005 年争取全区主要公路运输口岸设施得到全面改善。在目前实施凭祥友谊关公路运输口岸由交通部门投资建设管理，口岸联检部门进驻办公的试点基础上，向东兴第二口岸、水口口岸推广经验。此项工作由自治区交通厅、商务厅负责。

（四）加强对口岸收费的管理，严格执行国家的口岸收费项目和标准，加大对价格的监督检查力度，杜绝乱收费。此项工作由自治区物价局、商务厅负责。

039

广西壮族自治区人民政府关于印发广西出海出边国际
大通道建设"十一五"规划的通知

桂政发〔2007〕5 号

各市、县人民政府，自治区农垦局，区直各委、办、厅、局：

　　现将《广西出海出边国际大通道建设"十一五"规划》印发给你们，请认真
组织实施。

广西壮族自治区人民政府

二〇〇七年一月二十七日

广西出海出边国际大通道建设"十一五"规划

广西壮族自治区人民政府

2007 年 1 月 27 日

前　　言

　　进入新世纪新阶段，广西在中国与东盟、泛北部湾、泛珠三角等国际国内区
域合作中的战略地位和作用进一步凸现，我区的发展更加紧密地与周边省份和国
家结合在一起。为创造和发挥区位优势，适应加快推进中国—东盟自由贸易区建
设，构建由泛北部湾经济合作、大湄公河次区域合作两个板块和南宁—新加坡经
济走廊一个中轴组成的中国—东盟"一轴两翼"区域经济合作新格局，深化泛珠
三角区域合作，促进北部湾（广西）经济区开放开发的新形势，把我区建设成为
区域性交通枢纽，根据自治区第九次党代会精神，特制定本规划。

　　编制本规划的主要依据是国家高速公路网规划、国家铁路网中长期规划、国
家公路水运"十一五"规划、国家铁路"十一五"规划，以及广西国民经济和社
会发展"十一五"规划、广西综合交通"十一五"规划、广西高速公路网规划、
广西铁路国际通道规划等。

一、建设现状及存在问题

（一）建设现状

　　经过多年努力，广西出海出边交通基础设施建设取得较大成效，以首府南宁

为中心和以沿海港口为龙头，由铁路、公路、水路组成，通往东盟各国、周边省份及出海运输通道总体框架已基本形成，西南出海大通道日益发挥重要作用。随着中国—东盟自由贸易区建设和区域经济合作进程加快以及广西与东盟各国经贸关系进一步密切，广西及周边省经由广西出海出边国际大通道的客货运量持续增长。广西出海出边国际大通道在中国—东盟经贸联系中日益发挥重要作用。

——南宁综合交通枢纽的雏形已经初步形成。由铁路、公路、内河、民航组成的立体交通运输网络，可以沟通周边省份和越南等东盟国家。

——沿海港口建设取得较大成绩。防城港、钦州、北海（含铁山港）等主要沿海港口生产性泊位有84个，其中万吨以上泊位26个，航道通行最大船舶5万吨级。2005年三港总能力2755万吨，当年完成货物吞吐量2954万吨，集装箱吞吐量15.4万标准箱。三港已与世界主要国家的港口有贸易往来，并开辟了至港澳、东盟国家和我国沿海主要港口的集装箱航线航班。

——通往越南的陆路国际通道建设取得了较大进展。铁路可通过湘桂线南宁—凭祥段与越南铁路接轨；公路可通过南昌—南宁高速公路的联络线南宁—友谊关段、防城港—东兴一级公路以及连接对越边境口岸的等级公路网络和沿中越边境725公里沿边公路等与越南连通。

——南宁国际机场的枢纽地位正在形成。广西主要机场南宁、桂林机场已开通到北京、上海、广州、深圳、昆明、成都、海南、南京、杭州、西安、沈阳、济南等国内26个主要机场的航线及香港、吉隆坡、河内等地区性及国际性航线。南宁机场正在逐步成为国际区域性重要航空枢纽。

——通往广东、湖南和云贵等周边省份的综合运输大通道建设取得明显进展。广西与周边省份连接的多条铁路、高速公路正在新建或扩建，通道运输能力不断提高。

（二）存在的主要问题

广西出海出边国际大通道建设已经具备了一定的基础，但总体上还存在着通道能力不足、技术等级偏低、各种运输方式相互衔接配合不够，特别是与周边省份连接的高速公路网没有形成，出海出边国际通道的海上运输通道薄弱，至新加坡的陆路国际通道尚未贯通等突出问题，制约了广西的区位优势和在多区域合作中作用的发挥。

1. 通往周边省综合运输通道能力亟待加强

广西连接周边省的铁路通道总数虽已有5条，但输送能力普遍较低，其中仅黎湛线是复线，湘桂线、黔桂线、南昆线存在铁路全路能力限制口。通往相邻省份的公路通道少，等级低，通行能力不足，尤其是通往东部经济发达的珠江三角洲地区的公路通道不仅数量不足，并且等级普遍不高，严重影响与珠三角的经济联系。西江航运干线是我国主要内河航道，也是广西连接珠三角的重要运输通道，近年来运输量增长很快。但由于航道等级偏低，桂平航运枢纽过船能力不足，加上上游通往云贵的航道未能按规划全线通航，西江航运干线的综合效益未能充分发挥。

2. 广西—东盟国家陆路通道建设滞后

作为中国—东盟各国最重要的国际通道，南宁—凭祥—河内—胡志明市—金边—曼谷—吉隆坡—新加坡铁路尚未全线贯通，河内—万象—曼谷—吉隆坡—新加坡铁路便捷通道的新安—万象段尚未建设；已经建成的跨国铁路南宁—河内铁路，由于技术等级低，中越两国铁路轨距不同，过境物资需要换装，通道能力未能发挥；南宁—友谊关高速公路虽已建成，但由于越方未同步建设，没有形成跨国高等级公路通道。

3. 广西—东盟各国海上运输通道薄弱，沿海港口的枢纽地位尚未确立

广西沿海港口是出海出边海上国际通道的龙头，但防城港、钦州港和北海港（含铁山港）不仅能力小，且已处于超负荷运营状态，特别是国家主要港口防城港吞吐能力严重不足，进出港航道疏浚仅为 15 万吨级，不能适应国际海运船舶大型化发展趋势要求；港口集疏运系统建设滞后，集疏通道不畅，能力不足；海上航线、特别是远洋航线较少；沿海港口一体化建设进程滞后，组合港的规模效益未能形成。

4. 南宁国际综合交通枢纽和航空枢纽港建设尚在起步阶段

南宁地处我国与东盟区域经济合作的前沿，是国际、国内综合运输通道的交汇处，又是中国—东盟博览会的永久举办地，需要有一个区域性国际综合交通枢纽、特别是航空枢纽作为支撑。但南宁国际综合交通枢纽建设刚刚起步，南宁机场规模过小，功能偏低，难以满足中国—东盟区域客货交流和经济合作需要；且南宁到东盟国家主要城市的航线网络还没有形成，区域性国际航空枢纽地位还远未确立。

二、建设背景

（一）中国—东盟自由贸易区建设为广西出海出边国际大通道建设带来难得机遇

广西地处华南经济圈、西南经济圈和东盟经济圈的结合部，沿海沿江沿边，背靠国内广阔腹地，面向东盟市场，是我国唯一与东盟既有陆地接壤又有海上通道的省区，是进入东盟最便捷的通道。中国—东盟自由贸易区正在加快建设，中国—东盟博览会已经落户南宁，广西正以此为契机，统筹开放合作发展，加强与全国各省区市及东盟各国的全面经济合作，以大开放促进大联合，以大联合促进大发展，努力把广西建设成为中国与东盟的区域性物流基地、商贸基地、加工制造基地和信息交流中心。中国—东盟自由贸易区建设对广西出海出边国际大通道

建设提出了新的要求，同时也带来难得的发展机遇。

专栏1 中国—东盟自由贸易区建设

2003年中国与东盟10国建立自由贸易区的谈判正式启动。2002年自由贸易区"早期收获"计划付诸实施，2003年中泰签署水果、蔬菜协议，2004年自由贸易区各国签署货物贸易和争端解决机制两项重要协议，2005年自由区降税计划全面启动，2004年中国—东盟博览会正式落户南宁。

两年来，随着CAFTA的建设发展，双边贸易快速增长。我国商务部统计，2002年至2004年，中国—东盟双边贸易额以年均38.9%的速度增长。2004年，双边贸易额达到1059亿美元，提前一年实现了双边贸易额突破1000亿美元的目标。2005年，双边贸易额已达到1300亿美元，同比增长30%，中国对东盟贸易额占对外贸易总额比重已提高到9.2%。实际上，从2005年1月起，东盟已超过香港，成为中国第四大贸易伙伴。

随着中国—东盟自由贸易区建设的逐步加强，到2010年CAFTA有望在进出口总额上超过北美自由贸易区，到2020年在GDP总量上超过欧盟自由贸易区。中国—东盟自由贸易区将和北美、欧盟自由贸易区一道成为世界三大经济支柱。

2004年11月，首届中国—东盟博览会在中国南宁市成功举行，中国和东盟各国不同行业的企业前来展示自己的产品和服务，累计贸易成交10.3亿美元，并签订投资项目129个，总投资达49.68亿美元。2006年中国—东盟博览会正式落户南宁。

目前中国—东盟自由贸易区建设进程进一步加快，预计到2010年中国—东盟自由贸易区将全面建成。

（二）中国—东盟"一轴两翼"区域经济合作对广西出海出边国际大通道建设提出更高要求

随着中国—东盟自由贸易区的加快建设，将促使中国—东盟"一轴两翼"区域经济合作新格局逐步形成。目前，沿太平洋西岸从南宁到新加坡通道走廊框架已初露端倪，以中国南宁为起点，经过越南首都河内、老挝首都万象（或柬埔寨首都金边）、泰国首都曼谷、马来西亚首都吉隆坡，一直到达中南半岛南端新加坡的通道经济走廊，连通中国、越南、老挝（或柬埔寨）、泰国、马来西亚、新加坡等7个国家，并可直接辐射到缅甸。为适应和推进泛北部湾经济合作，加强海上通道建设是构建中国—东盟"一轴两翼"区域经济合作的关键。因此，必须以更高标准为扩大中国与东盟合作构建更为便捷、高效、畅通、安全的国际海陆运输通道。

专栏 2   中国—东盟"一轴两翼"区域经济合作

中国—东盟"一轴两翼"区域经济合作战略构想，即由泛北部湾经济合作区、大湄公河次区域合作两个板块和南宁—新加坡经济走廊一个中轴组成，形成形似"M"的中国—东盟"一轴两翼"区域经济合作的战略构想。其内容涵盖了海上经济合作（Marineeconomic-co-operation）、陆上经济合作（Mainlandeconomicco-operation）和湄公河流域合作（MEKONGsub-regionco-operation），英文表述的第一个字母也都是"M"。

主要包括三个部分：

——构建泛北部湾经济合作区，将环北部湾经济合作延伸到隔海相邻的马来西亚、新加坡、印尼、菲律宾和文莱等国。

——构建南宁—新加坡经济走廊，促进中国泛珠三角地区与中南半岛国家陆路通道建设和通道经济发展。

——进一步拓展和深化大湄公河次区域合作，努力为这一合作注入新活力。

"一轴两翼"M型区域经济合作的实施，将丰富和充实中国与东盟合作的内容，拓展中国—东盟自由贸易区的合作空间。

（三）深化多区域合作要求加强广西出海出边国际大通道建设

多区域合作使广西的发展前所未有地与国内各省及周边国家紧密结合在一起。广西要在全面开放的基础上，大力推动对东盟、港澳、台湾和日韩、欧美等重要区域的开放，深化与国内省区市的经济合作，主动承接国内外产业转移，在区域合作中发挥更大作用，把广西打造成为连接多区域的国际大通道、交流大桥梁、合作大平台。加快广西综合交通运输体系建设，是参与多区域合作的迫切需要。

（四）加快广西经济社会发展要求加强出海出边国际大通道建设

经过"十五"的建设，2005 年广西生产总值达到 4075 亿元，人均生产总值突破 1000 美元。今后 15 年是广西加快发展的关键时期。根据广西"十一五"规划，到 2010 年生产总值超过 6500 亿元，人均生产总值达到 1600 美元；在这个基础上加快发展，到 2015 年生产总值突破 10000 亿元，人均生产总值达到 2500 美元；到 2020 年生产总值达到 15000 亿元，人均生产总值超过 3000 美元。广西出海出边国际大通道建设对加快区位和资源优势转化为产业和经济优势具有重大作用。要实现广西加快发展，必须加快广西出海出边国际大通道建设。

三、建设目标和主要任务

（一）建设目标

适应广西全方位扩大开放，深化多区域合作，加快经济社会发展的新形势，力争用 15 年左右的时间，建成以南宁国际综合交通枢纽为中心，以海港、空港为龙头，以泛北部湾海上、南宁—新加坡陆路和南宁通往东盟国家航空三大通道为主轴,以广西通往广东、湖南、贵州和云南方向运输通道为主线的"一枢纽两大港三通道四辐射"的出海出边国际大通道体系。到 2010 年,出海出边国际大通道体系建设取得突破性进展:南宁国际综合交通枢纽的地位初步形成;广西沿海现代化组合港逐步崛起,港口吞吐能力再上新台阶;基本完成南宁机场扩建,航线航班和吞吐量大幅增长;出海出边国际陆路大通道的国内部分基本建成,国外部分开始实施;建成大部分国内辐射通道,运输能力有较大幅度增长。到2020 年,南宁国际综合交通枢纽成为沿太平洋西岸中国—东盟重要交通运输中心,广西沿海现代化组合港建设成为泛北部湾地区重要国际航运枢纽,南宁机场成为区域性国际航空枢纽,广西出海出边国际大通道将成为连接中国泛珠三角、西南及华南地区与中南半岛最为便捷、综合效益最好的区域性国际交通通道。

专栏3 "一枢纽两大港三通道四辐射"的出海出边国际通道体系

"一枢纽"即南宁国际综合交通枢纽:广西出海出边国际大通道体系的中心,具有中国—东盟区域性客流、物流、信息流和资金流集散中转等重要功能。

"两大港"即广西沿海组合港和南宁空港:广西出海出边国际大通道体系的重要结点;广西沿海组合港由防城港、钦州、北海三个主要港口组成,具有加强泛北部湾海上运输联系等重要功能;南宁航空港将建成区域性国际航空枢纽,具有沟通东盟及世界各地客货空中运输联系功能。

"三通道"即泛北部湾海上通道、南宁—新加坡陆路通道、南宁通往东盟国家航空通道:广西出海出边国际大通道体系的主要运输走廊,连接中国、东盟及中南半岛的中国—东盟通道的东通道,具有加强中国与东盟国家海陆空综合运输联系等功能,是促进广西全方位加强与东盟经济联系的重要纽带。

"四辐射"即广西通往广东、湖南、贵州和云南方向运输通道:广西出海出边国际大通道体系的重要组成部分,向东辐射联系粤港澳方向及赣闽等省,向北辐射联系湘鄂方向等省,向西辐射联系云贵川渝方向等省市,并经云南辐射湄公河次流域及南亚等国家。

(二)主要任务

1. 南宁国际综合交通枢纽

按照客运实现"零距离换乘"、货运实现"无缝衔接"和各种运输方式有效协调配合的要求,重点建设枢纽内的客运、货运、信息和服务支持四大系统,对外通道、城市轨道、城市道路、综合信息服务和综合服务支持五大网络,城市客运、邕宁综合物流、玉洞国际物流、沙井综合物流、国际机场客货运和武鸣国际物流六大中心。

2. 广西沿海组合港和南宁航空港

——广西沿海组合港是中国—东盟海上走廊的重要枢纽,是泛北部湾地区重要航运中心。配合临港石化、钢铁产业布局和集装箱运输发展需要,重点建设大型散货和集装箱专用泊位;适应大宗散货运输船舶大型化趋势,重点建设沿海主要港口大型深水泊位及进港航道;加强港口后方铁路、高等级公路和内河水运建设,完善港口集疏运系统,形成向内陆经济腹地辐射的综合运输通道和交通网络;扩大港口开放,配合临港产业、现代物流业发展,辟建临港产业加工区和保税区,推进区港联动,积极筹建港口自由贸易区;加强港口信息管理和服务系统建设,完善港口功能,提高服务质量。

——南宁航空港是中国—东盟空中走廊的重要枢纽。结合国家民航机场建设规划,按照到 2020 年把南宁国际机场建成面向东盟的门户枢纽机场的目标定位,近期按机场年旅客吞吐能力 500~600 万人次的要求,扩建南宁国际机场;远期按机场年旅客吞吐能力 1500~2000 万人次的要求,规划建设新的南宁国际机场,发展空港服务、空港物流、空港加工制造等产业。

3. 陆海空三大通道

——南宁—新加坡国际通道是中国—东盟最便捷的重要陆路通道。规划建设泛亚铁路中线和东线(南宁—河内支线),改扩建国内湘桂线南宁—凭祥段,新建防城通向越南海防、百色通向越南高平等出境铁路;规划建设南宁通向越南、柬埔寨、泰国、马来西亚、新加坡高等级公路;完善配套,形成网络,提高运能,最终建成沿太平洋西岸联结中国泛珠地区与中南半岛最便捷、综合效益最好的干线通道。

——泛北部湾海上通道是中国—东盟海上走廊的重要组成部分。加强广西沿海组合港与泛北部湾东盟国家主要港口的沟通联系,扩大与国内外航运公司合作,增开近、远洋航线,开拓运输市场,广纳货源,扩大组合港海向腹地覆盖范围,形成完善的海陆联运网络。

——南宁通往东盟国家航空通道是中国—东盟空中走廊的重要组成部分。加强南宁航空港与东盟国家主要航空港的沟通联系,增加国际航线,覆盖东盟主要城市,形成完善的陆海空联运网络。

专栏4 泛亚铁路

在 1995 年东盟第五届首脑会议上,马来西亚前总理马哈蒂尔提议修建一条由中国昆明经老挝、泰国、马来西亚到新加坡的国际铁路,称为"泛亚铁路"。

"泛亚铁路"计划全长 5500 公里,连接中、越、柬、泰、马、新等国,实现国际铁路联运。通过中国铁路网,连接亚洲北部的蒙古和俄罗斯的远东地区,形成纵贯亚洲大陆的铁路桥,与中吉乌中亚铁路接轨,形成新亚欧大陆桥。

泛亚铁路分东、中、西线三个方案。东线为中国昆明—越南河内—胡志明市—柬埔寨金边—泰国曼谷—马来西亚吉隆坡—新加坡;中线为昆明—祥云(或玉溪)—尚勇—老挝万象—曼谷—吉隆坡—新加坡;西线为昆明—瑞丽—缅甸仰光—曼谷—吉隆坡—新加坡。

修建南宁至万象、曼谷、新加坡铁路的里程分别约 700 公里、1200 公里和 3000 公里,通道经过的地区大多是平原和丘陵地带,崇山峻岭少,建设投资和时间都可节省,是东盟国家进入中国华南地区珠三角市场的便捷通道。

专栏5 "区港联动"和港口自由贸易区

"区港联动":指加强保税区与临近的港区合作,在港区划出特定的区域(不含码头泊位),实行保税区的政策,以发展物流产业为主,按"境内关外"定位实行封闭管理。通过整合保税区的政策优势和港口的区位优势,将保税区的特殊政策覆盖到港区,实现区域联动、功能联动、信息联动、营运联动,拓展和提升保税区和港口的功能,形成保税区与港口良性互动发展的局面。区港联动是发展自由贸易区的国际通行模式。

港口自由贸易区:各国和地区在对外经济交流活动中,划出一块特定的、采取更加开放的特殊政策和措施的自由经济区域。是指一个国家或单独关税区内部设立的、用防栅隔离的、置于海关管辖之外的特殊经济区域,区内允许外国船舶自由进出,外国货物免税进口,取消对进口货物的配额管制;国内货物入区货物即视同出口,可获得退税。

---

4. 广西辐射周边省运输通道

广西国际通道向周边省辐射的运输通道,包括东线向广东方向辐射,北线向湖南方向辐射,西线向贵州、云南方向辐射。

——通往广东方向,铁路通道重点扩能改造黎湛等既有线,新建南宁—广州快速铁路及贵阳—广州铁路广西段;公路通道重点建设兴业—岑溪、贺州—怀集、岑溪—水汶、岑溪—筋竹等高速公路;内河通道重点整治西江干线航道。

——通往湖南方向,铁路通道重点扩能改造湘桂线柳州至衡阳及焦柳等既有线,新建南宁—柳州城际铁路、洛湛铁路广西段;公路通道重点建设桂林—永州、桂林—怀化、梧州—永州等高速公路。

——通往贵州、云南方向,铁路通道重点扩能改造南昆、黔桂等既有线,新建百色—黄桶、南宁—金城江铁路;公路通道重点建设新建和拉通南宁—百色、百色—隆林、河池—六寨、桂林—三江、钦州—那坡等高速公路;内河通道重点建设都柳江、红水河航道和整治右江航道。

四、建设项目和时序安排

(一)"十一五"建设重点

1. 南宁国际综合交通枢纽建设

重点建设项目:铁路方面,结合新建南宁—柳州城际铁路和南宁—广州快速铁路,改造南宁铁路枢纽,重点改扩建南宁铁路客运站、南宁铁路南站和玉洞车站,适时启动建设南宁铁路第二客运枢纽;公路方面,重点扩大南宁公路客运主枢纽规模,完善功能,加快建设玉洞、邕宁货运场站。积极推进南宁城市轨道交通项目前期工作,争取开工建设城轨线路一期工程;结合南宁铁路客货站和国际机场扩建,建设客货换乘(装)中心、玉洞国际物流中心。

2. 广西沿海组合港建设

重点建设项目：防城港，建设 20 万吨级矿石码头及相配套的 20 万吨级航道，13～22 号万吨级以上泊位和相配套的 10 万吨级航道；钦州港，建设 10 万吨级航道，10～15 万吨级散杂货泊位和 5 万吨级集装箱泊位；北海港，建设石埠岭港区 5～9 号泊位和客运码头二期工程，铁山港区工业专用码头及 5 万吨级航道。2010 年，沿海港口新增万吨级以上泊位 39 个，新增吞吐能力 6700 万吨，港口货物吞吐能力达到 1 亿吨。同时，扩能改造沿海铁路，完善港口集疏运系统，建设水陆联运设施。

3. 南宁航空港建设

重点建设项目：按 4E 级标准，新建机场飞行区 3200 米跑道，延长现有跑道 500 米形成平行滑行道，改造飞行区各类系统；按年客运吞吐能力 500 万人次、年货运综合吞吐能力 15 万吨规模的要求，扩建机场航站楼。

4. 南宁—新加坡陆路国际通道建设

重点建设项目：按凭祥铁路口岸年综合通过能力 700 万吨规模的要求，改扩建南宁—凭祥铁路。利用大湄公河次区域中国—东盟交通合作机制，争取国家支持，推动东盟国家形成共识，开展新建泛亚铁路中线河内—万象、胡志明—金边铁路，改造泛亚铁路东线支线河内—凭祥铁路，及防城—海防、百色—高平、凭祥—河内高速公路等项目前期工作。

5. 广西辐射周边省运输通道建设

——通往广东方向。重点建设南宁—梧州—肇庆—广州线、洛阳—湛江线广西段、岑溪—罗定、玉林—合浦等铁路项目，2010 年铁路年通过能力 8000 万吨；南宁—玉林—梧州—郁南、桂林—贺州—怀集、南宁—岑溪—罗定、贺州—梧州—岑溪—茂名等高速公路项目，2010 年高速公路日通过能力 27 万辆；贵港—梧州段等西江干流航道整治项目，2010 年西江干流贵港以下形成二级标准航道。

——通往湖南方向。重点扩能改造湘桂线衡阳—柳州段、焦柳线怀化—柳州段，新建南宁—柳州城际铁路，2010 年铁路年通过能力 7000 万吨；桂林—全州—永州高速公路，2010 年高速公路日通过能力 8 万辆。

——通往贵州、云南方向。重点扩能改造黔桂线贵阳—柳州段，新建南宁—昆明复线，2010 年铁路年通过能力分别为 6000 万吨；建设南宁—百色—富宁—石林—昆明、南宁—百色—隆林—兴义—昆明、南宁—河池—贵阳、桂林—三江—麻江—贵阳高速公路，2010 年通往贵州高速公路日通过能力 18 万辆，通往云南高速公路日通过能力 6 万辆。

（二）2011—2020 年规划设想

"十二五"至"十三五"期间，在国家的大力支持和东盟各国的共同努力下，广西出海出边国际大通道各类项目建设全面展开，国际通道体系基本形成。到

2020年，全面建成南宁国际性综合交通枢纽，形成以南宁为中心，3小时内到达全区所有地级市的陆路交通圈；广西沿海组合港年吞吐能力达到3亿吨，建成港口国际物流园区、港口自由贸易区，及完善的港口后方集疏运系统和海陆联运体系，形成泛北部湾地区国际航运中心；南宁国际机场成为中国通向东盟国家航空通道的门户枢纽；基本建成贯通南宁—新加坡铁路和高速公路运输通道，广西通往越南方向的铁路口岸年综合通过能力8000万吨，公路日通过能力18万辆。建成完善的广西辐射周边省的运输通道体系，广西通往广东方向铁路年通过能力突破1亿吨，公路日通过能力33万辆，西江航运干线年通过能力4000万吨（单向）；广西通往湖南方向铁路年通过能力9400万吨，公路日通过能力19万辆；广西通往贵州、云南方向铁路年通过能力分别为9500万吨和5000万吨，公路日通过能力分别为19万辆和9万辆。

五、实施措施

广西出海出边国际大通道建设是长期而艰巨的任务，必须抓住多区域合作机遇，积极主动工作，采取针对性措施，加强国内国际区域合作，才能实现规划目标。

（一）加强规划衔接

目前广西出海出边国际大通道规划与建设项目有部分未列入国家相关规划，必须加强与国家有关部门的沟通衔接，大力争取国家列入全国交通发展规划和大湄公河次区域交通合作范畴，使我区的设想成为国家战略的组成部分，在国家支持下开展建设。同时要加强与周边省的规划对接，使规划建设能够同步。

（二）强化对外工作

广西国际大通道建设涉及境外相关国家，必须在我国政府相关部门支持下，建立中国—东盟交通合作机制，加强沟通协调，相互理解，达成共识。我区应加强对外工作，主动参与不同层次的合作谈判，积极推进通道项目的前期工作，合力加快国际通道建设。

（三）多渠道筹措融资

广西国际大通道建设投资规模庞大，必须拓宽多渠道筹融资思路。大力争取银行信贷支持，鼓励社会资金投入通道项目建设，盘活既有交通资产增加投入，组建广西交通建设投资公司、广西基础设施建设投资公司等新的平台扩大融资，规范利用政府特许经营方式引进资金，探索建立通道建设基金，扩大股市和债券融资，积极争取国家建设资金投入。

（四）加强项目前期工作

按照规划提出的建设项目，加强科学论证评估，分析预测客货运流量，调动业主积极性，政府相关部门密切配合，共同做好土地预审、环境评价、水土保持、林业生态、岸线使用、城市规划等前期工作，及时向国家有关部门申报项目，不失时机地加快项目开工建设。

六、"十一五"广西出海出边国际大通道主要建设项目表（略）

七、2011—2020 广西出海出边国际大通道主要建设项目表（略）

040

广西壮族自治区公路水路交通
发展"十一五"规划

第一章 "十五"回顾与评价

"十五"期间,在自治区党委、政府的正确领导下,我区交通行业紧紧抓住深入实施西部大开发战略和建设完善西南出海通道的重大机遇,进一步加快以公路、水路为重点的综合交通体系建设,通行保障能力得到显著增强,有力地推动了西南出海通道的建设,促进了全区经济社会的持续较快发展。

第一节 发展成就

一、基础设施建设

固定资产投入持续、较快增长,基础设施建设规模不断扩大。"十五"期间,全区公路水路交通完成固定资产投资 500.81 亿元,为"九五"的 1.73 倍。其中基础设施建设完成投资 484.8 亿元,为"九五"的 1.74 倍,其中公路建设完成投资 437 亿元,为"九五"的 1.79 倍;水运建设完成投资 37.9 亿元,为"九五"的 1.46 倍。在扩大投资规模和加快项目建设过程中,坚持"多条腿走路、多轮子滚动",大力引进国内外资金投入交通基础设施建设。"十五"期间利用国际金融组织或外国政府贷款以及由区内外企业投资的交通基础设施建设项目达 19 个,项目总投资约 436 亿元,引进国际金融组织贷款、外国政府贷款和其他资金约 330 亿元,其中利用外资 6.897 亿美元。

(一)公路建设

"十五"期间,实现了西南公路出海通道广西境内路段以及边境公路全面通车,东巴凤革命老区交通基础设施大会战圆满完成,沿海交通基础设施大会战取得阶段性成果,全区公路通车里程进一步增加,公路网络日益完善,路网技术等级不断提高。全区新增公路里程 8412 公里,其中高速公路 626 公里、一级公路 96 公里、二级公路 2265 公里,平均年新增公路里程 1682 公里。到 2005 年底,全区公路总里程达到 62003 公里,其中高速公路 1411 公里,一级公路 546 公里,二级公路 6299 公里,三级公路 5813 公里,四级公路 36977 公里,等外公路 10957 公里。特别是全区高速公路通车里程突破 1000 公里,是全国第一个实现高速公路通车里程突破 1000 公里的少数民族自治区。全区公路密度由"九五"

期末的 22.35 公里/百平方公里上升到"十五"末的 26.2 公里/百平方公里。二级以上公路达 8254 公里，占公路总里程的 13.3％。新增 34 个县通二级公路，全区 81 个县中除田林、西林、隆林、昭平四个县未通二级公路外，通二级公路的县达 77 个，占 95.06％。乡乡通油路和村村通公路比率分别达到 75.2％ 和 90.9％。"十五"期间，全区新增各类站场 50 个，其中新增汽车客运站 44 座，汽车货运站 6 座，全区公路运输站场达到 382 个，建筑面积 82 万平方米。完成所有县以上客运站的改造或新建，群众的乘车条件和乘车环境得到较大的改善。

（二）沿海港口建设

"十五"期间，新建沿海港口泊位 13 个，新增吞吐能力 864 万吨。其中新建成万吨级以上泊位 7 个，新增吞吐能力 726 万吨。至"十五"末，沿海港口总吞吐能力达到 3456 万吨，万吨级以上泊位达到 26 个。

（三）内河基础设施建设

"十五"期间，完成了西南水运出海通道中线起步工程乐滩至石龙三江口、柳黔江等航道整治工程，实现了南宁至广州千吨级航道全线贯通。到"十五"期末，全区内河航道里程达到 5591 公里，内河港口吞吐能力达到 3264 万吨，五年新增等级航道里程 460 公里、港口泊位 27 个、吞吐能力 277 万吨。

二、运输装备和运输服务

"十五"期间，我区公路水路交通运输装备水平进一步提高，运输结构不断优化，运输服务能力不断增强。

（一）运输装备

公路运输方面，中高档客运车辆发展迅速，直达快班和专线车、旅游车全面发展。到 2005 年底，全区拥有营运汽车 15.66 万辆，其中营运客车 3.69 万辆，营运货车 11.97 万辆，比"九五"期末增加了 22.5％、5.6％；开通客运线路 5005 条，年平均日发班次达 6.16 万辆次。公路运输集约化、规模化发展加快，运输生产能力明显提高。

水路运输方面，到 2005 年底，全区运输船舶达到 8317 艘、204.3 万载重吨、89716 客位，五年运力增加 116.1 万载重吨，增长 131.63％。货运船舶朝着大型化方向发展，平均载重吨从 135.05 载重吨/艘增长到 337.97 载重吨/艘。专业化运输船舶发展迅速，液货危险品船从 29 艘、0.85 万载重吨发展到 108 艘、6.18 万载重吨；集装箱船从无到有，发展到 67 艘、5.58 万载重吨、2851 标准箱位。

（二）运输结构

公路水路客货运输在全区综合运输体系中居于重要地位，发挥着重要作用。2005 年，全区全社会完成公路客运量、旅客周转量、货运量、货物周转量达到 4.87 亿人、438.77 亿人公里、2.79 亿吨、258.43 亿吨公里，分别比 2000 年增长 23.95%、26.10%、18.49%、23.39%；全社会完成水路客运量、旅客周转量、货运量、货物周转量达到 883 万人、2.58 亿人公里、4642 万吨、172.74 亿吨公里，分别比 2000 年增长 15.27%、1.54%、1.43 倍、1.27 倍。全社会公路水路客运量、客运周转量、货运量和货运周转量占综合运输总量的比重分别为 95.07%、77.23%、79.86%和 35.74%。

（三）运输效率

"十五"期间我区公路水路交通运输效率不断提高。

公路运输方面。五年全社会公路客运量、旅客周转量、货运量、货物周转量累计分别完成 21.83 亿人、1971.53 亿人公里、12.59 亿吨、1141.76 亿吨公里，年平均增长率分别为 4.38%、4.75%、3.45%和 4.29%。客运平均运距为 90.30公里，比"九五"期间延长 8.16 公里；货运平均运距为 90.67 公里，比"九五"期间延长 10.63 公里。

水路运输方面。"十五"期末，全区拥有船舶运力 204.3 万净载重吨，完成货运量 4642 万吨，运力与运量的比值为 1∶22.73，比"九五"期末提高 4.99 个百分点。全区港口通过能力为 6720 万吨，其中沿海港口 3456 万吨，内河港口 3264 万吨。通过能力与吞吐量的比值分别为 1∶1.02、1∶1.06 和 1∶0.98，分别比"九五"期末提高 78.9、19.6 和 106 个百分点。

（四）监管服务

"十五"期间，不断适应市场经济和对外开放的形势需要，着力加强行业监管，不断提高服务能力和水平。一是依法行政取得积极进展，初步建立了较为完善的法规体系；二是实行了行政许可"一个窗口对外"服务，提高了行政许可办事效率；三是依法加强监管，全面清理整顿公路水路营运市场，开展治理车辆超限超载专项行动，强化对运输船舶的动态监管；四是理顺港口管理体制，初步建立了港口行政管理体系，港口行政管理工作逐步走上正轨；五是信息化建设进程加快，所有三级以上汽车客运企业完成了安全管理系统的安装，安装使用 GPS或汽车行车记录仪的营运车辆均超过了 8000 辆，建成了货运配载信息系统等一系列运政管理信息系统；六是深入开展创建文明单位、文明集体、文明示范窗口活动，推动了系统队伍建设，行业文明程度进一步提高，交通系统行政服务能力进一步增强。

三、养护管理

公路方面。"十五"期末，全区路线平均好路率为 77.67%，差路率为 0.26%；国省干线平均好路率为 83.96%，差路率为 0.08%。县乡公路路况保持稳步提高，重保路线好路率达到 82.04%，超计划 7.04 个百分点，一般县道好路率达到 62.76%，超计划 4.76 个百分点，乡道晴雨通车率达到 98.07%，超计划

3.07个百分点。通乡等外路改造工程和通乡油路工程的完成率和合格率均达到100％，小项目工程合格率达100％。

航道方面。"十五"期末，全区内河航道养护里程5591公里，设标里程1838公里，设标数量2622座，其中发光里程达1166公里，发光标志2133座；干线航道设计水位以上通航保证率、标志及标灯维护正常率分别达98.84％，99.96％和99.84％。

四、行业建设

"十五"期间，全区交通科技投入总经费约14000万元，重点加强了公路水路工程关键技术、信息管理系统以及办公自动化系统、交通安全技术等的开发、研究和应用。

"十五"期间，共选送10名中青年干部到国外学习深造，选送36名专业技术骨干、91名基层专业技术骨干到高等院校脱产攻读硕士、学士学位，选送1392名专业技术干部参加交通部支持西部地区干部培训班学习，81458人次参加了岗位培训，年培训率达39％。

"十五"期间，对交通行政许可项目、行政收费项目等进行全面清理，组织制定了本级实施的34项交通行政许可项目的办理程序，建立了自治区交通行政许可听证、招标投标、监督检查和责任追究等相关配套制度；加强交通执法队伍建设，全面完成交通系统"四五"普法任务；大力做好治超宣传信息工作，开通广西鲜活农产品运输"绿色通道"、电煤运输和甘蔗运输通道，治超工作取得阶段性成效。

第二节　基本经验

"十五"期间是我区公路水运交通发展历史上的一个重要时期，将为"十一五"乃至更长时期加快发展奠定了坚实的基础。总结"十五"时期的发展，主要有七个方面的经验：

一、坚持邓小平理论、"三个代表"重要思想和科学发展观为统揽

全区交通系统干部职工积极贯彻落实自治区党委、政府工作部署和要求，始终抓住发展这个第一要务不放松，紧紧围绕推进西部大开发、全面建设小康社会和加快富民兴桂新跨越的战略重点，不断适应中国—东盟自由贸易区和泛珠三角区域合作加快建设等新形势的要求，全力推动交通建设。实践证明，这是加快公路水路建设的指导思想。

二、坚持"经济建设、交通先行"

各级各部门和广大人民群众积极支持公路水运建设项目，"十五"期间，自治区先后提出了县县通二级公路，加快边境地区、东巴凤革命老区以及沿海地区

基础设施建设等战略决策，并制订了优惠政策；自治区发改、国土、环保、林业等部门以及沿线地方也给予了大力支持，为交通建设营造了氛围和环境，创造了条件和便利。实践证明，这是加快公路水路建设的重要理念。

三、坚持"以人为本，统筹谋划"

在重点抓好国道主干线、西部通道等公路主骨架，红水河、右江水运主通道和防城港、贵港港主枢纽港口建设的同时，把路网改造、发展农村交通摆到突出位置，着力解决农村群众出行难的问题，做到重点工程和农村交通"两头抓、两手硬"，努力实现交通全面、协调、可持续发展。实践证明，这是加快公路水路建设的根本考量。

四、坚持"调查研究，规划先导"

"十五"期间，在进行广泛深入的调查、研究、论证的工作基础上，开展了《广西壮族自治区公路网规划修编》、《广西壮族自治区农村公路规划》、《广西高速公路网规划》、《广西壮族自治区沿海港口布局规划》、《广西壮族自治区内河航运发展规划》以及《广西壮族自治区道路运输站场总体布局规划》等一系列规划工作，较好地发挥了规划的龙头作用。实践证明，这是加快公路水路建设的指导方法。

五、坚持"项目载体、滚动实施"

"十五"期间，我区立足当前，着眼长远，按照"开工一批、续建一批、投产一批、储备一批"的建设规律，以项目为载体，加大了项目前期工作力度，比较好地储备了一批项目，保证了交通建设项目持续不断。实践证明，这是加快公路水路建设的基础保证。

六、坚持"深化改革、对外开放"

"十五"期间，我区按照市场化的趋向，在继续争取国家、自治区财政政策性资金投入，运用"贷款修路、收费还贷"政策，以及"以电促航、航电结合、滚动发展"的内河航运建设模式基础上，大胆走向市场，更大程度地发挥市场机制作用，通过转让现有高速公路的经营权、利用国际金融组织贷款、采用BOT特许经营权等方式，吸纳了一批社会和民间资金参与交通建设。实践证明，这是加快公路水路建设的必由之路。

七、坚持"廉政建设、文明建设"

要实现交通全面协调可持续发展，必须使交通发展始终保持在健康的轨道上运行。实践证明，这是加快公路水路建设的制度保障。

第三节　存在问题

虽然"十五"我区公路水路建设取得了很大发展，但还不能很好地适应经济社会加快发展和扩大对外开放的需要，我区作为西南出海通道的作用还没有得到充分发挥，总体上交通仍然是我区经济社会发展的薄弱环节。

一、基础设施总体水平落后

主要表现在基础设施总量不足，公路整体技术等级较低，结构布局不够合理，地区间发展不平衡，广大农村特别是偏远山区、贫困地区乘车难、运货难的问题仍较突出；主枢纽港口和部分港口的吞吐能力无法满足吞吐量快速增长的需要；内河港口技术装备不足；航道等级偏低，碍航闸坝多；农村小港码头建设、乡镇客圩渡船改造工程滞后。

二、结构性矛盾比较突出

在综合运输方面，各种运输方式之间的协调配合、运输设施的统筹规划建设、运输装备的发展以及运输经营管理都尚未形成有机整体。在运输方式内部，公路虽然加快了主骨架的建设，但广大农村公路交通条件仍然比较落后，全区仍有许多行政村不通公路；路网结构仍不够合理，高等级公路总量偏少；沿海港口缺乏大型专业化码头和深水航道；水路货运发展不平衡；运力结构不合理，各种先进、高档车辆比重偏低。随着经济发展和结构调整步伐不断加快，交通运输结构性矛盾日显突出。

三、建设资金和要素资源供应难度日趋加大

交通规费征收总量不多，债务负担沉重，还贷压力大；交通投融资体制改革总体滞后，缺乏大规模筹措资金的有效渠道和平台，建设资金不足仍然是制约公路水运基础设施建设的首要因素。另外，今后交通建设在土地征用和环保审批等方面的政策要求将更加严格。

四、管理体制改革亟待深化

体制改革还不够深入，交通系统政企不分的情况依然存在；管理方式和技术手段总体水平不高；一些运输行业垄断经营的局面尚未彻底打破。

五、交通领域反腐倡廉任务依然艰巨

第二章　"十一五"形势和任务

第一节　发展形势

"十一五"时期是我区经济社会发展承前启后的关键时期，要取得富民兴桂

新跨越、全面建设小康社会的重要阶段性进展。同样，也是我区公路水运交通建设的战略机遇期和黄金发展期。新的发展形势对公路水路交通发展提出了新的更高的要求。

（一）国民经济持续快速增长，需要公路水路交通的加快发展。

当前，我区经济社会已经进入到了加快发展的新阶段。预计"十一五"期间GDP增长将达到10％左右。随着经济规模日益扩大，工业化进程加快，区域经济格局形成，都将极大刺激物流、人流等生产要素的流动和转移，客观上要求公路水路交通必须加快发展。

（二）区域经济一体化进程加速，需要公路水路交通的有效支撑。

随着中国—东盟自由贸易区加快建立，泛珠三角区域经济合作深入推进，以及积极参与大湄公河次区域经济合作和"两廊一圈"建设，我区在区域经济合作中的战略地位和作用日益显现。区域经济一体化的发展，必然带动省际间、国际间人员交流增加、进出口物资的快速增长。要充分发挥我区的区位优势，把广西建成为连接中国与东盟国家的国际大通道，形成东靠西联，北上南下的现代综合交通运输体系，必须要公路水路交通的有效支撑。

（三）建设社会主义新农村，需要公路水路交通的协调发展。农村公路是建设社会主义新农村基础设施的一个重要组成部分。尽管我区农村公路的面貌发生了较大改观，但总体水平仍比较低，还不能适应农村经济社会发展和提高农民生活质量的要求。加快社会主义新农村建设，必然要求统筹公路水路交通的发展，加大农村公路建设力度，不断提高路网密度和通达深度，改善农村交通运输状况，促进城乡协调发展。

（四）加快推进城镇化进程，需要公路水路交通的有力支持。我区已进入城镇化的快速发展期，交通是促进城镇化合理布局的重要基础。城镇化进程步伐加快，将直接导致大量的农村人口向城镇转移，人口聚集带动产业集聚，城市功能增强，城镇消费群体扩大，将引起大量人员、物资的交流。交通发展要适应城际间、城乡间、乡村间人流、物流快速增加的需要，必须要加快城镇道路建设，加强城际间快速交通网络建设。

（五）群众交通消费结构升级，需要公路水路交通的加快完善。

随着人民生活水平的提高，城镇和乡村居民对"行"的需求更加迫切，个性化出行成为新趋势，交通消费结构不断升级，出行人数和频率不断增加。特别是汽车消费增长迅猛，自驾车出行日益多样性，要求公路交通设施不断增加和改善。农村居民对适宜农村运输的小型货车、普通客车需求也大幅度增加，要求加快发展农村客货运输服务，实现农村客运网络化和货运便利化。

（六）构建综合交通运输体系，需要公路水路交通的统筹发展。

要充分发挥各种运输方式的优势，通过协调发展、优势互补和综合利用，实现在各种运输方式的有序竞争，努力实现客运"零换乘"、货运"无缝衔接"，最大限度地发挥综合交通的整体效益。加大对内河投入,加快内河航运发展,充分发挥内河航运优势。统筹公路与水路发展,在运输通道、综合枢纽和港口集疏运通道建设方面协调发展,合理有效配置资源。

(七)维护国防安全,需要公路水路交通的坚强保障。

交通是国防安全重要的物质基础之一,交通基础设施建设贯彻国防要求是做好军事斗争准备的重要条件。和平与发展是当今时代主题,但同时也面临着新的不确定和不安全因素,必须面对新时期出现的非传统安全威胁,随时应对可能发生的局部战争、武装冲突事件,捍卫祖国统一与和平安全。国防安全要求建设灵活、可靠、快捷、发达的公路水路交通网络,为国家安全提供有效的交通保障。

(八)发展安全交通,需要公路水路交通坚持以人为本。

发展安全交通是交通发展的永恒课题。必须实施公路安全保障工程,提高公路设施的功能和服务水平,减少和降低安全事故和死亡人数;必须建立现代化的水上安全监管预控体系,创造安全畅通的水上运输环境和秩序,从源头上遏制并减少水上交通事故的发生;必须加快建立健全各种突发事件的交通应急反应机制,提高交通部门应对安全事故、自然灾害、恐怖袭击、突发疫病等影响公众安全的突发事件的反应能力。

第二节 公路水路运量和交通量预测

一、公路客货运输量预测

通过专业预测和综合分析,"十一五"及 2020 年全区公路客运量、货运量、客运周转量和货运周转量预测结果见下表:

全区公路客货运输量预测表

	单位	2005 年	2010 年	2020 年远景
客运量	万人	48700	62386	78916
旅客周转量	亿人公里	438.77	594.94	896.18
货运量	万吨	27900	36798	57959
货物周转量	亿吨公里	258.43	350.46	548.97

预测结果表明:"十一五"期全区公路客运量、货运量、客运周转量和货运周转量的年平均增长率分别为:5.08%、6.28%、5.69%、6.28%。

二、水路客货运输量预测

水路运输需求主要与产业结构的发展相关,采用三次指数模型预测,"十一五"及 2020 年全区水路客货运输量预测结果如下表:

全区水路客货运输量预测表

	计算单位	2005 年	2010 年	2020 年远景
客运量	万人	883	962	1124
旅客周转量	亿人公里	2.58	2.95	4.12
货运量	万吨	4642	8298	18797
货物周转量	亿吨公里	172.74	274.28	571.89

预测结果表明,"十一五"期全区水运客运量、客运周转量、货运量、货运周转量的年平均增长率分别为:1.73%、2.71%、12.31%、9.69%。从发展形势看,全区水运客运发展保持低幅增长,但货运发展较为迅速,年平均增长速度突破 10 个百分点。

三、港口吞吐量预测

全区水运交通流向主要分为沿海港口外向流和内河航道内向流两部分。沿海水运流量集中在防城港、钦州港、北海港三大港口。内河水运流向集中在贵港港、南宁港、梧州港、柳州港等几个重要港口。"十一五"期全区沿海港口的货物吞吐量仍将以较快的速度增长,内河贵港港和梧州港的吞吐量将会有较大的增长,其它内河港口的货物吞吐量总体将保持平稳增长状态。主要港口预测结果如下表:

主要港口货物吞吐量预测表 （单位：万吨）

	2005 年	2010 年	2020 年
总计	6162	14500	38000
沿海合计	2954	10000	30000
北海	437	1700	6500
防城	2006	6070	15500
钦州	511	2230	8000
内河合计	3208	4500	8000
梧州	403	600	1500
贵港	1507	2400	3700
其他港口	1298	1500	2800

预测结果表明,"十一五"期全区港口货物吞吐量年平均增长 18.66%,沿海年均增长 27.62%,其中防城港 24.78%,北海港 31.22%,钦州港 34.27%;

内河年均增长 7%，其中贵港港 9.8%，梧州港 8.3%。

四、交通量预测

（一）公路客运交通量

根据全区国、省道近几年的观测统计资料，公路网中客车的车辆换算系数取 1.32，单位载客人数为 11.25，分析计算客运发生（吸引）量预测结果如下表：

全区公路客运量和客运发生（吸引）量表

指标	2005 年	2010 年	2020 年
公路客运量（万人/年）	48700	62386	78916
公路客运交通量（标准小汽车/天）	156552	213430	395630

（二）公路货运交通量

根据流量观测统计资料，全区目前的货运车辆车型换算系数为 1.48，单位载货 2.65 吨。随着交通信息化的不断发展以及电子商务、物流配送的兴起，公路货运效率将有较大的提高，单位载客吨数将不断增加。分析计算公路货运发生（吸引）量预测结果如下表：

全区公路货运量和货运发生（吸引）量表

指标	2005 年	2010 年	2020 年
公路货运量（万吨/年）	27900	36798	57959
公路货运交通量（标准小汽车/天）	426901	517278	765937

（三）公路交通总量

公路交通总量由公路客运交通量和公路货运交通量组成。全区公路交通总量预测结果如下表：

全区公路交通总量预测结果表　　　　　　（单位：辆/日）

指标	2005 年	2010 年	2020 年
公路客运交通量	156552	213430	395630
公路货运交通量	426901	517278	765937
公路交通总量	583453	730708	1161567

预测结果表明，"十一五"期全区公路客运交通量年平均增长 6.39％，公路货运交通量年平均增长 3.91％，公路交通总量年平均增长 4.6％。

第三章 "十一五"目标与重点

第一节 指导思想

坚持以邓小平理论和"三个代表"重要思想为指导，认真贯彻落实党的十六大、十六届五中全会和自治区党委八届六次全会精神，以科学发展观统领交通发展全局，紧紧抓住我区经济发展由艰难爬坡向经济起飞的重要转变机遇期，围绕西南出海大通道发挥作用、加快建设连接东盟国际大通道和扎实推进泛珠三角区域合作的交通建设发展总体目标，着眼于全区经济社会发展大局，为建设富裕文明和谐新广西，实现富民兴桂新跨越、全面建设小康社会提供便捷、通畅、高效、安全的公路水路交通运输保障。

第二节 发展目标

到 2010 年，公路水路基础设施通行能力显著增强，网络结构合理优化，运行质量明显改善，科技创新和服务能力大为增强，初步建立起能力充分、组织协调、运行高效、管理上乘、服务优质、安全环保的公路水路运输网络，与其他运输方式统筹协调，共同构筑全区布局协调、运行顺畅的现代化综合运输体系。

一、基础设施建设

（一）公路

"十一五"期间，全区将新增公路里程约 18000 公里，其中高速公里超过 1600 公里，一级公路 67 公里，二级公路 5600 公里。到 2010 年底，全区公路总里程将达到 80000 公里，其中高速公路突破 3000 公里，一级公路 617 公里，二级公路 12000 公里。高速公路通车里程比"十五"末翻一番，二级以上公路占总里程的比例接近 20％，公路密度达到 33.8 公里/百平方公里。实现 14 个地级市行政中心全部通高速公路，县县通二级以上公路，与周边国家及各省将建成 45 条二级以上高等级公路通道，其中与相邻各省（国家）至少有一条以上高速公路通道。与越南相接壤的每个县至少有一条二级以上公路通道。17 条与广东联接的二级以上公路通道基本建成。

新增公路运输站场 480 个（含乡镇站约 400 个），全区公路运输站场达到 862 个。到"十一五"末，全区公路运输站场年均日旅客发送能力 125.73 万人次，货运年换算吞吐能力 2015 万吨。

（二）沿海港口

规划"十一五"期间，沿海三个主要港口新增万吨级以上泊位 39 个，"十一五"末达到 65 个，实现亿吨吞吐能力港口群的目标。

1. 防城港。新增万吨级以上泊位 16 个，新增吞吐能力 3300 万吨。到 2010 年，港口万吨级以上泊位达到 29 个，吞吐能力达到 4800 万吨。

2. 钦州港。新增万吨级以上泊位 15 个，新增吞吐能力 2300 万吨。到 2010 年，港口万吨级以上泊位达到 23 个，吞吐能力达到 3200 万吨。

3. 北海港新增万吨级以上泊位 8 个，新增吞吐能力 1100 万吨。到 2010 年，港口万吨级以上泊位达到 13 个，吞吐能力达到 2100 万吨。

（三）内河航运

加强航道建设，结合航电综合开发，实现右江、红水河、柳黔江三条西南水运出海通道全线贯通。完成西江航运干线扩能工程，实现 2000 吨级船舶从贵港直航广州；加快右江渠化进程；改善主要支流航道通航条件，启动绣江、贺江复航工程。新增 II 级航道 291 公里、III 级航道 420 公里。到 2010 年，通航里程为 5591 公里，II 级航道里程达到 291 公里，III 级航道里程达到 700 公里。完善港口功能，提高港口通过能力，"十一五"期间，内河港口新增吞吐能力 3000 万吨，"十一五"末全区内河港口吞吐能力达到 6100 万吨。

（四）农村交通基础设施建设

大力推进农村交通的乡镇通油路、通达工程、通村油路、便民码头、渡改桥和客坪渡船更新改造工程。到"十一五"末，实现 100% 乡镇通油路，所有具备条件的行政村通公路，50% 以上的行政村通油路。"十一五"期间，建设便民码头 780 座，更新改造老旧渡船 933 艘 25016 客位，新建标准化渡船 920 艘 35110 客位。

二、运输服务

（一）公路运输

以高速公路网为骨架，以国、省道以及县乡公路为网络，完善公路旅客运输系统，到 2010 年，客运班线达到 6000 条左右，其中跨省 1500 条、跨市 1450 条。加快城乡客运一体化进程，大力发展农村公路客运，到 2010 年，全区农村客运班线新增 300 条，总计达到 1700 条，通公路的行政村客车通达率达到 90%。到 2010 年，开通国际公路运输线路 30 条，比 2005 年增加 18 条。加强桂港澳运输合作，开通直通公路运输线路 20 条，比 2005 年增加 17 条。

（二）水路运输

内河重点发展西江航运干线集装箱、散装水泥、煤炭及液货危险品等专业化运输，沿海重点发展集装箱、煤炭、铁矿石、原油等专业化运输。力争西江干线内河运输向江海直达运输方向发展取得突破性进展，沿海运输航线向越南等东南亚国家延伸。煤炭、散装水泥、集装箱等专业化运输体系初步形成。实现港口装卸、船闸运行与船舶运输需求相协调，运行效率得到有效提高，水路运输运量大、能耗低、占地少的资源节约型优势得到进一步发挥，实现水运市场安全、有序、高效运转。

三、运输装备

（一）公路

到 2010 年，全区营运客车达到 46000 辆，其中出租车 18000 辆，从事班车、包车、旅游客运的大中型客车总量达 21000 辆，大中型客车中高级客车所占比重达到 15％以上，中级客车所占比重达到 40％以上。营运货车达到 150000 辆，总吨位达到 65 万吨左右，其中重型货车、专用车、厢式货车比例分别达到 12％、8％、10％以上，集装箱运输车辆达到 2000 辆以上。基本形成运力结构合理，专业运输功能齐全，满足社会各层次运输需求的运力体系。重点优化运力结构，初步建立大、中、小型车辆比例配置合理，厢式货车、专用车辆、集装箱车辆、多轴重型货车等协调发展，满足社会各个层次运输需求的装备体系。

（二）水路

到 2010 年，全区水路运力达到 324 万载重吨，其中内河 270 万载重吨，沿海 54 万载重吨。"十一五"新增运力 120 万载重吨，其中内河新增 86 万载重吨，沿海新增 34 万载重吨。运输船舶向大型化、专业化方向发展，其中内河运输船舶平均载重吨从 315 吨/艘发展到 400 吨/艘，专业化率提高到 30％以上，沿海运输船舶专业化率提高到 50％以上。内河重点发展西江航运干线标准化、系列化、大型化、专业化货运船舶，鼓励发展江海直达型货运船舶，初步形成标准化、系列化和专业化的煤炭、散装水泥、集装箱、液货危险品运输装备体系。沿海重点发展大型散货船和集装箱船。

四、养护管理

（一）公路

专业管养公路国省干线好路率达到 85％以上、差路率控制在 0.2％以下，全部路线好路率达到 79％以上、差路率控制在 0.3％以下。高速公路养护质量指数（MQI）达到 90 以上；完成桂林至柳州段路面改造，逐步对柳州至南宁段进行路面维修改造，保持良好路况；逐步完善服务区建设。地方公路县道重保路线好路率力争达到 80％以上、差路率控制在 2.5％以下，一般县道好路率力争达到 62％以上、差路率控制在 5％以下，乡道晴雨通车率达 100％、差路率控制在 10％以下，消灭特差路。力争专业管养公路桥梁承载力全部达到公路－Ⅱ级以上，到"十一五"末消灭已发现的危桥。力争将全区 8 条国道和部分重点省道创建为文明样板路。

（二）航道

主要航道的年通航保证率、标志、标灯维护正常率分别达到 95％、99.8％

和99.5%以上，实现标灯发光电器化，西江航运干线南宁至梧州航段的水上助航标志实现无线遥测监控及管理信息化。建立以自治区级航道管理机构统一管理为主，职能明确、精简高效、运转协调的航道养护管理新体制；加强干线航道的养护工作，养护技术取得明显进步，养护质量明显提高；健全航道法规体系，航道管理与保护工作明显加强；加快创建漓江（桂林至阳朔）和西江航运干线（贵港至桂平）国家级文明样板航道的步伐，创建活动取得积极进展。

五、科教和人才

（一）交通科技

积极开展有关建设节约型交通行业、提高交通资源利用效率和环境保护水平等方面的关键技术研究，着力解决公路水路交通重点工程建设及养护管理中的关键技术问题，加强运输管理和交通安全技术研发，重点开展高等级公路、桥梁隧道建设、养护管理关键技术，以及水运工程建设和航道养护管理关键技术的研究。科技成果推广率和转化率明显提高，科技进步对交通发展的贡献率在现有基础上提高5%～10%。建立政府主导与市场机制相结合，以企业为主体，产学研结合的交通科技创新体系，行业技术创新能力明显增强。创建交通科技成果推广应用示范性工程。

（二）人才

加强交通队伍的教育培训，培训规模比"十五"提高10%，培养3至5名交通科技领军人才、10至15名优秀青年科技人才。依托广西交通职业院校建立2至3个人才专业实训基地，为交通行业输送技能紧缺人才5000人。

六、法制建设

争取完成《广西道路运输管理条例》、《广西航道管理条件》的修订，将《广西交通规费征收使用管理办法》上升为地方性法规，争取出台《广西港口管理条例》、《广西船闸（升船机）管理办法》、《广西旅游汽车客运管理办法》等地方性法规和政府规章；对全区在岗的交通行政执法人员完成一遍轮训；全区交通行政执法错案率控制在1%以下。各级交通行政管理部门的职能转变取得明显成效，对交通行业的经济调节、市场监管、社会管理和公共服务职能基本到位，行为规范、运转协调、公正透明、廉洁高效的交通行政管理体制初步形成。

七、体制改革

完成直属国有企业的改革工作。构建"精简高效、职能明确、权责一致、运转协调、办事规范"的新型公路管理体制。积极推动公路养护工作向专业化、机械化和市场化方向发展。深化港口管理体制改革，实现"一港一政"和港航

（运）管理体制一体化。整合教育资源，推进交通职业教育发展。探索建立交通行政综合执法体制。努力构建投资、建设、经营、管理一体化，责、权、利紧密结合的重点工程建设管理新体制。

八、内部审计

"十一五"期间，每年至少安排 1 至 2 项审计调查任务、1 至 2 项专项资金审计工作，厅直属二层单位经济责任审计覆盖面达到 100%。

九、信息化发展

以交通电子政务建设为龙头，以行业管理信息系统为重点，以政务公开和信息服务为切入点，逐步建立以"三网一库"为基本架构的交通政务信息化枢纽框架，即各级交通行政主管部门机关内部办公业务网（内网）；部级和省、市级交通行政主管部门连接的办公业务资源网（专网）；以因特网为依托的交通公众信息服务网（外网）；各级交通行政主管部门共建共享的电子信息资源库（一库），提高各级交通行政部门的政务信息化建设和应用水平。进一步完善办公业务网和交通政府网站，争取接入全国政府系统办公业务资源网，实现与交通部联通。各级交通行政主管单位和部门，逐步建立机关内部办公业务网和公众信息服务网站，实现交通系统纵向和横向联网。以信息化、网络化为基础，引导和促进交通运输向电子商务环境下的现代物流转变，构筑交通信息服务产业化的框架。

经过"十一五"的发展，我区公路水路交通建设将达到一个新的水平，为"十二五"和更长时期的发展打下坚实基础。"十一五"的发展基础上，从 2010 年到 2020 年，仍是抓住机遇，保持交通快速乃至适当超前的发展，以适应国民经济和社会发展需要。初步展望：立足于本世纪中叶或更早些公路水路基本实现现代化的发展战略，朝着建立客运快速化、货运物流化、运营智能化、安全与环境最优化的目标迈进，把广西建成为中国—东盟最便捷的国际大通道。

——公路。规划的广西高速公路网基本建成，实现县与县之间二级公路联网，实现所有乡镇、行政村通等级公路和通沥青（水泥）路面，公路总里程达到 120000 公里，公路密度超过 50 公里/百平方公里。

——沿海港口。形成北部湾港口一体化经营机制，基本建成功能清晰、优势互补、协调发展的北部湾沿海大型组合港。

——内河航运。形成以西江航运干线和三条西南水运出海通道为主骨架、干支畅通、江海直达、设施较为完善的内河航道网。

——运输站场。形成并完善区域性大交通运输系统，道路运输站场与其他运输方式站场的衔接合理、高效，跨国物流网络系统和综合运输系统形成并运营，行业发展达到国内中上水平和西部领先水平。

第三节 发展重点

一、基础设施建设

（一）继续配合国家实施国道主干线、西部通道建设，结合国家及广西高速公路网规划，加快建设区内重要经济干线，基本形成全区高速公路主骨架。抓紧完成南宁至百色通向云南，桂林至梧州、兴业至梧州、贺州至灵峰通往广东，桂林至全州通往湖南等一批出省高速公路续建项目，新开工建设阳朔至鹿寨等一批高速公路。

（二）实施以国、省道干线公路为主的路网改造工程，构建纵横交错、环路迂回的高等级公路网络。实施地级行政中心与辖县之间、东部经济较发达地区县与县之间以及联结人口密集或经济发达的中心乡镇的二级公路连线。改善重要旅游点、重要工业区的交通状况。

（三）加快北部湾经济区交通体系建设。整合沿海防城、钦州、北海三港资源，加快构筑和完善出海通道建设，将沿海港口建设成为分工明确、互为补充的大型组合港口群，全力推进北部湾经济区的开发建设，进一步发挥好广西作为西南出海通道和中国—东盟国际通道的龙头作用。重点抓好大能力专用泊位、集装箱泊位以及深水航道建设，使沿海港口向大型化、深水化、专业化方向发展，提高装卸设备技术水平；完善港口与铁路、公路联合运输系统，提高竞争能力；适应临海大型工业发展的要求，满足临港工业对海洋运输的需要。

——防城港按照国家主要港口的要求，加快深水航道以及大型专业化泊位建设，重点建设 20 万吨级码头、15 万吨级航道、13～23 号 5 万吨级以上泊位，适应临海工业布局的东湾 10 万吨级进港航道。

——钦州港按照服务大型临港工业综合性港口的要求，重点建设钦州港 10 万吨级航道、钦州港三期、四期工程等。

——北海港为适应建设商贸旅游城市要求，石步岭港区重点发展集装箱专用泊位及大型客运泊位，逐步将散货作业转移至铁山港区，满足临海工业区及大宗散杂货的运输需要。主要建设项目为北海国际客运码头二期工程、石步岭港区 5～9 号泊位、5 万吨级航道、铁山港区 5 万吨级航道。

（四）按照《交通部广西壮族自治区人民政府关于加快西江航运干线扩能和右江航电结合梯级渠化的协议》的要求，重点抓好西江扩能、右江航电结合梯级渠化的建设；根据区域经济发展需要，加快内河主要港口的建设。

——航道，重点建设西江航运干线贵港至梧州航道工程、桂平航运枢纽 3000 吨级二线船闸、长洲水利枢纽 1 号船闸扩能工程；建设那吉、老口、鱼梁枢纽工程；建设西南水运出海通道中线通道工程、西南水运出海北线通道航道工程。

——港口，重点建设贵港港罗泊湾作业区二、三期工程和猫儿山散货作业区三期工程、南宁港六景作业区一期、二期工程和良庆三升滩作业区、以及梧州港赤水圩作业区工程等内河主要港口和百色、柳州、来宾等地区重要港口。

（五）农村交通基础设施建设

从 2006 年开始配合南宁市的有关部门在武鸣县和原邕宁县范围内作为试点，扎实推进社会主义新农村道路建设。

——公路：重点解决目前尚未通沥青（水泥）路的乡镇，特别是在 2007 年底前解决全区 61 个少数民族乡通沥青（水泥）路的问题；争取实现所有的建制村通公路；加快农村客运站以及便民候车亭的建设；实现社会主义新农村试点县 50 户以上的自然屯道路硬化。

——水运：重点解决安全隐患突出，客流量大，渡运比较繁忙的渡口码头，以及有学生集中上学的渡口，有条件适合建桥的渡口，尽量采取渡改桥方案，加快乡镇客圩渡船更新改造步伐。

（六）重点建设南宁、柳州两个公路主枢纽和桂林、梧州、北海及沿海三市等新规划的公路运输枢纽，继续完备其他地级市城市公路运输站场系统及各县的二级汽车客、货运站。统筹乡镇客运站建设，实现 50% 乡镇的汽车客运站建成投产，在主要村屯建设一批农村客运班线运输便民候车亭点。抓好凭祥、东兴、水口、龙邦四个国家一类口岸联检、客货运停车场、物流中心及口岸交通运输管理设施的建设。开放东兴市里火口岸，实现机动车辆通关。

二、信息化发展

（一）继续加强交通电子政务"三网一库"建设。进一步完善办公业务网和交通政府网站，争取接入全国政府系统办公业务资源网，实现与交通部联通。

（二）建设基于 GIS 技术的广西公路管理信息系统、广西高速公路综合信息管理系统、广西航务管理信息系统、广西道路运政管理信息系统、广西公路工程管理信息系统、广西航运枢纽管理信息系统、广西勘察设计、教学、科研等管理信息系统等。

（三）建立公路运输电子商务及物流信息平台。重点开发和推广应用货运管理系统、货物配载系统、货物跟踪技术与设备、特种货物运输跟踪管理系统等；加快公路运输企业共用调度管理信息平台的建设，形成高效的干线货物运输系统网络。

（四）建立沿海水路货运物流信息系统。以国际货运信息系统为突破口，运用和推广 EDI 技术，形成我区沿海水路货运信息网络，逐步与国际航运电子商务接轨。

第四章 投资估算、资金筹措及土地需求

一、投资估算和资金筹措

"十一五"规划期内，要完成上述目标，预计共需投入资金约 1078 亿元。其

中公路建设 904 亿元，沿海港口建设 112 亿元，内河航运建设 59 亿元，科研教育及信息化建设 3 亿元。所需资金拟申请国家补助 180 亿元，自治区、地方或企业自筹 298 亿元，贷款 533 亿元，利用外资 67 亿元。

（一）公路建设。总计约 904 亿元。

1. 高速公路 546 亿元。其中国道主干线项目 73 亿元，西部开发省际公路通道项目 203 亿元，其他干线公路项目 270 亿元。拟申请国家补助 70 亿元，项目业主自筹或其他方式筹集 121 亿元，贷款 290 亿元，利用外资 65 亿元。

2. 路网建设 194 亿元。拟申请国家补助 7 亿元，自治区本级安排和项目业主自筹 56 亿元，贷款 131 亿元。

3. 农村公路 149 亿元。拟申请国家补助 77 亿元，自治区本级安排及地方自筹 72 亿元。

4. 运输站场 15 亿元。拟申请国家补助 3 亿元，自治区本级安排 4 亿元，地方、企事业单位自筹 8 亿元。

（二）沿海港口。总计约 112 亿元，拟申请国家补助 6 亿元，自治区本级安排及企业自筹、贷款 106 亿元。

（三）内河航运。总计约 59 亿元，拟申请国家补助 17 亿元，自治区本级安排及企业自筹、贷款等共 40 亿元，利用外资 2 亿元。

（四）科研教育及信息化建设。总计约 3 亿元，拟由自治区本级安排 7000 万元，其余资金由企事业单位自筹或银行贷款解决。

二、土地需求

"十一五"期预计共需征用建设用地约 70300 公顷。其中公路项目 65900 公顷，包括高速公路 19550 公顷、路网建设 14000 公顷、农村公路建设 32000 公顷、公路运输站场 350 公顷；水运项目 4400 公顷，包括沿海港口 1200 公顷、内河航运 3200 公顷。

第五章　环境保护

一、环境保护目标

公路水路交通项目涉及到对生态环境、声环境、水环境、空气环境以及社会环境等的影响。各类环境要素的保护目标和重点保护内容见下表。

公路水路交通项目环境保护目标

环境要素	环境保护目标	重点保护内容
生态环境	自然保护区、湿地、地表植被及野生动植物、耕地等	国家级、自治区级自然保护区及珍稀濒危物种、基本农田等
水环境	地表水环境质量	敏感水体、水生生物
声环境	居住区声环境质量	居住密集区
空气环境	居住区空气质量	居住密集区
社会环境	土地资源、旅游资源、矿产资源、文物古迹等	基本农田、重要旅游景区（点）、地质遗迹保护区、国家地质公园、重要矿产、重点文物保护单位等

二、环境现状分析

"十五"期间，公路水路基础设施建设和与其配套的运输装备、养护管理等技术水平都取得了长足进步，通行保障能力显著增强。但在促进经济社会发展的同时，交通也对社会生态环境、声环境、空气环境产生一定影响。项目建设占用土地，穿越大小不同的生态系统，对生态平衡带来一定影响；车船行驶速度提高、交通量增大，导致交通噪声等效声级提升；机动车、船体排放的污染物虽然随着交通环境的改善有所降低，但仍然是造成大气污染的一个原因；另外，公路路面地表径流、交通服务设施污水以及公路、水路危险品运输过程中的泄漏事故，都会对地表水环境和土壤带来不同程度的污染。因此，"十一五"期间的交通发展必须重点考虑环境保护的影响，切实做好相关环保工作，确保在规划的实施过程中最大程度的保护环境。

三、环境影响分析

（一）社会环境

根据"十一五"公路水路交通发展规划，全区将新增公路里程约 18000 公里，公路运输站场 480 个，沿海三个港口新增万吨级以上泊位 39 个，内河新增 II 级航道 291 公里，III 级航道 420 公里，农村交通状况将进一步改善，广西依托水路、陆路交通干线发展的城镇群、城镇带将进一步完善成型，加快各城镇间的物质交换与人员交流，促进城乡贸易。规划的实施将给整个社会带来大量的就业机会，并对广西农产品、旅游、矿产资源开发起着巨大的促进作用。

（二）土地利用

规划的实施预计需使用建设用地约 70300 公顷，约占整个广西区域行政面积 23.6 万平方公里的 0.3%。规划项目在实施过程中虽占用一定量的土地，通过采取合理有效的措施，不会对整个区域的土地结构造成大的改变。

（三）水环境

根据《广西壮族自治区水功能区划报告》，广西水功能区划采用一级区划、二级区划两级体系，一级区划（流域级）是宏观上解决水资源合理开发利用与保护的问题，长远上考虑可持续发展的需求。二级区划（自治区级）主要协调用水部门之间的关系。"十一五"交通发展规划主要考虑一级区划。其中一级功能区分 4 类，即保护区、保留区、开发利用区、缓冲区。保护区和保留区是项目建设中应该特别关注和保护的水环境区域；而缓冲区、开发利用区在具体项目建设阶段应认真研究，做好保护工作。

（四）噪声、空气环境

随着交通量的增加，交通噪声、汽车尾气所带来的污染将进一步增加，通过噪声预测模型，到"十一五"规划末期，规划项目高速公路大部分路段的交通噪声增量为 1.3～7.0dB。局部路段会超过 7.0dB，须做好敏感区域的降噪措施。

（五）生态环境

我区先后建立有 50 多个各种类型的自然保护区，并制定了详细的保护内容。"十一五"规划的交通建设项目要避开自然保护区，对个别靠近自然保护区的建设项目，要做好环境保护工作，降低其施工期扬尘、营运期运输车辆尾气排放等对自然保护区生态环境产生的影响。

四、环境影响的减缓措施

（一）土地利用减缓措施

规划遵照节约用地原则，避免在土地资源敏感区规划过密路网。在具体项目设计中尽量少占用耕地、林地等农业价值较高的土地。取、弃土和临时占地要结合土地利用规划统筹安排。

（二）生态环境影响减缓措施

规划实施过程中，在线路具体布局时注意避绕生态保护对象，合理规划穿越山地线路，减少对山地生态系统的破坏。

（三）水环境影响减缓措施

穿越水体保护区的路线在具体项目布线时要做好现场踏勘工作，采取路线绕避的措施。穿过水体保留区的路线尽可能采取绕避措施，无法绕避的要加强治理与维护管理工作。穿越水体缓冲区的路线部分，要严格按流域机构的要求做好保护工作。

（四）声、空气环境减缓措施

严格执行具体项目环境影响评价所提出的环境影响减缓措施。

五、环境影响总体评价

广西公路水路交通"十一五"发展规划是全面建设小康社会和实现现代化建设目标的需要，虽然规划在实施过程中对环境产生一定影响，但通过采取相应的防范措施，在具体项目实施时做好环境保护工作，其社会效益、经济效益、环境效益都能得到有效保障。

第六章 综合评价

从实施效果、社会效益和可持续性发展三个方面进行综合评价：

公路水路交通规划综合评价框图

	2005 年	2010 年	2020 年
总计	6162	13300	25000
沿海合计	2954	8800	17000
北海	437	1948	3500
防城	2006	4440	9000
钦州	511	2412	4500
内河合计	3208	4500	8000
梧州	403	600	1500
贵港	1507	2400	3700
其他港口	1298	1500	2800

第一节 实施效果评价

从公路网、水运规划两个方面，通过技术和经济论证对规划项目的实施效果进行评价。

（一）公路网规划技术评价

根据我区公路网规划方案，从公路网连通度、公路网密度、公路网技术等级、干线道路率、区域网值等五个方面对公路网技术状况进行评价。

1. 公路网连通度

通过考察网络交通节点的连通情况，从路网布局方面反映公路网的结构特点，确定规划区域内各节点间依靠公路交通相互连通度，计算式为：

式中：C——规划区域内公路网连通度；

L——区域内的公路网总里程，km；

A——规划区域面积，km²；

N——规划区域应连通的节点数；

ξ——非直线系数（取 ξ＝1.2）。

计算结果见下表：

公路网连通度计算成果表

年份	2005 年	2010 年	2020 年
乡镇连通度	4.15	5.76	8.03
行政村连通度	1.26	1.74	2.43
二级以上公路连通度	0.47	1.06	1.67

从上表看出，到"十一五"末，全区的公路网连通度将有较大程度改善，特别是二级以上公路的连通度明显增长。

2. 公路网密度

我区公路网密度现状为 26.2 公里/百平方公里，据测算，"十一五"末将达到 33.8 公里/百平方公里，增长 29％。

3. 公路网技术等级

公路网技术等级按下式计算：

公路网技术等级＝Σ（公路里程×公路等级）/Σ公路里程

根据《公路工程技术标准》，公路技术等级按以下标准取值：高速公路、一级公路取 1，二级公路取 2，三级公路取 3，四级公路取 4。计算结果见下表：

公路网技术等级表

年份	2005 年	2010 年	2020 年
公路网总里程（公里）	62003	80000	120000
公路网技术等级	2.8	3.2	2.9

从上表可以看出，到"十一五"末，我区公路网技术等级为 3.2，较现状条件下的技术等级低。主要原因是"十一五"期将大力建设农村公路，低等级公路建设比重将较大增加。这与我区公路建设实际是相稳合的。因此，加大农村公路网建设力度，提高公路等级，将是全区"十一五"至远景公路规划的重点，这也是我区公路网技术等级不断发展的客观要求。

4. 干线道路率

干线道路率为二级及以上道路占全部道路长度的比率。

干线道路率计算结果表

年份	2005 年	2010 年	2020 年
干线道路里程（km）	8254	15617	24996
干线道路率（%）	13.3	19.52	20.83

从上表可以看出，"十一五"末二级以上干线道路率将提高 6.2%。

5. 区域网值

区域网值是综合反映一定区域内路网发展均衡程度的关键指标，其值低于 5.0 一般认为干线道路不足。其计算式为：

式中：W——区域网值；

L——围成区域的干线道路长度，km；

P——围成区域内人口，千人；

A——围成区域的面积，$1000km^2$。

计算结果见下表：

区域网值计算结果表

年份	干线道路里程	区域网值
2005 年	8254	2.14
2010 年	15617	4.55
2020 年	24996	6.92

从上表可以看出，到"十一五"末，道路区域网值将从现状的 2.14 提高到 4.55，表明路网结构日趋合理。

（二）水路规划技术评价

1. 港口吞吐能力

"十一五"末全区港口吞吐能力如下表：

港口吞吐能力表

项目	2005 年	2010 年	年平均增长率（%）
沿海港口			

项目	2005 年	2010 年	年平均增长率（%）
万吨以上码头数量（个）	26	65	20.13
沿海港口吞吐能力（万吨）	3456	10000	23.67
内河航运			
全区港口吞吐能力（万吨）	3264	6180	13.62

从上表可以看出，"十一五"我区港口吞吐能力将保持强劲增长势头，特别是沿海港口年均增长率将超过 20％。

2. 干线航道率

干线航道率为Ⅲ级以上航道占总航道里程的比例。到"十一五"末，全区Ⅲ级以上航道里程将达到 991 公里，干线航道率为 17.7％。

第二节 社会效益评价

一、将有力推动泛珠三角区域合作和中国—东盟自由贸易区建设发展

我区处于泛珠三角区域合作和中国—东盟自由贸易区建设体系当中，公路水路交通基础设施的建设，特别是与周边出口通道的大力建设，连接区域的公路水路通道将发挥着至关重要的作用，将会使得我区与各区域的联系更加紧密。因此，我区公路水路交通的规划建设不仅能够推动泛珠三角区域合作和中国—东盟自由贸易区建设发展，同时也将有助于提升我区交通在促进区域合作中的重要地位。

二、将有力地促进区域城乡一体化发展和城镇化进程

公路水路交通基础设施得到相应的改善后，城镇间的时空距离将大大缩短，其城镇体系发展轴也将得到干线公路网和水路主枢纽的支撑，这将进一步改善全区的用地和产业布局，促进城乡经济的均衡发展。

三、将极大地促进区域经济合理布局和产业协调发展

公路水路建设得到一定程度的提高后，将形成若干与周边地区方便、快速的联系通道，有助于促进区域经济合理布局，加速沿线产业带的形成，推动旅游业、物流业、服务业以及其它新型产业的发展。

四、将极大地改善广大群众的出行条件

交通条件的改善，将减少物资消耗和旅客在途时间，减少交通事故，促进运

输装备、运输结构和出行观念的变化。干线公路、城乡公路网、水路主枢纽、港口、码头、航道的建成，将有力提高整个公路水路交通网络的整体服务水平。

五、将极大地改善投资和发展环境

公路水路交通的规划建设，有利于营造良好的投资环境，更好地利用"两个市场、两种资源"，引进更多的区外资金、资源、人才、技术等生产要素，促进我区经济社会发展。

第三节　可持续性发展评价

一、评价内容

坚持"以人为本、综合发展"的原则，从可持续性发展水平评价、可持续性发展能力评价和可持续性发展协调能力评价等三个方面进行评价。

一是可持续性发展水平评价：评价公路水路交通系统及其发展环境影响因素的发展程度；

二是可持续性发展能力评价：评价公路水路交通系统本身及其影响因素对系统发展的支撑与保障能力；

三是可持续性发展协调能力评价：评价公路水路交通系统与其发展影响因素（系统）之间关系配合的协调程度。

规划主要针对"十一五"建设提出评价，对2020年远景评价仅提出期望值。

二、评价结果

（一）规划网络可持续性发展水平评价

公路水路网路的可持续性发展水平评价从总里程、密度、区域网值、公路网连通度、干线道路率、公路平均技术等级、公路网可达性、弹性系数、运输强度、平均速度等几个方面来评价，评价结果见下表：

公路水路交通可持续性发展水平评价结果表

评价指标	单位	2005 年	2010 年	2020 年
公路网总里程	km	62003	80000	120000
航道网总里程	km	5591.2	5600	5600
公路网密度	km/百平方公里	26.2	33.8	50.71
水运网密度	km/百平方公里	2.37	2.37	2.37
公路区域网值	—	2.14	4.55	6.92

续 表

评价指标		单位	2005 年	2010 年	2020 年
水运区域网值		—	0.17	0.17	0.17
公路网连通度	通乡镇	—	4.15	5.76	8.03
	通行政村	—	1.26	1.74	2.43
	二级以上公路	—	0.467	1.060	1.674
公路平均技术等级		—	2.8	3.2	2.9
干线道路率		—	13.3	18.41	20.83
公路运输弹性系数	客运	—	0.79	1.14	1.33
	客运		0.95	0.89	0.86
水路运输弹性系数	客运	—	0.04	−0.46	−0.52
	客运		6.52	0.84	0.81
公路运输强度	客运	—	14.83	10.76	6.39
	客运		8.84	6.89	5.63
水路运输强度	客运	—	0.29	0.16	0.09
	客运		1.01	0.69	0.39
平均车速		km/h	32.84	50.62	64.86
平均航速		km/h	12.6	15.8	18.6
公路平均运距	客运	km	90.65	105.58	116.31
	客运		89.84	91.68	63.92
水路平均运距	客运	km	28.92	46.14	64.15
	客运		429.20	684.08	1042.30
交通事故率		人/万车	13.28	8.35	5.64
服务水平	公路	—	较差	较好	良好
	水路		较差	较好	良好
固定资产投资	公路	亿元	530	1173.8	待规划
	水路	亿元	38	149.91	待规划

从对规划网络可持续性发展水平评价的状况看，基本符合全区的发展状况，也适应公路水路交通可持续性发展的要求。公路方面，尽管公路平均技术等级水

平相对现状略低，但二级、三级道路所占到比重有较大幅度的提高。其它指标如运输强度、平均运距、交通事故率、服务水平等都有相应的改善。水路方面，航道、港口有较大发展，水运运距、运输强度、服务水平等指标都得到相应的改善。总体评价，我区公路水路交通具备较高的可持续性发展水平。

（二）规划网络可持续性发展能力评价

公路水路交通可持续性发展能力评价从对 GDP 贡献率、车辆船舶保有量等方面进行评价，评价结果见下表：

公路水路可持续性发展能力评价结果表

评价指标		单位	2005 年	2010 年	2020 年
对 GDP 贡献率	公路	%	2.0	3.0	3.5
	水路		0.4	0.5	0.6
民有汽车拥有量年递增率		%	8.24	5.68	3.17
船舶拥有量年递增率		%	−0.34	0.26	0.85
建设投资占 GDP 比重	公路	%	3.98	4.88	5.20
	水路		0.28	0.72	0.83
交通发展均衡度		—	3.15	3.98	4.68
交通安全控制能力			0.78	0.88	0.95
交通科技进步率		%	48	69	80
环保投资占 GDP 比重		%	0.31	0.42	0.50
交通用地面积所占比重		%	0.89	1.05	1.12
交通生态保护能力			0.91	0.96	0.98
专门人才比例	公路	%	28	45	62
	水路		23	40	57
科学决策能力			0.854	0.915	0.954
交通法规保障能力			0.845	0.908	0.948
交通管理信息化水平		—	0.867	0.925	0.967

从上表对公路水路交通可持续性发展能力评价的结果显示，各项评价指标都有较大幅度的提高，交通可持续性发展能力较强。

（三）规划网络可持续性发展协调能力评价

公路水路交通规划可持续性发展协调能力评价从三个方面进行，评价结果如下表：

公路水路可持续性发展协调能力评价结果表

评价指标	单位	现状	"十一五"末	2020 年远景
与其它运输方式协调程度	—	0.867	0.924	0.956
与社会经济发展的适应程度	—	0.824	0.887	0.935
与环境资源协调程度	—	0.984	0.995	0.998

从上表对交通可持续性发展协调能力的评价结果显示，随着规划的实施，公路水路交通可持续性发展协调能力将不断增强。

第七章　保障措施

一、加快交通投融资体制改革

建立和完善"政府投资、地方筹资、社会融资、利用外资"筹融资体制；加强规费征收管理，确保收入预算完成；积极研究新的筹融资方式，拓宽融资渠道，宽领域、全方位筹集交通建设资金；继续坚持"统筹规划，条块结合，分层负责，联合建设"的基本方针，积极争取地方政府在一般税收中适度增加公路建设预算；盘活公路存量资产，加快存量资产变现速度；积极引导非公有制资本投入交通基础设施建设；继续加大开放力度，扩大利用国外政府贷款和国际金融机构资金投资公路建设规模；继续推广"十五"期间融资经验，采取多种方式、多渠道的公路融资方式，如 BOT、TOT 项目融资，发行企业债券、股票，合资、合作建设公路等；采取多渠道加大对内河航道建设的投入，继续走"航电结合，以电养航"的路子。

二、加快交通体制改革

深化交通体制改革，消除影响交通的发展体制性、机制性障碍。进一步深化交通建设管理体制改革，扎实有效地推进我区交通重点工程领域建设体制的改革创新，加强对二级及以下公路建设管理体制改革的指导和管理；坚持建管养并重，加快公路管养体制、运政体制改革进程；积极探索建立交通综合执法体制以及与周边省区和国家更紧密、更开放的交通运输合作机制；建立和完善科技创新机制，不断提高交通自主开发创新能力、集成转化创新能力和引进消化吸收能力。

三、加强法制建设

全面推进交通依法行政，转变管理理念和工作作风，落实岗位职责，强化服务意识，提高办事效率和服务水平；加强交通法制工作机构和执法人员队伍建设，做好业务指导、协调服务、督促检查和情况交流工作，努力营造一支政治强、业务精、作风好的交通法制工作队伍；加大交通法制建设的投入，提高交通法制工作的科技含量。

四、加快科技创新步伐

深化交通科技体制改革，保证科技投入，完善交通科技人才管理，提高交通科研管理水平，加强国际交通科技合作与交流的力度。结合交通行业特点出台相应政策，加快科技创新步伐，努力建设创新型交通行业。大力推广应用高技术、新型材料、先进工艺，不断提高原创性创新能力和引进消化吸收再创新能力，依靠科技进步促进我区公路水路交通在总量、结构、质量等各个方面全面发展。

五、加强人才队伍建设

加强党政领导队伍建设，努力把各级领导班子建设成为践行"三个代表"重要思想的坚强领导集体，逐步建立完善各层次的后备干部库，努力建设一支政治坚定、业务精湛、作风过硬的高素质、专业化、职业化交通公务员队伍；积极构筑广西交通人才高地，建设一支数量充足、门类齐全、专业配套、素质优良的交通专业技术人才队伍；以推行聘用制为重点，加快推进事业单位人事制度改革，更好地吸引人才、凝聚人才和有效地使用人才；加大人才资源市场化配置力度，不断完善交通人才分市场的服务功能，建立健全交通人才工作协调机制。

六、实施交通可持续发展战略

认真贯彻落实以人为本，全面、协调、可持续的发展观，按照科学发展观要求，认真处理好交通发展的规模、速度与效率、交通建设与保护耕地、保护生态环境的关系，统筹好城乡交通发展、地区协调发展、以及交通可持续发展，依靠科技进步和完善监管体制，建设资源节约型和环境友好型交通，努力实现交通和谐、可持续发展。

七、加强廉政与行业文明建设

加快建立有交通特色的教育制度、监督并重的惩治和预防腐败体系，把交通基础设施建设领域作为源头治理的重点，进一步规范易产生腐败的招投标、工程分包、物资采购、资金划拨、工程变更等重要环节；不断加强党员干部职工的思想、廉政、法制教育和警示教育，提高拒腐防变能力；贯彻落实好领导干部廉洁自律的有关规定，坚决纠正部门和行业不正之风；继续深入落实党风廉政建设责任制。深入开展"学建创"为主要内容的群众性行业文明创建活动。

八、加快建立交通应急救援系统

建立健全快速反应应急联动机制，完善各类紧急事件的应急预案，形成"反应快速、调度高效、职责明确"的交通应急救援组织；采用先进的技术装备和管理手段，逐步建立一支能够应对重大事故的结构合理、素质优良的应急救援队伍，定期开展应急救援演练，完善应急联动机制，提高应对突发事件能力。

广西综合交通"十一五"规划

《广西综合交通"十一五"规划》是自治区"十一五"重点专项规划之一，依据《广西壮族自治区国民经济和社会发展第十一个五年（2006—2010 年）规划纲》，着重提出未来五年我区综合交通体系发展的指导思想、战略目标、发展方向、建设重点以及相关政策措施。

一、"十五"计划完成情况及面临的形势

2001 年以来，我区按照国家对交通运输体系建设的基本要求，结合我区经济社会发展的实际，认真实施"十五"计划，一批对全区经济社会发展有重大影响的交通基础设施项目相继开工建设，使我区交通运输业取得较快的发展，西南出海大通道的主要框架初步形成。

（一）"十五"交通运输业发展情况

2005 年全区共完成货运量 4.02 亿吨，货运周转量 1194.34 亿吨公里，比 2000 年分别增加 0.89 亿吨、431.6 亿吨公里。2005 年全区完成客运量 5.24 亿人次，客运周转量 589.2 亿人公里，比 2000 年分别增加 0.59 亿人次、123 亿人公里。

到 2005 年底，全区公路总里程 62003 公里，其中高速公路和一、二级公路里程已分别达到 1411 公里、546 公里和 6299 公里，比 2000 年分别增加 8412 公里、626 公里、96 公里和 2265 公里。二级以上公路比例由 9.8% 上升至 13.3%。

到 2005 年底，除 4 个县外，其余县城均通二级以上公路，基本实现县县通二级公路；所有乡镇通公路，其中 75% 的乡镇通油路；91% 的行政村通公路。

到 2005 年底，全区沿海港口拥有万吨级以上泊位 26 个，沿海港口年货物总吞吐能力达到 3456 万吨，比 2000 年增加 1486 万吨，2005 年实际吞吐量达到 3669 万吨。内河港口吞吐能力达 3264 万吨，2005 年实际吞吐量 3208 万吨。

到 2005 年底，全区铁路运营里程为 2751 公里，较 2000 年虽然增加不多，但通过采取扩能改造等措施，使南昆、湘桂、黔桂等干线铁路的输送能力有所提高，新增复线里程 120 公里，复线总里程达 500 公里，复线率和电化率分别为 16.6%、13.3%。2004 年 9 月，广西与铁道部签订了加快广西铁路建设"一揽子"计划，当年即实现"十五"计划开工铁路项目的全面开工建设。

到 2005 年底，全区共有民用或军民合用机场 5 个，其中：南宁、桂林、北

海机场为 4D 类机场，柳州、梧州机场为 4C 类机场。与 2000 年相比，我区在用民航机场数量和飞行区等级相同。

"十五"期间，开工建设百色田阳军民合用机场。中国南方航空集团公司广西航空有限公司在册运输飞机 7 架。广西航空油料储油达到 5.4 万立方米。

2005 年，全区民用航空旅客吞吐量达 535 万人次，货邮吞吐量 4.8 万吨，比 2000 年分别增长 50.3% 和 37.1%。

"十五"期间，我区管道运输实现零的突破，中石化西南成品油管道于 2003 年 9 月开工，2005 年 12 月建成投产。管道东起广东茂名，西至云南昆明，途经粤、桂、黔、滇 4 省区，全长约 1740 公里，其中在广西境内 801 公里（玉林市 140.5 公里、贵港市 80.9 公里、南宁市 128.5 公里、来宾市 105.4 公里、柳州市 111.4 公里、河池市 234.3 公里），西南成品油管道采用中央控制单管密闭顺序输送工艺，年设计输量为 1000 万吨。该管道建成投用，有效地释放了西南地区铁路运输能力，对缓解西南地区铁路运输紧张局面、保证成品油市场供应、促进经济发展和巩固国防有重要意义。

"十五"计划期间，我区交通运输业共完成固定资产投资 580.08 亿元，比"九五"计划完成投资增加 149.93 亿元，增长幅度为 34.8%。其中铁路完成 75.43 亿元、公路完成 462.9 亿元、水路完成 37.9 亿元、民航完成 3.85 亿元。五年来，通过加大交通基础设施投入，推进了一批重大交通项目的建设，所开工和竣工的重大项目数量是十个五年计划中最多的。五年里竣工的重大项目有：合浦至山口、兴业至六景、南宁至坛洛、南宁至友谊关、黄沙河至全州、百色至罗村口、苍梧至龙眼嘴高速公路和水任经都安至南宁高等级公路、边境公路、滨海公路部分路段、黎塘至南宁铁路复线工程、南昆铁路扩能改造及沿海铁路南防线扩能改造、防城港 11—12 号泊位、钦州港二期工程及 3 万吨级航道等项目，防城港 20 万吨级泊位简易投产；开工建设的重大项目有：桂林至梧州、梧州至岑溪、全州至兴安、南宁至百色、灵峰至贺州、柳州绕城、桂林绕城高速公路、防城港 13—17 号泊位、防城港 15 万吨级航道、钦州港 10 万吨级航道、北海港石步岭港区 5 万吨级航道、洛阳至湛江铁路（广西段）、黔桂铁路扩能改造等。同时，湘桂铁路扩能改造等一批交通重大项目的相关前期工作取得进展。

（二）存在的主要问题

经过五年来的建设发展，我区的交通运输条件进一步改善，但从总体上看，广西综合交通发展水平仍然较低，综合交通体系的总量、质量、结构、布局还不能完全适应广西经济快速发展和扩大对外开放的需要，尤其是在近年来国民经济发展进入新一轮快速增长期，煤电油运需求全面紧张的背景下，交通设施总量及运输能力供给仍然不足。主要表现在以下方面：

1. 交通基础设施总量规模偏小。目前，广西公路总里程居全国第 16 位，但按国土面积计算的公路密度为每百平方公里 26.2 公里,居全国 23 位,低于相邻的滇、黔、湘、粤等省,约为东部沿海省份平均密度的 65%。铁路总营业里程居全国第 10 位,但按国土面积计算的铁路密度为每百平方公里 1.32 公里,居全国第 20 位,约为东部沿海省区平均密度的 70%。北部湾沿海主要港口是广西出海大通道的龙头,虽然发展较快,形成一定规模,但防城港、北海和钦州三港吞吐能力之和还不及毗邻的湛江港。西江航运干线是广西内河航运的主通道,由于桂平航运枢纽船闸通过能力饱和,航道等级偏低,影响了通道能力的发挥。铁路通道偏少且等级低,铁路主要出省通道运输能力紧张,列车运行速度低,5 条铁路出省通道中有 3 条(南昆、黔桂、湘桂)仍存在路网性限制口。

2. 交通基础设施技术水平不高。目前,全区铁路技术等级和装备水平不高,复线率和电气化率较低。公路技术标准偏低,二级以上高等级公路比重低于全国平均水平 3.6 个百分点,等外路比重高达 17.7%,由于 77% 的公路为等外路和四级路,致使广西公路通行能力总体仍然较差,抗灾能力较弱,与交通量快速发展的态势很不适应。通航的内河航道中 37% 为等外航道,等级航道中 73.5% 为六、七级航道,高于全国平均水平 13 个百分点,由于大多数航道仅通行 50~100 吨级船舶,造成内河航运难以在广西综合交通运输中发挥更大作用。民航机场设备、设施落后,航空客、货运量不大,航空运输机队规模较小,航空油料储油能力不足。桂林机场是广西旅客吞吐量最大的机场,在全国排 22 位,但跑道只有 2800 米,南宁机场跑道只有 2700 米,均不能起降波音 747 等大型飞机,不适应南宁举办中国—东盟博览会航空保障的需要。

3. 交通运输网络布局不尽完善。目前,广西综合交通运输网络布局不均衡,铁路总体覆盖面积较小,还有相当部分地区、尤其是桂东贺州、梧州等地区仍未通铁路,不适应广西经济和社会发展的需要。公路路网布局不尽完善,通往周边省特别是广东方向的部分公路未能同步建设,出省出境公路尚未形成大能力畅通通道,区内部分区域间公路尚未连网,一些县与县之间、县与乡之间公路还有断头路。民航机场布局还有待进一步研究完善。

4. 综合交通运输体系的总体功能未能有效发挥。经过多年的建设,广西综合交通运输体系已初步形成,但是各种运输方式之间的能力配套、服务功能尚不健全,港口运输、铁路运输、公路运输及运输站场之间缺乏流畅有效的衔接,运输效率不高,目前通过广西进出海的部分大宗货物的运输效率与相邻的广东相比要低 1~2 倍,影响了我区交通运输竞争力。大能力、高效率的大宗散货运输系统、集装箱运输系统等专业运输系统建设滞后,管道运输起步较晚,尚未形成适应现代物流业发展要求的综合交通运输平台。

5. 交通运输发展的机制有待进一步创新。目前,广西综合交通发展在管理体制、企业经营机制、建设投融资体制、运价形成机制与管理体制以及运输领域其它方面的改革仍存在一些亟待解决的问题，交通运输发展的机制不活，多元化的投资主体尚未形成，利用市场手段吸引社会力量投资交通基础设施的办法不多，而政府用于交通基础设施的财力有限，"十五"交通运输业固定资产投资累计完成投资仅基本达到五年计划预测目标，与全社会固定资产投资大幅度超过计划预测目标的实际相比差距较大。在交通建设总投入中，与东部沿海地区相比差距较大，发展机制的滞后制约了全区综合交通的更快发展。

（三）"十一五"时期综合交通发展面临的形势

本世纪头二十年是我区加快经济社会发展重要战略机遇期，是落实科学发展观、加快富民兴桂新跨越步伐、全面建设小康社会的重要时期，未来五年突出以富裕广西、文化广西、生态广西、平安广西为中心内容的和谐广西建设，我区综合交通发展面临新的形势。

1. 随着中国—东盟自由贸易区加快建立，泛珠三角区域经济合作扎实推进，中越共同构建"两廊一圈"，参与大湄公河次区域经济合作，广西在区域经济合作中的战略地位和作用日益凸显。我区以举办中国—东盟博览会为契机，实施以开放为主导的经济发展战略，加强与国内各省区市和东盟各国的全面经济合作，进一步提高对外开放水平的格局已经形成。为了发挥广西的区位优势，需要形成能够东靠西联，北进南下的现代综合交通运输体系，使广西成为中国与东盟之间便捷通畅的国际大通道。

2. 自治区确定将北部湾（广西）经济区作为区域经济发展战略重点，随着大规模开发建设高潮的掀起，广西沿海地区将形成沿海大型组合港、产业密集带和城市群，建设与之相适应的大能力、高密度、快速度现代化交通运输网络是加快构筑新型广西综合交通运输体系的机遇。

3. 近年来，随着我区加快优势资源开发和重大产业项目建设，新一轮重大工业布局已经展开，经济发展不断提速。经济的快速发展为交通运输的发展奠定了基础，同时也对交通运输规模和质量提出更高的要求。

4. 随着城镇化进程步伐加快，我区已进入城市化的快速发展期。交通基础设施是城市形成与发展的必要条件，正在兴起的城市密集区已经出现交通设施不足、运输能力紧张等问题。应当加快城市、城际综合交通运输体系建设，逐步完善城市功能，为经济发展服务。

5. 长期以来，我们一直把扩大运输能力作为加快交通发展的首要任务，在建设中比较重视发展的速度和规模，忽视了各种交通运输方式的整体效率和效益。为了贯彻党中央提出的科学发展观，交通运输业发展面临着提高交通系统的能源利用率、交通运输的经济效益与社会效益和环境效益的统筹协调、全面提高交通运输体系的安全可靠性和人性化服务水平等新课题。

二、"十一五"及 2020 年交通客货运量预测结果

经过委托国家级交通运输专业科研机构，采取了弹性系数法、旅客乘车率法、增长率预测法、数学模型方法等多种预测方法进行预测，并对计算数据进行综合分析，得出"十一五"及 2020 年广西交通客货运量预测结果。

（一）"十一五"及 2020 年客运量预测

表 1　　　　未来广西各方式旅客运输需求量预测　（单位：万人、亿人公里）

	客运量				旅客周转量				
	总计	铁路	公路	水运	民航	总计	铁路	公路	水运	民航
绝对值										
2005	52356	2034	48700	883	535	589	130	439	2.6	
2010	71307	2840	66470	962	1035	931	205	723	3.0	
2015	90596	3240	84611	1043	1702	1300	273	1024	3.6	
2020	111156	3850	103498	1124	2684	1750	350	1397	4.1	
发展速度										
2001—2005	5.6％	1.8％	5.8％	−1.6％	8.7％	8.4％	7.9％	8.6％	−1.8％	
2006—2010	5.6％	4.6％	5.7％	1.7％	7.3％	7.8％	6.8％	8.1％	2.9％	
2011—2015	4.9％	2.7％	4.9％	1.6％	6.7％	6.9％	5.9％	7.2％	3.7％	
2016—2020	4.1％	3.5％	4.1％	1.5％	6.0％	6.1％	5.1％	6.4％	2.6％	

预测结果表明，2006—2010 年的客运量和客运周转量增长速度分别为 5.6％和 7.8％，2011—2020 年的客运量和客运周转量增长速度分别为 4.5％和 6.5％。旅客运输量尤其是旅客周转量将以较快的速度增长。

（二）"十一五"及 2020 年货运量预测

1. 全社会货运量预测

表 3　　　　未来广西各方式货物运输需求量预测　（单位：万吨、亿吨公里）

	客运量				旅客周转量				
	总计	铁路	公路	水运	民航	总计	铁路	公路	水运	民航
绝对值										
2005	40691	8139	27900	4642	5	1194	775	258	173	

	客运量				旅客周转量				
	总计	铁路	公路	水运	民航	总计	铁路	公路	水运	民航
绝对值										
2010	54706	10500	35885	8298	23	1700	1100	360	274	
2015	70589	12900	44375	13548	36	2350	1500	520	423	
2020	88051	15500	53760	18797	57	3100	2000	700	572	
发展速度										
2001—2005	4.4%	4.6%	4.5%	3.3%	5.5%	6.8%	6.7%	7.7%	6.0%	
2006—2010	6.0%	5.2%	5.2%	12.3%	25.6%	7.1%	7.3%	6.8%	6.9%	
2011—2015	5.3%	4.2%	4.3%	10.3%	10.8%	6.7%	6.4%	7.6%	6.6%	
2016—2020	4.4%	3.7%	3.9%	6.8%	9.9%	6.8%	5.9%	6.1%	11.6%	

预测结果表明，2006—2010 年我区货运量和货运周转量的增长速度分别为 6.0% 与 7.1%，2011—2020 年货运量和货运周转量的增长速度分别是 4.4% 和 6.8%。

2. 主要港口货物吞吐量预测

未来广西主要沿海港口的货物吞吐量仍将以较快的速度增长，内河港口贵港港及梧州港的吞吐量将会有较多的增长，其它内河港口的货物吞吐量总体上将保持平稳增长状态。

表 5　　　　广西未来各时期主要港口货物吞吐量预测值　　　（单位：万吨）

	2005 年	2010 年	2015 年	2020 年
总计	6162	12800	23000	35000
沿海合计	2954	8300	16500	27000
北海	437	1500	3000	5500
防城	2006	5200	9000	14000
钦州	511	1600	4500	7500
内河合计	3208	4500	6500	8000
梧州	403	600	1000	1500
贵港	1507	2400	3200	3700
其他港口	1298	1500	2300	2800

表6	广西未来各时期主要港口货物吞吐量增长速度		
	2006—2010	2011—2015	2016—2020
总计	15.7%	12.4%	8.6%
沿海合计	23.0%	14.7%	10.3%
北海	30.0%	14.7%	12.9%
防城	21.0%	11.6%	9.2%
钦州	24.0%	22.9%	10.6%
内河合计	7.0%	7.6%	4.2%
梧州	8.3%	10.8%	8.5%
贵港	9.8%	5.9%	3.0%
其他港口	2.9%	8.9%	4.0%

3. 港口集装箱吞吐量预测

目前我区集装箱运输规模较小但增长速度很快,正处于集装箱运输的快速增长期。未来广西集装箱运输快速增长的因素主要有:一是随着对外开放的深入以及中国—东盟自由贸易区建设进入实质性发展阶段,广西的对外贸易将会较快发展;二是随着西南出海通道以及广西港口集装箱运输条件的改善,将会有越来越多的西南地区外贸集装箱货物通过广西港口进出;三是随着经济的发展,广西与我国的东北、华北、华东及华南沿海之间的货物贸易将会增长,内贸集装箱运输也将会得到较快速度的增长。根据其他地方集装箱运输的发展历程,今后我区集装箱运输仍将保持快速增长的势头。

表7	未来广西港口集装箱吞吐量预测值		(单位:万TEU)	
	2005	2010	2015	2020
总计	21.1	90	200	380
沿海合计	15.4	70	150	300
北海	2.4	20	50	100
钦州	2.5	15	30	70
防城	10.5	35	70	130
内河合计	5.7	20	50	80
南宁	0.1	1	4	6
柳州	0.5	2	4	6

	2005	2010	2015	2020
梧州	4.5	12	28	47
贵港	1	5	14	21

预测结果表明，广西港口集装箱吞吐量 2005—2010 年、2011—2015 年、2016—2020 年期间将分别以 33.7％、17.3％、13.7％的年均增长速度快速发展，其中沿海港口集装箱吞吐量年均分别增长 35.4％、16.5％、14.9％。沿海港口集装箱运输主要集中在防城港、北海港，内河集装箱运输主要集中在梧州港、贵港港和南宁港、柳州港。

三、"十一五"综合交通发展总体目标和指导方针

我区综合交通运输"十一五"及 2020 年发展目标为：围绕发挥西南出海大通道重要作用、加快建设连接东盟的国际大通道和扎实推进泛珠三角区域合作的总体发展目标，扩大综合交通规模，提高设施等级、网络密度和通达深度，做好各种运输方式有效衔接，形成便捷、通畅、高效、安全的综合交通运输体系。

从现在起到 2010 年，我区综合交通运输发展再上一个新的台阶，使广西综合交通运输体系进一步完善，初步适应连接东盟国际大通道、沟通泛珠三角经济圈和建设北部湾（广西）经济区的需要。

2010 年至 2020 年，基本实现我区综合交通运输体系的现代化，广西作为华中经济圈、华南经济圈、西南经济圈、东盟经济圈大通道作用得到充分发挥，为北部湾（广西）经济区崛起提供完善的交通运输保障。

为实现上述发展目标，今后一段时期，我区综合交通运输体系建设的指导方针是：

在进一步建设完善西南出海大通道同时，发挥广西作为西南、华中、华南和中国东盟经济圈结合部的特殊区位优势，加快构筑连接东盟的陆上、海上和空中国际大通道，建设和完善通向华南经济中心的陆路通道。

进一步扩大综合交通设施总体规模，调整优化网络结构，拓展高效便捷的运输网络规模，提高区内运输干线的密度和质量，增加运输网络的通达度和覆盖率。

提高交通基础设施的运营效率，调整运输结构，优化运输资源配置，逐步建立适应经济社会发展的大能力专业运输系统，形成多种运输方式协调配套的综合运输体系。

采用先进适用技术，加快改造现有基础设施，提升综合交通运输体系技术装备水平。

建立和规范符合市场经济体制要求的交通建设投资经营体制。通过多种渠道筹集交通基础设施建设资金，加快现代化综合交通运输体系的形成。按市场经济规律，将符合条件、有效益的交通基础设施项目推向市场，吸引更多外来投资和社会投资建设经营。

四、"十一五"综合交通发展重点和建设布局

为落实我区综合交通运输发展目标，交通运输各行业应围绕扩大规模、调整布局、完善网络、优化结构加快自身的发展，同时还要做好各种运输方式的协调配合，逐步建立起快速高效节能环保的综合交通运输体系。

（一）铁路

广西铁路网总体布局将以湘桂快速线路为主轴，贵阳—桂林—广州、昆明—威舍—百色—南宁—广州为横线，永州—贺州—梧州—玉林—河唇、怀化—柳州、黄桶—百色—龙邦为纵线的"一轴二横三纵"总体格局，远景规划总里程4000公里以上，其中时速160公里及以上快速线路约800公里。

"十一五"广西铁路发展目标：加快建设高标准、大能力的出省、出海、出境通道，显著提高路网质量，初步形成"一轴二横三纵"网络框架。具体工作重点是：

1. 扩大铁路网络规模，提高铁路覆盖面。到2010年，全区铁路营业里程达3400公里，路网复线率、电气化率分别达到36％和42％。

2. 构建广西快速铁路通道。通过既有线、主要枢纽技术改造，到2010年建成快速度、高标准的出省铁路运输主通道，主要运输干线列车运行速度提高到120～200公里/小时，缩短南宁、柳州、桂林、北海等主要城市至全国中心城市的时间距离。

3. 完善港口、口岸集疏运铁路，促进港口、口岸发展。

4. 提升运输质量，满足小康社会客货运输安全，便捷的要求。

"十一五"主要建设项目：

继续实施完成"十五"开工建设的新线洛湛铁路、扩能改造既有线黔桂铁路。

实施湘桂铁路、焦柳铁路、沿海铁路扩能改造，新建柳州至南宁城际铁路、田东至德保铁路、南宁至广州新通道、贵阳至桂林至广州铁路通道、合浦至河唇铁路、玉林至合浦铁路、岑溪至罗定铁路、防城港至企沙铁路。

扩能改造南宁、柳州铁路枢纽，提高站场编解能力。

积极推进南昆铁路增建二线、黔桂铁路增建二线、黄桶至百色、德保至龙邦等铁路项目前期工作，争取纳入国家铁路网规划适时建设，增加广西出省的铁路出口。

结合自治区重大工业布局，开展钦州港至大榄坪、铁山港支线等铁路项目前期工作，适时开工建设。

（二）公路

"十一五"广西公路发展目标：初步构筑全区高速公路网主骨架，主要出省出境出海公路通道基本形成，路网通达深度和覆盖率显著提高，运输质量和服务水平明显改善，基本适应扩大对外开放、重大产业布局、建设社会主义新农村和加快城市化进程的需要。

"十一五"公路建设重点和项目布局：

按照国家及自治区高速公路网规划的要求，加快建设公路主通道，在完成国道主干线和西部开发省际公路通道建设任务的同时，全面实施国家及自治区高速公路网建设规划。抓紧完成南宁至百色通往云南，桂林至梧州、梧州至兴业、灵峰至贺州通往广东，全州至桂林通往湖南等一批出省高速公路续建项目，以及柳州、桂林绕城线等区内重要经济干线，新开工建设玉林至铁山港、梧州至贵港、百色至隆林、桂林至三江、阳朔至鹿寨、六寨至河池、河池至宜州、筋竹至岑溪、岑溪至水汶、钦州至崇左、六景至钦州港、百色至龙邦等一批高速公路。五年高速公路计划开工1600多公里，建成约1650公里。

加快连接华南、西南、华中、通往东盟和区内沿海港口、新兴重大产业基地的出省、出境公路建设。

加大路网建设和改造力度，增加高等级公路比重，扩大覆盖面，实施以国、省道干线公路为主的路网改造工程，完成县县通二级公路工程，实施地级行政中心与辖县之间、东部经济较发达地区县与县之间以及联结人口密集或经济发达的中心乡镇的二级公路连线，改善重要旅游点、重要工业区及重要口岸的交通状况。五年计划建设和改造二级公路约5700公里。

按照建设社会主义新农村的标准和要求，全面加快通乡镇油路、通行政村油路或等级公路等农村公路的建设，重点实施国家农村公路改造"通畅工程"计划和"通达工程"计划。五年计划建设和改造农村公路50000公里。

提高枢纽站场服务水平，重点建设南宁、柳州两个公路主枢纽和桂林、梧州等新规划的公路运输枢纽，继续完善其他地级市城市公路运输站场系统及各县的二级汽车客、货运站。统筹乡镇客运站建设，实现50%乡镇的汽车客运站建成投产，在主要村屯建设一批农村客运班线运输便民候车亭点。抓好凭祥、东兴、水口、龙邦四个国家一类口岸联检、客货运停车场、物流中心及口岸交通运输管理设施的建设。开放东兴市里火口岸，实现机动车辆通关。

到2010年，全区公路总里程将达到103000公里，其中高速公路3060公里、一级公路610公里、二级公路12000公里；较"十五"末分别新增18000公里和1650公里、64公里、5700公里。高速公路里程比"十五"末翻一番，突破3000

公里大关。代表公路网水平的二级以上公路里程达到 15670 公里，约占公路总里程的 20%，比"十五"期末增加了 6.3 个百分点。公路网密度由"十五"期末的 26.2 公里/百平方公里上升到 43.5 公里/百平方公里。

到 2010 年，14 个地级市行政中心全部通高速公路，县县通二级以上公路。与相邻的省或国家将建成 45 条二级以上高等级公路通道，平均与每个相邻的省或国家有 9 条通道，其中与每个相邻的省或国家至少有一条以上高速公路通道，与广东联接的有 17 条二级以上公路通道。每个边境县至少有一条二级以上公路与越南相连，所有的一类口岸以及具备条件的二类口岸均建成二级以上公路。农村公路状况得到根本改变，实现 100% 乡镇通油路，所有具备条件的行政村通公路，50% 的行政村通油路。

"十一五"期间，全区新建成各类公路运输站场 480 个（含乡镇站约 400 个），建筑面积 30 万平方米，新增旅客发送能力 28 万人次/日，新增货物吞吐能力 350 万吨。到 2010 年，全区公路运输站场达到 862 个，建筑面积达 112 万平方米。

（三）沿海港口

"十一五"广西沿海港口发展目标：围绕加快建设广西沿海现代化大型组合港，按照大型化、深水化、专业化的港口发展方向，重点抓好大能力专用泊位、集装箱泊位以及深水航道建设，提高装卸设备技术水平；完善港口与铁路、公路联合运输系统，提高竞争能力；适应自治区临海大型工业的布局要求，为临港工业发展提供配套条件。

"十一五"沿海港口建设重点：

防城港按照国家主要港口的要求，加快深水航道以及大型专业化泊位建设，重点续建和开工建设 20 万吨级码头及 15 万吨级航道、东湾 10 万吨级进港航道、13～22 号 5～10 万吨级泊位。新增万吨级以上泊位 16 个，万吨级以上泊位达到 29 个。

钦州港按照建设临海工业港口的要求，重点建设钦州港 10 万吨级航道、钦州港三期、四期工程等项目。新增万吨级以上泊位 15 个，万吨级以上泊位达到 22 个。

北海港按照建设工业和商贸旅游综合港的要求，石步岭港区重点发展集装箱专用泊位及大型客运泊位，铁山港区重点满足临海工业区及大宗散杂货的运输需要。主要建设项目为北海国际客运码头二期工程、石步岭港区 5～9 号泊位及 5 万吨级航道、铁山港区 5 万吨级航道。新增万吨级以上泊位 8 个，万吨级以上泊位达到 13 个。

通过"十一五"期间建设，广西三个主要沿海港口新增通过能力约 6000 万吨，达到 9000 万吨，加上其他中小港口的吞吐能力，沿海港口吞吐能力将突破 1

亿吨,五年新增万吨级以上泊位 39 个,达到 65 个。基本适应经济社会发展对港口的要求。

(四)内河航运

"十一五"广西内河航运发展目标:进一步提高西江航运干线的航道等级和通航能力;结合水资源综合开发利用,加快闸坝过船设施建设,实现红水河、右江、柳黔江等西南水运出海通道全线通航;发挥内河航运优势,培育一批内河港口,提高港口通过能力。

"十一五"内河航运建设重点:

实施西江航运干线扩容工程:建设桂平航运枢纽二线 3000 吨级船闸、长洲水利枢纽一号 2000 吨级船闸和二号 1000 吨级船闸、按二级航道标准扩建贵港至梧州航道。

红水河航道结合水电开发,建成龙滩、大化、百龙滩、乐滩、桥巩等枢纽的过船设施,实现红水河全线按五级航道标准通航;右江航道在建成那吉航运枢纽的同时,开工建设鱼梁、老口等航电枢纽,争取实现右江航道百色以下按三级航道标准通航;改善柳黔江通航条件。

积极推进桂江、贺江、左江、南流江、绣江等河流通航的前期工作,适时开工建设。

以贵港、梧州、南宁、柳州、来宾、百色港为重点加快内河港口建设。

推进运输船舶的大型化、标准化、专业化,初步形成集装箱、煤炭、水泥、矿石等专业化运输船队。

到 2010 年,全区内河航道里程达到 5591 公里,其中二级航道里程 291 公里,三级航道里程 700 公里。全区内河港口新增吞吐能力 3000 万吨,达到 6000 万吨左右。

(五)民用航空

"十一五"广西民航发展目标:按照 4E 级区域中型枢纽机场的目标扩建完善南宁、桂林机场;继续改善现有机场基础设施和配套设备,完善服务保障功能;扩大航线网络,拓展广西至全国和东盟国家主要城市的航线,密切广西对外的空中联系;根据经济和社会发展的需要,适时建设河池支线机场。扩大广西航空机队规模,增加储油能力。至 2010 年,广西民用航空运输机场(含军民合用)达到 7 个,广西航空机队飞机规模达到 12 架。

"十一五"民航建设重点:

南宁机场新建一条 3200 米跑道,并将现有跑道延长 500 米改造成平行滑行道;改造飞行区各类系统,使飞行区等级由现在的 4D 级提高到 4E 级。

桂林机场延长跑道 400 米,使跑道长度达到 3200 米,并按照 4E 级标准加宽;改造飞行区各类系统,使飞行区等级由现在的 4D 级提高到 4E 级;并进一步扩建成 A380 飞机备降机场。

积极优化航线结构，拓展国内外航线航班，重点扩大与东南亚国家的空中联系，加强中国同东盟合作，为中国—东盟博览会提供优质交通服务。

按照国家西部支线机场建设规划的要求，建成田阳军民合用机场，适时开工建设河池支线机场。

积极推动现有机场采取多种形式实行、重组，盘活存量资产，建立现代企业。

（六）专业运输系统建设

"十一五"广西专业运输系统建设目标：尝试打破不同运输方式各自规划建设的传统模式，从建设快速客运系统、大宗散货运输系统与集装箱运输系统着手，探索以现代信息技术为纽带将不同运输方式作为统一总体进行规划建设的发展新模式。

"十一五"专业运输系统建设重点：

城际快速客运系统。加快高等级公路网络建设、提高区内铁路的运行速度、加强民航机场的设备设施建设，注重南宁、柳州、桂林、梧州等大型客运枢纽与换乘站的基础设施、信息网络服务设施建设，形成区内外高速直达快捷客运体系；培育跨系统、社会化的客运企业，提高客运服务水平。争取期末建成湘桂铁路快速客运系统，实现南宁以北客车按 200 公里以上时速运行。

铁矿石等进口大宗散货运输系统。通过加快建设防城港等沿海港口超大型专用泊位和改善后方疏运条件，形成从沿海港口经沿海、南昆、湘桂、黔桂、焦柳铁路到达广西及西南经济腹地的大宗散货运输系统，争取期末系统运量达到 2000 万吨以上。

煤炭运输系统。按照煤炭的主要流向分为：从贵州来煤经南昆、黔桂及拟建的黄桶至百色铁路到达区内主要用煤企业，或经铁路到达贵港、百色中转港下水，沿西江到达珠江三角洲；国外来煤从海上到达沿海港口，经铁路到达区内各用户。争取期末系统运量达到 8000 万吨以上。

集装箱运输系统。通过加快三大沿海港口和梧州、南宁、柳州、贵港等内河港口集装箱运输泊位的建设以及加快南宁、防城港、柳州、梧州、贵港等城市集装箱物流中心的配套建设，形成公、铁、水相互衔接，通向西南、华南和进出海的集装箱运输系统，争取期末系统综合运输能力达到 500 万箱以上。

成品油管道运输系统。在已经开通使用的西南成品油管道基础上修建支线，扩大管道运输覆盖面：从黎塘经南宁到达沿海与拟建的沿海大型石化项目连接的支线、从柳州到达桂林的支线。

城市快速轨道交通系统。"十一五"期间，积极稳妥发展城市快速轨道交通，重点开展南宁市城市轨道交通项目前期工作，争取期末我区第一条城市轨道线路开工建设。

五、"十一五"综合交通投资需求及资金筹措

"十一五"规划期间,我区交通运输各行业加快建设发展步伐,建设项目和投资规模均比"十五"计划有较大幅度增长。

(一)投资需求规模

经测算,"十一五"规划期间我区交通运输领域的投资需求总规模约为1458亿元,比"十五"计划实际完成投资623亿元增长约835亿元,增幅达134%。

表8　　　　　**"十五""十一五"广西交通运输投资规模比较**

	投资规模（亿元）				
	总计	铁路	公路	水路	民航
"十五"实际完成	580.08	75.43	462.9	37.9	3.85
"十一五"规划需求	1458	360	907	171	20
增长率	151%	377%	96%	351%	419%

(二)资金筹措

根据"十一五"交通重大项目前期工作,已落实资金来源以及虽未落实资金来源但已明确投资筹措方向的情况,对"十一五"投资需求总规模中可能的资金筹措方向进行分析测算,结果如下:"十一五"投资需求总规模1458亿元中,争取国家支持(包括:国债、国家财政预算内投资、国家各种专项资金等)330亿元,地方和企业自筹(包括:自治区财政预算内投资、自治区财政专项投资、自治区各种专项资金、国有企业自筹资金等)295亿元,银行贷款705亿元,利用外资(包括:外商直接投资、借用外国政府贷款和国际金融组织贷款等)68亿元,其他社会资金60亿元。

六、"十一五"综合交通发展主要政策措施

我区"十一五"至2020年交通发展任务十分繁重。要完成这一繁重任务必须全面贯彻国家和自治区经济社会发展战略和全国综合交通发展的总体安排,并结合广西交通发展需要,努力提高认识,转变观念,坚持适度超前,突出重点,统筹兼顾,提高效益的建设方针,加快建设步伐。

(一)坚持规划为先导。制定总体发展规划与专项规划相统一的系统规划,明确各时期、各阶段交通运输体系建设的目标、规模、重点、标准和实施时序,以规划引导社会投资活动。按照国家和自治区的统一部署,依据国家铁路网规

划、高速公路网规划、沿海港口布局规划、内河航道与港口布局规划、民用机场布局规划，制定我区的铁、公、水、航网络规划，加强出省出国通道的规划工作，主动与周边省和接壤国家衔接通道接口、建设标准及建设时序安排，力争做到规划建设协调。

（二）加强重大交通基础设施项目的前期工作。这是我区多年来交通保持高速发展的有效经验，在发展规划的指导下，要重视项目尤其是重大交通项目的前期工作，增加前期工作的投入，保证前期工作的质量。对列入五年规划的重大交通项目，抓紧完成相关前期工作，确保按计划开工建设；对列入中长期规划的项目，可提前开展前期研究工作，做好项目储备。

（三）拓宽建设资金渠道。在继续积极争取国家交通建设资金的投入同时，切实转变观念，将有效益的交通基础设施项目推向市场，通过招商引资扩大融资渠道，积极鼓励和引导社会资本投入，吸引社会投资建设经营。政府性交通建设专项资金的使用主要用于公益性项目。对已建成的经营性交通基础设施所形成的资产，要依法依规采取多种方式盘活，将筹集的资金滚动投入交通基础设施建设。

（四）加快改革步伐，创新发展机制。按照完善社会主义市场经济体制的要求，广西交通运输的发展必须在体制、机制上有所创新和突破，要加快运输企业管理体制与经营机制改革，推进市场化进程，重视所有制结构的调整，要放宽市场准入，允许有资质的个人、集体及其它经济成分参与广西交通基础设施建设与经营，增加非公有制经济参与交通基础设施建设与经营的比重。进一步改革完善交通运输行业建设运营管理体制，"十一五"期间，要在巩固地方铁路、机场管理体制改革成果的基础上，重点推进沿海港口改革工作，通过改革整合沿海港口资源，形成各具特色、有序竞争、共同发展的沿海港口群；推进公路建设投融资、管理体制改革，争取建立完善的建、管、养机制。

（五）以合作双赢促进交通跨越式发展。在泛珠三角经济合作区综合交通规划、广西参与大湄公河次区域合作交通规划的指导下，主动加强我区与广东、湖南、贵州、云南等省的联系与合作，共同开发通往珠江三角洲地区公路、铁路、内河航道、沿海大型泊位等项目；加强与越南的沟通，共同开发通往东盟各国的交通通道项目。

（六）加快交通运输技术进步步伐。广西现代化综合交通体系的建设必须摆脱单纯数量扩张的发展模式，走以提高质量为中心的发展模式，为此，必须以技术创新与体制创新为动力，全面提升广西综合交通体系的技术含量与总体质量。提高广西综合交通体系总体质量的途径，一是广泛采用先进、实用的技术，改造现有基础设施，提升综合交通体系的技术装备水平；二是紧紧追踪当代最新技术，特别是现代信息技术、网络技术以及现代物流业与智能交通技术来改造现有的交通运输业，使广西综合交通运输发生质的飞跃。

（七）加快交通基础设施建设必须坚持可持续发展。为落实可持续发展战略，未来广西综合交通体系的建设必须考虑交通、能源、环境与资源利用等诸多因素，做好交通发展与环境、资源的协调配合。广西综合交通体系的构筑要将保护生态环境放在极为重要的地位，要优先发展能源效能高、交通污染少的运输方式，要采用最新技术与现代运输管理手段，降低运输能源消耗，提高能源利用效率，并最终建成高效、节能、低污的绿色综合交通运输体系。

（八）加强管理协调。在积极推进交通建设经营市场化进程的同时，强化交通规划的严肃性和权威性，尤其在重大路网布局，沿海岸线利用等领域要强化管理。注重项目建设质量和建设资金管理，尤其是加强对国家安排的各类建设资金的监督使用，强化责任，进一步规范投资行为。

四川省"十一五"及 2020 年综合交通体系发展规划

川办发〔2007〕36 号

交通运输是国民经济发展的基础，对保障我省经济社会全面协调可持续发展、改善城乡人民生活具有十分重要的作用。本规划根据《四川省国民经济和社会发展第十一个五年规划纲要》编制，明确了未来 5 年我省综合交通体系发展的指导思想、目标任务、建设重点和主要措施，是统筹协调"十一五"期间全省铁路、公路、水运、民航、管道和城市交通发展，促进交通运输资源优化配置的纲领性文件。规划以"十一五"综合交通建设为重点并展望到 2020 年。

一、发展现状和主要问题

（一）"十五"的发展成就。"十五"期间我省抓住西部大开发机遇进一步加强交通基础设施建设，瓶颈制约得到明显缓解，综合交通体系初步形成，有效地支撑了全省经济社会的快速发展。

1. 交通基础设施投资持续增长。5 年间全省交通基本建设投资完成 890 亿元，其中公路投资 706 亿元、水运投资 46 亿元、铁路投资 108 亿元、民航投资 30 亿元，比"十五"计划投资增加 80 亿元。

2. 综合交通运输能力明显增强。"十五"期间我省加强了以进出川通道和枢纽建设为重点的交通建设，综合运输能力明显增强，初步形成了以成都为中心，铁路、高速公路、干线航线为主骨架的交通网络。

公路：到 2005 年底，全省进出川公路主通道已建成 4 条、在建 7 条、高速公路里程达到 1759 公里，连接了全省 17 个市（州）和 13 个 20 万以上人口的城市，覆盖区域的人口、GDP 约占全省总量的 80％左右。全省公路通车里程已达 11.6 万公里，其中二级以上公路达到 1.4 万公里。

铁路：完成了达万、内昆、遂渝铁路新线和内宜铁路电气化改造工程，开工了襄渝铁路增建二线以及成都枢纽扩建工程。到 2005 年底，全省铁路营业里程达到 2939 公里，其中铁路复线达到 319 公里，电气化里程达到 1992 公里。除达成铁路外，省内主要干线铁路全部实现电气化。

民用机场：完成了成都双流机场飞行区和航站区北指廊建设，建成了九寨黄龙、攀枝花、南充等支线机场，初步形成了以成都双流机场为枢纽、连接全国大中城市的航空网络。到 2005 年底，全省民用机场达到 10 个，比"九五"末增加 2 个。

水运和管道：嘉陵江航道渠化步伐加快，泸州和宜宾枢纽港初具规模。到 2005 年底，全省航道通航里程达到 1.12 万公里，新增 500 吨级以上泊位 14 个，500 吨级以下泊位 9 个，运输管道达到 1886 公里。

3. 交通运输规模迅速增长。随着综合运输能力的增强和运输装备水平的提高，运输规模迅速增长。到 2005 年底，全省交通运输完成客运量 17.4 亿人次，比 2000 年底增长 21.7％；客运周转量 845 亿人公里，增长 40.8％；货运量 6.9 亿吨，增长 26.2％；货运周转量 852 亿吨公里，增长 42.7％。通过开展治理超限超载、预防道路交通事故"五整顿""三加强"、创建平安畅通工程等综合整治活动，运输安全明显改善，运输市场秩序进一步规范。

4. 民族地区和县际公路状况明显改善。从 2001 年开始，用 3 年时间完成了三州通县油路改建工程项目 47 个，建设总规模 4276 公里，38 个县直接受益。2003 年开始实施县际公路改造工程项目 94 个，总里程 4660 公里，2005 年底大部分建成。三州通县油路、国贫县公路和县际公路的建设提高了我省民族地区公路、农村公路和地方路网的质量，带动了县域经济发展，为贫困地区和民族地区脱贫致富创造了条件。

5. 旅游交通基础设施得到加强。配合 5 大精品旅游区建设，建设了一批旅游公路，建成了九寨黄龙机场和攀枝花、南充等机场，不仅打通了旅游区与外界联系的快速通道，而且极大地提升了四川旅游的形象，促进了旅游业快速发展。同时配合筠连、古叙矿区开发，建成了金沙湾—筠连铁路，开工建设了泸州—叙永铁路、泸州绕城高等级公路、泸州港煤炭专用码头，促进了我省旅游、矿产、能源等优势资源的开发。

6. 交通体制改革取得较大成绩。成都双流国际机场，达州、南充、西昌机场顺利移交地方管理，民航体制改革迈出了实质性的步伐。开展了农村公路养护体制改革，对铁路体制改革也进行了积极探索。

（二）主要问题。与全国尤其是东、中部地区相比，我省交通仍存在着巨大差距，面临着不少的矛盾和问题，远不能适应经济社会发展和全面建设小康社会的需要。

一是进出川通道运输能力紧张，运输网络密度低，有效供给不足。全省每万平方公里铁路里程 51.6 公里，每万人拥有铁路里程 0.3 公里，分别仅为全国平均水平的 70.7％和 52.7％。目前进出川运输主动脉的宝成铁路北段、襄渝线、川黔线和成昆线仍为单线铁路，运输能力难以满足对外运输需要。进出川高速公路通道目前只建成 4 条，省内高速公路网尚未融入全国区域性网络中，整体效益难以更大发挥。

双流国际机场吞吐能力不适应发展的需要，枢纽功能尚待进一步强化。内河航运利用率低，港口泊位数少，支线航道萎缩。

二是交通基础设施质量不高，技术水平有待进一步提高。2005年底高速公路占公路总里程的比重仅为1.3%、二级以上公路占公路总里程的比重仅为10.8%，分别低于全国1.6%和15%的水平。高档客车和高效低耗的重型货车、厢式货车、集装箱拖挂车和特种专用车辆比重低。铁路复线率仅为10.8%，电气化率还需进一步提高。

民航机场装备水平总体低较，经营管理水平较为落后。五级以上内河航道仅占航道总里程的12.4%，具有合理层次结构的航道网络尚未形成，大部分码头机械化程度低，港口无泊位、无货场、无仓库、无装卸机械的现象还比较普遍。

三是各种运输方式相互协作较差，综合效益不高。目前各种运输方式之间仍存在运输与设施不协调，管理水平及服务质量较差，运输市场体系不健全，规模化、集约化运输组织程度较低，运输工具及站场设施、安全救助装备、公共信息服务系统比较落后等问题，综合运输的整体优势还未充分发挥。

四是交通运输不能满足区域经济发展的需求。总体上看，成都、川南、攀西、川东北、川西北生态5大经济区之间以及经济区内部仍缺乏大能力的综合交通通道，与我省工业化和城镇化的加快推进不相适应，还不能满足区域经济发展与城市发展的需要，交通基础设施的建设任务还十分繁重。

五是农村公路建设滞后，建设管理任务十分艰巨。2005年底，在全省24.4万公里农村公路中，等级公路仅占43%；16万公里村级道路中，绝大部分是机耕道，达不到公路技术标准；8.4万公里县乡公路中，有5.8万公里属中低级路面或无路面；还有25147个建制村不通公路，数量为全国之最。丘陵地区、盆周山区还有36%的乡镇不通水泥路（油路），7.5%的村不通公路，三州还有72%的乡镇不通水泥路（油路），54%的村不通公路。农村公路发展滞后，影响和制约着新农村建设的进程。

六是管理体制还不能适应交通持续、快速发展的要求。现有铁路、高速公路管理体制、公路养护体制以及农村公路管理体制仍然制约着交通自身发展和综合交通整体效益的发挥。部分收费公路收费还贷能力弱，负债率较高。由于资金匮乏，地方公路和农村公路的养护任务十分艰巨。部分支线机场营运亏损。交通体制改革任务仍然艰巨。

二、面临的形势及运输需求预测

（一）"十一五"面临的形势

1. 国民经济持续稳步增长，运输需求不断增加。"十一五"末，全省国内生产总值将达到1.2万亿元，经济总规模不断扩大，工业化、城镇化进程加快，人们不断增加的物质文化需要不仅将产生较大的运输需求，而且对运输质量、时效也提出了更高的要求。综合交通必须适应新的形势，在建设力度、运输结构和服务水平上下大力气，提供大能力、高质量的交通设施并与全省社会经济发展保持协调，为全面建设小康社会提供保障。

2. 区域经济发展，要求交通运输给予有效支撑。随着我国区域经济的迅速发展，成渝经济区的建设和发展已纳入国家重点区域布局的视野，泛珠三角区域合作迈开实质性步伐，我省成都、攀西、川南、川东北、川西北生态5大经济区的发展正有序推进。区域经济发展和市场的扩大要求与相邻区域之间建立起高效、便捷、安全、经济的物流通道，这将给我省交通发展带来难得的机遇。

3. 建设社会主义新农村，要求突出农村交通发展。社会主义新农村建设是全面建设小康社会的重要内容，"十一五"交通运输的发展必须在加强进出川通道建设的同时统筹城乡发展，进一步解决农村公路通达问题，提高技术等级，改善通行条件，扩大农村公路客运班车的服务范围，促进城乡之间生产要素的流动，改善农村广大人民群众生产生活条件。

4. 构建和谐交通，对综合交通运输提出了更高要求。按照科学发展观和构建和谐社会的要求，在今后较长时期内，全省综合交通应当在运输质量、服务水平等方面全面提高，为社会提供人性化交通基础设施，促进各种运输方式衔接更紧密、质量更高、速度更快、更舒适、更方便，实现各种运输方式之间的协调发展，实现交通运输与经济社会、与区域空间的协调发展，实现运输生产速度与运输质量的协调发展。为社会提供公平共享、法治有序、便捷高效、安全可靠、环境友善的交通，创造安全畅通的运输及出行环境和秩序，遏制并减少交通安全事故。

5. 充分发挥综合运输的整体效益，适应现代化交通要求。充分考虑"十一五"期间现代综合运输体系的发展趋势，准确定位，做好自身发展，充分发挥各自优势，通过交通运输资源优化配置协调发展、优势互补和综合利用，实现在运输通道中的有序竞争，在运输枢纽上实现客运"零换乘"、货运"无缝衔接"，最大限度地发挥综合交通的整体效益。发挥交通运输基础性、先导性作用，切实做到先行建设、留有余地、适度超前发展，满足经济社会发展现代化的需要。

6. 资源约束加剧，交通必须走可持续发展之路。我省是一个人口大省，人均占有的土地尤其是耕地等各种自然资源较少。交通建设要严格遵守国家土地保护、环境保护政策，节约用能，提高土地等稀缺或不可再生资源的使用效率，实现交通的可持续发展。

（二）"十一五"及2020年运输需求预测

根据四川省经济社会、交通运输历年发展状况及其未来发展趋势分析，采用弹性系数法对未来国民经济发展和交通运输发展趋势进行预测。到2010年，预计客运量达到 22.4 亿人，比 2005 年增长 28.6％；客运周转量达到 1212 亿人公里，比 2005 年增长 43.4％；货运量达到 8.3 亿吨，比 2005 年增长 20.0％；货运周转量达到 1060 亿吨公里，比 2005 年增长 24.5％。到 2020 年，预计客运量达到 30.5 亿人，客运周转量达到 1982 亿人公里，货运量达到 10.6 亿吨，货运周转量达到 1523 亿吨公里（表1）。

预测结果表明，"十一五"期间全省客货运量将保持较快增长，其中客运增长快于货运增长。必须继续加强交通基础设施建设，满足不断增长的运输多种需求。

三、指导思想和发展目标

（一）指导思想。认真贯彻落实科学发展观和构建社会主义和谐社会的总体要求，以全面建设小康社会为目标，以体制和机制创新为动力，坚持发展和改革与提高并重的方针，合理布局，完善交通网络，优化运输结构，建、管、养、运并重，提高服务质量，推进智能交通，努力扩展交通普遍服务。

（二）"十一五"发展目标

总体目标：扩大综合交通网络规模，加强进出川通道建设，基本形成大能力的通达邻省通道，连接全国交通网络。强化成都枢纽功能，将成都建设成为全国重要的交通枢纽。突出农村公路建设，全省通乡油路率达到 90％，村通公路率达到 98％，加强铁路、公路、航空、水运、管道、城市公共交通等各种运输方式的协调配合，培育和完善市场机制，基本形成分工合理的综合交通体系。

具体目标：

1. 综合交通运输网规模。到 2010 年，各种运输线路总里程达到 15.6 万公里，比 2005 年新增 2.4 万公里。其中：铁路总里程达到 3837 公里，公路总里程达到 13.6 万公里（其中高速公路总里程达到 3160 公里），航道通航里程达到 1.2 万公里，营运机场达到 11 个，管道达到 2758 公里，使进出川通道更加顺畅，综合运输布局更加完善。

2. 客货运输量。到 2010 年，客运量达到 22.4 亿人，比 2005 年增加 5 亿人；旅客周转量达到 1212 亿人公里，比 2005 年增加 367 亿人公里；货运量达到 8.3 亿吨，比 2005 年增加 1.4 亿吨；货物周转量达到 1060 亿吨公里，比 2005 年增加 208 亿吨公里。

3. 运输服务。初步建立客货运输服务体系，满足不同货种、不同层次旅客的运输需求；建立综合交通公众信息平台，初步建立货运代理、客货营销等运输服务中介体系；扩展普遍服务，全省 20 万人以上城市基本通高速公路，通公路的乡、村通客运班车率分别达到 100％和 90％。

4. 安全保障。加强交通安全保障设施的建设，创造良好的出行秩序，建立交通安全预防监控体系和交通应急反应体系。

5. 交通节能。加快发展铁路和水上运输，淘汰老旧的汽车、船舶，鼓励使用节能环保的交通工具和替代燃料，努力降低交通运输能耗。

6. 公共交通。提高城市居民公共交通利用率，作好城市交通与干线交通设施的衔接。

（三）2020 年远景目标展望。到 2020 年，全省综合交通体系更加完善，交通网络进一步扩大，实现与全国各大经济区和大城市的快速联通，建成与国际接轨的运输市场体系，交通实现可持续发展，满足旅客个性化出行和货运专业化、集约化运输，全面适应全省经济社会发展和人民生活的需要。全省公路总里程达到 22 万公里，其中：高速公路达到 4000～4500 公里，有条件的乡到行政村通油路或水泥路，基本实现"村村通客车"。全省铁路网规模迅速扩大，铁路主骨架基本形成，铁路营业里程达到 4550 公里，复线里程达到 2000 公里。全省水运形成以长江、嘉陵江、渠江、岷江等高等级航道为骨架，形成干支结合、水陆联运、功能完善的内河航运体系。全省拥有大型枢纽机场 1 个（含成都第二机场），支线机场 14 个，航空网络进一步完善。

四、"十一五"发展重点和建设任务

（一）发展重点。"十一五"期间，以构建综合交通体系为主线，重点加强干线铁路、高速公路及交通枢纽、综合交通通道和枢纽、城际间快速交通、农村公路、运输服务、保障系统等方面的建设。

（二）建设任务

1. 公路。按照"外接周边、内联市（州）、通县达乡、提高等级"的要求，全面建设进出川国道主干线、西部大通道和主要站点，加快农村公路建设。

专栏1　公路

• 加快建设宜宾—水富、南充绕城马市铺—二洞桥、国道 213、317 线都江堰—汶川段、国道 318 线海子山—竹巴笼段、国道 108 线西昌—攀枝花段、兰磨通道郎木寺（川甘界）—川主寺、遂宁—重庆（四川境）、沪蓉支线邻水—垫江（川段）、兰磨通道攀枝花—田房（川滇界）、南充—武胜（川渝界）、广元—巴中、乐山—宜宾等公路。

• 开工建成兰磨通道雅安—石棉—泸沽、阿北通道铁匠垭（陕川界）—达州、纳溪—叙永（川黔界）、宜宾至泸州至川渝界、绵阳—遂宁、广元—川陕界、雅安—乐山、内江—遂宁、巴郎山隧道、汶川—马尔康、雀儿山隧道等项目。

• 力争新开工建设广元—川甘界、南充—广元、邛崃—名山高速公路。

• 完成县通乡油路（水泥路）1.6 万公里，乡通村油路（水泥路）5 万公里，建成通村公路 5.3 万公里。

专栏1 公路

- 开展金沙江沿江公路前期研究。
- 实施"进藏公路"。

2010年全省公路总里程预计达到13.6万公里，高速公路达到3160公里以上，二级以上公路1.8万公里，新改建公路5000公里，加快农村公路建设，适应全省农村经济发展和社会进步的需要，实现90％的乡、50％的村通油路（水泥路），实现98％的行政村通公路。

5年间新增高速公路1401公里以上，全面完成国道主干线和西部大通道建设任务，实现全省19个市（州）及15个20万人口以上城市通高速公路，完成县通乡公路1.6万公里，乡通村油路（水泥路）5万公里，建成通村公路5.3万公里。"十一五"公路建设投资1453亿元。

---

2. 铁路。加快进出川通道建设，开辟新通道；强化成都枢纽，促进点线能力协调发展；建设城际客运专线，提升旅客运输质量；打通内部通道，增强路网灵活性，全面提高运输能力。

到2010年全省铁路达到3837公里，复线里程1446公里，电气化里程3056公里。"十一五"铁路建设投资680亿元。

专栏2 铁路

- 加快建设达成铁路扩能改造、襄渝铁路增建二线和纳叙铁路等项目。
- 开工建设兰渝铁路、成都铁路枢纽工程（包含成都新客站、成都集装箱中心站、动车应用维修所、达成扩能引入成都枢纽以及枢纽配套工程等）、遂渝铁路增建二线、乐坝—巴中铁路、绵阳—成都—乐山城际客运专线、归德—连界地方铁路项目。
- 力争新开工峨宜铁路项目。
- 加快隆黄铁路叙永—川黔界段，成昆铁路复线，昭通—攀枝花（西昌）—丽江铁路，绵阳—遂宁铁路，内江—遂宁铁路，泸州集装箱码头铁路专用线、巴中至达州等铁路前期工作。

---

3. 民航。以成都双流国际机场为中心，加强干支结合，优化航线，把成都双流国际机场建成我国区域性的航空枢纽，改善网络。到2010年全省民航机场达到11个。"十一五"民航建设投资150亿元。

专栏3 民航

- 加快建设成都双流机场国际货运站。

专栏 3　民航
• 建成成都双流国际机场第二跑道和航站楼工程、康定机场、九寨黄龙机场扩建项目。 • 开工建设乐山旅游机场、亚丁旅游机场项目。 • 开展宜宾机场迁建、马尔康机场前期工作。

4. 水运。重点围绕"打通四江、建设两港"启动岷江渠化整治工程，实现嘉陵江、渠江渠化，完成长江干线（水富—宜宾—泸州段）航道整治工程，建设泸州港和宜宾港。到 2010 年全省通航里程达到 1.2 万公里，渠化航道 230 公里，整治航道 358 公里。"十一五"水运建设投资 74 亿元。

专栏 4　水运
• 新开工建设长江干线（水富—宜宾—泸州）航道整治工程、瀑布沟、紫坪铺库区港口码头、渠江风洞子航电枢纽、泸州港集装箱二期工程、嘉陵江沿线（广元、苍溪、阆中、新政、南部、南充、武胜港）港口码头、沱江（富顺—泸州）航道整治工程、宜宾港志成建设综合作业区、岷江航道建设工程项目。 • 加快岷江（乐山—宜宾）渠化工程前期工作。 • 完善乐山港。

5. 管道。坚持勘探—开发—管网—利用整体协调发展，按照"统一规划，远近结合，分步实施"的原则加强管网建设和改造，依据开发方案配套建设采气管线、集气站、集输管线、净化厂、长输管线等地面工程，提高天然气地面工程工艺水平和集输效率，同时进一步加快改造老旧集输系统，保证天然气的顺利输送和集输系统的安全高效运行。"十一五"期间新建和改造输气管网 2758 公里（其中新建 1710 公里，改造 1048 公里）。

（三）投资规模。完成上述重点项目的建设任务，"十一五"交通建设总投资达到 2357 亿元，比"十五"计划增加 1460 亿元。其中，铁路投资 680 亿元，公路投资 1453 亿元，水运投资 74 亿元，民航投资 150 亿元；"十五"结转"十一五"项目投资 463 亿元，"十一五"新开工项目投资 1669 亿元，"十一五"新开工并结转"十二五"项目投资 216 亿元。

五、政策措施

（一）进一步完善政策，为综合交通发展提供保障。交通是社会经济发展的前提和基础，"十一五"要坚持把交通基础设施建设摆在重要位置，完善促进交通发展的各项政策，确保在今后相当长的时期内较快发展。进一步完善现有建设管理和融资政策，制定促进运输服务和公平竞争等方面政策。

（二）积极探索体制和机制创新，推进交通建设运行改革。继续使用国家开发银行和商业银行贷款，积极利用外资，将有盈利能力的交通项目直接引入市场，采用BOT、BT运作方式建立与市场经济相适应的交通基础设施投融资机制。

逐步理顺各级政府、管理部门、经营主体的责、权、利关系，充分调动各方面的积极性。加强对交通发展重点和难点问题的研究，积极探索促进各种运输方式协调发展的体制和机制。进一步研究铁路管理体制改革和公路养护管理体制改革，完善民航体制改革。推进农村养护管理体制改革。

（三）加大农村公路建设投入，促进区域与城乡交通协调发展。农村交通是社会主义新农村建设重要内容，"十一五"期间要加大民族地区公路和农村公路建设的资金投入，积极探索适应农村交通建设的投资机制、管理机制、养护体制、政策保障，采用符合农村实际的建设标准。

（四）建立综合运输管理协调机制。以科学发展观为统领，合理规划布局交通基础设施，统筹各种运输方式，促进运输资源的优化配置。充分发挥各种运输方式的优势和作用，促进综合交通整体效益发挥。积极探索建立综合交通协调机制和管理机制。

四川省人民政府办公厅
二〇〇七年四月十七日

043

贵州省"十一五"综合交通发展规划①

一、贵州省综合交通发展现状及评价

(一)"十五"交通发展情况

"十五"期间,为适应贵州省国民经济与社会发展,消除交通运输严重的"瓶颈"制约,在国家的大力支持下,贵州省委、省政府坚持"加强以公路为重点的交通基础设施建设"发展战略,加大工作力度,使长期困扰贵州省经济社会发展的交通运输落后被动的局面得到初步改善,综合交通发展取得显著成绩,运输能力不断增强。

1. 交通基础设施建设情况

(1) 重点公路

"十五"期间,贵州省重点公路建设取得了很大成绩,建设总里程 1629 公里,建成通车里程达 1021 公里,其中建成高速公路通车里程达 425 公里,建成一级公路通车里程达 13 公里,建成二级公路通车里程达 583 公里。到 2005 年底,全省公路总里程达到 46894 公里,其中有高速公路 577 公里,一级公路 92 公里,二级公路 2629 公里。

(2) 路网改造及农村公路

"十五"以来,贵州省实施的路网改造和农村公路建设取得显著成效,"十五"期间,贵州省实施路网改造及农村公路建设 52686 公里,2002 年实现了乡乡通公路,到 2005 年底,通乡油路比例达到 61.7%,全省 85% 的行政村通公路或机动车,超计划完成交通部对贵州省 80% 通村比例的要求。

(3) 水路

"十五"期间,我省实施了西南水运出海通道中线起步工程(贵州段)、赤水河(岔角—合江)航运建设工程等重点项目,建设航道 495 公里,其中,五级航道 414 公里,六级航道 81 公里,新建、改扩建泊位码头 15 处。到 2005 年底,全省通航航道里程达到 3322 公里。

(4) 铁路

"十五"期间,在铁道部的支持下,贵州省先后建成了株六复线、内昆铁路、

---

① 本文收录编辑时有删减。

水柏铁路、盘西支线电化改造和渝怀铁路,建设总里程 823 公里,新增铁路营运里程 335 公里。到 2005 年底,铁路营运总里程达到 1993 公里。黔桂铁路扩能改造工程、黄织铁路和贵阳铁路枢纽扩建工程也于"十五"期末开工。

(5) 民航机场

"十五"期间完成了铜仁机场续建工程,开工建设了兴义、黎平、荔波机场和安顺机场改造工程。除荔波机场将于 2006 年建成通航外,其余机场均在"十五"期内实现通航。

2. 交通运输量完成情况

2005 年贵州省综合交通完成客运量 64177 万人,客运周转量 305.67 亿人公里,货运量完成 19637 万吨,货运周转量完成 572.13 亿吨公里。"十五"期间年均增长速度分别为 9.7%、11.5%、11.0%和 3.9%。

3. 交通基础设施建设投资情况

"十五"期间,贵州省交通基础设施建设完成投资约为 602 亿元,约为"九五"期间固定资产投资的 3 倍。其中公路及内河航运完成 483 亿元(含汽车站场建设),铁路完成 109 亿元,民航机场完成 10 亿元。

(二) 交通运输存在的主要问题

1. 交通设施规模总量小

到 2005 年底,全省综合运输网络规模为 5.22 万公里。其中铁路营业里程为 1993 公里,路网密度仅为 1.12 公里/百平方公里;全省公路通车里程为 46894 公里,网密度仅为 26.63 公里/百平方公里,只及东部地区的 53%;并且农村公路通达深度和水平较低,有 38.3%的乡不通油路、15%的行政村不通公路,农村客运站场及客运班线很不完善,不能有效满足广大农民群众出行需求。贵州交通仍然是制约贵州经济社会发展的主要瓶颈。

2. 交通基础设施总体技术等级较低、能力较小

贵州省境内有 8 条铁路干线,多为单线,技术等级低,装备落后,速度低,运能小。其中:黔桂、川黔两条分别为国家Ⅲ级、Ⅱ级铁路,通过能力低,平行图通过能力利用率分别达到 100%、99%,货运输送能力利用率分别达到了 101.2%、120.1%。二级及以上公路里程仅占总里程的 7.03%,比全国平均水平约低 6 个百分点,"一纵一横"主骨架公路尚未完全形成,绝大多数国家及省级旅游风景区没有高等级公路连接;内河航道大部分处于自然状态,等级低、码头设施落后,全省内河通航里程 3322 公里,其中Ⅴ级航道仅为 504 公里,内河航道应有的运输作用未得到充分发挥。

3. 交通运输结构不合理

"十五"期间贵州省交通运输发展较快,但交通结构不合理。近年来贵州省公路发展十分迅速,民航机场的建设也取得了较快的发展,但由于体制原因,铁

路投资主体多元化的改革进程滞后，市场化融资程度低，"十五"期间铁路投资仅为公路建设的四分之一左右，五年新增营业里程仅为 335 公里。乌江、"两江一河"、赤水河等天然黄金水运出省通道由于投入严重不足，港运设施欠帐较多，航电建设未能同步发展，内河航运大运量、低消耗、低成本的技术特征与优势未能得到充分发挥。全省现有通航航道 3322 公里，全部是 V 级以下的低等级或等外级航道，且多为区间性航道。从而使得铁路、水运里程在全省综合运输网中的比重逐年下降，运输市场份额缩小，不能适应当前贵州省以能源、原材料开发为主的产业发展对运输的需求。民航支线运输由于起步较晚，"十五"建成通航的铜仁、兴义、黎平、安顺等支线机场航线航班少，航线培育缺乏必要的政策支持，旅客吞吐量严重不足，各支线机场整体处于运营亏损状态，机场对社会经济发展应有的带动作用没有得到充分发挥。

4. 交通基础设施建设筹资渠道单一，投资规模小

一方面，贵州省经济欠发达，尚处于工业化起步阶段，城市化水平较低，交通运输流量相对较小，市场化融资手段在交通基础设施建设中难以得到运用和发挥，建设资金主要依靠国家补助和银行贷款，投资渠道较为单一。另一方面，地方财政收入微薄，财政在交通基本建设方面投资能力不足。近年来省级财政性资金每年投入公路交通建设的资金仅为 8 亿元左右（含财政专项、交通规费、以工代赈资金等）。尽管国家在交通投入方面给予了贵州省较大的倾斜，但由于地方配套资金有限，与邻近省区市相比，总的交通建设投资规模较小。

5. 交通运输管理体制不能适应综合运输发展的要求

由于目前国家尚未形成统一的交通运输管理体制，使得贵州省各运输方式各自为政，各自管理，难以发挥综合运输的组合优势；在投资管理体制方面没有形成多渠道、多层次的交通投融资体制和机制；运输企业经营管理方面，铁路运输政企不分，高度垄断，市场竞争机制没有有效形成；农村公路养护资金不落实，管养体制不健全。

此外，全省交通运输还存在服务质量和水平较低，信息化管理程度低，运输安全问题突出、运输成本高等问题，交通运输服务质量、水平有待进一步提高。

二、贵州省综合交通发展面临的形势、任务和需求

（一）面临的形势和任务

根据《贵州省国民经济和社会发展第十一个五年规划纲要》，"十一五"时期贵州省经济社会发展的总体目标是：到 2010 年，全省生产总值比 2000 年增加两倍、人均超过 800 美元，人民生活总体上实现由温饱到小康的历史性跨越，取得全面建设小康社会的重要阶段性进展。"十一五"时期生产总值年均增长 10% 以上，2010 年生产总值达到 3400 亿元以上。

综合交通运输面临的形势是：贵州省经济社会发展在"十一五"期间将跃上一个新的台阶，社会主义新农村建设加快推进，产业结构进一步优化升级，城镇化水平进一步提高，区域经济的协调发展，能源、旅游开发力度加大，对内对外开放水平将继续提高等。贵州省新的经济社会发展形势对贵州省的交通运输发展提出了新的和更高的要求：

1. 交通运输要实现跨越式发展

未来贵州经济社会将快速发展，而当前贵州省交通运输规模、能力、效率和服务水平都不能满足国民经济的需要，要求交通运输实现跨越式发展，不断扩大运输网络规模，优化运输结构，提高运输服务质量和水平，以满足全省经济社会发展的需要。

2. 改善交通运输结构、提高服务质量

通过坚持走新型工业化道路，努力促进服务业壮大规模，提升素质等，调整优化产业结构，加快构建特色经济体系，带来了货物运输种类和结构的变化，技术集约型、高附加值的产品数量和比重大幅上升，要求改善交通运输结构，并提供物流化服务；同时，居民消费结构和观念在不断的发生变化，旅游、小汽车出行等需求增长加快，这就要求提供快速、安全、舒适的客运服务，要求交通运输提高效率和服务质量水平。

3. 加快区域交通运输通道的建设

无论是外向型经济的发展，还是区域的统筹协调发展，都离不开交通运输一体化的支撑，这需要在区域间建设结构合理的交通运输大通道。特别是通江达海运输通道的建设，加快集装箱运输、综合物流服务等的发展。

4. 加强能源、原材料运输通道和旅游交通网络建设

"十一五"期间贵州省将依托自身的资源优势，进一步做大做强能源和优势原材料新兴支柱产业，基本建设成为我国南方重要的能源和优势原材料工业基地。资源的开发带来大量的货运运输，尤其是长途、大宗货物，仅煤炭对外运输到 2010 年就将达到 3000 万吨。从各种运输方式的比较优势看，铁路和水运更为适合运输这些货物，需要进一步加强贵州省的铁路和水运建设。

贵州旅游业 2010 年旅游人数将达到 4140 万人次，对贵州交通运输发展的数量和质量都提出了更高的要求。但是当前旅游路网比较薄弱，13 个国家级风景名胜区中有一半左右没有通二级以上公路，省级风景名胜区中基本没有三级以上公路相连接，这大大制约了旅游资源的开发，需要大力加强旅游交通网络的建设。

5. 将贵州建设成为西南与华南地区交流的交通枢纽

贵州省连接西南地区和华南地区，是西南与华南交流的交通枢纽和通道，对西南地区的外贸运输及与华南地区间客货运输的交流起着承东启西、承南启北的

作用。省会贵阳在《国家综合交通网中长期发展规划》中处于"五纵五横"大通道中的沪昆大通道与包头—广州（湛江）大通道的交汇处，贵阳也是综合交通运输枢纽之一，交通区位非常重要。在这种良好的区位条件下，贵州省应在完善综合交通网络的同时，还要进一步加强交通枢纽的建设，力争把贵阳发展成为西南地区国际性的物流枢纽，优化区域物流发展布局，促进物流资源的整合和优势互补。

6. 加快农村公路建设

加强新阶段扶贫开发、着力提高农业综合生产能力、千方百计增加农民收入、加快农村公共事业发展是贵州省社会主义新农村建设的重要内容。新农村的建设需要交通先行，贵州农村公路状况比较差，还有 15% 的行政村没有通公路，38.3% 的乡镇没有通水泥路或柏油路。因此，在"十一五"期间必须加快农村公路的建设，改变农村落后的交通状况。

7. 交通运输走节能、环保、安全、可持续之路

贵州省提出在"十一五"期间，坚持生态立省和可持续发展战略，努力建设资源节约型和环境友好型社会，这对贵州省交通运输的发展提出了新的要求，交通运输发展必须走内涵式发展的道路：铁路、水运具有土地占用少，运输能力大、能耗小、成本低，安全可靠、对生态环境破坏小等优势，根据贵州省交通运输需求状况，应加快铁路、水运的发展，构建协调可持续发展的现代综合交通运输体系；同时，在建设、管理、技术、政策等各个方面提高交通运输的效率、质量和安全，降低资源和能源消耗，保护生态环境。

（二）交通运输需求预测

根据对贵州省交通运输的市场分析和各种运输方式的运量增长规律，采用交通运输需求综合预测方法，对各种运输方式客货运输需求量进行预测，结果为：2010 年综合客运量达到 82790 万人，其中铁路 4616 万人，公路 76533 万人，水运 1077 万人，民航 564 万人；2020 年达到 117680 万人，其中铁路 6832 万人，公路 107957 万人，水运 1673 万人，民航 1218 万人。2010 年综合货运量达到 34800 万吨，其中铁路 14845 万吨，公路 19249 万吨，水运 696 万吨，民航 10 万吨；2020 年达到 55031 万吨，其中铁路 24181 万吨，公路 29893 万吨，水运 935 万吨，民航 22 万吨。

贵州省货物运输具有外运大于调入的特点。外运主要是煤炭，贵州省 2010 年原煤产量将突破 1.5 亿吨，其中外运煤炭总量将达到 3000 万；2015 年原煤产量为 1.9 亿，其中外运煤炭总量为 4000 万吨；2020 年原煤产量为 2.0 亿吨左右，外运煤炭总量为 4200 万吨左右。贵州省煤炭外运总量的 2/3 流向广东、广西两省区，1/5 运往四川省或东出川江，其余流向湖南等省。除此以外还有磷及磷化工产品、铝及铝加工产品、硅铁、锰矿石、重晶石等。贵州省调入的主要货物有

粮食、日用消费品、建筑材料、钢材、机械设备等。

三、贵州省综合交通发展远景规划设想及"十一五"规划

（一）总体要求

围绕贵州省国民经济和社会发展的要求，抓住交通运输快速发展的重要战略机遇期，继续加大力度扩大交通设施总体规模，优化交通网络布局和层次结构，坚持以综合运输通道和交通枢纽的建设为重点，继续加强农村公路建设，满足建设社会主义新农村的需要，统筹铁路、公路、航空以及内河航运等各种运输方式的协调衔接，努力提高综合交通运输体系的整体供给能力，以适应和带动全省国民经济的快速发展和社会进步。

（二）发展思路

1. 以发展为主题，进一步扩大综合运输体系总体规模

"十一五"和未来较长的一个时期继续增加交通运输网络总量规模，解决网络结构层次性矛盾和缩小地区间发展差距，全面提高贵州省交通运输的机动性和通达性，增强对经济社会发展的支持能力。形成以铁路、高速公路为主骨架，民航、公路、港口、内河航运各种运输方式布局合理、规模适宜的，基本适应贵州经济和社会发展需要的综合交通运输体系。

2. 以结构调整为主线，不断提高交通运输服务质量和水平

加快铁路建设和水运航道整治，提高铁路、航道的能力和等级，优化综合交通运输结构；以经济路、旅游路、连接中心城市的跨区域公路建设为重点，加快以二级公路为重点的路网改造，提高路网的整体服务水平，提高路网等级，完善网络布局，不断提高服务质量和水平，以满足经济社会发展对交通运输提出的更高要求。

3. 以综合运输大通道和枢纽建设为重点，突出对外运输通道的建设

根据我省所处的地理位置和国家综合交通运输规划的要求，用综合和系统的手段对主要的运输通道和枢纽加以规划和建设，统筹铁路、公路、航空以及内河航运等各种运输方式的协调衔接，充分发挥综合运输体系的整体优势。突出综合运输通道、运输枢纽和对外运输通道的建设，满足西南地区客货运输和对外交流的需要。

4. 以协调发展为基本立足点，加快农村道路建设

加快农村路网建设，是我省社会主义新农村建设的重要组成部份，"十一五"期间，要重点加快通乡油路（水泥路）、通村公路及配套的农村公路站场设施建设。

（三）远景总体目标

2020 年贵州省综合交通运输发展目标为：全面建成以铁路、高速公路为骨

架，铁路、公路、民航、水运等各种运输方式相互协调，适应经济社会发展的安全、高效、可持续的综合运输体系；形成出省交通和中心城市、主要资源开发区、旅游景点运输通畅，农村交通较为便捷的综合运输网络；建成能提供各种运输方式有效协作和无缝衔接的、实现客货运输"一站式"综合服务功能的、信息资源共享的综合交通运输体系。

（四）综合交通运输网框架结构

依据《中长期铁路发展规划》、《国家高速公路网规划》及民航机场布局规划、水运发展规划，结合贵州省经济社会发展的需要，以及周边省（区、市）路网互通性的要求，确定贵州省综合运输网络基本框架。

基本框架由综合运输通道（两种及两种以上运输方式）与单一运输方式主通道（各方式骨架网）和运输枢纽构成。

1. 综合运输通道。到 2020 年贵州省形成"两纵两横一辅"综合运输通道，具体如表 1 所示。

表 1   **综合运输通道构成**

运输通道名称	控制点	主要运输线路
一纵	遵义、贵阳、都匀川黔、黔桂铁路	崇溪河—新寨、赤水—马场坪高速公路
二纵	威宁、六盘水、红果、兴义内昆、水柏、南昆铁路	六盘水—安龙，烟堆山—安龙高等级公路
一横	铜仁、遵义、毕节、六盘水、威宁威吉铁路，乌江航道	铜仁—威宁、毕节—六盘水高等级公路
二横	红果、安顺、贵阳、凯里、玉屏湘黔、贵昆铁路	鲇鱼铺—胜境关高速公路
一辅	毕节、安顺隆百铁路	毕节—六盘水、清镇—纳雍、黄花坪—望谟高等级公路

2. 综合运输枢纽：形成贵阳、遵义、六盘水、都匀、安顺、毕节、威宁、凯里、红果、兴义等综合运输枢纽。

3. 各交通运输方式网络

铁路形成"三纵三横"，公路形成"三纵三横八联八支"，民航形成"一干十支线"，内河水运形成"五江二河"五通道的基本框架。

铁路：重点规划省出海通道、能源运输通道形成"三纵三横"的铁路网络，总规模约 3000 公里（未含复线里程）。详见表 2。

表 2   **铁路"三纵三横"**

线路名称	主要控制点	里程（公里）	备注
一纵	内昆—水柏—南昆 威宁、六盘水、盘县、威舍至南宁	456	已建成，需实施复线建设
二纵	川黔—黔桂 赶水、桐梓、遵义、贵阳、龙里、都匀、独山、麻尾至柳州	482	已建成，龙里至麻尾段正在实施扩扩能改造，赶水至贵阳段需扩能或建复线
三纵	隆百铁路毕节、大方、织金、黄桶、关岭、贞丰、册亨至百色	460	规划建设，其中黄桶至织金在建
一横	湘黔—贵昆铁路 玉屏、镇远、凯里、贵定、贵阳、安顺、六盘水至昆明	560	玉屏至六盘水已建成复线，六盘水至昆明复线即将开工建设
二横	威吉铁路 威宁、赫章、金沙、遵义、湄潭、凤岗、思南、铜仁至吉首	600	规划建设
三横	贵—广铁路 贵阳、都匀、从江至珠海	410	规划建设
合计		2968	

    公路：到 2020 年，贵州省基本建成以高速公路为主体的骨架公路网、以高等级公路为主体的干线公路网，骨架公路总规模约 7400 公里，规划高速公路约 3000 公里，一、二级公路约 4400 公里。骨架网结构为"三纵三横八联八支"，骨架公路连接所有的县市，覆盖全省、沟通邻县。详见表 3。

表 3   **公路"三纵三横八联八支"**

线路名称	主要控制点	里程（公里）	备注
一纵	道真—黎平道真、务川、德江、思南、石阡、镇远、台江、黎平	160545	
二纵	崇溪河—新寨崇溪河（省界）、桐梓、遵义、息烽、久长、贵阳、龙里、贵定、麻江、都匀、独山、新寨（省界）	523	
三纵	毕节—安龙毕节、纳雍、六盘水、红果、兴义、安龙	465	

线路名称	主要控制点	里程（公里）	备注
一横	铜仁—威宁铜仁、江口、印江、思南、凤冈、湄潭、遵义、金沙、大方、赫章、威宁	475270	
二横	鲇鱼铺—胜境关鲇鱼铺（省界）、玉屏、岑巩、三穗、剑河、台江、凯里、麻江、贵定、龙里、贵阳、清镇、平坝、安顺、镇宁、关岭、晴隆、普安、盘县、胜境关（省界）	650	与"二纵"重合高速100公里
三横	从江—兴义从江、榕江、三都、独山、平塘、罗甸、望谟、册亨、安龙、兴义	230380	与"三纵"重合高速60公里
一联	天星坡—玉屏天星坡（省界）、松桃、大兴、铜仁、万山、玉屏	70100	
二联	沿河—丹寨沿河（省界）、德江、凤冈、湄潭、余庆、黄平、凯里、雷山、丹寨	30425	与"一横"重合高速30公里
三联	赤水—马场坪赤水、习水、仁怀、遵义、瓮安、马场坪	380	
四联	黄花坪—望谟黄花坪（省界）、大方、织金、普定、安顺、紫云、望谟	60270	
五联	烟堆山—安龙烟堆山（省界）、威宁、六盘水、关岭、贞丰、安龙	35550	与"二横"重合高速35公里
六联	江口—大方江口、石阡、余庆、瓮安、开阳、久长、扎佐、修文、黔西、大方	27415	与"二纵"重合高速27公里
七联	清镇—纳雍清镇、织金、纳雍	140	
八联	三都—兴仁三都、丹寨、都匀、惠水、长顺、紫云、者相、兴仁	50285	
一支	沿河—习水沿河、务川、正安、桐梓、习水	300	
二支	道真—遵义道真、正安、绥阳、遵义	180	
三支	独山—大沙坡独山、荔波、大沙坡（省界）	80	

线路名称	主要控制点	里程（公里）	备注
四支	贵阳—罗甸贵阳、惠水、罗甸	170	
五支	星子界—三穗星子界（省界）、锦屏、天柱、三穗	90	
六支	岑巩—马场坪岑巩、镇远、施秉、黄平、马场坪	160	
七支	晴隆—兴义晴隆、兴仁、兴义	100	
八支	星子界—榕江星子界（省界）、黎平、榕江	165	
合计		32354385	高速重合252公里

注：①表中数据未扣除重合里程；②城市出入口段可选用一级公路标准，长度一般不超过 5 公里。下同。

内河航运：以河流渠化为重点，结合水电枢纽建设，用 20 年左右的时间，基本建成以乌江为主的"五江二河"水运通道，相应发展区间和库区航运，配套建设港口和航道支持保障系统，形成港航船协调发展、与其他运输方式相互衔接的内河航运体系。详见表4。

表 4 "五江二河"五条出省水运通道

规划出省水运通道名称	规划河段	里程（公里）
一通	道乌江乌江渡至龚滩	406406
二通	道西南水运出海中通道贵州段（北盘江、南盘江、红水河）北盘江打邦河口以下、南盘江纳贡以下至红水河曹渡河口	365365
三通	道赤水河白杨坪至鲢鱼溪	19929170
四通	道都柳江三都至八洛	214110104
五通	道清水江凯里至分水溪	311114197
合计		1089479139471

民航：适应全省各地、州、市经济社会发展的需要，初步形成"一干十支线"的民航机场布局，详见表5。

表5	民航"一干十支线"
性质	机场名称
一干	贵阳龙洞堡机场，按4E级国际口岸机场改扩建
十支	安顺、铜仁、兴义、黎平、荔波、茅台、六盘水、毕节、务正道、新舟

（五）"十一五"规划建设目标

"十一五"期间综合交通发展的阶段性目标是：继续加大交通基础设施的建设力度，强化通道和枢纽建设，完善第一纵向、第二纵向、第二横向综合运输通道，加快建设第一横向、辅助纵向通道建设，加快农村交通基础设施和民用航空、内河航运建设，初步形成以"两纵一横一辅"主通道为骨架，各种交通方式布局分工基本合理、服务功能基本满足国民经济和社会发展要求的综合运输网络。

公路：在全面贯通"一横一纵四连线"高等级公路主骨架的基础上，实施"三纵三横八联八支"骨架公路网建设；加大以经济路、旅游路、连接中心城市的跨区域公路为重点的路网改造力度，基本形成连接中心城市、主要工矿区、旅游目的地的二级以上高等级公路网络。继续实施农村公路改建工程。力争到2010年，全省公路通车里程达50000公里，二级公路以上里程从"十五"期末的3298公里提高到7500公里以上，其中高速公路从"十五"期末的577公里增加到1300公里；实施通乡油路工程以及通达工程，提高农村公路的通达质量和通达深度，到2010年，等外级公路降低到20％以下，实现新增474个乡镇和5156个建制村通沥青（水泥）路，乡镇通沥青或水泥路率达到90％以上，95％的行政村通公路。

铁路：围绕加快构建我省"三纵三横"铁路网络长远发展目标和国家中长期铁路网规划，改造和提升既有的黔桂、贵昆铁路通道能力；加快建设黄桶至隆昌北上铁路新通道；继续争取国家支持，积极做好贵阳至广州、威宁至吉首铁路新通道和既有黔渝、南昆铁路通道扩能前期工作，并争取开工建设；根据发展需要，支持改扩建或新建一些重点工业基地铁路支线，完善配套设施。

积极支持和鼓励贵阳市发展城市快速轨道交通，争取开工建设金阳—三桥—中心城区及中心城区—小河等城市轻轨工程。

民航：进一步完善民用支线机场建设布局规划，力争开工建设仁怀、六盘水等旅游支线机场；进一步完善既有机场飞行保障配套设施；调整和完善省内机场与省外周边机场间的航线网络，积极支持航空公司开拓以旅游支线为重点的新航线、航班，初步形成以贵阳龙洞堡机场为中心、干线机场和支线机场协调运行的民用航空网络。

内河航运：继续争取国家支持，进一步改善内河航运条件，大力发展库区航运,集中力量建设水运主通道,完善航运配套设施,提高北入长江、南下珠江的水运通道能力。到2010年,改善航道里程474公里,其中四级航道364公里,五级航道29公里,六级航道81公里。

（六）"十一五"规划建设的主要任务

1. 实施"三纵三横八连八支"骨架公路网和农村公路为主的公路建设

建成凯里至鲇鱼铺、镇宁至胜境关、遵义至茅台、贵阳绕城西南段等高速公路,完成扎佐至南白和都匀至新寨高速公路改扩建工程;开工建设国家规划的汕昆高速公路板坝至兴义至江底、杭瑞高速公路铜仁至遵义至毕节至六盘水、厦蓉高建公路贵阳至织金和贵阳经都匀至广州（贵州段）及省规划的六盘水至兴义等高速公路;积极做好其他重点骨架公路的前期工作,开工建设3000公里以上二级公路;完成10000公里通乡油路改造、40000公里以上农村道路和825个乡镇客运站等建设任务。

2. 加快构建"三纵三横"铁路网络

完成贵阳铁路枢纽南编组站扩建和客车外绕线工程、黔桂铁路贵州段扩能改造工程、隆黄铁路黄桶至织金段和六盘水至沾益铁路复线工程;开工建设隆黄铁路织金至叙永段;继续争取国家支持,积极做好贵阳至广州、威宁至吉首铁路新通道和既有黔渝、南昆铁路通道扩能前期工作,并争取开工建设。

3. 建设和完善干支协调的民用航空网络

改扩建贵阳龙洞堡机场,完善铜仁等支线机场配套设施;积极做好仁怀（茅台）、新舟、六盘水和毕节机场前期工作,并争取开工建设;积极鼓励和支持航空公司开拓以旅游支线为重点的新航线,加快形成以贵阳龙洞堡机场为中心、干线机场和支线机场协调运行的民用航空运输网络。

4. 建设以"五江二河"为重点的内河航运网络

继续实施赤水河岔角以下航道整治工程,建成赤水港。结合龙滩水电枢纽建设,实施北盘江打邦河口以下、南盘江平班电站大坝以下库尾回水变动区航道整治工程,力争将西南水运出海中通道航道等级由Ⅴ级提升到Ⅳ级。结合乌江水电开发,开工建设构皮滩电站通航船闸,争取实施构皮滩、思林、沙沱水电枢纽库尾回水变动区航道整治工程。完成清水江、都柳江航道整治工程前期工作,争取开工建设。加强港口配套设施和乡镇渡口、库区码头、水上救助体系建设,力争建成百层、罗甸、从江、思南等一批重要港口。

（七）"十一五"综合交通建设投资估算及筹资分析

1. 贵州省"十一五"综合交通项目建设投资估算

根据规划建设目标,经测算,"十一五"期间公路、内河航运、铁路、机场等建设项目约需投资1250.8亿元。

2. 筹资分析

（1）争取国家补助410.9亿元。主要有以下几部分组成:一是列入国家高速公路网规划的高速公路建设，按项目建安工程总投资的 50%，争取交通部补助 192.1 亿元；二是通乡油路改造资金 40 亿元由国家发改委和交通部安排；三是通村公路和农村站场建设申请交通部补助资金 18 亿元；四是铁路方面，黔桂铁路、贵阳枢纽、六沾复线、南昆铁路复线、川黔铁路复线等国铁项目除我省承担少量征地拆迁费外，其余资金由铁道部全额出资，黄织、织金至叙永、贵广等部省合资项目，按《部省协议》计算的由铁道部出资部分，合计 139.2 亿元；五是支线机场建设争取国家发改委及民航总局补助 70% 的建设资金、龙洞堡机场改造争取国家民航总局补助三分之一，合计争取国家补助 12.6 亿元；六是内河航运争取交通部按二分之一进行补助，预计争取 9 亿元。

（2）省内配套资金合计 160.2 亿元。主要是配套高速公路建设资本金 35.4 亿元，注入二级公路建设资本金 45 亿元，配套农村公路及站场建设资金 39.2 亿元，承担部分铁路建设征地拆迁费用 24.3 亿元，30% 的支线机场建设资金配套及 50% 内河航运建设资金合计 16.3 亿元。资金来源初步考虑由交通规费、省级财政、地、县各级配套和省煤炭调节基金用于交通建设的资金等几部分组成。

（3）企业及社会资金投入 57.2 亿元。主要是通过多种方式，吸引省内外优强企业投资或参股二级公路、枢纽场站及合资铁路的资本金投入。

（4）银行贷款 622.5 亿元。主要是高速公路、二级公路和合资铁路等项目的银行贷款。

四、综合交通运输发展的政策措施

（一）加强交通规划和项目前期工作

交通规划是政府配置交通资源的公共政策，科学的规划是确保贵州交通建设持续推进的关键，对交通基础设施项目建设必须坚持以科学的规划为指导，认真分析项目的定位、性质、功能，按照"轻、重、缓、急"的原则，有步骤有层次的加以发展建设，把有限的资金用在"刀刃"上。一是加强各运输方式的统一规划和协调发展，要根据各运输方式的技术经济特征和市场需求的发展变化，统筹各运输方式的发展，统一规划，充分发挥铁路、水运在大宗货物运输中的作用。避免各运输方式的重复建设、盲目发展及不合理运输导致的运输成本增加、运输效率降低；二是交通布局与产业布局相协调。根据产业布局与交通运输布局的关系，产业布局对交通运输有较大影响，只有做到产业布局与交通布局相协调，才能防止不合理运输；三是交通发展与人口、资源、环境发展相协调，特别是与城市土地、资源相协调，做到可持续发展。

（二）进一步拓宽交通基础设施建设投融资渠道

未来五年是贵州交通运输快速发展的时期，交通建设资金巨大，需要进一步拓宽投融资渠道。首先，在积极争取国家资金支持的同时，要加大政府的投入力度。

其次，通过银行授信、政府贴息的方法，建立不同层次的公路融资平台，加快二级公路建设；引进优强企业，做大做强省铁路公司，解决铁路建设资本金问题。第三，拓宽筹资渠道，制定支持交通建设的优惠政策，将贵州省的优势资源，如煤炭和旅游开发等项目的开发权与交通项目打捆招商，通过在矿区产品和旅游门票中加收公路建设附加费的办法来筹集交通建设资金。第四，积极探索市场化筹资方式，如项目融资采用建设—运营—转让、建设—转让、经营权转让等形式。

（三）进一步深化交通建设投融资和管理体制改革

按照"谁投资、谁建设、谁经营、谁受益"的原则，进一步深化交通投资体制改革。实行差别化的投资政策，政府资金主要投向公益性交通基础设施，引导、鼓励企业及社会以各种方式投资建设经营性交通基础设施，逐步形成政府引导扶持、社会参与、投资主体多元化的交通投融资体制和机制，保证交通建设所需资金。

要积极探索建立综合交通管理体制。积极推进交通行政管理职能与建设、经营职能分开，加快建立政企分开、权责明确、管理高效、监督到位的管理体制；改革农村公路管养体制，实行管养分离，推进农村公路养护市场化，多渠道筹集农村公路养护资金。

（四）重视交通运输安全、节能降耗工作，走可持续发展道路

根据我国建设资源节约型、环境友好型社会的需要，贵州交通运输发展需要走内涵式发展道路。一是交通运输的发展要转变增长方式。交通运输的发展不仅要考虑运输业的发展速度，更要考虑运输业的质量和效益，大力发展铁路、水运等节能、环保、安全型运输方式，提高运输安全、降低能耗；二是交通运输发展要与土地、资源、环境相协调，走可持续发展道路。三是加强运输安全，提高基础设施建设标准，加强治超工作，严禁超载、超限。四是要大力发展集装箱等专业化运输，加强运输的组织管理，加快信息化、智能化、网络化运输，提高运输的科技含量，改变过去粗放型发展模式；五是健全法规体系，走法制化道路。认真落实《道路运输条例》及相关配套规章，加快修订、完善地方性道路运输法规。

（五）加强交通信息化建设，提高信息化水平

交通信息化建设是推动综合交通运输发展的关键之一，对提高全省交通运输效率，改善运输组织，提高服务水平等都有积极的作用，同时也是交通运输现代化的重要标志。交通有关部门要根据全省信息化建设的总体发展规划和建设计划制定相关的交通运输信息化总体发展规划和建设计划；在加强信息资源的整合，充分利用各种信息资源的基础上，实施经济引导和行政要求相结合的方式，增加政府的投入，建立交通运输信息平台，构建运输信息网络，实现资源共享；鼓励和引导运输企业集团按照企业发展战略和市场竞争的需要，加大资金投入，加快运输经营信息网络的建设步伐，利用电子数据传输技术（EDI）、全球卫星定位系统（GPS）等现代化信息通讯技术手段，进一步提高运输生产效率。

044

云南省"十一五"公路水路发展规划

云南省交通运输厅
2008 年 11 月 28 日

党的"十六大"提出,在本世纪头二十年,集中力量,全面建设惠及十几亿人口的更高水平的小康社会目标,继续加速推进社会主义现代化建设。"十一五"规划是提出全面建设小康社会后的第一个五年规划,适应全面建设小康社会需要,进一步加快公路水路交通发展将是"十一五"中的重要任务。

云南的"十一五"公路水路发展规划是继"十五"以后,又一个宏大的交通五年发展规划,它的实现将为云南经济社会发展提供强有力的支撑。"十一五"规划中有以下几个特点:首先是明确了规划期内实现国家和全省的通道战略目标,云南境内国际大通道的形成,将促进云南与内地及周边国家经济的融合,加强跨区域联系和交流;其次是路网结构加快升级优化时期,实现有效率发展与区域均衡发展的结合;其三是突出了前瞻性与指导性;其四是在发展过程中注重了以人为本和生态、安全、环保的现代理念。

一、"十五"计划执行情况

(一)基本现状

在"十五"期,云南相继抓住国家实施扩大内需、积极财政政策、西部大开发战略、国家交通扶贫工程及农村公路通达工程,以及本届政府将在任期内完成国道主干线改造任务等一系列难得机遇,交通发展持续加快,一大批重点项目相继开工,并有一批项目建成投入使用,整个路网质量有了较大提高,基础设施总量迅速增大,公路在综合运输体系中的作用明显增强。

至 2003 年末,全省公路总里程达 166133 公里,其中,高速公路 1064 公里,一级公路 230 公里,二级公路 2677 公里。全省所有 1558 个乡镇已实现通公路,行政村通公路率达 98%。全省通航里程 2539 公里,其中,四级航道 339 公里,五级航道 105 公里。全省民用汽车保有量 77.1 万辆。

在"十五"期建成了多条高速公路,主要路段有:

前三年建成的路段:大理—保山 166 公里;曲靖—胜境关 74 公里;昆明—石林 78 公里;元江—磨黑 147 公里;砚山—平远街 66 公里;嵩明—待补 120 公里(其中二级 64 公里)。

另外,安宁—楚雄、鸡街—石屏、通海—建水等高速公路也将在"十五"期间建成。

至"十五"末，全省高速公路将达1425公里，比"九五"末增加175.62％。

广大农村路网通达水平低、通行能力差的状况也有较大改善，至"十五"末，全省县乡公路将达146684公里，比"九五"末增长4611公里，增长3.25％；有路面里程32892公里，比"九五"末的8913公里，增加2.69倍，其中，水泥路面1890公里，增加78.8％，沥青路面8283公里，增加180.8％，弹石路面22719公里，增加36.1％。

全省航道里程大幅增加，至2003年末，全省通航总里程2539公里，比"十五"末增加959公里，其中，四级航道339公里，比"十五"末增加54公里。

"十五"末公路水路建设及运输预计完成情况见下表：

"十五"公路建设预计完成情况与原定计划目标比较

	总里程（公里）	新增里程（公里）	高速公路（公里）	一级公路（公里）	二级公路（公里）	路网密度（公里/百平方公里）
"十五"计划目标	110000	10000	1300	250	2000	30
2003年末完成情况	166133	56573	1064	230	2677	42
"十五"预计完成	168000	58000	1425	500	4000	42.6

"十五"公路运输预计完成情况与原定计划目标比较

	客运量（亿人）	客运周转量（亿人公里）	货运量（亿吨）	货运周转量（亿吨公里）
"十五"计划目标	5.5	226	5.5	411
2003年完成情况	3.3	192.8	5.4	357.6
"十五"预计完成	3.5	210	6	420

"十五"水路运输预计完成情况与原定计划目标比较

	客运量（万人）	客运周转量（万人公里）	货运量（万吨）	货运周转量（万吨公里）
"十五"计划目标	306	12100	254	17680
2003年完成情况	382	8792	160	15402
"十五"预计完成	410	9420	181	16620

（二）"十五"投资预计完成情况

在"十五"期间，云南抓住了国家扩大内需和西部大开发机遇，省交通厅按照交通部和省委、省政府的要求，大力加快公路基础设施建设，"十五"前三年完成公路建设总投资 349.91 亿元，后两年预计全省将完成公路投资约 400 亿元，整个"十五"期间的公路完成投资预计将为"九五"期间 359.98 亿元的 2 倍多，再创历史新高。"十五"期水路固定资产投资预计完成 2.84 亿元。

在全部公路水路固定资产投资中，中央车购税累计已安排约 67.7 亿。利用国债资金 46.9 亿元（中央专项 39.9 亿元，地方专项 7 亿元）。预计整个"十五"期，车购税将安排约 100 亿元。

（三）"十五"期公路水路交通发展的主要特点、成功经验和存在问题

"十五"期是全省历史上交通发展最好的时期，基础设施建设取得显著成绩，通道建设全面启动，路网结构明显改善，公路覆盖面进一步扩大，农村公路的通达深度和通行条件进一步提高，交通基础设施制约经济社会发展的局面得到极大缓解。这一时期的主要特点有：

1. 政策最好、机遇最多的时期。在"十五"期间，国家继实施扩大内需、积极财政政策后，又推出实施西部大开发战略，通过贫困县油路、西部通县油路及县际油路工程的实施，国道主干线的加快建设，全省交通基础设施建设步入快车道。

2. 固定资产投资额最大，新增公路里程最多，建成高速公路最多，新开工高等级公路最多的时期。在"十五"期间，预计将新增油路面里程 1 万多公里，高等级公路预计将达 5000 公里。

3. 全面实现云南通道战略目标的时期。随着国道主干线的加快建设，在"十五"期，连接南亚、东南亚的各大通道建设全面开工，预计"十一五"中期全面实现公路大通道的高等级化。

4. 大规模农村路网改造的时期。随着国家西部农村通达工程的启动，开始了农村交通基础设施的大规模改造工作，对改善农村生产、生活条件，推进农村城镇化起到良好的交通先导作用。

5. 上湄公河、澜沧江航道的整治，进一步提高了澜沧江国际航道作用。

截止 2003 年底，我省现有公路里程达 166133 公里，总里程列居全国第一。

"十五"期间，云南公路水路基础设施建设实现了快速发展，是交通部大力支持和省委、省政府正确领导的结果，是地方各级党委、政府重视和推动的结果，是广大人民群众热情关心和积极支持的结果，也是全省交通系统广大干部职工团结奋斗和努力拼搏的结果。

随着"十五"云南公路水路的快速发展，极大地改善了全省交通基础设施状况，但由于云南的交通发展是在一个较低的水平基础上进行的，总体水平落后的

局面仍没得到彻底改变,区域发展不平衡状况依然存在,不适应经济社会发展和人民生活水平提高的矛盾还没有得到根本性的解决,特别是与全面建设小康社会的目标和要求还有较大的差距。另外,在发展过程中出现的一些问题仍然没有解决,主要表现在:

首先,路网结构仍不尽合理,目前,全省的二级及二级以上高等级公路所占比重仅为2.39%,特别是广大农村公路仍是技术标准低、通行条件差、配套设施缺乏,严重不适应经济社会发展以及人民日益提高的生活水平对交通的要求;

其次,几年来公路水路的基础设施建设对银行资金依赖过强,导致负债增长过快,直接影响交通的可持续发展能力。另外,在中央清理"两个拖欠"情况下,对项目建设资金的到位,对地方配套资金的筹集,提出了更高要求。在"十一五"中,筹集建设资金的问题将突出地表现出来;

其三,公路基础设施的建设,与公路站场设施建设、管理设施的建设不配套,支持系统建设较为滞后,整个公路的服务水平仍较低下;

其四,投资体制改革落后于建设发展,目前,云南的投资主体仍较为单一,投资增长对政策性投资依赖性较强;

其五,公路事业多年的高速发展,设计、监理、管理等人才缺乏的问题凸现,亟需引起重视。

二、"十一五"时期交通发展面临的形势

随着国家全面建设小康社会,经济社会进一步发展,人民生活水平进一步提高,认清新的形势,适应新的要求,树立科学的交通发展观,统筹发展,以人为本,创新思路,将是我们在今后一个时期内主要工作要求。

目前,制约云南经济社会发展的主要矛盾仍是交通基础设施落后,因此,大力改善交通基础设施条件仍将是重中之重的工作。建立国际大通道,发挥云南的区位优势,打开云南对外开放局面,使云南在"中国—东盟自由贸易区"的建立过程中,成为核心前沿地带,是云南交通发展最现实的战略目标。

国家大力推进"中国—东盟自由贸易区"建立,以及在2007年完成国道主干线的改造任务,云南的交通建设在"十一五"期又一次拥有重大发展机遇,公路建设在"十一五"依然将持续加快。

在"十一五"期间,云南公路的发展将是突出重点、注重全面、平衡与协调,首先,保证国道主干线项目改造的如期完成,确保交通部制定目标的完成与全省大通道目标的实现;其次,抓好农村路网的改造,积极实施通乡油路工程,努力改善农村的基础设施;其三,积极调动地方积极性,大力改善地方干线路网,强化骨架公路与农村公路的中间纽带,提高整个路网性能;其四,解决公路运输站场建设落后于公路建设的问题,加快农村客运网络建设。在水路发展方

面，在抓好澜沧江、金沙江航道治理的同时，注重航电枢纽的建设。

三、编制"十一五"规划的指导思想和原则

"十一五"是全面建设小康社会承前启后的关键时期，全省的"十一五"交通规划编制，将以邓小平理论和"三个代表"重要思想为指导，紧紧围绕全面建设小康社会对公路水路交通提出的新要求和交通新的跨越式发展目标，贯彻以人为本，全面、协调和可持续的发展观，努力适应完善社会主义市场经济体制和政府职能转变的要求，坚持速度、结构、质量、服务、管理、效益和可持续发展相统一，按照国家的统一部署，坚持统筹规划、分类指导、突出重点、讲求实效，做好交通规划的前后衔接及与区域规划的衔接和其他运输方式的衔接。

四、"十一五"规划的建设目标和重点

"十一五"交通规划目标的实现，将为云南的经济与社会发展，打开云南及西部地区的对外开放局面，以及"中国—东盟自由贸易区"的建立提供强有力的支撑。在"十一五"期间，云南的公路水路发展目标是：

①在重点公路方面，重点围绕国道主干线和西部开发省际通道建设，目前国家已批复可研项目，按要求在2007年底实现贯通，届时，云南通往越南、缅甸、老挝的重要口岸的通道全部实现高等级化，通往邻近省份四川、广西、贵州的主要通道实现高等级化。②在路网建设方面，高等级公路在发达地州实现成网、不发达地州实现通达。③在农村路网方面，继续加大农村公路投资，大力推进通乡公路路面实现高级化与次高级化，努力改善通村公路通达条件与水平，提高农村公路的服务水平，解决农民出行难问题。④结合口岸路、边防路建设，进一步改善出口次通道的通行条件。⑤在运输方面，在建设主枢纽同时，加强二级枢纽建设及口岸站点建设，合理布局农村客运网络，大力发展快速客运，积极推进现代物流运输方式建设。⑥在水运方面，把澜沧江、金沙江的水电建设与航道建设相结合，积极推进航电枢纽建设，不断完善主航道航运基础设施，认真抓好库湖区码头建设。⑦加快全省公路、水路支持系统建设，完善安全救助体系、强化信息资源整合，提高公路和水路的管理和服务能力。

至"十一五"末，云南的公路里程将达172000公里，其中，高速公路达3000公里，二级及二级以上达8000公里，路网密度达43.7公里/百平方公里，行政村通公路率力争达到100%，乡镇公路路面硬化率达到90%，行政村公路路面硬化率达到48%。基本实现干线公路的客货运输的快速网络化，实现70%的行政村通班车。水路通航总里程达到2700公里，其中，四级航道450公里，五级航道150公里。

五、"十一五"时期投资估算及资金渠道

"十一五"将是云南公路建设项目最多、投资力度最大的五年，通道公路建设、地方干线路网建设、农村路网改造将是历史上投入最大的时期。"十五"末期启动的国道主干线、西开通道项目和地方干线项目，在"十一五"的投资规模预计达 1200 亿元左右，建设资金能否顺利筹措已是目标任务能否完成的关键因素。

全省干线公路建设将仍以部省合作模式为主进行，主要项目是"十五"后期启动的国道主干线、西开通道项目以及"十一五"期启动的部分国家高速公路网和地方高速公路网的部分项目，预计争取中央车购税补助 100 亿元作为项目资本金，省、地配套资本金 50 亿～80 亿元，其余大部分资金将依靠商业银行、亚行、世行贷款。此外，进一步盘活存量资产，搭建各类融资平台，改善和提供各种社会资本进入的渠道，也将是下一个五年计划的要务之一。预计"十一五"期，全省重点公路将完成投资 800 亿元。

地方路网将按照统筹规划、多方筹资、省给补助、地方承建的模式进行建设，继续给予财政贴息的政策积极推动路网结构改造，加快路网升级。预计"十一五"期，全省路网改造将完成投资 300 亿元。

农村路网改造将按照中央统筹安排，以中央资金为主，省给配套，地方包干建设的模式，大力推进通畅、通达工程建设。预计"十一五"期，全省农村路网将完成投资 100 亿元。

六、政策建议和相关措施

协调推进投资体制改革，保持良好发展势头，提高发展质量，增强地方发展后劲，将是"十一五"时期的重要课题。

"十一五"，资金将是制约云南交通发展的"瓶颈"，建设资金能否顺利筹措将是云南交通发展的关键。"十一五"期，云南交通项目之多、投资之大是以往任何一个历史时期所没有的，仅重点公路就需筹集建设资金约 800 亿元，相当于整个"十五"期的公路建设总投资，处于这样一个特殊的发展时期，必须有相关的支持政策引导发展。

（一）对云南的国道主干线项目需给予特殊对待，加大中央投入力度，适当提高中央车购税的补助标准以改善项目融资环境；

（二）对云南的公路项目在税收调节、信贷政策、外资引进、项目上市融资、债券发行、建设资金财政贴息方面应给予倾斜支持；

（三）增加建设国债在云南交通基础建设上的投入；

（四）制定配套的投资鼓励政策，鼓励社会资本进入；

（五）支持存量资产的盘活，努力解决机制不活，筹资能力不足的矛盾。

此外，对国道主干线、西部开发通道、国家高速公路网项目需要简化审批程序，提高审批效率，及时提供并保障建设用地。

为把"十一五"规划落到实处，将采取以下保障措施，确保国家重点项目的建设：

1. 提高机遇意识，积极调动各方积极性。

2. 严肃规划指导作用，处理好长远发展与近期目标关系。

3. 围绕重点展开工作，做好地方发展节奏的调控工作，分清主次，确保主干线项目及重点项目的建设。

4. 加强项目前期工作，提高设计质量，树立资源保护意识和环境意识。

5. 积极关注宏观经济面对交通发展的影响，加强项目建设过程的监测，使存在的、潜在的不利因素影响降至最低。

6. 做好社会效益与经济效益的结合，充分发挥市场在交通建设中的作用。

七、2020 年规划初步设想

到 2020 年，公路基本适应国民经济和社会发展需要，能为全面建设小康社会、适应人民群众的出行需求提供更畅通、更便捷、更安全的交通运输条件。

全省公路总里程达到 18 万公里，路网结构质量得到较大提升。高等级公路里程达到 20000 公里以上，其中，高速公路达到 4500 公里，基本实现地州市政府所在地以及 20 万人口以上城市的连接。乡到行政村公路基本达到高级、次高级路面标准。建成比较完善的快速客货运输网络，实现 80% 的通公路行政村通班车。营运客车中高级客车比重达到 60% 以上。

进一步改善澜沧江国际航道、金沙江航道，水路四级航道达到 600 公里，五级航道达到 200 公里，发展两大航道的大型运输船舶和特种运输船舶，完善水运安全设施，提高水运在综合运输中的份额与地位。

云南省"十一五"综合交通体系发展规划

前 言

云南省作为中国面向东南亚、南亚的前沿,具有沟通太平洋、印度洋,连接中国、东南亚、南亚"三大市场"的独特区位优势。把云南建成中国面向东南亚、南亚的国际大通道,是云南省委、省政府带领全省各族人民认真贯彻党的十六大精神,充分发挥独特区位优势,紧紧抓住国家深入实施西部大开发、中国—东盟自由贸易区建设、泛珠三角"9+2"区域合作与发展等重大战略机遇,坚持贯彻实施的一项重大科学决策。

云南省交通运输正处于大发展时期。经过二十多年的改革与建设,逐渐探索出了一条符合省情的现代交通发展道路,取得了显著成就。但从适应经济发展要求、促进社会进步、改善人民生活质量来衡量,仍有相当大的差距。

"十一五"时期是我省交通运输高速发展、提升在国民经济中的地位作用、建立现代综合交通运输体系的关键阶段。在经济快速增长、社会转型加速、经济全球化以及科技进步日趋加快的大环境中,运输需求总量将快速增长,对运输能力、效率与服务质量提出了更高要求。同时,资源与环境约束更加紧迫,交通运输面临新的更大挑战。为实现党的十六大确立的全面建设小康社会的宏伟目标,把云南建成中国面向东南亚、南亚的国际大通道,加快交通现代化建设,必须紧紧抓住战略机遇期,加强统筹规划,促进各种运输方式协调发展,发挥综合运输的整体效能,变被动适应为主动引导。

《云南省"十一五"综合交通体系发展规划》作为云南省国民经济和社会发展的重点专项规划之一,是全省"十一五"规划的重要组成部分。在国家规划指导下,本规划统筹协调铁路、公路、民航、水运和城市轨道交通的发展,促进运输资源优化配置,发挥各种运输方式的最大效率,加速建立现代化综合交通体系,是指导交通运输发展和确定该领域重大工程、安排政府投资的依据。

《云南省"十一五"综合交通体系发展规划》包括:综合交通体系发展现状、"十一五"面临的形势与需求、指导思想和目标、发展重点以及政策措施等五部分内容。

第一章 综合交通体系发展现状

改革开放以来,云南省交通基础设施建设有了较快的发展,对影响国民经济发展的"瓶颈"制约逐步得到缓解，铁路、公路、民航和水运立体发展的综合交通运输网络骨架正在形成。但是，受山区地理条件限制和历史原因，云南交通封闭落后面貌仍未得到根本改观，影响发展的各种矛盾依然突出。

一、"十五"发展成就

"十五"期间，全省交通运输发展较快，在交通设施总量、运输能力供给以及运输质量等方面取得了较大成就，有效地支撑了国民经济快速平稳发展。2005年，各种运输方式完成货运量 6.24 亿吨，比 2000 年增长 19.0%；货物周转量 655.5 亿吨公里，增长 36.7%；客运量 4.21 亿人，增长 24.9%；客运周转量 275.2 亿人公里，增长 15.7%。全省交通运输正在进入各种运输方式协调发展，能力扩张与质量提高并进，全面建设现代综合交通体系的新发展阶段。

（一）交通基础设施规模迅速扩大

"十五"期间，全省交通投资力度不断加大、建设速度不断加快，实现了交通基础设施规模总量的快速增长，交通网络覆盖面继续扩大，通达度进一步提高，形成了具有相当规模的综合交通体系，综合运输能力显著增强。到 2005 年底，交通运输设施网络里程达到 17.27 万公里（不计民航航线里程），较 2000 年新增 5500 公里，增长 3.3%。其中，公路里程 16.76 万公里，增长 2.4%，二级及以上公路 4994 公里，增长 1.16 倍（其中高速公路 1421 公里，增长 1.75 倍）；农村交通通达度明显提高，农村公路通车里程达 14.24 万公里，实现所有的乡镇、84.2%的行政村通公路；铁路营业里程 2327.3 公里，增长 15.5%；内河航道里程 2764 公里，增长 74.9%，其中五级航道 89.3km，六级航道 610.5km，七级航道 399.1km，七级以下航道 766.1km，其余 909.3km 为库湖区航道；机场 10 个（昆明、保山、思茅、昭通、西双版纳、德宏芒市、丽江、大理、香格里拉、临沧），比 2000 年新增 1 个（临沧）。

（二）以航空为先导、陆路为骨架、水运为补充的交通构架正在形成

云南是国内通航民用机场数量较多的省份之一，目前居全国第二位，是我国民用航空体系较为完善、运输能力较强、管理水平较高的省区之一。2005 年度全省机场完成旅客吞吐量 1525.4 万人，已接近铁路完成的 1576.9 万人。2006 年 3 月，航空运输客运量完成 160.8 万人，首次超过铁路的 155.1 万人。这一现象的出现，一方面可以说是云南铁路发展的滞后，但从另一角度来看，通过航空客源强有力的拉动，航空运输也同时促进了其它交通运输方式的协调发展，航空的先导作用已经显现，现实意义十分显著。大量游客、旅客通过航空运输进入云南，必须换乘其它运输工具到达目的地，密切衔接、相互促进的现代化综合交通运输体系雏形正在形成。

2005 年，陆路运输承担着云南省全社会 99% 以上的货运量、客货周转量和

95％以上的客运量，在综合交通体系建设过程中占据绝对关键的地位。云南综合交通体系正在形成以昆明为中心，包括入滇通道、省内通道和出境通道三大部分，由中国腹地分别经桂、黔、川、藏四省区入滇，经省内路网，再由东、中、西三路出境通边达海的基本构架和总体态势。

"十五"以来，云南省充分利用自然条件，抓紧推进澜沧江—湄公河航道整治、中缅陆水联运通道（即"一路一港"建设，包括瑞丽—缅甸八莫公路和八莫港的建设）等建设，使我省与东南亚国家的通道联系水平得到新的提高；积极推进建设富宁港、水富港，使云南与泛珠三角地区、长江中下游地区的联系更加紧密，使云南对外通道又有新的突破，水路交通已经在综合交通体系中占据了一席之地。

（三）技术装备水平有较大提高

先进科学技术的开发和广泛应用，大大提升了综合交通体系技术装备水平，运力结构较大改善，运输能力不断提高。

运输设施方面，铁路电气化里程五年新增216.5公里，局部路段时速已超100公里，正在逐步改变"云南火车没有汽车快"的历史。二级以上高等级公路比重由2000年的1.42％提高到2.98％，其中高速公路增长尤为迅速。交通基础设施的建设设计、施工技术进入全国先进行列，特别是高原山区的铁路、高速公路建设技术水平已达到世界先进水平（如内昆铁路桥隧施工技术、高速公路长大隧道施工技术、高原地质灾害防治监测技术、元江至磨黑高速公路红河大桥等等）。昆明国际机场已成为全国主要枢纽机场。

运输装备技术水准与国内先进水平的差距逐步缩小。在云南通航的民用飞机保持国际先进水准，机队规模不断扩张；汽车生产能力快速增长，从2000年生产2.21万辆提高到2005年的6.29万辆，增长1.85倍，部分车型技术性能已达到全国先进水平；高原铁路大马力、高速机车正在得到广泛应用。

（四）现代管理和信息化应用水平不断提高，运输效率和服务质量较大改善

交通信息化建设稳步推进，信息技术得到推广和普及，智能交通系统技术研究全面启动。大理至保山高速公路建设中，首开我省公路收费、通讯、监控"三大系统"与土建工程同步建设的先例，在全国首次实施对12座特大隧道进行集中监控，建成了亚洲最大的监控屏，大幅度降低了交通安全隐患；昆明等城市建立了信息化交管指挥中心，交通运输管理水平不断提高。

在市场竞争机制的作用下，依托不断提高的基础设施、技术装备水平和管理水平，服务质量有了较大改善。以高速公路快速客运班车为标志，旅客运输服务呈现多层次、多样化、个性化和快速化的发展趋势。以便捷、高效为目标的货物运输服务体系正在形成，货物运输代理、物流服务、多式联运、快递业务和信息服务等运输服务方式发展迅速，货物运输及时性和延展性有所提高。

（五）管理体制和投融资机制改革迈出重大步伐，运输市场化进程加快

"十五"期间，重点实施以完善市场经济体制为主要内容的交通体制改革。民航管理体制实现了政企分开和机场属地化管理，成立云南机场集团公司；创新投融资方式，组建铁路、公路等专业投资公司；铁路行业加快了主辅业分离的进程，进行了以减少管理层次为目标的铁路分局撤销等改革。

随着交通管理体制改革和加入 WTO，对运输市场的管制进一步放宽，开放度不断提高。交通基础设施建设、运营管理、附属服务和维修均不同程度对外商和民间资本开放，民间资本已进入航空运输业。

（六）交通安全与可持续发展受到重视

贯彻"以人为本"，关注公共安全，使交通安全上升到一个重要地位，交通安全工作明显加强。在国家颁布《道路交通安全法》后，配套建立了道路交通安全预防协调机制，加大了对超载和各类违章的整顿治理力度，增加对安全设施的投入。铁路安全保障、民航飞行安全等也得到加强。

交通节能和环保方面，在国家政策指导下制定了一系列措施，主要包括：在交通基础设施建设中，对利用国土资源、保护周边生态环境采取更加严格的控制措施；在大中城市积极倡导公共交通，帮助民众树立选择公交出行的意识；控制并淘汰高能耗、高排放的老旧运输工具等。

此外，"十五"期间建设了一批兼顾国防交通功能的基础设施项目，交通战备保障能力得到提高。

二、"十五"发展经验

"十五"期间，是全省有史以来综合交通体系发展最快的时期，投入最多、建设最快、成效最大，积累了丰富经验。

（一）确立优先战略地位，以规划为前提明确发展方向，促进交通大发展

在云南省委、省政府的正确领导下，各级政府部门高度重视交通建设，始终把加快交通发展作为优先发展战略目标，抓住机遇不断推进交通大发展。在促进交通发展过程中，认真研究国内外交通发展趋势，遵循发展规律，以提高运输能力和扩大覆盖面为重点，结合全省实际，抓好综合交通体系建设发展战略规划研究、中国连接东南亚南亚国际大通道建设规划研究等一系列规划研究工作，进一步明确交通发展方向，加大政策措施和资金支持力度，为交通基础设施快速发展和运输能力的较大增长提供了基本条件。

（二）按照省委、省政府要求，争取国家政策支持，改善交通建设环境

各相关部门单位积极向国家发展和改革委员会、铁道部、交通部、国家民航总局等部门汇报衔接，云南省人民政府与国家有关部门签订了一批加快我省铁路、公路、民航发展的合作协议和会谈纪要，推进了重大项目的前期工作，积极

争取得到国家支持,为"十一五"全省交通发展建设奠定了基础,创造了良好的宏观建设环境。在项目建设过程中做好协调服务工作,解决交通建设项目存在困难,为项目顺利实施提供良好的施工环境。

(三)千方百计多渠道筹集资金

在省级财政十分紧张的情况下,每年从省预算内资金中安排交通建设资本金5亿元以上,用贴息、补助等方式支持交通发展,同时积极争取国家资金支持,并加大招商引资工作力度,引进外来投资者,采取"BOT"等方式加快重点项目建设。

(四)坚持以改革促发展,加大交通投融资体制改革力度

认真贯彻落实《国务院关于投资体制改革的决定》精神,组建了铁路、公路等专业投资公司,创新投融资方式,加强与国家有关部委和有关省市区以及各大企业、厂矿、大型水电站的合作,通过投融资体制的不断创新,按照市场运行规律拓展融资渠道,积极探索上市融资、发行建设债券、租赁转让建设开发特许权、推广 BOT 及 TOT 等项目建设模式等,盘活存量资产,实现交通滚动发展,形成多渠道筹资建设综合交通运输体系的格局。

(五)加大前期工作力度,推进重大项目开工建设

"十五"期间启动了一大批铁路、民航项目前期工作,全力抓好重大项目前期工作,扎实工作基础,提高前期工作质量,为大丽铁路、玉蒙铁路、文山机场、腾冲机场等项目及早开工创造了条件,昆明新机场建设、富宁港建设等重大项目前期工作也在全面展开。铁路、民航、公路、水运等领域重大项目的前期工作,为加快交通发展创造了有利条件,为全省"十一五"实现交通跨越式发展奠定了良好基础。

三、主要问题

"十五"期间,全省交通设施规模和能力取得了长足的发展,但仍然不适应国民经济持续快速发展的要求,"瓶颈"制约因素没有从根本上消除。铁路、公路、航空和水运发展仍不同程度地存在布局不合理、等级低、利用率不足等问题,最突出的是铁路运输能力短缺,铁路骨架网络尚未形成;公路等级低,通行能力差,在一些地方仍然是通而不畅;区域和城乡发展不协调、城市交通拥堵等问题愈发突出。同时更应注意,交通建设管理体制及运行机制的改革相对滞后以及建设资金短缺、投融资体制尚未健全是云南综合交通体系发展的主要突出矛盾,运输市场建设滞后,市场机制仍需健全,交通发展总体上仍然以各种运输方式自成体系为特征,行业分割没有打破,适应社会主义市场经济要求的综合交通管理体制尚未建立。建立布局合理、能力充分、衔接顺畅、高效便捷的现代化综合交通体系任务十分艰巨。

第二章 "十一五"面临的形势与需求

2003 年我国人均 GDP 迈上了 1000 美元的新台阶,步入了从低收入国家向中等收入国家迈进的"黄金发展期"。党的十六大报告明确指出,21 世纪头二十年,对我国来说,是一个必须紧紧抓住并可以大有作为的重要战略机遇期,确立了进一步扩大对外开放的指导方针。"十一五"时期作为我国全面建设小康社会的上升阶段,将是我国经济社会发展的重要时期,是为实现第三步战略目标打基础、创条件的关键时期。以十六大精神为指导,深入研究云南综合交通体系发展面临的形势与需求,云南综合交通体系已迎来了前所未有的良好发展机遇,必须付出艰辛的努力去牢牢把握。

到 2010 年,人均生产总值比 2000 年翻一番以上,生产总值年均增长 8.5%以上,城乡居民收入水平不断提高,城市化进程加快。实现经济社会快速发展和总量规模上新台阶需要交通运输提供强有力的基础支撑和服务支撑,根据国外发展经验和全国乃至全省工业化、城市化所处阶段以及资源和产业分布特征,"十一五"交通运输需求将继续快速增长,根据全国平均增长速度预计,全省到 2010 年全社会货运量和周转量将达 7.5 亿吨和 730 亿吨公里,客运量和周转量将达 5.7 亿人次和 350 亿人公里。

一、"十一五"面临的环境与机遇

首先,中国—东盟自由贸易区建设和云南积极参与滇沪滇浙合作、泛珠三角"9+2"区域合作与发展等机遇为云南交通发展带来了前所未有的重要战略发展契机,对交通运输提出了更高的要求。

2002 年 11 月 4 日,《中国—东盟全面经济合作框架协议》签署。东盟 10 国国土面积、人口、生产总值均接近我国的一半,合作潜力巨大,发展前景看好。中国—东盟自由贸易区建成后,将形成一个拥有 20 亿消费者、2 万亿美元国内生产总值、1.3 万亿美元贸易总量的经济区。中国—东盟自由贸易区将是世界上人口最多的自由贸易区,也将是发展中国家间组成的最大的区域贸易集团,它将为中国和东盟带来互利双赢的局面。云南作为中国—东盟自由贸易区的前沿具有得天独厚的区位优势,是我国通向东南亚、南亚的重要门户。我们要充分利用区位优势和发展机遇,发展、壮大自己。

2004 年 6 月 3 日《泛珠三角区域合作框架协议》在广州签署。这个中国规模最大、范围最广、在不同体制框架下的区域组合,是东、中、西部经济互联互动、协调发展的新突破。这一区域所建立起来的"共生共赢型"经济体系,将成为中国未来经济发展的高速增长极。"泛珠三角"区域的范围包括福建、江西、湖南、广东、广西、海南、四川、贵州、云南 9 个省区和香港、澳门 2 个特别行政区，简称"9＋2"。内地 9 省区的区域面积为全国的 1/5，人口占 1/3，经济总量占 1/3。香港和澳门两个特别行政区具有雄厚的经济实力。泛珠三角区域地缘相邻、人文相近、利益相关，发展潜力巨大。推动泛珠三角区域合作，遵循区域经济发展规律，实现生产要素合理流动，在电力、矿产、生物资源、旅游、高技术等领域与区域内其余十个经济体开展合作，实施"西电东送"、"外企西进"，不断探索泛泛联合（泛珠三角与泛亚），实现资源优化配置，拓展发展空间，就能不断加快云南发展开放型经济，就能不断壮大云南经济实力，就能不断提高云南的经济地位。

其次，国家深入实施西部大开发战略，对云南交通建设高度重视。云南独具的区位优势正日益引起国家的重视，国际大通道建设的重要性和紧迫性在国家有关层面正逐步形成共识。国务院以及国家发展和改革委员会、铁道部、交通部、民航总局等国家部委采取切实行动关心、支持云南交通建设。在国家交通专项规划——《中长期铁路网规划》和《国家高速公路网规划》中，云南占有重要位置，充分表明了国家对云南交通发展的高度重视，给云南交通注入了新的发展动力，云南已经迎来了新一轮交通建设高速发展期。要抢抓机遇，抓紧做好相关部委的工作，争取得到国家的大力支持，推动云南交通建设的快速发展。

第三，云南省委、省政府和各级政府部门高度重视交通建设。针对交通运输对云南经济社会发展的制约已日渐凸显，解决交通运输"瓶颈"已刻不容缓的实际情况，云南省委、省政府将大规模建设交通基础设施作为发展云南经济的重要任务来抓，通过组建建设领导小组、召开专项会议、下发政策指导性文件等方式大大推进了云南交通建设的进程。省委、省政府领导多次就云南交通建设问题作出重要指示，就云南交通建设发展思路、运输方式的选择、筹措资金思路等重大问题都有相当具体的指导性意见，为云南交通建设发展指明了方向。全省各族人民和各级政府对交通建设表现出极大热情，对交通建设给予了积极的协助配合，为掀起云南交通建设新高潮奠定了坚实的群众基础，为交通基础设施建设提供了可靠的保证。

第四，困扰交通建设发展的关键——资金筹措问题已引起国家和云南省委、省政府的高度重视。国务院颁布《关于投资体制改革的决定》后，云南省也出台了相应政策，通过筹备组建铁路、公路、民航等六大专业投资公司，搭建融资平台，不断增强融资能力。这些重大举措必将为云南交通建设奠定更加坚实的基础。

二、"十一五"面临的交通运输需求

建设和完善符合省情的综合交通体系，优化资源配置，提高交通运输系统整体效率，是我省资源供给条件、实现运输一体化和降低运输成本的客观要求，也是交通运输生产力发展到一定阶段的必然选择。通过改革开放以来的快速发展，目前我省各种运输方式已发展到了一定规模，为各种运输方式协调发展、建设综合运输体系创造了有利条件。根据各种运输方式的技术经济特征和资源的可支撑性，以可持续发展的思想，建设和完善符合我省经济地理特征、适应经济社会发展要求的现代综合交通体系，是"十一五"交通发展的重点任务。综合分析全省"十一五"经济社会发展对交通运输的需求，可归纳为五个方面。

一是工业化进程加快和产业结构调整，对能源、原材料运输通道能力的需求。我国正处于工业化发展时期，对能源、原材料的需求处于上升阶段，运输需求量大。由于我国及我省资源和工业布局不平衡，我省未来还将依然保持能源、原材料运出省外，工业制成品运入省内各地，省内原材料由滇西、滇西南运至滇中、滇东地区的格局。由此，需要进一步提高省际运输通道能力及加快新通道建设，提供充足的运力保证。同时，根据我省周边国家的资源状况，也要求交通基础设施的布局适应积极利用国际资源加快我国经济发展的要求，加快国际通道的建设。

二是消费结构调整对交通设施数量和服务提出了更高要求。在总体小康的基础上迈向全面小康社会的过程中，随着收入水平的不断提高以及消费结构和消费观念的变化，人们不仅出行的次数、距离和时间增加，而且对出行模式的选择更加呈现多样性，对出行的要求除满足及时、方便外，对舒适、快捷和安全性的要求不断提高。同时，我省主要城市和较发达地区已开始进入汽车化时代，2005年底，全省共有机动车保有量327.6万辆，机动车驾驶员360万人，预计到2010年，机动车保有量将达到457万辆，机动车驾驶员510万人，汽车消费大众化，对道路设施数量、质量以及可选择性提出了更多更高的要求。

三是适应我国对外贸易快速发展和利用国际资源，对建设云南国际大通道的需求。我国是一个资源相对短缺的国家，不仅人均占有资源少，而且优质资源所占比例低。发挥我省区位优势，积极构建云南国际大通道，有效利用国际资源，是支持和加快我国及我省经济发展的重要举措。为此，加快发展云南国际通道，特别是大能力的铁路通道，是保障我国进口能源和重要原材料运输安全的必由之路。

四是统筹区域、城乡发展对交通运输区域协调和可达性的需求。交通运输对地区经济的发展具有很强的基础性、先导性作用，是经济发展和经济起飞必须投入的社会先行成本。加快"西部大开发"，适应云南参与"泛珠三角"经济合作、加强与"长江三角洲经济圈"经贸联系以及中国—东盟自由贸易区建设的需要，改善落后地区人民生活条件和福利状况，交通运输的发展必须更多地重视和解决区域协调发展和普遍服务问题。随着区域合作程度的加深和城市化进程的加快，未来旅客运量将继续呈现快速增长趋势。同时，农村劳动力和城市就业人员的跨区域大范围流动，将形成城际之间、跨区域之间强大的旅客运输需求。为此，要求交通运输贯彻"以人为本"的思想，加快改善旅客运输交通状况，提供快速便捷、高质量的旅客运输服务。

五是国防安全对国边防交通建设的要求。和平与发展仍是当代的主题，争取和平国际环境和良好周边环境是经济社会发展的重要保障。但是，全球战略资源争夺的日趋激烈和祖国统一大业的尚未完成，要求加强国防现代化建设，提高国防交通能力。"十一五"交通布局建设和运输系统建设必须有利和适应提高国防交通能力的需要，保证军事斗争的需要。

第三章 "十一五"综合交通体系发展的指导思想和目标

一、指导思想和方针

《中华人民共和国国民经济和社会发展第十一个五年规划纲要》指出："优先发展交通运输业，统筹规划、合理布局交通基础设施，做好各种运输方式相互衔接，发挥组合效率和整体优势，建设便捷、通畅、高效、安全的综合运输体系。加快发展铁路运输、重点建设城际轨道交通、扩展西部地区路网；进一步完善公路网络；积极发展水路运输；优化民用机场布局；优化运输资源配置。"

云南省委七届七次全委会明确提出，继续加快推进中国连接东南亚、南亚国际大通道建设步伐，"十一五"期间，乃至更长时间内，仍然将国际大通道建设作为对内对外的交通发展战略取向，把云南发展成为我国面向东南亚、南亚地区现代客、物流的桥头堡。为此，围绕"连接'三亚'（东亚、东南亚和南亚），沟通'两洋'（太平洋和印度洋）；推进合作，促进繁荣；发展云南，服务全国"的总体目标，"十一五"期间，云南省综合交通体系发展要以邓小平理论和"三个代表"重要思想为指导，坚持科学发展观，按照建设和谐社会、节约型社会、实现循环经济模式、推进社会主义新农村建设等要求，遵循增强供给能力、提高运输效率、改善服务质量和保障有效需求的原则，抢抓机遇，深化改革，坚持市场化方向，将把云南建成我国面向东南亚、南亚开放合作的交通枢纽作为发展方向和建设重点，全面提升综合交通生产力水平、竞争力水平和可持续发展水平，有效支持经济增长和社会进步，保障国家安全，形成布局合理、能力充分、衔接顺畅、优势互补的现代化综合交通体系。

按照这一指导思想，"十一五"综合交通体系发展方针是：以加快发展为主题，以深化改革为保障，以构建现代综合运输体系为主线，以协调发展为基本立足点，以科技应用创新为动力，加快构建以航空为先导、陆路为骨架（铁路、高等级公路）、水运为补充的省际、国际大通道网络体系，全面提升运输供给能力和服务水平，促进运输市场体系的完善，加强国际大通道和昆明枢纽建设，进一步改善区域交通和农村交通条件，推进信息化和智能化建设。

二、发展目标

云南省综合交通体系发展的中长期战略目标是：以市场经济为导向，以可持续发展为前提，建立客运快速化、货运物流化的智能型综合交通运输体系，把云南建成中国连接东南亚、南亚的国际大通道。

"十一五"期间的阶段性目标是：通过大力发展与改革，以进一步完善民航机场布局和建设为先导，加快铁路建设步伐，保持公路快速发展势头，发挥水运的补充作用，加大财政对社会主义新农村公路建设的支持力度，启动并推进城际城市轨道交通建设，积极发展现代物流运输方式。大幅度提高运输能力，基本缓解运输对经济增长的制约；公平与效率充分兼顾，推进城乡、区域交通协调发展；运输质量明显提高，交通安全得到有效保障，管理体制获得创新；初步形成布局合理、结构完善、能力充分、服务可靠的可持续综合交通体系。

——以完善民航机场布局和建设为先导："十一五"期间，以建设昆明大型门户枢纽机场为重点，将昆明机场建设成为中国面向东南亚、南亚，连接欧亚的国家门户枢纽机场，昆明新机场在 2010 年建成通航后旅客吞吐能力将达 4000 万人次以上，远期达 6000 万人次（预测昆明新机场旅客吞吐量 2015 年达到 2700 万人次，2020 年达到 4000 万人次，2035 年达到 6000 万人次）；以此带动省内中小型枢纽和通勤（旅游）机场的全面发展，加快建设中小型枢纽机场，新建腾冲、红河、会泽、怒江、泸沽湖等机场，到 2010 年机场布点总数达到 16 个；迁建思茅机场，扩建改造一批既有机场。"十一五"期间，通过增加省外、国外直飞全省各机场的航线以及省内各机场间的环飞航线，组建或控股至少一家基地航空公司，进一步提高民航吞吐能力。到 2020 年，全省民航旅客吞吐能力达到 4500 万人次、货物吞吐能力达到 150 万吨；预测到 2010 年，全省民航旅客吞吐量达到 2500 万人次以上（昆明巫家坝机场扩容后可达到 2000 万人次左右）。

——加快铁路建设：争取"十一五"末铁路货物和旅客运输能力在 2005 年的基础上基本实现翻番，货物发送能力提高到 1 亿吨/年，旅客运输能力提高到 3000 万人/年；规划 2010 年路网规模超过 3200 公里，新建成铁路 944 公里（大理经丽江至香格里拉、玉溪经蒙自至河口、大理至瑞丽铁路），建成复线 579 公里（贵昆铁路云南段、成昆铁路广通至昆明段、广大铁路复线）。

——保持公路快速发展：规划到 2010 年全省公路规模达到 17.2 万公里，其中高等级公路 10050 公里、高速公路达到 3000 公里，"十一五"期间完成 4500公里左右的高等级公路建设。公路建设以建设昆明至边境和省外干线公路全部实现高等级化为重点，加快通往国家一、二类口岸公路的高等级化建设。在积极发展高等级干线公路网的前提下，大幅度提高道路通过能力和行车安全性。

——发挥水运的补充作用：以"北进长江、东入珠江、南下湄公河、连接太平洋、沟通印度洋"的对外水运通道和水富、景洪、思茅、富宁、河口等重要港口以及洱海、滇池、小湾、大朝山等库湖区航运建设为重点，积极发掘水运资源潜力优势，2010 年以前，实施对外水运通道（澜沧江—湄公河、金沙江、右江、红河、中缅陆水联运等）和重要港口、库区湖区航运基础设施等工程，启动建设航电枢纽工程，相应建设运输需求较大的其它航段航道整治工程，初步形成对外水运通道和重要港口为主体的云南省航运体系。规划对外水运通道通航里程 2010 年为 1238.3 公里，其中四级航道 75 公里、五级航道 150 公里。

——加大财政对社会主义新农村公路建设的支持力度："十一五"期，全力支持"一乡一路"和"一村一路"的建设，即全省具备条件的乡（镇）通一条沥青（水泥）或弹石路，实现通乡公路路面硬化目标；具备条件的建制村通一条公路，通公路率达到 99％。坚持国家与省的资金投入、地方配套、社会各方共同参与的多渠道筹资建设发展的方针，对全省 80 个国家级、省级重点扶持县积极扶持，优先安排建设项目，加大资金倾斜。

——启动并推进城际城市轨道交通建设：在以昆明为龙头的滇中经济发达、人口稠密的中心城市群落，发展城际和城市快速轨道客运系统，特别注重结合昆明新机场建设，发展满足客流需求的机场与城区间的快速、大能力轨道客运系统。

第四章 发展重点

根据本规划提出的发展方针和目标，"十一五"全省综合交通运输体系的发展重点将围绕昆明为核心的全省交通体系铁—公—航主枢纽的建设，以区域性、辅助性枢纽为支撑点，构建各枢纽间联系紧密、通达快捷，并以水运交通作为补充的综合运输网络。

一、综合运输通道

"十一五"期间，优先建设对支撑经济增长有重大作用的综合运输通道，尽快形成综合运输网络骨架。重点实施以铁路、高速公路为主干的中越、中老泰（昆明—曼谷）、中缅、经缅甸至南亚国际通道，以及昆明至广西、贵州、四川、西藏的省际通道，构建"七入省、四出境"综合运输陆路通道体系。

（一）"七入省"综合运输陆路通道

1. 广州至昆明通道（"珠三角"地区，广西、广东方向）

自昆明沿东南方向，经石林、开远、富宁的罗村口至广西百色，经南宁、玉林、梧州、肇庆至广州，在云南境内与国道主干线 GZ75 重合。

铁路：规划新建蒙自—文山—广西百色铁路，云南境内长约 400 公里，规划争取在"十一五"末实施。

公路：滇桂界罗村口至昆明段全长 534 公里，昆明至石林高速 78 公里已建成，石林至锁龙寺 108 公里拟建为高速，锁龙寺至平远街高速 61 公里在建，平远街至砚山高速 66 公里已建成，砚山至富宁拟建高速 142 公里，富宁至罗村口高速 79 公里在建。

2. 汕头至昆明通道（"珠三角"地区，广西、广东方向）

自昆明向东，经石林、师宗、罗平、江底至贵州兴义，经广西百色、南宁至广东，在云南境内基本与南昆铁路、国道 G324 走向一致。

铁路：规划"十二五"期间对现有南昆铁路进行复线改造，云南境内段昆明至威舍长 300 公里。

公路：滇黔界江底至昆明全长 238 公里，昆明至石林高速 78 公里、召夸至西桥高速 14 公里已建成，目前石林—西桥—江底 146 公里一级公路正进行高速改造。

3. 上海—贵阳—昆明通道（"长三角"地区，贵阳、上海方向）

自昆明向东，经曲靖市富源县的胜境关进入贵州，为国道主干线 GZ65 走向。

铁路：即贵昆铁路昆明至沾益段和盘西（贵州盘县至沾益西平镇）支线铁路。沾益—昆明增建二线 137 公里在建，盘西支线云南境内长 70 公里。

公路：GZ65 线上海—瑞丽公路云南境内胜境关至昆明全长 194 公里，胜境关至曲靖高速 74 公里已建成，曲靖至嵩明高速 75 公里在建，拟建嵩明至昆明高速复线 45 公里。

4. 杭州—遵义—昆明通道（"长三角"地区）

自昆明向东偏北，经宣威至贵州六盘水，为贵昆铁路走向。

铁路：贵昆铁路云南境内全长 280 公里，沾益—昆明增建二线 137 公里在建，六盘水—沾益段增建二线 143 公里计划 2006 年开工，2009 年全部建成，云南出省铁路制约将大大缓解。

公路：六盘水（滇黔界）至昆明全长 340 公里，滇黔界—宣威段 70 公里为等外路，拟进行高速公路改造；宣威—曲靖段 150 公里，目前已建成 101 公里一级公路，规划进行高速公路改造；曲靖至嵩明高速 75 公里在建，拟建嵩明至昆明高速复线 45 公里。

5. 重庆—昆明通道（重庆方向）

自昆明向东北方向，经云南昭通、水富、四川宜宾可与重庆相连。

铁路：该通道铁路仅有 2002 年正式通车的内昆铁路。为打通滇东北地区与云南腹地的铁路通道，规划建设昭通—会泽—曲靖铁路，适时启动前期工作。

公路：GZ40 线二河公路水富至昆明全长 542 公里，水富至麻柳湾高速 135

公里在建，麻柳湾至昭通二级 93 公里已建成，昭通至待补高速 37 公里、二级 112 公里在建，待补至嵩明高速 56 公里、二级 64 公里已建成，拟建嵩明至昆明高速复线 45 公里。

6. 北京—昆明通道（环渤海地区，成都、北京方向）

自昆明沿北偏西方向，沿北京—昆明国家高速公路走向，经元谋、四川攀枝花、西昌、雅安抵成都，再向北经绵阳、广元、汉中、西安、临汾、太原、石家庄、保定可达北京，即国道线 G108 走向。

铁路：成昆铁路目前运能紧张的矛盾日益突出，随着滇西南、滇西北铁路的发展，矛盾将更加激化，必须尽快对其进行复线改造，2006 年将首先启动昆明至广通段扩能改造，规划实施广通至攀枝花段改造。

公路：北京—昆明云南境内段，螃蟹箐至昆明全长 214 公里，螃蟹箐—元谋—武定高速 149 公里在建，拟建武定至昆明高速公路 65 公里。

7. 拉萨—昆明通道（西藏、大香格里拉方向）

自昆明向西，经大理、丽江、香格里拉、德钦至滇藏界隔界河，为滇藏铁路、国道 G214 线走向。

铁路：规划建设大理—丽江—香格里拉—德钦铁路，全长 515 公里，目前大丽铁路 164 公里正在建设，规划"十一五"期间建设丽江—香格里拉铁路 131 公里，香格里拉—德钦长 220 公里，2020 年前全部建成，形成第二条进藏铁路通道。

公路：西宁—景洪（G214）西部开发通道滇藏界隔界河至大理规划高等级公路长 558 公里，其中，隔界河至香格里拉四级 291 公里，规划"十一五"建成二级 280 公里；香格里拉至松园桥已建成二级 118 公里；松园桥至大理规划"十一五"建成高速 160 公里。

（二）"四出境"综合运输陆路通道

1. 中越通道

自昆明向东南，经蒙自至国家一类口岸河口，出境后经越南老街可直达河内。

中越铁路通道：昆明至河口铁路改建后总长 419 公里，目前昆明—玉溪南段 110 公里已建成，玉溪—蒙自段 141 公里在建，新建蒙自—河口段 168 公里规划在 2007 年实施，2010 年前全线建成。出境后即在越南老街与越南铁路网相连，经 296 公里即可抵达河内，昆明至河内铁路全长 715 公里。

中越公路通道：昆明至河口高速公路（即 GZ40 线）全长 401 公里，昆明至石林高速 78 公里已建成，石林至蒙自拟建 182 公里高速公路（现状二级，198 公里），蒙自至河口高速 141 公里在建。老街至河内公路里程也为 296 公里，昆明至河内公路全长 697 公里。

2. 中老泰通道

自昆明向南，经玉溪、思茅、景洪至国家一类口岸磨憨、国家二类口岸打洛，出境后可经老挝北部 200 多公里就可进入泰国清孔。

中老泰铁路通道：昆明至中老边境口岸磨憨全长 710 公里，昆明—玉溪南段 110 公里已建成，规划"十一五"期间新建玉溪至磨憨段约 600 公里。目前老挝境内尚无铁路，如经万象至泰国廊开与泰国铁路网相连，需新建铁路约 500 公里，廊开至曼谷现有铁路长 620 公里，昆明至泰国曼谷铁路全长约 1830 公里，至老挝万象约 1210 公里。

中老泰公路通道：昆明—磨憨公路（也称昆明至曼谷公路）全长 700 公里，即纵 10 西部开发通道（本路段与国道 G213 线重合），目前昆明至磨黑 345 公里高速已建成，拟建磨黑至思茅高速公路 65 公里，思茅至小勐养 98 公里高速已建成，小勐养至磨憨 18 公里一级、150 公里二级在建。由磨憨口岸出境经老挝南塔、会晒跨越湄公河进入泰国清孔至清莱、帕尧、南邦、达府、那空沙旺到达泰国首都曼谷。昆明至曼谷公路全长 1830 公里，其中老挝境内长 240 公里，泰国境内长 890 公里。

3. 中缅通道

自昆明向西，经楚雄、大理、保山至国家一类口岸瑞丽、畹町，直达缅甸仰光和印度洋沿岸。

中缅铁路通道：昆明—瑞丽铁路通道全长 690 公里，目前已建成昆明—广通（即成昆铁路）—大理铁路，规划在"十一五"期间建设昆明—大理复线铁路 350 公里，新建大理—瑞丽铁路 340 公里，争取 2010 年前全部建成。出境后新建铁路 130 公里至缅甸腊戍接缅甸铁路网，经 1100 公里可达缅甸首都仰光，昆明至仰光铁路全长约 1920 公里。

中缅公路通道：昆明—瑞丽高速公路全长 736 公里，目前昆明—安宁 29 公里在建，安宁—楚雄—大理—保山 475 公里高速已建成，保山至龙陵 78 公里高速在建，龙陵至瑞丽 154 公里二级已建成、规划 2008 年开工建为高速（正在进行前期工作），在 2010 年左右实现全线高速化；瑞丽出境后 1167 公里可抵达仰光，昆明至仰光公路全长 1903 公里。

4. 经缅甸至南亚通道

自保山向西至国家一类口岸腾冲，通过猴桥进入缅甸，经密支那至印度雷多，可达印度、孟加拉、巴基斯坦三个南亚国家。

经缅甸至南亚铁路通道：保山经腾冲至猴桥铁路全长约 120 公里，规划"十一五"期间启动实施。出境后新建铁路长度约 480 公里，缅甸境内约 440 公里、印度境内约 40 公里，在印度雷多与印度、孟加拉铁路对接，形成与南亚相连接的便捷的陆上国际大通道。

经缅甸至南亚公路通道：史称"史迪威公路"，昆明经保山—腾冲—缅甸密支那，可达印度雷多，全长 1217 公里，其中云南省境内长 695 公里，缅甸境内长 477 公里，印度境内长 45 公里。云南省境内部分路段（至保山）为杭州至瑞丽国家高速公路的组成路段，昆明至保山长 497 公里，保山至龙陵（蚂蟥箐）高速公路正在建设中，长 46 公里，预计 2007 年建成通车；蚂蟥箐至腾冲现为二级公路，长 81 公里，规划改造为 78 公里高速公路；腾冲至猴桥二级公路改建工程正在进行，长 74 公里，预计 2007 年通车；缅甸境内猴桥至密支那公路长 105 公里，现由我省出资按二级公路标准进行改造，预计 2007 年通车；密支那至班哨公路长 372 公里；班哨至印度雷多公路长 45 公里。

（三）航空网络

按照国际大通道建设的要求，航空重点是抓好昆明新机场建设，把昆明新机场建成中国面向东南亚、南亚和连接欧亚的国家门户枢纽，力争 2006 年全面开工建设；预测到 2015 年，实现旅客吞吐量 2700 万人次，2020 年达到 4000 万人次，2035 年达到 6000 万人次的终期规模（2010 年建成通航后旅客吞吐能力达到 4000 万人次，2035 年能力达到 6000 万人次）。同时，进一步完善省内中小型枢纽机场、通勤（旅游）机场以及直升机机场的建设，形成以昆明国际机场为枢纽，以丽江、西双版纳、大理、芒市、香格里拉等为中型枢纽机场，并积极申报成为口岸机场；以保山、思茅、昭通、临沧、文山、红河、腾冲、怒江、会泽、泸沽湖等为小型机场；以昆明、丽江、大理、芒市、西双版纳为航空公司基地的云南民航运输网络。形成直飞欧洲、大洋洲、美洲以及东南亚、南亚主要国家和国内主要城市、省内环飞连接的航线网络结构和客货运输兼备的航空运输体系，组建或控股至少一家基地航空公司，做大做强云南机场产业，并成为新的经济增长极，实现云南由航空大省向航空强省转变的目标。

（四）水运通道

水运出省通道：重点是金沙江、右江两出省通道。

1. 金沙江水运通道。金沙江是云南通往长江及沿海的重要通道之一。金沙江下段已经拥有 1000 吨级船舶。云南境内主要是抓好水富港及千吨级向家坝通航设施建设，水富—宜宾航道改造，抓好金沙江千公里梯级航道改造。

2. 右江水运通道。这是珠江水系航运规划的西南水运出海通道的南线通道。目前，南宁至广州 854 公里航道已达三级航道标准，通行 1000 吨级船舶。近期百色枢纽、那吉枢纽建成后，通过水库径流调节及下游航道整治，百色至南宁 355 公里河段可达三级航道标准，通航 1000 吨级船舶。云南境内主要是抓好富宁港等港口、码头建设和航道整治。

水运出境通道：主要是澜沧江—湄公河、元江—红河以及伊洛瓦底江 3 条河流，可建成国际陆水联运航道。

1. 澜沧江—湄公河国际水运通道。2000 年 4 月中老缅泰四国签署了《澜沧江—湄公河商船通航协定》，2001 年 6 月四国商船正式通航，取得了良好的经济效益。中国境内段景洪至中缅边界为五级航道，可通航 300 吨级船舶；境外段常年通航 200～300 吨级船舶。近期年通航能力可达 600 万吨。

2. 中越红河水运通道。从河口沿红河到越南海防，是云南最近的出海港口，它有望建成云南最便捷的一条水陆联运出海通道。目前，云南境内段可通行 20 吨级船舶；境外越南段可通行 100～700 吨级船舶。年通过能力最低可达 100 万吨以上。

3. 中缅陆水联运通道。目前，开通中缅陆水联运的外部环境良好，主要是积极促成缅方，争取签订中缅两国联运协议，尽快开通这条我国直入印度洋的战略通道。年通过能力可达 2000 万吨。

二、综合运输枢纽

根据云南实际发展现状和未来发展前景，运输枢纽可分三级：主枢纽、区域性枢纽和辅助性枢纽。

——主枢纽：昆明作为云南社会、经济、政治、文化和科学技术中心，已经形成铁—公—航核心枢纽，即主枢纽，是云南综合交通体系中枢枢纽。"十一五"期间，积极推进昆明新机场建设；建设并完善昆明铁路、公路、民航机场主枢纽和快速过境疏解线，调整完善昆明铁路、公路客运站场布局，实现城区交通的内畅外通；结合城市规划，积极发展城市轨道交通。

——区域性枢纽：根据云南运输线路布局情况、产业布局和经济发展规划，云南区域性运输枢纽可分为两大类共 9 个：一是区域中心城市枢纽，包括曲靖、红河（个开蒙城市群）、大理、玉溪；二是重点旅游城市、边境口岸及省界枢纽，包括丽江、腾冲、景洪、水富、瑞丽（畹町）。"十一五"期间，要吸取昆明城区交通的经验教训，结合城市规划，做好各区域性枢纽规划及城市交通规划。

——辅助性枢纽：在区域性运输枢纽基础上，为更好地通边达省、形成网络，应建立一批辅助性运输枢纽，主要有楚雄、思茅、文山（富宁）、临沧、磨憨、河口、孟定、富源等。

三、发展重点实施效果

实施效果可从网络规模和覆盖范围来衡量。

（一）网络规模

全省综合交通体系的网络总规模达到 17.6 万公里左右，国际大通道初步形成。

• 铁路网从 2005 年的 2327 公里增至 3200 公里以上，新建 944 公里，建成复线 579 公里,复线率从零达到 18%。铁路运输对国民经济的"瓶颈"制约初步缓解。

- 公路网 17.28 万公里,其中高等级公路从 2005 年的 4994 公里增至 10050 公里(其中高速公路达到 3000 公里),高等级公路比重达到 6% 以上。
- 民用机场总数从 2005 年的 10 个增至 16 个,初步形成以昆明机场为核心的、以干线机场为支撑的、以支线和小型机场为补充的,梯次结构合理、规模适度、运作顺畅的机场体系。
- 对外水运航道 1238.3 公里,其中四级航道 75 公里、五级航道 150 公里,初步形成以对外水运通道为骨干的现代化航道体系。
- 城市轨道交通进入实施阶段,昆明城区的道路快速公共交通系统(BRT)逐步建成,大中城市智能化交通管理系统得到较为广泛的应用。

(二)覆盖范围

到"十一五"末,全省综合交通运输通道将基本覆盖全省各州市,覆盖区范围大大增加,在人们出行及货物交流时选择不同的运输方式成为可能。

- 铁路:连接州市首府从 2005 年的 7 个增至 11 个(其中有 5 个民族自治州)和 57 个县(市、区),覆盖县的国土面积约占全省总面积的 35%;覆盖约 2100 万人口,接近总人口的 50%;连接了全省 4 个一类口岸(昆明空港、河口、瑞丽、畹町)。
- 干线公路:国道主干线和西部开发省际通道的建设全面完成,建成省会连接 12 个州市首府的高速通道和 3 个州市首府的快速通道,10 个州市县县通高等级公路;建成通向东南亚国家的 3 条高速通道、9 条快速通道和连接周边省份的 7 条高速通道、10 条快速通道;建成昆明绕城公路西南段、西北段、东连接线高速公路,昆明市过境交通压力大大缓解;建成连接全省重要旅游区的快速通道。
- 农村公路:

全省具备条件的乡(镇)通一条沥青(水泥)或弹石路。

——昆明、曲靖、玉溪、版纳、怒江等 5 州市具备条件的乡镇通沥青(水泥)路;

——红河、迪庆、德宏等 3 州市乡镇通沥青(水泥)路达 80%,通弹石路面 20%。

——文山、丽江、保山等 3 州市通沥青(水泥)路达 60%,通弹石路面 40%。

——大理、思茅、昭通、楚雄、临沧等 5 州市通沥青(水泥)路达 50%,通弹石路达 50%。

全省具备条件的建制村通一条公路,通公路率达到 99%。

- 机场布点:除玉溪、楚雄外覆盖所有州市首府,全省重点旅游区基本实现航空通达；昆明机场开通的国际航线将基本覆盖东南亚、南亚、东亚国家重要城市，国内航线将覆盖全国所有重要城市。

• 水运：覆盖公路、铁路的部分空白地带，进一步提高综合运输网的国土覆盖率，与公路、铁路共同构筑成云南省四通八达、经济、便捷、布局合理的综合运输体系。

第五章 对策措施

云南综合交通体系建设是一项规模浩大的跨地区、跨国界的系统工程。在实施过程中，不仅要考虑区域经济发展、跨国贸易、国际交流，还应当从环境保护和可持续发展的战略高度予以重视，充分处理好建设速度、规模、结构、体制、运行机制和效益等问题的关系。尽快发挥各重点项目的社会、经济和环境效益是综合交通体系建设成败的关键。

一、转变交通发展理念，加强综合运输规划，做好建设前期准备工作

一是要重视交通运输体系的公益性特点，转变发展观念，既要加大国家和我省政府资金投入力度，更要多渠道引进资金，政府引导与市场操作相结合，积极推进综合交通体系建设。二是重视规划工作，规划是建设的前提，做好总体规划并认真贯彻落实是顺利实现建设目标的基础和关键，根据国家和云南省国民经济发展的要求，从具体的自然条件和经济条件出发，通过综合平衡和多方案比较，确定交通运输发展方向和地域空间分布，切实做好重大项目论证工作，在着重做好综合交通规划的基础上做好各专项规划，各规划应通过各种方式确立规划的法律地位，确保其严肃性和效力。三是积极争取国家支持，加强与国家相关部门的衔接汇报工作，切实推进项目前期工作，提高前期工作质量，满足建设和发展需要。

二、落实《国务院关于投资体制改革的决定》，建立云南省交通建设基金，加强政府对交通建设的投资管理

在确保项目高质量、高速度建设的基础上，应以提高投资效益为出发点和归宿。建设资金的短缺是云南综合交通体系建设的突出矛盾，合理利用资金，在投入有限的情况下发挥最大的社会和经济效益，是发展云南交通运输事业当前应着手解决的最根本问题。为落实《国务院关于投资体制改革的决定》的相关要求，在云南省政府已出台的配套文件基础上，应考虑建立云南省交通建设基金。建立交通建设基金，一方面是落实"决定"要求，与国家交通建设基金相对应；另一方面也是当前云南交通建设发展的迫切需要，坚持铁路、公路、民航并重，以水运、城市轨道、管道为补充的发展方向，实现各种运输方式协调发展，建立健全

综合交通运输网络。建议建立由省政府统一管理的交通建设基金，将省财政传统的投入模式逐步转移到综合立体交通的协调发展上来，实施好审批、核准和备案等制度。这些措施将有利于资金发挥最大效益，达到投资最优化，有利于交通建设项目统筹布局。

交通建设投资管理应注意四方面具体工作：一是力保重点，避免分散，要根据总体规划，合理确定建设重点，确保重点骨干项目的资金安排，最大限度地提高资金使用效益。二是严格程序，科学管理，要按行业标准和规范，加强管理，提高建设水平，努力降低造价。三是强化监督，确保质量，要大力推行质量管理体系认证制度，实行严格的项目评价制度，确保工程质量。四是建立项目建成后的经济效益评价制度，认真总结投资方面的经验和教训，避免论证不足导致的社会、经济和环境效益低下问题。

三、创新多元化投融资体制，充分利用好并支持公路投资公司、铁路投资公司等融资平台，尽快组建民航投融资平台，多渠道筹集资金，促进交通体系发展

积极争取国家资金和政策支持，通过投融资体制的不断创新，形成多渠道筹资建设综合交通运输体系的格局。一是采取合资共建共管方式，加强与国家有关部委和有关省区的合作，广泛吸引国家和各省区资金；二是利用国际国内投资平台，在争取国家给予政策支持的前提下优选项目吸引国际国内投资；三是创新投融资方式，按照市场运行规律拓展融资渠道，包括上市融资、发行建设债券、租赁转让建设开发特许权等等；四是盘活存量资产，通过市场运作方式收回投资、实现滚动发展。

四、依靠科技创新，增强运输能力、提高运输质量和运行效率

依靠科技创新是全面提高综合交通体系建设和运营水平，保证其运输能力和运输效益的有效途径。一是在设计阶段加强科学研究和引进国际一流技术，按照交通发展的趋势使设计具有一定的超前性，尤其要对智能交通技术与现代物流技术予以重点关注，适时建设或预留相应的技术接口，为交通体系建设和后续提高通过能力和管理能力提供强有力的技术支持；二是加强科学管理，提高建设和运营管理水平；三是加强现有交通网络的技术改造，提高网络的技术等级和通过能力，这一点对于云南这样交通基础设施薄弱的省区尤为重要；四是加快改造传统设备，研制开发或引进配置联运设备，用运输工具和配套设备等现代化装备来提高综合运输效率。

五、加快对外开放接口建设，尽快发挥云南国际大通道作用

中国—东盟自由贸易区的建设为云南扩大对外贸易带来了难得机遇，积极争

取国家支持，使云南从中国—东盟自由贸易区建设中更快、更多地受益。要本着"互利互惠，真诚合作，收费从宽，手续从简"的原则，制定和实施更为优惠的政策，加快边境口岸建设步伐，增强口岸的集聚功能和扩散功能。争取国家给予优惠的边境通关政策，积极促成和实施《大湄公河次区域跨境客货运输协定》，进一步简化出入境手续，大力提高通关效率，促进相关各国物流、人流等要素的大规模流动，尽快发挥云南国际大通道的经济效益。

六、正确处理交通和资源、环境之间的关系，确保交通运输体系实现可持续发展

云南位于多条大江大河的上游，山地面积占全省国土面积的94％，加上云南能源短缺，保护生态环境、合理使用土地资源、减少交通能源消耗意义重大。一是在交通体系建设和运营中想方设法加强环境保护，减少环境损失，采取避让自然保护区，杜绝因片面追求减少初期建设成本而采用大填大挖的建设方案，尽量防止水土流失和生态破坏，减少运输能源、土地资源的浪费和环境的破坏；二是要采取切实措施，高效、合理的集约利用土地资源，超前规划，在眼前资金不足的情况下预留好发展条件，杜绝重复建设；三是推行节约资源的运输方式，鼓励清洁节能运输方式的发展，减少和控制交通运输带来的环境污染等，实现循环经济模式。

046

西藏自治区人民政府关于"十一五"期间
加快公路交通发展的有关政策

藏政发〔2006〕57 号

各行署、拉萨市人民政府，自治区各委、办、厅、局：

《"十一五"期间加快公路交通发展的有关政策》已经自治区人民政府 2006 年第 25 次常务会议研究通过，现印发给你们，请认真贯彻执行。

西藏自治区人民政府

二〇〇六年十月三十一日

"十一五"期间加快公路交通发展的有关政策

西藏自治区人民政府

2006 年 10 月 31 日

为进一步加快我区公路交通事业的发展，全面实现《西藏自治区"十一五"公路交通发展规划》目标，根据中发〔2005〕12 号文件精神，在"十五"公路建设优惠政策的基础上，制定以下优惠政策。

一、筹资政策

（一）自治区本级地方一般预算收入增量的 30％用于农村公路建设。

（二）乡村公路通达工程建设项目的前期工作经费由自治区财政安排解决。

（三）国家安排的以工代赈资金和扶贫资金的 20％用于乡村道路建设。

（四）自治区公路建设建筑营业税（"十五"期间确定的由交通部门统一代扣代缴部分）全额用于农村公路养护管理。

（五）先期开工建设的项目如资金不足，可在自治区人民政府批准的额度内申请银行贷款，资金到位后一次性还本付息。

（六）自治区财政从客运附加费专项资金中安排部分资金，用于扶持从事偏远农牧区道路旅客运输的经营者。

（七）积极探索公路投资体制改革，鼓励民间资本和外资投资我区公路建设并经营。

二、税费减免及利率优惠政策

（一）公路建设用地，免征耕地占用税；

（二）公路建设项目和公路养护工程取料，免征地方所得的矿产资源（沙、石、粘土）补偿费、水利基金。

（三）重点公路建设建筑营业税由交通部门统一代扣代缴，交通部门代扣税款的项目目录定期抄送自治区国税局。

（四）公路养护抢险保通工作所需木材，林业部门在计划指标内优先解决。

三、征地拆迁政策

（一）公路建设用地以划拨方式供地。根据公路建设项目总体设计，建设用地可一次性申请报批，分段分期施工。

（二）抢险保通工程项目征用土地，经报国土资源管理部门同意后可先行开工建设，其用地审批手续采取边施工、边报批的办法。

（三）公路建设项目涉及的征地拆迁工作由公路建设项目所在地（市）县人民政府负责，项目所在地（市）县人民政府应根据建设项目所需征地、拆迁的数量，在规定的时间内统一负责征用，并及时组织建设用地单位办理有关审批手续。公路建设单位及时足额兑现征地补偿费。

（四）公路建设、养护需要的国有荒地、荒山、荒坡、河滩均由当地政府提供。

（五）国内外企业、财团、个人在藏投资开发公路项目所征用的土地，按照《西藏自治区招商引资若干优惠政策》及其《补充规定》执行。

（六）农村公路建设涉及的征地拆迁按照"依据法定标准测算补偿费，由自治区补助30％，不足部分由地（市）、县人民政府自行解决"的原则进行。

（七）农村公路建设与养护涉及的取料场（土、砂、石）、弃料场以及工程建设临时用地均由公路沿线地（市）县人民政府无偿提供。工程完工后，由项目法人单位负责恢复，防止发生新的水土流失。

（八）公路建设项目征地范围内需拆迁通信、电力、管道、水利、房屋等地上地下建筑物和构筑物，主管部门（含军队）和产权单位应积极配合，在双方商定的时间内拆迁完毕。设施拆迁费用由项目法人按有关规定和标准给予补偿；公路建设项目外业勘测结束后当地政府及时予以公告，公告后抢建的房屋、设施和抢种的树木以及农作物，一律不予补偿。

（九）在双方商定的时间内未能及时拆迁的通信、电力、管道、水利设施，如在公路建设中遭到损坏，由设施产权部门负责修复，项目法人承担修复费用，对损坏期间造成的其他损失不予赔偿。

四、助农扶贫政策

（一）本着"因地制宜、先易后难、先通后畅"的原则规划、建设农村公路。努力降低工程造价，从西藏人口少、市场不发育、交通量小的客观实际出发，制定切实可行的农村公路建设技术标准，认真做好农村公路建设项目的前期工作。

（二）在公路工程建设中积极吸纳农牧民劳动力，工程优先租、购农牧民的机具和材料。

（三）规范公路工程劳务用工行为，提高农牧民群众的参与能力和技能水平，积极培育农牧民施工队伍，鼓励、支持农牧民从事农村公路建设。

（四）鼓励公路沿线县乡政府和村委会积极组织农牧民参与公路养护工作。

（五）农村公路建设项目享受扶贫项目政策，交由县、乡（镇）人民政府组织农牧民实施，增加群众收入。

五、其他

（一）交通客货运站场、码头、渡口建设、治超站点、公路道班及菜地等交通配套设施的征地拆迁适用本政策。

（二）道路客货运站场、水运客运站、码头、渡口的选址应以方便群众为主，合理规划，建设用地由各级政府划拨。

（三）各地（市）可根据本政策制订本地（市）加快公路交通事业发展的优惠政策。

（四）本政策有效期为 2006 年至 2010 年。

047

陕西省"十一五"交通运输发展专项规划

陕西省人民政府办公厅

2006 年 9 月 30 日

交通运输是我省建设西部经济强省的重要支撑,"十一五"是我省交通运输建立现代综合交通运输体系的关键时期。依据《陕西省国民经济和社会发展第十一个五年规划纲要》,特制定陕西省"十一五"交通运输专项规划。

一、交通运输发展现状和形势

(一)"十五"发展回顾

1. 交通基础设施建设成效显著。"十五"期间,是我省交通基础设施建设快速发展的时期,五年累计完成投资 865 亿元,是"九五"期间的 2 倍多。公路建设完成投资 665 亿元,是"九五"的 3 倍,相继建成榆林—靖边、靖边—王圈梁、榆林—陕蒙界(一期)、铜川—黄陵、西安—户县、闫良—禹门口、勉县—宁强和户县—洋县—勉县洋县至勉县段等一批高速公路项目;农村公路先后完成了 1400 公里的贫困县公路、1960 公里的通县油路、3500 公里的县际公路建设,使农村落后的交通状况得到明显改善。铁路建设完成投资 183 亿元,建成了延安北至神木北铁路、西安至合肥铁路和西安至安康铁路,五年新增铁路营业里程850 公里。民航建设完成投资 17 亿元,是"九五"的 4 倍多,完成了西安咸阳国际机场航站区扩建工程,建成了海航长安航空基地,对延安机场进行了改造。

2. 综合运输能力和运输设施水平明显增强。"十五"期间,我省交通运输的业务量全面增长,整体服务功能进一步提升,运输网络进一步完善。五年新增公路里程 9000 公里,通车里程到 2005 年底达到 5.3 万公里,主要通道基本实现了客货运快捷、通畅;全省铁路建成干支线 18 条,营业里程达到 3696 公里,铁路"瓶颈"制约有所缓解;国内航空与 15 家航空公司建立了业务往来,开辟了通往52 个城市的 100 条航线,国际航空已开通连接 11 个国家和地区 19 个城市 20 条航线,西安咸阳国际机场已经成为全省经济发展和对外开放的重要窗口。交通运输设施水平不断提高,到 2005 年底铁路机车、客车分别达到 783 台、1635 台,5年新增 200 台、63 台;公路民用汽车、客车分别达到 54 万辆、35 万辆,5 年新增 17.5 万辆、15.5 万辆,全省客货运量分别达到 3.7 亿人次和 4.4 亿吨,年均增长为 3.7%、8%,客货周转量分别达到 555 亿人公里和 1155 亿吨公里,年均增长为 5.17%、12%。

3. 交通运输管理体制改革稳步推进。以实施行政许可法为契机，改革、规范交通行政审批制度。运输管理费收支体制改革稳步推进，运管费以市为单位实现统收统支。改革交通投融资体制，引入竞争机制，投资主体多元化逐步形成。铁路方面主要围绕推进主辅业分离、打破行业垄断和以减少管理层次为目标的铁路分局调整来展开，2005 年 3 月正式成立了西安铁路局。铁道第一勘察设计院经过重组，设计总部从兰州迁至西安，形成了资源配置的新格局。民航方面，按照国家民航体制改革的总体部署，完成了西安咸阳国际机场及汉中、安康、榆林、延安等航站移交我省的工作，并组建了陕西省机场管理集团公司。

4. 建设资金筹集日趋多样化。初步形成了以政府投资为主导、银行贷款为支撑和社会资金为辅助的多方式、多渠道、多元化资金筹措方式。五年共争取国家交通建设投资 155 亿元。与国际国内金融机构合作，利用银行贷款，五年共争取到信贷资金 436.9 亿元；加大公路养路费和公路通行费征收力度，五年累计征收 160 亿元。吸收民营资本参与公路基础设施建设运营，尝试公路收费经营权转让等融资方式。

"十五"交通运输的快速发展，为全省经济社会发展提供了有力的支撑。五年间，我省交通基础设施建设投资约占同期全社会固定资产投资的 14%，对拉动全省经济增长发挥了重要的作用。"米"字型高速公路主骨架建成 1300 公里，实现了西安通往关中各省辖市高速公路联接，为关中地区的率先发展打下良好基础。全省铁路基本形成了"两纵三横三个枢纽"铁路骨架网布局，延安北至神木北铁路的建成使我省南北跨度 1100 多公里实现了铁路大贯通，三大区域的经济联系更加密切；西安至合肥铁路的开通，使我省有了与华东地区新的更加快捷的通道，缩短了与东部地区的时空距离。随着西安咸阳国际机场一期工程的完成，其枢纽地位进一步增强。

虽然我省交通运输"十五"有了较快的发展，但仍然不能适应经济社会发展的要求，"瓶颈"制约问题依然比较突出，主要表现在：第一，总量不足，公路密度低，三大区域公路发展不平衡，我省公路网密度约 24.3 公里/百平方公里，比我国东部地区约低 20 公里/百平方公里，也明显落后于西部的云南、重庆、贵州、广西等省市。陕北和陕南山区的高等级公路里程明显偏少。第二，铁路运输总体偏紧，除电煤和重要物资运输基本有保障外，其它货运请车率不到 50%，致使部分企业产品大量积压，销售订单难以兑现。第三，综合运输信息化程度偏低，不同运输方式信息沟通缺乏有效手段。第四，运输市场建设滞后，市场机制仍需健全，交通发展总体上仍然以各种运输方式自成体系为特征，行业分割没有打破，适应市场经济要求的综合交通管理体制尚未建立。这些都需要在"十一五"期间充分重视并下大力气解决。

（二）"十一五"发展面临的环境与形势

"十一五"是我省抓住机遇、实现又快又好发展的关键时期，也是交通运输进一步加快发展的重要时期。

1. 国家政策取向有利于我省交通运输加快发展。国家继续实施西部大开发战略和促进区域经济协调发展，将进一步促使东中西三大区域间生产要素的加速流动，我省处于承东启西、连接南北的战略位置，这对加快交通运输的发展要求更高。我省的交通运输，必须以市场为导向，加快结构调整，改变自成体系的交通运输方式，促进形成各种运输方式的有效衔接和协调发展的交通运输格局。

2. 全省经济快速增长势头有利于交通运输加快发展。近年来，我省经济发展进入了快车道，能源化工、装备制造、高新技术、果业、旅游等特色产业增势强劲，"十一五"期间生产总值将年均增长 11％左右，陕北能源化工基地的崛起尤其需要加快铁路建设进程，打造现代物流这一亮点更需要完善的综合交通运输体系的支撑。因此，我省交通运输必须保持一定的建设规模和较快的发展速度，才能不断地满足经济社会发展对交通运输的需要。

3. 推进改革有利于加快交通运输市场化进程。市场经济体制的不断完善将推动交通运输市场化进程，运输市场的供需关系将进一步通过市场解决，各种运输方式的市场化程度进一步加大。推进改革，使我省交通运输企业生存和发展的压力加大，但同时，运输市场竞争机制的形成将使运输服务水平得到大幅度提高，运输能力、运输质量都将随着市场竞争机制的引入有明显的增强。

4. 贯彻和落实科学发展观有利于促进转变增长方式。交通运输的建设与发展会对资源和自然环境产生较大影响，基础设施建设需要占用大量的土地资源；运输装备的生产和使用需要消耗大量的能源、产生大量的交通噪音和空气污染。交通运输业必须按照科学发展观的要求，加快转变传统增长方式，正确处理好规模与结构、速度与效益的关系，在满足国民经济和社会发展需要的同时，最大限度地降低资源和能源消耗，加强环境保护，以满足占用土地和能源资源少、噪声低、污染小的可持续发展战略要求。

二、指导思想和奋斗目标

（一）指导思想

按照陕西省国民经济和社会发展"十一五"规划纲要的总体要求，坚持以人为本，全面落实科学发展观，以铁路、公路建设为重点，以扩大路网规模、完善路网结构、提高运输能力和服务水平为中心，以扩大开放、拓宽融资渠道为突破口，加快交通基础设施建设步伐，努力提高交通运输的技术装备和信息化水平，促进全省工业化和城镇化进程，促进三大区域协调发展，促进四大基地建设，促进全面对外开放，力争形成公路、铁路、民航、水运和管道多种运输方式协调发展、衔接顺畅、布局合理、高效快捷安全的综合交通运输体系，为全省经济社会的快速发展提供有力保障。

（二）发展目标

铁路。到 2010 年，全省铁路营业里程达到 4300 公里，其中：电气化里程 3720 公里，复线里程 2240 公里。全省铁路运输旅客发送量达到 4500 万人，旅客周转量 390 亿人公里，货物发送量达到 16 亿吨，货物周转量 1320 亿吨公里。

公路。全省公路总里程达到 6 万公里（不含村公路 6.9 万公里），其中：高速公路 3100 公里，一级公路 600 公里，二级公路 6500 公里。二级以上公路比重达到 17%，路网密度达到 29.2 公里/百平方公里。全省道路运输客运量达到 4.56 亿人，客运周转量 281 亿人公里，货运量达到 4.8 亿吨，货物周转量 310 亿吨公里。

民航。全省民航各机场旅客吞吐量达到 1400 多万人次，货邮吞吐量 16 万吨，飞机起降 16.5 万架次，国内通航城市达到 80 个左右，国际通航达到 17 个国家和地区 28 个城市 28 条航线，航线里程约 45 万公里。

水运。全省内河通航里程达到 1100 公里，内河客运量达到 370 万人次、旅客周转量达到 6290 万人公里，拥有港口（码头）56 个、泊位 170 个，货运量达到 370 万吨、货物周转量达到 11130 万吨公里。

管道运输。天然气管网干线里程达到 2000 公里以上，实现延长油田主要采油区与原油加工企业的管道联接。

三、重点任务

以扩大规模、提升等级、增强运输能力、提高服务水平为重点，加快公路、铁路和民航等一批重大项目建设，注重各种运输方式协调发展、统筹考虑线路、场站、机场及信息传输等设施的有效衔接，充分体现客货流汇集、换乘、换装和疏散的承载性、顺畅性和兼容性，在完善铁路、公路和管道运输网的基础上形成以铁路、公路和管道为主的南北能源运输通道；以铁路、公路为主的快速陆桥运输通道；以铁路、公路和管道为主的陕北能源化工产品东出运输通道；以铁路、公路和水运为主的陕南沿汉江运输通道；以铁路、公路为主的东出华东运输通道。通过实施西安铁路枢纽扩能改造、西安咸阳机场扩建、新建西安地铁二号线、机场高速等项目，使西安初步成为配置合理、衔接顺畅、运行高效的全国性交通枢纽。在榆林、延安、铜川、渭南、咸阳、宝鸡、安康、汉中、商洛市以及神木、绥德、黄陵、韩城、彬县等建设客货运输集散中心，形成十四个区域性综合交通枢纽。

（一）铁路建设

按照扩大路网规模、提高干线运能、强化枢纽功能、提高运输效能的要求，加快建设"十大"铁路工程。全省铁路建设里程 2460 公里，其中新建铁路约

1000 公里，增建第二线铁路 1460 公里，到 2010 年全省铁路营运里程达到 4300 公里，形成"两纵五横四个枢纽"铁路网骨架。

十大铁路工程：

西延铁路扩能改造工程。线路全长 331.5 公里，增建二线 50 公里，总投资 11.7 亿元，货运能力提高到 2600 万吨以上，2006 年建成。

郑西客运专线。东起郑州枢纽，接入西安枢纽北客站并引入西安站，延伸至咸阳西站。正线全长约 456.6 公里，其中陕西境内 165.8 公里，投资 170.26 亿元，年单向输送旅客 8000 万人次，2008 年底建成后与陇海线实现客货分流。

包西铁路。正线全长 838 公里，包头至红柳林新建双线，红柳林至延安北增建第二线，延安北到张桥新建双线，总投资约 209 亿元。其中陕西境内全长 661 公里，投资 160 亿元，远景年货运能力 1.2 亿吨，日通过客车 30 对，2009 年建成。同时，开工建设侯西铁路扩能工程，对全线进行电气化改造，总投资 27.6 亿元，远景年货运能力 3740 吨，日通过客车 5～6 对，2009 年建成。

西安至重庆铁路复线。新建二线全长 742.3 公里，其中陕西境内 366 公里，投资 133 亿元，年货运能力达到 5000 万吨，日通过客车 50 对。2008 年底建成。

安康至武汉铁路复线。正线全长 673 公里，其中陕西境内 130 公里，投资 33.3 亿元。年货运能力达到 5300 万吨，日通过客车 40 对。2008 年底建成。

西安至平凉铁路。路线起于西安枢纽茂陵站，止于平凉站，与宝中线相接，全长 275.5 公里，总投资 54 亿元，其中陕西境内 172 公里，投资约 40 亿元。年货运能力 2800 万吨，日通过客车 3 对。2009 年建成。

太中银铁路。太中线东起太原枢纽，经绥德等五县止于宁夏中卫站与包兰线相接，正线全长 747 公里，其中陕西境内正线 325 公里；定边以东为新建双线铁路，定边以西为单线铁路。银川联络线起于定边县，向北经盐池、灵武，止于银川站，联络线为单线铁路全长 191.7 公里，陕西境内 23 公里，工程投资 120 亿元。远景年货运能力 6000 万吨，日开行客车 40 对。2009 年建成。与此同时，建设绥德枢纽，将太中银铁路和包西铁路引入绥德车站，建设基本站台、太中银线到发场、包西线上下行场。

西安铁路枢纽扩能工程。总投资 38 亿元，新建枢纽货运北环线（全长 81.4 公里）、新建西安铁路集装箱中心站、改扩建新丰镇编组站，远期枢纽总运量 3.31 亿吨，日均办理车数 3.94 万辆。项目建成后，西安枢纽将成为全国六大铁路枢纽之一，全国 18 个集装箱中心站之一。

西安至合肥铁路复线。全长 955 公里，其中陕西境内 255 公里，投资约 64 亿元。年货运能力 5000 万吨，日通过客车 40 对。2010 年前开工建设。

地方铁路支线。主要建设陕北、渭北 4 条运煤铁路专线，全长约 140 公里，总投资约 30 亿元，2010 年前后相继建成。

（二）公路建设

全面建成由国道主干线和西部大通道组成的"米"字型高速公路主骨架，着力改善"一纵三横两环"次骨架及重要国省干线公路通行条件，积极实施农村"通畅"、"通达"工程，基本实现通县公路二级化、通乡公路油路化、通村公路晴雨畅通化。

全面建成"米"字型高速公路主骨架。2007年底前建成户县—洋县—勉县、吴堡—子洲—王圈梁等高速公路，实现省境内三条国道主干线全部贯通，同时建成西部大通道榆林—陕蒙界（二期）、黄陵—延安、安塞—靖边、西安—柞水等高速公路项目，全省高速公路里程突破2000公里；2009年底前建成柞水—小河—安康、安康—陕川界、咸阳—永寿—陕甘界、商州—漫川关、蓝田—商州、商州—丹凤—陕豫界、宝鸡—牛背和宁强—棋盘关等高速公路项目，实现省境内三条西部大通道全部贯通，全省高速公路里程突破3000公里。到2010年，新增高速公路里程1800公里，通车里程达到3100公里，实现全省通市公路高速化，形成以西安为中心通达周边10多个主要城市的"一日交通圈"。加快国家高速公路网青岛至兰州、十堰至天水国家高速公路省境内路段的前期工作，开工建设壶口—富县—陕甘界、白河—安康—汉中—陕甘界高速公路。对国道主干线、西部大通道部分路段进行扩能改造。

加快"一纵三横两环"次骨架建设和国省干线改造。全面建成关中公路环线。建设榆林—神木、神木—府谷、榆林—绥德、渭南—蒲城、韦庄—罗敷等地方高速公路。加大国省道技术升级和改造力度，实施甘谷驿—延长、云岩—延川、延安—吴起、洛川—黄龙、彬县—凤翔、潘家湾—太白、彬县—旬邑、安康—镇坪等二级路改造工程。加强省际间出口公路和通往重要工矿地、商品粮集散地等经济干线建设。

加快农村公路建设。按照方便生活、促进生产的要求，以农副产品生产基地和商品集散地油路建设为重点，加快通乡油路、通村公路建设，改建县乡油路7500公里，新铺通乡油路10000公里，改建、新建村道2.8万公里，完成450个乡镇通油路、5600个行政村通公路，全省农村公路总里程达到11.5万公里，从根本上改善农村公路通行状况。

（三）机场建设

按照合理布局、提高客货吞吐能力的要求，加快机场建设，构建以西安咸阳国际机场为主，榆林、延安、汉中和安康四个机场相辅的"一主四辅"航空运输格局。

扩建西安咸阳国际机场。为适应航空运输量快速增长的需要，强化西安咸阳国际机场国际航空港和全国大型枢纽机场地位，对其按远期满足年旅客吞吐量2600万人次、年货邮吞吐量36万吨、年起降架次25万架次，E类飞机A380的起降要求进行扩建，新建第二跑道和第三航站楼，总投资 72.9 亿元。到 2010 年，机场国内通航城市达到 80 个左右，国际通航 17 个国家、地区的 28 个城市，航线里程达到 45 万公里。

加快榆林、汉中、延安、安康机场建设。进一步加快建设步伐，积极开辟新航线，到 2010 年，榆林、汉中、延安、安康机场旅客吞吐量达到 50 万人，航线里程约 2 万公里。

迁建榆林机场。新建一条 2800 米×45 米跑及航站楼、生产、生活辅助用房，2010 年旅客吞吐量达到 24 万人次，可起降 B737 和 A320 系列机型，总投资约 4 亿元。

建设汉中机场。新建一条 2800 米×45 米跑及航站楼、生产、生活辅助用房，2010 年旅客吞吐量达到 16 万人次，可起降 B737 和 A320 系列机型，总投资约 3.71 亿元。

迁建延安机场。新建一条 2800 米×45 米跑及航站楼、生产、生活辅助用房，2010 年旅客吞吐量达到 12.3 万人次，可起降 B737 和 A320 系列机型，总投资约 10 亿元。

改造安康机场。对飞行区跑道进行修补和延长，改造原航站楼，完善通信导航、助航灯光及配套设施，2010 年旅客吞吐量达到 2.5 万人次，可起降 C 类机型，总投资 3.6 亿元。

在加快上述机场建设的同时，争取开工建设壶口通用机场，可起降 B 类机型。

（四）水运建设

重点开发汉江水运，建设石泉和喜河库区航运工程、蜀河航电枢纽、水运安全保障系统。

（五）管道建设

建设宝鸡—汉中、榆林—神木、关中环线和西安—安康等输气管线，形成干线、支线、专线相结合覆盖全省的天然气管网输送系统。建设延长油田主要采油区至延安炼油厂和永坪炼油厂输油管线。

（六）城市交通

西安市重点发展以轨道交通和道路交通为主体的公共交通系统，建设轨道交通二号线、城市三环路及火车站等一批公交枢纽站。通过公路和铁路枢纽的新建和改造以及西安咸阳国际机场的二期扩建，提高西安在全国交通运输网中的枢纽地位。宝鸡、咸阳、铜川、渭南、榆林、延安、汉中、安康和商洛基本建成快速公共汽车交通系统。

（七）运输业

按照"以人为本"的要求，提高运输效率、降低运输成本，以建立多式联运体系为目标,重点加强各种运输方式服务标准的统一和信息一体化,加快交通运输信息化、智能化建设。积极发展零担运输、快递服务和汽车租赁业务,建立比较完善的货运代理、客货营销等运输服务中介体系。支持发展现代物流,建设关中新筑物流园区、西安空港物流园区、宝鸡陈仓物流园区等三大物流园区和十大物流配送中心,运用现代信息技术和供应链管理技术,促进运输、存储、装卸、搬运、包装、流通、加工和配送的一体化动作。完善公路站场体系建设,基本建成西安公路主枢纽,启动建设省境内宝鸡、汉中、榆林等其他国家运输枢纽,加快县城二级客运站和农村客运站点建设。实现市市拥有一级客运站,所有县(市)建成二级客运站,70%的乡镇建成等级客运站,60%的行政村建有停靠站。基本建立起以高速公路网为主体,以省内和周边中心城市为结点的城际快速客货运输网络,实现1000公里以内当日到达,500公里内一日往返。建成以干线公路为依托,以广大城镇为结点的全省客货运输网络,力争通公路的乡镇、行政村通班车率分别达到100%和95%。

四、主要对策措施

交通运输在相当长的时间内仍然是我省社会和经济发展的重点,应当在政策措施上加大扶持力度,推进交通综合运输系统现代化建设,适应经济和社会发展的需要。

(一)拓宽资金筹措渠道,建立多元化投融资机制

进一步用足用好国家西部大开发有关政策,积极争取国家各项资金支持。加强与金融部门的合作,积极争取银行贷款资金支持。全方位开放交通基础设施建设市场,鼓励国内外经济组织参与建设。加大招商引资力度,吸引社会、民间资金参与开发建设。加大交通基础设施经营权或收益权转让、股改力度,积极推行BOT、TOT融资方式。鼓励以公路收费权或项目公司股权为质押发放贷款,规范有序地发展收费公路,盘活存量资产。积极利用国际金融组织贷款、国外政府贷款以及国内金融机构贷款建设交通设施,吸引国内外资金参与交通设施的建设和运营。

(二)强化质量管理,不断提高建设管理水平

建立健全各级质量保证体系,提高工程质量。强化质量责任,明确和落实项目法人的质量责任,依法严格管理。进一步改进和完善项目建设招投标和工程监理制度。加大前期工作和勘察设计深度,优化和完善工程设计,切实提高设计质量。

(三)努力营造良好的发展建设环境,促进建设项目顺利实施

加强各级政府及职能部门在项目征地、拆迁、施工阶段的协调配合,提高办事效率和服务水平,及时协调解决交通重大项目建设和经营过程中出现的问题,

制止一切形式的乱收费、乱摊派、乱罚款、乱检查，切实营造良好的发展环境，确保项目建设的顺利实施。

（四）完善重大项目前期工作领导负责制，做好项目前期工作

继续坚持前期工作领导责任制，加强重大前期项目省内程序的协调，规范项目前期工作督办制度，推动项目前期工作顺利进展。围绕全省经济社会发展的需要，加大对前期准备工作的投入力度，增加项目储备，做到重大项目接替有序。积极探索做好项目前期工作的新思路和新方法，吸引社会力量参与开展项目前期工作。

（五）依靠科学技术进步，加快智能交通系统建设

积极开发和推广应用涵盖交通基础设施规划、建设、运营、组织管理全过程的信息技术、网络技术、智能交通等先进实用技术，推进交通运输智能化进程，加速综合交通运输体系现代化建设步伐。

（六）深化管理体制改革，推进交通运输市场化进程

按照完善社会主义市场经济体制的要求，深化交通运输市场体制改革，促进政企分开、事企分离的改革任务取得实质性进展。健全市场运行规则，建立统一的交通运输市场，促进资源要素合理流动，提高市场规范性和有序性。加快道路养护、运力配置市场化进程，发挥市场在交通设施建设、运输资源配置中的基础性作用，提高交通增长质量和效益。有序开放基础设施建设市场，营造公平竞争的市场环境，革除制约交通运输资源有序流动的各种壁垒，促进统一交通市场的完善和发展，为企业创造公平、有序的竞争环境。

（七）重视资源节约与环境保护，走可持续发展道路

加强交通与资源、环境合理利用、协调发展的统筹规划，处理好交通建设、运营、管理与资源节约、环境保护的关系，建设节约型交通运输业。科学设计项目建设方案，要把环境保护放在更加重要的位置，注重生态设计、景观设计和安全设计。在交通基础设施建设中，要综合考虑土地、环境、能源、资金、技术等条件，确定经济合理的建设规模、技术标准，最大可能地控制土地、能源等资源占用数量，实现交通建设、资源节约、环境改善的和谐发展，走可持续发展道路。

048

甘肃省发展和改革委员会关于印发甘肃省 "十一五"综合交通发展规划的通知

甘发改规划〔2006〕579 号

各市（州）人民政府，省直有关部门，中央在甘有关单位：

《甘肃省"十一五"综合交通发展规划》（以下简称《规划》）已经省政府第 85 次常务会审查通过。现印发你们，并就有关事项通知如下：

一、《规划》提出了我省"十一五"综合交通发展的指导思想、原则、目标和建设重点，请你们结合本地区经济社会发展和生产力布局，进一步明确工作任务和措施，认真做好组织实施工作。

二、各地各部门要积极配合做好我省重点交通项目的前期工作，争取得到国家的支持，确保"十一五"交通基础设施项目顺利实施，进一步推进交通运输体系的形成，发挥交通运输在全面建设小康社会及构建和谐社会中的基础性、支撑性作用。

三、在《规划》实施过程中，各地各部门要高度重视，认真研究，加强领导，相互协作，形成合力，动员和鼓励全社会力量参与我省交通基础设施建设，充分发挥地方政府和群众发展交通的积极性，确保《规划》的贯彻落实。

附件：甘肃省"十一五"综合交通发展规划

甘肃省发展和改革委员会

二〇〇六年七月二十八日

附件：

甘肃省"十一五"综合交通发展规划

甘肃省发展和改革委员会

2006 年 7 月 28 日

交通运输作为国民经济重要的基础产业，是保障经济社会正常运行的主要载体，对经济社会发展有着基础性、全局性和先导性的影响。"十一五"综合交通发展规划，依据《甘肃省国民经济和社会发展第十一个五年规划纲要》，针对全省交通运输发展面临的形势和任务而编制，主要用于指导和组织"十一五"期间全省综合交通体系建设和发展。

一、综合交通发展现状

（一）"十五"发展成就

"十五"期间是我省交通基础设施历次五年计划中建设规模最大、条件改善最为明显、运输量增长最快的时期。全省上下紧紧抓住实施西部大开发战略和积极财政政策的机遇，加大项目争取和建设力度，开工建设了一大批交通基础设施项目，对促进全省国民经济快速增长和改善人民群众的出行条件提供了有力保障。2005 年，全社会完成客运总量 1.74 亿人，客运周转量 285.89 亿人公里，分别比 2000 年增长 0.48 亿人和 79.73 亿人公里；完成货运总量 2.64 亿吨，货运周转量 888.57 亿吨公里，分别比 2000 年增长 0.37 亿吨和 347.15 亿吨公里。兰成渝成品油管道输油量达到 500 万吨。涩宁兰天然气管道向我省输送天然气 8.3 亿立方米。

1. 交通基础设施建设步伐加快，运输条件明显改善，"瓶颈"制约有所缓解

"十五"期间，全省交通基础设施累计完成投资 737.66 亿元，是历次五年计划中投资规模最大的时期。其中，公路、水运完成投资 434.37 亿元，是"九五"投资 125.85 亿元的 3.45 倍。铁路完成投资 154.9 亿元，民航完成投资 6.94 亿元，管道完成投资 145.5 亿元。截止 2005 年底，全省交通基础设施使用国债资金达到 56.56 亿元，有效地带动了交通基础设施投资的增长。

公路建设实现跨越式发展。"十五"期间，建成高速公路 993 公里，使高速公路突破 1000 公里，建成一级公路 65 公里，二级公路 2600 公里以上，完成农村等级公路改造 8000 公里。国道主干线省内路段已达二级或二级以上标准，基本实现了高等级化。其中，国道主干线丹东至拉萨省内路段全部实现高速化，国道主干线连云港至霍尔果斯省内路段有 641 公里实现高速化。到 2005 年底，全省公路通车总里程达到 41330 公里，路网密度约 9.71 公里/百平方公里。公路网结构进一步完善，路网整体服务水平得到提高。高速公路比重从"九五"末的 0.03% 提高到 1.68%，高等级公路比重从 8.56% 提高到 13.87%，高级、次高级路面比重从 37.81% 提高到 44.82%。公路通达深度进一步提高，全省所有的乡镇实现了通公路的目标，88.87% 的行政村通了公路。

铁路改造步伐加快。随着西北铁路通道建设的启动，全省铁路建设步伐逐步加快，干线通过能力提高。陇海线宝鸡至兰州二线工程、兰新线兰州至武威南二线工程、武威南至嘉峪关电气化改造工程相继建设，并开工建设了敦煌铁路等地方铁路。2005 年底，全省铁路营运里程达到 2464.3 公里，其中，复线铁路

1434.4 公里，电气化铁路 1141.6 公里，复线率和电气化率分别为 58.2％和 46.3％。2005 年，全省铁路客、货运量分别完成 1150 万人、3380 万吨，完成客、货周转量 165 亿人公里和 720 亿吨公里，"十五"期间年均分别增长 2.1％、3.2％、5.8％和 10.8％。

民航机场设施条件得到改善。兰州中川机场、敦煌机场扩建工程及庆阳机场复航改造工程顺利完成并投入使用。开工建设了嘉峪关机场改造工程。天水军民合用机场前期工作正在推进。2005 年，全省民航机场旅客吞吐量为 150 万人次，货邮吞吐量为 2.3 万吨，"十五"期间年均增长 12.66％和 13.34％。

水运完成了黄河兰州段航运工程、白银四龙至龙湾段航运工程和刘家峡库区航运工程，建设黄河五级航道 151 公里，码头 6 座。在提高渡运能力的同时，有力地促进了兰州、白银、永靖黄河两岸风情线旅游的较快发展。

运输场站基本建成兰州公路主枢纽客运南站、货运东站等 5 项骨干工程，开工建设了张掖、酒嘉、陇南等 5 个省级枢纽，完成偏远县汽车站建设，填补了空白。开展了重点镇汽车站建设及村村通班车的试点工作。铁路完成了兰州车站等场站的改造工程。

西气东输甘肃段全部建成，西部原油、成品油管道工程开工建设。到 2005 年底，全省管道长 1734 公里，其中输油管道长 512 公里，输气管道长 1222 公里。

2. 交通运输结构调整力度加大，多元化的运输格局逐步形成

各种运输方式中，公路运输仍占主导地位，尤其在中短途运输竞争中优势明显。其高中级客车、特种车辆比例不断提高，车型结构向多品种方向发展。在发展传统运输服务业的同时，快速客运、快速货运、物流配送、运输信息中介等现代运输服务方式发展加快。目前，快速客运已覆盖全省 14 个市、州，并延伸到青海、陕西、宁夏、浙江等省区，扩展了公路运输服务领域。铁路通过提速改造，在大宗货物运输和中长途旅客运输中占有较强竞争优势。针对运输需求增长强劲和季节性客货流变化，相继增开了"民工专列"、"土豆专列"、"旅游专列"等，大大缓解了高峰时期运输紧张的状况。民航运输发展较快，尤其是长途旅客运输发展迅速，具有很大的发展潜力。目前，已开通国内外航线 44 条。水运总量变化不大，受航道旅游资源开发的带动，运营方式呈现多样化趋势。依托刘家峡、黄河风情线，开展了具有旅游特色的旅客运输。管道运输以石油、成品油、天然气为主，输送距离远、运量大，具有较强的发展潜力。截至 2005 年，全省全社会汽车保有量为 45.77 万辆，拥有船舶 1407 艘，其中营运船舶 424 艘。

3. 交通管理体制改革步伐加快，管理和服务水平明显提高

公路投资主体、投资渠道和经营主体逐步趋向多元化。公路建设项目法人责任制、招投标制、合同管理制、监理制等制度得到有效贯彻和落实。公路勘察设

计单位全面进行了改制，以企事业单位资源整合为重点的公路养护运行机制改革稳步推进，公路管理体制改革步伐加快。

铁路建设探索了新机制。敦煌铁路建设开创了省部合作建设铁路的新模式。以企业投资为主的嘉策铁路进展顺利，通过建设专用铁路加快了利用国外资源的步伐。

民航实行了属地化管理。兰州中川、敦煌、嘉峪关及庆阳4个机场全部移交省属管理，并进行了企业化改制，成立了甘肃机场集团有限公司。机场下放我省后，及时调整经营机制，抓住机遇，充分发挥4个机场的区位优势，实现了客运吞吐量的快速增长。

4. 交通运输设施通行能力进一步增强，促进了区域经济发展和产业开发

"十五"期间，我省规划建设的主通道、干线网络和扶贫开发公路取得重大进展。围绕西陇海兰新经济带规划和产业开发，开工建设和部分建成了天水至嘉峪关高速公路；铁路干线通过提速改造，打通了东通路，形成了快速运输通道；结合兰州市1小时经济圈建设，建成了6条高速出口路；建设通县及县际公路6300公里，实现了全省县县通油路的目标。在县际公路和农村公路建设中，根据产业布局和县域经济发展需要，重点建设了资源路、旅游路和产业开发路，打通了部分断头路；结合扶贫开发和加快少数民族地区经济发展需要，实施了国扶贫困县连接国道公路建设。

（二）存在问题

1. 运输网总体规模小。主要表现在：一是通道能力及辐射范围小，我省南部出口通道尚未形成，东出口不畅，连接周边省区的路网通道亟待改善。二是国省道干线不足，省内连接资源和消费区域的支线铁路欠缺，民航支线机场少等。三是农村公路总量少、水平低，目前，仍有76个乡（镇）不通等级公路。

2. 结构不够合理。我省铁路干线以既有十字构架为主，通道少、缺乏支线联系、覆盖范围小、带动区域有限，长距离、大宗产品运输能力不足。公路等级结构不合理，高速公路、高等级公路所占比重小，等外公路所占比重仍然过大。交通运输装备结构还有待进一步优化。

3. 农村交通发展缓慢。由于多年来农村交通基础设施投入不足，欠账较多，总体水平滞后，存在等级低、通行条件差、抗灾能力弱、管理养护体制不完善等问题。农村公路不适应农村经济社会发展和方便农民出行的要求，特别是边远、贫困地区和山区，群众"有路难行"、"无路可走"的问题比较突出，目前未通油（水泥）路的乡（镇）462个，占总数的37.2%。乡镇通班车率为98%，行政村通班车率为86%。

4. 运输场站建设滞后。公路场站设施陈旧，服务功能欠缺，急需扩能改造。

广大农村地区缺站少场问题更为突出，目前尚有 17％的乡（镇）和近 40％的行政村没有固定客运班车站点。兰州作为西北铁路枢纽的作用越来越重要，但线路客货混行，现有编组站能力已趋饱和，且无发展空间，影响了枢纽功能的发挥。随着兰渝铁路、兰青二线等干线铁路的开工建设，枢纽能力急需提高。

5. 建设资金筹措困难。交通基础设施投资大、回报率低、回收期长，面向社会融资困难，投资渠道单一。同时，由于我省经济发展水平较低，对交通基础设施建设的投入有限，建设资金不足的矛盾十分突出。

二、综合交通发展面临的形势及需求预测

（一）面临的形势

甘肃是一个经济发展相对落后的省份，发展基础薄弱，特别是交通基础设施建设的任务十分繁重。按照全面建设小康社会和实现经济社会协调、可持续发展的要求，交通运输发展环境将发生新的变化。

1. 全面建设小康社会要求交通基础设施和运输装备在现有基础上有一个较快的发展，不断提高交通运输质量，提供安全、舒适、便捷、经济、环保、多样化的服务。

2. 区域经济发展对交通运输产生重大影响，要求区域内部具有发达的交通运输网络，区域与区域之间也要有发达的交通运输通道作为支撑。

3. 中央提出建设社会主义新农村，对加快农村公路建设，尽快改善农民群众的交通基础设施条件提出了更高的要求。

4. 全面、协调、可持续发展的科学发展观，对交通运输提出了新的任务，要求交通运输的发展重心由过去的总量扩张为主升级为总量扩张与结构调整、协调发展并重。

（二）需求预测

1. 需求趋势分析

——运输总量平稳增长。货运方面，我省作为原材料和老工业基地，国民经济的增长主要靠资源投入拉动，长距离、大运量、跨区域的能源运输、基础原材料运输将促使货物运输平稳增长；客运方面，经济增长使全省人民生活得到更大改善，工业化和城市化水平继续提高，加速人口流动的因素进一步增多，全社会客运总量将同步增长。

——运输需求发生变化。受资源分布和区域经济发展不平衡等因素的影响，今后区域间运输需求差异将会加大。我省河西地区经济发展较快，市场化程度高，特色农业发展成效显著，农副产品的运输将呈现较快增长趋势。陇东地区资源丰富，经济增长更多地依靠资源开发和利用，对重质货物的运输需求量较大。随着人民生活水平的提高，在生产性旅行需求增加的同时，消费性旅行需求将快

速增加，未来的旅游消费将成为旅客运输的增长极。城市化进程的加快和农村劳动生产率的提高，农业所占劳动力减少，大批劳动力离开农村进入城市，将引起旅客运输量持续增长。

——对运输质量需求提高。随着人均收入和市场化程度的不断提高，旅客对交通运输工具的舒适性和时效性要求越来越高，要求交通运输工具在档次、性能及舒适性等方面突出体现以人为本，更加科学合理，要求运输组织者准时、定点、快速地将旅客运输到目的地。货运方面，科技发展、信息服务为商品经济注入了新的活力，企业和货主对更大的经济效益追求，表现为对运输时效性的追求日趋增强。社会需求的多样化发展，要求运输业在运力资源配置上充分适应随时出现的各种各样的市场变化，提供快速、安全和多样化的优质服务。

——运输格局有所调整。公路随着建设里程的增加和等级水平的提高、通达范围的延伸，运输条件将得到极大改善，在运输总量方面仍将发挥主导作用，运输量将稳定增长；铁路在兰武二线、武嘉电气化相继改造完成和兰青二线、兰渝铁路开工建设及青藏铁路开通运营后，市场份额将有较大提高；民航企业化改制步伐进一步加快，航空业快捷、方便的优势将进一步发挥，市场潜力会得到有效开发，客货运量将以较高速度增长，但占市场份额较小；水运以黄河河道开发为主，围绕旅游业发展，运输量会继续上升；管道运输随着新疆至兰州 2000 万吨原油和 1000 万吨成品油管道工程的建设，将成为"十一五"期间增长比例较快的运输方式。

——社会主义新农村建设，对交通运输提出新要求。全省将加大对农村基础设施建设的投入，尤其是加大以交通、能源、水利设施等为重点的建设，为建设社会主义新农村创造基础条件。广大农民的出行应更加便利和快捷，农副产品的运输应逐步实现集约化、合作化，农村地区对运输量和运输方式的需求将持续增长和不断变化。

——构建综合交通运输网络的需求更为迫切。随着经济社会的不断发展，社会分工不断细化和完善，对构建综合运输体系的要求也会越来越强烈。各种运输方式有其各自的优势和合理的运输范围，通过相互作用和相互影响，将逐步建立起协调、科学、效能的综合交通运输网络。

2. 运量预测

综合考虑我省交通运输发展的趋势，"十一五"期间，我省客运量年均增长速度将在 6.8% 左右，货运量年均增长速度将在 3.8% 左右。到 2010 年，全省客货运输需求总水平为：全社会客运总量 2.42 亿人，全社会货运总量 3.1 亿吨。预测到 2020 年，全社会客运总量 5.16 亿人，年均增长 7.9%；全社会货运总量 5.24 亿吨，年均增长 5.4%。

甘肃省"十一五"及到 2020 年全社会交通运输量预测表

	年份	公路	铁路	民航	水运	合计
客运量（万人）	2005 年	15909	1100	150	288	17447
	2010 年	21802	1616	450	324	24192
	2015 年	30578	2959	905	376	34818
	2020 年	45979	3930	1300	435	51645
年均增长速度（%）	2005—2010	6.5	8.0	24.6	2.4	6.8
	2010—2020	7.7	9.3	11.2	3.0	7.9
货运量（万吨）	2005 年	21812	3878	2.3	46	25738
	2010 年	25965	4963	6.7	50	30985
	2015 年	32912	6290	13.5	57	39273
	2020 年	43700	8582	27.3	64	52373
年均增长速度（%）	2005—2010	3.5	5.1	23.9	2.0	3.8
	2010—2020	5.3	5.6	15.1	2.5	5.4

三、综合交通发展的指导思想和原则

（一）指导思想

以科学发展观统领交通运输全面发展，进一步拓展交通运输网络规模，加快干线和运输通道建设步伐，加大农村公路建设力度，加强和重视枢纽场站建设，提高交通运输系统的效率与效益，充分发挥综合交通运输的基础性和保障性作用，为全面建设小康社会及构建和谐社会当好先行。

（二）原则

1. 坚持统筹规划，适度超前。在统一规划指导下，按路网层次，明确目标和建设重点。根据不同运输方式的特点以及国家在"十一五"期间的政策导向，结合地区经济发展和生产力布局，进行路网布局规划建设。以提高路网通道能力和通达深度为目的，对联系大经济区的通道干线，建设规模和技术标准选用适度超前；其他路线因地制宜，立足当前，兼顾长远。

2. 坚持突出重点，兼顾公平，促进地区经济协调发展。以干线通道建设为重点，满足经济发达、交通繁忙路段运输的需求，支持重点城市优先发展。同时，向"老、少、边、穷"地区倾斜，改善运输条件，带动其经济增长，促进我省国民经济协调发展。在运网布局上，加强与国家规划和周边省区规划协调和衔接，加快出省快速大通道建设步伐。

3. 坚持面向农村、服务农民和农村经济。紧紧围绕建设社会主义新农村和"三农"问题，抓住国家加快西部地区农村公路建设的政策机遇，新建与改建相结合，不断提高直接服务于农民的农村公路的等级、标准，提高通行能力和抗灾能力，促进农村经济发展，加快广大农民早日实现脱贫致富奔小康步伐。

4. 坚持协调发展，全面提升综合交通体系供给能力与水平。根据新时期交通运输面临的形势与任务以及客货运输市场的变化，结合不同交通运输方式的特点和要求，充分发挥铁路、公路、水运、民航以及管道等运输方式各自的优势，使各种运输方式的发展更加科学，布局更为合理。同时，加强各种运输方式枢纽间的衔接与配合，加强干线公路与城市道路的衔接与联系，实现协调发展。

（三）发展目标

1. 建设综合运输大通道。"十一五"期间，完成国家主干线公路网规划、西部通道规划建设的目标，部分完成国家中长期铁路网和高速公路网规划建设的路段，重点建成我省连接东部、西南的快速、便捷干线通道，实现国道主干线、铁路干线省内区段的高速化、大能力化。2010 年，力争全省铁路营运里程达到 3500 公里，其中复线铁路 2200 公里，电气化铁路 2300 公里，复线率和电气化率分别达到 63% 和 66%；高速公路里程达到 2000 公里以上，其中新开工建设高速公路 1100 公里，力争建成 1400 公里。

2. 完善交通运输网络结构，扩大运输能力和覆盖范围。进一步加大国省道干线网的建设、改造力度，完善路网结构，形成主要经济区域间的便捷运输网，促进地方性铁路发展。重点建设矿产资源连接线、干线铁路联络线。发挥兰州机场的枢纽作用，积极促进支线机场建设，扩大航空运输网络。围绕旅游业的开发，发展航运，建设重点区段航道。力争 2010 年，全省公路网总里程达到 50000 公里（含四级以上村道），民航机场数量达到 7 个左右，以黄河为主的内河等级航道里程达到 500 公里。

3. 围绕建设社会主义新农村目标，进一步加快农村公路建设，大力改善广大农村群众的出行条件，促进城镇化和农村经济的发展。新建、改建农村公路 60000 公里，其中通乡油路 10000 公里，农村公路新增里程 30000 公里，基本实现所有具备条件的乡镇通沥青（水泥）路，具备条件的建制村通公路。

4. 提高运输集疏运能力和综合交通运输服务水平。兰州铁路枢纽实现客货列车分流、集装箱运输集散口岸化；公路"一主五辅"运输枢纽基本建成，实现主辅站普及化、网络化；以兰州机场为核心，民航实现规模化、多功能经营，全省旅客吞吐量达到 450 万人，航线 60 条。实现全社会客运量达到 2.42 亿人，年均增长 6.8%，客运周转量 393 亿人公里，年增 7.1%；货运量 3.1 亿吨，年均增长 3.8%，货运周转量 990 亿吨公里，年增 5.5%。

5. 按照"以人为本"的要求，积极创建适应全省经济社会发展要求的运输服务体系，努力实现交通运输的安全、便捷、高效服务。充分发挥各种交通运输方式的优势，积极引导发展集约化运输，无缝衔接服务，通过对运输市场的监管和提高信息服务水平，促进交通运输产业发展。

四、综合交通发展重点

（一）公路建设重点实现国主干线高速化、西部通道高等级化、县乡公路通畅化、运输站场网络化

国道主干线：实现在我省境内路段的全线高速化，建成牛背至天水、天水至定西、永登（徐家磨）至古浪、武威过境段和安西至星星峡（甘新界）等高速公路。

西部通道：实现甘肃境内高等级化，建成银（川）武（汉）通道平凉沿川子（甘宁界）至长庆桥至凤翔路口（陕甘界）高速公路、兰（州）磨（憨）通道康家崖至临夏段高速公路，临夏至合作、西（宁）库（尔勒）通道敦煌至当金山口二级公路。

国家高速公路网甘肃境内：建成兰（州）海（口）国家高速公路武都至罐子沟段、青（岛）兰（州）国家高速公路西峰至长庆桥段、静宁司家桥至定西段。开工建设兰（州）海（口）国家高速公路临洮至武都段和连（云港）霍（尔果斯）国家高速公路兰州过境段、（北）京拉（萨）国家高速公路兰州过境段。

省域路网主骨架：建设金（昌）永（昌）高速公路等重要的省域干线公路。

农村公路：坚持从农村经济社会发展需要出发，与当地山、水、田、林综合治理、小城镇建设及资源利用相结合。重点完善通达工程，全面实施通畅工程，做好农村渡口及渡桥改造。进一步扩大农村公路的覆盖面和等级，提高抗灾能力，解决晴通雨阻问题。建设通乡油路、通村公路，基本实现所有具备条件的乡、镇通沥青（水泥）路。通村公路条件进一步改善，努力提高硬化路面比例。

（二）铁路充分发挥兰州铁路枢纽作用，加快西北至西南等新通道建设，完善路网结构

突出通道建设。在陇海、兰新、包兰、兰青铁路干线形成大能力快速运输通道的基础上，加快兰渝铁路建设，形成我省铁路干线的南出口和西北西南的便捷通道。促进西安至平凉铁路建设，形成新的东通道，带动区域及沿线经济社会发展。争取国家及早开工建设敦煌至格尔木铁路。

完善路网结构。建设兰青二线，争取尽快建设西安至兰州客运专线。

加快支线铁路建设。围绕煤炭等矿产资源开发和带动地方经济发展，加快建设天水至平凉铁路、白银至同心铁路、金昌至红沙岗至阿拉善右旗铁路等。进一步加强地方和支线铁路规划。

（三）民航以兰州中川机场为区域枢纽，改造与建设支线机场并重，初步形

成合理的机场布局

进一步提高兰州中川机场和敦煌机场飞行区技术等级，完成嘉峪关机场改造和天水军民合用机场建设，开工建设金昌机场，完成陇南机场、夏河机场的前期工作并争取开工建设。

（四）水运以黄河干流航道建设为主，加快航运码头综合开发

结合旅游发展，建设黄河兰州段上下延伸工程、黄河盐锅峡库区航运工程、黄河玛曲县城航运工程、黄河大峡库区航运工程、黄河白银龙盘至五佛段航运工程、白龙江碧口至罐子沟段航运工程、洮河航电结合枢纽工程、黄河航电枢纽工程，改善水路交通基础设施条件。

（五）管道运输重点加快原油和成品油管道工程建设，拓展天然气管道覆盖范围

在管道运输建设中，积极配合国家建设西气东输二线工程和西部原油、成品油管道工程，开工建设兰州至郑州成品油管道。以涩宁兰天然气管线为依托，加快沿线天然气管网及延伸工程建设，进一步拓展天然气利用市场。

（六）加快以公路和铁路场站为主的综合交通运输枢纽建设，充分发挥枢纽在综合运输网中的集疏作用

公路基本建成以兰州国家级公路枢纽为主枢纽，以酒嘉、张掖、平凉、天水、陇南五个省级公路枢纽为辅枢纽，庆阳、临夏为预留辅枢纽的公路枢纽。全面加快农村乡、村级公路场站建设。铁路建设兰州枢纽改扩建工程和兰州铁路集装箱中心站，逐步形成酒嘉、天水、平凉区域性枢纽，与兰州枢纽呼应形成铁路大枢纽格局。同时，加强公路、铁路运输的衔接与联系，充分发挥各自的优势，互为补充、相互协作。

（七）加强综合交通信息网络建设，实现综合交通运输系统的管理和服务现代化

加快建设和完善综合交通信息网络，加强各类管理信息系统的综合集成和有效衔接，实现信息资源共享。根据综合交通体系中多种交通方式有效协作和无缝衔接的要求，加快推进能提供人性化和社会化信息服务的综合交通运输服务信息系统的建设，实现客货运输"一站式"综合服务功能。加快智能交通系统建设，推进全球卫星定位系统、地理信息系统、网络、通信、计算机等技术的实施和运用提升综合交通运输、维护、安全、服务等综合管理效能和服务水平。

在旅客运输方面，大力发展快速客运，直达客运等便捷、快速的运输方式；在货物运输方面，制定相应的政策和措施，鼓励集装箱、多式联运、快速货运等新型运输。鼓励发展高档、舒适型客车，逐步淘汰老旧车型，通过装备全球卫星定位系统、车辆行驶记录仪等先进的设备和系统，改善运输组织管理、调度、指挥的效能。

五、加快综合交通发展的主要措施

（一）继续加大基础设施投入力度，进一步扩大交通运输能力与规模

一是进一步加大前期工作力度，做好项目储备工作。纳入规划的项目及早开展前期工作，全面实行设计招标、项目业主招标等。加大前期工作资金投入，保证设计周期，不断提高前期工作质量和水平。

二是继续积极争取国家投资。"十一五"期间，要继续加大争取国家投资的力度，充分利用国家西部大开发的优惠政策和项目支持，积极争取国债资金、专项资金的支持。

三是充分利用外资参与交通基础设施的建设与经营。在继续增加利用国际金融组织贷款和国外政府贷款投资建设交通基础设施的同时，吸引外资进行经营与管理。

四是增加政府性资金投入。交通基础设施投资大，投资回收期长，并且具有公益性，决定了政府投资的主导地位。对交通建设应给予专项资金支持，发挥政府投资的导向作用，引导市场扩大交通资金投入总量。

五是大力吸引社会投资。动员和鼓励全社会力量参与建设，坚持"谁投资、谁受益"的原则，广泛吸收各行业、部门、企业、外商投资建设，拓宽筹融资渠道，迅速扩大建设资金总量，实现投资主体多元化和资金来源多样化，加快交通基础设施建设步伐。积极盘活交通存量资产，扩大招商引资，吸引社会投资参与交通基础设施建设经营。把经营性站场、码头推向市场，转让冠名权、经营权、运营权等筹集资金，形成社会参与、全民办交通的良好氛围。

六是继续实行省、市、县联合建设，充分发挥地方政府和群众发展交通的积极性。探索公路沿线土地增值、置换等方式筹措公路建设资金的模式。

（二）积极推进市场化改革，培育和完善交通运输市场体系

推进市场化管理体制改革，实现"政企分开"。公路体制改革要以建设、管理、养护分离为目标，积极推进对现有公路养护实体的"政企分开"工作，组建符合现代企业制度的养护公司，落实养护资金来源，通过招标、合同制等形式明确养护责任，建立权责明确的养护新机制，提高公路养护水平。铁路要配合国家铁路体制改革，大力发展对区域经济带动作用强的地方铁路建设项目，建立我省地方铁路建设、管理和运营的有效机制。民航要在机场体制改革的基础上，进一步完善运营管理机制，提高服务质量，大力推进航空货运发展，鼓励开通货运包机业务，促进航空物流发展。

完善市场准入机制，提高交通运输企业的竞争力。进一步开放交通基础设施建设市场，规范市场行为。勘察、设计、施工、监理、经营要打破行业垄断，形成有效的市场竞争机制。对于公益性的交通基础设施项目，以政府投资为主建

设，委托经营；对于非公益性的交通基础设施项目，积极鼓励和支持企业或社会投资建设和经营；对于既有公益性又有经营性的交通基础设施项目，由政府给予资助或政策扶持，政府与企业合作建设和经营。鼓励企业以多种方式经营和联合，促进运输服务方式创新和服务水平的提高。

改革运价体系，形成合理的运价水平。通过有效竞争，建立以市场调节为主的价格机制。对价格调整幅度的监管要适应市场变化，形成多级票价体系，以适应不同层次的需求。

（三）促进区域与城乡交通运输协调发展，缩小地区运输能力差距

强化跨地区与对外运输通道建设，尽快形成大能力和快速运输通道。围绕区域经济发展和资源开发，打通省际出口路、资源路、旅游路和产业开发路。加快国道主干线、国家高速公路网和西部通道省内路段建设步伐。加快兰渝铁路建设，形成我省铁路干线的南出口和西北西南的便捷通道。提高铁路复线率和电气化率。积极拓展航空运输市场，开辟新的航线。为全省对外开放、加强区域经济联系以及人员、物资交流提供基础保证。

加快农村公路建设，促进城乡经济协调发展。抓住国家加快西部地区农村公路建设的政策机遇，加大农村公路建设力度。按照"近期以通为主，中期明显改善，远期基本适应"的思路，具备条件的乡（镇）通沥青（水泥）路，基本形成较高服务水平的农村公路网络，为农民群众生产生活创造便捷、通畅、舒适、安全的道路交通条件。

在公路建设中主动吸纳沿线群众参加公路建设和农村公路养护，从事简单的附属工程施工和自采材料的采备、运输工作，努力增加农民收入。鼓励农民群众按"一事一议"的原则投工投劳建设农村公路，鼓励社会和公路沿线受益企业、农户捐资修建农村公路。

（四）推动交通运输装备水平的提高，促进交通运输现代化

结合全省路网建设和站场布局，发挥公路、铁路、民航各自的运输优势。大力发展快速客运、直达客运等便捷、快速的运输方式。制定相应的政策和措施，鼓励集装箱、多式联运、快速货运等新型运输。促进专业运输单位开展大件、危险品及特种货物的运输，对专用装卸设备的购置继续采用费税优惠政策。加强交通建设和运输领域的科技攻关，以新技术应用为切入点，开发新材料和新工艺，推广先进、高效、实用的技术和装备。加快交通信息化建设，加大人才资源开发和教育培训力度，建设具有持续创新能力的交通人才队伍。

（五）提高交通运输系统的安全性，构建安全保障机制

在项目建设中，要始终把质量管理贯穿于工程建设的全过程，认真落实工程质量责任制和工程质量三级监督体系，通过各种技术和工程措施，做到安全施工，文明施工，保证交通安全。加强交通运输工具的安全性、可靠性和交通安全

设施的完善与配套，通过交通科技创新，实现对交通行为的监控、预警、引导和控制，抑制或减少交通事故隐患。进一步提高交通安全意识，加强交通法制建设，贯彻"以人为本"、"安全第一"的观念，把保障人的生命安全放在突出重要的地位。继续加强国防战备公路建设，增强应对突发事件的能力。

（六）从长远出发，促进可持续交通运输体系的形成

从全面建设小康社会、为建设社会主义新农村创造良好的交通环境出发，实现人、车、路、环境的协调发展。交通基础设施建设中，尽量做到少占或不占耕地，保护植被，趋利避害，降低交通运输对环境的影响，逐步实现交通基础设施与环境的协调和谐，节约资源，减少污染，保护环境。

049

甘肃省公路水路交通"十一五"规划

甘肃省交通厅
2007 年 12 月 21 日

甘肃公路水路交通发展"十一五"规划，是在党中央提出科学发展观、全面建设小康社会宏伟目标和构建社会主义和谐社会的重大战略思想后编制的第一个5 年交通发展规划，是在社会主义市场经济体制初步建立、经济全球化趋势增强、我国加入 WTO 的过渡期即将结束背景下编制的第一个 5 年交通发展规划，也是我省处在重要战略机遇期、进入新一轮经济增长上升期的条件下编制的第一个 5 年交通发展规划。"十一五"时期具有承前启后的重要历史地位，在全党、全国"紧紧抓住机遇，应对各种挑战，认真解决面临的突出矛盾和问题，立足科学发展，着力自主创新，完善体制机制，促进社会和谐，开创中国特色社会主义的新局面"的时期，制定科学、合理的甘肃省"十一五"公路水路交通发展规划，对于指导我省今后 5 年公路水路交通持续、快速、健康发展，顺利实现建设社会主义新农村、全面建设小康社会宏伟目标和第三步发展战略目标具有十分重要的战略意义。

一、"十五"交通发展状况和计划执行情况

（一）"十五"交通发展状况及特点

"十五"时期，我省交通工作坚持以"三个代表"重要思想和科学发展观为指导，认真贯彻落实西部大开发战略和省委"发展抓项目、改革抓创新、和谐抓民生、保证抓党建"的战略部署，抢抓机遇，开拓创新，奋力攻坚，全面完成了"十五"计划各项预期目标任务。交通基础设施建设实现了跨越式发展，交通运输保障水平迈上了新台阶，为促进全省经济社会发展和改善投资环境做出了重要贡献。到"十五"末，全省公路通车里程达到 41330 公里（其中等级公路里程32792 公里），公路网密度达到 9.71 公里/百平方公里。在路网构成中，二级及二级以上公路里程达到 6116 公里（其中，高速公路达到 1006 公里，一级公路141 公里，二级公路 4969 公里），三级公路 14027 公里，四级公路总里程 12648公里，等外公路 8538 公里；有铺装路面（高级）里程达到 2894 公里，其中，沥青混凝土路面 2695 公里，水泥混凝土路面 200 公里。

"十五"期间的甘肃交通发展总体上呈现五个特点：一是交通建设创历史

新高，五年累计完成投资 437.21 亿元，年均增长 19.29％，比全省全社会固定资产投资年均增长率高出 4.69 个百分点，是"九五"期间交通建设总投资的 3.5 倍，成为拉动全省经济增长的重要方面。二是高等级公路建设迈上新的台阶，尤其是高速公路通车里程实现了历史性突破，成为全国第 18 个突破 1000 公里的省份；甘、青、宁三省区省会之间实现了高速公路连通，省会兰州的 6 个出口公路全部实现了高速化，对经济社会发展起到了有力的推动作用。三是路网改造及农村公路建设实现新突破，实现了全省 100％的乡镇和 90.11％的行政村通公路，97.15％的行政村通机动车；少数民族地区、革命老区和红色旅游公路建设得到加强，国边防公路和军营畅通工程建设力度加大，为解决"三农"问题及促进老少边贫地区发展作出了积极贡献。四是公路水路运输场站建设实现新的突破，制定并实施了"一主五辅"运输主枢纽规划，重点加快了"村村通班车"客运网络化工程为主的道路运输站场设施建设和黄河航运工程开发，建立了突发公共事件交通保障的快速反应机制，开通了电煤运输快速通道和鲜活农产品"绿色通道"，交通运输保障能力显著提高，为国民经济发展提供了重要的战略资源。五是加强公路养护管理工作，路网整体服务水平明显改善。

（二）"十五"计划执行情况

1. 总体目标实现程度

公路网总里程计划目标到 2005 年达 42000 公里、路网密度接近 10％（若含四级以上村道，则路网总里程达到 46000 公里、路网密度 11 公里/百平方公里）。到 2005 年底，全省公路通车里程达 41330 公里，约为目标值的 98.4％，路网密度 9.71 公里/百平方公里；若包含四级及四级以上村道，则 2005 年实际路网总规模已达 46735 公里，路网密度达到 11 公里/百平方公里。在路网构成中，二级及二级以上公路占通车里程比重计划目标为 14％，2005 年已达 14.8％，目标实现程度为 105.7％。

2. 建设计划执行情况

国道主干线建设：计划目标到 2005 年省内路段实现高等级化。到 2002 年底，国道主干线省内路段已达二级或二级以上标准，已提前实现了高等级化。到 2005 年底，G025 丹拉线省内路段 271 公里实现全线高速化；G045 连霍线省内路段中近 39％已实现高速化。

西部开发省际间公路通道建设：计划目标"十五"期启动，2010 年前全面以二级及以上标准建成。建设情况：西库、兰磨、银武 3 条西部通道省境内规划建设里程 1337 公里。至 2005 年底，已按规划等级建成高速公路 283 公里、二级路 254 公里，在建公路 598 公里（与 G045 重合约 245 公里），待建的敦煌至当金山口 117 公里二级公路、长庆桥至凤翔路口 15 公里、康家崖至临夏 70 公里高速公路安排在"十一五"初期开工建设。根据项目建设进展情况，交通部提出的西部通道于 2010 年以前建成的规划目标在甘肃能提前实现。

省域路网主骨架公路建设：计划目标到 2005 年以二级及以上标准建成省路网"四纵四横四个重要路段"主骨架公路中的"两纵两横两重"。目前，除甜水堡至木钵 103 公里、华亭至庄浪 78 公里、临夏至合作 94 公里在建、双城至达里加山垭口 38 公里待建外，其余路段均已达到二级或二级以上标准。

通县公路建设：计划目标到 2005 年市（州）至县通油路。至 2003 年已提前实现了全省市（州）首府驻地到县城县县通油路的目标。

通乡公路建设：计划目标到 2005 年全省所有具备条件的乡（镇）通四级或以上标准公路，60%的乡（镇）通沥青（水泥）路。至 2005 年底，目标实现度分别是原计划目标的 93.72%、104.7%。与"十五"计划目标对比，乡（镇）等级公路通达率稍低于计划目标，而乡（镇）通油路目标任务超额完成。

通村公路建设：计划目标到 2005 年全部行政村通公路，21%的行政村通沥青（水泥）路，85%的行政村通机动车。至 2005 年底，目标实现度分别是原计划目标的 90.1%、76.2%、114.3%。与"十五"计划目标对比，行政村公路通达率和通油率低于计划目标，村通机动车任务指标超额完成。

公路运输枢纽及站场建设：计划目标到 2005 年，建成兰州公路主枢纽客运南站、货运东站等 5 项骨干工程，建设 5 个省级枢纽的主要工程，完成全省空白县和重点乡镇汽车站建设。至 2005 年底，全省"十五"期共建设等级客货运站 89 个，乡镇车站 318 个，行政村站（点）1688 个，"一主五辅"枢纽重点骨干项目和空白县客货运输站场基本建成。与"十五"计划目标对比，计划目标基本实现，特别是农村客运网络建设取得了跨越式发展。

航道码头建设：计划目标为完成"两段、一船、六码头"，即到 2005 年建设黄河航道 151 公里、多功能趸船 1 艘、码头 6 座。至 2005 年底，刘家峡库区 41 公里航运工程提前完成；黄河白银段四龙至龙湾 110 公里航运建设工程进展顺利，预计 2006 年 6 月以前建成通航；黄河兰州段上下航道延伸工程也于"十五"期间提前开工建设。新增多功能趸船 7 艘，建成 28 处码头；除黄河白银段航运工程进度稍缓于计划目标外，其余各项目标任务超额完成。

3. 完成情况与原定计划目标的差异及原因

"十五"计划经过跟踪调整，加强了对交通建设的指导性，所以在执行中未发生显著差异。根据总体目标和分项投资及建设计划执行情况分析，总体目标实现程度相对良好，干线公路网有了较大提高与改善，尤其是高速公路实现了超常规跨越式发展；农村公路网除行政村公路通达率、通油率及通乡等级路比率稍低于计划目标外，其余任务指标均超额完成，农村公路通达深度和行车条件有了大幅度提高；水运基础设施建设力度进一步加大；公路运输站场建设稳步发展，特别是农村客运网络建设取得了突出成就；公路水路交通在整体上实现了跨越式发展。

农村公路中行政村公路通达率和通油率与计划目标相比存在一定差距，这是因为甘肃省农村公路建设历史上欠帐较多，底子薄，加之甘肃地形条件相对困难，农村公路建设资金严重匮乏，虽然近两、三年加快了建设步伐，但仍难以完成计划目标。

二、"十五"交通发展的成功经验和存在问题

（一）成功经验

分析"十五"期的发展历程，不难看出我省交通实现跨越式发展的重要条件是国家改革开放的大政策、大环境和西部大开发战略的稳步推进，以及全面建设小康社会的逐步实施，这是实现快速发展的基本保障，具体经验有以下八条：

第一，交通发展必须坚持紧紧围绕国家和省上的重大战略部署，科学谋划，积极主动，抓好落实。这是做好甘肃交通工作的根本前提。

第二，交通发展必须坚持以科学发展观为统领，紧紧围绕经济社会发展大局，始终抓住加快发展不放松，拓宽视野，跳出行业看行业，创造性地开展工作。这是做好交通工作的本质要求。

第三，交通发展必须坚持以人为本，做负责任部门和负责任行业。这是做好交通工作的检验标准。

第四，交通发展必须坚持科学规划，准确把握交通发展的规律性，增强前瞻性、预见性和指导性。这是做好交通工作的重要条件。

第五，交通发展必须坚持深化改革，扩大开放，用新理念、新思路、新举措推进交通工作。这是做好交通工作的持久动力。

第六，交通发展必须坚持科教兴交和人才强交，加强各级交通部门的能力建设。这是做好交通工作的内在需要。

第七，交通发展必须坚持建养管并重、建设与运输并重，巩固建设成果、发挥投资效益。这是做好交通工作的重要举措。

第八，交通发展必须坚持不懈地推进行业文明建设和党风廉政建设。这是做好交通工作的重要保障。

（二）存在的主要问题

"十五"期间甘肃交通实现了跨越式发展，但就总体而言，当前交通工作仍存在着一些薄弱环节。比较突出的问题有：一是交通供给的总量尚显不够，难以完全满足日益多样化的运输需求；二是路网技术等级结构不尽合理，高等级公路比重相对较低；三是公路抗灾能力较弱，养护工作难度大；四是农村公路行车条件相对较差，通达深度尚显不足；五是交通基础设施建设规模的扩大与筹融资难

度增加的矛盾越来越突出。

以上这些问题的存在既有自然条件差、历史原因复杂等客观因素，也有思想观念落后，机遇意识不强等主观因素。随着改革进程的加快，经济社会发展对交通提出了新的更高的要求，解决这些矛盾和问题已经刻不容缓。既要看到解决这些问题的长期性和复杂性，统筹规划，有序推进，更要迎难而上，创新机制，敢于触及矛盾，善于分析问题，始终坚持用发展的思路破解存在的难题，举全行业之力，力争各项工作取得重大突破，使交通建设能更好地适应经济社会的发展。

三、"十一五"交通发展形势与需求

（一）交通发展形势

一是全面建设小康社会，对公路水路交通事业的发展提出了更高要求；

二是西部大开发战略的进一步推进，要求交通运输适度超前发展；

三是建设社会主义新农村的历史任务，对农村公路发展提出了新任务、新要求；

四是经济结构调整和经济增长方式的转变，将对交通运输产生重大影响；

五是全面、协调、可持续发展的科学发展观，对交通运输发展提供了新理念、新方式；

六是对外开放的扩大和经济全球化的趋势，要求交通运输更加安全、高效；

七是建设资金仍将是甘肃交通运输发展的重要制约因素，交通发展亟待拓展筹融资空间。

（二）交通运输发展需求

在对甘肃社会经济发展特点、运输发展历史及现状进行深入分析的基础上，根据其发展变化的趋势和规律，运用多种预测分析方法对全省公路水路运输需求和干线公路交通量发展趋势进行预测。结果如下：

公路运输量：预计到 2010 年，全省公路客、货运量和周转量分别为 2.13 亿人、2.67 亿吨、148 亿人公里、175 亿吨公里；到 2020 年，全省公路客、货运量和周转量分别为 3.83 亿人、4.45 亿吨、275 亿人公里、320 亿吨公里。

水路运输量：预计到 2010 年，全省水路客、货运量和周转量分别为 273 万人、60 万吨、2794 万人公里、973 万吨公里；到 2020 年，全省水路客、货运量和周转量分别为 403 万人、98 万吨、4705 万人公里、1910 万吨公里。

国省干线公路交通量：2005 年，全省国省干线公路的日平均交通量为 3900 辆/日（小客车，下同）。预计到 2010 年，日平均交通量将达到 6450 辆/日，2020 年将达到 16500 辆/日。

从预测结果可以看出，经过长期坚持不懈地建设，甘肃省公路网局部适应能

力明显增强,但整体适应能力仍不高,干线路网将于 2008 年前后达到饱和状态,因此,加快以国道主干线、西部开发通道和国家高速公路为主体的干线公路网建设和以通乡公路为重点的农村公路网建设,着力提高公路网通达深度和技术等级将是近期我省交通建设的重中之重。

四、"十一五"规划的指导思想和原则

（一）指导思想

以邓小平理论和"三个代表"重要思想为指导,以科学发展观统领全局,紧紧围绕全面建设小康社会、构建社会主义和谐社会、建设资源节约型社会和建设社会主义新农村对公路水路交通提出的新要求以及国家交通新的跨越式发展目标,以"农村公路建设和高速公路建设"为重点,以"推进和构建和谐交通及建设节约型交通"为主线,走"运输安全型、质量效益型、科技先导型、资源节约型、环境友好型"的交通可持续发展之路,加强"科学规划,分类指导,立足省情,适度超前,突出重点,协调发展",为甘肃全面建设小康社会当好先行。

（二）规划原则

——坚持科学发展观,走交通可持续发展之路。

——服从总体战略部署,做好规划衔接工作。

——坚持水陆并进、建运并举,路、站、运一体化发展,构建和谐交通。

——统筹规划,分类指导,明确任务,突出重点。

——立足省情,结合实际,量力而行,适度超前。

——坚持"效率"与"公平"并重原则,协调地区间发展。

——建、养、管并重,巩固建设成果,发挥路网整体效益。

——加大科技和教育投入,实施"科教兴交"和"人才强交"战略。

五、"十一五"甘肃交通发展的新思路及关键性工作

（一）发展思路

以加快发展为主题,以项目建设为重点,以结构调整为主线,以深化改革为动力,以行业文明和队伍建设为保障,全力推进交通又快又好地发展。深入实施交通建设"挺进西部、突破中部、会战东部"战略和道路运输"提速中部、东联西拓"战略,"抓两头,带中间",即抓高速公路建设和农村公路建设,带动干线路网改造,同时提高公路养护水平和运输服务水平,逐步形成便捷、畅通、高效、安全的公路水路交通运输体系。大力加强行政能力建设,全面履行行业管理职责,转变发展观念、创新发展模式、提高发展质量,坚持走运输安全型、质量效益型、资源节约型、环境友好型的交通可持续发展之路,使交通运输更好地适

应经济社会全面协调可持续发展和广大人民群众出行的需求。

（二）"十一五"项目资金安排原则和重点投向

"十一五"规划编制工作要全面落实科学发展观，按照"五个统筹"和构建和谐社会的要求，围绕交通部《公路、水路交通"十一五"发展规划纲要》确定的交通发展目标和甘肃省全面建设小康社会对交通运输发展需求，确定甘肃公路水路交通发展思路和方向，调整和优化资金投向，突出重点，切实加强薄弱环节建设。

1. 公路方面

——按照交通部提出的 2007 年底前贯通国道主干线和 2010 年基本建成西部开发省际公路通道的目标要求，优先安排尚未建成的国道主干线和西部通道项目，重点安排高速公路网项目，适当安排国省干线改造项目。实施红色旅游公路建设，改善部队进出口道路条件，继续支持边境口岸交通基础设施建设和国边防公路建设，继续实施危桥改造、公铁平交改立交工程和安全保障工程等建设。

——要在继续贯彻实施《农村公路建设规划》的基础上，更加注重在全面落实建设社会主义新农村战略格局下，谋划农村公路建设，在建设社会主义新农村总体规划指导下，组织农村公路建设，实施好、完成好中央和省上向交通部门提出的"新任务"。重点是继续完善"通达"工程，实施"通畅"工程。

——加快"四主九辅"公路主枢纽建设；加强乡镇客运站点建设，实施农村客运网化工程。

2. 水运方面

围绕提高港口公用设施服务水平，加快内河航运及内河主要码头建设。重点实施黄河干流主要通航航道等级化建设，着力改善通航条件。

3. 支持保障系统方面

加快公路水路交通信息化建设，强化信息资源整合；加快建立公路救援网络、地质灾害及气象预警预报系统和水路交通监管及搜救体系，提高安全保障和搜救水平；继续加强科研、教育和人才培养。

（三）"十一五"关键性工作

第一，以科学发展观统领交通工作全局，努力实现交通事业又好又快发展。

第二，坚持发展抓项目不动摇，努力实现全省交通事业发展的新跨越。

第三，加快农村公路建设，为建设社会主义新农村作出新贡献。

第四，推进高速公路建设进程，为全省经济社会发展提供战略支撑。

第五，加快省内区域交通一体化，促进区域经济社会协调发展。

第六，加强领导，齐心协力，共同营造良好的交通发展环境。

第七，发展循环经济，建设节约型交通。

第八，加强党风廉政建设，为全省交通事业发展提供坚强的政治保障。

六、"十一五"交通建设目标和重点

根据"十一五"甘肃公路水路交通发展基本思路、重点任务及关键性工作的具体要求，结合我省交通运输发展现状及未来需求，综合制定我省"十一五"公路水路交通建设目标。

（一）总体建设目标

今后 5 年，我省交通力争实现新的跨越式发展，到 2010 年甘肃交通建设取得突破性进展，交通条件发生明显变化，对甘肃国民经济发展的制约状况得到全面改善，并为到 2020 年建成满足全面建设小康社会要求的交通运输系统奠定坚实基础。

"十一五"期我省交通建设总投资规模预计将达到 700 亿元左右，公路网总里程达到 50000 公里（含四级及四级以上村道），其中高速公路达到 2000 公里以上，二级及二级以上公路约占总里程的 18％，高级、次高级路面里程约占 50％，所有具备条件的乡（镇）和 35％以上的行政村通沥青（水泥）路，公路网密度接近 12 公里/百平方公里。完成上述目标，我省交通对国民经济的制约状况将得到全面改善。

重点目标："两网四化"、"四通三上"和"四级分管"。

"两网四化"：即加快干线公路运输网和农村公路运输网建设步伐，全面形成基础骨架路网；实现国主干线高速化、西部通道高等级化、县乡公路通畅化和运输站场网络化。

"四通三上"：全省县乡道通四级以上等级路、所有具备条件的乡（镇）通沥青（水泥）路、35％以上的行政村通沥青（水泥）路、95％的行政村通班车；高速公路上规模、县乡公路上等级、交通管理上水平。

"四级分管"：在省域路网"四纵四横四重"主骨架布局的基础上，按照"管理分层次、建设有重点"的要求，将路网合理划分为四个层次，在"统一领导、分级管理"的原则下，"十一五"初期形成分级负责规划、建设、养护、管理的运行机制。

（二）具体目标及建设重点

1. 公路网建设

"十一五"期全面落实"会战东部"、突破中部、挺进西部的交通发展战略部署，重点实施"123"工程。即：

形成"1圈1线"：即兰州 1 小时交通圈和天（水）嘉（峪关）千公里高速运输线。

建设"2纵2横2重"：即省域路网"四纵四横四个重要路段"主骨架公路剩余的"两纵两横两重"。

实现"3 高 3 通":国道主干线甘肃段以高速公路贯通,西部通道甘肃段以高等级公路贯通,省会与各市、州政府驻地以高速公路连通(甘南、陇南"十二五"期实现;金昌"十一五"期以一级连通,远期改高速);出省通道畅通,县乡公路"通畅"、乡村道路"通达"。

——干线公路网建设:以国道主干线、西部省际通道和国家高速公路网省内路段及省域路网主骨架公路建设为重点,加快实施红色旅游公路建设,继续改善部队进出口道路条件,支持边境口岸交通基础设施建设和国边防公路建设。力争到"十一五"末,国道主干线省内路段基本实现高速化,西部通道省内路段实现高等级化;甘肃东出口(牛背、凤翔路口)、西出口(海石湾、猩猩峡)和北出口(刘寨柯)实现高速化,南出口(罐子沟、郎木寺)实现局部高速化或高等级化;省域路网主骨架公路剩余的"两纵两横两个重要路段基本以二级及二级以上标准建成。

——农村公路网建设:要在建设社会主义新农村总体规划指导下,组织农村公路建设,实施好、完成好中央和省上向交通部门提出的"新任务"。重点是继续完善"通达"工程,实施"通畅"工程。同时做好农村渡口及渡桥改造,实现全省县、乡道通四级及以上等级公路、所有具备条件的乡镇和 35％以上的行政村通沥青(水泥)路。

——路网结构改造:继续加快实施干线公路大中修工程、危桥改造工程、公铁平交改立交工程、安全保障工程和自然灾害路段改造工程建设,优化路网结构,提高路网整体服务水平。

2. 公路枢纽及站场建设

"十一五"期全面实施道路运输"提速中部、东联西拓"的发展战略,基本完成"四主九辅"运输主枢纽系统和农村客运网络建设,建立和健全省域快速客货运输服务网络体系,全力打造甘肃新运输、实现甘肃运输新崛起。

重点是围绕"四主九辅"运输主枢纽系统和农村客运网络体系建设,着力实施"五个一"工程,即:建成 100 个公用型客货集散中心,与现有客货运站展开竞争合作,建立统一开放、竞争有序的运输市场;建成 1000 个乡镇车站、10000个行政村站,完善农村客货运网络,为农民出行和增加收入服务,实现城乡客运一体化;形成省、市、县三级 1000 个信息终端为基础的道路运输信息网络,提高道路运输市场的运营与监管能力;调动社会资金更新 10000 辆中高级客货运输车辆,提升专业运输装备能力。力争到 2010 年,基本形成以"四主九辅"公路运输主枢纽为龙头,以区域运输枢纽站场为骨干,以遍布全省的农村客运站点为基础,与公路网发展相协调、布局合理、功能完善的社会化、网络化、智能化的站场服务体系,对甘肃国民经济发展的制约状况得到全面改善。

3. 水路交通建设

"十一五"期重点实施"3301"工程，即建设 3 段航道、30 处港口泊位、1 座航电结合枢纽工程。力争到 2010 年，甘肃内河等级航道达到 468 公里（五级 326 公里、六级 19 公里、七级 123 公里），实现黄河干流主要通航航道等级化，水运重点地区港口码头初具规模，船舶技术状况明显改善，安全管理、船舶检验等支持保障系统基本适应水路交通发展的需要，带动沿岸地区社会经济发展，为甘肃全面建设小康社会提供良好的水路运输服务。

4. 支持保障系统

重点是加快建立公路救援网络、地质灾害及气象预警预报系统和水路交通监管及搜救体系，提高安全保障和搜救水平；加快公路水路交通信息化建设，强化信息资源整合，提高管理和服务能力；继续改善有关科研条件，完善职业教育体系；加强重点实验室和重点学科建设，争取国家资金和技术支持，开展相关基础科学及关键应用技术研究，为甘肃乃至西部道路交通的可持续发展提供技术支持；加强人才培养力度，全面提高交通队伍人员素质。

七、规划实施的预期效果

"十一五"规划目标实现后，到 2010 年，甘肃省公路水路交通有效供给总量明显增加，结构趋于合理，质量明显提高。国道主干线和西部开发通道高等级化建设目标全面实现，省域高速公路网骨架基本形成，国省干线公路等级全面提高；甘肃东出口（牛背、凤翔路口）、西出口（海石湾、猩猩峡）和北出口（刘寨柯）实现高速化，南出口（罐子沟、郎木寺）实现局部高速化或高等级化；农村公路网交通条件得到明显改善；"四主九辅"公路主枢纽基本建成，农村客运实现网络化、货运便利化；水路运输优势初步得到发挥。形成以兰州为中心，外连周边省（区）、内通市县的层次分明、布局优化、结构合理、功能完善的公路水路交通综合运输服务网络体系。省内 11 个市（州）以高速公路连接，省会兰州与周边省（区）首府（除乌鲁木齐外）及全省市（州）政府驻地可当日到达，500 公里内当日往返。我省公路水路交通基础设施建设取得突破性进展，对全省国民经济发展的制约状况全面改善。

八、资金需求及来源渠道

根据规划，"十一五"期预计投入资金 700 亿元，其中，交通基础设施建设投资 691 亿元，支持保障系统投资 9 亿元。

在资金筹措方面，除了继续争取中央支持外，重点是要改革交通建设投资体制，扩大筹融资渠道。公路水路交通基础设施作为重要的公益设施，对改善区域交通环境、促进经济发展有重要作用，要动员和鼓励全社会力量参与建设；要坚持"谁投资、谁受益"的原则,抓住西部大开发的有利时机,积极引导东部投资、银行贷款和广泛吸收各行业、部门、企业、外商投资建设,拓宽筹融资渠道,迅速扩大建设资金总量,实现投资主体多元化和资金来源多样化,加快公路水路交通基础设施建设步伐。

九、政策建议和相关措施

(一)政策建议

鉴于交通基础设施具有"准公共产品"性质的特征,政府需要出台相应政策和措施,协调准公共物品领域发展,使得其既有竞争,又有秩序,既有市场配置交通资源的作用,又有政府对公共产品提供的责任和义务。

一是建议国家继续执行向西部地区倾斜的政策,并加大支持力度。

二是争取省内在继续贯彻实施《甘肃省实施西部大开发若干政策措施》、《甘肃省实施通乡公路建设项目优惠政策规定》和《甘肃省加快农村公路建设有关支持政策规定》等的基础上,进一步出台向公路、水路基础设施建设倾斜的政策。

三是各级地方政府要充分认识各类交通建设项目对地方经济社会发展的带动和促进作用,执政为民,造福一方,努力营造良好的建设环境,制定优惠政策。发挥农村公路建设的主体作用,确保配套资金按时足额到位,保障建设项目的顺利实施。

(二)相关措施

一是解放思想、抢抓机遇,实现我省公路、水路交通新的跨越式发展。

二是不断改革交通建设投融资机制,多渠道、多形式筹集交通建设资金。

三是建立健全规划管理体制和实施机制,加强统筹协调,进一步强化项目前期工作。

四是树立以人为本,全面、协调和可持续发展的科学发展观。

五是协调地区发展,协调城乡发展。

六是建养管并重,加强公路养护管理工作。

七是实施"科教兴交"、"人才强交"战略,提高交通科技创新能力,加快创新型行业建设。

十、2020年规划初步设想

到2020年的总体目标是:坚持以人为本、全面、协调、可持续发展的科学发展观,建立能力充分、组织协调、运行高效、服务优质、安全环保的公路水路运输系统。使甘肃交通面貌发生根本性变化,提供安全、便捷、经济、可靠的运输服务,基本适应我省国民经济和社会发展的需要。

公路交通:建成以高速公路为骨架、以高等级公路为主体的干线公路网和以沥青（水泥）路面为主体的农村公路网；建立比较完善的快速客货运输网络与便利的农村客货运输网络，形成现代公路交通市场体系，交通安全水平显著提高，能耗大幅度降低，可持续发展能力显著增强。公路网总里程达 60000 公里以上（含四级及以上村道），公路网密度接近 15 公里/百平方公里，高速公路里程达 4000 公里以上，14 个市（州）政府所在地以高速公路连通，重要出口路高速化，所有县（市）以高等级公路连接，二级及二级以上公路约占总里程的 25%，高级、次高级路面里程约占总里程的 60%。农村公路实施网化工程，重要县道达二级以上、重要乡道达三级以上标准，实现村村通沥青（水泥）路和通班车，为农村全面建设小康社会提供交通保障。

站场建设：枢纽站场体系及农村客运网络全面建成，继续进行提高站场设施科技含量、信息化水平和综合服务能力的工作，形成布局合理、功能齐全的社会化、网络化、智能化的站场服务体系。

水运建设：进一步完成黄河适航河段和库区航道、码头建设和航运开发，等级航道里程达到 682 公里（五级 518 公里、六级 49 公里、七级 115 公里），进一步开发水路运输的潜力，使水路交通中长距离运输优势得到发挥，水路保障系统基本适应水路交通发展的需要。

050

青海省公路水路交通"十一五"规划

前　言

2000年，党中央、国务院按照邓小平"两个大局"的理论，不失时机的做出了实施西部大开发的战略决定。青海省公路水路"十五"建设计划是在国家实施西部大开发战略和积极的财政政策两大历史机遇中组织实施的，"十五"计划执行以来，青海省交通建设取得了很大成就，公路交通严重滞后的面貌得到较大改善，青海省交通建设的成绩已成为青海省实施西部大开发战略标志性成就，拉动和促进了青海经济快速、持续、健康的发展。

党的十六大提出了全面建设小康社会的奋斗目标，"十一五"期是全面建设小康社会承前启后的关键时期，"十一五"规划是全面建设小康社会奋斗目标提出后编制的第一个五年规划，按照迎接挑战、加快发展；以人为本，坚持全面、协调和可持续发展观的要求，为做好前后两个五年规划的衔接，做好交通规划与区域规划、其他运输方式规划之间的衔接，指导"十一五"全省公路水路交通的发展，遵照国家交通部和省政府统一部署和要求，编制了青海省公路水路交通"十一五"规划。

一、青海省基本情况

（一）社会及经济发展概况

青海省位于青藏高原东北部，东西长1200多公里，南北宽800多公里。全省平均海拔3000米，海拔超过3000米的国土面积占全省国土面积的85%，全省国土面积72.12万平方公里，占全国的7.5%，居全国第四位。

省境内以日月山分界，东部为黄土高原农业区，西部为青藏高原牧业区。全省行政区划设一地一市六个民族自治州，民族自治区域面积占全省97%以上，2003年底全省总人口为542万人，占全国总人口的0.4%，人口密度为7.05人/平方公里，少数民族人口占全省总人口的45%以上。

2005年全省国内生产总值达到544亿元，一般预算收入达到63.3亿元，城镇居民人均可支配收入8058元，农牧民人均纯收入2165元。

青海省地域辽阔，资源丰富。辖内耕地面积1032万亩，耕地占总面积的0.95%，可利用草场面积6.09亿亩，占56.3%，林地面积0.37亿亩，占

3.39%，黄河在境内河段落差大，水电资源十分丰富，水利蕴藏量达 2165 万 kWh，装机总容量可达 1798 万 kWh，年可发电量可达 772 亿 kW，人均拥有可开发水电资源为全国人均的 10 倍，目前已建成龙羊峡、李家峡两座大型水电站，在建公伯峡、拉西瓦等大型水电站和直岗拉卡、黄丰、康场、苏只等中型水电站；已探明储量的矿产资源达到 105 种，其中 50 种的保有量居全国前 10 位，以有色资源开发为主的盐化工业和柴达木油汽资源开发的前景十分广阔；具有高原特色的旅游资源，冰川雪峰、茫茫戈壁、肥美草原、高原湖泊、三江源头等壮丽神奇的自然景观是全省旅游业发展的巨大宝库，吸引着许多中外游客。

由于地理、历史及自然条件的原因，青海省一直是一个具有广阔开发前景而处于落后的多民族地区，经济和社会发展步伐缓慢，经过建国五十多年的发展，特别是改革开放以来，青海省国民经济和社会各项事业的发展取得了显著的成绩，随着西部大开发战略的深入推进，全省经济总量迅速扩大，经济实力显著加强，"十五"计划以来，全省国内生产总值年均增长保持在 12% 以上，财政收入年均增长 19.4%，"十五"期间全省固定资产投资累计完成 1417 亿元。"十五"期间，按照基础设施优先战略，先后建设了西气东送、青藏铁路、百万钾肥、兰西高速公路等重点工程，随着这些工程的建成，必将对青海省社会、经济发展产生深远的影响，推动青海省经济持续、快速、健康发展。

（二）全省交通概况

1. 全省综合运输网概况

铁路：省境内铁路干线为兰青铁路青海段和青藏铁路西格段，支线铁路为宁大铁路支线等部分厂矿专用线，营运里程 1100 公里。铁路技术等级不高，运力有限，覆盖面低。

民航：省境内只有西宁和格尔木两个支线机场，航班密度小，目前不能直达全部省会城市，处于起步阶段。

水运：仅限于黄河上游库区和青海湖水域，承担零星、少量客货运输，青海湖仅限于旅游。

管道运输：仅限于柴达木盆地油气资源，运输规模和范围很小。

公路：是青海省的主要交通运输方式，在全省综合运输网络中起主导作用，2005 年在青海省各种运输方式完成的客运量、货运量、旅客周转量、货物周转量中，公路交通运输占 91.7%、79.7%、54.0%、32.4%。

2. 公路交通概况

青海省公路网目前已形成由国道 109、315、214、215、227 线和省道平大公路、阿赛公路和西久公路组成的"二横三纵三条路"为主骨架，以 23 条省道和县乡、专用公路为网络的公路网，贯穿和连通全省六州、一地、一市和全部县、乡，形成了具有与人口、经济分布相一致的布局特征。

2005 年底公路通车总里程达到 29719 公里，其中，高速公路 171 公里，一级公路 144 公里，二级公路 4003 公里，三级公路 6434 公里，四级公路 16230 公里，等外公路 2797 公里，高级次高级路面达 11787 公里。

二、"十五"计划执行情况

(一)"十五"计划完成情况

1."十五"计划完成情况

"十五"计划期间，在国家实施西部大开发战略和积极财政政策，给我省交通建设事业带来了千载难逢的历史机遇，在省委、省政府的正确领导下，在国家有关部委的关心支持下，掀起了公路建设的新高潮，公路交通事业得到了长足的发展。国省道干线公路等级明显提升，以西宁为中心的高等级公路向周围边辐射延伸，通县油路目标实现，"两横三纵三条路"为主骨架的公路网基本形成。从总体上看，通过"十五"期的建设，全省公路交通总体水平有了质的变化，实现了由瓶颈制约到初步改善，由严重滞后到快速发展的历史性跨越，取得了"一个突破、两个率先、三个通达、四个较快增长"的良好成就，即高速公路从无到有，实现了零的突破；率先基本完成了国道主干线和西部省际通道的建设任务；实现了县县通油路，乡乡通公路，行政村基本通公路的目标，交通基础设施建设投资，公路通车里程，公路营运里程和客货运量实现较快的增长。"十五"时期是我省公路交通事业发展最快，发展质量最好，交通面貌改善最大，群众得到实惠最多的时期，五年完成交通固定资产投资 230.5 亿元，是 1949 年至 1999 年 50 年投资总和的 4.36 倍，为"九五"计划的 4.42 倍；公路通车里程大幅增长，5 年新增公路通车里程近 11040 公里，公路运输线路大幅度增长，公路运输通达深度得到提高，公路运输结构逐步趋于合理。

(1)"十五"计划完成：全省公路通车里程达到 29719 公里，其中，高速公路 公里，一级公路 144 公里，二级公路 4003 公里，高级次高级路面达到 11787 公里。新改建公路 15089 公里，其中，高速公路 171 公里，一级公 119 公里，二级公路 3151 公里，三级公路 3604 公里，四级公路 8000 公里，建成西宁主枢纽客货站场 4 座，水运航道 277 公里，码头 4 个。完成公路、水运交通建设总投资 225.19 亿元。全面完成了原定"十五"计划的各项目标任务。

"十五"计划完成后，"两横三纵三条路"省公路主骨架服务水平得到进一步提升，省内 8 条主要出省通道基本实现黑色化；丹拉国道主干线和西部开发省际通道西宁至库尔勒公路青海境内段全部达到二级以上标准，建成西宁至马场垣、西宁至大通、西宁至湟中高速公路、西宁至倒淌河一级公路；国、省干线公路基本实现黑色化，国道 70% 的路段达到二级公路以上标准，实现西宁至州府公路黑色化，通县公路达到三级标准，实现县县通油路；路网通达深度进一步提高，实观乡乡通公路，资源开发公路、联网公路、旅游公路建设取得较大的进展。

（2）"十五"计划完成情况与原定目标的差异及原因分析

"十五"计划建设完成后，除原定目标中国道主干线、西部通道和部分重要国省道均能按期完成，其他部分国、省道项目需跨"十一五"建设，但从总体上看，"十五"期间，我省公路水路交通建设规模、完成投资比原定目标有所增长。

主要原因为：①部分项目没有纳入部公路建设规划，缺乏投资支持，如西宁至互助、格尔木至茫崖没有投资来源；②根据青海省区域经济发展和资源开发进程，对部分项目如 G315 线大柴旦至冷湖、G215 线察尔汗至大柴旦等项目的建设做了适当调整；③主枢纽、航运工程不能完成主要是由于地方财政困难，建设资金匮乏所致；④"十五"计划建设规模及完成情况比原定计划有所增加，主要是国家实施通县公路，一县际公路等原计划没有纳入的项目，从而实观了规模和投资增长。

2. "十五"计划运输完成情况

（1）公路客货运的结构

"十五"末全省民用汽车保有量将达到 11.08 万辆，比"九五"末增长 29.81％。其中：营业性客货运车辆分别达到 1.47 万辆和 3.63 万辆，比"九五"末分别增长 53.57％和 34.94％。客货运输车型结构比例趋于合理化，大中小型货车齐全、高中低档客车配套的车辆结构局面初步形成。

（2）公路运输市场主体及其结构

截止 2005 年底，全省公路运输经营业户达到 2.4 万户，比"九五"末增长 11.63％，其中：客运保持观有水平，并略有减少；货运业户达到 2.37 万户，略有增长；客货运业户分别比"九五"末减少 34.37％和增长 39.41％，我省客货运市场主体存在的"弱、小、散、乱"得到了一定改善。

（3）公路客货运输量

2005 年全省完成公路客货运输量和周转量分别为 4180 万人次、24 亿人/公里和 5170 万吨、45 亿吨/公里，分别比"九五"末的 2000 年增长 44.62％、50％、27.65％和 30％，公路运输业在全社会各种运输方式中的主导地位进一步增强。

（4）客货运输基础设施建设

随着路网改造和客货运力的发展，运输基础设施建设步伐将进一步加快，"十五"期间在完成全省县级以上等级汽车站和重点乡镇汽车客运站基础上，组织实施了农牧区乡镇站点及候车棚（亭）建设，并力争完成全省二级以上汽车客运站的信息化建设任务。

（5）运输服务

随着路网改造的进一步推进和通达深度的提高，"十五"期间客货运输服务力度和深度得到了不断增强。

①客货营运总里程将突破 12 万公里，比"九五"末增长 20％；

②客运路线班次密度不断增大，班线总条数突破 700 条，日发班次达到 5000 班，分别比"九五"末增长 40％和 92.3％；

③班线通达深度进一步提高，农牧区通乡客班率达到 85％，比 2003 年增长 2 个百分点，通村客班率达到 65％，分别比"九五"末增长 7 个百分点和 5 个百分点。

④汽车维修和检测技术装备和服务水平进一步提高，基本满足各种运输车型的维修检测需求。

（6）客货运输方式

在巩固已有传统运输方式的基础上，"十五"期间还将在高速客运、快捷货运、大件、集装箱运输等方面有所突破，满足人民日益增长的消费需求。

（二）"十五"预计完成项目，投资总额及资金渠道

"十五"期间，青海公路水路交通建设预计完成总投资额 225.19 亿元〔详见附表一（略）〕。

（三）"十五"期公路水路交通发展的主要特点

"十五"期间，我省紧紧抓住实施西部大开发的历史机遇，集中建设了一批对全省经济和人民生产生活具有重大影响的交通重点工程，有效的拉动了全省经济的增长，五年预计共完成公路建设投资 223 亿元，实现了高速公路零的突破，县县通油路，乡乡通公路，行政村基本通公路，使公路交通对经济的瓶颈制约得到大大缓解，公路交通的快速发展，促进了社会进步和观代文明，取得了明显经济效益和社会效益，主要表观在：

1. 公路交通发展对全国国民经济的拉动作用明显，公路建设的快速发展，拉动了建材、交通运输等产业的快速发展，增加了农民务工机会，农民收入明显增加，使全省经济发展步伐明显加快。

2. 公路建设服务经济建设的理念得到加强，改变了过去为修路而修路的传统，公路建设的重点服务于经济建设、资源开发的需要，促进了资源优势向经济优势的转化。

3. 通过对出省通道、城市出口道路的加快建设，增强了青海区位优势，改善了青海对外形象，促进了青海招商引资，为扩大开放，发展外向型经济创造了条件。

4. 增强了中心城市的辐射带动功能，带动了经济结构的调整，促进了经济布局的优化，增强了经济社会发展的后劲。

5. 初步改善了农村交通条件，为解决"三农"问题和推进城镇化建设奠定了基础。

6. 公路建设注重环保，珍爱生态的理念得到了体现，公路生态效益得以显

观，环湖公路、岗青公路、高速公路置石景观体现了公路交通文明与文化内涵，是青海公路一道亮丽的风景线。

7. 以人为本的思想得到了深入贯彻，丹拉主干线倒淌河至格尔木段便民公厕，高山陡坡段防护栏、齐全的标志标线体观了人本思想和注重安全、珍惜生命的理念。

（四）"十五"公路交通发展取得的成功经验

1. 抢抓机遇，实观公路交通跨越式发展。"十五"期间，我省公路建设抓住了国家实施西部大开发战略和实施积极政策的两大机遇，全省公路建设项目开工多，投资大，建设速度快，为提前完成"十五"计划，实观公路交通跨越式发展创造了有利条件。

2. 全面开放省内公路勘察设计、施工、监理市场，引进省外先进的管理经验，提高了勘察设计、施工质量：加快了公路建设速度，提高了工程质量和投资效益，促进了公路建设事业健康发展。

3. 公路建设科技含量提高，逐步走向技术密集、资金密集，公路交通观代化初露端倪。"十五"期间，我省建成高速公路 215 公里，一级公路 144 公里，二级公路 3151 公里，平西高速公路朝阳互通立交等重点工程，这些高等级公路从设计到施工均充分利用了航测、遥感、冲击碾压等先进技术手段，体观了公路建设的科技水平，同时建成了青沙山隧道等高海拔长大隧道数座，它们的建成通车，使我省公路交通向快捷、舒适、安全的观代化方向迈出了坚实的步伐，是我省公路交通观代化起步的标志。

4. 全社会大办交通，全民大办交通的氛围初步形成。"十五"期间，我省公路建设得到了各级政府、各有关部门的大力支持，无论是重点工程的征地拆迁，还是农村公路村村通工程，均倾注了全省各级政府及广大人民群众的辛勤工作和汗水，重点工程沿线人民群众舍小家，为大家，主动配合土地部门拆迁，为工程建设创造了良好的环境，村村通工程中，积极调动农民的积极性，使农民参与农村公路建设，民办公助，至 2005 年全省将实观乡乡通公路，96% 以上的行政村通公路，海东、西宁地区部分通村公路路面硬化。

（五）"十五"期公路水路交通发展存在问题

公路交通作为服务经济社会发展的基础性网络，是沟通城乡和区域经济的主要纽带，是传播文明、传递信息、促进生产要素流动的重要载体。尽管我省公路交通建设成绩令人鼓舞，但我们必须清醒地看到，这只是相对于过去长期运输能力不足和低水平发展的初步改善。由于历史欠帐太多，我省仍然存在公路通行能力不足、技术等级低、抗灾能力弱、路网功能不完善、配套资金难等问题，集中表观为"三低和三个不适应"：一是公路密度低。每百平方公里仅为 3.4 公里，相当于全国平均水平的 18%（2003 年底统计口径，下同），不仅与发达地区有很大差距，而且在西部也很靠后。二是网络化程度低。公路主干线与支线连接度低，配套差，没有形成覆盖全省的公路网络；与周边省区的公路大通道尚未完全形成。三是技术等级低。高等级公路仅占总里程的 14%，四级以下公路占总里程的 58%，近 11% 的公路没有路面。由此可以看出，我省公路交通水平与新形势下加快发展对高质量交通运输能力的需求还不相适应，与我省积极参与国内外市场竞争的需求不相适应，与人民群众渴望的便捷、快速、安全的出行需求不相适应。

三、"十一五"时期交通发展面临的形势

（一）国民经济发展的预测

青海省委和省政府提出了"富民强省、建设小康"奋斗目标，坚持贯彻"扎扎实实打基础，突出重点抓生态，调整结构创特点，依靠科技增效益，改革开放促发展，富民强省奔小康"总体思想，重点实施五个方面的战略："科教兴青战略、基础优先战略、开放带动战略、重点开发战略、可持续战略"。

1. 经济发展布局和产业发展重点

按照十六大精神，结合青海的实际，确定了今后国民经济和社会发展的重点：即围绕全面建设小康，实观富民强省这一主题，实施"开发一线，带动两翼，稳定发展青南"的区域发展战略，以省会西宁、格尔木为依托，以青藏公路为纽带，加快东部经济核心区、环青海湖观代牧业示范区、西部柴达木资源开发区建设，辐射带动青南地区发展。重点发展水电、石油天然气、盐湖化工、有色金属四大支柱产业。一是加快黄河上游水能资源的开发。通过沿黄公路建设推动黄河上游梯级大中型水电站建设，力争 2010 年水电装机容量由观在的 400 万千瓦达到 1000 万千瓦。二是加快油气资源的开发。把青海油田发展作为青海经济增长的一个重要支撑点，力争 2005 年实观年产油气当量 500 万吨，到"十一五"达到以 1000 万吨。三是加快盐湖资源开发。扩大钾肥生产规模，发展金属锂、镁、锶产品的精加工，尽快把青海建成国家的钾肥、锂盐、金属镁、碳酸锶生产基地；四是积极推进"铝电联营"、"镁电联营"，着力培育一大批生产规模大、产业延伸性强、经济效益好的企业集团。五是加快具有高原特色的动植物资源的开发。大力推进农产品和高原动植物资源的深加工、精加工与综合利用，为城乡经济协调发展开辟新的产业空间。

2. "十一五"主要预期调控指标

青海省十届人大四次会议通过的《青海省国民经济和社会发展第十一个五年规划纲要》提出："十一五"期间，国内生产总值年均增长 10% 以上，人均生产总值比 2000 年翻了一翻以上，财政预算收处年均增长 13% 以上，全社会固定资产投资五年累计达到 2500 亿元，城镇居民人均可支配收入年均增长 8%，在牧民人均纯收入年均增长 7%，到 2050 年，青海省将基本实观观代化，一个经济繁

荣、社会进步、生活富裕、山川秀美的新青海将展示在世。

党的十六大提出要在 2020 年全面建成小康社会的总体目标，按照省委、省政府确定的青海省"两大历史任务"和"三个保持发展"的发展战略，今后全省各经济区域的经济规模、产业结构、产品结构将有所不同，相应的各经济区域对运输的需求也有所差异。

——东部地区（包括海东地区和西宁市）随着生产的发展，经济结构、产业结构的变化，劳动力由第一产业向第二产业转移，这样导致第一产业的比重不断减少，而第二产业的比重不断增加。同时东部地区由于人口密度高，随着人民生活水平的提高，相应的衣食住行等物资消费必然增加。所以全社会客货运量的发展速度将与国民经济同步发展。而公路运输又是这一地区的主要运输方式，所以今后东部地区对公路运输的需求将保持旺盛的势头。

——柴达木地区将随着盐湖、石油天然气等矿产资源的开发，原材料等大宗货物运量将急剧增加。全社会客货运量发展速度也将与国民经济同步发展。但是绝大部分原材料需要运销全国各地，这样对铁路和管道的运输需求将进一步增大，而公路运输发展速度比东部地区缓慢。

——环湖、青南地区以及柴达木地区以外的海西其他地区仍然处在社会发展初期，经济规模较小，结构比较稳定，个别地区虽然能源和原材料工业有较大幅度发展，但总体上还是以农牧业为主，即一般所说的第一产业为主，单一性质的农牧业经济不需要大规模的产品交换，生产规模和结构与运输规模和结构基本上相对稳定。

随着青海省经济总量的扩大，产业结构升级优化产业结构进一步趋向合理化，人民生活水平不断提高，资源开发力度进一步加大，社会主义市场经济的建立和对外开放步伐的加快对青海省公路运输的需求将进一步增大，主要表观在以下几个方面：

①随着人口的增长和人民生活水平的提高，公路客货运输量也将不断增长。预计至 2010 年青海省人口总数将达到 675 万人。人口总量、人口年龄结构、城乡人口比例等均对客运量产生直接影响；人民生活水平提高会使公务性和非公务性旅客量稳定增长；另外，青海丰富的旅游资源也将诱发客运量较大增长。人口增长和生活水平提高对公路货运量也产生直接影响，因为人口增长相应的衣食住行等物资消费必然增加货运量。

②随着地区经济合理布局的日趋形成，促进公路运输量大幅度增长。青海经济发展战略的基本模式是将全省分为三个重点经济特区，即东部经济区、环湖观代牧业示范区、柴达木经济区和青南生态保护区。战略部署是"开发一线，带动两翼，稳定发展青南"，即以兰青、青藏铁路为轴，重点开发铁路沿线的丰富资源，带动环湖和青南地区经济的发展，促进地区经济朝着合理分工、各展所长、优势互补、协调发展的方向发展。随着各经济区之间横向经济联合的加快，经济交流规模的日益扩大，经济格局合理布局的日趋形成，将促进各经济区间的公路

客货运输量大幅度增长。

③随着黄河流域经济带的开发和沿黄城镇带的发展,公路运输量将大幅度增加。未来 10 年,青海在继续开发湟水流域经济带的同时,还将重点开发黄河流域经济带。黄河流域经济带,是指黄河河谷地带,它包括同德、共和、兴海、贵德、尖扎、同仁、循化、化隆等地区。该地区资源丰富,综合开发潜力巨大,是名副其实的黄金经济带。该经济带梯级大中型水电站的陆续建成将带动高能耗工业,黑色和有色金属冶炼工业和农畜产品加工工业的发展,带动城镇建设、旅游业、交通运输等发展;同时还可以利用电能优势和丰富的黄河水资源扩大耕地面积,改造农用耕地,发展畜牧业、林果业、渔业,提高农业的综合生产能力,促进全省农业的发展。因此,黄河流域经济带的开发将产生较大的公路客货运输量。

④随着能源、原材料工业区的发展,公路货物运输量将大量增加。青海矿产资源十分丰富,已探明的矿藏资源潜在价值达 17 万亿元。根据国家下世纪将在中西部地区积极开发能源、矿产资源,大力发展基础工业的安排以及青海经济发展战略部署,今后很长一段时期将把资源开发作为振兴青海经济的根本途径,把原材料工业作为青海经济建设的重点。然而能源和原材料项目的建设及其产品的运输将产生大量的公路货物运输量。

⑤随着非公有制经济的发展,将促进公路运输量的增长。改革开放以来,青海非公有制经济有了长足的发展,但是与全国相比,特别是沿海发达地区相比,差距甚大。未来数十年非公有制经济必然以迅猛之势快速发展,它的发展必将促进广大农牧区和城市间的经济联系,使城市与农牧区间的物流规模日渐扩大,所产生的客货运输量将大部分由公路运输来承担。

尽管目前有四条通往西藏的陆地通道,但青藏公路的运输条件最好,它承担着 80％以上进出西藏物资的任务。因此,随着西藏国民经济的发展,内地与西藏以及青海与西藏的经济、文化联系会进一步加强,商品交换,人员往来必然增多,其中很大一部分公路客货运量要由青海省来承担。从以上分析可以看出,未来青海公路运输必将有一个大发展,同时也要求公路交通要有大发展,才能适应经济的发展。

对运输方式需求特点分析

未来公路运输仍然是青海省的主要运输方式,其主要原因是:

——由于历史、地理的原因,青海省目前只有兰新铁路和青藏铁路一条线而且是一条"尽头线",没有形成网络,航空运输只有曹家堡、格尔木两个机场,而且运量很小,大部分地区的运输全靠公路来完成。

——随着社会经济的不断发展,人民生活水平的提高,消费结构的变化,对货物运输提出了迅速、方便、安全的高要求,对客运量提出了高速、舒适、方便的更高的要求。公路运输具有灵活、机动、快速、方便和分布面广等特点,最能满足这些运输要求。

3. 公路交通量预测

随着我国西部大开发战略的实施以及国民经济的快速发展，青海省的公路运输需求将呈持续增长态势。根据全省范围内国民经济发展趋势以及经济总量与公路运输需求相关关系方面的研究分析成果，分别采用"四阶段法"（针对西宁及海东地区的部分路段）或"定标预测法"（针对其余路段），预测出主要路段交通量和路网交通量。

青海省主要公路交通量预测

类别	路段起讫点	里程（公里）	路段预测交通量（标准车、辆/日）		
			2005 年	2010 年	2015 年
国	共和—多普玛（省界）	947	1102	1522	1978
	湟源—海晏	35	1436	2055	2637
	海晏—茫崖石棉矿（省界）	1197	1148	1534	2045
	西宁—大通	35	6069	3213	10785
	大通—城关	16	2914	3330	5128
道	城关—扁都口（省界）	193	1054	1409	1986
	格尔木—钾肥厂	57	3173	4241	5379
	钾肥厂—当金山口（省界）	301	1118	1545	2103
	西宁—徐家寨（湟中）	10	5184	7333	1103
	徐家寨（湟中）—久治	819	597	325	1243
	西宁—互助	32	1737	2545	4233
	平安—大力加山口（省界）	175	1680	2526	4034
省	阿岱—赛尔龙（省界）	293	1005	1343	1768
	二指山（省界）—尕海岔口	423	1027	1419	1867
	花石峡—大武	214	160	222	291
	切泉沟—黑马河	73	564	642	1040
	满掌—班玛	64	140	193	253
道	岗子沟（省界）—青石嘴	172	906	1362	1371
	峨堡—祁连	76	713	992	1284
	街子—保安	54	679	1020	1568
	清水河—结古	440	209	239	392
	多拉麻科—杂多	158	117	161	232

051

宁夏回族自治区人民政府关于印发《宁夏回族自治区
综合交通体系"十一五"规划》的通知

宁政发〔2006〕98号

各市、县（区）人民政府，自治区各部门、直属机构：

现将《宁夏回族自治区综合交通体系"十一五"规划》印发给你们，请结合本地区、本部门和本单位实际，认真贯彻实施。

宁夏回族自治区人民政府

二〇〇六年八月二十一日

宁夏回族自治区综合交通体系"十一五"规划

宁夏回族自治区人民政府

2006年8月21日

一、宁夏综合交通发展状况

交通运输是国民经济发展的基础，是一切经济和社会活动的主要载体，是促进社会发展和提高人民生活水平的基本条件，对国民经济发展具有基础性、全局性、先导性的影响。改革开放以来，尤其是国家实施西部大开发战略以来，我区交通基础设施发生了显著的变化，各种运输方式组成的交通网络基本形成，网络结构有了较大改善，内外运输能力明显提高，运输质量和服务水平都有一定提升，为我区综合交通运输发展奠定了坚实的基础。但还不能适应我区经济社会发展的需要。加快交通基础设施建设，进一步完善综合交通运输网络依然是"十一五"时期我区国民经济和社会发展规划重要内容之一。

（一）基本区情概况

区位状况。宁夏回族自治区是我国5个少数民族自治区之一，位于我国西北地区东部，黄河上中游，周边与内蒙古自治区、陕西省、甘肃省毗邻，地理坐标为东经104°17′～107°39′、北纬35°14′～39°23′，区域呈东西窄、南北狭长形状，土地面积为6.64万平方公里，占全国国土面积的0.69％，全区分银川市、石嘴山市、吴忠市、中卫市、固原市5个地级市，下辖7区2市11县和一个开发区。

自然条件。宁夏地势南高北低，呈梯状下降，全境由北向南分为贺兰山山地、银川平原、灵盐台地、宁中山地与山间平原、黄土丘陵和六盘山山地等6个地貌区。北部地区地形平坦，土地肥沃，属黄河灌区，有"塞上江南"之美称，经济发展水平相对较高，是宁夏重要的煤炭基地、农业主产区以及工业集聚区，交通条件也相对较好。中部地区和南部山区经济发展水平相对较低，交通条件差；虽然人均土地占有量相对较高，但土地资源质量不高，天然草场退化严重，土地沙化问题突出；除黄河沿线一带以外，主要是山地、山间平原以及荒漠，自然条件比较恶劣，黄土覆盖深厚，沟壑纵横，多为半干旱区；尤其是南部山区主要是回族群众聚集区，海拔基本上在2000米左右，人们收入水平低，交通条件极为不便，生活条件艰苦。

矿产资源。宁夏主要的矿产资源有煤炭、石油、天然气、石膏、石灰岩、石英砂、粘土以及镁、钽等稀有金属。其中煤炭资源是宁夏最主要的资源，不仅储量丰富，煤种齐全，煤质优良，而且埋藏较浅，赋存稳定，水文地质条件简单，开采条件好。全区远景储量2027亿吨，已探明储量309.2亿吨，分别占全国的第5位和第6位。全区含煤地层面积11689平方公里，含煤面积8955.5平方公里。宁夏煤炭主要分布在贺兰山煤田和宁东煤田，其中无烟煤、主焦煤和不粘结煤是宁夏的优势煤种，"太西煤"是世界上著名的优质无烟煤，具有"三低六高"（低灰、低硫、低磷、高发热量、高化学活性、高比电阻率、高强度、高含碳率、高块煤率）的特征，是冶金、化工等行业的最佳燃料和原料，被誉为"煤中之王"和"太西乌金"，享誉国内外。2005年全区原煤产量为2659.8万吨。从未来的资源开发趋势分析，煤炭将是构成调出运量最大的一种资源，此外，镁、钽、硅、铝等也是宁夏重要的出口创汇资源。在其它各种资源中，石油累计探明可采储量645.3万吨，石膏探明储量25.3亿吨，水泥用石灰岩矿探明储量5.7亿吨，化工用石灰岩探明储量4377.3万吨，玻璃用石英砂岩探明储量1756.3万吨，水泥用粘土探明储量3321万吨。

旅游资源。由于特殊的自然、人文条件与环境，孕育了宁夏独具特色的旅游资源。在自然旅游资源方面，宁夏有高山、沙漠、湖泊、草原等，虽处于干旱地区，但有黄河和众多的湖泊，自然景观既有北方的雄浑粗犷，又集南方妩媚秀丽于一体。区内已有各类自然保护区12个，其中国家级6个，自治区级6个。同时，拥有国家级森林公园3个。六盘山旅游区已被国务院批准为国家级旅游扶贫试验区。人文旅游资源方面，具有魅力无穷的西夏文化、浓郁的回乡风情、悠远的长城文化和古丝路文化等。目前已形成沙湖、西夏陵、金水、青铜峡、沙坡头、六盘山六大旅游景区，对外开放景点98个。其中，西夏陵、沙湖、沙坡头、苏峪口已成为国家确定的AAAA旅游景区。目前正在积极开发建设六盘山、西吉县将台堡等当年红军长征路过的具有重大历史意义的景区和盐池县革命烈士纪念馆等一批红色旅游景区，并建设成为革命传统教育基地，成为宁夏重要的红色旅游资源。

国民经济和社会发展概况。至 2005 年末，全区总人口为 596.2 万人，其中，回族人口 210.5 万人，占 35.39%。2005 年全区实现国内生产总值 599.4 亿元，其中，第一产业 69.8 亿元、第二产业 277.8 亿元、第三产业 251.8 亿元。在产业结构方面，已形成具有一定规模的石化、冶金、机械、建筑建材、造纸等传统产业，新材料、生物医药、机电一体化等高新技术产业获得较快发展，产值比重不断提高；正在形成以煤炭、石油、天然气开发及深加工为主的能源化工基地；以钽、铌和铝、镁合金等为主的新型材料基地；以数控机床和智能化仪表等为主的机械加工基地；以抗生素等为主的特色医药基地；以清真品牌为特色的食品加工基地。

但与全国其它省市相比，经济实力仍然很弱，2005 年地方财政一般预算收入仅 47.7 亿元，全社会固定资产投资总额 444.7 亿元，全社会消费品零售总额 174.3 亿元，全年进出口总额仅 9.7 亿美元。全区人均 GDP 为 10127 元，相当于全国平均水平 72.4%；城镇居民人均可支配收入 8094 元，相当于全国平均水平 77.1%；农民人均纯收入为 2509 元，相当于全国平均水平 77.1%。

（二）综合交通网建设取得的成就

近年来，宁夏回族自治区党委、政府高度重视交通基础设施建设，不断加大资金投入力度，围绕综合交通运输体系的建设，促进铁路、公路、民航、管道等运输方式全面发展。

"十五"宁夏综合交通项目完成情况

"十五"期间，在西部大开发政策和国家的大力支持下，我区交通基础设施建设取得了较大成就，新建和改建了一批交通基础设施重大项目，加强了农村公路建设，使我区的交通总体状况有了明显改善，对国民经济的快速增长提供了有力的基础支撑。

1. 铁路

至 2005 年底，完成大古铁路扩能改造部分工程；开工建设宁东能源化工基地铁路古黎铁路 6.5 公里和灵武电厂铁路专用线 12 公里。"十五"规划的太中银铁路建设项目已完成国家立项审批工作，我区境内长度 376 公里。

2. 公路

"十五"以来我区在注重加快国道主干线、西部大通道建设的同时，不断完善和提高区内干线公路网建设，充分利用国家实施的贫困县道路、通县油路、县际及农村公路改造和通达工程的机遇，加快县、乡、村公路建设。2005 年底，全区公路里程达到 13078 公里，密度达到 19.7 公里/百平方公里。"十五"期间新增公路通车里程 2478 公里；其中，高速公路新增加 587 公里，高速公路通车里程达 670 公里。实现全区所有乡镇通油路、行政村通公路的目标。

"十五"期间建设并完成的主要公路项目有：青岛至银川公路银川—古窑子—王圈梁段 164 公里高速公路；北京至拉萨公路麻黄沟—姚伏段和叶盛—中宁—郝家集段 269 公里高速公路；福州至银川公路桃山口—同心段 32 公里高速公路及同心—固原段 117 公里高速公路；盐池—兴仁 250.6 公里二级公路。开工建设青岛至银川公路定边至武威联络线中宁至孟家湾段、福州至银川公路固原至什字段、青岛至银川公路定边至武威联络线盐池至中宁段高速公路和青岛至银川公路银川绕城高速西北段。

在大力建设主干公路的同时，结合国家支持，加大了农村公路的建设力度，完成了国家安排我区的贫困县公路、通县油路、县际及农村公路改造项目、农村通达工程。完成贫困县公路项目 3 个，分别为：惠安堡至预旺 74 公里三级油路；海原至黑城 60 公里二级油路；固原至西吉 63 公里二级油路，项目总投资 3.23 亿元，其中安排中央国债资金 1.12 亿元。完成通县油路 7 条，分别为：陶乐至横城 105 公里二级公路，黄沙窝至同心 118 公里三级公路，平罗至石嘴山 15 公里一级公路，兴仁至中卫 66 公里三级公路，予旺至王洼 116 公里三级公路，姚伏至西大滩 17 公里二级公路，西吉至毛家沟 60 公里三级公路，总里程 497 公里，总投资 4.23 亿元，其中中央预算内专项资金 1.3 亿元，中央投资车购税 1.485 亿元。完成县际及农村公路改造工程项目 35 条，总规模 1360 公里，黄河大桥一座 1776 米，总投资 14.731 亿元，其中，国家安排资金 7.5 亿元。完成国家安排我区农村通达工程 2000 多公里，其中，交通部投资 2.7 亿元。

3. 民航

"十五"期间，对银川河东机场各种设施进行配套完善，完成了飞行区排洪改造工程，先后购置和安装消防、安检和旅客登机桥等设备，新建现场指挥中心、特种车库和综合楼等工程，进一步提高机场综合服务保障能力。目前，开通银川至全国各地的航线达 15 条。固原支线机场的各项前期工作有了一定进展，2002 年中国国际工程咨询公司完成了该项目预可行性研究报告的评估工作。银川河东机场顺利完成了属地化改革，成立了宁夏机场集团有限公司，并与陕西省机场管理集团公司进行了联合重组，增强了可持续发展能力，为今后的快速发展奠定了良好的基础。2004 年，银川河东机场的各项指标已超过设计能力，急需进行扩建。国家发展改革委已批复银川河东机场改扩建工程项目建议书和可行性研究报告，项目估算总投资 5.1 亿元。主要进行航站楼扩建、新建平行滑行道、扩建站坪及其他配套设施建设。

4. 管道

宁夏的管道运输主要由输原油和输天然气两部分构成。输原油管道从长庆油田经宁夏的盐池、中宁县到石空站上包兰铁路，主要供应兰州炼油厂和宁夏炼油厂，管线总长 431.6 公里。天然气管道主要是陕甘宁气田至银川第一条天然气输气管道（管线长 293 公里、管径 426mm）。为了满足用气需求，2004 年 2 月在靖边首站利用试验压缩机组实现了临时增压提量，年输气量提高到了 6.6 亿～7 亿立方米，2005 年 12 月完成靖边首站增设一级加压装置工程，年输气能力提高到 10 亿立方米。此外，为满足宁夏天然气化工项目用气需求，经国家批准，建设陕甘宁至银川天然气输气管道复线工程（管径 559mm，基本与现有管线并行），前期工作已经完成，即将开工建设。

"十五"末宁夏交通基础设施现状水平和运输量完成情况

1. 交通基础设施现状

"十五"期间，我区交通基础设施水平有了明显的提高，主要是公路通车里程的增长和质量的改善。国家铁路没有新增新线里程以及复线和电气化里程。地方铁路也仅增加专用线铁路里程 12 公里。民航机场主要完成了银川河东机场扩建工程的前期及开工准备工作。管道主要是新增配套设施，以提高运输能力。至 2005 年底，各种运输方式的基础设施状况如下：

铁路：我区铁路主要有包兰铁路、宝中铁路两条干线和平汝、银新支线以及地方大古铁路。全区铁路营运里程 791 公里，其中，国家铁路营运里程 709 公里（复线里程 65.6 公里，电气化里程 626.9 公里），地方铁路 70 公里、专用线 12 公里。包兰铁路和宝中铁路是我区对外交通的两条铁路干线。包兰铁路是连接华北和西北的最主要通道，穿越了我区经济发展水平最好、能源最富集和主要工业区的石嘴山、银川、吴忠、中宁、中卫等市县；宝中铁路从中卫经固原市与国家铁路大干线陇海铁路相接，是我区南北向大通道，也是我区通往陕西、西南地区以及华中、华东的主要径路。大古铁路属地方铁路，位于银川平原，西起大坝电厂并在大坝车站与国铁包兰线接轨，东至古窑子区段站，途经青铜峡、吴忠、灵武 3 市，是宁东煤田通往大坝等电厂及通过包兰线大坝车站将煤炭运往各地的主要通道。各条铁路的主要技术状况见表 1。

表 1　　　　　　　　宁夏境内铁路主要技术状况

线路名称	区内营业里程 （公里）	双线里程 （公里）	电气化里程 （公里）	通过能力 （万吨）
一、国家铁路	709		626.9	
1. 包兰线	336	65.6		
2. 中宝线	280	65.6	336	单线区段 2640
3. 平汝线	82	0	280	单线区段 1600
4. 银新线	11	0	10.9	
二、地方铁路及 专用线	82			

线路名称	区内营业里程 （公里）	双线里程 （公里）	电气化里程 （公里）	通过能力 （万吨）
大古线	70			单线区段 1000
古羊专用线	12			单线区段 1600

公路。我区公路网是以国家高速公路网为主骨架，以国、省道为干线，农村公路为脉络组成。其中，通过我区的或止于我区的国家高速公路有 4 条，总规划里程 1235 公里。分别是：北京至拉萨公路，规划里程 353 公里，已全部建成；青岛至银川公路，规划里程 201 公里（包括银川绕城高速），已建成 164 公里，青岛至银川公路定边至武威联络线盐池至营盘水段 283 公里，已开工 63 公里；福州至银川公路，规划里程 347 公里，已建成 154 公里；青岛至兰州公路，规划里程 51 公里，目前正在进行可行性研究工作。国道 6 条，总长是 1110.4 公里（包括重复路段 63.4 公里），分别是 G109（长 340.6 公里）、G110（长 141.4 公里）、G211（长 171.5 公里，重复路段 15.5 公里）、G307（长 175.5 公里，重复路段 48.5 公里）、G309（长 212.6 公里）和 G312（长 68.8 公里）；省道 7 条，长 1571 公里，分别是 S101 银川至华亭线（扣除重复路段长 351 公里）、S102 银川至巴盟线（长 50.2 公里）、S201 石营线（扣除重复路段长 191.6 公里）、S202 中卫至静宁线（扣除重复路段长 326.1 公里）、S203 石嘴山至平凉线（扣除重复路段长 364.3 公里）、S301 陶乐至阿拉善左旗线（扣除重复路段长 71.6 公里）和 S302 盐池至兴仁线（扣除重复路段长 216.1 公里）。"九五"和"十五"时期，在加快国家高速公路网建设的同时，加快我区干线公路的改造力度，使我区"三纵六横"干线公路基本达到三级以上技术水平。大力改善了农村公路通行条件。在抓好农村公路建设的同时，尽力改善山区的通乡通村公路工程。实现了县县通油路，所有乡镇通油路，行政村通公路的目标。至 2005 年底，全区公路通车里程达到 13078 公里。其中：高速公路通车里程 670 公里，一级公路 219 公里，二级公路 2109 公里，三级公路 5694 公里，四级公路 4309 公里，等外公路 77 公里。各类公路的主要技术状况见表 2。

表 2　　　　　　　　　各类公路基本技术状况　　　　　（单位：公里）

等级名称	总里程	国道	省道	县道	乡道 （包括专用公路）
合计	13078	1717	1570	2004	7709
高速公路	670	670			

等级名称	总里程	国道	省道	县道	乡道 （包括专用公路）
所占比例	5.15%	39%			
一级公路	219	53	24	19.1	84
所占比例	1.38%	3.1%	1.6%	0.9%	1.1%
二级公路	2109	723	787	308	332
所占比例	16.54%	41.4%	50.1%	15.4%	4.3%
三级公路	5694	271	257	1485	3857
所占比例	45.15%	15.5%	48.3%	74%	43.7%
四级公路	4309		502	192	3436
所占比例	31.8%			9.7%	49.8%
等外公路	77				
所占比例					
二级以上公路 里程所占比例	3000 22.92%	1446 84.2%	811 51.7%	327 16.32%	416 5.4%
高级、次高级路面 里程所占比例	8635 62.3%	1717 100%	1570 100%	1700 84.8%	3013 39.1%

　　民航。我区只有银川河东一个民用机场。于 1997 年 9 月建成使用，飞行区 4D 级，跑道长 3200 米，可满足 B767—300 及以下机型起降，航站楼面积 14300 平方米，设计规模为 2005 年满足旅客吞吐量 60 万人次、货邮吞吐量 8000 吨、飞机起降 6350 架次的要求。2005 年旅客吞吐量为 82 万人次，每周出港与到港航班数为 250—250 航班。河东机场口岸于 2005 年开通，为宁夏对外开放注入了新的活力。

　　管道。目前，我区拥有的长大干线管道 2 条，一条是陕甘宁气田至银川的天然气输气管道；另一条是长庆油田经盐池、中宁两县至包兰铁路石空站的原油管道。

　　2.各种运输完成的客货运输量

　　预计到 2005 年，各种运输方式共完成全社会旅客运量 7176 万人次，旅客周转量 70.3 亿人公里，分别比 2000 年增长 29.6% 和 22.1%；完成全社会货物运量 8960.3 万吨，货物周转量 273.04 亿吨公里，分别比 2000 年增长 31.3% 和 23.3%。分方式运输量完成情况见表 3。

表3 2005 年各种运输方式完成全社会客货运输量情况

运输方式	旅客运输				货物运输			
	客运量（万人）	"十五"年均增长	周转量亿人公里	"十五"平均增长	货运量（万吨）	"十五"年均增长	周转量亿吨公里	"十五"年均增长
总计	7176	5.3%	70.3	4.1%	8960.3	5.6%	273.04	4.3%
铁路					3110		189	
其中：国铁	335	8.0%	24	9.5%	2680	3.80%	186	4.5%
地铁					430		3	19.5%
公路	6800	6.95%	42	8%	5850	7%	84	10%
民航	41	23%	4.3	27%	0.35	40%	0.04	37%

"十五"宁夏交通发展成就评价

1. 公路基础设施建设规模不断扩大，技术等级和路网整体水平明显提高

"十五"期间，我区公路建设在国家大力支持和自治区各部门努力下，通车里程增加了 2478 公里，平均每年增加 480 公里；公路平均密度从 2000 年的 16 公里/百平方公里提高到了 19.7 公里/百平方公里。

全区公路网中，高速公路通车里程达 670 公里，比"九五"末增加 587 公里，实现了自治区首府至各地级市通高速公路和北到内蒙古乌海、东到陕西定边、西到甘肃界郝家集的对外通道全部通高速公路目标。一级公路 219 公里，比"九五"末增加 73 公里；二级公路 2109 公里，比"九五"末增加了 432 公里；二级以上公路比重占 22.92%；三级公路 5694 公里，比"九五"末增加 952 公里；四级公路 4309 公里，比"九五"末增加 539 公里；等外公路 77 公里，比"九五"末减少 105 公里；高级、次高级路面里程 8635 公里，比"九五"末增加 2884 公里，占通车总里程 66.03%。目前，已基本实现省到市通高速公路，市到县通三级以上油路，县到乡镇通油路，行政村通公路的建设目标。

公路建设的日益加强，促进了道路运输业的较快发展。初步构建了以银川市站场为中心，县级站场（点）为节点的站场网络体系，基本形成了以客运站为节点，跨省、市班线运输为重点，农村客运为补充的客运体系。

2. 民航和铁路建设都有一定发展

太中银铁路是国家铁路网中长期发展规划中西北至华北新通道的一部分，也是我区一条新的对外运输大通道。其建设对于改善我区对外交通和促进沿线经济发展具有十分重要的意义。目前，已完成了相关的立项审批工作，2006 年 2 月份已开工建设。银川河东机场改扩建工程前期工作基本完成，固原民用机场通过了预可行性研究报告的评估。开通了银川河东机场口岸，结束了我区没有口岸的

历史，对促进我区对外开放和经济发展将具有十分重要的作用。

"十五"宁夏综合交通发展的主要经验

1. 十分重视交通规划的编制和完善，做好项目储备

我区各级政府十分重视交通规划的编制，并根据经济社会的发展不断修改完善规划，交通基础设施建设始终坚持规划为指导。"九五"末期编制了《宁夏回族自治区第十个五年计划综合交通运输体系发展重点专项规划》、《宁夏回族自治区干线公路网规划》和《宁夏回族自治区农村公路网建设规划》及《宁夏回族自治区"十五"公路交通发展规划》，同时，编制了铁路、民航、管道等"十五"发展规划。这些规划很好地指导了"十五"交通建设项目的有序开展，储备了一批交通基础设施建设项目，并积极完成一批项目的前期准备工作，使得我区能够根据国家交通规划和法规、政策的要求，及时上报和落实相关的项目建设，得到了国家的大力支持，如贫困县公路项目、通县油路项目、县际及农村公路改造项目等。

2. 争取国家对我区交通基础设施建设的支持

我区经济实力有限，交通基础设施取得的巨大成就在很大程度上是依靠国家的大力支持。一方面，根据各时期的交通运输需求和交通网络构建的要求及时编制发展规划和提出建设项目要求，另一方面，积极主动向国家各主管部门汇报，反映宁夏的实际情况和发展要求，争取国家在资金安排和政策上给予更多的支持。多年来，尤其是"十五"时期，国家对我区交通基础设施建设给予了巨大的支持，其中，公路交通预计整个"十五"期间计划完成投资 160 亿元，其中，中央投资车购税及国债资金近 60 亿元，占整个投资的 37.5％。对我区公路建设起到了有力的推动作用。

3. 各级政府继续加大对交通建设的支持力度

各级政府充分认识到交通基础设施建设在经济社会发展中的巨大作用，高度重视交通基础设施的建设与交通条件的改善，通过各种有效途径积极筹措资金，加大了对交通建设资金的投入。如自治区出台了重点公路建设优惠政策，重点项目征地拆迁、地方材料和公路建设资金"统贷统还"等出台优惠政策，保证了建设资金的落实，并积极协调重点公路建设中出现的各种主要问题。特别是农村公路，各级地方政府加大协调力度，解决征地、拆迁资金，保证了项目建设的顺利进行。

4. 加强制度建设，保证建设质量

为了保证各项交通基础设施项目建设质量，做到多办事、少花钱，各级政府和交通主管部门，高度重视各项规章制度建立。规范建设市场的法人行为，严格执行项目法人制、招投标制、工程监理制和合同管理制；严格执行国家对工程招标、材料采购、设计变更、工程分包、资金拨付等环节的规范管理和要求；严把

市场准入关，杜绝违法招标或变相议标，严禁转包、违规分包和无证越级承包。加强交通基础设施建设的质量管理，建立健全政府监督、法人管理、社会监督、企业自检的质量保证体系。强化工程管理部门和施工企业的质量意识和质量责任制，确保工程质量。严格按照部门颁布的各项验收标准，对施工项目进行验收，以保证工程的质量和投资效益。在公路建设中，为保证县际公路及农村公路工程的顺利实施，成立了专门的建设单位，出台了《县际及农村公路实施细则》、《农村公路通达工程暂行管理办法》，规范了建设市场，保证了项目的工程质量及资金的有效使用。

（三）宁夏综合交通目前存在的主要问题

尽管我区综合交通运输取得了显著成就，瓶颈制约得到一定程度缓解，但按照科学发展观的要求和经济社会发展的需要衡量，建设步伐仍应加快；而且随着工业化、城镇化的深入推进和经济的快速发展以及人们需求层次的提高，瓶颈制约还有进一步加重的趋势，交通基础设施建设与全面、协调和可持续发展的要求相比尚有较大差距，交通基础设施仍是经济发展的薄弱环节。总体上，我区综合交通基础网络布局还不完善，相当一部分地区交通运输设施落后，设施技术装备与我国东部沿海地区差距很大，交通运输效率和服务质量不高，运输成本还比较高等，这些既不能适应经济社会快速发展和对外交流的需要，也影响我区经济社会加快发展。

1. 对外通道出口少、铁路、航空运输能力严重不足

我区深处西北内陆，银川至北京的陆路距离 1010 公里，至青岛港、上海港的陆路距离分别为 1520 公里、1871 公里，遥远的距离和陆地运输，不利于我区对外开放，很大程度上限制了我区在国内外市场获取各种资源。目前我区对外交通主要的运输方式——铁路，只有包兰线和宝中线两条铁路，一个西向出口、一个北向出口、一个南向出口，不仅在京包（兰）与陇海线南北 670 公里跨度中缺少直接的东向铁路出口，而且受京包（兰）铁路东段运输能力饱和以及宝中连接的陇海铁路运输能力紧张的严重制约。2005 年我区需要铁路外运量为 3200 万吨，由于运力不足，铁路运输缺口近 800 万吨左右。地方铁路大古铁路现有的运输能力只能满足"十五"期间运量需求。随着宁东能源化工基地项目的实施，基地运输需求快速增长，地方铁路现有的运输能力将不能适应基地发展的要求。

高速公路的发展对于大幅改善我区交通、促进地区经济发展以及加强与周边省区及全国的联系起到了重要作用，但在长距离的对外运输中，与铁路相比运输成本较高。况且，我区与周边省区通了高速公路的仅有陕西省和内蒙古自治区，而且都是单一通道，直接的东向通道也只有青岛——银川一条。

航空方面，全区 6.64 万平方公里只有银川河东一个民用机场，低于全国绝大多数省市的平均水平。缺少相应的支线机场，南部地区机场有效服务明显

不足。

2. 交通基础设施总量不足，路网连通度低

铁路建设滞后于经济社会的发展。按国土面积计算的铁路密度与全国多数省区的平均密度相当，但是铁路布局基本上是南北向贯通，缺少横向通道，与相邻路网的间距过大，特别是我区的中东部地区缺少铁路服务的覆盖，而且现有铁路受对外通道整体能力的限制，未能为我区的经济发展提供足量的有效服务。

公路是我区的交通基础和最主要的运输方式，承担客货运输量分别占全区全社会客货运输总量的95%和64%，但目前路网规模明显偏小，规划的"三纵六横"公路干线网络技术等级偏低，网络结构比较稀疏，县际之间、乡镇之间以及与行政村之间连通度低、绕行距离长。2005 年全区公路平均密度只有 19.7 公里/百平方公里，与西北地区陕西省 2003 年 24.3 公里/百平方公里、西南地区云贵川渝平均 31.3 公里/百平方公里、中部地区河南省 44.21 公里/百平方公里、东部地区山东省 48.67 公里/百平方公里、浙江省 45.38 公里/百平方公里都存在明显的差距。而且路网结构简单，基本上为树状结构。我区高速公路通车里程只有 670 公里、一级公路 219 公里，无法形成规模效益，也不能有效促进综合运输结构的调整和运输服务水平的提高。"断头路"、"瓶颈路"尚未从根本上消除，全区 2600 多个行政村中还有 300 个行政村不通等级公路，还有 1035 个行政村不通油路。解决全区农村公路问题还需修建公路近 2 万公里，总投资 150 亿元。一些城市出入口公路，城市环线、宁东能源化工基地公路等区域公路交通还非常落后，还是区域经济社会发展的"瓶颈"。农村交通基础设施落后，公路通达和通畅问题尚未解决。相当一部分矿藏资源和旅游资源因缺乏相应的公路支持而未能有效开发。

管道运输落后。全区只有一条天然气管道，随着中石油宁夏石化分公司二套化肥装置的扩容改造、完成和即将陆续建设三化肥、青铜峡铝厂、长庆油田银川基地等工业企业用气需求量的大幅增加以及银川市、石嘴山市、吴忠市等民用气量的进一步增加，现有管道在完成一级加压装置提高输气能力后已经满负荷运行，仍然无法满足工业用户大量新上项目的需求，供需矛盾日益突出，急需新建输气管道。

黄河航道仍处于自然状态，未能开发利用。

3. 总体技术等级不高，通行保障能力弱

全区铁路基本上为单线铁路，复线里程只有 65.6 公里，对外运输能力严重不足。区内干线铁路技术标准低，已超过设计能力，列车行驶速度相对较低，与全国主要铁路干线实现 6 次提速形成较大反差。虽然公路总里程增长较快，但现有公路总体技术等级偏低。全区通车里程中，二级及以上公路里程仅 3000 公里，占 22.9%，高级、次高级路面里程 8535 公里，占 62.3%，均低于全国大多数省

市水平；三级及以下公路 10080 公里，占 77.08%；未铺装路面里程 4443 公里，占 33.97%，还有村道 5684 公里，其中等外公路 2698 公里。在规划的"三纵六横"干线公路网中，三级公路里程占到了 45%；乡道和村道大多数为四级公路和等外公路，不仅路面等级低，而且线型指标差，防护工程和桥涵设施少，抵御自然灾害能力弱，通行保障能力差。全区唯一的民航机场银川河东机场已超过设计能力，且现有设施简陋，保障能力不足的矛盾愈加严重。交通运输硬件设施的总体偏低，交通运输工具技术状况参差不齐，运输效率、效益和安全性有待进一步提高。交通运输软件建设仍处于较低水平，与为用户提供更为安全、快捷、方便、舒适服务的要求比尚有差距。另外，由于交通运输管理体制和运作机制等方面的障碍，"一体化"运输系统和运输方式远未形成，各种运输方式协调和衔接效率低。没有先进的信息和网络技术以及智能交通系统等科技含量高的手段，交通运输管理水平不高，交通运输整体效率不高，物流成本未能有效降低。

4. 自筹能力弱，建设和养护资金缺口大

我区经济发展水平相对较低、总量规模小，2005 年全区国内生产总值 599.4 亿元，地方财政一般预算收入 47.7 亿元，不仅与东中部省市存在很大差距，而且也低于全国平均水平。各级财政能够挤出用于交通基础设施建设的资金极其有限，自筹资金主要是来源于各项交通规费。但经济发展水平不高和城市化水平低，车辆保有和使用数量少，所能收取的养路费和通行费等每年仅为 7 亿元，扣除养护费用支出和偿还贷款利息后，能够用于公路基础设施建设的资金不足 1 亿元，在公路里程不断延伸和农村公路养护任务日益繁重的情况下，道路养护资金缺口不断加大，道路养护与资金矛盾日益突出。另外，由于交通流量相对较小，交通基础设施项目普遍财务效益不理想，难以有效吸引社会资金和国外资金进行直接投资。

总之，宁夏交通运输建设落后和能力不足的矛盾仍然十分突出，严重制约了区域经济和社会的发展。由于交通不畅，丰富的矿藏资源、旅游资源得不到有效开发，区位优势难以形成，引进技术、吸引外资、对外开放受到制约，市场流通、商品交换不发达，地区经济难以融入整个经济循环之中。特别是交通落后造成的封闭、半封闭环境，导致群众观念落后，意识陈旧，不仅影响经济发展，而且还容易引发一些社会问题。

二、"十一五"综合交通运输面临的形势

（一）全面建设小康社会，要求交通运输为经济社会快速发展提供有力支持

党的十六大提出的到 2020 年全面建设小康社会的宏伟目标，今后的 15 年内，我区在人口继续增长的情况下，经济增长速度必须高于全国平均发展速度，保持在 10% 以上。而"十一五"时期是我区经济社会发展的关键时期，根据测

算,"十一五"时期经济增长速度年均只有保持在10％以上,以后10年经济增长速度年均保持在9％以上,我区才能在2020年实现人均地区生产总值达到3000美元。实现经济社会快速发展和地方经济总量规模的扩大,需要交通运输提供强有力的基础支撑。必须突破目前我区交通运输制约的瓶颈,加快我区交通运输基础设施建设的步伐,大力改善综合交通运输条件,提高运输效率,降低运输成本,提高产品市场竞争力,创造更有利于吸引国内外资本的投资环境,发挥交通运输对国民经济的先导促进作用。"十一五"及今后一个时期,我区加速推进工业化、城镇化,人们生活水平不断提高,城乡人口流动继续增大,"十一五"期间交通运输需求快速增长,预计2010年,我区货运量和货物周转量将分别达到14006万吨和366.09亿吨公里,客运量和周转量将分别达9502万人次和102.3亿人公里。

(二)工业化和产业结构的调整,对交通综合运输通道建设和运输服务提出更高要求

"十五"后期,我区工业化发展速度明显加快,逐步形成了新材料、能源、化工、冶金和农副产品深加工等一批优势产业,尤其是宁东能源化工基地的开发建设,对交通运输有了更高要求。加之我区一批大型企业属于"两头在外"企业,即原料和产品销售市场均在区外或国外,如青铜峡铝业、东方钽业、佳通轮胎等公司。另外,我区产业结构与周边省区的陕西、内蒙古等有许多相同之处,如煤炭、电力和煤化工及精深加工等,市场竞争十分激烈。而我区深处内陆,距离国内主要市场和沿海港口运距长,只有有效降低产品运输成本,才能使资源有效开发和产品具有市场竞争力。为此,既需要建设布局合理、有足够能力保障对外运输通道,也需要大力改善区内交通条件,以降低交通运输成本和创造有利的经济发展环境。"十一五"期间是我区实现交通运输发展提出的"用10年时间取得突破性进展"的关键时期。要牢牢抓住中央提出的"继续加强基础设施建设"的有利时机,进一步加快综合交通基础设施建设,提高交通运输能力。

(三)解决"三农"问题,要求进一步加大农村交通基础设施建设的力度

近年来,党中央把解决好农业、农村和农民即"三农"问题,作为全党工作的重中之重。发展农业和农村经济,推进农业产业结构和农村经济结构的调整,推进农业产业化发展和农产品的精深加工,搞活农产品的流通,不仅可以有效增加农民收入,而且能够有效开拓农村市场,促进国内市场消费。我区城市化水平低,截至2005年底,城镇化率仅为42％。农村人口所占比重高,农业经济效益低,农村居民生活水平大大落后于城市居民。目前,衡量居民生活水平的重要指标——恩格尔系数,城乡相差10个百分点。大部分农村地区生产力水平低、生产条件差,解决"三农"问题、缩小城乡差距的任务艰巨。《宁夏回族自治区国民经济和社会发展第十一个五年规划纲要》中明确提出:加快社会主义新农村建

设，增加对农业和农村的投入。按照统筹城乡发展的要求，采取综合措施，努力增加农民收入，实施农村人口的有序转移，建立以工促农、以城带乡的长效机制，使城乡发展差距不断扩大的局面得到控制和改善。"十一五"时期，我区农业经济将进入一个快速发展时期，农业产业结构调整的步伐进一步加快，推进农业产业化进程，发展壮大特色农产品加工业，逐步建成全国最大的枸杞加工产品基地和重要乳品、清真牛羊肉、马铃薯加工、发酵工业、生物制药等产品基地。农业生产资料（包括肥料、种子、农药、生产机具及动力燃料等）、农产品及其加工制品的运输量将大幅增加。随着农民生活水平的改善，农村市场对生活消费资料的需求显著增加。同时农村富裕劳动力分流和向城镇转移。这一时期，城乡间的客运和货运将大幅度增长。而我区农村尤其是南部山区农村交通基础条件普遍很差，大部分公路等级低、路况差，网络化程度低，断头路多，油路水泥路少，而且还有相当多的行政村尚未通公路，相当一部分农民的基本出行问题没有解决。所有这些，都需要尽快加强农村交通运输网的布局和相应的客货运输设施建设。

（四）对外开放进一步扩大，生产要素自由流动加快，必须有便捷畅通的综合交通网络的支持

经济全球化和区域经济一体化是当今世界经济发展不可逆转的趋势，也是市场经济发展的必然结果，从而进一步加强了各国或各地区经济之间的相互依存度，带来了更加频繁的贸易往来和经济交流。在这样的经济背景下，任何一个国家或地区，只有积极主动的投入到其中，才能寻求发展机遇。宁夏地处西北内陆，距离出海口运距长，地缘条件不利。另外，我区经济基础薄弱，自我积累能力弱，资金短缺依然是我区经济发展的制约瓶颈。要在"十一五"时期继续保持较快的发展速度，必须进一步解放思想，扩大开放，采取灵活多样的方式，积极吸引国内外资金来我区投资发展。而投资硬环境中的交通基础设施建设是最重要最基本的因素。因此，大力改善区域间的交通基础设施，提高综合交通运输效率和通达水平，才有可能使发达地区的一部分资本、人才、技术等生产要素向经济发展落后而能源、原料和土地等资源丰富、发展空间广阔的我区流动，实现资源的合理优化配置。同时，随着宁夏经济的快速发展，对外贸易量也将随之快速增长。但在经济全球化的大环境下，对外贸易的发展一方面受制于资源禀赋的制约，另一方面取决于比较成本的优势，而降低成本，既取决于生产环节，也取决于流通环节，有时流通环节的节约空间甚至比生产环节更大，在流通环节中运输费用又占相当大的比重。努力改善宁夏的对外交通运输条件，是提高宁夏产品国内国际竞争力，增加出口，促进宁夏产业发展的重要要求。因此，加快宁夏综合交通体系的建设，进一步提高交通运输效益和质量，才能使宁夏更好地融入区域经济发展的大潮流中，更有效地吸纳东部发达地区经济的辐射效应，并在区域经

济合作中形成自己的优势产业，将资源优势尽快转化为经济优势。

（五）客货运输需求持续快速增长，对交通运输提出了更高要求

我区已开始步入工业化、城市化快速发展时期，对能源、原材料需求处于上升阶段，随着国民经济的快速发展和总量规模的不断扩大，未来的客货运输需求将会继续保持快速增长。同时，随着交通条件的改善和相关技术的进步以及国家能源需求的大幅度增加，使我区相当部分矿产资源更具备开采价值，开发力度将会进一步加强，资源开采和加工产业也将会随之进一步壮大，区内外运输量将会较大幅度增加。城市化水平的提高、人们收入的增加以及旅游资源的开发，未来的旅客运输需求量也将会继续保持较高的增长速度，并且将形成多层次的运输需求，对安全、快速、便捷、舒适性等服务质量提出了更高要求。加快交通基础设施建设，提高交通运输的现代化水平，是推进我区工业化、城市化和农业产业化，实现经济跨越式发展的重要前提和支撑条件。

三、"十一五"宁夏交通运输需求预测

（一）影响交通运输需求的主要因素及发展趋势分析

1. 国民经济发展继续保持高速增长，规模进一步扩大

交通运输需求量与国民经济的发展规模和发展速度呈正相关关系，1997—2000 年和 2000—2003 年，全国货运量与国民经济增长的弹性系数分别为 0.25 和 0.55，宁夏分别为 0.78 和 0.43；客运量增长弹性系数，全国为 0.47 和 0.28，宁夏为 0.17 和 0.29（2003 年受"非典"影响，客货运数量比 2002 年有较大降幅，计算出的弹性系数较低）。根据相关资料，我区的工业化水平还较低，初级产品、原材料、能源等运输量所占比重较大，运输量将随着经济规模的迅速扩大而保持较高增长速度。

"十一五"是我国全面建设小康社会和实施西部大开发战略、进一步扩大对外开放、深化改革、加快市场化进程的关键时期，根据"十六大"提出至 2020 年 GDP 比 2000 年翻两番的目标，全国平均年增长速度至少在 7.2% 以上。"十五"前四年全国国民生产总值的平均增长速度达 8.6%，宁夏为 10.9%，已进入了新的一轮经济增长期。为了逐渐缩小宁夏与全国平均发展水平、与中东部地区的发展差距，必须进一步发挥宁夏自身的优势，增强发展能力，保持高于全国平均水平的发展速度。根据《宁夏回族自治区国民经济和社会发展第十一个五年规划纲要》确定的目标，"十一五"国民经济发展速度为 10%。

2. 产业结构变化

产业结构变化对运输需求量有着重要影响，一般来说，随着产业结构调整与优化以及大力发展高新技术产业，产品附加值提高，单位产值的运输量将会有所降低。但是，由于宁夏经济发展水平较低，工业发展正处于工业化的初期阶段。

近年来，高新技术等产业虽然以较快的速度增长，但其在工业产值中的比重很小，主导产业仍然是以能源、新材料和农产品加工业等为主。如宁东能源化工基地的煤、电及煤化工产品；新材料工业有钽、铌、铍等稀有金属功能材料，电解铝及铝合金、金属镁及镁合金，碳基材料等；农产品加工业有枸杞、乳品、马铃薯、清真牛羊肉、发酵、生物制药、羊绒加工等产业。宁夏经济发展的现状和产业结构决定了未来一个时期的单位产值运输量将会保持与"十五"时期基本相同的趋势，甚至会略有提高。

3. 对外贸易明显增长

与沿海省市相比，宁夏对外出口贸易额和贸易量基数很小，但增长较快，2005年对外贸易额为9.7亿美元，比上年增长6.3％。主要出口的是：硅铁、金属镁、无毛绒、铝制品、钽制品、轮胎、机床及铸件、焦炭及半焦炭、四环素及活性炭等。其中，硅铁出口15901万美元，在前一年增长227.4％的基础上去年又增长102.75％，对全区新增出口贡献率达到59.9％；金属镁出口7716万美元，增长98.16％；无毛绒出口5156万美元，增长91.04％；机电产品出口6248万美元，增长33.85％；以钽制品、轮胎、活性炭为代表的高新技术出口17586万美元，增长15.44％。化肥和枸杞等出口都有一定的增长。同时，随着我区对外开放力度的进一步加大，外资企业和外向型出口企业的数量和产值将会大幅增加。随着工业化水平的提高和高新技术产业、现代化农业、生物制药等产业的发展，未来的对外贸易量将会继续保持较快的增长势头，此外，随着交通运输条件的改善和煤炭资源的开发，我区的优质煤出口量将会大幅增加，由此将产生较大的运输需求量。

4. 收入水平提高和城市化水平加快

2005年我区人均生产总值达到10127元，突破1200美元，与全国尤其是东部地区差距仍然很大。但宁夏经济已进入了快速增长时期，根据测算，宁夏"十一五"时期经济增长率继续保持在10％以上的增速，预计到2010年全区人均GDP将达到1600美元，城乡居民收入年均分别增长6.5％和5％，人民生活水平有明显提高。人们的社会活动、商务出行、旅游出行、探亲访友，以及购物和休闲等将随之快速增加，客运需求增长潜力巨大。同时，通过改革开放20多年的建设与发展，我区交通基础条件已有了明显改善，随着"十一五"区内干线交通网络和对外交通主要项目的陆续建成使用以及农村公路大力建设，综合运输体系将进一步完善，交通状况将进一步得到改善，出行便捷、时间缩短、出行成本明显降低以及舒适性的提高，对交通需求特别是旅客运输需求将产生较大的诱增作用，货物运输需求也将随产品市场范围的扩大而增加。

2005年，宁夏的城镇化率为42％，低于全国平均水平。"十一五"时期，在加快城镇基础设施建设和推进农村人口城市化的基础上，进一步提高城市化水平。全区形成以银川市一个特大城市为中心，石嘴山市、吴忠市、固原市、中卫市等四个中等城市为骨干，十几个县城（市）和二十几个重点中心镇为基础，规模结构合理、功能定位互补、整体协调的城镇体系。预计到 2010 年，城镇化率将达到 47％以上，农村劳动力比重降到 45％以下。城市化水平的大幅提高，意味着居民的消费增长加速、消费结构升级加快、生活水平显著改善，与此同时，人们的生活方式将发生深刻的变化。人们用于交通、通讯、旅游休闲等方面的消费支出将会有较大幅度增加，家庭轿车普及程度会不断提高，交通出行需求不断增长。据有关资料分析，目前我国城镇居民的平均出行次数约为农村居民的 8～9 倍，我区城镇居民人均出行次数与全国大体一致。城市化水平的不断提高，将使人员流动进一步增加，人均出行次数和客运总量快速增长，要求综合交通运输适应这一发展趋势。

5. 西部大开发战略的进一步实施

实施西部大开发，振兴东北地区等老工业基地，促进中部地区崛起，鼓励东部地区率先发展，形成东中西相互促进、优势互补、共同发展的新格局，是党中央把握规律、统揽全局作出的重大决策，西部大开发在这个战略布局中占有突出地位。《2005 年政府工作报告》中明确写到"认真总结实施西部大开发战略五年来的经验。国家要从政策措施、资金投入、产业布局、人才开发等方面，进一步加大对西部地区的支持。继续加强基础设施建设和生态环境建设"。西部大开发战略的进一步实施，将进一步改善西部地区的发展和生存环境，加快西部地区的资源开发，使资源优势转化为经济优势和发展优势，增强经济整体发展能力，促进经济平稳较快发展和社会文明进步，由此将会使客货运输需求量以较快的速度增长。此外，西部大开发本身的建设所产生的运输量也将会呈稳步增长趋势。

6. 交通条件的整体改善

通过改革开放 20 多年的建设与发展，我区交通基础条件已有了实质性的改善，随着"十五"和"十一五"区内干线交通网络和对外交通主要项目的陆续建成使用以及农村公路大力建设，综合运输体系将进一步完善，交通状况将明显改善，出行时间的缩短、成本的降低以及出行便捷性和舒适性的提高，对交通需求特别是旅客运输需求将产生较大的诱增作用，货物运输需求也将随产品市场范围的扩大以及一部分产品生产和资源开发由不经济转为经济而增加。大量的资金投入基础设施等方面的建设，产生的运输量也将会呈稳步增长趋势。

（二）2010 年各种运输方式需求量预测结果

参考国家相关部委研究单位对全国交通运输量的预测及趋势分析，结合宁夏的具体区情和产业结构等特点，采用回归分析法、弹性系数法、指数平滑法分别进行预测，综合各种方法的预测结果，并经专家咨询，2010 年，全区客运量和旅客周转量分别为 9502 万人和 102.3 亿人公里，年均增长率分别为 5.8％和

7.8%，客运量与国民经济增长的弹性系数为 0.58；全区货运量和货物周转量分别为 14006 万吨和 366.09 亿吨公里，年均增长率分别为 8.6% 和 6.2%，货运量与国民经济增长的弹性系数为 0.86（见表 4）。

表 4　　　　　　　　　2010 年宁夏全社会客货运输量预测结果

	运量（万人、万吨）				周转量（亿人公里、亿吨公里）			
	2005 年	2010 年	年均增长	弹性系数	2005 年	2010 年	年均增长	弹性系数
旅客运输								
总计	7176	9502	5.8%	0.58	70.3	102.3	7.8%	0.78
铁路								
其中：	335	556	8.0%		24	40	9.5%	
国铁								
地铁								
公路	6800	8880			42	56		
民航	41	66	10%		4.3	6.3	8%	
管道								
货物运输								
总计	8960.3	14006	8.6%	0.86	273.04	366.09	6.2%	0.62
铁路	3110	6116	14.5%		189	216	2.7%	
其中：								
国铁	2680	2750	3.8%		186	205	4.5%	
地铁	430	3366	50%		3	11	26%	
公路	5850	7890	6.2%		84	150	12.3%	
民航	0.35	0.7	15%		0.04	0.09	18%	

注：铁路运输量考虑了太中银铁路 2010 年前建成投入使用。

四、"十一五"综合交通发展的指导思想、主要目标和主要思路

（一）发展的指导思想

按照《宁夏回族自治区国民经济和社会发展第十一个五年规划纲要》制定的战略目标，针对我区交通运输存在的突出问题，确定"十一五"期间交通规划的指导思想是：贯彻科学发展观和可持续发展的思想，以基本适应国民经济发展并

适度超前为目标，加快交通基础设施发展，努力构建符合我区资源赋存条件、经济社会发展实际的综合交通运输体系。加快我区主要对外通道和区内骨架网络的建设，加大力度改善农村交通；扩大网络，优化布局，形成高效快捷、通江达海的交通网构架。积极推广先进技术的广泛应用，以信息化、智能化促进我区交通运输发展水平的提高；以市场为导向，深化交通运输体制改革，逐步建立规范化的客货运输体系。加强路网以及枢纽站场布局与城市交通网络的有效衔接，结合城市的土地开发利用，积极发展公共交通，引导城市各功能区、人口以及产业合理分布，增强城市可持续发展能力。

（二）"十一五"发展的主要目标

国道主干线、西部开发大通道、国家重点干线公路区内段建成通车。完成连接各地市的高速公路建设，区内交通骨架网基本形成，对外交通大幅改善；加快与资源开发配套的主要干线公路改造，初步形成与资源分布和资源开发相适应的路网布局；进一步加大农村公路建设力度，改善农村公路的通行条件，为建设社会主义新农村提供交通保障；配合路网改造，提高国、省道的服务水平。实现省到地全部为高速公路，地到县二级以上公路，县到乡四级以上公路，实现 100% 行政村实现通等级公路，80% 的行政村通油路。基本建成规划的银川公路主枢纽客货运站场以及各地市的主要客货运站场。

太中银铁路建成通车，完成银川火车站扩建，争取完成包兰铁路宁夏段复线改造，建设东乌铁路至宁东段。完成大古铁路扩能改造工程、部分宁东能源化工基地铁路和厂矿铁路专用线。

完成银川河东机场改扩建工程，加快固原、中卫沙坡头支线机场前期工作，确保建成一个，开工一个。

完成现有天然气管道的加压装置工程和建设陕甘宁气田至银川的第二条天然气管道。

实现全区综合交通网络建设取得突破性进展和对外对内交通状况明显改善的发展要求。初步形成以铁路、干线高速公路为骨架，各种运输方式相互配合，基本适应国民经济发展、资源开发和促进农村社会经济发展需要，顺畅连接全区各地市、县、乡（镇）、村和主要资源开发区、旅游景点的综合交通网络。

至 2010 年，全区铁路里程达到 1264.4 公里（其中国家铁路 1081.9 公里，地方铁路 91.5 公里，专用线 91 公里），复线里程 329.09 公里；公路通车里程达到 16500 公里，其中高速公路 1100 公里、一级公路 270 公里、二级公路 2550 公里、三级公路 6530 公里、四级公路 6050 公里。高级、次高级路面里程达到 11000 公里。公路密度达到 24.85 公里/百平方公里；银川河东机场达到吞吐能力 126 万人次和货物 2 万吨的规模，支线机场建成一个，开工一个；天然气管道输气能力达到 25 亿立方米/年（见表 5）。

表 5　　　　　　　　　　**2010 年宁夏综合交通网发展规模**

	单位	2005 年	2010 年	增加
铁路营业里程	公里	791	1264.4	473.4
♯国家铁路	公里	709	1081.9	372.9
♯地方铁路	公里	70	91.5	21.5
♯厂矿铁路专用线	公里	12	91	79
公路通车里程	公里	13078	16500	3422
♯高速公路	公里	670	1100	430
♯一级公路	公里	219	270	51
♯二级公路	公里	2109	2550	441
♯三级公路	公里	5694	6530	836
♯四级公路	公里	4309	6050	1741
高级、次高级路面	公里	8635	11000	2365
全区公路密度	公里/百平方公里	19.7	24.85	5.15
机场数量	个	1	2	1
管道里程	公里	724.6	999.6	275

（三）主要发展思路

"十一五"综合交通体系发展的基本思路是：把交通运输作为我区发展战略重要组成部分，继续加强交通基础设施建设，扩大各种运输设施规模，努力构建综合运输大通道和现代客货运输体系，大幅度提高交通运输系统的整体供给能力，进一步提高交通运输技术等级和通行保证能力，大力改善农村交通运输，实现全区所有的行政村通等级公路，80％的行政村通油路，行政村基本通班车的目标。通过新建和改扩建，缩小地区间交通发展的差距，全面提升宁夏交通运输能力和水平。

1. 加强与"十五"衔接，加快续建项目的建设速度并及早投入使用

在规划和项目安排上注重与"十五"的衔接，建设资金优先安排"十五"期间开工但尚未完成的续建项目，保证如期建成投入使用。在"十一五"规划和2020 年远景规划中，按照形成网络、发挥规模效益的思想，根据宁夏当前及未来经济社会发展的需要，对"十五"中不适应新形势的思路适当调整外，"十一五"时期的规划要保持与"十五"的有序衔接，继续加强铁路、公路、民航和管道等综合交通体系的建设和运输能力的协调。

2. 坚持统筹规划、突出重点、分步实施的发展原则

交通基础设施投资巨大、建设周期较长，大量占用土地等稀缺资源，而且布局与发展对国民经济和社会发展目标的实现以及交通资源的合理高效利用有着重要影响。加之，我区交通基础设施现状水平与发展需求差距大，建设任务相当繁重，建设资金来源不足。因此，"十一五"时期的规划和建设必须继续贯彻"统筹规划、突出重点、分步实施"的原则，结合我区经济发展需要和各地的实际情况，科学合理地安排交通基础设施项目的建设。要根据构建现代化综合交通运输体系的要求，在坚持规划的科学性、前瞻性和高效性的原则下，对我区的交通基础设施的布局与建设进行中长期统筹规划，以确保正确的发展方向和科学合理的结构与布局。

3. 加强与国家综合交通网规划的衔接，重点加强我区对外通道的干线建设

根据《国家铁路网中长期发展规划》、《国家高速公路网建设规划》，结合我区的经济发展和交通运输的具体特点，按照远近结合的原则，重点安排既是干线路网又是我区交通骨架网络双重性质和作用的项目，尤其是作为我区主要对外通道项目的建设。太中银铁路起于太原，与包兰、宝中线相接，是西北至华北位于京包线以南、陇海线以北的一条东西向铁路通道，也是经过宁东能源化工基地直接通往沿海港口的一条重要的对外铁路通道。将有效的解决我区多年来铁路运输不畅、运力不足的问题，积极争取早日开工顺利建成。包兰铁路北段已实现复线，宁夏境内只有中卫—干塘段 65.6 公里是复线，其余 263.5 公里都为单线，线路能力和列车行驶速度的提高受到了很大的制约，与作为全国铁路网重要通道的地位不相匹配，已逐渐成为该大通道的运输"瓶颈"。铁道部已列入"十一五"规划，争取早开工建设。积极推进国家高速公路网宁夏段高速公路的各项工作，如什字至沿川子段、孟家湾至营盘水段、下寺至毛家沟段等，争取早开工、早建成、早发挥作用。

4. 加快建设和完善区内干线交通网络，提高路网结构层次

根据《宁夏回族自治区干线公路网建设规划》确定的"三纵六横"干线公路网发展目标，结合宁夏经济社会快速发展的需要，积极筹集交通建设资金，有计划、有重点地对主要干线通道进行建设和改造，围绕着首府至各地市通高速公路、地市至县市通二级公路的发展目标，进行统筹安排，尽快形成网络，提升路网整体结构层次和通行效率。根据天然气等资源的开发与消费需求，积极建设天然气输送管道，解决供需矛盾突出的问题，满足工业生产和民用需求。

5. 加快宁东能源化工基地交通基础设施项目的建设

实施重大项目带动是我区经济发展的重要战略。宁东能源化工基地是我区依托资源优势重点建设的区域，交通基础设施必须为其提供强有力的支持。为此，将根据宁东能源化工基地建设和增加的区内外能源、原材料及产品运输需求，合

理规划和加快建设与之配套的铁路和公路项目，如规划建设地方铁路和专用线有：古黎铁路、红大铁路专用线、煤化工基地铁路专用线、灵武电厂专用线、古窑子至梅花井铁路（太中银铁路联络线）等。充分发挥交通运输对资源开发和加工的保障作用。以神华集团与宁夏煤业集团合资合作为契机，充分发挥神华集团已形成煤炭、电力、铁路、港口一体化发展模式的特大型企业集团的优势，建设东乌铁路至宁东段，以形成西煤东运的大通道。同时，根据国家煤炭运输新通道的规划和建设，积极进行我区相关路网的建设规划和扩能改造。

6. 进一步加快农村公路建设，改善农村交通条件

根据《国家农村公路建设规划》，"十一五"期间，国家重点加大对老、少、边、穷地区的支持力度。要抓住这一有利时机，积极争取国家的支持，加快农村公路的建设步伐。继续实施"通达"、"通畅"和以工代赈工程，进一步提高农村公路的通达深度和技术等级。贯彻落实国务院《农村公路管理养护体制改革方案》，对农村公路养护管理体制进行改革，以确立农村公路养护的稳定资金来源和完善农村公路养护与管理体制，实现农村公路管养工作的正常化和规范化。我区将根据国家有关农村公路的相关规划和养护管理体制改革，编制我区"十一五"农村公路专项规划，提出阶段目标和建设项目，并积极协调各地方政府加大资金筹措力度，鼓励公路沿线群众参与公路建设和养护。争取在"十一五"末，农村公路交通有一个明显的改善和较大的提高。

7. 因地制宜，合理确定技术标准

根据国省道干线必须按照高速、安全、智能、舒适、环保的发展趋势，对路网结构和未来的远景需求以较高的起点进行规划和建设。对农村公路要在加快发展的基础上，结合人口、经济、地形地质条件，因地制宜，科学合理地确定适合当地实际的建设标准，人口少、交通量小、工程量大的地方可以先通后畅。要采取切实措施加强资金监管，保证农村公路建设资金专款专用。

8. 加强与城市部门的协调，实现与城市路网的有机衔接

综合交通网络的布局对城市的发展有着重要的影响和引导作用，要发挥综合运输系统的整体效益和适应经济与城市发展的需要，必须进一步加强与城市部门的合作与协调，使综合运输网络和枢纽站场的布局适应城市发展的需要，与城市路网有机衔接，支持城市公共交通的发展，为"无缝衔接"、"零距离换乘"一体化运输系统的建立创造基础条件，并引导城市发展和土地的合理开发利用。

9. 努力提高交通运输信息化、智能化水平

发展智能型交通运输体系，实现交通运输信息化，是21世纪交通运输发展的方向，是交通运输业可持续发展战略的重要内容，也是实现跨越式发展、缓解交通资源紧缺和环境压力的有效途径。为此，在交通基础设施建设标准与技术的选用中，要对世界交通运输的技术发展趋势有充分的了解和预见性，要尽量提高

基础设施的科技水平以及为未来的科技发展留出开放性的接口，努力促进我区交通运输信息化、智能化水平的提高。

五、"十一五"综合交通发展的建设重点

（一）铁路重点建设项目

1. 太中银铁路

太中银铁路是国家"中长期铁路网规划"中"西北至华北新通道"的一部分，位于京包线以南、陇海线以北，由西向东横穿宁东、陕北和晋西地区。太中银铁路的修建，有利于促进山西、陕西和宁夏三省区沿线丰富资源的开发；有利于带动沿线老少边穷地区摆脱贫困奔小康；有利于西北、华北的双向交流和东西合作，对于西部大开发及推动整个西北地区经济和社会发展，将产生深远影响；同时，该项目填补了陇海铁路以东、包兰铁路以南广大国土范围内铁路的空白，有利于完善国家铁路网布局，有利于国防交通。

太中银铁路东端自太原枢纽的榆次站引出，经山西省的太原、晋中、吕梁市，跨越黄河进入陕西省榆林市，向西进入吴忠市，在包兰铁路黄羊湾站接轨至中卫市；同时修建定边至银川的联络线。太中银铁路宁夏境内总长度375.7公里，其中太中正线宁夏境内新建204.89公里；定边至银川宁夏境内长度194公里，其中新建170.8公里。

本线主要技术标准为：国铁Ⅰ级电气化铁路；榆次至定边段双线，定边至中卫段、定边至银川段单线，预留双线条件；榆次至文水、靖边至定边200公里/小时，文水至靖边160公里/小时，定边至中卫、定边至银川160公里/小时，平面预留200公里/小时条件；限制坡度6‰（其中文水至靖边段双机坡13‰）；牵引质量4000吨；到发线有效长850米（其中文水至靖边双机地段880米）。

2006年1月，国家发展改革委批复太中银铁路项目可行性研究报告，2月24日开工建设。

2. 包兰铁路（石嘴山—兰州）复线工程

包兰铁路是连接我国东北、华北和西北的干线铁路之一，其中包头—石嘴山段已实现复线。随着西部大开发战略的实施和我区经济的发展，包兰铁路石嘴山—兰州段的客货运量增长较快，石兰段线路能力和列车行驶速度均已不能满足运输需要，已成为包兰铁路瓶颈区段，石嘴山至兰州段需要建设复线。铁道部已将包兰铁路石兰段复线建设列入"十一五"规划中。

石嘴山至兰州段通路全长567.59公里，已建成复线92.45公里。宁夏境内只有中卫—干塘段65.6公里复线，其余263.5公里为单线。建设复线估算总投资26.3亿元，计划2006年开工建设。目前，项目预可研报告正在编制中。

3. 建设东乌铁路至宁东段

神朔铁路是神东煤田东线外运通道的重要组成部分，与朔黄铁路共同组成了我国西煤东运第二大通道。它西起神东煤田中心腹地大柳塔，东至神池南与朔黄铁路相连，为国家一级电气化复线。神朔铁路通路为：黄骅港—朔州—神木—东胜，"十一五"期间内蒙古自治区开工建设东胜—乌海段。我区将以神华集团与宁夏煤业集团合资合作为契机，充分发挥神华集团已形成煤炭、电力、铁路、港口一体化发展模式的特大型企业集团的优势，"十一五"期间，建设东乌铁路至宁东段。

4. 做好宝中铁路复线前期准备工作，并争取"十一五"开工建设。宝中铁路为单线铁路，2004年通过能力利用率已达94.09％。从国家煤炭资源开发和我区对外铁路通道的全程能力分析，包兰铁路东段因内蒙古的煤炭调出，能力已饱和；"十一五"建设的太中银铁路，虽然有能力，对于宁夏的旅客运输和一部分物资的运输及出口具有重要作用，但是对于宁夏煤炭的输出，由于石太铁路承担山西的外运煤炭已相当紧张，受到极大的限制，不可能通过该通道较大量地调出；拟新建的第三煤炭外运通道，主要是运输内蒙古的调出煤炭。根据目前初步的能力计算，2015年后能力也将基本用完；为此，为了适应宁夏对外经济发展的需要和煤炭资源开发及调出，需要对宝中铁路进行复线建设，增强宁夏向南至东部沿海和至西南地区及华南沿海港口的通道能力，一方面，通过宁西铁路的建成使用及其分流出的陇海铁路能力将宁夏的煤炭等资源物资运往华中、华东沿海等地区；另一方面，通过宝成铁路连通西南，开辟宁夏至西南通道，通过规划建设的兰成渝铁路分流出的宝成铁路能力将宁夏的煤炭等物资运往西南，并经西南地区的兰成渝铁路、渝怀铁路以及至华南沿海的其它铁路，打通宁夏至华南沿海港口的铁路通道。

5. 积极参与煤炭外运新通道的建设

为了适应煤炭运输需求，华能集团、神华集团、大唐电力、国投等单位正在积极研究和筹建煤炭外运新通道，我区将积极配合涉及到我区的有关工作，并争取该通道连通我区，为我区的煤炭外运提供服务。

6. 地方铁路建设项目

国家"十五"规划纲要中明确将宁夏列入大型坑口电站的省区之一。本项目所在地宁东地区煤炭资源丰富，自治区为将其能源优势转化为经济优势，在该地区规划建设能源化工基地。基地主要包括煤、电、煤化工三大产业项目。按照大型化、现代化、高起点、高水平的原则，整个宁东能源化工基地规划到2020年初具规模。按照自治区政府审议通过的《宁东能源重化工基地总体规划与建设纲要》，基地规划与建设将分两期进行：一期到2010年，五年火电新增装机较2005年增加820万千瓦；煤田产量达到8000万吨；规划建成年产320万吨煤炭间接液化项目、21 万吨煤基二甲醚项目、52 万吨煤基烯烃项目、25 万吨甲醇项目。根据规划项目的实施．从该地区路网来看，现有公路运输不可能满足上述运量的需要。因此，建设宁东能源化工基地铁路，是保障宁东煤田的顺利开发、煤化工基地和千万千瓦级电力基地建设的先决条件。各铁路专用线与地方铁路连通，进而与包兰铁路、太中银铁路连通，为宁东能源化工基地内原材料、化工产品、油品和各电厂电煤的运输建立了便捷快速的运输通道，铁路建设项目的实施能够很好地形成宁东地方铁路网，它的建设将对整个宁夏回族自治区和银川市国民经济的发展起到积极的作用。

（1）继续进行大古铁路的扩能改造工程

大古铁路在"十五"末期进行了技术改造，将运输能力提高到原设计的1000 万吨/年，对线路进行提高等级的改造、机车开始转型、开设设计预留的两个中间站、对既有的大沙沟站和古窑子站进行扩建改造。"十一五"期间，为适应地方经济的持续发展，继续提高大古铁路的运输能力，将运输能力进一步提高到 2600 万吨/年，总投资 3.2 亿元。主要内容为：完成机车转型工作，2007 年前要全部换为内燃机车。

扩建古窑子区段站。随着宁东能源化工基地各铁路支线的引入及周边企业不断地发展，古窑子站将成为宁东地区地方铁路网中的枢纽站。重点是增加到发线数量，延长站线有效长至 850 米，完善古窑子枢纽建设，为企业提供铁路运输保障。

提高大沙沟站的通过能力。大沙沟站是大古铁路与国铁包兰线接轨的车站，随着煤化工基地各项目的相继投产，通过大古铁路的外运量将增长。通过改进运输组织工作、整合大坝地区运输资源、与国铁联合运输、增建车站股道等途径来提高车站的通过能力，以适应宁东地区经济发展的需要。根据运输需求的发展，进一步提高大古铁路的通过能力，改造全线道口，提高列车运行速度和运输能力。

（2）新建古黎铁路（古窑子至黎家新庄）：古黎铁路是为电厂等多家企业服务的铁路，是大古铁路的补充与延伸，属地方铁路性质。线路全长 6.5 公里，投资 8000 万元。该线路自大古线古窑子站北端引出，与大古线并行一段后跨过 307 国道，在灵州集团的西南侧设黎家新庄站；马莲台电厂铁路专用线、灵州电厂铁路专用线、水洞沟电厂专用线均在黎家新庄车站接轨。运输的货物主要是煤炭及原材料运输。2005 年底开工，工期一年。

（3）古梅铁路（地方铁路与国铁太中银铁路的联络线）：太中银铁路银川联络线经宁东能源化工基地时，在东湾设梅花井车站，与宁夏大古地方铁路的古窑子站相距 15 公里左右，大古铁路规划和太中银铁路银川联络线接轨，在古窑子与梅花井（东湾）设鸳鸯湖集配站，将宁东能源化工基地货物以及煤炭等经地方铁路输送到国铁，建立起外运货物的第二通道，为基地各企业货物运输建立通畅、便捷的运输通道。

7. 厂矿铁路专用线建设

根据宁东能源化工基地各项目对铁路运输的需求,规划建设七条铁路专用线。

(1) 鸳红铁路专用线(鸳鸯湖矿区铁路专用线):自古梅铁路的鸳鸯湖车站接轨,然后沿东圈梁山西侧行进,设石槽村站,然后南行,在红柳煤矿附近设红柳车站。线路全长 23.27 公里,投资 2.6 亿元,设有鸳鸯湖接轨站、石槽村车站、红柳车站;线路终点引入正在规划的马家滩矿区。鸳鸯湖电厂专用线在鸳鸯湖站接轨,梅花井煤矿、石槽村煤矿专用线在石槽村站接轨,永利电厂专用线可在红柳站接轨。随着宁东煤炭基地开发建设,鸳红线向南延伸再于太中铁路大水坑中间站接轨。"十二五"期间鸳鸯湖—石槽村段修双线,"十三五"期间石槽村—红柳段修双线。

(2) 红大铁路专用线:线路全长 47 公里,线路起自红柳车站,沿矿井边界线向南前行,至马家滩矿区设马家滩站,继续南行就近与太中线大水坑站接轨,中间设黑土坑车站,建立宁东煤炭基地煤炭外运的又一条通道,本段线路为远期线路,其中红柳—马家滩间修建双线。鸳鸯湖—红柳—大水坑形成地方铁路网中第三条对外运输通道,此运输通道主要运输马家滩矿区、积家井矿区外运煤炭。

(3) 羊枣(羊场湾至枣泉)铁路专用线:既有古羊铁路专用线在古窑子站南端接轨,线路全长 11.815 公里,已投入运营。计划建设羊场湾至枣泉铁路专用线,在羊场湾站接轨。线路全长 11 公里,投资 1 亿元。

(4) 水洞沟电厂专用线(黎家新庄—宝丰):线路起自黎家新庄车站北端,在 CK1+500 左右进入水库北部征地范围,向北上跨挂井子沟后经李家圈后在 CK4+250 出水库征地范围线至电厂站,然后向东北跨过高速公路引入综合工业区宝丰园区,线路全长 13.66 公里,投资 1.6 亿元。规划自宝丰站出线修建一条宁东至乌海的煤炭运输专线,与乌海至东胜、包神、神朔、朔黄的煤运通道相连接,建立宁东地区西煤东运的新通道。

(5) 煤化工基地铁路专用线:在古梅铁路的鸳鸯湖集配站北端引出跨过太中银铁路、307 国道、银青高速公路,引入煤化工基地编组站,线路全长 16 公里,投资 1.8 亿元。"十二五"期间需修建双线。

(6) 灵武电厂专用线:在大古铁路的横沟车站接轨,沿大河子沟与大古铁路并行一段距离后北上进入灵武电厂,线路全长 12.56 公里,投资 1.33 亿元。

(7) 马莲台电厂专用线:在古黎铁路黎家新庄车站接轨,线路全长 2.5 公里,投资约 3000 万元。

各项目铁路专用线均与地方铁路联通,进而西与国铁包兰线、东与太中银铁路、北与东乌铁路、南与太中铁路连通,建立起完善的宁东铁路网。规划的宁东铁路网络形成后，不但能够满足能源化工基地内产品及原材料运输的需要，还能确保西煤东运的战略要求。对保证宁东能源化工基地的建设和促进该地区经济发展具有重要的战略意义。

（二）公路重点建设项目

1. 同心经固原至沿川子段：全长 182 公里，工程总投资 58 亿元，全线按四车道高速公路建设。是国家高速公路网福州至银川在宁夏境内的一段。项目一期工程 121 公里已建成通车试运营；二期工程固原至什字 38.5 公里 2005 年开工，正在进行路基、桥涵工厂施工，三期工程什字至沿川子 26.5 公里 2006 年开工，整个项目主体工程 2008 年建成通车。

2. 青岛至银川公路定边至武威联络线中宁至孟家湾段：全长 63 公里，总投资 15.81 亿元，全线按四车道高速公路建设。项目 2004 年 7 月开工，2007 年建成通车。

3. 青岛至银川公路银川绕城西北段高速公路：主线全长 37 公里，连接线 15 公里。主线按四车道高速公路建设；一级公路连接线 10 公里，二级公路连接线 5 公里。项目总投资 16.35 亿元。项目 2005 年 4 月开工，2007 年建成。

4. 青岛至银川公路定边至武威联络线盐池至中宁公路：项目全长 160 公里，总投资 45 亿元，2005 年主要进行前期工作及 3 公里实验段建设，2006 年全面开工建设，2008 年建成。

5. 青岛至银川公路定武联络线孟家湾至营盘水段：全长 60 公里，是中宁至孟家湾公路的向西延伸，计划按四车道高速公路标准建设，项目总投资 13.1 亿元。计划 2008 年建成。

6. 青岛至兰州公路下寺至毛家沟段：全长 51 公里，包括六盘山隧道 9 公里。计划按高速公路建设，总投资 21 亿元，工期为 2010 年至 2015 年。目前正在进行可行性研究。

7. 福州至银川公路中宁至银川段：该项目是我区"三纵六横"干线公路网中"西纵"的重要组成部分，也是我区引黄灌区的一条重要公路。项目全长 132 公里，计划按高速公路建设，总投资 40 亿元，工期为 2010 年至 2015 年。

8. 211 国道银川机场至甜水堡（宁甘省界）：本项目是银川市通向西安市最便捷的通道，也是宁夏向南发展的一条重要经济干线。全长 151 公里，按高速公路建设，总投资 33 亿元，计划工期 2009 年至 2013 年完成。项目计划利用世界银行贷款解决部分建设资金，国家基本同意将该项目纳入 2008 财年计划，目前正在进行可行性研究工作。

9. 青铜峡经吴忠至古窑子公路：全长 78 公里，计划按高速公路标准建设，工程总投资 20 亿元。项目把吴忠市重要的工业带连接在一起，并把福银公路、北京至拉萨公路、青岛至银川公路连接在一起，充分发挥高速公路的规模效益。

项目建设工期为 2010—2014 年，目前正在进行可行性研究工作。

10. 国道 309 线马成河桥至硝口段：全长 109 公里，是我区重要的经济干线，也是西北战区的一条重要战备公路，是固原地区连接甘肃乃至太原的一条大通道。该段公路是始建于 60 年代末期的三级公路，由于超期服役，公路病害较多，通行能力差，计划按二级公路标准新、改建，总投资 7.5 亿元。计划于 2006 年建设，预计 2008 年竣工。目前初步设计已基本完成。

11. 吴忠黄河公路大桥：黄河公路大桥长 2.3 公里，引道长 8.5 公里。项目的建设对加快吴忠市经济发展，完善区域公路网有着重要意义。计划按一级公路标准建设，总投资 4.2 亿元，计划 2008 年建成。目前项目建议书已上报待批，正在进行工程可行性研究。

12. 国道 109 线石嘴山黄河公路大桥：黄河公路大桥长 1 公里，引道长 9 公里。项目的建设对改善 109 国道的通行条件，促进区域经济发展有着重要意义。计划按一级公路标准建设，总投资×亿元，计划工期 2007 年至 2009 年。目前工程预可行性研究报告已完成，已通过自治区组织的审查，项目建议书已上报。

13. 农村公路建设：按照"因地制宜、先通后畅、分步实施、逐步提高"的原则，确定建设规模和建设标准。"十一五"期间计划修建农村公路 7700 公里，总投资 38 亿元，其中申请国家投资 19 亿元（包括"以工代赈"1 亿元）。一是农村公路改造工程 3700 公里，其中：三级公路 2500 公里，四级公路 1200 公里，总投资 30 亿元，申请国家投资 15 亿元；二是行政村通达工程 3000 公里（四级公里），总投资 6.3 亿元，申请国家投资 3 亿元；"以工代赈"扶贫项目 1000 公里，其中：三级公路 300 公里，四级公路 700 公里，总投资 1.5 亿元，申请"以工代赈"资金 1 亿元。届时将解决全区 300 个不通等级公路的行政村的通等级公路，实现全区 100% 的行政村通等级公路；解决 485 个行政村通油路，使我区通油路的行政村达到 80%，与全国平均水平相当。

（三）机场重点建设项目

1. 银川河东机场改扩建工程

银川河东机场为国内干线机场，机场设计目标年旅客吞吐量 60 万人次，货邮吞吐量 8000 吨，年飞机起降架次 6350 架次，高峰小时旅客吞吐量 550 人次；飞行区指标为 4D，跑道长 3200 米，宽 45 米，满足 B767－300 机型使用。自 1997 年 9 月通航以来，1998 年至 2003 年 6 年中，旅客吞吐量年均增长率为 19.98%，货邮吞吐量年均增长 20.39%。2004 年旅客吞吐量为 69.7 万人次，货邮吞吐量 9150.9 万吨，飞机起降架次达到 11234 架次，全面超过设计能力。2005 年 5 月国家发改委批复了银川河东机场改扩建工程项目建议书，2006 年 4 月国家发改委批复可行性研究报告。

银川河东机场改扩建主要内容：航站楼 32000 平方米，平行滑行道 1940 米×23 米，站坪 66150 平方米，增停车场 10000 平方米，新增 I 类精密进近仪表着陆系统 1 套及相关配套设施，项目总投资约 5.1 亿元。工程完成后，将能够满足 2020 年旅客吞吐量 270 万人次、货邮吞吐 50000 吨，飞机起降 40000 架次的使用要求。项目 2005 年开工，2008 年建成投入使用。

2. 新建固原支线机场

固原支线机场近期预测目标年 2020 年，飞行区标准为 4C，机型以 A319 等以下机型，航线为固原至西安、成都、北京等，项目测算总投资 3.5 亿元。项目于"十一五"期间开工建设。

3. 新建中卫沙坡头机场

中卫沙坡头机场近期预测目标年 2020 年，飞行区标准为 4C，机型以 A319 等以下机型，航线为中卫至西安、成都、北京等，项目测算总投资 3.5 亿元。项目于"十一五"期间开工建设。

（四）管道重点建设项目

1998 年 10 月建成并输气的陕甘宁气田至银川的输气管线，管线长 293km，管径 Φ426mm，设计输气量 4 亿～6 亿立方米/年（首站不加压），加压后的输气量为 10 亿立方米/年。

中石油宁夏石化分公司已完成第一套大化肥二系列装置实施原料结构调整技术改造（即"油改气"），新增用气 1.5 亿立方米/年，完成对第二套大化肥装置实施扩能 50% 的技术改造，新增用气 1.8 亿立方米/年。国家经贸委已批准宁夏丰友化工有限公司实施年产 38 万吨合成氨、66 万吨尿素、8 万吨甲醇项目，年用气量在 5.8 亿～6 亿立方米。另外，宁夏石嘴山、青铜峡、盐池、贺兰等市（县）城市天然气项目也将陆续开工建设。2005 年宁夏天然气总用量可达 15 亿立方米以上，即使原管线加压也不能满足需要。根据自治区"十五"计划及远期发展规划，还将建设一些天然气综合利用项目，因此建设长庆气田至银川天然气输气管道复线工程十分必要。

建设陕甘宁气田至银川的第二条天然气输气管道，全长 275 公里，管径 559×7mm，与第一条管线基本并行。不加压运行压力 4.5 兆帕，年输气量 14 亿立方米；首站加压后，年输气量 20 亿立方米。估算总投资 5.35 亿元。

六、实现"十一五"综合交通发展目标的政策保障措施

为了更好地抓住西部大开发和全面建设小康社会的发展机遇，加快我区综合交通基础设施建设，"十一五"期间，我区将在总结以往经验的基础上，进一步解放思想、采取有力措施，通过多种渠道筹集资金加大交通基础设施的投入，保证"十一五"规划的完成，使我区综合交通水平迈上一个新的台阶。

（一）加强交通规划的约束力，建立和完善交通管理的协调机制

交通基础设施建设投资大、占用土地等资源多，为了使交通运输能够集中有效的财力、物力等力量加快发展，加速我区综合交通运输网络的形成与完善，更好更有效地支持我区经济社会发展战略目标的实现以及可持续发展，必须加强政府批准的交通规划的约束力，以规划为依据安排项目。同时，要努力提高交通规划编制的科学水平，并及时根据国家政策和自治区经济社会发展的新形势和要求进行规划修编。为了实现资源的合理配置和构建符合一体化运输要求的较完善的综合运输体系，提高综合交通运输能力和效率，加强全区的综合运输体系发展规划和建立各种交通运输方式以及与城市交通发展之间的协调机制，促进各种运输方式协调发展和基础设施的合理布局及有效衔接，消除体制障碍，对综合运输枢纽进行统一规划和共建，对交通运输信息网络实现有效连网和资源共享，为实现"无缝运输"、"零距离换乘"的一体化运输系统的建立创造基础条件。

（二）继续实行积极的交通政策，进一步加大交通基础设施的投入

交通运输是具有公益性的社会公共产品行业，以利益最大化为动力的市场导向，最容易产生的后果就是外部的不经济。对于交通运输基础设施，仍需要政府制定积极的交通政策，使之符合可持续发展战略要求。积极的交通政策主要包括：在制定产业发展序列上，继续把交通运输业置于优先发展的前列。尤其是我区交通基础设施比较落后，交通运输瓶颈制约依然没有得到改变，更应把交通运输作为先行产业发展；要把加快交通运输发展摆在全区经济工作的重要位置，采取积极扶持和倾斜政策，强化交通运输基础设施建设。清理规范对交通基础设施建设的各项收费，努力降低建设造价。

（三）深化投融资体制改革，促进交通基础设施建设投融资多元化

宁夏综合交通建设资金来源少，投资渠道单一，主要由国家投资和银行贷款组成，投入总量不足，加上项目资本金比例偏低，效益较差，回收期较长，所以自我发展能力很弱。根据目前的资金来源渠道和数量水平，"十一五"期间，我区交通建设存在着巨大的资金缺口，因此，一方面需要国家继续给予更大的支持。在国家积极财政政策、长期建设国债逐渐"淡出"的同时，希望国家进一步加大包括宁夏在内的西部地区的财政转移力度。另一方面我区将继续贯彻以交通为重点的基础设施建设战略，积极做好银行贷款的落实工作；在扶贫配套资金中提高农村公路建设资金的比重；建立健全各项交通规费、通行费的征收和使用管理体系，在抓好养护工作的前提下，集中部分资金用于重点公路建设。制定交通基础设施公益性和商业性分类政策，实施投资分类管理。对保障国家安全和加快地区经济发展及少数民族边远地区的交通基础设施、农村交通基础设施，基本上属于公益性，应由国家和地方政府承担投资人义务；某些能源运输线路和公路，具有明显的商业性，应发挥市场机制作用，实行市场化建设和管理。进一步扩大

对外开放，积极吸收外资投入交通基础设施建设。选出一批效益较好的项目用于招商引资，及早做好这些项目的招商引资前期工作和宣传工作。招商引资的形式可以是合作制、股份制、BOT、TOT 以及经营权转让等。积极改善投资的政策环境、经营环境，提高政府服务水平，并根据我区和项目的具体情况，在税收、经营期限、收费标准以及沿线土地开发经营权等方面采取相应灵活的措施，以提高投资吸引力。同时，积极创造条件组建股份制公司和进行资本运作，争取"十一五"期间我区有 1～2 家交通企业发行股票上市融资。

（四）实行"统筹规划、分层负责"，充分调动各级政府的积极性

交通基础设施项目建设将实行"统筹规划、分层负责"的原则，对外大通道和区内干线建设和改造主要由自治区负责，各市县协助支持；县道、乡道、农村公路由相应的地方政府负责，建设资金采用自治区补助的方式，核定标准、包死概算，对于农村公路将结合具体条件，因地制宜，采用合适的技术标准，注重通达深度和路面硬化。各级政府对交通项目的建设要提供相应的政策和资金支持，协调做好建设过程中涉及的征地、拆迁、补偿等工作，保证交通基础设施项目建设的顺利进行。

（五）加大项目前期工作力度

要加快交通基础设施建设前期工作，建立项目储备制度。在前期工作过程中，要规范前期工作市场，通过公开招投标等竞争手段，择优选择有资质且工作业绩突出的设计单位开展项目前期工作，为前期工作质量打下坚实的基础。要给项目前期工作留有充分的时间，设计单位要进行深入细致的调查研究，提交技术标准可行、方案优化、经济合理的建设方案。要做好扎实的项目论证工作，选择对经济和社会发展都具有全局利益的建设方案，突出交通基础设施建设对经济发展的带动作用。要突出建设重点。交通基础设施项目有建设周期长、投资大、还本付息时间长的特点，在我区更为突出。因此，要综合考虑开发全局的要求和社会经济效益。对于符合规划和整体要求，影响面广，对经济发展带动作用大的交通项目，应当尽快建设。同时要远近结合，因地制宜。近期要重点建设太中银铁路和银川河东机场改扩建工程，公路要加快通往资源开发区、农业开发区、旅游开发区的综合交通设施建设。

（六）充分用好国家西部大开发政策，争取国家给予更大的支持

我区一方面积极做好综合交通发展规划和项目前期工作，另一方面将进一步加强向国家相关部委的汇报工作，反映实际需求与困难，争取更大的支持。一是争取国家对我区境内的干线铁路新建和改造项目实行全额投资，地方铁路采取合资建设的方式给予支持，并在煤炭对外运输上给予优先安排；二是争取国家提高对我区境内的国家高速公路网项目投资比重，并对区内国省道干线新建与改建项目给予补助；三是在继续拓宽机场建设投资渠道的同时，积极争取国家资金的支

持，力争固原支线机场和中卫沙坡头机场由国家全额投资，地方提供土地等配套设施支持；四是争取国家在国债、西部专项债券以及农村公路建设与养护资金安排上给予更大的倾斜；五是争取国家在"以工代赈"资金给予交通更大支持；六是争取国家支持我区交通股份制公司上市发行股票融资。

（七）加强交通设施建设的监督和管理，推进交通运输行业技术进步

进一步建立、健全交通建设管理制度，严格执行工程项目法人责任制，按照《招标投标法》的要求，对所有交通建设项目，在工程设计、施工、采购、监理等方面全面推行招投标制度。认真落实工程质量责任制，进一步完善"政府监督、社会监理、企业自检"三级质量保证体系，强化质量管理，全面提高工程质量，保障交通基础设施安全，发挥投资效益。在交通基础设施建设中，要积极采用有利于提高工程质量、降低工程造价的先进技术、材料设备、管理技术，提高交通设施建设水平。并在公路建设中试行"代建制"。交通运输行业要应用网络化、信息化技术，加快建立相应的信息网络系统，推进电子商务和交通运输智能化进程。提高公路运输车辆性能，逐步发展中高档客车、集装箱拖挂车、厢式货车等，促进交通运输整体水平的提高。

052

新疆维吾尔自治区人民政府办公厅关于印发新疆维吾尔自治区公路建设第十一个五年规划的通知

新政办发〔2006〕186 号

伊犁哈克自治州，各州、市人民政府，各行政公署，自治区人民政府各部门、各直属机构：

《新疆维吾尔自治区公路建设第十一个五年规划》已经自治区第十届人民政府第 33 次常务会议通过，现印发你们，请认真贯彻落实。

新疆维吾尔自治区人民政府办公厅

二〇〇六年十一月七日

新疆维吾尔自治区公路建设第十一个五年规划

新疆维吾尔自治区人民政府办公厅

2006 年 11 月 7 日

"十一五"是新疆加快现代化建设的关键时期。为落实《新疆维吾尔自治区国民经济和社会发展第十一个五年规划纲要》，全面贯彻科学发展观，加快优势资源转换，调整和优化经济结构，推进农业产业化和新型工业化，建设社会主义新农村，构建和谐社会，充分发挥公路交通基础设施在经济建设中的服务保障作用，建设良好的公路交通基础设施，使公路交通发展与经济建设和社会发展的需要相适应，促进新疆经济社会快速协调发展，特制定本规划。

一、"十五"计划执行情况

（一）"十五"计划执行情况

"十五"期间，新疆国民经济快速增长，人民生活水平不断提高，不仅为公路建设带来了巨大需求，也为公路建设快速发展创造了有利条件。在自治区党委、政府的正确领导和大力支持下，自治区交通行业抓住"九五"后期国家实施积极财政政策的难得机遇，乘势而上，开拓创新，获得了快速发展，取得了较大成效，路网规模继续扩展，通达深度明显提高，路网结构明显改善，运输能力明显增强，运输服务的质量和效率显著提高，客货运输供给矛盾得到缓解，为自治区全面完成"十五"计划奠定了坚实的基础。

1. 公路建设情况 2005 年，新疆公路通车里程达到 89530 公里（含兵团 24712 公里），其中高速公路 541 公里，一级公路 883 公里，二级公路 6993 公里，三级公路 23880 公里，四级及以下公路 57233 公里。

"十五"期间，新疆公路建设里程 35319 公里，其中高速公路 259 公里，一级公路 885 公里，二级公路 4898 公里，三级及以下公路 29277 公里。到 2005 年末，全疆所有的地（州、市）、县（市）已通油路，99.7%的乡镇通公路，90%的行政村通汽车，形成了以乌鲁木齐为中心，以国道主干线为主骨架，环绕准噶尔、塔里木盆地，穿越古尔班通古特、塔克拉玛干沙漠，横贯天山，辐射地、州、市、县、乡各城镇村和工矿区、经济开发区、农牧团场、开放口岸，东联甘肃、青海，南接西藏，西出中亚、西亚各国，通达全疆的干支线公路运输网络。因此，"十五"时期是新疆公路交通发展历史上投资规模最大、发展速度最快、建设质量最好的时期。

2. 资金投入情况

"十五"期间共计完成投资 329 亿元，约为"九五"的投资的 3 倍。从项目类别看，在 329 亿元总投资中，国道主干线完成投资 41.46 亿元，占 12.6%；西部通道建设投资 86.00 亿元，占 26.1%；县际公路投资 74.11 亿元，占 22.5%；农村公路"十五"期间投资 54.87 亿元，占 16.7%。

从资金来源看，在 329 亿元总投资中，中央财政投资 62.38 亿元，占 18.3%；交通部车购税 69.23 亿元，占 21%；银行贷款（包括世行、国家开发银行、其它商业银行的贷款）177.77 亿元，占 54%；地方自筹 19.82 亿元，仅占 6%。由此可见，新疆公路建设资金来源仍较单一，自筹能力较低。

（二）成功经验及存在的问题

1. 成功经验

（1）更新观念，加快交通发展

"十五"期间，新疆公路建设从经济社会发展实际出发，坚持发展是硬道理、是第一要务的指导思想，转变观念，审时度势，抓住机遇，发挥各方面力量，积极创造有利条件，加快公路建设步伐，扩大建设规模，提高建设等级，优化路网布局，在短短的五年内，使新疆公路面貌发生了明显的变化，有力地支撑和促进了新疆经济社会的快速发展。

（2）注重规划，指导交通发展

新疆交通主管部门历来重视交通规划，在本世纪初根据公路交通发展实际情况和未来需要，对原有的《1991—2020 年新疆维吾尔自治区公路网规划》和 2001 年编制的《西部开发 2001—2020 新疆公路发展规划》进行了修订，制定了《新疆维吾尔自治区公路网中长期发展规划（2003—2020 年)》，确定了新疆公路网发展的总体目标和建设布局，为新疆公路交通发展树立和落实科学发展观，实现全面协调可持续发展提供了科学的指导。

（3）统筹兼顾，突出建设重点

公路建设按照统筹城乡发展和构建和谐社会的要求，紧紧围绕国省干线和农村公路建设，突出建设重点。"十五"期间，建设二级及以上公路超过 6600 公里，占公路建设总里程的 18.79%，使道路通行能力有了较大提高，加强了新疆对内、对外的联系。农村公路建设随着"通达工程"和"通畅工程"的实施也取得了巨大成就，公路通乡和通行政村率分别达到 99.7% 和 89.6%，方便了农民兄弟的出行，促进了农村经济的发展。

（4）因地制宜，采用适当标准

新疆具有地广人稀的显著特点，全疆荒漠和戈壁遍布，公路建设用地限制相对较小，因而可使公路线型轻易达到较高的标准，同时也使交通需求在短时间内难以达到高等级公路建设标准。对此，新疆在高速公路建设中广泛地采取了适当的标准，采用"分期分幅"模式修建分离式高速公路，即先在现有公路一侧建分离式半幅高速公路，然后根据公路交通量需求的增长情况，再在原公路基础上改扩建一条平行的半幅高速公路，形成分离式公路，以达到逐步提高道路等级，满足不同时期需求。这一灵活的设计思路，合理地利用了资源，有效地利用了资金，取得了较好的社会经济效益。

（5）重视前期，确保建设进展"十五"时期，新疆公路建设速度在自治区的公路建设史上是空前的

由于工程人员的增加速度在一定时间内没有跟上建设规模的扩大速度，致使建设项目在预可、工可、征地、拆迁等一系列前期工作中有些滞后。前期工作的被动很快引起交通厅，交通建设局和公路管理局的高度重视，在交通厅的统一领导下通过采取系统内抽调工程技术人员、反聘离退休人员和区外聘请等方式，努力组织起人员、技术相对完备全面的队伍，同时通过加强与环保、林业、电信等部门的沟通，使工程前期工作滞后局面有了明显改观。

（6）完善制度，保证工程质量

为保证公路建设工程质量，新疆公路建设主管部门深化管理体制改革，推行了交通工程项目的法人负责制、招标投标制、工程监理制和合同管理制。同时，十分注重工程建设中的反腐倡廉工作，在全国公路建设行业首先建立公路建设"双合同制"（由项目业主和工程承包企业签订《工程承包合同》和《反腐合同》），确保杜绝工程建起，人员倒下的事件发生。

2. 存在的问题

（1）政府财政困难，公路建设投资能力有限

新疆经济基础薄弱，政府财政十分困难，财政支出的 54% 靠中央补贴，全区国家级贫困县、自治区级贫困县非常之多。而新疆公路建设任务又非常繁重和

艰巨，有些项目交通流量小、经济效益差难以实行市场化运作，且已通车的收费公路又因多种原因致使收费状况很不理想，承受着巨大的还本付息压力。目前，新疆尚无一条采用 BOT 等国际通行的基础设施建设融资方式建设的公路，可以说，除了国家投入和银行贷款外，新疆几乎没有其它的融资渠道。

（2）农村公路建设任务重且难度较大

从目前的统计数字看，新疆农村公路通乡和通村比例虽然略高于一些省区，但目前新疆农村公路建设解决的基本是离干线公路和中心城镇相对比较近的乡村，剩余的约 11％多是远离主干线公路和中心城市的行政村。公路里程长，施工难度大，治理成本高，按照一般农村公路的投资水平很难解决这剩余 11％的通村问题。

（3）前期工作手续繁杂且费用较多

公路建设受到国家多方面的政策管制，而且还涉及到各种社会主体的多方利益，在公路建设的各个阶段尤其是前期阶段，各项审批手续过多过繁，而且以各种名义转嫁到公路建设的前期费用很多。比如，在土地利用和环境保护方面，有关部门要求前期阶段必须完成地质灾害影响评价、压覆矿产评价、文物影响评价等，这些要求不但延长了前期工作周期，而且还加大了项目成本，对于建设资金有限、施工周期很短的新疆地区来说，存在很大的工作难度。

（4）公路建设技术力量不足

近些年来，新疆建设步伐不断加快，投资规模不断加大、建设战线越拉越长，已使公路建设的设计、施工和监理力量呈现出明显的不足。由于设计力量不足，导致部分工程前期工作质量不高，工程设计变更经常发生；由于施工人员紧张，致使工程建设中的一些质量通病依然存在；由于施工监理人员不足和监理单位整体素质不高，部分工程质量疏于控制。这些现象不仅在干线公路中存在，在农村公路中也同样存在。

（5）配套政策滞后，征地拆迁困难较大

"十五"期间，新疆各地州市，充分认识到公路交通是经济社会快速发展的基础，是招商引资的必备条件，但在实际行动上存在明显偏差。具体表现为：地方政府在建路上气魄大，要项目时慷慨允诺，但项目一旦进入实施阶段，许多原有的承诺不能兑现。目前，由于有关政策迟迟未能出台，对地面、地下等设施的拆迁一直缺乏标准，致使部分公路建设成本大大增加，建设工期大大延长。

（6）公路建设与管理政企不分

新疆的各级交通主管部门、公路管理机构既负担着政府管理公路建设的行政职能，同时又是公路建设单位，充当着项目业主的角色，政企不分，决策机制不完善，高投入，低产出，效率不高。在干线公路建设上，自治区对干线公路的建设、从规划、计划资金安排、建设、养护均由自治区管理，权利、责任、风险集中在自治区，不利于充分调动各级政府、社会各方面参与公路交通建设的积极性。

二、"十一五"面临的形势

（一）国民经济继续增长，消费水平继续提高，交通运输量的需求和质的要求继续提高，公路交通必须继续扩能增效

进入"十五"以来，新疆经济持续快速增长，人民生活水平不断提高，为公路交通的发展带来了旺盛的需求，可以说新世纪头五年是新疆公路交通发展最快的五年。预计到 2010 年全区 GDP 将达到 4200 亿元，汽车拥有量达到 83.1 万辆。未来五年，是我国全面建设小康社会，构建社会主义和谐社会的重要时期，这些因素对于新疆来说又显得尤其有利。中央政府高度重视新疆的发展与稳定，做出了"稳疆兴疆，富民固边"的重大战略部署，明确了新疆在西部大开发中的重中之重地位，并将在政策、资金等方面予以新疆更大倾斜，这将为新疆经济发展提供根本保障，从而使得新疆在人均 GDP 超过 1000 美元后，国民经济完全有可能在相当长时期内继续保持较高的增长速度。在国民经济持续发展引致的本源性需求，以及消费水平不断提高引致的派生性需求的拉动下，全社会客货运输的总量需求将继续增长、质量要求将继续提高。因此，"十一五"期间，新疆公路交通的发展仍需继续扩充能力、提高效率，需要继续扩展路网规模、提升路网结构，尤其要大力提高干线路网和重要通道的通过能力和通行效率。

（二）工业化和城镇化进程加快，人员和物资流动的总量和频率继续提高，要求加快建立区域公路交通大通道

大力开发利用优势资源，加快推进新型工业化进程，是未来五年新疆经济发展的战略重点。自治区经济社会发展"十一五"规划思路已经明确提出，在"十一五"时期，工业发展速度要达到每年增长 17%，第二产业在自治区生产总值的比重每年增加一个百分点，到 2010 年达到 50%以上，力争本世纪头二十年基本实现工业化。着眼长远，立足当前，坚定不移地实施优势资源转换战略，坚持有所为、有所不为，把具有优势的产业作大作强，要作大作强石油、化工工业；大力发展煤电、煤化工产业；加快优势矿产资源开发利用，积极建设战略能源基地，全面兴建规模化工业园区；大力发展特色农副产品加工业；采用先进技术装备提升传统工业水平，因势利导发展高新技术产业。公路交通的发展必须自觉地服从并服务于自治区关于国民经济发展和产业结构调整的总体部署，加快建立适应工业化要求的高效率、高质量的区域公路交通大通道，为产业结构调整和国民经济发展提供高效、优质服务。

加快推进工业化，必然促进城镇化。未来五年，随着工业化进程的加快，以及由此带来的人口转移和人口聚集，将导致新疆城镇化人口比重有望年均增加 1

个百分点，即到 2010 年人口达到 2160 万人，城镇化率将达到 40％以上，同时新兴城镇也将继续出现。随着城镇化水平提高，人员和物资的流动总量和流动频率将更大，对交通运输在安全、舒适、便捷、可靠等质量方面的要求也将越高。因此，未来五年，新疆公路交通发展的一个重要方面是要加快建立起以主要城市为节点的快速公路网，加快形成城间公路交通大通道。

（三）构建和谐社会，解决"三农"问题，要求更加重视农村公路建设，促进社会主义新农村建设

新疆少数民族人口聚居，经济发展基础薄弱，切实解决"三农"问题，加快发展农村经济，协调区域经济发展，对于构建社会主义和谐社会，加强民族团结和维护社会稳定，具有特别重要的意义。对此，自治区经济社会发展"十一五"规划思路已经明确提出，建设社会主义新农村是中国共产党在今后一段时期内的重要工作内容，要继续把解决"三农"问题作为经济工作的重中之重，要进一步强化农业的基础地位，大力发展特色农业，重点是要推进棉花、粮食、特色林果和畜产品四大基地建设。为此，各行业、各部门都要对口增加农村投入，大力改善农业生产条件和农村生活条件，帮助农民兄弟脱贫致富。公路交通的发展也要围绕这一发展大局及其中心工作，充分发挥公路交通在农业和农村经济发展中的基础性和先导性作用，以更大的力度、更多的资金投向农村公路建设，使公路交通普遍地通达农业生产基地，通达各民族兄弟的家门口，使客货运输走得了、走得快、走得好，切实有效地为广大农村地区铺好脱贫路、致富路、小康路。

（四）扩大对外开放，发展内外贸易，要求加快口岸公路和相邻省区通道建设，强化新疆内外的交通联系

新疆特殊的地缘优势为新疆发展内外贸易尤其是对外贸易提供了有利的条件。近些年来，新疆对外贸易的发展已经呈现良好的势头，2001—2005 年进出口贸易总额平均增幅高达 45％。今后五年，随着国家对外开放政策的深入，开放格局将更加重视沿边开放，新疆以其独特优势，发展趋势将更看好。对此，自治区政府非常重视，在未来五年规划思路中明确提出，要坚持"全方位开放，向西倾斜，外引内联，东联西出，西来东去"的方针，利用好国内国外两个市场、两种资源，积极发展外向型经济，努力形成以开放促开发、以开发促发展的格局，并就霍尔果斯国际边境合作中心等口岸基础设施的建设做出了具体部署。为适应对外开放的发展需要，公路建设也要积极创造条件，连通疆内路网与疆外路网，加快亚洲公路网建设，发展口岸公路，使新疆公路网与周边国家及相邻省区公路网相衔接，为进一步发展新疆和全国的对外贸易提供良好的交通条件。

（五）维护国家安全，交通保障条件建设必须在既定的总体部署下持续推进，并不断取得进展、见到成效

维护国家安全是国家和民族的核心利益和战略利益之所在，也是其它各种重

要利益之所系。新疆地处我国西北边陲，接壤国家众多，而且这些国家多属"敏感地带"，国外敌对势力瓦解分裂新疆的活动一天也没有停止过，而且越来越猖獗。近些年来，世界强权越来越多地插足中亚国家，军事势力已逼近我国，使我国西北地区的外部形势日趋复杂。因此，新疆作为我国西北地区反恐怖、反分裂、反颠覆的重要前沿阵地和战略屏障，其在全国发展和稳定工作中的战略地位更加突出。

维护国家安全，需要持续推进各种保障条件尤其是交通条件的建设。新疆战区的军事物资、装备和兵员的运输是以公路交通为主，因此，公路基础设施的通达深度、通过能力和通行速度，直接关系到军事力量的机动性、战斗力和保障力。但是，从新疆公路现状看，无论是路网规模还是质量水平，还远不能满足战备和战时的要求。因此，新疆地区国防公路建设必须在既定的总体部署下持续推进，各个五年规划都应该有具体安排和充分体现，每个五年期间都应取得重大进展，见到明显成效。

（六）实现宏观经济政策的总体目标，仍需维持较大规模的公路建设投资，以保证经济增长和充分就业

促进经济增长、保证充分就业、实现货币稳定是宏观经济政策的三大目标。就前两大目标而言，主要是依靠投资、消费和出口拉动。改革开放以来，全国经济的快速发展投资拉动贡献很大，新疆尤其如此。如表 2-1 所示（略），在新疆 GDP 构成中，资本形成总额和最终消费一直是主体，所占比重都在 50%～60% 之间，而货物和服务净出口表现为负值。可以说，新疆经济增长对投资以及因投资而引致的消费需求的依赖性非常之强。因此，在尚未出现新的经济增长点之前，未来五年新疆要继续实现宏观经济的政策目标，尤其是要保证经济增长和充分就业，仍需继续维持较大规模的公路建设投资。

（七）建立和完善综合运输体系要求公路交通做出应有的贡献

目前，新疆已初步形成了以公路为基础，以铁路为骨干，包括民用航空、长输油气管道等四种运输方式，内联区内各地州市，外联国内中部、东部地区以及周边国家的综合运输网络。公路交通以覆盖面广、适应性强、直达性好、机动灵活的优势，而在新疆综合运输体系中既具有基础性地位，又具有大动脉作用，是综合运输体系的重要组成部分。因此，建立和完善综合运输体系，要求新疆公路发展既要大力建设高等级公路，又要注重与各种运输方式重要港站枢纽的衔接，实现客运的便利换乘和货运的无缝衔接。

三、"十一五"指导思想和目标

（一）指导思想

新疆公路建设"十一五"规划的指导思想是：按照全面建设小康社会和构建

社会主义和谐社会的总体要求，围绕自治区优势资源转换战略和经济社会发展的大局及其中心工作，牢固树立科学发展观，坚持"统筹兼顾、分步实施、适当超前、量力而行"的建设方针，按照新疆公路网中长期发展规划的总体安排，落实国家交通主管部门关于国家公路建设的战略部署及对新疆干线公路建设的指导意见，合理确定公路交通的目标和重点，为新疆经济社会发展提供基础保障和有力支持。

（二）建设目标

新疆公路建设"十一五"规划的总体目标是：继续加强干线公路网和农村公路网建设，进一步扩大路网规模、提高公路等级、改善网等级结构、完善路网布局，使新疆公路网建设在现有基础上明显地提升到一个新的水平，并基本适应经济社会的总体要求。到2010年，新疆公路网总里程将达到11.4万公里，其中高速公路1198公里，一级公路4295公里（含半幅一级），二级公路8224公里，三级及三级以下公路100283公里，见表3-1（略）。具体建设目标是：

1. 建设9900公里的国省干线公路网，全面提高国省干线公路的技术等级和行车条件，完善路网结构，形成连市接县，东联西出，快速便捷的公路主骨架。建设里程见表3-2（略）。

2. 建设657公里高速公路，进一步提高新疆高速公路网规模，使高速公路网结构和布局更加合理，以缩短自治区首府到各地州市的时空距离。

3. 建设一级和二级国省干线共6357公里，大力建设和改造国省干线，进一步提高国省干线的技术水平和行车条件，增强国省干线的输送能力，满足新疆与内地、新疆与周边国家的交通运输需求。

4. 建设三级及三级以下国省干线2886公里，实现各地州首府与地州内的各市县的便捷连接，满足短途运输的要求，实现客流、物流的集散功能。

5. 建设32000公里的农村公路，解决460个乡镇通而不畅和3个乡镇不通公路问题；解决732个行政村不通公路的问题，实现公路乡镇通达率和行政村通达率100%。同时实现90%的乡镇和60%以上的行政村通油路（水泥路）的目标。

（三）收费公路建设

2003年5月，自治区人民政府以"新政函〔2003〕160号文"正式批准建设5116公里的收费公路（含已经建成收费的170公里）。通过"九五"和"十五"两个五年的建设，自治区已建成收费公路3900公里。随着自治区社会经济的发展，交通需求将进一步增长，收费公路的增加已是必然趋势。依据国家相关政策，自治区规划在"十一五"期间建设收费公路5177公里（其中1600公里为自治区2003年已经批准的规模）。

公路交通要快速发展，就必须坚持"贷款修路、收费还贷"的政策，但目前对这一政策的认识还有待于提高；在公路建设中的征地、拆迁、环保的收费标准、审批环节等方面需要进一步给予支持，加快进度，降低工程造价。同时，在收费环节，各地要给予充分理解和积极支持，要向社会大力宣传国家法规和政策，宣传收费公路带来的社会进步和经济增长的事实，促进收费公路的健康发展。贷款修路、收费还贷政策是收费公路不可动摇的根本，是公路交通高速发展的需要，必须坚持收费还贷，不仅新建的收费公路需要这条政策，今后维持高等级公路运转仍然需要这条政策。通过这条政策为"公路交通"这个全社会发展的基础性和先导性设施创造条件。

四、"十一五"建设重点

"十一五"期间，新疆公路建设的重点是：一是紧紧围绕自治区新型工业化发展战略，大力推进国道主干线、西部开发省际公路通道和国家高速公路网新疆境内段的建设，为自治区优势资源转换战略的实施，为天然气、石油化工、煤电、煤化工等能源基地和工业园区建设提供支撑；二是重点抓好"三个打通"，即打通与内地联系的主要通道，打通纵贯南北疆的快速干线，以及打通对外通道，为自治区实施东联西出战略，强北扶南战略提供支持；三是突出加强农村公路建设，继续推进"通达工程"和"通畅工程"的实施，为建设和谐社会和新农村打好基础。

（一）国道主干线、西部通道建设、国家高速公路网

"十一五"期间，新疆将投资 259.18 亿元用于国道主干线、西部开发大通道和国家高速公路网的建设，占五年投资总额的 46.9%，计划新建高速公路 657 公里，新改建一级公路 3358 公里（含半幅一级）。重点安排以下项目：

1. 国道主干线 GZ045 连云港—霍尔果斯是国家高速公路网东西横线之七，在新疆境内段 1431 公里，"十一五"计划进行东段（星星峡—吐鲁番）、西段（赛里木湖—霍尔果斯）建设，其中新建高速公路 307 公里，半幅一级公路 444 公里，一级公路 5 公里，计划投资 83.75 亿元。采用新建整体式和分离式高速公路的方式，到"十一五"末，实现连霍国道主干线（国家高速公路横线之七）新疆境内段、即新疆"3228"工程第一横的高速化。

2. 西部通道在新疆境内段包括国道 217 线阿勒泰—克拉玛依—奎屯、国道 314 线小草湖—库尔勒—阿克苏—红其拉甫和国道 315 线依吞布拉克—若羌—库尔勒段（其中国道 217 线阿勒泰—奎屯、国道 314 线小草湖—红其拉甫列为国家高速公路网中的横联络线之 16 和横向联络线之 18），"十一五"计划进行国道 217 线布尔津—奎屯、国道 314 线库尔勒—红其拉甫、国道 315 线依吞布拉克—若羌公路建设工程，投资 31.23 亿元，半幅一级 1002 公里，改建二级公路 306 公里、三级公路 11 公里，"十一五"期末，克拉玛依—奎屯和小草湖—阿克苏段，将全部建成高速或双向四车道公路，初步实现"3228"工程第一纵北段和第

二横的高速化。

3. "十一五"期间，将启动国家高速公路网建设。改建国家高速公路网主线七星星峡—吐鲁番段高速公路，新建主线七之联络线二库尔勒—库车段高速公路、库车—阿克苏半幅一级公路、喀什—墨玉段一级公路、喀什—伊尔克什坦段半幅一级公路，新建主线七之联络线三克拉玛依—独山子段半幅一级公路，新建主线七之联络线五清水河—伊宁段高速公路，国家高速公路网放射六线明水—伊吾段半幅一级公路建设。投资 144.19 亿元，共新建高速公路 350 公里，新建一级公路 166 公里，半幅一级公路 1044 公里，改建一级公路 391 公里。

（二）其它国省重点干线公路

"十一五"期间，安排投资 93.32 亿元，进行国道 216、217 及其延伸线、218、315 线等主要重点干线公路建设，新改建一级公路 413 公里（含半幅一级），新改建二级公路 1597 公里，新改建三级公路 482 公里，其中包括国道 217线独山子—库车二级公路改建，国道 217 延伸线库车—阿拉尔—和田二级路（第二条沙漠公路）新建、国道 315 线民丰—于田半幅一级公路改建工程，新建塔里木河阿拉尔大桥 1657 米等。基本实现"3228"工程两条纵贯天山南北大通道的建设。

（三）实施新型工业化战略，加快能源基地和工业园区公路建设

坚持走新型工业化道路，在本世纪头二十年基本实现工业化，这是党的十六大提出的战略任务。中共中央政治局常委、自治区党委书记王乐泉同志在自治区加快新型工业化建设工作会议上发表重要讲话时也指出，加快新疆经济的巨大发展，潜力在工业、出路在工业、希望也在工业。全区各级党组织和广大干部群众，要进一步解放思想、抢抓机遇、与时俱进，在新疆大地掀起新型工业化建设的热潮，在新的起点上大力度地推进新型工业化建设，造福新疆各族人民。

公路交通的发展必须自觉地服从并服务于自治区关于国民经济发展和产业结构调整的总体部署，加快建立适应工业化要求的高效率、高质量的区域公路交通大通道。同时，在路线线位布设以及被交路设置时，注意和当地工业园区发展规划相结合，为产业结构调整和国民经济发展提供高效、优质服务。

"十一五"期间，公路建设要根据资源开发的需要，建设好资源公路尤其是以阿拉尔到和田、独山子到库车、乌鲁木齐到巴音沟等为代表的为能源开发服务的石油公路、煤矿公路，为进一步发展新疆经济的支柱产业提供有力的交通支撑。

同时，随着自治区加快建设新型工业化的步伐，克拉玛依石油化工工业园区（一区五园）、乌昌米东新区化工工业园、乌鲁木齐头屯河工业园、库车化工工业园区、轮台石化工业园区等工业园区建设势头强劲。公路交通将根据各园区具体进展情况，积极筹措资金，循序安排园区进出口道路建设，尽快将园区与干线公路连通。计划"十一五"期间，新建工业园区和能源基地公路 500 公里（含第四

项园区道路建设），投资规模 25 亿元。

（四）国边防公路、口岸公路和资源旅游公路

国边防公路建设方面，"十一五"期间，新疆国边防公路建设重点集中在南疆的国道 219 线新疆境内段的叶城至界山的 50 公里二级、594 公里三级公路总长 644 公里的改建工程和新建民丰—红土达坂 590 公里四级公路，新改建阿合奇沿乌宗图什河—国界 61 公里三级公路，莎车—塔什库尔干路段二级公路 250 公里，需投资 38.16 亿元，因其属于保卫国家安全、社会稳定、巩固国边防需要的工程项目，需要全部由国家投资。

口岸公路建设方面，"十一五"需投资 23.19 亿元，主要安排与蒙古国接壤的青河—塔克什肯口岸二级公路改建 83 公里，与哈萨克斯坦接壤的博乐岔口—阿拉山口口岸改建一级 16 公里、半幅一级 90 公里，哈巴河—阿黑土别克口岸改建三级公路 107 公里，与吉尔吉斯斯坦相邻的乌恰—吐尔尕特口岸三级公路改建 110 公里，与俄罗斯接壤的哈巴河—喀纳斯山口三级公路 243 公里，与蒙古接壤的三塘湖—老爷庙三级公路 74 公里，与哈萨克斯坦接壤的乌什—别迭里山口三级公路 79 公里。

资源旅游公路方面，"十一五"期间，还将安排库尔德宁—那拉提、罗中钾盐基地—若羌，计划投资 6.6 亿元，新建三级公路 531 公里。

（五）农村公路

"十一五"期间实施农村公路的"四大工程"，使所有具备条件的乡和行政村（800 个左右）通公路，建设"通达工程"8000 公里以上；90% 以上的乡镇通沥青路，改建 8000 公里的等级公路；60% 以上的行政村通沥青路，新建 13000 公里的等级道路；具备条件的乡镇建设新的标准化的客运站。

"十一五"期间，按照国家统一安排和自治区经济社会发展需要，加大农村公路投入力度，实现"通达工程"、"通畅工程"，计划投资 100 亿元，新改建农村公路 3.2 万公里，"十一五"期末，全疆实现乡镇公路通达率达到 100%，通行政村公路通达率 100%，乡镇通沥青（水泥）路比例达到 90% 以上；行政村通沥青（水泥）路比例达到 60% 以上，解决农民行路难的问题，为新疆农村公路发展和全面建设小康社会作出贡献。

五、环境影响评价及规划

（一）公路对环境主要影响因素

1. 公路建设过程中对环境的主要影响因素

（1）施工期地表影响因素

对地表的影响因素主要是公路施工过程中的填方、挖方和弃土，对环境的主要影响是改变地表结构。

（2）施工期大气影响因素

对大气环境主要影响因素是粉尘，其来源在沙石料堆存过程中风蚀起尘、卡车卸料时产生的粉尘污染、道路二次扬尘、水泥拆包的粉尘污染、场地扬尘等。此外，生产拌合料的沥青也会对大气造成一定污染。

（3）施工期声环境影响因素

施工期对声环境的影响主要是施工过程中的各种工程机械和运输设备的噪声以及开山采石产生的爆炸声。

2. 公路建成后对环境的主要影响因素

（1）大气污染源

大气污染源主要来自煤、沙石等建筑材料装车和运输过程中产生的粉尘污染。废气污染主要来自以燃油为动力的运输车辆。排放的污染物是粉尘、SO_2、NOx、CO 和 Pb 等。

（2）噪声源污染

噪声源交通运输车辆噪声。

（二）规划和治理措施

1. 公路设计阶段的环境保护

考虑到水土流失及土壤侵蚀，选线应避开不稳定地带，以防止塌方、滑坡等；要尽量避开居民区、水源地、及文物古迹保护区。要求避开城镇市区，以近而不入，离而不远为原则。

公路分隔村庄农田，分隔居住区与商业娱乐区、使人的交流和家畜转场受阻，要求在设计中考虑适当的通道。

2. 公路建设阶段的环境保护

在人口稠密区及水源地附近施工要尽量减少扬尘污染。施工过程中，采取路面洒水的办法以达到减少扬尘的目的。溶化沥青应采用先进的工艺技术，封闭式操作，排烟筒应有足够的高度，并远离人口稠密区。

合理选择料场位置，注意保护料场周围的环境，采取就地取材的原则，材料场距施工地点不宜太远，在人群居住区等地点，料场位置应取在下风向，并距居住区一定距离以外（要求不得小于 500m），并尽可能少占农田、林地、草场。

合理安排施工时间，噪声大的作业安排在白天，应尽量避免或禁止夜间施工，学校附近应安排在放学后或假日期间进行噪声大的施工作业。混和料拌合扬及运料通道要尽量远离居民点，声敏感小区。

3. 公路运营阶段的环境保护

环境绿化是恢复生态的一项重要措施。在道路两旁、公路出城立交桥等四周及空地植树和铺设草坪，所选树种应根据当地土壤和气候条件来定，绿化面积按有关规范来确定。砍伐碾压过的区段，尽量恢复以前的状况。

加强对危险品运输的管理，会同环保，公安等部门，加强对危险品运输管理，在敏感区，竖立醒目标目，提醒运输危险品的司机行车安全，同时就在车辆上设置危险品标志，在危险运输之前，对运输危险品的车辆、人员要进行资格审查，选择车况较好技术熟练的司机运输危险品。

加强交通管理，减少鸣号，严格执行国家颁布的《机动车辆允许噪声标准》。新建居民区应避开噪声严重影响区，一般在 100～200 米之外。控制路两边居民向路边迁移。声环境敏感单位，当交通量达到一定程度时，经论证后建立隔声屏障。

新建公路通车后，应严格执行交通法规和提高司机素质，消除在好路上行车的麻痹思想，做到行车时注意力高度集中，并在公路旁设置交通标志，使来往车辆各行其道，形成良好的行车环境。

（三）环境影响分析和评价

规划公路网建设对地表的影响以填方、挖方和弃土为主，若设计期、建设期和运营阶段都采取合理有效治理措施，则对地表环境的改变将仅限于公路沿线两侧，总体对环境影响较小。

规划公路网建设对大气环境影响粉尘和沥青异味为主要污染物，其次是机械设备的尾气排放。若经采取治理措施后，粉尘污染范围一般仅为料场周围 400 米内，400 米以外不产生污染影响。机械设备及车辆排放的废气在距工程 300 米处，在距公路 100 米范围外对环境影响较小。

施工机械作业噪声在 88 米和 250 米范围内，符合 3 类噪声标准昼、夜的要求，运输车辆噪声为 66.9dB（A）符合 4 类标准白天的要求。放炮采石一般远离居民区，不会对居民生活产生影响。

综上所述，从环境保护的角度出发，在全面落实各项环保措施的前提下，"十一五"公路建设规划的实施是可行的。

六、政策措施

（一）规划分步实施措施

2005 年以来，随着国家"十一五"各项投资政策的明确，特别是 2005 年 10 月 10 日自治区党委、人民政府与交通部关于支持新疆"十一五"公路建设会谈纪要的签定，预计"十一五"期间新疆能够获得交通部资金支持 150 亿元（包括农村公路 50 亿元，其中通乡油路每年补贴 8 亿元，通达工程每年补贴 2 亿元）。为此，在可预见资金基本明确的情况下，有必要在规划的基础上提出分步实施方案。

与此同时，对其它 149 亿元项目安排前期工作。积极从争取中央投资、转让经营权、扩大地方财政投入，吸引企业融资等各个方面进行努力。在资金落实的过程中，第二步实施其它项目。

（二）争取国家对新疆加大支持的政策

1. 争取中央提高对我区公路建设的补助标准

新疆地处我国西北边陲，接壤国家众多，安全地位显要，是我国反恐怖、反分裂、反颠覆的重要前沿阵地。新疆是我国对外开放的西北门户，中央要求把新疆建成向中亚、南亚、西亚乃至东欧国家出口商品的重要基地和商贸中心。新疆资源储量尤其矿产资源储量极为丰富，是我国经济发展的重要支点和经济安全的重要保障，新疆已被国家列入石油战略储备区和我国陆域矿产资源的重要接替区。但新疆的经济实力十分有限，现有国家级贫困县 27 个，自治区级贫困县 3个，基本维持费用依靠国家和自治区财政补贴的县占县市总数的 90％以上。新疆地域宽广，各地州市县之间平均距离远，公路建设总成本高，公路建设任务重，这在全国是绝无仅有的。

因此，以新疆自身能力是难以满足促进经济发展、维护社会稳定、保障国家安全等关系全疆乃至全国的战略性利益对公路建设需求的，需要国家政策的大力扶持。为此，根据中央 11 号文件精神，建议自治区人民政府向国家反映新疆公路建设资金筹措方面的困难，争取国家对我区公路建设项目投资比例达到 70％。

2. 争取交通部将更多新疆公路建设项目纳入部建设计划

未来五年是新疆公路在网络和结构上基本形成的重要时期，公路网中长期规划中的快速干线公路作为新疆公路网的主骨架，其中很大一部分高等级公路都将在这一时期建成，其中高速公路部分大部分已纳入国家高速网规划，这些公路大通道不仅是促进新疆经济发展和社会进步的重要支撑，也是实现国家核心利益和战略利益的重要保障，其意义十分重大，要予以重点保障。从今后五年及长远需要考虑，交通厅应积极向交通部申请，争取更多的建设项目纳入交通部重点建设规划，从而获得更多的补助资金和为争取更多的银行贷款创造条件。在国家对新疆公路建设补贴比例没有调整情况下，申请交通部对新疆特殊困难地段、单位公里投资特别高的项目予以补助倾斜。比如，果子沟高速公路项目和天山公路项目。

3. 争取交通部加大对口岸和旅游公路的投资

新疆是我国交界邻国最多、陆路国境线最长的省区，是沟通中亚、西亚、南亚和欧洲的要津和捷径，发展对外贸易具有得天独厚的条件，而且目前已经呈现良好的外贸发展势头。2001—2005 年，年均进出口贸易总额以 45％速度增长。今后，随着国家向西对外开放政策的深入，新疆有可能发展成为我国对中亚和西亚贸易的基地，这对新疆地区乃至整个国家的经济贸易发展都是非常重要的。新疆旅游资源极为丰富，神奇的自然景观、浓郁的民族风情、悠久的丝路文化、众多的古迹遗存为新疆发展旅游业创造了极好的条件。但由于各旅游景区地处偏远，道路难行，难以形成旅游规模。解决通往旅游景区的公路交通势在必行。要求交通部加大对新疆口岸公路和旅游公路的支持力度，增加对口岸和旅游公路建设的投资。

4. 争取国家对国边防公路全额投资

新疆与多国相邻，边境线漫长，而且这些邻国很多属于"敏感地带"，反恐怖、反分裂、反颠覆已使新疆成为保障国家安全和维护社会稳定的重要前沿阵地，成为我国西北地区的重要战略屏障。迫切需要建设纵横交错和四通八达的现代化交通运输，从而提高我国军事力量的机动性、战斗力和保障力。交通厅将努力争取完全意义上的国防公路（如 G219）由国家全额投资。

（三）建议自治区支持公路建设的措施

1. 建议自治区尽快出台加快公路建设的决定

当前，新疆公路建设存在一些突出问题。一是前期工作审批手续过多过繁，转嫁公路前期性费用过多。土地和环保要求的批复条件在工可阶段达不到相应深度；新增加的地质灾害影响评价、压覆矿产评价、文物影响评价等，不但使前期工作周期延长，而且成本加大。二是自治区有关部门对土地类别的确认部门意见不一致，补偿标准不一致，扯皮事情多，行政事业性费用高。三是征地拆迁难已成为制约公路建设的重要因素。地方政府往往承诺不兑现，千方百计想增加征迁补偿费用。四是收费环境不好。这些因素造成前期工作周期延长、建设成本加大，建设时间拖延，严重影响着公路建设。

公路是保障新疆经济社会快速发展的基础设施，是为各行各业各族人民服务的，站在自治区经济社会发展的全局考虑，在一定时间内为公路基础设施建设创造优先发展的政策环境，是完全必要的。比如，除新疆外，西部其它十一省区都出台了公路建设的优惠政策或加快公路建设的决定。内蒙古自治区在 2002、2004 年两次出台了关于加快公路建设的决定和改革的意见。这些省区的做法，就是考虑了公路对经济社会发展的巨大促进作用，优先发展交通，创造基础条件。

为此，建议自治区人民政府尽快研究出台支持加快公路建设的决定，创造宽松的公路建设环境。一是可以获得各部门各地区的通力合作，加快前期工作周期和建设速度，降低建设成本；二是有效增加通行费收入，提高还贷能力；三是可以使银行贷款环境良好，能够获得银行更大的支持；四是可以吸引社会资金进入公路建设领域，减少贷款规模。

2. 为收费公路的建设和运营创造宽松的环境

"贷款修路，收费还贷"是国家出台的支持公路建设的政策，这一政策在新疆的实施比东部地区晚了十年。社会上对收费公路的建设在认识上有偏差，一些人只看到收费带来成本增加的一面，而没有看到高等级公路建设带来的巨大社会经济效益。实际情况是：每亿元高速公路建设投资，能直接带动社会总产出近 3 亿元，创造 6000 个就业机会；高速公路土地占用量仅为一般公路的 40％，比普通公路减少 30％的尾气排放，交通事故率减低 30％；提升城市对外形象，改善了投资环境，使城镇周边土地大幅升值，招商引资条件大大改善；高速公路改变人们的时间观念，运输方式发生质的变化，汽车列车、集装箱车、大吨位货车以及现代物流迅速发展；使易腐易烂鲜活商品及时运出，节省时间、减少浪费，售价提高；车辆磨损减少，节约了车辆维修费用和降低能源消耗；道路平整减少了货物坏损，提升企业信誉；安全服务水平提高带来客源旺盛等。实际上，公路条件的改善带来的是综合经济社会效益。

新疆收费公路里程比重居全国倒数第四，在西部十二省区中仅高于青海和宁夏。新疆收费公路收费总额居全国第 29 位，也仅多于青海和宁夏，比甘肃、内蒙、贵州还少。一些利用贷款建设的有条件收费的公路建成后不能正常收费，造成大量通行费流失，贷款无法偿还；一些收费公路因政策环境不理想使建设成本提高；自治区交通主管部门还要以收费公路为抵押、贷款建设大量不能收费的农村公路。这三个方面凑在一起，公路建设很难顺利进行。如果连银行利息也还不起，银行必然终止贷款。到那时候，不要说大量贷款用于必须建设又不能收费的农村公路、山区公路、贫困地区公路要停止建设，就是国省道的建设也要放慢速度，最终影响的还是自治区整个经济社会发展的大局。

因此，建议自治区人民政府借鉴其它省区的做法，为收费公路创造宽松的环境。这些措施包括：①清理现有减免通行费车辆，各级党政机关、企业事业单位不能再提出减免通行费；②已批准建设的收费站，如要取消，应有合理的补偿机制；③改善投资环境，吸引社会资金投向公路建设，减轻贷款给政府带来的压力。

3. 采取有效措施筹措农村公路建设资金

（1）明确农村公路的管理与投资主体。建议以自治区人民政府明确认定农村公路管建养主体，以《公路法》为依据确认各级政府对县道、乡道乃至村道在投资与管理上的责任与义务。交通厅对农村公路的管理事权依据《公路法》负责区农村公路建设中确定建设规模，研究补贴政策，明确技术标准，监督规划实施。对项目的直接管理权仅限于重大项目（1000 万元以上），桥梁（100 米以上）项目，特殊地质情况工程难度大的项目，其它均应有地州市政府负责实施。

（2）建立长期稳定的农村公路建养资金。农村公路的建设资金和养护费用长期依靠国家和自治区临时性政策解决。国家有投资时，发展较快，国家无投资时只能依靠交通厅养路费补贴。由于资金的不确定性，造成规划的可行性差和建设中的盲目性。建议建立长期稳定的农村公路建养资金，主要从以下几个方面：

建议自治区制定严格的农村公路建设项目自治区补贴和地州市配套资金的标

准。争取使国家资金发挥更大的效应；充分发挥各级政府的积极性，鼓励社会组织投资农村公路建设。

建议自治区将公路施工企业向各地缴纳的公路建设营业税"先征后返"，专款用于农村公路建设（预计每年1.6~2亿元，五年8~10亿元）；

建议由各地州市政府征收营运拖拉机养路费，专款用于当地农村公路管养（预计每年0.4~0.5亿元，五年2~2.5亿元）；

建议将车船使用税的大部分专款用于农村公路建设（预计每年0.3亿元，五年1.5亿元）；

建议将"以工代赈"、财政转移支付中用于农村公路的资金统一按交通厅制订的公路建设规划安排项目（预计每年1亿元，五年5亿元）；

各地积极发动农牧民用好"一事一议"农民自愿筹资方式，充分调动农民自愿建设家乡道路的积极性；

建议自治区从国家开发银行政策性贷款平台中五年安排20亿元贷款规模，用于农村公路建设。

（四）自治区交通厅推进规划实施的配套措施

1. 深化新疆公路建设管理体制改革

随着公路事业的快速发展，体制性问题已越来越成为新疆公路交通发展的重要障碍。从总体上看，新疆公路建设管理体制主要存在政企不分、管理权限过于集中等问题。目前，新疆各级交通主管部门和公路管理机构既承担着政府管理公路建设的行政职能，同时又是公路建设单位，充当着项目业主的角色，政企没有分开，决策的科学化程度不高。因此，必须研究深化新疆公路建设管理体制改革问题，探讨并建立适合于新疆的公路建设管理体制。

2. 创造条件吸引社会投资用于新疆公路建设

研究社会资金用于新疆公路建设的可行性，可以研究并试行公路经营权转让。对于新疆地区已建成的公路，如吐乌大公路、乌奎公路、和硕至库尔勒公路等，可以尝试将其经营权转让，所筹资金用于公路建设。由于这些公路交通量大小不一，通行费收入存在较大差异，建议按交通量大小搭配方式实行捆绑式转让。另外，股份制作为一种新的建设管理机制和资金筹措方式，新疆公路建设也可以尝试，主要是对规划新建的高速公路按股份制公司形式进行筹资建设和经营管理。